Michael Wollnik

Implementierung computergestützter Informationssysteme

Michael Wollnik

Implementierung computergestützter Informationssysteme

Perspektive und Politik informationstechnologischer Gestaltung

W DE G

Walter de Gruyter
Berlin · New York 1986

Autor
Dr. Michael Wollnik
Diplom-Kaufmann
Universität Köln
Seminar für allgemeine Betriebswirtschaftslehre und Organisationslehre
Albertus-Magnus-Platz
5000 Köln 41

CIP-Kurztitelaufnahme der Deutschen Bibliothek

Wollnik, Michael:
Implementierung computergestützter Informationssysteme : Perspektive u. Politik informationstechnolog. Gestaltung / Michael Wollnik. – Berlin ; New York : de Gruyter, 1986.
ISBN 3-11-010784-8

Printed in Germany.
Satz: Arthur Collignon GmbH, Berlin
Druck: Gerike GmbH, Berlin
Bindung: D. Mikolai, Berlin
Einbandentwurf: K. Lothar Hildebrand, Berlin

Geleitwort

Die Umwälzung der Organisationsformen und Technologien der betrieblichen Informationsverarbeitung unter dem Einfluß der Digitalelektronik in den vergangenen 30 Jahren spiegelt sich in grundsätzlichen Orientierungen und Verhaltensweisen. Von besonderer Bedeutung erscheint dabei der Wandel von der Fremdheit zur Vertrautheit. Computer und verwandte elektronische Geräte der Informationstechnik werden heute als übliche Sachmittel im betrieblichen Arbeitsalltag betrachtet, als selbstverständlich erwartet, als normale „Werkzeuge" benutzt. Es hat gleichsam eine Säkularisierung (Verweltlichung, Veralltäglichung) automatisierter Informationsverarbeitung stattgefunden. Der Nimbus des Außergewöhnlichen, manchmal sogar Mystischen, hat einer abgeklärten, vielfach versierten und anwendungsinteressierten Haltung Platz gemacht. Mag auch die „Entzauberung" der Informationstechnik aufgrund der stürmischen Weiterentwicklungen noch keinen Abschluß gefunden haben, so ist doch andererseits eine gesellschaftsweite Routinisierung ihrer Handhabung unverkennbar.

Mit der erreichten Diffusionsstufe ist die automatisierte Informationsverarbeitung zu einem gesamtgesellschaftlich und -wirtschaftlich erstrangigen Phänomen mit tiefgreifenden wirtschaftlichen, organisatorischen und sozialen Begleiterscheinungen aufgestiegen. Es überrascht nicht, daß sich um dieses Phänomen Wertbeurteilungen, Handlungsströme und Institutionen in großer Zahl lagern, deren Sinn in der Kanalisierung, Förderung, Gestaltung, Begrenzung etc. liegt. Dies gilt auf der Ebene der Gesamtgesellschaft wie auf der Ebene einzelner Betriebe. Damit hat sich für die Konstruktion und Anwendung automatisierter Informationstechnologie ein eigenständiger Handlungsbereich ausgegrenzt und als eine mehr oder weniger vertraute „Welt der Informationsverarbeitung" in die verbreiteten Orientierungs- und Handlungsmuster eingegliedert.

Die Technik der Informationsverarbeitung ist also nicht reine Technik geblieben. Sie hat sich vielmehr in einem systemhaften Zusammenhang mit wirtschaftlichen, organisatorischen und sozialen Kategorien etabliert. Sie ist für unzählige Handlungen zum Richtpunkt geworden und strahlt auf eine unüberschaubare Vielfalt von Aktivitäten aus. Moderne Informations- und Kommunikationstechnologien sind soweit in die Wirtschafts- und Gesellschaftsprozesse hineingewachsen, daß die Steuerung ihrer Nutzung und die Beherrschung ihrer Wirkungen auch eine Ausweitung bisher gepflegter Erkenntnisperspektiven verlangen. Disziplinspezifische Thematisierungen erscheinen deshalb immer weniger ausreichend, die Komplexität der computergestützten Informationsverarbeitung angemessen zu erfassen.

Informatik, betriebswirtschaftliche Teildisziplinen wie die Organisations-, Planungs- und Entscheidungstheorie, nicht zuletzt aber auch Soziologie und Sozialpsychologie sind gleichermaßen angesprochen und gefragt, wenn es um die Impulse, den Verlauf und die Zukunftsaussichten des informationstechnologischen Wandels in Wirtschaft und Gesellschaft geht. Den in Verbindung mit diesem Wandel aufgeworfenen Problemen kann nur mit integrativen wissenschaftlichen Ansätzen begegnet werden. Integration besteht dabei nicht darin, daß alles mit allem verbunden wird. Gemeint ist vielmehr *selektive Integration*. Sie soll relevante Einzelüberlegungen und -einsichten aus verschiedenen Disziplinen aufgreifen und sie im Hinblick auf eine Analyse der Anwendung automatisierter Informationstechnologie neu anordnen. Ein so begründeter Erkenntnisstandpunkt ist im wahren Sinn des Wortes „inter-disziplinär", bezieht also Position zwischen den Disziplinen und kann dort zum Keim einer neuen wissenschaftlichen Spezialisierung werden. Eine Führungsrolle in dieser Entwicklung könnte vor allem den anwendungsorientierten Forschungsrichtungen der Informatik zufallen, da die Informatik auch am stärksten an der Konzipierung und Erstellung informationstechnologischer Instrumente und Verfahren beteiligt ist.

Vor diesem Hintergrund gewinnt die vorliegende Untersuchung von Michael Wollnik ihre erkenntnisstrategische Bedeutung, vermag sie vielleicht sogar eine entscheidende Anreicherung der angewandten Informatik wissenschaftsprogrammatisch vorzuzeichnen. Der Autor stellt die informationsverarbeitungs- und organisationstheoretische Problematik der betrieblichen Gestaltung automatisierter Informationsverarbeitung in einen sozialwissenschaftlich orientierten systemtheoretischen Bezugsrahmen. Als „Schnittstelle" dient das Konzept der Implementierung. Es bezeichnet den Vorgang, in dem durch das Handeln von bestimmten Akteuren computergestützte Informationssysteme geschaffen werden. Die Besonderheit des Ansatzes liegt darin, daß gleichsam durch die Sachprobleme der Gestaltung hindurch die grundsätzlicheren sozialen Probleme der gemeinsamen Sinnorientierung, der Handlungskoordination, der Beeinflussung usw. mitreflektiert werden. Die Informationssystemgestaltung erscheint dadurch als ein mehr oder weniger strukturiertes Handlungssystem. Diese Betrachtungsweise schärft den Blick auf die Akteure, die bei der Gestaltung tätig und maßgeblich sind, auf die Orientierungen und Sinnbestimmungen, die dabei prägend und strukturell festgelegt sind, und schließlich auf die mikropolitischen Optionen, die der Gestaltung soziale Wirksamkeit sichern sollen.

Es gelingt dem Autor, das Implementierungsgeschehen in einer bislang wenig verwendeten, gleichsam „inkongruenten", jedoch erfahrungsnahen Perspektive vorzuführen und dadurch in einen größeren, systematischen Zusammenhang zu stellen. Die Vorstellungen über die „Implementierungskultur" oder die „Implementierungsbürokratie", zu denen er im Lauf seiner Untersuchung vorstößt, markieren beispielhaft das theoretische Potential des Ansatzes. So setzen sich in der Implementierungskultur z. B. Erfahrungen mit früheren Implementierungsprojekten ab, die projektübergreifend zukünftige Umgangsstile zwischen Systementwicklern und Benutzern sowie Erfolgsaussichten vorstrukturieren. In die Informationssystemgestaltung wird damit eine „mikrohistorische" Dimension eingeführt, an der sich wichtige Prozesse der Bewußtseinsbildung und sozialen Normierung nachvollziehen lassen. Verbindungen zum übergreifenden Organisationskultur-Ansatz sind an dieser Stelle leicht möglich. Über das Konzept der „Implementierungsbürokratie" erschließen sich etwa Maßnahmen des Software Engineering oder des Projektmanagement für bürokratietheoretische Analysen. Die Studie beeindruckt so vor allem durch die gelieferte organisationstheoretische Fundierung für ein Verständnis der Informationssystemgestaltung und durch ihre zahlreichen Anschlußpunkte für weiterführende Überlegungen.

Der in der Untersuchung behandelte Bereich der Gestaltung computergestützter Informationssysteme hat bisher weit mehr Strategieempfehlungen und Methodenentwürfe auf sich gezogen als theoretische und empirische Analysen. Insofern darf der vorliegende Versuch, auf diesem Gebiet eine konzeptionell fundierte Systematisierung anzubieten, sicherlich gesteigerte Aufmerksamkeit erwarten. Der Ansatz gewinnt zudem dadurch, daß der Autor es verstanden hat, sich bewußt jeder Parteinahme für oder gegen den Einsatz automatisierter Informationstechnologien zu enthalten. Solche Parteinahmen sind für ihn z. T. Untersuchungsobjekt, werden aber nicht als Erkenntnisprämissen unterstellt. In diesem Sinn erscheint die Arbeit als ein beachtenswertes Beispiel wissenschaftlicher Objektivität angesichts eines in der gesellschaftlichen Diskussion gegenwärtig durchaus kontrovers betrachteten Gegenstandes. Ich würde mich freuen, wenn diese sehr interessante Arbeit zu einer zunehmenden Versachlichung und Transparenz dieser Diskussion beitragen und zu einer intensiven Auseinandersetzung mit dem hier eingeschlagenen Erkenntnisweg anregen würde.

Erwin Grochla

Vorwort

Die folgende Studie möchte vor Augen führen, nach welchen Grundzügen bei der betrieblichen Entwicklung und Einführung computergestützter Informationssysteme verfahren wird. Es sollen Kategorien für die Erklärung der grundlegenden Handlungsmuster und für ein tieferes Verständnis der möglichen Variationen zusammengetragen werden. Die Frage, warum die betriebliche Gestaltung computergestützter Informationssysteme in bestimmter Weise „funktioniert" (im doppelten Sinn des Wortes: arbeitet und erfolgreich ist), führt auf die diesem besonderen Handeln zugrundeliegenden Sinnorientierungen und die zu erfüllenden Funktionen. Die Zurechtlegung von Zielen und Maßnahmen ist eingebettet in ein spezifisches Problem- und Situationsverständnis, in eine die gesamte Gestaltungspraxis tragende *Perspektive*. Im Hinblick auf die zu erfüllenden Funktionen ist mit der Tendenz zu rechnen, nach dem Prinzip des geringsten Aufwandes eine generalisierte Bereinigung grundsätzlicher Schwierigkeiten anzustreben und dadurch den Blick für leistungswirksame Details freizumachen. Dies verweist in einem sozialen Kontext, in dem die Gestaltung computergestützter Informationssysteme sich trotz aller technologischen Prioritäten nun einmal abspielt, unübersehbar auf *Politik*, sei es als Leistung expliziter politischer Mechanismen oder in der Form latenter politischer „Abstrahlungen" vermeintlich rein sachlicher Problemlösungsmaßnahmen. Deshalb betont die vorliegende Arbeit die Perspektive und die Politik informationstechnologischer Gestaltung. Der Ansatz bemüht sich um eine gewisse konzeptionelle Geschlossenheit und um Berührungspunkte zu eingeführten und ausgearbeiteten Theoriebereichen. In empirischer Hinsicht würde man sicherlich eindrucksvollere Illustrationen und Belege begrüßen. Aber vieles von dem, was vorgetragen wird, ist empirisch schwer zugänglich. Strategieempfehlungen und Methodenvorschläge zur Entwicklung und Einführung von Informationssystemen sollte man nicht erwarten. An informationssystem-orientierten Beiträgen, die in eine praktisch-normative Richtung zielen, herrscht kein Mangel. Es fällt aber auf, daß die Praxis diesen Vorschlägen entweder voraus ist oder sie nicht aufgreift. Gerade dies weckt in besonderem Maße den Bedarf an Aufklärung über die Funktionsweise praktischer Handlungszusammenhänge. Offenbar kennen wir nicht ausreichend die jeweiligen speziellen Orientierungen, Situationen und Problemnuancierungen, an denen praktisches Handeln sich tatsächlich ausrichtet. Zudem scheinen auch die notwendigen Kenntnisse über die „latenten Funktionen" zu fehlen, die stets mitzuerfüllen sind, wenn es scheinbar nur um ganz klare und offensichtliche Ziele und Aufgaben geht. Die Auffüllung dieser Wissenslücken erscheint im Vergleich zur Verlängerung der Kette „wissenschaftlicher" Strategien und Methoden von vorrangigem Interesse, weil sie eine Voraussetzung geeigneter Praxisberatung darstellt.

Für die Förderung der Arbeit, die in ähnlicher Fassung von der Wirtschafts- und Sozialwissenschaftlichen Fakultät der Universität Köln als Dissertation angenommen worden ist, danke ich meinem verehrten akademischen Lehrer, Herrn Professor Dr. Dr. h.c. mult. Erwin Grochla. Während meiner Tätigkeit an seinem Lehrstuhl in den 70er Jahren erhielt ich die Anregung zur Beschäftigung mit Fragen der Informationssystemgestaltung, konnte zu einer Bearbeitung des Themas ansetzen und insbesondere die empirische Untersuchung einschließlich der umfangreichen Datenauswertungen durchführen. Die Ausarbeitung einer für mich akzeptablen Darstellung meiner Überlegungen und empirischen Erfahrungen hat dann mehrere Phasen der konzeptionellen Revision durchlaufen. Die fachliche und vor allem auch die motivationale Unterstützung, die ich dabei von Herrn Professor Grochla empfangen habe, sind für das Zustandekommen der Arbeit von großem Wert gewesen. Darüber hinaus hat die an seinem Lehrstuhl herrschende Offenheit für das Beschreiten neuer Erkenntniswege und für die Verbindung wirtschafts- und sozialwissenschaftlicher Theorieansätze meine wissenschaftliche Sozialisation nachhaltig beeinflußt und die Ausrichtung der Arbeit entscheidend begünstigt.
Mit Herrn Dr. Helmut Lehman konnte ich in einer abschließenden Phase eine Reihe sehr anregender Diskussionen über Thematik und Abfassung der Arbeit führen. Es ist mir ein besonderes Anliegen, ihm dafür herzlich zu danken.

Dank möchte ich auch den etwa 60 Damen und Herren aus der betrieblichen Praxis aussprechen, die an meiner empirischen Implementierungsstudie teilgenommen und mir dadurch zu empirisch-systematischen Eindrücken von der Implementierungswirklichkeit verholfen haben. Das aufgrund der Befragungen gewonnene Bild konnte ich später durch Erfahrungen im direkten Umgang mit automatisierter

Datenverarbeitung, in Entwicklungsprojekten und in Seminaren abrunden.

Mein Dank gilt nicht zuletzt dem Verlag Walter de Gruyter für die Veröffentlichung der Arbeit in einer so vorzüglichen Form.

Januar 1986 Michael Wollnik

Inhalt

Verzeichnis der Abbildungen und Übersichten

Einführung

1. Polarisierung und Theoriebegrenzung in der Betrachtung computergestützter Informationsverarbeitung

Die realtechnische Entwicklung und verfahrenstechnische Anwendung elektronischer Informationstechnologien bildet eine der wichtigsten und folgenreichsten Innovationen dieses Jahrhunderts. Bezeichnungen wie „Computer Revolution" (Pylyshyn 1970; Tomeski 1970), „Zweite industrielle Revolution" oder neuerdings „Dritte industrielle Revolution" (Balkhausen 1978) und „Microelectronics Revolution" (Forester 1980; Large 1982) überbieten sich, um diese Bedeutsamkeit zu versinnbildlichen. Die Folgen des Computereinsatzes sind in doppeltem Sinn „unübersehbar": Aufgrund ihrer Vielfältigkeit lassen sie sich nicht systematisch und vollständig erkennen, aufgrund ihrer Handgreiflichkeit im Einzelfall können sie indes nicht unbemerkt bleiben.

Wie immer bei aufsehenerregenden Neuerungen, unterliegen auch die mit der Automatisierung der Informationsverarbeitung verbundenen kleineren und größeren Umstrukturierungen einer unterschiedlichen Beurteilung seitens der berührten Personen und Gruppen.[1] Einerseits sind Grundhaltungen vorherrschend, die der Ausbreitung des Computereinsatzes weitgehend bejahend gegenüberstehen. Sie kennzeichnen die Befürworter oder *Proponenten* computergestützter Informationsverarbeitung. Auf der anderen Seite sprechen kritische Stimmen und konkrete Widerstände gegen eine Forcierung dieser Technik, zumal in der sich in jüngerer Zeit abzeichnenden Verbindung mit elektronischen

---

[1] Dies ist z. B. bei der atomaren Kerntechnologie oder der Gentechnologie nicht anders. Dort stehen sich Befürworter und Kritiker allerdings sehr viel kontroverser gegenüber, als es bei der Informationstechnologie gegenwärtig zu verzeichnen ist. Mertens möchte jedoch nicht ausschließen, „daß die Widerstände gegen die Weiterentwicklung der Datenverarbeitung eine ähnliche Stärke erreichen wie die gegen andere Entwicklungen des Industriezeitalters". (1983, S. 97)

Übertragungstechnologien.[2] Dies sind die Stimmen und Widerstände der *Skeptiker*. Proponenten und Skeptiker unterscheiden sich in vielen sehr deutlich registrierbaren Wertvorstellungen, Prioritätsbestimmungen, Tatsachenvoraussetzungen und Argumentationsweisen, ähneln sich aber nach aller Erfahrung darin, daß sie, angesprochen auf ihre Haltung, dazu tendieren, sich nicht als Proponenten oder Skeptiker einseitig zu profilieren, d. h. als das eine oder das andere abstempeln zu lassen. Diese Tendenz belegt ebenso hintergründig wie unverkennbar die Ambivalenz, mit der computergestützte Informationsverarbeitung bedacht wird.

Neben den Proponenten und den Skeptikern gibt es zahllose *Indifferente*, die überwiegend überhaupt keine klare Meinung ausbilden, weil der Computereinsatz für sie zu fremd, zu kompliziert oder zu weit entfernt ist, die teilweise aber auch angesichts der auftretenden Begründungsprobleme für eine Stellungnahme zu einem reflektierten Neutralismus neigen.

Man kann sich in der Alltagswirklichkeit automatisierter Informationsverarbeitung durchaus lange Zeit bewegen, ohne der Polarisierung der Beurteilungen dieser Technik gewahr zu werden. Dies gilt auch für ihre wissenschaftlich-literarische Behandlung. Proponenten und Skeptiker bringen ihre Ansichten in markant getrennten Literaturkreisen zum Ausdruck, zwischen denen Querverweise selten sind. Der geübte Beobachter kann zwar schon an Äußerlichkeiten wie Aufmachung, Titelformulierung, Verlag und nicht zuletzt am Autor recht schnell erkennen, welcher Seite er sich gerade zuwendet. Aber dazu gehört ein in bestimmter Weise jenseits der Grundhaltungen eingenommener Standort. Diese Perspektive drängt sich nicht von selbst auf, vor allem dann nicht, wenn man sich ausdrücklich oder als Selbstverständlichkeit mit einer der Grundhaltungen identifiziert. Der Hinweis auf die gegensätzlichen Einschätzungen der computergestützten Informationsverarbeitung wird deshalb nicht selten schon als skeptische Kritik (miß)verstanden, weil er die Abwendung von einer grundsätzlichen, anderen Möglichkeiten verschlossenen Aufgeschlossenheit für neue Informationstechnologien zu signalisieren scheint. Dadurch wird es schwierig, eine reflektierte Position zwischen den Lagern zu beziehen, die vom Sog latenter politisierender Einvernahme oder Gegnerschaft-Projektion verschont bleibt. Unter dieser Schwierigkeit und unter den sie schlicht

---

[2] S. Weizenbaum 1976; Reese u. a. 1979; Kubicek 1982 u. 1984 b.

übergehenden oder aber bekennerischen Reaktionen darauf leidet die wissenschaftliche Erschließung der Tatsachen, die das reale Bild von der Anwendung elektronischer Informationstechnologien bestimmen.[3]

Die unterschiedlichen Beurteilungen sind rückführbar auf unterschiedliche Interpretationen der Einsatznotwendigkeiten, der Anwendungsformen und insbesondere der Folgen elektronischer Informationstechnologien. Sie beruhen auf abweichenden *interpretativen Konstruktionen des Erscheinungsbildes computergestützter Informationsverarbeitung*. Eine der auffälligsten Differenzen findet man etwa darin, daß sich die Skeptiker zur Stützung ihrer Auffassungen meist an vermeintlich *eingetretenen Folgen* orientieren, während die Proponenten gerne die *zukünftigen Möglichkeiten* betonen. Die in die Konstruktion des Erscheinungsbildes eingehenden Interpretationen dienen der Überbrükkung der Ungewißheit und der Verminderung der Komplexität der Fakten. Sie treten deshalb nicht als Interpretationen, sondern als Tatsachenauffassungen ins Bewußtsein. So erzeugen sie eine Tiefenstruktur impliziten Vorverständigtseins, die eine Beleuchtung als lediglich in bestimmter Weise vorgenommene, auch anders mögliche, mithin kontingente *Deutung* verhindert.

Die zwingenden Gründe, tatsächlichen und möglichen Formen sowie eingetretenen und erwartbaren Folgen computergestützter Informationsverarbeitung sind trotz vielfältiger Forschungsbemühungen weder definitiv festgestellt noch genau abschätzbar. Vielleicht verläuft der technische, organisatorische und soziale Wandel zu schnell für eine erfolgreiche Erforschung. Sicher aber könnte mehr erreicht werden als die unzähligen empirisch widersprüchlichen und vagen Ergebnisse und die impliziten und expliziten Parteinahmen, wenn die Theorien aussagefähiger wären und eine geringere *interessenbedingte Imprägnierung* aufwiesen.

Die sich artikulierenden kontroversen Ansichten zur computergestützten Informationsverarbeitung verdeutlichen auch ohne systematische Forschung, daß die Technik in ihren Einsatzbereichen unterschiedlich zu beurteilende Wirkungen entfaltet und unterschiedliche Interessen auf den Plan ruft. Die Art und Weise, in der Einzelpersonen oder Gruppen durch sie berührt werden, scheint rein faktisch wie auch nach

---

[3] Niemann, Seitzer u. Schüßler fühlen sich angesichts der Situation veranlaßt, ihre Aufsatzsammlung „einer Versachlichung der oft emotional in der Öffentlichkeit geführten Diskussion“ zu widmen; s. 1983, S. V.

der Günstigkeit für Bedürfnis- und Interessenlagen ungleich zu sein. Verbreitung und anhaltend weiteres Vordringen der Technik sprechen dafür, daß es in einem erheblichen Maße zu positiv gewerteten Auswirkungen kommt. Widerstände und Ablehnung verweisen darauf, daß damit zugleich „Kosten" im weitesten Sinne verbunden sind.[4] Offenbar steht einer bestimmten Zahl von Nutzern oder *Nutznießern* der Informationstechnologie eine gewisse Zahl von objektiv oder subjektiv *nachteilig Betroffenen* gegenüber. Es ist kein Zufall, daß die Gegensätzlichkeit der Bewertungen computergestützter Informationsverarbeitung zeitlich parallel zum Anstieg der Arbeitslosigkeit in den westlichen Industriegesellschaften, d. h. einer Entwicklung, die als objektive Benachteiligung durch den verstärkten Technikeinsatz gedeutet werden kann, ausgeprägtere Formen annahm (Schaff 1982; Dostal 1982; Feser und Lärm 1983).

Für den Nutzer besteht nach eigenem Kalkül insgesamt ein Vorteil; ihm wird der Nutzen der Informationstechnologie zuteil, wenngleich dies mit „Kosten" einhergehen kann. Wenn die „Kosten" indes den Nutzen überwiegen, findet man sich weniger als Nutzer denn als im Rahmen computergestützter Informationssysteme Benutzter oder durch sie vornehmlich Belasteter wieder. Das Auftreten und die differenzierte Verteilung vorteilhafter und belastender Auswirkungen führt zu aktuellen Unterschieden in der Einschätzung der Technik, zu Unterstützung und Widerstand im Einzelfall. Aber erst die Verallgemeinerung dieser möglichen Wirkungsrichtungen zu generellen Wirkungsmustern, zu notwendigen Effekten und wahrscheinlichen Gefahren, und die Grobrasterung in einige wenige Betroffenenkategorien, die Vor- und Nachteilen systematisch unterschiedlich ausgesetzt sein sollen, bereitet dem Auseinandertreten latent-grundsätzlicher Befürwortung und latent-grundsätzlicher Skepsis und damit einer mehr oder weniger verborgenen Politisierung der Diskussion den Boden.

Den Anwendungsformen elektronischer Informationstechnologien fehlt somit allseitige Akzeptanz, weil die Folgen des Technikeinsatzes nicht nur als nützlich, sondern auch als belastend erlebt werden. Angesichts dieser Situation liegen folgende Fragen nahe, die tatsächlich auch – in gewissen Spezifizierungen – einen Großteil der wissenschaftlichen Erörterungen beherrschen:

---

[4] S. hierzu etwa den besonders lebensnahen Beitrag von Brügge 1982.

a) Wie läßt sich der *Nutzen* computergestützter Informationsverarbeitung *steigern*? Welche Verbesserungen sind möglich? Wie kann man die Technik besser ausschöpfen?

b) Welche Wirkungen, vor allem welche Belastungen gehen von der computergestützten Informationsverarbeitung aus? Lassen sich die Wirkungen steuern? Wie können *Belastungen vermieden* werden?

An den erstgenannten Fragen wird im Rahmen einer Forschungstradition gearbeitet, die man global als „*Nutzungsforschung*" bezeichnen könnte. Die Nutzungsforschung dominiert in der betriebswirtschaftlichen und speziell betriebswirtschaftlich-organisationstheoretischen und -informatischen Behandlung des Themas. Sie ist primär sachlich-analytisch und präskriptiv orientiert (vgl. Grochla 1978, S. 53 ff u. 192 ff). In ihrem Vorverständnis findet sich ein Zug zur grundsätzlichen Befürwortung der Computeranwendung.
An den Fragen nach den Wirkungen und ihrer möglichen Beeinflussung sind Forschungsarbeiten interessiert, die sich vereinfachend dem Komplex der „*Wirkungsforschung*" zuordnen lassen. Sie ist sehr viel schwächer vertreten als die Nutzungsforschung, besitzt eine stärker sozialwissenschaftliche Ausrichtung und bevorzugt empirische Untersuchungen. Skeptische Grundhaltungen sind hier zwar keineswegs durchgehend, aber doch wesentlich häufiger als in der Nutzungsforschung nachzuweisen.

Trotz aller Unterschiedlichkeit läßt sich eine gewisse Konvergenz der beiden angedeuteten Forschungsachsen bemerken. Vielleicht nicht in ihrem entwicklungslogischen Hauptstrang, aber doch in nicht unwesentlichen Abzweigungen laufen sie nämlich auf den Gedanken zu, daß Nutzenerhöhung oder Belastungsvermeidung auch etwas mit den Strategien und Verfahren für die Gestaltung der Informationssysteme zu tun hat, etwa damit, in wessen Händen diese Gestaltung liegt, wie gut sie organisiert ist und wie methodisch durchdacht sie bewerkstelligt wird. In beiden Richtungen tritt so neben eine Gestaltungsergebnis-Orientierung (s. Grochla u. Kubicek 1976) eine *Aufmerksamkeit für den Gestaltungs- und Einführungsprozeß computergestützter Informationsverarbeitung.*[5] Von der Nutzungsforschung her mit einem gewissen Akzent auf Fragen des Projektmanagements und den prozessualen Erfolgsfaktoren für Informationssysteme (s. etwa Lucas 1975; Dickson

---

[5] Welche gestaltungspolitische Relevanz dies hat, verdeutlichen Breisig u. a. 1983, insbes. S. 51 ff.

u. Powers 1976; de Brabander u. Edström 1977), von der Wirkungsforschung her unter Hervorhebung der Bedeutung und Möglichkeiten der Betroffenenbeteiligung (Mambrey u. Oppermann 1980, 1981 u. 1983; Kubicek 1983), wird damit der Boden der *Implementierungsforschung* betreten.[6]

Die Analyse der Implementierung (Entwicklung und Einführung) computergestützter Informationssysteme innerhalb der Nutzungs- und Wirkungsforschung entbehrt stärker als andere Forschungsfelder einer überzeugenden theoretischen Grundlegung. Begriffe und Aussagen lassen keinen konzeptionellen Tiefgang erkennen. Vielmehr geht man recht unvermittelt auf die Probleme los, die sich für eine reibungslose und qualitätssichernde Einführung von Informationssystemen hauptsächlich zu stellen scheinen. Etliches läuft durcheinander oder steht unvermittelt nebeneinander: die Kommunikationslücke zwischen Systemspezialisten und Benutzern, die unterschiedlichen Orientierungen dieser Gruppen, die Planung von Projektschritten, die Kontrolle von Terminen und Kosten, die Schulung der Bediener und der Benutzer der gelieferten Informationen, die konzeptionelle Adäquanz des Systems für die durchzuführenden Aufgaben, die Interessenberücksichtigung der Betroffenen und – stets an herausragender Position – die Akzeptanz des Systems im Sinne einer positiven Beurteilung und einer effektiven Benutzung. Hinzu kommen detaillierte Vorschläge zur Institutionalisierung der Betroffenenbeteiligung und zur Sicherung des Einflusses der Betroffenen und ihrer Vertretungen (z. B. Betriebsräte) im Gestaltungsprozeß, die in der Hoffnung unterbreitet werden, daß Partizipation belastende Auswirkungen reduzieren wird.

Eine Schwäche der Mehrzahl dieser „implementierungstheoretischen" Ansätze liegt insbesondere darin, daß über der Konzentration auf die Formen des Gestaltungshandelns die Gestaltungsgegenstände, also die Strukturen der Informationssysteme, aus den Augen geraten. „Gestaltungsergebnis-Orientierung versus Gestaltungsprozeß-Orientierung"

---

[6] Die hier gemeinte Implementierungsforschung ist zunächst deutlich zu trennen von der soziologisch-politologischen Erforschung der Implementation politischer Programme, die sich in jüngerer Zeit als ein eigenständiger Forschungszweig profiliert hat (s. Mayntz 1977 u. 1980a). Untersuchungen über Parallelitäten zwischen der Implementierung von Informationssystemen und von Gesetzen oder staatlichen Verwaltungsvorschriften und damit möglicherweise gegebene wechselseitige Anregungen der entsprechenden Forschungsrichtungen stehen noch aus. Für weitere Anmerkungen s. die Abschnitte B. II u. B. III der vorliegenden Arbeit.

erweist sich nicht nur als analytisches Einteilungskriterium für informationssystem-orientierte Beiträge der Organisationstheorie (Grochla 1975b, S. 15f; Grochla u. Kubicek 1976; Grochla 1978, S. 192ff), man behandelt diese beiden Aspekte auch als eine konzeptionelle Alternative, angesichts der man sich für das eine oder das andere zu entscheiden hat. Mit einer derartigen „Realisierung" der Trennung verstellt man indes systematisch den Zugang zur Realität, in der natürlich beides, Gestaltungsprozeß und Gestaltungsergebnis, immer zusammen vorkommt und bestimmte Prozesse zu bestimmten Ergebnissen führen.

Ein weiteres Defizit muß in dem zu schnellen Einmünden in präskriptive Erwägungen gesehen werden, was besonders in der Wirkungsforschung als Bruch mit der Tradition auffällt. Insgesamt bietet sich das Bild einer Reihe dem gesunden Menschenverstand und der allgemeinen Moral entspringender und verständlicher Vorgehensvorschläge, die jedoch nur teilweise auf Einsichten in die Wirklichkeit der Implementierung basieren. Zudem vermißt man eine Ergänzung durch plastische Szenarien, die eine Vorstellung wünschenswerter, nutzenoptimaler, belastungsvermeidender, legitimer Informationssysteme instruieren könnten und auf die somit hinzuarbeiten wäre.

2. Die Ausbreitung computergestützter Informationssysteme in handlungsbezogener Sicht

Das erkennbare Wirkungsspektrum automatisierter Informationsverarbeitung gibt Anlaß zu einer Polarisierung von Ansichten und Bewertungen. Die Leitfragen der beiden herausgestellten Forschungsrichtungen, der Nutzungsforschung und der Wirkungsforschung, beziehen die Theorieansätze unter dem Vorzeichen praktischer Problemlösung in diese Polarisierung ein und weisen ihnen bestimmte Positionen zu. Aus dieser Art einer „pragmatischen" Verankerung ergeben sich Begrenzungen der theoretischen Übersicht. Diese Begrenzungen lassen sich durchbrechen, wenn es gelingt, aus der Polarisierung herauszuwachsen. Dann kann allerdings weder Nutzensteigerung noch Belastungsverminderung weiterhin unmittelbar Forschungszweck sein. Was aber soll an diese Stelle treten?

Der außerordentliche Fortschritt in der Anwendung automatisierter Informationstechnologie verweist wissenschaftliche Erkenntnisbemühungen zunehmend auf eine Klärung der Bedingungen und Handlungsweisen, die diesen Fortschritt ermöglichen. In den Vordergrund rückt damit die Frage, wie in einer Vielzahl praktischer Gestaltungsprozesse ein nutzenbringender Einsatz und eine Vermeidung unzumutbarer Belastungen bewerkstelligt werden. Das „Problem" ist, wie die Ausbreitung computergestützter Informationssysteme in der gegenwärtig erlebbaren Form „funktioniert".

Die Entwicklung und Einführung computergestützter Informationssysteme ist heute eine alltägliche Angelegenheit, und es wird Zeit, davon theoretisch auf einem Niveau Notiz zu nehmen, das nicht nur die Behandlung von Alltagsproblemen erlaubt, sondern darüber aufklärt, wie dieser praktisch eminent bedeutsame Vorgang in seiner Alltäglichkeit funktioniert. Eine nicht ausschließlich gestaltungsmethodisch-präskriptive Forschung kann sich der Tatsache nicht verschließen, daß die Implementierung computergestützter Informationssysteme im allgemeinen und auf breiter Front *gelingt*. Am Ende werden die Friktionen überwunden, Konflikte sind gelöst oder vergessen, Kommunikationslücken sind überbrückt, Zeitverzögerungen nicht mehr wichtig; die Systeme werden doch noch genutzt, man arrangiert sich mit Belastungen, Personal tritt an und wieder ab, Programme werden angepaßt, und auf die eine oder andere Art findet man schließlich auch immer eine ökonomische Rechtfertigung.[7]

Dies könnte man über dem Studium der Literatur, die voll ist von Problemen, Fehlschlägen, Grundsatzkritik und Verbesserungsvorschlägen, beinahe aus der Sicht verlieren. Insbesondere skeptische Argumentationen setzen die Wirklichkeit unter eine etwas verzogene Optik. Es wird nämlich der Eindruck erweckt, als seien die Probleme der Akzeptanz und der Verminderung von Belastungen auf ein erträgliches und zumutbares Maß (etwa durch partizipativen Interessenausgleich) im Rahmen realer Implementierungsprojekte nicht nur von allergrößter, erfolgskritischer Bedeutung, sondern auch weitgehend *ungelöst*. Vielleicht mögen sie ungelöst sein aus der Sicht der Skeptiker. Wenn diese Probleme aber in einem solchen Ausmaß *praktisch* ungelöst wären,

[7] S. treffend hierzu Starbuck 1982.

wie es ihre wissenschaftliche Bespiegelung suggeriert, dann müßte der allgemeine Widerstand gegen computergestützte Informationssysteme wesentlich spürbarer, die skeptische Grundhaltung bei weitem verbreiteter sein, als es gegenwärtig in der öffentlichen Diskussion, in politischen Stellungnahmen, in den Massenmedien oder auf den Märkten für Konzepte, Programme und Geräte registrierbar ist. Wir erleben eine außerordentliche Welle der Ausbreitung computergestützter Informationssysteme in Unternehmungen und Behörden, wir sehen ein beispielloses Vordringen der Mikroelektronik im Arbeitsleben und im Privatbereich. Wenn von dieser Technologie belastende Wirkungen ausgehen, die ihre Akzeptanz in Frage stellen und alternative, partizipative Gestaltungsformen erforderlich machen, dann muß es den Kräften, die an ihrer Verbreitung interessiert sind, wenigstens bis heute bemerkenswert gut gelungen sein, Personen und Gruppen auf breiter Front zur Hinnahme zu bewegen und Bedenken zu zerstreuen[8] – und dies sogar ohne nennenswerte Partizipation oder Mitbestimmung. Die miterlebbare Entwicklung spricht dafür, daß es Mechanismen gibt, die zumindest Akzeptanzbarrieren auf ebenso unauffällige und routinemäßige wie wirksame Weise zu überwinden in der Lage sind.

Das Erkenntnisinteresse der Implementierungsforschung hat sich zunächst einmal auf solche Offensichtlichkeiten zu richten und zu klären, wie dies alles vor sich geht, wie es von bestimmten Akteuren planvoll und offenbar nicht ungeschickt durchgeführt wird, welche Funktionen dabei eine Rolle spielen und auf welche Gegebenheiten und Umstände man diesbezüglich setzen kann. Nur so kann sie erfahrungswissenschaftliche Substanz aufbauen.

Die kontroverse Betrachtung der Informationstechnologie, der *Sog der Polarisierung*, in den man gerät, wenn man sich ihr nähert, behindert die Entwicklung tragfähiger theoretischer Konstruktionen in beträchtlichem Maße. Natürlich ist es wichtig, der Praxis unmittelbar zu helfen,

---

[8] So stellt Mertens als Resultat einer Interviewserie in annähernd 40 Betrieben fest, daß nur in etwa einem Viertel der Einführungen computergestützter Informationsverarbeitung Schwierigkeiten mit Mitarbeitern auftraten; „jedoch handelte es sich in der Regel nur um Probleme mit einzelnen Damen und Herren“. Weiter zeigte sich, „daß die meisten Schwierigkeiten durch Gespräche, allenfalls durch formaleren Schriftwechsel gelöst wurden. Es sind uns keine Arbeitskampfmaßnahmen und nur ein Arbeitsgerichtsverfahren begegnet.“ (1983, S. 101) Vergleichbare Befunde liefern auch Brandt u. a. 1978, S. 311 ff, 346 ff u. 440 ff sowie Mülder 1984.

Problemlösungen anzubieten und zu instrumentieren, Stellung zu beziehen, auch in ethisch-moralischer Hinsicht zum Thema Farbe zu bekennen. Unter all dem sollte die Theoriebildung aber nicht verfallen. Man muß nicht unbedingt ein Verfechter der These sein, daß „nichts praktischer ist als eine gute Theorie", um einzusehen, daß Bekenntnisse, Forderungen und Vorschläge leicht ins Leere schießen, wenn man die Kapazität des angesprochenen Bereiches, sie zu verstehen und nach ihnen zu handeln, nicht durchschaut. Wir haben den Eindruck, daß es für eine Reihe skeptischer Einwände und Umlenkungsversuche wie auch für gewisse euphorische Zukunftsvisionen hinsichtlich des Computereinsatzes vorteilhaft wäre, sich ein theoretisch informatives Bild von der praktischen Lage zu machen.

Soviel zumindest ist in der Nutzungs- und Wirkungsforschung klar und geht in die Implementierungsforschung als unbefragte Grundannahme ein: Die Art und Weise der Gestaltung computergestützter Informationsverarbeitung hat einen entscheidenden Einfluß darauf, in welchem Maße Nutzungsmöglichkeiten erschlossen werden können und welche „Wirkungen" dabei auftreten. Was letztlich an Informationssystemen „herauskommt", wird (nicht völlig, aber beachtlich) geprägt davon, wie man die Informationssysteme „macht". Greift man die „Art und Weise der Gestaltung" im Begriff der Implementierung auf, erhält man als kompakte Ausdrucksform: *Das Erscheinungsbild computergestützter Informationssysteme hängt von den Eigenschaften der Implementierung ab.*

Diese Feststellung sieht nun weit unverfänglicher aus, als sie tatsächlich ist. Ohne theoretische Anschlüsse kann sie nur vor einem oberflächlichen Denken bestehen. In ihr ist eine Handlung bzw. genauer: ein Handlungsprozeß („Implementierung") in Beziehung gesetzt zu seinem Ergebnis („computergestütztes Informationssystem"). Solche Zusammenhänge sind zunächst einer rein begriffslogischen Vermittlung verdächtig, nämlich insoweit, als Handlungsprozeß und Handlungsergebnis definitorisch gekoppelt, Prozesse also über ihr Ergebnis, Ergebnisse über ihre Entstehung mitdefiniert werden. Sie geraten überdies leicht an den Rand der Trivialität, weil kausale Distanz fehlt: Die Handlung bewirkt „ihr" Ergebnis, man kann es sich nicht anders vorstellen. Oder sie driften ab in Unerweisbarkeit, weil es „irgendwie" an kategorialer Vergleichbarkeit mangelt: Wie die bloße Form der Handlung ihren substantiellen Gehalt determinieren soll, bleibt gänzlich unergründlich.

Wir brauchen uns von diesen handlungsanalytischen Aporien[9] nicht belasten zu lassen, müssen aber um sie wissen und unsere Konzeptionalisierung an ihnen vorbeiführen. Die Implementierung darf sicherlich nicht von ihrem konkreten Ergebnis her verstanden werden, sondern es ist zu fragen, was in sie eingeht – z. B. an Planung, Organisation, Methodik, Umsicht und sonstigen Ressourcen, allgemein: an Sinnorientierungen. Man muß sie als einen in bestimmter Weise systematisierten Handlungszusammenhang, als ein „*Handlungssystem*" begreifen, dessen Leistungsfähigkeit dahingestellt ist und eben besonderer Analyse bedarf. Computergestützte Informationssysteme sind Produkte derartiger systematischer Handlungszusammenhänge, bilden sozusagen ihren „Output". Dieser „Output" läßt sich anhand von Bestandteilen und Einzeleigenschaften beschreiben. Innerhalb des Handlungssystems entsprechen diesen Bestandteilen und Einzeleigenschaften Maßnahmen, die sie herstellen. Es ist in der Tat trivial, diese Maßnahmen mit den „Produkteigenschaften" in eine theoretische Beziehung zu setzen; man findet nichts als Entsprechung. Sehr wohl aber macht es Sinn, diese Maßnahmen mit anderen Handlungen, die ebenfalls zur Implementierung gehören und z. B. gerade auf ihre Systematisierung, d. h. Strukturierung ausgerichtet sind, oder mit den Aufgaben, Problemdefinitionen und bestehenden Erwartungen innerhalb des Implementierungsprozesses in einen konzeptionellen Zusammenhang zu bringen. Wir müssen also das Produkt der Implementierung auf die Handlungsebene transponieren; es wird in bestimmten Maßnahmen der Gestaltung aufscheinen, und diese Maßnahmen stellen sich als die primären Leistungen des Handlungssystems der Implementierung dar.

Damit deutet sich bereits für die vorausliegende Analyse der Implementierung computergestützter Informationssysteme ein handlungsbezogener Bezugsrahmen an, in dem Implementierung als Handlungssystem oder – was gleichbedeutend ist – als *soziales System* zu rekonstruieren ist. Dies ist das Hauptanliegen unserer Untersuchung: den Prozeß der Implementierung in eine theoretische, aber gleichwohl empirisch aufnahmefähige Perspektive zu bringen, in der sein Charakter als Sinnzusammenhang von Handlungen, sein Gestaltungs- oder Zweckbezug, seine interaktionsvermittelte („soziale") Dynamik, seine „politische" Dimension, sein Strukturpotential, seine Prägung durch die Institution, in der er sich abspielt, und seine Leistungsfähigkeit *zugleich*

[9] Sie entstehen primär in der Mikroskopie von Einzelhandlungen. Vgl. hierzu etwa Taylor 1966; Meggle 1977.

in den Blick gebracht werden sowie mindestens ansatzweise und theoretisch anschlußfähig transparent gemacht werden können.

Was das systemtheoretische Rüstzeug anbetrifft, so haben wir die wesentlichsten Anregungen aus den Arbeiten von Luhmann bezogen.[10] Luhmann's hoch generalisierte Theorie sozialer Systeme paßt im Grundsatz auf sämtliche sozialen Phänomene. Man mag sich fragen, was eine solche Theorie noch definitiv behaupten kann. Natürlich macht sie keine Feststellungen über empirische Einzelzusammenhänge. Sie sagt nichts, was durch direkte Beobachtung verifizierbar wäre. Sie entzieht sich überhaupt klassischen Kriterien und Verfahren der Wahrheitszuschreibung. Ihr Wert steckt darin, daß sie ein Deutungsangebot für Erfahrungen bereithält. Sie fungiert als Filter und Raster zur Selektion und Ordnung empirischer Eindrücke. Wenn es an einer Stelle gelingt, einen empirischen Sachverhalt plausibel als „einen Fall von" einer generellen Kategorie zu begreifen, dann hilft die Theorie über anknüpfende generelle Kategorien einerseits bei der Suche nach weiteren konkreten Tatbeständen, und andererseits bietet sie Interpretationsmöglichkeiten für Beziehungen auf empirischer Ebene. Die Attraktivität der Luhmann'schen Denkweise steigt durch ihren Bezug auf „Sinn" und Sinnzusammenhänge (Selektionsanschlüsse), mit denen man es im sozialen Leben nun einmal dauernd zu tun hat, und auch durch das konsequent eingehaltene Prinzip, bei allem, was man sich als „System" vorstellen kann, stets nach der *Funktion* und den *daraus zu erwartenden Problemen* zu fragen und dann auf *Mechanismen* oder Strukturen zu schließen, die entsprechende Problemlösungen erbringen – ein Prinzip, das mit betriebswirtschaftlichem Denken eine gewisse Verwandtschaft aufweist.

Unser konzeptionelles Interesse gilt allerdings durchgehend und ausschließlich dem empirischen Phänomen der Implementierung computergestützter Informationssysteme. Wir verwenden dabei systemtheoretische Überlegungen, betreiben aber keine systemtheoretische Exegese, referieren z. B. nicht über Systemtheorie im allgemeinen oder über spezielle Begrifflichkeiten (s. z. B. Wollnik 1978 b). Systemtheorie ist Mittel, nicht Gegenstand unserer Analyse. Dies sieht für explizit auf Implementierung zugeschnittene Beiträge ganz anders aus; sie sind auf Befunde und mögliche Verständnisanschlüsse durchzuprüfen. Mit ihnen werden wir uns deshalb ausführlicher auseinandersetzen.[11]

---

[10] S. neuestens und umfassend Luhmann 1984.

[11] Vgl. Abschnitt B. II.

Die Implementierung befaßt sich mit der Entwicklung und Einführung computergestützter Informationssysteme.[12] Worum es dabei geht, kann man schlecht überblicken, wenn man nicht weiß, was computergestützte Informationssysteme sind. Wir erörtern deshalb im ersten Teil der Untersuchung computergestützte Informationssysteme. Um falschen Erwartungen vorzubeugen, ist gleich hinzuzufügen, daß dabei keine Bestimmung, Begriffsabgrenzung oder Operationalisierung des Objekts angestrebt wird, obwohl unsere Ausführungen teilweise bis zur meßinstrumentellen Ebene hinabreichen. Die Bestimmung computergestützter Informationssysteme ist Sache der Praxis, und zwar, wie wir später sehen werden, insbesondere der Implementierungssysteme. Wissenschaftler können an Bestimmungsversuchen nicht gehindert werden. Für uns gewinnt aber die Gegenstandsbestimmung vorwiegend als soziales Faktum Relevanz. Wir bestimmen nicht, wir fragen vielmehr, wie Informationssysteme sozial bestimmt werden, oder besser: wie sie *sozial konstruiert* werden.[13] Dabei werden Auffassungsunterschiede oder *Perspektivendifferenzen* auffallen, die wir zunächst nur registrieren, um bei der Darstellung der Implementierung dann zu klären, welche Perspektiven dort maßgeblich sind, wie und von wem also die Implementierungsobjekte im Implementierungsprozeß sozial konstruiert werden.

Die gesamte Untersuchung erstreckt sich somit über zwei größere Teile:

Im ersten Teil geht es um eine Beschreibung computergestützter Informationssysteme unter dem Gesichtspunkt ihrer unterschiedlichen Betrachtungsmöglichkeiten. Welche Aspekte man hervorhebt, wie man die „Wirkungen" einschätzt, was man für Gestaltungsspielräume annimmt, wie Informationssysteme abgegrenzt werden – es unterliegt jeweils sozialer Definition. Alle eigenen Bestimmungen halten deshalb andere Bestimmungsmöglichkeiten offen, verstehen sich also als kontingent, d. h. auch anders möglich. Wir werden zu zeigen versuchen, wie mit der Anreicherung der Vorstellungen immer auch potentielle Auffassungsunterschiede anfallen und worauf diese zurückzuführen sind.

Der zweite Teil befaßt sich mit dem Implementierungsprozeß. Zunächst ist der Anteil der Implementierung an der Bestimmung von Informa-

---

[12] Eine Fundierung des Implementierungsbegriffes erfolgt in Abschnitt B. III.

[13] Zur sozialen Konstruktion der Wirklichkeit s. Berger u. Luckmann 1970.

tionssystemen (was sie sind und wie sie sind) und ihren „Auswirkungen" zu klären. Nach einem Durchgang durch verschiedene implementierungstheoretische Ansätze wird deutlich gemacht, was es heißt, Implementierung als ein soziales System zu begreifen. Wir gelangen damit zu einer Konzeption, die es ohne Schwierigkeiten gestattet, eine integrative Gesamtsicht des zu gestaltenden Informationssystems und des Gestaltungsprozesses, in dem es erarbeitet und zur Anwendung gebracht wird, aufzunehmen. Im Anschluß daran werden die Teilnehmer des Implementierungssystems und ihre durchschnittlich zu erwartenden „Einschaltungen" skizziert. Schließlich dient ein längerer Abschnitt der Darstellung der Funktionsweise des Implementierungssystems: der in ihm ablaufenden Interaktionen, der wirksamen Strukturen, der Zwecke oder Aufgaben und der das gesamte System prägenden Umgebung. Diese Darstellung wird durch einige empirische Illustrationen unterstützt.

3. Rückblick auf eine eigene Implementierungsstudie

Der Implementierungsforschung mangelt es nicht nur an Theorie, sondern auch – wenngleich nicht ganz so stark – an brauchbaren empirischen Befunden. Insbesondere sind solche Studien dünn gesät, die Implementierungs*projekte* oder *-prozesse* zu ihrem Gegenstand machen.
Das Schwergewicht empirischer Untersuchungen im Rahmen der Implementierungsforschung insgesamt liegt auf sog. „factor studies". Diese Arbeiten „are primarily concerned with the factors related to implementation success" (s. Lucas 1981, S. 45ff; Ginzberg 1974). Dabei geht es in erster Linie nicht um die Implementierung computergestützter Informationssysteme, sondern um die Implementierung von *Entscheidungsunterstützungsmodellen* („OR/MS models"); ein zumindest indirekter Bezug ergibt sich freilich daraus, daß derartige Modelle im allgemeinen auch als computergestützte Verfahren realisiert werden. Die „factor studies" bieten sicherlich teilweise Kategorien, die für eine Beschreibung des Implementierungsprozesses in Frage kommen. Obwohl viel von „Prozessen" die Rede ist, wählen sie aber nur selten konkrete Implementierungsprojekte als ihre Untersuchungseinheit,

sondern z. B. die gesamte Arbeit von OR/MS-Gruppen, den Veränderungsprozeß beim Benutzer oder die einzelnen Informationsbenutzer (vgl. Schultz u. Slevin 1975 b, S. 16 f). Sie operieren überdies vorwiegend mit einer statischen Perspektive.
Im Hinblick auf empirische Einsichten zur Implementierung *computergestützter Informationssysteme* gerät man noch mehr in Befundnot. Soweit wir sehen können, sind in diesem Bereich die Studien von Stewart und von Powers (Stewart 1971; Powers 1971; s. auch Dickson u. Powers 1976) die einzigen umfangreicheren empirischen Analysen geblieben, die wirklich einen klaren Zuschnitt auf einzelne Implementierungsprojekte aufweisen.[14]

In Anbetracht der schwachen Datenlage ist es ein glücklicher Umstand, daß wir auf einen bisher unveröffentlichten Fundus von Erfahrungen über die Implementierung computergestützter Informationssysteme zurückgreifen können, den wir im Rahmen eines eigenen Forschungsprojektes zusammengetragen haben. Es handelt sich um Daten aus der systematischen empirischen Erhebung von 29 abgelaufenen Implementierungsprojekten in 19 Industriebetrieben.[15] Diese Studie, auf die im folgenden mit der Bezeichnung „*eigene Implementierungsstudie*“ Bezug genommen wird, wurde vom Verfasser in den Jahren 1973 bis 1977 während einer Tätigkeit am Seminar für Allgemeine Betriebswirtschaftslehre und Organisationslehre der Universität Köln durchgeführt.[16] Die Implementierungsprozesse wurden retrospektiv in Form persönlicher, halbstrukturierter Interviews auf der Grundlage eines 25seitigen Fragebogens erhoben.[17] Zu jedem Implementierungsprojekt erfolgte eine *Spiegelbildbefragung*, d. h. jedes Projekt wurde mit iden-

---

[14] Einen gewissen Projektbezug läßt auch die Arbeit von Mülder (1984) erkennen; er tritt dort aber hinter dem eigentlichen Interesse am implementierten Informationssystem zurück. Mülder bezieht sich in erster Linie auf Personalinformationssysteme; das „Projekt“ scheint als „wie es dazu kam“ und „wie es damals war“, sozusagen als ihre Entstehungsgeschichte, durch.

[15] Übersicht A 1 im Anhang enthält eine Aufstellung der untersuchten Projekte sowie Angaben über die Größe und die Branchenzugehörigkeit der beteiligten Unternehmungen.

[16] Für die freundliche administrative Unterstützung des Forschungsprojektes möchte ich an dieser Stelle dem Direktor des Seminars, Herrn Professor Dr. Dr. h. c. mult. Erwin Grochla, nochmals meinen Dank aussprechen.

[17] Bis auf wenige Ausnahmen wurden die Interviews, die zwischen einer Stunde und drei Stunden dauerten, vom Verfasser selbst durchgeführt. Neben den persönlichen Interviews gab es zahlreiche telefonische Nacherhebungen und Rückfragen.

tischen Fragestellungen aus zwei Perspektiven beleuchtet: aus der Perspektive des bzw. eines maßgeblichen *Systemplaners* (meist handelte es sich um den Projektleiter) und aus der Perspektive des Leiters der hauptsächlich betroffenen Benutzergruppe (*Benutzerbereichsleiter*).[18] Die Implementierungsprozesse lagen zum Zeitpunkt ihrer Erhebung größtenteils zwischen 6 und 24 Monaten zurück.[19] Betrachtet man Breite und Tiefe der Datenerhebung sowie die Zahl der Untersuchungsfälle im Zusammenhang, so scheint das aus der skizzierten Studie vorliegende empirische Material das umfangreichste zu sein, das bisher über konkrete Implementierungsprozesse systematisch erfaßt wurde.[20]

Wir verdanken der eigenen Implementierungsstudie eine Reihe ganz elementarer und deshalb wichtiger Einsichten, die stärker noch als aus den datenanalytischen Auswertungen unmittelbar aus den Erhebungsgesprächen hervorgegangen sind. Aber auch am Material selbst, an seiner Vieldeutigkeit und interpretativen Sperrigkeit, haben wir lernen können. Aus seiner explorativen Verwendung, d. h. aus der erklärenden „Verarbeitung" und Überschreitung der jeweils erzeugten statistischen Beschreibungen („deskriptiven Muster"),[21] ist – freilich in sehr vermittelter Weise – das Gerüst für die später vorzutragenden Überlegungen entstanden. Im theoretischen Entwurf haben wir die Daten jedoch letztlich „überwunden", sie hinter uns zurückgelassen. Sie sind in der

---

[18] Übersicht A 2 im Anhang gibt die Themenbereiche der Erhebungsfragen wieder. Die Fragen, die an den Benutzerbereichsleiter gestellt wurden, bildeten eine Teilmenge der Fragen, die jeweils mit dem Systemplaner erörtert wurden. Die Verkürzung des Fragebogens für den Benutzerbereichsleiter schien aus Belastungsgründen geboten. Es wurden also nicht alle Informationen doppelt erhoben, jedoch ein relativ großer Teil.

[19] Die genaue Verteilung des Abstandes zwischen der Inbetriebnahme eines Informationssystems (Verfahrensfreigabe) und dem Erhebungszeitpunkt zeigt Übersicht A 3 im Anhang. Ein Abstand zwischen 6 und 24 Monaten ist als besonders vorteilhaft anzusehen (s. auch Powers 1971, S. 54f u. 72). Wie aus Übersicht A 3 hervorgeht, lagen 17 Untersuchungsfälle im gewünschten Abstand. Bei weiteren 4 betrug der Abstand 2–3 Jahre. 8 endeten in einem Abstand zum Erhebungszeitpunkt, der entweder Zweifel an der Treffsicherheit von Erinnerungen und der Zuordnung von Veränderungen zu einem speziellen Implementierungsprozeß oder aber an der Absehbarkeit aller relevanten Effekte aufkommen ließ. Bei diesen Fällen konnte durch Dokumentenanalysen und diverse Nacherhebungen ein einigermaßen gültiger Eindruck von den Implementierungsprojekten gewonnen werden.

[20] Aus den Interviews sowie der nachträglichen Systematisierung von Gesprächsnotizen gingen pro Untersuchungsfall etwa 450 Beschreibungsaspekte (Variablen) hervor.

[21] Zu dieser Vorstellung von Exploration vgl. insbesondere die ausführliche Erörterung bei Wollnik 1977. S. ferner Glaser u. Strauss 1967 sowie Huppertsberg 1975.

Theorie aufgegangen. Im Vergleich mit der Theorie können sie im nachhinein die „Schlußfolgerungen", die aus ihnen gezogen wurden, nicht mehr voll abdecken. Wir verzichten darauf, sie als „Ausgangspunkte" der Theorie zu präsentieren, um unsere Darstellung nicht ausufern zu lassen. Schon gar nicht bieten wir sie als „Belege" für irgendwelche Erklärungen an, etwa um diese Erklärungen durch die Daten zu „erhärten"; dies würde den explorativen Entwicklungszusammenhang auf den Kopf stellen. Natürlich passen die Daten in die Theorie hinein. Dort wird nichts behauptet, was den Erfahrungen offensichtlich widerspricht. Aber die Theorie sagt eben wesentlich mehr aus, als die Daten wiedergeben. Sie übernehmen deshalb nur eine *illustrierende Funktion*. Wir verwenden sie als Unterfütterung der theoretischen Überlegungen und orientieren uns dabei an dem Prinzip, relativ leicht einsehbare Fakten ins rechte konzeptionelle Licht zu rücken. Aus diesem Grund bleibt die Darstellung auch fast ausschließlich auf dem Rohdatenniveau.

Auch wenn die Datenqualität vor den üblichen Maßstäben der empirischen Sozialforschung sicher zu bestehen vermag, wollen wir die Bedeutung von Proportionen, Korrelationen etc. – aus eigenem wie aus fremdem Material – mit einer aus unserer Sicht gebotenen Zurückhaltung veranschlagen. Im Umgang mit den „Daten" tragen wir den vielfach geäußerten und berechtigten Authentizitätsvorbehalten gegenüber sozialwissenschaftlichen „Erfahrungskonstrukten" Rechnung.[22] In der Tat ist eine kontrollierte Erfahrungsgewinnung, die substantielle Validität bezeugt, in der Erforschung menschlicher Handlungsweisen, zumal komplexer Handlungsprozesse, nur begrenzt möglich. Zudem ist das Verhältnis von Theorie und Empirie wissenschaftsmethodisch nicht ausreichend geklärt.[23] Die empirischen Beschreibungen dienen

---

22 Insbes. wird vom Prüfmodell empirischer Forschung Abstand genommen (s. Wollnik 1977, S. 40ff); es geht um die erfahrungsgestützte Plausibilisierung *deskriptiver* Annahmen, nicht um irgendwelche Entscheidungen über Hypothesen.

23 Aufgrund der Begrenzungen und des unklaren Stellenwertes empirischer Erfahrungen im sozialwissenschaftlichen Forschungsprozeß gewinnt wohl auch die aufhellende, originelle, interessante Deutung bekannter und leicht verständlicher Fakten Überlegenheit gegenüber Erklärungen, die umfangreiches, schwer zu durchschauendes Zahlenmaterial bemühen und allzu oft den Eindruck entstehen lassen, daß sie statt der realen Verhältnisse vornehmlich die in diesem Zahlenmaterial aufzufindenden quantitativen Verhältnisse im Auge haben. Nicht zuletzt die Vielzahl theoretischer Bezugsrahmen mit vergleichsweise geringer empirischer Untermauerung spricht für die Priorität theoretischer Einfälle vor „gesicherten" Tatsachen.

lediglich als Anschauungsmaterial über die Wirklichkeit, in der sich abspielt, was im Rahmen der Untersuchung theoretisch zu begreifen ist.

Den Daten der eigenen Implementierungsstudie mag am Ende auch deshalb nur ein begrenzter Stellenwert zugebilligt werden, weil ihre Erhebung in die 70er Jahre fällt. Sicher wäre es wünschenswert, über neueres Material zu verfügen. Allerdings bestimmt sich die Aktualität von Erfahrungswissen wesentlich nach der Veränderungsrate der Erfahrungsobjekte. Nun unterliegt zwar die Informationstechnologie selbst, vor allem durch das Aufkommen der Mikroelektronik, einem raschen Wandel, und die Gewichte im Anwendungsspektrum sowie in den Gestaltungsphilosophien haben sich gewiß verschoben. Unsere empirischen Erfahrungen über Implementierungsprozesse beziehen sich aber nur am Rande auf die eingesetzte Technik. In ihrem Mittelpunkt steht das praktische Vorgehen bei der Informationssystementwicklung. Im Vergleich zu technologischen und anwendungsbezogenen Veränderungen weist die „Systementwicklungsmethodologie" eine größere Trägheit auf und folgt Verläufen, die mit dem technologischen und anwendungsorientierten Fortschritt nicht unbedingt eng korreliert sind. Die Entwicklung hält sich, soweit wir sehen, in frühzeitig eingespurten Bahnen. Vielleicht kann man sogar von einer *relativen Beständigkeit der Implementierungsverfahren im Verhältnis zu den Informationsverarbeitungsverfahren* sprechen. Jedenfalls aber sind die Sprünge hier nicht so groß wie bei der Technologie, und damit altern auch Erfahrungen langsamer. In verstärktem Maße gilt dies für unsere Erfassung sozialer Kristallisationen im Implementierungsprozeß.

Die alle anderen Eindrücke überwältigende Erfahrung, die wir in der eigenen Implementierungsstudie gemacht haben, ist an dieser Stelle bereits vorwegzunehmen. Sie betrifft die z. T. eklatanten *Unterschiede in den Angaben von Systemplanern und Benutzerbereichsleitern* zu ein und demselben Projekt. Ob es sich nun um Ziele, die Zusammenarbeit zwischen Spezialisten und Benutzern im Gestaltungsprojekt, die Informierung der Betroffenen, organisatorische Veränderungsmaßnahmen oder die fachliche und motivationale Vorbereitung der Mitarbeiter im Benutzerbereich handelt: In allen Fragekomplexen, in denen beide Seiten zu Wort kamen, finden sich auffällige Abweichungen. Dabei muß man die Einzelfälle betrachten; in der Aggregation gleicht sich vieles wieder aus. Die Unterschiede zeigen sich nicht nur auf der Ebene der Rohdaten. Die von den Systemplanern erhobenen Daten besitzen eine andere Struktur als die Daten, die die Sicht der Fachabteilung reflektieren. In den beiden verbundenen Stichproben ließ sich kaum eine Itemanalyse identisch reproduzieren, es ergab sich kein übereinstimmendes Korrelations- oder Faktorenmuster, Regressionen mit den „Systemplanerdaten" brachten andere Zusammenhänge ans Licht als mit „Benutzerdaten".

Andere Studien geben der Vorstellung von Perspektivendifferenzen zwischen den Teilnehmergruppen an der Implementierung zusätzliche Nahrung.[24] So schreibt Weltz:

„Wir haben uns intensiv mit Organisatoren einerseits und mit Mitarbeitern andererseits unterhalten und waren fasziniert, wie verschieden gleiche Tatbestände von beiden Personenkreisen gesehen werden. ... Das Ergebnis ist, daß beide aneinander vorbei reden, daß beide für das Verhalten und für die Erwartungen des anderen wenig Verständnis haben." (Weltz (1980), S. 19)

Ginzberg registriert aus einer ähnlichen Spiegelbildbefragung wie unserer:

„Perhaps the most striking result is the effect of an individual's role on his perceptions of a project. Managers and management scientists gave markedly different reports of both process and outcome in a number of the projects studied." (Ginzberg 1979, S. 98)[25]

Er stellt darüber hinaus fest,

„that in cases where users were dissatisfied with outcomes, their reports about the conduct of the implementation process differed markedly from the reports of the system designers involved in these projects. In contrast, when users were satisfied with outcomes, users and designers gave quite similar reports about the process." (Ginzberg 1981, S. 461 f)

Dieser Befund, auf dem Ginzberg ein „Frühwarnsystem" für Implementierungsprozesse errichten zu können meint, war in der eigenen

---

24 Mülder hingegen, der durch einen ersten Auswertungsbericht aus der eigenen Implementierungsstudie (s. Wollnik 1978c) auf die Möglichkeit der Perspektivendifferenzierung zwischen verschiedenen Teilnehmergruppen aufmerksam geworden zu sein scheint (1984, S. 119), konnte in seiner Untersuchung kaum Differenzen feststellen. Allerdings behandelt er die Angaben verschiedener Gruppen (Benutzerbereichsleiter, Sachbearbeiter, Datenverarbeitungsspezialisten, Betriebsräte) ganz offensichtlich als *unabhängige* Stichproben; insoweit ist das Auswertungsdesign der Fragestellung unangemessen, und die „Befunde" können die zahlreichen Differenzhypothesen, entgegen den Schlußfolgerungen von Mülder, nicht falsifizieren. S. hierzu z. B. Übersichten 8 und 17.

25 Auch Powers berichtet von „differing views of users and project leaders", s. Powers 1971, S. 183 ff; Dickson u. Powers 1976, S. 457.

Studie nicht in der geschilderten Deutlichkeit nachzuweisen, wenngleich es andererseits durchaus so schien, daß Aspekte, bei denen die beschreibenden Angaben stärker auseinanderklafften, zumindest potentiell kontrovers, gleichsam „neuralgische Punkte“ waren.

Wenn man die Unterschiedlichkeit der Angaben nicht als durch die Fragestellungen provoziertes methodisches Artefaktum über Bord wirft, bleiben drei Möglichkeiten der Deutung: als Unterschiede in der Auffassung „ein und desselben“ Sachverhaltes, als differenzierte Berührtheit durch „ein und dasselbe“ Implementierungsgeschehen oder als inhaltlich begründeten Ausdruck wirklich unterschiedlicher Tatbestände, die aber jeweils nur im Blickfeld einer Teilnehmergruppe liegen. Welche Deutung man auch bevorzugt, jedenfalls steht die kommunikative Darstellung und mithin wohl auch das Erleben von Implementierungsprojekten offenbar unter dem Einfluß verschiedener Sichtweisen, und in dem Bild, das man sich als Forscher aufgrund empirischer Einblicke darüber macht, hat man mit einer perspektivischen Prägung oder Verzerrung zu rechnen – es sei denn, man nimmt sich die Perspektivendifferenzen selbst zum Untersuchungsgegenstand und trägt ihnen in der Beschreibung Rechnung. Diese Idee, angewendet auf das Implementierungsobjekt, führt uns direkt vor die Erörterung der Auffassungsunterschiede in der Betrachtung computergestützter Informationssysteme.

A. Unterschiede in der Auffassu computergestützter Informationssysteme

I. Auffassung und Problemverständnis

Die Bestimmung des Gegenstandes der Implementierung als „computergestütztes Informationssystem“ offeriert bereits eine gewisse Perspektive. Sie ist weder universell noch zwingend und auch nicht selbstverständlich. Der Begriff „computergestütztes Informationssystem“ ist sicherlich noch erläuterungsbedürftig. Aber wenn man betrachtet, wie er eingeführt wurde, zeigt er sich als das Produkt überlegter Konzeptionalisierung. Er verweist darauf, daß diese Systeme mehr umfassen als eine maschinelle oder gerätetechnische Ausrüstung, mehr auch als Programme, Algorithmen und zu verarbeitende Daten. Er impliziert eine Blickrichtung von den Anwendungsproblemen und den mit ihnen befaßten personellen Aufgabenträgern her:

> „Moderne Informationssysteme werden im wesentlichen durch zwei Aktionsträger bestimmt: Menschen und Computer; sie sind also Mensch-Maschine-Systeme. Beide Komponenten können Informationen sowohl benutzen als auch verarbeiten. Um die heutige Entwicklung gegenüber den früheren reinen personalen Informationssystemen zu kennzeichnen, ist es sinnvoll, von computer-gestützten Informationssystemen zu sprechen.“ (Grochla 1973 b, S. 65)

Diese Auffassung hat sich im deutschen Sprachraum erst zu Beginn der 70er Jahre durchgesetzt (Grochla 1973 a; Schmitz 1970; Szyperski 1971, S. 50), angeregt von der Diskussion über entscheidungsorientierte Computeranwendungen, die sich vor allem unter dem Schlagwort „Management-Informationssysteme“ (Management Information Systems, MIS) auswies.[1] Mit dem Vordringen des Computereinsatzes von rein operativen (abwicklungsorientierten) Aufgaben zu dispositiven (entscheidungsorientierten) Aufgaben entstanden nicht nur neuartige Anwendungen, sondern es fielen auch neuartige Probleme an, Pro-

---

[1] S. etwa Gallagher 1961; Dearden u. McFarlan 1966; Ackoff 1967; Rhind 1968; McRae 1971; Buss u. a. 1971; Köhler 1971.

bleme etwa der Ausgestaltung der Benutzer/Computer-Schnittstelle, der Konstruktion dialogfähiger Datenendstationen, der Dialogprogrammierung, der Datenstrukturierung und Dateiorganisation und der Informationsbedarfsbestimmung. Überdies gewann die Frage nach der tatsächlichen Benutzung der Informationstechnologie sowie der Entscheidungsadäquanz der erzeugten Informationen an Gewicht. Alternativen bei der Formulierung und Modellierung von Problemen (Churchman 1971; Ackoff u. Emery 1972; Mitroff u. Featheringham 1974) traten ebenso in den Vordergrund wie die Affinität der Entscheidungshilfen zum kognitiven Stil der Entscheidungsträger (Huysmans 1970; Doktor u. Hamilton 1973; Börsig 1975; Huber 1983) oder die Mitteilbarkeit der impliziten Entscheidungsmodelle (s. etwa Little 1970; Ferguson 1971).

Parallel zur Entdeckung des Computers als entscheidungsunterstützendes Instrument haben sich also Orientierungen entwickelt, in denen sich die neuartigen Anwendungsprobleme reflektierten und die zugleich eine verbesserte Auslotung dieser Probleme begünstigten. Die Wissenschaft hat diese Orientierungen aufgegriffen, sie in systematische Begriffe umgesetzt und begonnen, die aufgeworfenen Probleme zu bearbeiten. In einem zentralen Begriff wie „computergestütztes Informationssystem" findet eine solche konzeptionelle Entwicklung ihren Ausdruck.

Der angedeutete Perspektivenumschlag hat allerdings frühere Betrachtungsweisen nicht völlig beiseitegestellt. Er hat sie vielleicht erweitert, vor allem aber die Akzente anders verteilt. Einen vergleichbaren Vorgang hat man in den späten 70er Jahren beobachten können, nachdem sich kleinere Effekte der Informationstechnologie so kumuliert hatten und die universelle Einsetzbarkeit der Mikroelektronik so weit abschätzbar geworden war, daß sie die fundamentalen organisatorischen und sozialen Implikationen der computergestützten Informationsverarbeitung zu einer greifbaren Alltagserfahrung profilierten. Die dadurch geschärfte Aufmerksamkeit für die arbeitsinhaltliche, arbeitsorganisatorische und beschäftigungsstrukturelle Einbettung findet einen treffenden Ausdruck etwa im Gedanken der „organisationstechnologischen Funktion der EDV", in der Rede von der EDV als „Organisationstechnologie" (Brandt u. a. 1979, S. 169 ff).

Die Problemlage hat sich im Verlauf der jüngeren Vergangenheit also mindestens zweimal recht deutlich angereichert und verschoben, zuerst in Richtung dispositiver Nutzung, später in Richtung einer sozio-technischen Integration. Praxis und Wissenschaft haben dies in Form verschiedener Leitmotive der Betrachtungsweise aufgenommen. Vorhandene Bewußtseinsstufen haben sich gleichwohl erhalten. So finden sich gegenwärtig sowohl in der Praxis als auch in der literarischen Behandlung unterschiedliche Auffassungen dessen, was auf einem bestimmten Reflexionsniveau durch den Begriff „computergestützte Informationsverarbeitung“ erfaßt wird.

Die verschiedenen Auffassungen, die sich formal etwa anhand von Dimensionen wie „eng – weit“, „partikulär – integrativ“, „neutral – wertend“ oder „gesichert – umstritten“ differenzieren lassen, sind auf je unterschiedliche Berührungspunkte und unterschiedliche typische Erlebnis- und Handlungsbezüge zurückzuführen. Mit der computergestützten Informationsverarbeitung befaßte Personen oder Gruppen haben voneinander abweichende Motive oder Gründe für ihre Zuwendung. Sie verfolgen unterschiedliche *pragmatische Relevanzen*. Diese üben eine prägende Wirkung darauf aus, was man unter einem „Informationssystem“ versteht. Die festzustellende Verschiedenheit der *Auffassungen* macht die soziale Konstruiertheit des Gegenstandes, seine interpretative Relativität, erkennbar. Offensichtlich wird die Realität von Informationssystemen durch je spezifische gemeinsame Vorstellungen und wechselseitig abgestimmte Handlungen in Szene gesetzt. Die pragmatische Bedingtheit der Auffassungen läßt darauf schließen, daß sie mit Interessen durchsetzt sind. Von der jeweiligen Auffassung wiederum hängt die Begrenzung und Pointierung der *Problemsicht* ab. Was man als problematisch in den Blick zu bringen vermag und welches Gewicht man einer Schwierigkeit beimißt, ist durch die Auffassung vorherbestimmt. Auf dem Problemverständnis gründet dann schließlich das *Gestaltungshandeln*, das dadurch als zugeschnitten auf die pragmatischen Relevanzen, als ihre „Erfüllung“ erscheint.

Auffassungsunterschiede über computergestützte Informationssysteme sind somit als eine Form der Artikulation der Probleme zu begreifen, die sich bei Verfolgung unterschiedlicher pragmatischer Relevanzen ergeben. Sie bilden eine empirische Tatsache von beachtlicher Bedeutung. Z. B. stellen voneinander abweichende thematische Abschattungen Ausgangspunkte vielfältiger Implementierungskonflikte dar. Ein Gefälle in der Belegbarkeit und Suggestivkraft der Perspektiven ermöglicht Überzeugung und Kooptation. Die Beeinflussung der Auffassung dient der Ausrichtung des Handelns auf bestimmte Zwecke.

Die *Perspektivendifferenzen* betreffen im Kern unterschiedliche Vorstellungen über praktische wie auch moralische Gesichtspunkte und Maßstäbe der Rationalisierung der Informationsverarbeitung durch automatisierte Informationstechnologien. Man kann dementsprechend – solange der Erörterungskontext klar ist – von verschiedenen *Perspektiven der Rationalisierung* sprechen. Ein erheblicher Teil der wissenschaftlichen Behandlung computergestützter Informationsverarbeitung und vermutlich auch der Interaktionen, in denen sie zur Anwendung gebracht wird, dient der Fixierung und Aushandlung, d. h. kommunikativen Übertragung und Einpflanzung, geeigneter Perspektiven. Wenn man die Bedeutung der jeweiligen Perspektive für die Problemsicht begreift, kommt es nicht überraschend, daß gerade die *Perspektivenerweiterung* („broadening the scopes") oder -veränderung als eine Art Königsweg zur Lösung der meisten Probleme vorgeschlagen wird.[2] Dabei wird indes die pragmatische Bedingtheit der Perspektiven zu wenig in Rechnung gestellt. Daß sich bestimmte Sichtweisen eingespielt haben, kann selten ausschließlich als Mangel gesehen werden, sondern muß stets auch daraufhin befragt werden, in welchem Sinn sie funktional sind, welche Probleme sie entsprechend bestimmter Zielvorstellungen besonders gut herausmeißeln und welches Problemlösungspotential in ihnen steckt. Zwischen der Breite einer Perspektive und ihrer Differenzierungskraft besteht ein negativer Zusammenhang: Man kann nicht verschieden große Gebiete mit gleicher Tiefenschärfe erfassen; vielmehr verliert die Betrachtung bei Erweiterung des Gegenstandsbereiches an Detailreichtum. Hinter der Forderung nach Perspektivenerweiterung verbirgt sich deshalb der Wunsch nach Perspektivenverschiebung, und zwar derart, daß neue Gesichtspunkte und Maßstäbe der Rationalisierung pragmatisch relevant werden.

---

[2] So bemängeln etwa Bjørn-Andersen u. Hedberg (1977) in ihrem Bericht über zwei Implementierungsprozesse die technologisch dominierte und damit ihrer Ansicht nach wesentlich zu enge Perspektive der maßgeblichen Implementierungsträger: „... technology dominated the design processes from initiation all the way through implementation. The design teams limited their areas of responsibility to the task of constructing functioning computerized systems and to the time during which they selected, programmed, and installed the technology. The triggers, constraints, and alternatives of the design processes were predominantly technological. Human needs and organizational impacts received little attention and were brought into the design discussions late, if at all." (S. 131) Auch Kubicek (1979a, S. 26ff) kritisiert „eine enge, technizistische Perspektive vom Gestaltungsgegenstand", die „das Erkennen und die Nutzung von Gestaltungsspielräumen auf betrieblicher Ebene (verhindert)".

Perspektiven der Rationalisierung sind Ausdruck bestimmter Interessen an der Fortführung der Rationalisierung in der eingeschlagenen Art und Weise oder an ihrer Neuausrichtung, Begrenzung, Verhinderung. Man argumentiert und handelt innerhalb der Perspektiven, indem man sie als selbstverständliche Hintergründe unterstellt, d.h., indem man so tut, als fände die Betrachtungsweise allseitige Zustimmung oder als sei es überhaupt die einzig mögliche Betrachtungsweise – zumindest angesichts der interessierenden Probleme. Zwischen Perspektive und Problemidentifikation besteht eine wechselseitige Stabilisierung: Wem aufgrund seiner Perspektive ein spezieller Problemhorizont zugänglich ist, in den er sich vertieft, dem wird die Perspektive schließlich Wirklichkeit und ihre Probleme in einer solchen Form vorführen, die die jeweils angelegte Perspektive maximal angemessen erscheinen läßt (s. hierzu Argyris 1980, S. 12ff).

Perspektiven sind Mittel, um die Realität zu ordnen und sich die Probleme so zurechtzulegen, daß sie lösbar wirken. Perspektiven zum Gegenstand einer Analyse zu machen hat die Konsequenz, die Ordnung der Wirklichkeit aufzubrechen, vor allem: ihre Relativität vor Augen zu führen. Vermeintlich gesicherte Auffassungen werden damit als bloße Möglichkeiten enttarnt. Erst eine derartige Relativierung schafft Raum für die *Frage nach der Angemessenheit und der Berechtigung vorherrschender, ausschlaggebender Perspektiven.* Eben darum verdienen Perspektiven unsere Beachtung als empirische Phänomene, d. h. als zu betrachtende Analyseobjekte statt als zu benutzende Orientierungsinstrumente.

II. Von der gerätetechnischen Auffassung zum Konzept des sozio-technischen Systems

Verschiedene Perspektiven der Rationalisierung sind zumeist dadurch auseinander hervorgegangen, daß die bestehende Perspektive als zu eng empfunden wurde oder die in ihr besonders beleuchteten Probleme als gelöst bzw. nicht mehr so gravierend angesehen wurden. Es lassen sich mehrere Verständnisstufen unterscheiden, wobei jeweils wichtig erscheinende Momente in der Verständnisentwicklung mitgenommen worden sind, während andere abgedrängt wurden und auf vorgelagerten Stufen verblieben. Eine mögliche Einteilung der Stufen ordnet sie entlang einer gedachten Koordinate des Horizontes des Gestaltungsbewußtseins. Der Horizont des Gestaltungsbewußtseins – oder kurz: der *Gestaltungshorizont* – bemißt sich nach der Aufmerksamkeit dafür, was im Zuge der Implementierung computergestützter Informationsverarbeitung alles absichtlich oder unabsichtlich in Bewegung gesetzt wird, also: wie weit die Gestaltung reicht.

1. Die gerätetechnische Auffassung

Computergestützte Informationssysteme umfassen eine bestimmte gerätetechnische Ausrüstung, die in der Regel durch eine größere Datenverarbeitungsanlage, neuerdings immer häufiger auch durch Mikrocomputer verkörpert wird. Grundsätzlich findet man die Trennung in Zentraleinheit und Peripherie (s. etwa Hansen 1983, S. 161 ff), deren räumlicher Aspekt durch die Verlagerung von Processor-Kapazität zu Datenendstationen einerseits, durch die technische Integration von Ein-/Ausgabestationen in die „Zentraleinheit" (wie bei Mikrocomputern üblich) andererseits allerdings verblaßt. Die gerätetechnische Auffassung stellt die technische Komponente von Informationssystemen in den Mittelpunkt. Je nach Fachdisziplin wird zum einen der innere Aufbau der Aggregate, zum anderen ihre Außenansicht, Funktionsweise, ihre Anordnung und ihr funktionales Zusammenspiel hervorgehoben. Besondere Betonung finden technische Leistungsmerkmale wie Processor-Geschwindigkeit, Arbeitsspeichergröße, Zugriffszeiten, Übertragungsraten u. ä.

Die Geräteorientierung liegt dem Verständnis derjenigen, die mit Informationssystemen wenig vertraut sind, am nähesten. Übersichten über Geräte und Erörterungen ihrer Arbeitsweise stehen deshalb oft am Anfang der Beschäftigung mit der Informationstechnologie. Die gerätetechnische Auffassung wird aber auch dann aktiviert, wenn es um Investitionen in Informationstechnik geht, zumal in Zusammenhang mit der Installation einer Anlage. Die Aufwendungen betreffen in erster Linie die Geräte. Verkauft werden zunächst einmal Geräte, und an diesen sind vor allem die gerätetechnischen Leistungsmerkmale zu beachten. Aufgrund ihres Bezuges auf greifbare und vergleichsweise objektive Bestandteile von Informationssystemen prägt die gerätetechnische Auffassung auch die Operationalisierung des Computereinsatzes in der frühen Wirkungsforschung. Bis zum Anfang der 70er Jahre erschöpfte sich die Erfassung der Größe „Informationstechnologie" in der Feststellung, daß der Computer eingesetzt wird (d. h. in der Feststellung des Vorhandenseins einer Datenverarbeitungsanlage oder einer Datenverarbeitungsabteilung), in der Bestimmung der Zahl der verfügbaren Geräte, in der Nennung des Herstellers und des Typs der Anlage, die installiert war, und in der globalen Erwähnung der Aufgabenbereiche, für die der Computer eingesetzt wird.[3]

Die gerätetechnische Auffassung sieht die Gestaltung computergestützter Informationsverarbeitung als ein Problem der richtigen „Hardware"-Auswahl. Informationssysteme erscheinen ihr als „Systemkonfigurationen". Gerade in der heutigen Zeit der Dezentralisierung der Informationsverarbeitung durch die Aufstellung kleiner Einzelgeräte, die Verteilung von Zugriffsmöglichkeiten auf Zentralrechner sowie die Verteilung von Processor-Fähigkeiten und Datenbeständen in größeren Systemen (s. Kroppenberg 1979; Meyer-Abich u. Steger 1982), und angesichts der im Zuge dieser Entwicklung gleichsam als Gegengewicht installierten Kommunikationsnetze (Schnupp 1982; Höring u. a. 1983;

[3] Einer der ersten Beiträge ist Stiebers Aufsatz „Automation and the White-Collar Worker" (1957), in dem noch die Feststellung gilt, daß „surprisingly little research into the social and economic effects of this new technology has been carried out". (S. 12) Dies ändert sich in der Folgezeit rasch, ohne daß jedoch ein spürbarer Zuwachs an Einsicht und Beherrschbarkeit der Entwicklung verbucht werden kann. Die Beschreibung der Informationstechnologie bei Stieber ist typisch für das Schrifttum zu den „informationstechnologischen Konsequenzen" bis tief hinein in die 60er Jahre. Sie liest sich z. B. so: „The Bank of America has installed a machine called ERMA which is reported to be able to handle the bookkeeping details of 50000 checking accounts a day." (S. 10) Weiterhin ist die Rede von „the introduction of an electronic computer in a large life insurance company", von „the installation of an electronic computer" oder von „a public utility company which had installed an IBM 650 computer" (S. 12–13).

Weber (1959a u. b) teilt lediglich mit, daß „a large general-purpose computer was installed" oder daß „electronic data processing was applied" und für welche generellen Aufgabengebiete die Maschine jeweils genutzt wurde. In den Studien des Labor and Industrial Relations Center der Michigan State University (s. Trumbo 1958; Jacobson u. a. 1959; Hardin 1960a u. b) beschränkt sich die Charakterisierung der Informationstechnologie ebenfalls darauf, daß „a medium-sized electronic computing device was installed" (IBM 650).

Gleiches gilt für die Studien des Bureau of Labor Statistics (1958, 1960), für die Längsschnittuntersuchung von Mann und Williams vom Survey Research Center der University of Michigan (1959, 1960, 1962) („change-over to electronic data processing equipment") und für die Arbeiten von Ida Hoos 1961, Siegman u. Karsh 1962, Delehanty 1965, Schwitter 1965, Hill 1966.

Noch Klatzky (1970) unterscheidet ihre Untersuchungsfälle (53 staatliche Arbeitsämter) lediglich nach der Anzahl von benutzten zentralen und peripheren Einheiten.

Kauffels 1984) ist die Bedeutung der in der gerätetechnischen Perspektive akzentuierten Parameter nicht von der Hand zu weisen. Jede Implementierung benötigt Mitarbeiter, die ihre Fachkompetenz aus einer Kenntnis all jener Bedingungen schöpfen, die im Rahmen der gerätetechnischen Auffassung von Informationssystemen hervorstechen. Aber das Gestaltungswissen kann sich darin nicht erschöpfen; der Gestaltungshorizont reicht weiter – ob man es nun sieht oder übersieht.

2. Die programmlogische Auffassung

Die bei der Informationsverarbeitung eingesetzten realtechnischen Aggregate arbeiten programmgesteuert. Während die Leistungsmöglichkeiten der Peripheriegeräte weitgehend konstruktiv festgelegt sind und durch entsprechende Steuersignale bloß abgerufen zu werden brauchen, bestehen bezüglich des zentralen Rechners größere Freiheitsgrade. Durch Programme werden zweckunspezifische, universelle Rechenautomaten (s. Klar 1976, S. 163ff; Heibey u. a. 1977, S. 84ff) zu Maschinen, die für höchst spezielle Zwecke eingesetzt werden können, etwa für bestimmte Abrechnungen, Kalkulationen, die Verwaltung von Daten, die Erstellung von Graphiken, statistische Berechnungen, Spiele usw.[4] Die Arbeiten, die ein Computer übernehmen kann, werden somit vollständig bestimmt durch die Verfügbarkeit entsprechender Programme. Die Programme sind so zu formulieren, daß sie einerseits in einer Form vorliegen bzw. in eine Form gebracht werden können, in der der Computer sie als Steuersignalfolgen interpretieren kann, in der sie aber andererseits möglichst auch zu erkennen geben, welche sachlichen Probleme in welcher Modellierung nach welchen Methoden durch sie bearbeitet werden.[5] Als Reaktion auf diese gegenläufigen Anforderungen findet sich eine Ausdifferenzierung verschiedener Programmierebenen mit eher maschinennahen (Assembler-Sprachen) oder eher problemnahen (problemorientierte Programmiersprachen, programmgestützte Makrosprachen) Formulierungsmitteln und die Be-

---

[4] Man spricht in diesem Zusammenhang von der Simulation sog. „virtueller" (d. h. nur programmlogisch, nicht aber realtechnisch gegebener) Maschinen auf einer universellen Basismaschine; s. etwa Schnupp u. Floyd 1979, S. 15ff u. 135ff.

[5] Zur Funktion von Modellen und Methoden in Informationssystemen s. Szyperski 1971, S. 43ff; Grochla 1974.

reitstellung von Umformungsmechanismen zwischen den Ebenen (Compiler, Precompiler, Assembler).

Die programmlogische Auffassung betont die Rolle des Problemlösungswissens und der Programme, in denen es seinen Niederschlag findet. Sie weist der Programmerstellung oder der Programmauswahl bei der Implementierung eine Schlüsselstellung zu. Ihr liegt die treffende Vorstellung zugrunde, daß die möglichen Dienste des Computers in erster Linie von den vorhandenen und einsetzbaren Programmen abhängen. Durch die Programme erst scheint sich die sog. „Intelligenz" der elektronischen Geräte zu entfalten – tatsächlich aber handelt es sich gar nicht um Geräteintelligenz, sondern fast alle jene Operationsweisen, die den Anschein kognitiver Kapazitäten erwecken, beruhen auf der Verarbeitungslogik, die in den Programmen niedergelegt ist und in dieser Form das Problemlösungswissen zur Anwendung bringt. Dieser Logik liegt ein methodisches Wissen darüber zugrunde, wie ein bestimmtes Sachproblem aufzufassen und in einer gewählten Modellierung Schritt für Schritt durch ein technisches Gerät von der Art eines Computers zu lösen ist. Die erforderliche Folge von Anweisungen oder Operationen nennt man „Algorithmus" (s. etwa Wirth 1979; Waldschmidt 1980, S. 9ff; Noltemeyer 1981). Die programmlogische Auffassung impliziert ein Umdenken realer Probleme in algorithmisch lösbare Probleme, d. h. eine Art „algorithmischen Scheinwerfer". Dabei betont sie zwangsläufig die Modellvorstellungen und Methoden, durch die die Algorithmen ihren Sinn erhalten.[6]

Die Vorstellung, daß der Computereinsatz in der Programm- oder Verarbeitungslogik seine wesentlichste Dimension findet, kann vor allem für weite Teile der Informatik als prägend betrachtet werden. Fachsystematisch läßt sich das dadurch erklären, daß ja gerade die Programmierung das Mittel zur Simulation virtueller Maschinen abgibt, und nach der technischen Grundkonstruktion ist dies das nächste, was aus der Sicht der Informatik von Interesse ist. Naheliegend ist die

[6] Der Begriff „information technology" weist zur programmlogischen Auffassung die stärkste Affinität auf, und seine Übernahme in die deutsche organisationstheoretische Fachsprache als „Informationstechnologie" läßt sich bezeichnungslogisch aus dieser Perspektive am ehesten begründen. Nach Leavitt u. Whisler (1958) umfaßt „information technology" neben den realtechnischen Aggregaten insbesondere die im Rahmen computergestützter Informationsverarbeitung realisierbaren Methoden (des Operations Research, der Simulation usw.). Unter „Informationstechnologie" sind somit neben den technischen Mitteln stets das Wissen und die Methoden der Informationsverarbeitung einbegriffen.

Auffassung auch für alle, die eine Datenverarbeitungsanlage selbst programmieren. Sie sind zu algorithmischem Denken gezwungen. Die praktische Bedeutsamkeit der Auffassung ist unmittelbar daran abzulesen, daß gängige Beschreibungen des Computereinsatzes vielfach auf Programme bzw. Programmsysteme Bezug nehmen – indem etwa gesagt wird, man setze ein bestimmtes Abrechnungsmodell, ein bestimmtes Lagerhaltungssystem, ein Statistiksystem, ein Datenverwaltungssystem etc. ein. Angebot und Verarbeitung von Standardsoftware und Software-Generatoren unterstreichen, daß Computer ohne Programme für den Anwender nutzlos sind. Die programmlogische Auffassung beherrscht deshalb auch Entscheidungen über Investitionen in dic „Software". Im Rahmen von Systementwicklungsprojekten ist die Perspektive in der konzeptionellen Trennung und methodischen Inbeziehungsetzung von Systementwurf (= Festlegung der Verarbeitungslogik) und Programmierung (= programmtechnische Realisierung der Verarbeitungslogik) als den zentralen Entwicklungsaktivitäten spürbar. In der Strukturierung der Datenverarbeitungsbereiche hat sie beim organisatorischen Auseinanderziehen von Systemplanern und Programmierern Pate gestanden. Auf den ausführenden Ebenen der Systementwicklungsabteilungen dürfte die programmlogische Perspektive vorherrschend sein.

In die empirisch ausgerichtete Literatur ist die Perspektive in Form von Einzelbeschreibungen implementierter „Systeme", d. h. in der Form von Erfahrungsberichten, gelegentlich auch als Grundlage für „state of the art"-Erhebungen (s. etwa Seibt u. Stöwer 1972) eingegangen. Bei vergleichenden Studien mit Erklärungsabsichten läßt sie sich kaum nachweisen. Nur selten gerät man an Untersuchungen, die sich bei der Erfassung des Computereinsatzes auf Aspekte wie die Anzahl der Programme, den Umfang von Programmen, Fortschrittlichkeit, Flexibilität, Komplexität oder Übersichtlichkeit von Programmen und Methoden, Programmkompatibilität, Programmiersprachen, Übersetzungsaufwand, Methodenniveau, Methodenklassen (z. B. Simulation, Optimierung etc.) oder Problemadäquanz der Algorithmen einlassen.[7]

---

[7] Merkmale dieser Art werden wahrscheinlich einerseits als nicht sehr erhebungsfreundlich empfunden, andererseits setzt ihre Verwendung spezifischere Kenntnisse voraus als etwa die Verwendung globaler realtechnischer Merkmale. Darüber hinaus fehlen zur Beschreibung von Methoden und Programmen fast gänzlich substantiell aussagefähige Indikatoren, die den Gehalt, die Transformationstypik verschiedener Algorithmen oder Programmstrukturen plastischer als nur durch Formalkriterien wie Komplexität etc. herausbringen könnten.

Die programmlogische Sichtweise ist bei der Informationssystemgestaltung unabdingbar. Sie stellt einen Satz von Gestaltungsparametern in den Vordergrund, ohne dessen kompetente und sorgfältige Ausarbeitung kein Informationssystem „zum Laufen gebracht“ werden kann. Sie besitzt damit eine spezifische Gestaltungsrelevanz. Die größeren Aufgabenzusammenhänge, auf die die Computerunterstützung abzielt, bleiben jedoch verschattet. Es fehlt die Einbettung der computergestützten Abläufe in die Aufgabenumwelt von Geräten und Algorithmen. In der Auffassung kommt nicht genügend zur Geltung, welches Erscheinungsbild die Programme in den Aufgabenzusammenhängen der Benutzer erzeugen. Wohl mag die Perspektive die angebotene „Benutzeroberfläche“ umfassen, aber sie bringt nicht mehr in den Blick, in welchem Maße eine aufgabenadäquate und arbeitsinhaltlich und -organisatorisch geeignete Unterstützung stattfindet. Sie reicht zu wenig an den Benutzer heran bzw. in seine Welt hinein.

Programme (incl. der Systemprogramme), die Modelle, auf denen sie basieren, und die in ihnen eingeschlossenen Methoden werden von den Systemplanern und Programmierern zwangsläufig als eine entscheidende Komponente von Informationssystemen betrachtet; für den Benutzer stellen sie im Normalfall jedoch den Inhalt einer „black box“ dar, mit deren Außenansicht er befaßt wird, ohne an ihrem Innenleben teilnehmen zu können oder zu wollen. Die Verarbeitungslogik ist in die Programme unsichtbar eingelassen. So wichtig sie für das grundsätzliche Funktionieren eines Informationssystems ist, so sehr wird ihre Bedeutung relativiert, wenn sich die beabsichtigte Unterstützung der Aufgabenerfüllung als sachlich unangemessen herausstellt oder sich die aus ihr hervorgehenden Ansprüche an Arbeitsinhalte und -organisation als unzumutbar erweisen.

3. Die anwendungsbezogene Auffassung

Werden in der programmlogischen Auffassung die unterstützten Aufgaben in ihren programmierten Erfüllungsoperationen und somit weitgehend in algorithmisch bedingter Zerlegung und mit entsprechender Abstraktion der Daten gesehen, vollzieht sich in der anwendungsbezogenen Auffassung ein Perspektivenwechsel, durch den das organisatorische Aufgabengefüge zum Ausgangspunkt des Verständnisses von Informationssystemen wird. Dieser Umschlag ist auf den Rückgang von Erstinstallationen (die die gerätetechnische Auffassung fördern) zugunsten des Ausbaus von computergestützten Informationssystemen auf bereits vorhandenen Anlagen durch Übernahme weiterer Aufgaben sowie auf die Erschließung planungs- und entscheidungsorientierter Anwendungsgebiete zurückzuführen. In diesem Sinn fordert Grochla (1973 b, S. 67 f):

„Bei aller Bedeutung der Maschinen- und Programmsysteme ist es daher notwendig, im Zuge der Erschließung neuer Anwendungen den Schwerpunkt der Betrachtung auf die Anwendungskonzeption und den Benutzer zu legen. Grundlage der Entwicklung jedes Informationssystems muß das betriebliche Aufgabengefüge sein."

Das am Anfang der 70er Jahre erreichte Entwicklungsstadium stellt sich wie folgt dar:

Der in den letzten Jahren in Wirtschaft und Verwaltung zu beobachtende zunehmende Einsatz von automatischen Datenverarbeitungsanlagen (ADVA) darf nicht darüber hinwegtäuschen, daß das Leistungspotential dieser Sachmittel bei weitem noch nicht ausgeschöpft wird. Der Computer wird vorwiegend zur Verarbeitung von Massendaten im Rahmen von Abrechnungsaufgaben eingesetzt. Von der Möglichkeit, darüber hinaus auch Planungsaufgaben mit Hilfe von ADV-Anlagen durchzuführen, wird hingegen noch zu wenig Gebrauch gemacht. ... Ein ... wesentlicher Grund für die mangelnde Nutzung des zur Verfügung stehenden technischen Potentials ist darin zu sehen, daß zwar Teilbereiche der betrieblichen Aufgabenstruktur auf den Computer übertragen wurden, es allerdings weitgehend versäumt wurde, umfassende, diese Teilbereiche verknüpfende Gesamtkonzeptionen zu entwickeln." (Grochla 1970, S. 49–50)

Die ins Auge gefaßte Weiterentwicklung wirft vor allem das Problem der Abstimmung und Verknüpfung einzelner computergestützter Informationsverarbeitungsverfahren auf. Dazu werden die Aufgaben, für die eine Computerunterstützung in Betracht gezogen wird, ins Zentrum der Aufmerksamkeit gerückt. Der Standpunkt des Anwenders wird entdeckt. „Vom Standpunkt des Anwenders – und damit aus betriebswirtschaftlich-organisatorischer Sicht – sind ... das Aufgabensystem und das Benutzersystem von grundlegender Bedeutung." (Grochla u. Meller 1977, S. 16; s. auch Grochla 1973 a, S. 3).[8]

---

[8] Parallel dazu wird konsequent eine Neuorientierung der Informatik gefordert. So führen die Autoren des Beitrages vom Betriebswirtschaftlichen Institut für Organisation und Automation (1969) aus, „daß die Gestaltung von automatisierten Informationssystemen, in denen neben ADV-Anlagen die Menschen als Weiterverarbeiter und Benutzer von Informationen auftreten, eine umfassende Informationswissenschaft notwendig macht, die nicht nur für die technischen Probleme von Computern, sondern auch für die organisatorischen, strukturellen und ökonomischen Fragen derartiger Mensch-Maschine-Systeme zuständig ist." (S. 229)

Grochla prägt für das, was nunmehr für den Entwurf von computergestützten Informationssystemen ausschlaggebend wird, den Begriff „*Anwendungskonzeption*" (Grochla 1972, S. 109 f; 1973 a, S. 5; 1973 b, S. 67 f).

„The point-of-departure in the design must comprise ... a detailed analysis of the decisional logic and informational links of the tasks to be mastered within the information system. The results of this study constitute an application concept." (Grochla 1975 a, S. 33)

„Die Anwendungskonzeption eines Informationssystems erfaßt demnach das organisatorische Konzept informationsverarbeitender Aufgaben einer Unternehmung, die unter Berücksichtigung der technischen und programmtechnischen Möglichkeiten der individuellen Maschinenkonfiguration ökonomisch verantwortbar auf die automatische Datenverarbeitungsanlage übertragen werden können." (Grochla 1972, S. 110; s. auch Grochla u. Meller 1977, S. 13, 157 ff.)

Die Vorstellung der Anwendungskonzeption ist gestaltungsstrategisch motiviert. Davon zeugt nicht nur ihre Entstehung in unmittelbarer Verbindung mit der Erarbeitung eines sog. „Anwendungsmodells" bzw. „integrierten Gesamtmodells" der betrieblichen Datenverarbeitung (Grochla 1971; Grochla u. Mitarbeiter 1974), sondern auch die Hervorhebung einer Schwerpunktverlagerung von der maschinen- und programmbezogenen Betrachtung zu einer anwendungsbezogenen Betrachtung als Voraussetzung für die Gestaltung „höherwertiger" computergestützter Informationssysteme (Grochla 1973 b, S. 67). Die Anwendungskonzeption ist gleichsam die gestaltungsorientierte Ausformung der anwendungsbezogenen Auffassung. Die implizierte Neuverteilung der Gewichte und Ansatzpunkte im Gestaltungsvorgang betrifft aber auch die Auffassung des Gestaltungsobjektes. Wenn die Gestaltung von computergestützten Informationssystemen als Anwendung eines in Geräten und Programmiermöglichkeiten repräsentierten Leistungspotentials auf Aufgabenerfüllungsvorgänge begriffen wird, dann sind die jeweils unterstützten Aufgaben, die bei ihrer Erfüllung notwendigen Informationen und die zwischen ihnen bestehenden Informationsbeziehungen wichtige Komponenten von Informationssystemen. Sicher werden Informationen und Informationsflüsse auch in programmlogischer Perspektive gesehen, jedoch abstrakt gesetzt zu Typen und Strukturen von Verarbeitungsobjekten und ihres arbeitsweltlichen Bezuges entkleidet. Erst die Einsicht, daß der Computer stets in schon vorher bestehende und immer auch mit personellen Aufgabenträgern ausgestattete Aufgabenerfüllungsprozesse eingreift, öffnet das Verständnis für den Charakter von Informationssystemen als Mensch-

Maschine-Systeme.[9] Und erst in diesem Gedankenzusammenhang findet auch ein Begriff wie „computergestützte Informationsverarbeitung“ oder „computergestütztes Informationssystem“ seine adäquate konzeptionelle Einbettung und Rechtfertigung (s. oben S. 21 f).

Die anwendungsbezogene Auffassung ist gekennzeichnet durch die Vorrangigkeit der Aufgaben vor den informationstechnologischen Hilfsmitteln für ihre Bewältigung. Die Perspektive schärft das Bewußtsein für das, worauf die Informationstechnologie angewendet wird. Durch dieses Anknüpfen an den Aufgaben und ihrer zweckmäßigen Erfüllung weist sie sich als primär organisatorische Betrachtungsweise aus.[10] In ihrer Modellierung der Wirklichkeit stößt man unmittelbar auf vorhandene Aufgaben. Diese werden zunächst nur durch personelle Aufgabenträger erfüllt. Dann tritt der Computer als weiterer möglicher Aufgabenträger hinzu. Die Überlegungen, wie er genutzt werden kann, mögen bestehende Aufgaben neu definieren und umformen: Stets aber nehmen sie ihren Ausgang von dem vorgegebenen Aufgabenbestand (nicht unbedingt jedoch von der praktizierten Aufgabenerfüllung). Die Informationstechnologie erlangt dabei nicht die Stellung eines völlig selbständigen Aufgabenträgers. Es kommt vielmehr zu einer Verschränkung personeller und maschineller Aufgabenerfüllungsoperationen (zu einer sozio-technischen Integration).[11] Zwar variieren die Arbeitsabschnitte ohne menschliche Beteiligung in ihrer Länge, die automatisierten Teilprozesse führen aber an bestimmten Punkten immer wieder in den Bereich der personellen Aufgabenträger zurück. Das Augenmerk wird in besonderem Maße auf die *Schnittstellen* zwischen personellen und maschinellen Arbeitsabschnitten gelenkt.

Die anwendungsbezogene Auffassung verweist somit darauf, daß stets nur Teilprozesse der Aufgabenerfüllung von Datenverarbeitungsgeräten übernommen werden; daß nicht nur die Gesamtlast einer Einzelaufgabe, sondern auch ihre informationellen, zeitlichen und aufgabenlogi-

---

[9] Grundlegend zu diesem Konzept s. Grochla 1966, S. 72 ff.

[10] Die organisatorische Strukturierung visiert eine rationale Vorbereitung der Aufgabenerfüllung an. Sie richtet zweckstrebiges Handeln an einer bestimmten, den Zwecken entsprechenden Verfahrensweise aus, führt somit eine bestimmte Verfahrenstechnik für die Aufgabenerfüllungshandlungen ein. Organisieren ist ein Umweghandeln, durch das zukünftiges Handeln vorab eingeschränkt und auf bestimmte Leistungen hin orientiert wird. Vgl. Kosiol 1962, S. 21–31; Grochla 1966, S. 14–19, 72–76; Grochla 1972, S. 13–15. Grochla spricht in Anlehnung an Kosiol von der „integrativen Strukturierung von Systemen zur Erfüllung von Daueraufgaben“.

[11] Zum Begriff der Integration vgl. grundlegend Lehmann 1969.

schen Beziehungen zu angrenzenden Aufgaben Beachtung finden müssen; daß Informationssysteme Arbeitszusammenhänge beinhalten, an denen Menschen und Maschinen beteiligt sind, so daß es zu vielfältigen Berührungspunkten kommt, deren Ausgestaltung dafür entscheidend ist, wie ein Informationssystem erlebt wird. Kurz gesagt: Die Perspektive bringt die Aufgaben und die Benutzer ins Bild. Im Hinblick auf die gerätetechnische und die programmlogische Auffassung ergibt sich eine deutliche Zäsur.

Die Auffassung trägt zudem dem Anliegen Rechnung, Auswirkungen des Computereinsatzes systematisch und in angemessener Differenziertheit festzustellen. Dieses Anliegen betrifft zunächst die Nahumgebung der Schnittstellen zwischen Benutzern und Datenverarbeitungsanlagen und schlägt sich somit in verhaltensbezogenen, ergonomischen und enggefaßten arbeitsorganisatorischen Fragestellungen nieder,[12] erstreckt sich aber in der Folge auch auf Aspekte des organisatorischen Aufbaus, der beruflichen Anforderungen und der Einstellungen zur Informationstechnologie. In der Tat muß gerade dann, wenn es um einzelne Arbeitsplätze geht, eine gerätetechnische oder programmlogische Auffassung versagen, da sie Computeranwendungen ja von der systemtechnischen Seite her begreift und den Differenzierungen in der Betroffenheit nicht nachspürt. Solche Fragen können daher erst mit dem Aufkommen der anwendungsbezogenen Auffassung sinnvoll gestellt und beantwortet werden.

Die Erkenntnis, daß einzelne Benutzer oder Benutzergruppen in höchst unterschiedlicher Weise von der computergestützten Informationsverarbeitung betroffen werden und daß zur Erklärung ihrer Reaktionen eben diese spezifische Berührtheit zu berücksichtigen ist, verleiht der anwendungsbezogenen Auffassung zusätzliche theoretische Relevanz. Mit dem Übergang zur anwendungsbezogenen Auffassung setzt sich in der Nutzungsforschung immerhin eine spürbare Reorientierung durch; in der Wirkungsforschung bricht jedoch gleichsam eine neue Epoche an. Einen wesentlichen Beitrag liefert die englische HUSAT-Gruppe mit der Unterscheidung verschiedener Formen, Medien und Unterstützungsmechanismen der Interaktion zwischen Personen und

---

[12] S. Root u. Sadacca 1967; Nickerson u. a. 1968; Carbonell u. a. 1968; Hedberg 1970; Sackman 1971; H.-P. Kieser 1973.

Computern und der Einteilung in verschiedene Benutzerarten.[13] Bei den Interaktionsformen geht es um die Feststellung, ob ein Benutzer eine reine Eingabetätigkeit ohne eine an ihn gelangende Ausgabe ausübt, ob er Eingaben für einen vorherbestimmten Output macht, ob er regelmäßig einen vorherbestimmten Output empfängt, ob er eine Ausgabe auf Anfrage erhält, ob er bestimmte Auswertungen selbst durch eigene Anweisungen anfordern kann und ob er den Computer selbständig in einer höheren Programmiersprache programmiert. Bezüglich der Medien wird zwischen Terminals und indirekten Kommunikationsmitteln unterschieden. Hinsichtlich der Unterstützungsmechanismen verläuft die Differenzierung entlang der Situationen, in denen eine Unterstützung erforderlich ist (Terminalbedienung, Umgang mit Betriebs- und Anwendungsprogrammen, Systemfehler, Abbruch von Aufträgen) und entlang der Quellen der Unterstützung (Betriebssystem, Manuals, kompetente Personen). Die Arbeiten der HUSAT-Gruppe zeigen, daß verschiedene Benutzerarten wie etwa Sachbearbeiter, Manager und fachgebildete Spezialisten sich im Hinblick auf die genannten Dimensionen systematisch unterschiedlichen Anwendungsformen gegenübersehen und über entsprechend streuende Wahrnehmungen, Ansichten und Reaktionstendenzen verfügen. Die angeführten Merkmale legen grundsätzliche Kopplungsformen zwischen Menschen und Computern fest, die von einer Beherrschung durch informationstechnologische Geräte (dominant coupling) über eine mehr oder weniger starke Bindung an sie (active coupling) bis zu einem unaufdringlichen Zurverfügungstehen (passive coupling) reichen (Damodaran u. a. 1974).[14] In eine ähnliche Richtung zielt die Einteilung verschiedener Nutzungsformen von Datenverarbeitungssystemen (Fischer 1973) oder die Klassifikation der „Arbeitsweise von Informationssystemen“ in Berichtssysteme, Dokumentationssysteme (Information Retrieval-Systeme), Abfragesysteme und Dialogsysteme (Szyperski 1973, S. 31 ff; Marock 1980).

Am klarsten wird die anwendungsbezogene Auffassung innerhalb der Wirkungsforschung im „Konzept der informationstechnologischen Anwendungsformen“ von Kubicek fundiert.

---

[13] HUSAT = Human Sciences and Advanced Technology: Forschungsgruppe am Department of Ergonomics and Cybernetics, Univ. of Technology, Loughborough; s. Stewart u. a. 1972, S. 323 ff; Eason 1973, S. 9; Eason u. a. 1975, S. 92 ff.

[14] S. auch die konzeptionell verwandte Charakterisierung von „Herren-“ und „Sklavensystemen“ bei Mertens u. Kress 1970, S. 2 oder Mertens u. Griese 1984, S. 2.

„Mit diesem Konzept wird an den ... Gedanken angeknüpft, daß es wenig sinnvoll ist, von „dem“ Computersystem oder „dem“ DV-System einer Unternehmung zu sprechen, da sich dieses „System“ aus einer Reihe von Computeranwendungen zusammensetzt, die sich häufig in technischer Hinsicht, vor allem jedoch in den für die Benutzer relevanten Aspekten erheblich unterscheiden können und deren einzige Gemeinsamkeit häufig nur darin besteht, daß sie sich der gleichen zentralen DV-Anlage bedienen. Gemäß diesen Überlegungen wird eine Neuorientierung vorgeschlagen, die die einzelnen Computeranwendungen und nicht das durch ihre (heterogene) Gesamtheit gebildete DV-System in den Vordergrund der Gestaltungs- und Forschungsüberlegungen stellt.“ (Kubicek 1975, S. 198)

Für Kubicek stehen die organisatorischen Implikationen des Technologieeinsatzes im Mittelpunkt. Die Computeranwendungen werden deshalb aus Benutzersicht über die Dimensionen „Verteilung der personell zu erfüllenden Aufgaben innerhalb des Informationssystems“ (s. auch Chapanis 1965) und „Interaktion zwischen personellen und maschinellen Aktionsträgern“ operationalisiert.[15] Mit diesen „informationstechnologischen Regelungen“ sollen die „aus der Technologie unmittelbar resultierenden Anforderungen und Möglichkeiten für die Benutzer“ erfaßt werden. „In Abhängigkeit von diesen beiden Parametern sind die organisatorischen Regelungen für die gesamte Aufgabenerfüllung in der Benutzergruppe zu formulieren.“ (Kubicek 1975, S. 205)

Die anwendungsbezogene Auffassung folgt hier also aus dem Ziel, solche Aspekte des Technologieeinsatzes herauszuarbeiten, für die ein Zusammenhang mit organisatorischen Gestaltungsmaßnahmen besonders gut plausibel gemacht werden kann. Bemerkenswert ist außerdem die Akzentverschiebung von den informationstechnologischen Bedingungen zu den organisatorischen Regelungen, die nicht als mechanisch induzierte Wirkungen, sondern als Inhalte und Ergebnisse einer die technologische Ausarbeitung flankierenden organisatorischen Gestaltung begriffen werden. Sie geben damit einen eigenständigen Faktor für das Erscheinungsbild von Informationssystemen ab (s. Kubicek 1975, S. 125 ff u. 342 ff). Gerade an diesem Punkt wird die Erweiterung

---

[15] Als Indikatoren der Funktionsteilung werden z. B. die zeitliche Beschäftigung mit der Computeranwendung, die zeitliche Beschäftigung mit einer jeweils unterstützten Aufgabe, die Zeit für und die Belastung durch eingabe- und ausgabeinduzierte Tätigkeiten verwendet. Indikatoren für die Interaktion sind die Kommunikationshäufigkeit mit dem Datenverarbeitungssystem, die Nähe der Kommunikationsmittel zur interpersonellen Kommunikation („Schwierigkeit“ der Input- bzw. Outputmedien) und die Interaktionsfreiheit der Benutzer (ein Aspekt, der den von der HUSAT-Gruppe unterschiedenen Interaktionsformen ähnlich ist).

des Gestaltungshorizontes deutlich. Aus anwendungsbezogener Perspektive wird die Form von Informationssystemen maßgeblich durch die jeweiligen organisatorischen Festlegungen bestimmt, die zusammen mit der Technologieeinführung vorgenommen werden.

4. Die sozio-technische Auffassung

Die sozio-technische Auffassung setzt sich mit einem ausdrücklichen Wandel der Bewertungsmaßstäbe der Qualität computergestützter Informationssysteme von den bisher diskutierten Perspektiven ab. Neben die Ziele, die sich auf das Funktionieren von Geräten, das Laufen von Programmen und die wirtschaftliche Aufgabenerfüllung durch die Informationstechnologie beziehen, tritt das Bestreben, bei der Gestaltung von Informationssystemen gleichgewichtig auch den menschlichen Bedürfnissen Rechnung zu tragen.[16]
Die Auffassung bringt einen spezifischen „concern for people", eine Orientierung auf „human needs" und somit eine generelle Humanisierungstendenz ins Spiel.

Das Konzept des sozio-technischen Systems geht auf Arbeiten der Tavistock-Gruppe zurück.[17] Im Bereich der Informationssystemfor-

---

[16] Vgl. auch die Unterscheidung der Zielbündel Automatisierung, Wirtschaftlichkeit und Humanisierung bei Heinrich 1978, S. 492f.

[17] S. Emery u. Trist 1960; Trist u. a. 1963; Trist 1969. Einen Überblick über die soziotechnische Forschung der Tavistock-Gruppe gibt Herbst 1974a.
Ursprünglich erfüllte der Begriff die Funktion, die Aufmerksamkeit für die technische Bedingtheit des Arbeitsverhaltens zu schärfen. Man glaubte an eine starke technologische Determiniertheit der Arbeitsorganisation. Aus vergleichenden Untersuchungen ergab sich aber, daß die Beziehung zwischen technologischen Systembestandteilen (Aufgabenbewältigungsmodelle, Maschinen, Arbeitsverfahren) und sozialen Komponenten nicht als deterministisch, sondern allenfalls als korrelativ zu betrachten ist (Trist 1969, S. 273). Bei gleicher Technologie zeigten sich stark abweichende Sozialstrukturen. Zugleich waren die Gesamtsysteme unterschiedlich effizient. Daraus wurde gefolgert, daß es einen nicht unbeträchtlichen Gestaltungsspielraum für die sozialstrukturellen (vor allem kompetenz- und arbeitsorganisatorischen) Aspekte gibt (Trist u. a. 1963), der im Sinne von Effizienzsteigerungen wie auch für die Verbesserung der psychosomatischen Befindlichkeit und der Motivationslage der Beschäftigten genutzt werden kann. Der Begriff des sozio-technischen Systems entwickelte sich zum Symbol für eine human-orientierte Arbeitsgestaltung, für eine Nutzung neuer Techniken zur Förderung menschengerechter Arbeitsverfahren. In dieser Tendenz konvergierten die Studien der Tavistock-Gruppe mit neuen, psychologisch und sozialpsychologisch gestützten Prinzipien der Arbeitsorganisation (job design) (Davis 1966; Davis u. Taylor 1972; Taylor 1978). Die Technik sollte nicht

schung wird diese Perspektive gleichsam paradigmatisch in den Arbeiten von Enid Mumford von der Computer and Work Design Research Unit der Manchester Business School vertreten. Seit 1965 (Mumford 1965, S. 147 ff) baut sie die Idee einer sozio-technischen Analyse und Informationssystemplanung zu einer systematischen Methodik (ETHICS) aus, bei der vor allem der Zusammenhang zwischen Arbeitsgestaltung und Arbeitszufriedenheit im Vordergrund steht.[18] Ausdrücklich wendet sich Mumford immer wieder gegen die bei den Datenverarbeitungsspezialisten vorherrschenden Auffassungen, die die technischen Elemente betonen, und fordert eine Perspektivenerweiterung zu einer sozio-technischen Betrachtung der Informationssysteme.

„... the computer based systems design process despite its newness, appears to have become structured and formalised and to embody a problem solving philosophy which is accepted uncritically by systems designers. This philosophy sees the design of computer systems as a technical process directed at solving problems which are defined in technical terms.“ (Mumford 1973, S. 191; s. auch Mumford u. Weir 1979, S. 6 f)

„Research ... indicates that computer systems are normally designed through setting technical objectives and using technical means to achieve these. There is little, if any, recognition of the concept of socio-technical systems.“
„If a more humanistic approach is not soon adopted by computer systems designers it can be predicted that computer systems will become increasingly unacceptable to workers and their trade union officials ....“ (Mumford 1973, S. 200 und 192)

Der sozio-technische Gestaltungsansatz verfolgt als doppelte Zielsetzung eine Anhebung der Arbeitszufriedenheit und der Effizienz (Mumford 1971; 1978 b; Mumford u. a. 1978, S. 250; Mumford u. Welter 1984, S. 7, 12 f u. 91), wobei eine grundsätzliche Harmonisierbarkeit dieser Ziele unterstellt wird.[19]

---

mehr die Organisation und den Menschen dominieren, sondern sie sollte an personelle und organisatorische Anforderungen angepaßt werden. Zum arbeitsorganisatorischen Credo der Tavistock-Forscher wurde das Konzept der autonomen Arbeitsgruppe, ergänzt durch Gestaltungsprinzipien wie „critical specification design“ (Organisation mit minimalen Festlegungen) und „evolutionary system design“ (Herbst 1974 b; 1974 c).

[18] Mumford 1968; 1969; 1971; Mumford u. a. 1972; Mumford u. a. 1978; Mumford u. Henshall 1979; Mumford u. Weir 1979.
Die wichtigsten Abschnitte verschiedener Bücher und Aufsätze von E. Mumford hat G. Welter zusammengefaßt und ins Deutsche übertragen, s. Mumford u. Welter 1984.

[19] „Managers ... hope that a high level of job satisfaction will also produce financial gains ... through a higher level of productivity.“ (Mumford 1978 b, S. 112)

Bezeichnend für die erneute Akzentverschiebung, die diese Perspektive mit sich bringt, ist es, daß technische und ökonomische Effizienz zwar als Orientierungsgrößen erwähnt, im Gegensatz zur Arbeitszufriedenheit und zu den Grundsätzen menschengerechter Arbeitsgestaltung jedoch kaum in Kriterien oder Indikatoren ausgearbeitet werden.[20] In der sozio-technischen Auffassung liegt das Schwergewicht auf abwechslungsreicher, ganzheitlicher, bedeutsamer, autonomer, sichtbare Ergebnisse hervorbringender Arbeit,[21] auf intrinsischen Arbeitsanreizen, Selbstkontrolle, Eigenverantwortlichkeit, Entwicklungsmöglichkeit der Fähigkeiten und angenehmen Arbeitsumgebungen. Informationssysteme werden vorwiegend als menschliche Arbeitszusammenhänge gesehen. Die Einführung computergestützter Informationsverarbeitung bietet die Chance zur Reorganisation der Arbeitssituationen in Richtung humanerer Tätigkeitsinhalte und Arbeitsbedingungen.

Die sozio-technische Perspektive empfiehlt sich als Betrachtungsweise insbesondere kritischen Beobachtern der informationstechnischen Entwicklung, den Gewerkschaften und wohl vielfach auch den Betroffenen, die die Intervention von Informationstechnologien in ihren Arbeitssituationen erleben und nicht selten erleiden. Stärker als bei den anderen Perspektiven wird bei ihr eine bestimmte Werthaltung spürbar, nämlich eine humanistische Grundposition, aus der eine Unterordnung des Technikeinsatzes unter die menschlichen Bedürfnisse – was konkret meist heißen soll: unter die Interessen der Arbeitnehmer – postuliert wird (Kubicek 1982).[22]

---

20 Zu dieser „human needs"-Lastigkeit und zur Konzeption der Arbeitszufriedenheit der Manchester Business School s. Mumford u. a. 1972, S. 7–12; Mumford 1972; 1973, S. 193–198; Weir 1975; Mumford u. a. 1978, S. 244–247; Mumford 1978 a; Gowler 1978; Mumford u. Weir 1979, S. 11 ff.

21 Diese Kriterien des Motivationspotentials von Arbeitssituationen nehmen in der Arbeitspsychologie eine zentrale Stellung ein, vgl. Turner u. Lawrence 1965; Porter u. a. 1975; Hackman u. Oldham 1975.

22 Im Übergang zur sozio-technischen Auffassung finden sich auch wieder – wie schon vorher beim Aufkommen der anwendungsorientierten Auffassung – Appelle an die Informatik, die eine Neuorientierung fordern. So beklagt Lutterbeck „das gebrochene Selbstbewußtsein der Informatik gegenüber gesellschaftlichen Problemen" und drängt darauf, daß sich die Informatik „dem Ziel „Verbesserung der Lebensqualität" unterordnen muß". Dabei geht es um die „Entwicklung von Systemen, die die Arbeitsqualität erhöhen, insbesondere aber größere Gestaltungsspielräume für autonome Arbeit schaffen." (1982, S. 213 u. 216 f) Kubicek wirft der Informatik „Indifferenz gegenüber Anwendungsbereichen", ein „formalistisches, rationalistisches und mechanistisches Grundverständnis" sowie einen verfehlten Umgang mit

III. Die auffassungsabhängige Wirklichkeit computergestützter Informationssysteme

Die Skizzierung einiger möglicher Auffassungen computergestützter Informationssysteme umgibt den Gegenstand mit einer Aura der *Unbestimmtheit*. Damit wird eine soziale Problematik beleuchtet, deren man sich im alltäglichen Handeln und Erleben normalerweise selten bewußt ist: die Problematik, im Hinblick auf eine bestimmte Betrachtungsweise mit anderen Übereinstimmung zu erzielen, sozusagen eine Abstimmung der Perspektiven herzustellen. Erst soweit eine solche Übereinstimmung erfahrbar ist, kann man dem Gefühl der Unbestimmtheit mit dem Vertrauen auf gleichgelagerte Auffassungen, austauschbare Perspektiven, kongruente Relevanzstrukturen (Schütz 1971, S. 13) begegnen und so einen Ansatz zu „objektiver Klarheit“ konstatieren. Ansichten hingegen, die rein privat gehalten werden, haben bestenfalls den Status von subjektiven Klärungsversuchen. Solche privaten Klärungsversuche können wir im Rahmen unserer Untersuchung, die sich um eine Aufhellung faktischer, und d. h. auch: sozial durchgesetzter Verhältnisse bemüht, vernachlässigen. Wenn hier von „Auffassung“ oder „Perspektive“ die Rede ist, sind stets zumindest halbwegs verbreitete, von größeren Personengruppen geteilte Auffassungen und Perspektiven gemeint.

Nun gibt es, wie gezeigt wurde, keine einheitliche Auffassung des Gegenstandes „computergestütztes Informationssystem“. Es bestehen mehrere durchaus eingefahrene, wenn auch nicht gleichermaßen potente Betrachtungsweisen, von denen jede ganz selbstverständlich in Anspruch nimmt, den Gegenstand zu „klären“, wie er „wirklich“ ist. Aus dieser Beobachtung ergibt sich sofort die Frage: Existieren demnach mehrere verschiedene Wirklichkeiten computergestützter Informationsverarbeitung im Sinne sozial geteilter Auffassungen, d. h., berechtigt das Bestehen verschiedener Auffassungen, von verschiedenen Wirklichkeiten zu sprechen? Oder gibt es nur eine Wirklichkeit, auf die sich die verschiedenen Auffassungen selektiv beziehen, die sie somit jeweils nur ausschnitthaft erfassen? Wie ist das Verhältnis der Auffassungen zur Wirklichkeit computergestützter Informationssysteme?

Begriffen aus sozialwissenschaftlichen Nachbardisziplinen vor (1984 a, S. 43 ff) und hält „eine Diskussion über Grenzen der Informatisierung und grundlegende technische Alternativen“ in der Informatik für notwendig.

Eine Antwort auf diese Frage berührt tiefliegende philosophische Probleme. Sie kann deshalb an dieser Stelle nicht systematisch ausgearbeitet werden. Wir wollen im folgenden daher nur versuchen, in engem Bezug zu computergestützten Informationssystemen zu verdeutlichen, daß von den unterschiedlichen Perspektiven eine wirklichkeitskonstituierende oder -modellierende Kraft ausgeht. Die Auffassungen prägen dem Gegenstand eine bestimmte Relevanzstruktur auf und heben bestimmte Gestaltungsprobleme und Auswirkungen ins Profil. Dies rechtfertigt es in der Tat, von einer Mehrheit von Wirklichkeiten zu sprechen. Daneben lassen sich aber auch gewisse Kategorien ausmachen, für deren Vorhandensein und Anwendbarkeit auf computergestützte Informationssysteme eine weitreichende Einhelligkeit der Auffassungen (kompetenter und vernünftiger Betrachter) zu erwarten ist, so daß nur eine einzige, „gegebene" Realität zu bestehen scheint. Auf dem Bodensatz gegebener (für alle möglichen praktischen Zwecke übereinstimmend gesehener) Wirklichkeit schichten sich somit perspektivische Wirklichkeitskonstruktionen auf. Vieles spricht dafür, daß allerdings gerade die letzteren für das Handeln im allgemeinen und mithin für die Implementierung computergestützter Informationssysteme von ausschlaggebender Bedeutung sind.

1. Die perspektivische Konstruktion von Informationssystemen

Die vier oben dargestellten Auffassungen sind nicht bloß analytische Kategorisierungen der Wissenschaft. *Bevor sie zu theoretischen Denkmustern verdichtet werden, treten sie in der Praxis der Computeranwendung bei den damit befaßten Personen auf.* Jede Perspektive läßt sich an einem eigenen Sprachstil, an besonderen Schlüsselbegriffen, an typischen Etikettierungen und Darstellungen, kurz: an einer *spezifischen Rhetorik* kommunikativ erfahrbar machen. Die jeweilige Rhetorik ist eine objektivierte Form der Perspektive. Sie dient als Mittel zur Hervorrufung entsprechender Einstellungen.[23]

Die Auffassungen reflektieren ein bestimmtes praktisches Eingestelltsein auf Informationssysteme. Sie sind insbesondere auf unterschiedliche Interessen, Handlungsabsichten, Aufträge, Berührungspunkte

---

[23] Zum Begriff der Einstellung im hier gemeinten Sinn (nämlich als Verfestigung einer in bestimmter Weise herausgreifenden, akzentuierenden, gliedernden und fixierenden Sichtweise) s. Graumann 1960, S. 72 u. 91 f.

usw., mit einem Wort: *auf unterschiedliche pragmatische Relevanzen zurückzuführen.* Die an der Entwicklung und Benutzung computergestützter Informationssysteme Beteiligten folgen in ihren Auffassungen ganz wesentlich den Aufgaben, vor die sie sich im Zusammenhang mit diesem Gegenstand gestellt sehen.[24] Auffassungen und Aufgaben sind aufeinander zugeschnitten. Deshalb ist tendenziell etwa die programmlogische Auffassung kennzeichnend für Programmierer und Software-Anbieter, die anwendungsbezogene Auffassung charakteristisch für Systemanalytiker und viele Benutzer von Informationssystemen, die sozio-technische Auffassung verbreitet bei sozialwissenschaftlich vorgebildeten oder entsprechend beratenen Belegschaftsvertretern.

Das Übernehmen einer der Auffassungen hat in der Regel die Konsequenz, daß man sich einem zugehörigen Interessenstandpunkt anschließt. Dies ist vor allem bei der sozio-technischen Auffassung augenfällig. *Die Perspektivenwahl läuft also* – ob man will oder nicht, ob man es bemerkt oder nicht – *mit einer praktisch-politischen Vereinnahmung parallel.* Als beteiligter Akteur ist man gefordert, sich darauf einzulassen, nicht jedoch als Forscher.[25] Wir brauchen vorerst auf keine der Auffassungen einzuschwenken, sondern nehmen sie weiterhin als empirisch vorfindbare Denkweisen, Sprachmuster, Handlungsorientierungen und Einstellungen, die zuerst im Implementierungshandeln und dann auch in der wissenschaftlichen Erörterung eine wichtige Rolle spielen. Später allerdings wird sich zeigen, daß die Perspektiven nicht alle gleich mächtig sind und daß deshalb eine empirisch gerichtete Analyse nicht umhinkommt, die Implementierung computergestützter Informationssysteme primär aus der dabei faktisch dominierenden Perspektive zu rekonstruieren.

Durch das Einnehmen einer Perspektive wird festgelegt, was und wie Informationssysteme sind, ob sie sich nun mehr als Gerätekonfigurationen, Programmsysteme, Aufgabenerfüllungsverfahren oder perso-

---

[24] Dies ist eine Konkretisierung des allgemeinen Prinzips, daß die Orientierungen im normalen, alltäglichen Leben durchgehend vom pragmatischen Motiv bestimmt werden. Vgl. Schütz u. Luckmann 1979, S. 28.

[25] Mit diesem Hinweis ist nicht beabsichtigt, dem Ideal einer wertfreien Forschung nachzuhängen. Sozialwissenschaftliche Untersuchungen können werturteilsfrei, aber kaum wertfrei sein (zur Unterscheidung s. Beck 1974). Die Frage ist jedoch, auf welche offenkundigen oder hintergründigen Wertungen man sich an welchen Stellen einläßt. Sie ist meist erst rückblickend auf eine abgeschlossene Untersuchung mit Erfolg zu beantworten.

nelle Arbeitszusammenhänge darstellen. Die Wirklichkeit von Informationssystemen wird also offenbar durch die Wahl einer Perspektive in ganz bestimmter Weise beleuchtet. Gewisse Aspekte werden als relevant hervorgehoben, andere bleiben mehr oder weniger im dunkeln. Manche Gesichtspunkte oder Bestandteile mögen sich in jedem Fall als unübersehbar und unabweisbar aufdrängen, vieles aber bedarf erst einer perspektivengesteuerten Zuwendung, um Wirkung zu entfalten. *In diesem Sinn übernehmen die Auffassungen eine wirklichkeitserzeugende oder -modellierende Funktion.* Die jeweils zugehörige Rhetorik bringt in ihren Begriffen, Notationen, Formeln und Abbildungen die verschiedenartig konstruierte Realität computergestützter Informationsverarbeitung zum Ausdruck.

Eine verwendete Perspektive verleiht dem, was sie zeigt, den Anschein des Faktischen, die *Gewißheit einer* zumindest im aktuellen Handlungszusammenhang nicht anders möglichen, *„richtig" gesehenen Realität.* Informationssysteme bieten in den verschiedenen Perspektiven ein je unterschiedliches Erscheinungsbild, das einmal stärker von den eingesetzten Geräten, ein andermal mehr von der Verarbeitungslogik, dann wieder von den unterstützten Aufgaben, schließlich von den personellen Arbeitsprozessen her bestimmt wird. Eine Auffassung erzeugt Wirklichkeit, indem sie gewisse Komponenten oder Eigenschaften als wesentlich bzw. „wesensbestimmend" ausweist. Andere Komponenten oder Eigenschaften werden dadurch entweder völlig ausgeblendet oder als weniger relevant behandelt. *Auffassungen erzeugen oder modellieren die Wirklichkeit somit durch Aufprägung einer bestimmten Relevanzordnung oder Relevanzstruktur.* Im einzelnen kann man dabei mindestens thematische (Was gehört überhaupt dazu?), interpretative (Welche Funktion und welchen Stellenwert hat eine bestimmte Komponente?) und motivationale (Was kann wie gestaltet werden?) Relevanzen unterscheiden (s. Schütz u. Luckmann 1979, S. 224 ff). „Faktisch" bedeutet demnach „in einer bestimmten Relevanzordnung stehend". Es ist genau diese Erläuterung von „faktisch" oder „wirklich" durch „relevant", die die perspektivische Konstruktion multipler informationstechnologischer Wirklichkeiten plausibel macht: Wirklich ist, was in einem größeren Kreis von Personen für relevant gehalten wird.

Die *Möglichkeit verschiedener Auffassungen* gründet sich darauf, daß ein Gegenstand *interpretativ mehrdeutig* ist und *kein Ordnungsraster vorliegt, das eine einheitliche Gesamtvorstellung tragen würde.* Dies gestattet und erfordert zugleich seine Betrachtung in jeweils wechselnden Bezugsrahmen.

Aus dem Verhältnis von Interpretationsoffenheit und Bestimmtheit ergibt sich die *Komplexität* eines Gegenstandes. „Komplexität" meint in diesem Zusammenhang einen *Überschuß sinnhafter Verweisungen*, die einerseits mit einem Gegenstand assoziiert, andererseits jedoch im Rahmen bestehender Systematisierungen nicht gemeinsam in den Blick gebracht und als weitere mögliche Aspekte präsent gehalten werden können. Komplexität ist, wenn man so will, ein Mangel an Systematisierung, oder kognitiv gewendet: an gedanklicher Durchdringung. Sie weckt einen Bedarf an selektiver Betrachtung, um den Überschuß sinnhafter Verweisungen erschließbar zu machen. Perspektiven lassen sich als Mittel zur Ausübung einer solchen selektiven Zuwendung begreifen. Gefordert ist aber nun nicht ein Herausgreifen beliebiger Punkte, sondern die Konzentration auf jene wesentlichen Kategorien, die eine maximale Berücksichtigung, ein möglichst weitgehendes „Einfangen" der Komplexität erwarten lassen. Keineswegs bietet jede Perspektive eine gleichermaßen „sinn-volle" Ordnung, ein gleichwertiges Erfassen des Gegenstandes. Vielmehr findet man erhebliche qualitative Unterschiede, die auf der Art der geleisteten Komplexitätsverarbeitung beruhen. Maßstab dieser Qualität ist die Fähigkeit, Komplexität zu berücksichtigen (nicht nur: sie zu reduzieren), d. h., diffuse Vielschichtigkeit in komplexe Ordnungen umzusetzen und dabei so zu verfahren, daß Verweisungen nicht einfach abgeschnitten, sondern ihre Horizonte hinausgeschoben werden, und daß eine Kompatibilität in den gewählten Bestimmungen und Verknüpfungen gewahrt bleibt (vgl. auch Luhmann 1975 d, S. 212 ff). Soweit dies gelingt, gliedert sich der perspektivische Spielraum, fügen sich selektive Auffassungen mehr und mehr in einen gemeinsamen Ordnungsrahmen ein, in dem ihnen gleichsam „automatisch" spezifische Bedeutungen und Stellenwerte zugewiesen werden.

Ein derartiges Fortschreiten der Systematisierung wird begleitet vom Aufbau neuer Beziehungen und Verweisungen. Mit der Vermehrung der Festlegungen des Gegenstandes steigt die Anzahl der Anschlußpunkte, weitet sich seine relevante Umgebung aus. So werden etwa automatisierte Informationstechnologien in immer umfassenderen gesellschaftlichen Bezügen diskutiert, mit denen man ursprünglich kaum eine Verbindung gesehen hatte. Die zunehmenden Erfahrungen und perspektivischen Klärungen produzieren somit weitere Komplexität, schieben einen stets von neuem konfigurierten Überschuß sinnhafter Verweisungen vor sich her (s. Luhmann 1971 b, S. 307 ff). Im Ergebnis steigert das wachsende Verständnis computergestützter Informationssysteme den Umfang des Bereiches, den es noch zu erforschen gilt.

Die Erörterung einiger möglicher Auffassungen computergestützter Informationssysteme im vorigen Abschnitt sollte deutlich werden lassen, *daß ein Entsprechungsverhältnis zwischen* dem Verständnis des grundsätzlichen Charakters, d. h. *der Relevanzstruktur des Gegenstandes einerseits, den damit in Zusammenhang gebrachten Fragestellungen und Problemen andererseits besteht.* Die unterschiedenen Auffassungen sind ein Reflex im Zeitablauf aufgetretener dominanter informationstechnologischer und informationssystem-organisatorischer Anforderungen und bieten eine jeweils angemessene „Problemsicht". Die in einer Perspektive besonders herausgemeißelten Probleme sind zum großen Teil unmittelbar *Gestaltungs- und Handhabungsprobleme.* Es kommen aber auch Probleme hinzu, die sich an den *Auswirkungen* der Informationstechnologien festmachen und erst nach einem Rückkopplungsprozeß gestaltungsrelevant werden. Die Perspektivendifferenzen übergreifen also zusätzlich zur Relevanzstruktur computergestützter Informationssysteme die Gestaltungs- und Wirkungsprobleme. Der letztgenannte Aspekt, die Interpretationsabhängigkeit und Vermittlungsweise der Wirkungen automatisierter Informationstechnologien, bedarf einer gesonderten Behandlung (vgl. Abschnitt VI.); von der perspektivenbedingten Imprägnierung der Gestaltungsproblematik handelt in gewisser Weise die gesamte Arbeit.

Die geschilderten Perspektivenveränderungen von der gerätetechnischen Auffassung zum Konzept sozio-technischer Systeme werden gerne als Perspektiven*erweiterung* gewertet. Bei genauem Hinsehen stellen sie sich jedoch eher als eine Perspektiven*verschiebung* dar. Unser historisch gefärbter Durchgang macht einsichtig, daß im Lauf der Ausbreitung des Computereinsatzes jeweils unterschiedliche Aspekte von computergestützten Informationssystemen akzentuiert worden sind und daß man den Gegenstand in seiner Gesamtheit von den gerade gewählten Aspekten her zu begreifen versucht hat. Daraus erklärt sich, daß keine Perspektive allgemein akzeptiert ist und daß später aufgekommene Auffassungen frühere Auffassungen nicht „überholen" konnten.

Die Übergänge von der gerätetechnischen Auffassung zum Konzept des sozio-technischen Systems sehen in der Regel nur für die Anhänger jeweils späterer Auffassungen wie ein Fortschritt aus. Aus der Sicht aufgabenbezogener und verarbeitungslogisch orientierter Systemspezialisten etwa wirkt das Einbringen sozio-technischer Gestaltungsgesichtspunkte wie eine Ablenkung oder sogar eine vermeidbare Komplikation. Mit Recht kann von den mehr technischen Perspektiven her moniert werden, daß die „erweiterten Auffassungen" um die Schwierigkeiten der geräte- und programmtechnischen Realisation nicht mehr ausreichend besorgt sind.

Die Auffassungen sind zwar in zeitlicher Abfolge entstanden, sie haben einander jedoch nicht abgelöst. Sie sind verfügbar geblieben und begleiten als mögliche Sichtweisen, als Dispositionen zur Verteilung von Akzenten, die informationstechnologische Entwicklung. *Ihre Aktualität bemißt sich nach der jeweiligen Dringlichkeit der ihnen entsprechenden Probleme*. So ist es interessant zu beobachten, wie größeren Umrüstungen in den technologischen Leistungspotentialen immer wieder auch korrespondierende Umorientierungen folgen. Gegenwärtig erleben etwa die gerätetechnische und die programmlogische Auffassung im Zuge der Ausdehnung der Mikrocomputer-Nutzung und des damit verbundenen Einsatzes von „Endbenutzersystemen" eine beachtliche Renaissance. Mit einem Abflachen der technologischen Innovationskurve werden vermutlich anwendungsbezogene, organisatorische und personelle Fragestellungen wieder stärker in den Vordergrund rücken.

Die herausgestellten unterschiedlichen Auffassungen computergestützter Informationssysteme sind somit keineswegs als aufgegebene Positionen einer historischen Verständnisentwicklung zu betrachten. Es ist zu vermuten, daß sie jeweils für bestimmte Sinnbereiche der „computing world" (Kling u. Gerson 1977) typisch sind und daß sich diese Sinnbereiche möglicherweise sogar gerade nach dem Vorherrschen einer Perspektive abgrenzen lassen. Die Perspektiven strukturieren aber nicht nur die Orientierungsmöglichkeiten auf der *generellen*, gleichsam „kulturellen" Ebene der „Welt der Informationsverarbeitung". In konkreterer Form findet man sie auch in den *einzelnen Institutionen* (z. B. Unternehmungen), in denen der Computer zum Einsatz gelangt. Dort stößt man regelmäßig auf Gruppen von Mitgliedern mit typischen Perspektiven. Natürlich sind diese Perspektiven oft erheblich differenzierter, als es mit der hier bisher vorgenommenen Einteilung darstellbar ist. Ihre Aufschlüsselung bedarf insofern noch eingehender empirischer Untersuchungen. Aber schon die Tatsache, daß überhaupt mit unterschiedlichen Auffassungen zu rechnen ist (im Unterschied zu der Feststellung, *welche* unterschiedlichen Auffassungen konkret bestehen) und daß wir nicht nur ganz allgemein in Gesellschaft, Wirtschaft und Wissenschaft darauf stoßen, sondern Perspektivendifferenzen auch in einzelnen Institutionen und – spezifischer noch – in *einzelnen Implementierungsprozessen* zu erwarten haben, verdient unsere Aufmerksamkeit.

Bei aller Unterschiedlichkeit der schließlich gewählten Ausrichtungen kann man sich das *Zustandekommen von Auffassungen*, die Perspektivenbildung, wohl als einen Vorgang der *herausgreifenden Betonung bestimmter Komponenten von computergestützten Informationssystemen* vorstellen. Eine geeignete Systematisierungsgrundlage für Auffassungsunterschiede und zugleich ein Tableau, auf dem die Möglichkeitsräume selektiver Akzentsetzung abgesteckt werden könnten, ließen sich deshalb aus einem Komponentenschema computergestützter Informationssysteme gewinnen. Damit werden wir uns in Abschnitt IV. noch näher befassen.

Eine kurze Zwischenbilanz soll unsere bisherigen Bemerkungen zur perspektivischen Konstruktion von Informationssystemen zusammenfassen. In der Implementierungspraxis finden sich unterschiedliche Auffassungen über den Implementierungsgegenstand „computergestütztes Informationssystem". Sie lassen sich in Beobachtungen und Gesprächen an jeweils besonderen Ausdrucksformen erkennen. Wir haben einige allgemeine Eigenschaften dieser Auffassungen zusammengetragen, die wir noch einmal überblicken wollen: Die Auffassungen

- sind zurückzuführen auf Handlungsabsichten (pragmatische Relevanzen),
- beinhalten deshalb neben kognitiven Schemata praktisch-politische Ziele und Bewertungen,
- erzeugen oder modellieren, was als „wirklich" akzeptiert wird,
- bauen dazu eine bestimmte Relevanzstruktur auf,
- werden möglich durch die interpretative Mehrdeutigkeit komplexer, gedanklich schwer faßbarer und fixierbarer Phänomene, zu deren Komplexität sie selbst beitragen,
- liefern eine spezielle Problemsicht und -gewichtung,
- erhalten sich, solange die zugehörigen Probleme von Bedeutung sind,
- zeigen sich auf gesellschaftlicher, institutioneller und gestaltungsprozessualer Ebene und
- kommen durch eine selektive Akzentuierung bestimmter Komponenten computergestützter Informationssysteme zustande.

Das Bestehen von Perspektivendifferenzen ist keineswegs ungewöhnlich. Im Gegenteil: Es ist eine völlig übliche Erscheinung. Sehr viele Phänomene, vor allem aber vielschichtige und kaum überschaubare Gegenstände, lassen nun einmal eine Bestimmung von verschiedenen Seiten zu.[26] Darin äußert sich ihre interpretative Mehrdeutigkeit. Diese Mehrdeutigkeit ist nicht aufhebbar oder „überwindbar", aber immerhin erfaßbar und in Grenzen reduzierbar.

Eine Bestimmung oder Interpretation schlägt sich meist in Bezeichnungen, Umschreibungen oder Abbildungen nieder, die fortan als Symbole für das Phänomen eintreten. Edelman hat in seiner Analyse der politischen Sprache auf eine Reihe von Eigenschaften solcher sprachlicher Symbolisierungen komplexer Themen und Zusammenhänge hingewiesen (1977, Kap. 1 u. 2). Die Parallelität zur Verwendung des rhetorischen Repertoires in der Behandlung computergestützter Informationsverarbeitung ist bemerkenswert. Dies wirft nicht zuletzt ein Licht auf die politische Dimension der Perspektivendifferenzierung. Die von Edelman angeführten Charakterisierungen der politischen Ausdrucksweisen, die sich natürlich viel intensiver als bei der Informationsverarbeitung als Ausfluß unterschiedlicher Interessen und Verständnisweisen offenbaren, lassen sich unmittelbar auf die hier diskutierten „Auffassungen" übertragen. Wir können dadurch die bisherigen Erörterungen der „Auffassungen" weiter präzisieren und teilweise auch ergänzen. Bezogen auf die Auffassungen computergestützter Informationssysteme lesen sich die Eigenschaften, die Edelman den politischen Ausdrucksweisen zuschreibt, wie folgt:

(1) Die Auffassungen sind in erheblichem Ausmaß unabhängig von irgendwelchen Fakten. Abgesehen von unmittelbaren Wahrnehmungsinhalten *wird durch sie die Eigenschaft der Faktizität in einem Bereich, in dem die Aspekte liegen, die „wirklich zählen", erst verliehen.* Die wirklichkeitsverbürgenden Interpretationen bleiben jedoch immer real mehrdeutig, so daß sich stets „Evidenzen" für die „Richtigkeit" einer Auffassung finden lassen.
(2) Die Auffassungen *ersetzen konkrete Eindrücke* und lassen diese überflüssig erscheinen.

---

[26] Dies gilt ganz besonders für soziale Phänomene, bei denen es tendenziell leichter als bei Gegenständen der Natur einsehbar ist, daß sie ihre Bedeutungen und damit ihre „Wirklichkeit" den Bedeutungszuweisungen mit ihnen befaßter Personen verdanken und in diesem Sinn „sozial konstruiert" werden.

(3) Die Auffassungen sind zwar nicht völlig unverträglich, befinden sich jedoch im Verhältnis partieller Widersprüchlichkeit. Keine Perspektive leugnet schlichtweg die in den anderen Perspektiven hervorgehobenen Aspekte. Auch der „Gerätetechniker" wird anerkennen, daß Menschen mit den Geräten arbeiten müssen, und er wird diesem Punkt sogar teilweise beträchtliche Aufmerksamkeit widmen, etwa bei der Gestaltung oder Auswahl von Bildschirmen und Tastaturen. Was variiert, ist die Verteilung der Komponenten im Blickfeld, d. h. die Priorität bestimmter Aspekte und die sich daraus ergebenden Verweisungen auf weitere Aspekte.[27] *Jede Auffassung impliziert eine anders gelagerte Deutung computergestützter Informationsverarbeitung und stellt damit die anderen Auffassungen in Frage.* Deren zentrale Punkte werden allenfalls rhetorisch mitgeführt, nicht aber authentisch aufgegriffen.
(4) Die Auffassungen reflektieren und erzeugen Problembewußtsein, wobei eine *auffassungstypische Gliederung und Gewichtung der Probleme* vorgenommen wird. Zugleich bieten sie Wissensbestandteile, mit denen die wichtigen unter den aufgeworfenen Problemen lösbar erscheinen. Dadurch wird das Problemgefühl beschwichtigt. Die Auffassungen dienen somit dazu, daß man mit bestimmten Problemen leben kann. Sie suggerieren, daß die wichtigen Probleme zu bewältigen und die nicht lösbaren Probleme nicht wichtig sind. Auf diese Weise wird das Aufgreifen und Lösen bestimmter Probleme verhindert.
(5) Die Auffassungen schlagen sich als *nicht mehr hinterfragbare Überzeugungen* nieder. Sie werden zu Selbstverständlichkeiten und erheben durchweg den Anspruch, den „Fakten" gerecht zu werden oder gerade die „wirklich wichtigen Aspekte" in den Blick zu bringen. In dieser Vergegenständlichung wird ihre Interessenbedingtheit leicht unkenntlich.
Die Haltbarkeit der Überzeugungen wird zumindest teilweise davon mitbestimmt, wie gut sie mit schon vorhandenen allgemeinen Wissensbeständen, d. h. mit dem Alltagswissen harmonieren (s. Matthes u. Schütze 1973).
(6) Die Auffassungen *steuern das (Implementierungs-)Handeln*, seien sie nun angemessen oder unangemessen. Sie rekonstruieren Situationen und Problemlagen in einer solchen Weise, daß Gestaltungsentscheidungen als vernünftig, zweckmäßig, effizient usw. erscheinen müssen.[28] Sie legen fest, was unveränderbare situative Rahmenbedingungen und

[27] Über perspektivische Verweisung s. Graumann 1960.
[28] S. zu dieser Eigenschaft Garfinkel 1967 a.

veränderbare Situationsparameter sind, d. h. sie bestimmen den Gestaltungshorizont.
(7) Einzelne rhetorische Bestandteile einer Auffassung können die gesamte zugehörige kognitive Struktur (Image) ins Bewußtsein rufen. Am nachhaltigsten geschieht dies, wenn durch einen Begriff einerseits das komplette Image aktiviert wird, andererseits aber die Aufmerksamkeit für diesen Vorgang unterdrückt wird. Auf diese Weise entstehen kaum reflektierbare Neigungen zu bestimmten, routinemäßig eingenommenen Orientierungen.

Ähnlich wie bei politischen Themen ist es nicht klar und nicht durch irgendeinen allgemeinen Konsens gesichert, welche Vorstellungen mit einem Informationssystem zu verbinden sind. Es ist vielmehr sogar umstritten, weil die Probleme, die bei der Einrichtung eines Informationssystems auftreten, sehr verschiedenartig sind. Informationssysteme werden deshalb unterschiedlich und partiell widersprüchlich definiert oder interpretiert. Die Interpretationen verbürgen eine bestimmte für die Problembehandlung geeignete Wirklichkeit von Informationssystemen. Ob es eine zutreffende oder unzutreffende, zweckmäßige oder unzweckmäßige „Wirklichkeit" ist und ob es die richtigen oder die falschen Probleme sind, ist dabei nicht entscheidend, kann von einer bestimmten Auffassung aus kaum ergründet werden und erscheint für die Funktion der Auffassungen auch von untergeordneter Bedeutung.

2. Perspektivendifferenzen und Erfahrungsunterschiede

Wir haben unsere Überlegungen bisher darauf konzentriert, daß Informationssysteme perspektivenbedingt unterschiedlich *gesehen* werden. Dies kann man als ihre *„interpretative Relativität"* bezeichnen. Diese Eigenschaft bezieht sich auf das gesamte Erscheinungsbild von Informationssystemen: auf die *grundsätzlichen Komponenten*, aus denen sie sich zusammensetzen, ebenso wie auf die *spezifischen Ausprägungen* dieser Komponenten. Sie bezeichnet die erste Koordinate für die Unterschiedlichkeit von Informationssystemen.

Wählt man nun eine bestimmte Perspektive, verdrängt man zugleich das Bewußtsein für die interpretative Relativität. Dafür gewinnt man ein „klares Bild" von den grundsätzlichen Komponenten. Innerhalb eines dann real erscheinenden Komponentenschemas gibt es aber natürlich vielfältige Ausprägungsunterschiede. Wir sprechen im Hinblick darauf von *„realer Variabilität"*. Diese Eigenschaft verweist darauf, daß Informationssysteme unterschiedlich *sind.* Damit ist die zweite Koordinate für die Unterschiedlichkeit von Informationssystemen angesprochen.

Interpretative Relativität und reale Variabilität sind eigentlich völlig verschiedene Eigenschaften, werden aber trotzdem leicht verwechselt oder vermischt. Um sich davor zu schützen, muß man sehen, daß die realen Ausprägungsunterschiede erst nach Neutralisierung der Relativität, d. h. nach Maßgabe einer perspektivischen *Objektivierung* des Gegenstandes sinnvoll beschreibbar werden. Die Beschreibungen von Informationssystemen aus voneinander abweichenden Perspektiven heraus erweisen sich hingegen als schwer vergleichbar und erlauben insbesondere kaum ein Urteil über die „reale" Unterschiedlichkeit, weil das Attribut „real" dann verschiedenen Ausdeutungen unterliegt.

Wenn auch die realen Variationen von den Auffassungsunterschieden zu trennen sind, so ist doch ein Abhängigkeitsverhältnis zwischen den Perspektiven und den konkreten Ausprägungen der Informationssysteme zu bemerken.[29] Die Einflußbeziehungen sind wechselseitig. Einerseits sind die Perspektiven durchaus maßgeblich für die Gestaltung von Informationssystemen, damit also für die Bestimmung ihrer Ausprägungen unter gewissen Einsatzbedingungen. Andererseits spielt die jeweilige Ausprägung eine wichtige Rolle für die *Erfahrungen*, die man mit oder in einem Informationssystem machen kann. Diese Erfahrungen bilden nun gleichsam das Rohmaterial für die perspektivische Aufordnung der Realität. Wohl ist das Erleben von Informationssystemen durch eine eingenommene Perspektive geformt. Die Perspektive aber bleibt langfristig nicht unbeeindruckt von den ihr zur kognitiven Verarbeitung angebotenen Erfahrungsvorlagen. Die Erfahrungen werden in perspektivenbedingten Interpretationen zu relevanten und bedeutsamen Wissensbestandteilen umgearbeitet; die Perspektiven strukturieren sich unter Bezugnahme auf die kumulierten Wissensbestandteile und passen sich dadurch den Erfahrungslagen an. Die Erfahrungen können vor allem in dem Maße, in dem sie „problematisch" werden, zur Veränderung der Auffassungen veranlassen (Schütz u. Luckmann 1979, S. 30 ff). „Problematisch" (im Rahmen einer gegebenen Auffassung) können Erfahrungen etwa dadurch werden, daß sie

[29] Daneben dürfte generell das *Ausmaß* realer Variabilität ein Einflußfaktor für den *Grad* der interpretativen Relativität sein.

mit der gegebenen Auffassung nicht genau genug „verstanden" werden können, daß sie auffassungsbedingten Erwartungen widersprechen, daß sich alternative Auffassungen bei der Deutung als offensichtlich überlegen erweisen oder daß man mit den durch eine Auffassung instruierten Gestaltungsstrategien bestimmte Probleme nicht mehr in den Griff bekommt.

Die Auffassungen computergestützter Informationssysteme sind also – wie oben betont – durchaus wesentlich auf pragmatische Relevanzen zurückzuführen, hängen aber darüber hinaus auch von den Erfahrungen mit Informationssystemen ab. Diese Erfahrungen variieren mit einer großen Fülle von Dimensionen und Kriterien, mit denen sich die Ausprägungen computergestützter Informationssysteme erfassen lassen. Der Variationsraum kann an dieser Stelle nicht in seiner Gesamtheit aufgespannt werden (zu einem Ansatz s. Abschnitt IV.). Es sollen aber wenigstens drei besonders wichtige Variationsachsen mit prägenden Wirkungen für die Erfahrungen kurz angesprochen werden:

- die Anwendungsebene automatisierter Informationstechnologien,
- das Anwendungsgebiet dieser Technologien und
- die Anwendungsform.[30]

Diese Erörterung gibt zugleich Gelegenheit, in bezug auf einen weiteren Variationsgesichtspunkt, nämlich das Einsatzfeld des Computers, eine Einschränkung für die vorliegende Untersuchung vorzunehmen.

Da verschiedene *Einsatzfelder* des Computers völlig unterschiedliche Erscheinungsbilder des Technikeinsatzes erzeugen und eine Variabilität aufweisen, die nur noch äußerst abstrakte Analysen zuläßt, beschränkt sich unsere Betrachtung auf die zentralen, wichtigsten Einsatzfelder. Diese liegen dort, wo bestimmte Aufgaben nach wirtschaftlichen Gesichtspunkten zu erfüllen sind, also in Unternehmungen, kleineren Gewerbebetrieben, Büros oder Praxen freiberuflich Tätiger, Behörden und den Verwaltungsbereichen von Universitäten, Krankenhäusern u. ä. Für diese verschiedenen Formen fehlt ein gängiger zusammenfassender Begriff. Sofern Gründe einer sprachlichen Verkürzung dies geboten erscheinen lassen, soll hier von *„wirtschaftlich gebundenen Leistungseinheiten"* gesprochen werden. Von anderen Einsatzfeldern wie Politik (s. etwa Laudon 1977), Forschung, Lehre, Kunst, Medizin oder Freizeitbeschäftigung unterscheiden sich die wirtschaftlich gebun-

[30] An den Kriterien-Begriffen erkennt man, daß wir hier einer anwendungsorientierten Betrachtungsweise folgen.

denen Leistungseinheiten im großen und ganzen dadurch, daß die Computernutzung in den Dienst der *Rationalisierung der Aufgabenerfüllung nach wirtschaftlichen Maßstäben* tritt. Die resultierenden Verfahrensweisen der Aufgabenerfüllung unterstreichen grundsätzlich die *Fremdbestimmtheit*, sei es in Form der Bindung an nicht personifizierbare ökonomische Prinzipien oder als konkrete Verhaltensvorgaben von Vorgesetzten oder Organisatoren. Dies scheint eine wesentliche Vorbedingung für jene Fassung der Akzeptanzproblematik zu sein, die hier zur Erörterung ansteht.[31] Im Gegenzug werden dann die Mechanismen der Akzeptanzsicherung auf den Plan gerufen. Es ist wichtig, den Umstand, daß sich die vorliegende Untersuchung auf den Computereinsatz in wirtschaftlich gebundenen Leistungseinheiten konzentriert, nicht aus den Augen zu verlieren, da mit der Art des Einsatzfeldes eine entscheidende Rahmenbedingung der Technikanwendung markiert ist.

Um die Varianz einzufangen, die durch eine Computernutzung auf verschiedenen *Anwendungsebenen* entsteht, wollen wir zwischen

- informations- und kommunikationstechnologischen *Infrastrukturen* und
- einzelnen Informationssystemen bzw. *Informationsverarbeitungsverfahren*

differenzieren. Diese Differenzierung gewinnt angesichts der gegenwärtigen informationstechnologischen Neuerungen zunehmend an Bedeutung, da immer mehr Infrastruktur-Einrichtungen, d. h. nutzungsunspezifische Informationsverarbeitungspotentiale, installiert werden. Die klassische Infrastruktur der Großrechenanlage und der sie umgebenden organisatorischen Betriebs- und Entwicklungsgruppen (Rechenzentrum und Datenerfassung, Systemanalyse und Programmierung) findet heute ihre Ergänzung in zentralen Datenbanken, dem Inventar der individuellen Datenverarbeitung (Mikrocomputer und Standardsoftware), den lokalen Netzen und den Zugangswegen zu öffentlichen Kommunikationsdiensten. Die organisatorischen Reaktionen darauf im Sinne eines „integrierten Informationsmanagements" sind noch in einer Experimentierphase.

---

[31] In dieser Fassung äußert sich mangelnde Akzeptanz z. B. in Agitation gegen die Implementierung, Verweigerung der Systembenutzung, absichtlichen Fehlern und Verzögerungen, nicht hingegen in Demonstrationen oder fehlender Kaufbereitschaft.

Die Differenzierung in informationstechnologische Infrastrukturen und einzelne Informationsverarbeitungsverfahren entspricht einer auch in der Informationsverarbeitungspraxis weithin anzutreffenden Trennung. Entscheidungen über die Computernutzung setzen in zwei grundlegend auseinanderfallenden Ebenen an und verästeln sich dann in verschiedene Richtungen weiter. Das Erkennen von wesentlichen Nutzungsmöglichkeiten, die Installation einer Datenverarbeitungsanlage, einer Datenbank, eines Kommunikationsnetzes, die Bereitstellung von Möglichkeiten der individuellen Datenverarbeitung, der Aufbau einer Datenverarbeitungsabteilung oder die Aufnahme kontinuierlicher Dienstleistungsbeziehungen für Datenverarbeitung außer Haus sind Angelegenheiten, die eine Institution insgesamt tangieren. Diese informationsverarbeitungsbezogenen Basis- oder *Infrastrukturentscheidungen* gehören zu den „großen“, strategischen Entscheidungen mit zumeist irreversiblen Wirkungen.[32] Zu klären sind dabei Fragen der generellen Programmierbarkeit von Abläufen und Aufgabenstellungen, der Beschaffbarkeit und Strukturierbarkeit von Informationen, der Auslegung und Auswahl von Zentraleinheit, Peripheriegeräten und Übertragungseinrichtungen, der Geräteaufstellung, der organisatorischen Einordnung, internen Gliederung und personellen Besetzung der Datenverarbeitungsabteilung u. ä. (s. Hansen 1970). Infrastrukturentscheidungen schaffen mit der Installation des technischen Kerns und dem Aufbau der Organisationseinheiten der Informationsverarbeitung ein Potential, das für eine Vielzahl einzelner Anwendungen nutzbar gemacht werden kann. Ihre Fortführung mündet in die strategische Planung der gesamtbetrieblichen Informationsverarbeitungsressourcen (Szyperski u. Kolf 1978; Kay u. a. 1980), die Ergänzung, Pflege und Renovierung der technischen Ausrüstung incl. der Betriebssoftware sowie die organisatorische und personelle Anpassung des Informationsmanagements. Von der Einrichtung der Infrastrukturen heben sich die *Verfahrensentscheidungen* oder „Anwendungsentscheidungen“ (Kubicek 1975, S. 156 ff) ab, in denen es um die Übernahme bestimmter Arbeiten auf die Datenverarbeitungsanlage, die Nutzung von Geräten, Rechner- und Personalkapazität sowie Programmen für spezifische, abgegrenzte Aufgaben bzw. Arbeitsprozesse und die organisatorische Fixierung der computergestützten Arbeitsabläufe geht. Sie sind Gegenstand der als „Systemplanung“ oder „Systementwicklung“ bekannten

---

[32] Kubicek (1975, S. 136 ff) spricht treffend von „informationstechnologischen Grundsatzentscheidungen“.

Funktionen. Die Verfahrensentscheidungen erstrecken sich somit auf ein begrenztes Anwendungsgebiet, das fast immer mehrere Stellen, oft mehrere Gruppen oder Abteilungen, gelegentlich auch mehrere Einheiten höheren Typs umfaßt. Die strukturellen Einheiten werden aber in aller Regel nur ausschnittweise mit bestimmten Arbeitsaktivitäten einbezogen. In jüngster Zeit kommt es im Rahmen der individuellen Datenverarbeitung (Scheer u. a. 1984) auch vermehrt zu arbeitsplatzspezifischen Informationssystemen. Der Computereinsatz folgt sicherlich nicht streng den Grenzen struktureller Subsysteme, es ist aber andererseits nicht zu übersehen, daß die strukturellen Demarkationslinien oft auch Grenzen der Informationssysteme sind. Zusammenfassend läßt sich festhalten, daß die Verfahrensentscheidungen der Unterstützung einzelner Arbeitsprozesse durch das Informationsverarbeitungspotential dienen. Sie verzweigen nach den einzelnen Komponenten von Informationssystemen und bestimmen die Gestaltungsaufgaben für einzelne Implementierungsprozesse.

Auf den skizzierten Anwendungsebenen – der Infrastruktur- und der Verfahrensebene – stellt sich der Computereinsatz höchst unterschiedlich dar und entfaltet auch je eigene Wirkungen. Dadurch werden globale Perspektivendifferenzen begünstigt sowie zusätzliche und feinere Auffassungsunterschiede hervorgerufen. Es ist verständlich, daß Überlegungen zu den informations- und kommunikationstechnologischen Infrastrukturen stark von gerätetechnischen und programmlogischen Gesichtspunkten geprägt sind, während Fragen der Verfahrensgestaltung eher auch zu einer anwendungsbezogenen Auffassung motivieren. Aus „infrastruktureller Sicht" zählen vor allem Aspekte wie die Wirtschaftlichkeit des „Gesamtapparates", der Grad der gerätetechnischen Dezentralisation und Vernetzung, die grundsätzlichen Verarbeitungs- und Nutzungsformen, Dialogmöglichkeiten, die Datenintegration und Einflüsse auf die Struktur des Datenverarbeitungsbereiches oder größerer Benutzerbereiche. Aus dem Blickwinkel derjenigen, die computergestützte Arbeitsverfahren entwerfen oder darin arbeiten, heben sich über gerätetechnische und verarbeitungslogische (z. B. algorithmische) Details aufgabeninhaltliche und arbeitsorganisatorische Bedingungen in den Vordergrund. Der perspektivische „Schnitt" aufgrund der Befaßtheit mit verschiedenen Anwendungsebenen korreliert tendenziell mit der hierarchischen Abstufung sowie der Verteilung von Gestaltungskompetenzen und Betroffenheitsintensitäten, läßt sich aber anhand dieser Einteilungen keineswegs eindeutig ziehen.

Bei genauerer Beobachtung der Datenverarbeitungspraxis kann von einem „computergestützten Informationssystem“ auf der infrastrukturellen Anwendungsebene nur noch in metaphorischem Sinn die Rede sein. Es bereitet zumindest einige Mühe, sich die infrastrukturellen Informationsverarbeitungspotentiale und den Kranz partikulärer Informationsverarbeitungsverfahren als einen einheitlichen Gesamtzusammenhang vorzustellen, für den eine Bezeichnung wie „das betriebliche Informationssystem“ o. ä. aussagekräftig erschiene. Die automatisierte Informationsverarbeitung innerhalb einer Gesamtinstitution bildet keinen monolithischen Block und auch kein „integriertes System“. Der Systemcharakter schwebt zwar als ein organisatorisches Ziel vor und wird vielfach begrifflich beschworen. In Wirklichkeit aber zerfällt die automatisierte Informationsverarbeitung jenseits der technologischen Infrastruktur in einzelne Informationsverarbeitungsverfahren, die mehr oder weniger starke Verbindungen aufweisen können, oft jedoch isoliert oder allenfalls lose gekoppelt sind. Nur eine derartige *modulare Betrachtungsweise* vermag die in der Praxis vorfindbaren Differenzierungen zu erfassen (Kubicek 1975, S. 198 f; Marock 1980, Sp. 299). Daraus folgt, daß der Begriff „computergestütztes Informationssystem“ seine Berechtigung im wesentlichen auf der Anwendungsebene der Einzelverfahren gewinnt und für die Infrastrukturebene oder für eine Verklammerung beider Anwendungsebenen weniger geeignet erscheint.

Die einzelnen Informationssysteme unterscheiden sich nun vor allem nach dem Anwendungsgebiet und den Anwendungsformen. Die Unterscheidung verschiedener *Anwendungsgebiete* automatisierter Informationstechnologien kann sich der bekannten Einteilung in strukturelle und funktionale Subsysteme bedienen. *Strukturelle Subsysteme* werden durch die vertikale Grundgliederung in Hierarchie- oder Leitungsebenen und die horizontale Grundgliederung nach Gesichtspunkten der Aufgabenteilung definiert (s. Kosiol 1962 u. 1980: Leitungs- und Verteilungszusammenhang). Je nach ihrer Über-, Neben- oder Unterordnung sind diese Subsysteme von unterschiedlichem Typ. An die kleinste strukturelle Einheit vom Typ „Stelle“ schließen sich zunehmend umfassendere Einheiten wie „Gruppe“, „Abteilung“, „Ressort“, „Sparte“ und „Gesamtinstitution“ (z. B. Unternehmung) an. Eine Einheit wird in der Regel durch ihren Funktionsschwerpunkt, d. h. durch ein Aufgabenbündel, dem sie besonders gewidmet ist, identifiziert.

Die Grenzen der strukturellen Subsysteme werden durchschnitten von Arbeitsprozessen. Arbeitsprozesse streben auf die Erstellung bestimmter Leistungsbeiträge zu und fordern dabei die Aktivitäten verschiedener struktureller Subsysteme an. Innerhalb der Arbeitsprozesse wirken die strukturellen Einheiten zusammen. Die Arbeitsprozesse bilden *funktionale Subsysteme.*[33] Ihr innerer Zusammenhang wird durch eine gemeinsame Sinnorientierung von Operationen hergestellt. Funktionale Subsysteme lassen sich generell als Sinnzusammenhänge von Arbeitshandlungen charakterisieren.[34] Ähnlich wie die strukturellen Einheiten stehen auch die funktionalen Einheiten in einem Über- und Unterordnungsverhältnis, angefangen von einfachen Arbeitsschritten bis hin zu Komplexen von Leistungen, die sich auf bestimmte Grundbedürfnisse des Gesamtsystems beziehen.

Aus der jeweiligen Lokalisierung von Informationstechnologien bzw. Informationssystemen in diesem Gefüge struktureller und funktionaler Subsysteme ergeben sich (in anwendungsorientierter Perspektive) aller Erfahrung nach erhebliche reale Unterschiede. Diese liegen vor allem in der inhaltlichen Verschiedenartigkeit der unterstützten Aufgaben begründet. Nicht zufällig werden gerade von diesem Aspekt her deshalb oft Klassifikationen für Informationssysteme entwickelt, die sich an die traditionelle Funktionsbereichseinteilung industrieller Unternehmungen (Vertriebs-, Produktions-, Materialwirtschafts-, Personal-, Konstruktionssysteme etc.) oder ihr überlagerte Einteilungen von Informationsverarbeitungsaufgaben (z. B. kaufmännische Systeme und technisch-mathematische Systeme; Abwicklungssysteme und Entscheidungsunterstützungssysteme; Administrations-/Dispositionssysteme und Planungssysteme u. ä.) anlehnen.[35] Bezogen auf den Büro- und Verwaltungsbereich können nach der Aufgabentypologie von Szyperski

---

[33] Zu diesem Konzept s. Katz u. Kahn 1966, S. 39 ff; Kirsch 1971, S. 40 ff; Dienstbach 1972, S. 33 ff.

[34] Kirsch entwickelt eine weite Fassung dieses Begriffes, der hier gefolgt wird: „Zu einem funktionalen Subsystem werden all jene aktiven Elemente des organisationalen Systems zusammengefaßt, deren Verhalten der Erfüllung einer bestimmten Funktion dient. ... Stets dann, wenn sich der Organisationstheoretiker mit einem bestimmten Prozeß innerhalb der Organisation besonders befassen will, kann er alle jene aktiven Elemente zu einem funktionalen Subsystem zusammenfassen, deren Verhalten Teilprozesse innerhalb des interessierenden Prozesses konstituiert." (1971, S. 41 u. 43) Gleiches kann natürlich auch der Organisationspraktiker tun – mit höchst realen Effekten.

[35] Eine „Mischklassifikation" in dieser Hinsicht, bei der gleichwohl aber auch die Anwendungsgebiete im Vordergrund stehen, bringt Zajonc (1976, S. 21–25). Er gliedert seine Anwendungssystematik in: Personalwesen und Gehaltsabrechnung, Finanz- und Rechnungswesen, Führungssysteme, Ablaufplanung und -steuerung,

u. a. (1982, S. 14ff), die ausdrücklich im Hinblick auf eine Computerunterstützung durch ähnliche Geräte und Systeme entwickelt wurde, Informationssysteme für Unterstützungsaufgaben, Sachbearbeitungsaufgaben, Fachaufgaben und Führungsaufgaben unterschieden werden. Auch der Markt für Programme und datenverarbeitungsorientierte Dienstleistungen segmentiert sich hauptsächlich nach den Anwendungsgebieten.

Die Anwendung automatisierter Informationstechnologien in solch verschiedenen Aufgabenbereichen gilt als einer der Hauptfaktoren realer Variabilität und schafft damit unterschiedliche Erlebnispotentiale, die die Auffassungen nicht unberührt lassen. In der noch jungen Geschichte des Computereinsatzes zeigt sich an entscheidenden Stellen, wie gerade Verschiebungen in den Anwendungsgebieten perspektivische Modifikationen herausgefordert haben. Zu erinnern ist hier etwa an das Herauswachsen der Computeranwendung aus einzelnen Funktionsbereichen, an die Ausdehnung des Anwendungsspektrums auf strategienahe, führungsbezogene und entscheidungskritische Aufgaben – profiliert in der Konzeption der Decision Support Systems (Keen u. Scott Morton 1978) –, an die Schritte zur vertikalen und insbesondere zur horizontalen Integration isolierter Anwendungen oder an die in letzter Zeit einsetzenden Versuche zur Automatisierung wissensbasierter Fähigkeiten (Hayes-Roth u. a. 1983; Retti 1984; Forsyth 1984). Derartige Entwicklungen haben neue Probleme und Erfahrungen freigesetzt sowie in ihrer Folge Umorientierungen und neue Deutungsangebote für die computergestützte Informationsverarbeitung provoziert.

Die *Anwendungsformen* automatisierter Informationstechnologie variieren zwar häufig systematisch mit dem jeweiligen Anwendungsgebiet, sind aber dadurch keineswegs vollständig präjudiziert. Das auf Kubicek (1975, S. 199) zurückgehende Konzept „informationstechnologischer Anwendungsformen" kann als ein Vorläufer des moderneren Begriffs der „Benutzeroberfläche" angesehen werden. Die Anwendungsformen umfassen allerdings mehr als das, was gemeinhin mit „Benutzeroberfläche" assoziiert wird. Sie sind insbesondere nicht auf die Bedienungseigenschaften von Programmen und Geräten beschränkt, sondern beleuchten zudem die sich mit dem Technologieeinsatz unmittelbar verbindenden, nutzungsinduzierten personellen Funk-

technische Steuersysteme, wissenschaftlich-technische Berechnungen, Statistik, Dokumentation.

tionserfordernisse. Diese Funktionserfordernisse bilden die Schnittstelle der Informationstechnologie zur weiteren organisatorischen Ausgestaltung des Verfahrens. Wie Kubicek empirisch illustriert hat (1975, S. 198 ff), bieten nicht nur verschiedene Informationsverarbeitungsverfahren ein unterschiedliches Bild der Anwendungsformen und eng verbundener organisatorischer Nahwirkungen. Vielmehr konfrontiert auch ein einzelnes Verfahren seine Teilnehmer mit unterschiedlichen Funktionserfordernissen, produziert eine Streuung in Art und Ausmaß der „Betroffenheit“ sowie ein fast individuell differenziertes Bündel von flankierenden organisatorischen Anpassungen. Stellt man in Rechnung, daß für die Auffassung computergestützter Informationssysteme das von ihnen gebotene Erlebnispotential (im Sinne der von ihnen ausgehenden Anforderungen und Nahwirkungen) entscheidend ist, so erkennt man, daß in der außerordentlichen Vielfalt der Anwendungsformen ein weiteres Moment für Auffassungsunterschiede liegt. Die Unterschiede in den Anwendungsformen verlängern die grundlegend durch verschiedenartige Einsatzfelder, in der Fortsetzung dann durch unterschiedliche Anwendungsgebiete bedingten Differenzierungen bis auf die strukturelle Ebene einzelner Stellen und Arbeitsplätze.

Ähnlich wie bei den Anwendungsgebieten haben tiefergreifende Innovationen in den Anwendungsformen wie etwa das Üblichwerden des Dialogbetriebs und des papierlosen Outputs, das durch Time sharing-Unterbrechungen gestützte Multitasking oder der Trend zum Personal Computing Reorientierungsansätze in bezug auf die automatisierte Informationsverarbeitung ausgelöst. Informationssysteme wurden plötzlich primär als Mensch-Maschine-Kommunikationssysteme, dann prononciert als Teilhaber- und Teilnehmersysteme, schließlich mehr als möglicher Verbund integrierter multifunktionaler Informationsverarbeitungsstationen begriffen.

Mit dem Einsatzfeld, dem Anwendungsgebiet und der Anwendungsform haben wir gleichsam drei Schichten realer Variabilität computergestützter Informationssysteme identifiziert. Auch bei Konzentration auf den Computereinsatz zur Rationalisierung der Aufgabenerfüllung nach wirtschaftlichen Maßstäben verbleibt ein großer Variationsspielraum. *Die faktisch unterschiedlichen Ausprägungen von Informationssystemen verstärken ihre unterschiedliche Auffassung durch die Ermöglichung verschiedenartiger Erfahrungen.* Über die Erfahrungsunterschiede wirkt die reale Variabilität parallel zur Vielzahl potentiell zugehöriger Aspekte, also zur Komplexität. Die gemeinsame Stoßrichtung von Komplexität und Variabilität zielt auf eine Öffnung des perspektivischen Spielraums. Wie die Komplexität, so weckt deshalb auch die Variabilität Tendenzen selektiver Auffassung, perspektivischer Ausschaltung der Unbestimmtheit.

3. Die organisatorische Bedingtheit der Auffassungen

Den Grund dafür, daß es überhaupt zu Unterschieden in der Auffassung computergestützter Informationssysteme kommt, mag man zum größten Teil in das Objekt selbst verlegen und aus seiner Komplexität und Variabilität ableiten. Die Wege aber, die die Interpretationen einschlagen, und die konkret sich herausbildenden Relevanzstrukturen sind vorgezeichnet durch die pragmatischen Relevanzen und die spezifischen Erfahrungen mit dem Gegenstand. Komplexität und Variabilität reißen den perspektivischen Spielraum auf. Pragmatische Relevanzen und Erfahrungen steuern die selektiven Bestimmungen. Diese relativieren das Verständnis computergestützter Informationssysteme auf einen jeweils besonderen Standort, den man im Verhältnis zu diesen Systemen einnimmt: eben einen Standort, an dem man im Zusammenhang mit computergestützten Informationssystemen gewisse Handlungsabsichten verfolgt und gewisse Erfahrungen typischerweise machen kann.

Zumindest in wirtschaftlich gebundenen Leistungseinheiten wird ein derartiger Standort organisatorisch zugewiesen und organisatorisch definiert, ist also ein *organisatorischer Standort*. Die unterschiedlichen Auffassungen kommen innerhalb von Wirtschaftsinstitutionen somit nicht etwa zufällig oder beliebig zustande. Sie sind vielmehr organisatorisch bedingt. Interessen und Handlungsabsichten haben selten persönlichen Charakter, sondern korrespondieren organisatorischen Aufgaben und Anforderungen, erwachsen also aus organisatorischer Arbeitsteilung und Hierarchiebildung. Ebenso sind die Erfahrungsausschnitte organisatorisch umrissen.

Aufgrund dieser organisatorischen Bedingtheit der Auffassungen findet man unterschiedliche Sichtweisen bei Mitgliedern mit unterschiedlicher hierarchischer und funktionaler Stellung. Ganz grob kann man zwischen oberen und unteren Leitungsebenen sowie technologienahen (besser: infrastrukturnahen) und anwendungsnahen (bis hin zu verfahrensinvolvierten) Positionen differenzieren. So erwarten wir wesentliche Kristallisationspunkte für perspektivische Akzentuierungen etwa beim Leitungspersonal des Datenverarbeitungsbereiches (hohe Leitungsebene, infrastrukturnah), bei Führungskräften von Fachabteilungen (hohe Leitungsebene, anwendungsnah), bei Systemplanern und Programmierern (untere Ebene, infrastrukturnah) und bei Benutzern oder Bedienern in einzelnen Informationssystemen (untere Ebene, anwendungsnah). Von oberen Ebenen aus betrachtet erlangen Informationssysteme oft eine relativ *abstrakte Qualität*, die sich in Kennzahlen, Entsprechungen mit allgemeinen Standards, Steuerungsmöglichkeiten, Informationsverfügbarkeit, Entscheidungsgeschwindigkeit, Reaktionsfähigkeit auf Umweltveränderungen, Wettbewerbsfähigkeit, bestimmten Formen von Arbeitsteilung und Koordination oder dem Vorhandensein gewisser struktureller Einheiten ausdrückt. Dazu kontrastiert sich die von ausführenden Ebenen her erlebbare „*konkrete Wirklichkeit*" computergestützter Informationssysteme, die aus psychisch und physisch wahrgenommenen Arbeitsbedingungen, Bedienung von Geräten, mühevoll erdachter Verarbeitungslogik, Bildschirmmasken oder Arbeitskontrollen durch die Technologie besteht. Die Nähe zur technologischen Infrastruktur verstärkt eine *technische Orientierung*; die Anwendungsnähe läßt *organisatorische und personelle Dimensionen in den Vordergrund* treten.

Der Hinweis auf die organisatorische Bedingtheit der Auffassungen und Auffassungsunterschiede deutet eine Möglichkeit an, die Auffassungen über ihre organisationsstrukturellen Voraussetzungen in Grenzen zu steuern und zueinander in ein vermittelbares Verhältnis zu bringen, sie „kompatibel" zu machen. Die Einrichtung von Vermittlerrollen wie etwa „Systemanalytiker" von der Datenverarbeitungsseite her, „Datenverarbeitungs-Koordinator" oder „Datenverarbeitungs-Kontaktmann" in den Fachabteilungen, sowie der weit verbreitete Personalaustausch bzw. die Personalrotation zwischen Datenverarbeitungsbereich und Fachabteilungen zeugen von einem Bedarf an perspektivischen „Übersetzungen" vor allem in den Prozessen der Informationssystemgestaltung. Da die Perspektivendifferenzen in mancher Hinsicht funktional sind, schwebt bei solchen Maßnahmen sicherlich keine vollständige Konvergenz der Auffassungen vor. Sie erscheinen uns eher als eine Strategie, Vorherrschaft und Vermittlungsfähigkeit einer zentralen Perspektive simultan zu sichern.

4. Auffassungsmanagement

Erst jetzt haben wir in unserer Analyse der Auffassungsabhängigkeit oder sozialen Konstruiertheit der informationstechnologischen Wirklichkeit einen Punkt erreicht, an dem die gemeinsamen Verständnisgrundlagen es gestatten, rückblickend die den vorangegangenen Ausführungen zugrundeliegende Absicht schärfer ins Profil zu heben. Das eigentliche Erkenntnisinteresse bezieht sich, wie nun klar gemacht werden kann, auf die „politische Handhabung" von Perspektiven.

Wir haben die computergestützte Informationsverarbeitung als ein Phänomen kennengelernt, das aufgrund seiner Vielschichtigkeit notwendig eine gewisse Vagheit in sich trägt. Dies läßt ein Erklären, Erläutern, Auslegen und Interpretieren nicht nur zu, sondern fordert solche Bemühungen geradezu heraus. Vagheit schafft Unsicherheit, und auf diese Unsicherheit wird mit Versuchen der Verdeutlichung reagiert. Verdeutlichung bedeutet Bestimmung, Objektivierung, „Verwirklichung" des Gegenstandes. Die Instrumente dazu sind Perspektiven oder Auffassungen. Sie halten zugleich das Ergebnis fest.

Je vager oder interpretierbarer ein Objekt (gemacht worden) ist, desto mehr Varianten der Verdeutlichung, desto zahlreichere „Schlüssel zum Verständnis" werden gefunden. Da sie einander implizit oder sogar ausdrücklich das Auslegungsprivileg streitig machen, bedrohen sie sich gegenseitig. Rein sachlich kann man über ihre „Richtigkeit" oder Angemessenheit selten entscheiden. Daraus erwächst zunächst einmal eine unausweichliche Beliebigkeit. Vorstellungen über Informationssysteme geraten weit mehr zum Produkt von Interpretationsansätzen als von „Fakten". Das Wissen über Informationssysteme besitzt deshalb einen metaphorischen Status und kann sich ein beträchtliches Maß von „Mythen" (nur reziprok „beweisbaren" Glaubensvorstellungen) leisten, die sich gleichwohl häufig durch vermeintliche „Evidenzen" „belegen" lassen.

Es wurde schon darauf hingewiesen, daß ein derartiger Zustand weder außergewöhnlich noch Anlaß zur Kritik ist. Er ist typisch für die meisten sozialen Phänomene, d. h. für die Gegenstände der *sozialen* Wirklichkeit, und wird bedacht in den Formeln von der „sozialen Konstruiertheit" oder „sprachlichen Bedingtheit" der sozialen Wirklichkeit. Dabei können sich eher auseinanderstrebende oder stärker konvergierende Realitätsdeutungen herauskristallisieren.

Zwar ist die Unterschiedlichkeit von Auffassungen unvermeidlich und alltäglich. Sie erweist sich jedoch als unbequem, wenn Personen mit verschiedenen Auffassungen zusammenarbeiten sollen. Deshalb darf man über der Betonung von Auffassungsunterschieden die Kräfte nicht unterschätzen, die auf eine *Abstimmung oder Vereinheitlichung der*

Auffassungen hinarbeiten, und zwar oft nicht nur in einzelnen Situationen, sondern mit verallgemeinernder Tendenz. Für solche Ansätze bietet sich der Begriff des „*Auffassungsmanagements*" oder des „Bedeutungsmanagements" an.

„Political and ideological debate consists very largely of efforts to win acceptance of a particular categorization of an issue in the face of competing efforts in behalf of a different one; but because participants are likely to see it as a dispute either about facts or about individual values, the linguistic (that is, social) basis of perceptions is usually unrecognized." (Edelman 1977, S. 25)

Diese auf politische Auseinandersetzungen gemünzte Bemerkung von Edelmann trifft auch auf die Diskussionen um die computergestützte Informationsverarbeitung zu. Man mag die gezielte Ausblendung der sozialen Konstruiertheit als „unreflektiert" empfinden. Für das praktische, alltägliche Handeln erfüllt sie aber eine wichtige Entlastungsfunktion: Sie entlastet von der Notwendigkeit, mit alternativen Sichtweisen zu rechnen und sie gegebenenfalls berücksichtigen zu müssen, mithin von sozialer Komplexität. Unter ausdrücklicher oder stillschweigender Einnahme bestimmter Interessenpositionen beginnt man, eigene Auslegungen als die einzig mögliche Wirklichkeitssicht, als „die geltenden Tatsachen" vorzutragen.[36] Auch im Handeln kann eine solche Strategie wirksam werden, indem man sich etwa um bestimmte Dinge kümmert, andere beiseite schiebt, und bei all dem so tut, als sei dies die einzige Art, vernünftig zu agieren. Eben dieses *Erzeugen einer Wirklichkeit mit dem Anschein, nicht hinterfragbar zu sein*, bildet den Kern des Auffassungsmanagements.

Unsere Erörterung der perspektivischen Konstruktion von Informationssystemen versteht sich als eine Vorübung, um Fragen nach der Berechtigung verschiedener Auffassungen, nach ihren Entstehungs-

---

[36] Wenn man genau hinschaut und ausreichend sensibilisiert ist, stellt man fest, daß dies auch einem häufig gepflegten Stil in der wissenschaftlichen Behandlung computergestützter Informationssysteme entspricht. Damit ergreift man – oft wohl unbemerkt – in einem hintergründigen Perspektivenkampf Partei. Hier sollte man dem Praktiker den Vortritt lassen; für ihn ist die Verwendung einer bestimmten Perspektive keine Option, sondern Handlungsnotwendigkeit. In der Wissenschaft bringt es jedoch leicht eine latente Politisierung. Dadurch werden Erkenntnismöglichkeiten ebenso verstellt wie Veränderungsmöglichkeiten. Unter den Abstrichen von einer wissenschaftlichen Objektivität, die sich über die Bewußtheit um soziale Konstruiertheit und Perspektivendifferenzen definiert, leiden die praktische Wirksamkeit und die moralische Begründbarkeit der Resultate. Der Forscher ist deshalb gut beraten, sich zumindest nicht durchgehend auf den Perspektivenkampf einzulassen.

gründen, ihren Funktionen, den Bedingungen ihrer Dauerhaftigkeit, ihrer Konsensfähigkeit und den konkreten Aktionen ihrer sozialen Verankerung diskutierbar zu machen. Die Thematisierung des Auffassungsmanagements und angrenzender Probleme kann erst ansetzen, wenn zwei Einsichten vorausgegangen sind, nämlich

a) eine Art „Virtualisierung“ der Wirklichkeit durch die Darlegung ihrer Auffassungsabhängigkeit oder sozialen Konstruiertheit mit der unausweichlichen Folge von Perspektivendifferenzen
und
b) eine Registrierung der Tendenz, in praktischen Handlungszusammenhängen diese „Virtualisierung“ zurückzudrehen oder auszuschalten, d. h. die Perspektivendifferenzen zu „überwinden“ und damit eine Wirklichkeit zu „objektivieren“, deren perspektivische Relativität nicht mehr erkennbar ist.

Die praktische Überwindung von Perspektivendifferenzen kann zwei Wege einschlagen. Zunächst ist es denkbar, über die perspektivischen Unterschiede hinweg situationsbezogen eine kommunikative Verständigung zu suchen. Interaktionspartner mit verschiedenen Perspektiven bauen dabei homogene oder korrespondierende Relevanzstrukturen auf. Dies geschieht entweder durch die wechselseitige Anreicherung der Perspektiven (Perspektivenvereinigung) oder durch die gemeinsame Orientierung an Aspekten, die in allen beteiligten Perspektiven von Bedeutung sind (Perspektivenüberlagerung). In jedem Fall handelt es sich um eine interaktive, situationsbezogene und in ihrer Wirkung zeitlich begrenzte Strategie.
Der Leitgedanke des interaktiven *Perspektivenausgleichs* liegt all jenen Empfehlungen für die Gestaltung computergestützter Informationssysteme zugrunde, die auf Partizipationsmodelle (Kubicek 1979 a) oder offene Formen der Austragung von Konflikten (s. etwa Hermann 1984) abstellen. Tatsächlich genießt der Perspektivenausgleich in den wissenschaftlich inspirierten Implementierungsphilosophien eine Vorrangstellung, die sich insbesondere auch moralisch begründet.

Die Implementierungspraxis scheint jedoch im großen und ganzen eine ausgeprägtere Präferenz für einen anderen Weg zu haben: den Weg der *Perspektivendurchsetzung*. Darin liegt die zweite Möglichkeit zur Überwindung von Perspektivendifferenzen. Bei der Perspektivendurchsetzung geht es darum, eine dominante Perspektive zu entwickeln, die für alle Parteien verbindlich ist. Eine solche dominante Perspektive bietet für den ihr unterworfenen Wirklichkeitsausschnitt eine zwingende, stabile Prioritätenordnung. Im Unterschied zu den durch einen interaktiven Ausgleich erreichten Orientierungsgemeinsamkeiten hat eine dominante Perspektive eher den Charakter eines situationsübergreifenden, generellen Schemas, das bei ähnlichen Gelegenheiten stets von neuem aktiviert werden kann. Sie ist zudem längerfristig angelegt. Ihr Bestand wird institutionell gesichert. Ihr Zustandekommen bzw. ihre Durchsetzung setzt ein Machtgefälle voraus zwischen denjenigen, die die Perspektive ursprünglich entwickeln und sie schwerpunktmäßig vertreten, und denjenigen, die gehalten sind, die Perspektive zu übernehmen, obwohl es nach Interessen- und Erfahrungslage nicht ihre „eigene" Perspektive ist. Dieses Machtgefälle beruht auf Direktionsrechten oder Unterschieden im Sachverstand und wird vor allem über institutionelle Stigmatisierungen „ausgespielt": Wer nicht die dominante Perspektive teilt, wird als jemand hingestellt, der nicht weiß, „was wirklich wichtig ist", der nicht sieht, „worauf es ankommt", der „unsere Probleme nicht kennt", und folgerichtig als „Querulant", „Systemveränderer" oder „inkompetenter Mensch" behandelt.

Die gezielte Perspektivendurchsetzung bedient sich in erster Linie Maßnahmen wie der Aus- und Weiterbildung und der organisatorischen Einrichtung von Stellen oder Prozessen, mit deren Aufgabenanforderungen und Erfahrungsausschnitten eine bevorzugte Perspektive besonders harmoniert. Aber auch in der Rekrutierungs- und Stellenbesetzungspolitik liegen Möglichkeiten, für die Verbreitung und Durchsetzung einer Auffassung zu sorgen, etwa durch Personalaustausch oder Rotation.

Das Auffassungsmanagement kann sich somit zwischen den Grundformen des interaktiven Perspektivenausgleichs und der institutionell gestützten Perspektivendurchsetzung bewegen. Die erste Grundform mit ihrer Nähe zu offener Konfliktaustragung, Kompromiß und Konsens erscheint unter motivationalen wie moralischen Gesichtspunkten vielfach als Wunschbild. Es ist aber vermutlich die aufwendigere Strategie, da der Perspektivenausgleich immer wieder „ausgehandelt" werden muß, das Ergebnis in seiner Erreichung risikobehaftet und in seinem Inhalt nicht voll vorhersehbar ist und die Aufrechterhaltung abweichender „Nebenperspektiven" kaum toleriert werden darf. Deshalb ist wohl die institutionell gestützte Perspektivendurchsetzung für die Praxis eher typisch. Sie etabliert einen beständigen Auffassungsrahmen, schafft somit Erwartungssicherheit und Bestimmtheit und bedarf weniger der inneren Umstimmung, sondern kann sich weitgehend auch mit einer äußerlich bleibenden Verständnis- und Verhaltensausrichtung begnügen.

Bevor wir nun fragen, welche Perspektive bei der Implementierung computergestützter Informationssysteme dominiert und welchem organisatorischen Standort diese Perspektive entspricht, soll versucht werden, den perspektivischen Spielraum genauer auszuleuchten.

IV. Komponenten von Informationssystemen

Die herausgestellten Auffassungsunterschiede fallen nicht vom Himmel oder werden aus der Luft gegriffen. Sie knüpfen an empirisch wahrnehmbare, reale Probleme und Gegebenheiten an und bilden selbst kommunikativ erfahrbare Versuche zur Aufordnung des komplizierten Weltausschnitts, den die computergestützte Informationsverarbeitung nun einmal repräsentiert. Die Auffassungen existieren als sozial wirkliche, interpretativ notwendige kognitive Schematisierungen. „Each of us approaches events and circumstances with bundles of values and related assumptions which constitute our basic frames of reference or conceptual models in terms of which we analyse and comment upon that with which we find ourselves confronted. Like it or not we do not see a *real* world that is truly there; each of us *interprets* his environment and copes with it by fitting it into meaningful patterns." (Mangham 1979, S. XI) Man kann sich einer Auffassung anschließen oder sie ablehnen und zu „überwinden" trachten. Die „Überwindung" führt zu einer veränderten Auffassung, deren Schicksalsweg sich von dem der schon bestehenden nicht besonders unterscheidet: Sie wird vorgetragen, eingehämmert, diskutiert, angegriffen, verworfen, wieder hervorgezogen usw. Einmal eingeführt, bestehen Auffassungen, bis sie in Vergessenheit geraten. Allgemein durchsetzen können sie sich nur, wenn sie sowohl einleuchtend als auch hilfreich bei der Lösung tatsächlich sich stellender Probleme sind (s. Schütz u. Luckmann 1979, S. 29 ff u. 154 ff), und wenn es ihren Verfechtern auf irgendeine Weise gelingt, sie zur „herrschenden Meinung" zu machen – oft durch eine Form öffentlicher Dekretierung.

Wenn die Menschen, die mit computergestützten Informationssystemen umgehen, etwa in ihnen arbeiten, sie gestalten oder sich nur gedanklich mit ihnen auseinandersetzen, diese Systeme in bemerkenswertem Ausmaß unter Gesichtspunkten von gerätetechnischer Ausrüstung, Verarbeitungslogik, übernommenen Aufgaben und erforderlichen personellen Leistungen schematisieren, so dürfte es sich dabei um Schematisierungen handeln, die einleuchtend und bei den vorhandenen Problemen nützlich sind. An den Auffassungen, die eine gewisse Dauerhaftigkeit, Assoziationskraft und soziale Verbreitung gefunden haben, läßt sich zwar in einem absoluten Sinn weder moralisch richtiges, sachlich angemessenes oder zukünftig zweckmäßiges, wohl aber real gültiges und aktuell brauchbares Verständnis ablesen. Um nun das gegenwärtige Handeln zu beschreiben und zu erklären, bleibt einem nichts anderes übrig, als auf dieses geltende Verständnis zu rekurrieren. Dabei verdient gerade auch die Differenziertheit der Auffassungen Beachtung. Computergestützte Informationssysteme erscheinen als Konglomerate von Geräten, programmierten Verarbeitungsmethoden, Aufgaben und zugehörigen Informationen, Verfahrensregeln und menschlichen Arbeitsleistungen. Bei einer ausgewogenen Systematisierung lassen sich sechs Komponenten auseinanderhalten (als Vorläufer s. Wollnik u. Kubicek 1979). Damit wird nicht etwa eine weitere Auffassung vorgeschlagen, sondern unter Absehen von einseitigen Akzentuierungen lediglich eine Klammer über die vorhandenen gesetzt.

In einer sehr allgemeinen Charakterisierung kann man computergestützte Informationssysteme als *Sinnzusammenhänge informationsverarbeitender Operationen unter Verwendung elektronischer Geräte* umschreiben. Ihre Abgrenzung erfolgt primär nach Kriterien aufgabenbedingter Verflochtenheit, sei es durch gemeinsame Zielorientierung, die sinnstiftend eintritt, sei es durch Informationsflüsse, sachliche und zeitliche Zusammenhänge von Leistungen oder einheitliche bzw. ähnliche Aufgabenobjekte. Wegen der Bedeutung aufgabenbezogener Aspekte bei der Identifikation von Informationssystemen könnte man statt von Sinnzusammenhängen auch von Aufgabenzusammenhängen sprechen. Informationssysteme werden durch bestimmte Aufgaben der Informationsverarbeitung definiert. Die hervorstechendste Komponente von Informationssystemen ist deshalb die funktionale Komponente (*Aufgabenkomponente*).

Bei den Aufgaben geht es generell um Aufgaben der Informationsverarbeitung. Die zu verarbeitenden Informationen sind Gegenstand der informationalen Komponente (*Informationskomponente*).

Die Aufgaben werden durch ein Zusammenwirken von personellen und maschinellen Aufgabenträgern erfüllt. Computergestützte Informationssysteme umfassen somit eine personelle und eine maschinelle Komponente (*Personenkomponente, Gerätekomponente*).

Die Aufgabenerfüllung folgt festgelegten Verfahrensweisen. Sie werden den Personen in Form von organisatorischen Bestimmungen, den Geräten in Form von Programmen vorgegeben. Informationssysteme beinhalten also weiterhin eine organisatorische Komponente und eine verarbeitungsmethodische (programmlogische) Komponente (*Organisationskomponente* und *Programmkomponente*[37]).

Computergestützte Informationssysteme weisen eine funktionale, eine informationale, eine personelle, eine organisatorische, eine maschinelle und eine programmlogische Komponente auf (vgl. zu einer ähnlichen Einteilung Kolf u. a. 1978). Der Aufbau eines Informationssystems erfordert Gestaltungsmaßnahmen in jeder Richtung. Seine Beschreibung und Erklärung machen eine Bezugnahme auf den Gesamtzusammenhang der Komponenten notwendig. Im folgenden sollen diese Komponenten durch Hinweise auf unter sie fallende konkrete Tatbestände präzisiert werden.

1. Aufgabenkomponente

Computeranwendungen stehen im Dienst der Erfüllung bestimmter Aufgaben (s. auch Heibey u. a. 1977, S. 49). Diese Aufgaben bilden das primäre Kriterium zur Kennzeichnung einer Anwendung. Informationssysteme tragen Bezeichnungen, die auf die jeweils unterstützten Aufgaben verweisen, etwa „Gehaltsabrechnung“, „Rechnungsschreibung“, „Produktionsmengenplanung“, „Versandauftragsabwicklung“ oder „Vorratsdisposition und Bestellschreibung“ (vgl. Übersicht A 1 im Anhang für weitere Bezeichnungen). Die begriffliche Abgrenzung der Aufgabenzusammenhänge ist nicht immer besonders scharf, sondern orientiert sich an funktionalen Schwerpunkten und nimmt implizit Bezug auf in einer speziellen Institution schon bekannte Aufgabenabgrenzungen. Angesicht der Vagheit und Undeutlichkeit der aufgaben-

[37] Steuer-, Verwaltungs- und Dienstprogramme des Betriebssystems sind nicht dieser Programmkomponente eines Informationssystems, sondern der maschinellen Komponente zuzurechnen, da sie sich statt auf einzelne Informationssysteme auf das maschinelle Datenverarbeitungssystem insgesamt bzw. auf eine Mehrzahl von einzelnen Informationssystemen, denen sie ein Nutzungspotential bieten, beziehen.

analytischen Sprachmittel ist größere Präzision auch nicht zu erwarten. Breit angelegte Versuche einer sprachlichen Systematisierung wie etwa das Beschreibungssystem von Köster und Hetzel (1971) oder das „Kölner Integrationsmodell“ (Grochla u. Mitarbeiter 1974) lassen sich als Demonstration der unterschiedlichen Möglichkeiten des Zergliederns und Herausschälens von Aufgaben oder Arbeitszusammenhängen lesen.[38] Gleichwohl bieten sie hervorragendes Material zur Beschreibung der Aufgabenkomponente computergestützter Informationssysteme.[39] Dabei kann man zunächst eine Schilderung unterstützter Aufgaben in der Sprache einer jeweils betrachteten Leistungseinheit erheben und diese dann in der Terminologie eines Aufgaben-Gesamtmodells systematisieren. Soweit dies gelingt, läßt sich das Aufgaben-Gesamtmodell als Grundlage einer vergleichenden Beschreibung heranziehen.
Oft sind die Aufgabenverhältnisse allerdings von speziellerer Art als im Gesamtmodell vorgesehen. In solchen Fällen wird sich die Systematisierung mehr an die besonderen Gegebenheiten anlehnen. Beide Vorgehensweisen können auch sinnvoll miteinander verbunden werden.

An einem Beispiel soll die Vorstellung der „Aufgabenkomponente“ illustriert werden. Es stammt aus der eigenen Implementierungsstudie. Eine der untersuchten Anwendungen (032) unterstützte die Aufgabe „Versandauftragsabwicklung“ in einem Chemiewerk. Diese Aufgabe stellte sich wie folgt dar:

---

[38] Eine unverfänglich und völlig eindeutig erscheinende betriebliche Aktivität wie „Nachkalkulation“ bildet etwa bei Köster und Hetzel eine Einheit funktional zusammengehörender Aufgaben (Aufgabengebiet). Diese Aufgaben werden unter den Titeln „Kostenträgerdateiführung“, „Kalkulationskontrolle“, „Fertigungsergebnisrechnung“ und „Zusatzkostenermittlung“ genauer beschrieben (1971, S. 90). Im „Kölner Integrationsmodell“ taucht hingegen die Bezeichnung „Nachkalkulation“ ebensowenig auf wie eine der anderen vier Bezeichnungen. Der gemeinte Aufgabenkomplex zerfällt hier in die Realisationsaufgabe „Kostenträgerrechnung“ (Aufgabe Nr. 3318, S. 231) und die beiden Kontrollaufgaben „Soll-Ist-Vergleich Kostenträgerrechnung“ und „Auswertung Kostenträgerrechnung“ (Aufgaben Nr. 2661 u. 2663, S. 222). Die Präzisierung der Aufgaben läuft zwar auf ähnliche Inhalte hinaus, jedoch sind Unterschiede im Dateninput, den berechneten Ergebnissen und vor allem den Informationsbeziehungen zu vor- und nachgelagerten oder allgemein „angrenzenden“ Aufgaben unverkennbar. Schon kleine Variationen bei der terminologischen Differenzierung der Aufgabenbeschreibung führen zu erheblichen Abweichungen in der Darstellung größerer Aufgabenstrukturen.

[39] Im „Kölner Integrationsmodell“ sind z. B. datenverarbeitungsgerechte Beschreibungen von 343 Aufgaben enthalten (Grochla u. Mitarbeiter 1974, S. 193–251). Bei Köster u. Hetzel (1971) finden sich Beschreibungen für 78 Arbeitsgebiete u. 211 Aufgaben (S. 20 ff).

Je nach Auftragsart gelangen aus der Auftragsabwicklung im Vertriebsbereich, der Produktion oder dem Lagerbereich Versandaufträge zur Versanddisposition im Verkehrswesen. Dort werden sie um spezielle Versandvorschriften (Behälterangaben, Deklarationen, Frachtspezifikationen usw.) und Daten der Verkehrsdisposition (Termine, Spediteure) ergänzt und an die sog. Aviseure (Versandabwicklung) weitergeleitet. Diese sind als Kontaktpartner der Spediteure zuständig für die Erstellung von Speditionsanweisungen und Ladelisten (-papieren) sowie die Terminierung des Expeditionsvorgangs. Die physische Güterbewegung wird von der Expeditionsabteilung durchgeführt oder gesteuert. Im Rahmen des computergestützten Verfahrens obliegen den Aviseuren die Übernahme der Versandaufträge aus der Versanddisposition, die Codierung und Eingabe der Versandaufträge, die Entgegennahme automatisch erstellter Speditionsanweisungen und Ladelisten und die Koordination der werksinternen Expedition mit den externen Spediteuren. Die Aviseure bilden die am stärksten betroffene Gruppe. Die Funktionen des Computers bestehen in der Aufnahme der Versanddaten, ihrer Ergänzung um Verkaufsdaten, dem Ausdruck der Speditionsanweisungen, Versand- und Ladepapiere und der Frachtenkalkulation. Die von der Anwendung berührten Abteilungen sind die Versanddisposition, die Aviseure und die Expedition.

Beispiele wie dieses veranschaulichen eine problematische Vagheit und eine notwendige Konstruiertheit der Beschreibung der Aufgabenkomponente:

a) Die Benennung eines Informationssystems vermittelt zwar einen ersten Anhaltspunkt für die Aufgabenkomponente, jedoch keine Grundlage für einen sicheren Rückschluß auf die unterstützten Aufgaben.
b) Eine gehaltvolle Beschreibung der Aufgabenkomponente geht zu Lasten der Vergleichbarkeit von Anwendungen; eine standardisierte Beschreibung birgt jedoch die Gefahr eines Substanzverlustes, der plastische Einsicht verstellt.
c) Die Beschreibung der Aufgabenkomponente verschwimmt leicht mit der Beschreibung derjenigen Funktionen, die die maschinelle Komponente im Rahmen des Informationssystems übernimmt.
d) Zur Vermeidung der unter c) konstatierten Tendenz ist die Beschreibung der Aufgabenkomponente in einer Terminologie abzufassen, die weniger einzelnen Datenverarbeitungsfunktionen als vielmehr dem gesamten Aufgabenzusammenhang eines funktionalen Subsystems verpflichtet ist.
e) Trotz der Forderung unter d) kann die Beschreibung der Aufgabenkomponente nicht davon losgelöst werden, daß es sich um einen informationstechnologisch unterstützten, oft sogar maßgeblich getragenen Arbeitsprozeß handelt, der dadurch einer auch funktional rele-

vanten Modifizierung (functional redesign) unterliegt (gegenüber seinem manuellen Vollzug) und in dem zwangsläufig personell und maschinell durchzuführende Arbeitsschritte auseinandertreten.

Erfahrungen aus der eigenen Implementierungsstudie mit solchen Beispielen legen eine Differenzierung zwischen *unterstützten* und *übernommenen* Aufgaben nahe. Die unterstützten Aufgaben sind maßgeblich für die Leistungsorientierung des gesamten Informationssystems. Die übernommenen Aufgaben sind die Operationsanforderungen für die unterstützten Aufgaben, die von informationstechnologischen Geräten erfüllt werden. Andere Operationsanforderungen werden von personellen Aufgabenträgern wahrgenommen. Aus der Sicht der personellen Komponente werden sie oft als „verbliebene Aktivitäten" angesprochen.

Mit einer gewissen Notwendigkeit gelingt die Erfassung und Beschreibung der Aufgabenkomponente stets nur „ungefähr", d. h. in einem nicht zu beziffernden Ausmaß der Approximation. Dies folgt aus der Vagheit der Sprachmittel zur Aufgabenbeschreibung und aus den äußerst vielfältigen Möglichkeiten der sinnhaften Abgrenzung von Aufgaben. Darin sind wiederum entsprechende Auffassungsunterschiede angelegt.

Überdies bietet die skizzierte inhaltliche Erfassung der Aufgabenkomponente nur eine von mehreren möglichen Darstellungsformen, wenn auch diejenige mit der größten Illustrationskraft. Als Hinweise auf die funktionale Komponente können auch abstraktere oder formalere Kriterien dienen, z. B. das strukturelle Subsystem (konkret: die Abteilung, der Funktionsbereich), in dem ein unterstützter Arbeitsprozeß abläuft (etwa Konstruktion, Rechnungswesen, Vertrieb/Verkauf, Beschaffung, Lager- und Transportwesen, Produktion usw.), oder die Funktionsorientierung eines computergestützten Verfahrens, wobei etwa zwischen

- Speicherung (Halten umfangreicher Datenbestände),
- Abrechnung (incl. Statistik),
- Ausschreiben von Unterlagen in Verbindung mit dem Abrufen oder dem Berechnen bestimmter Angaben und Werte,
- Abwicklung (routinemäßige Bearbeitung von Vorgängen über mehrere Stationen),
- Kontrolle und
- Koordination

unterschieden werden kann.[40] Einteilungen wie die zuletzt genannte sind indes nicht ganz unproblematisch. Obwohl man in der alltäglichen Praxis ohne weiteres von Abrechnungs-, Abwicklungs-, Kontroll-, Koordinationsaufgaben usw. spricht, bedarf eine als Klassifikation, also einigermaßen trennscharf gemeinte Verwendung dieser Begriffe sehr bald ziemlich mühsamer Definitionen und Zuordnungsentscheidungen. Auch treten die Funktionsorientierungen meist in Kombination auf, so daß Beurteilungen hinsichtlich des relativen Gewichtes nicht zu umgehen sind.

Für die Beschreibung der Aufgabenkomponente ist weiterhin relevant, wieviele Abteilungen von einem Informationssystem berührt werden und wieviele aneinanderhängende Arbeitsprozesse einbezogen sind. Mit diesen Aspekten werden die funktionale Komplexität und der vielbeschworene, gleichwohl nur schwach empirisch präzisierte Integrationsgrad abgegriffen. Zweifellos sind diese Merkmale hinsichtlich der Implementierung wie auch der Erforschung von Informationssystemen von erheblicher Bedeutung. Ihrer genaueren Ermittlung im Einzelfall oder sogar vergleichenden Messung stellen sich allerdings große Probleme, weil es keine Standardschemata für Abteilungsgliederungen und Arbeitsprozesse gibt. Funktionale Komplexität und Integrationsgrad definieren die Spannweite eines Informationssystems. Innerhalb dieser Spannweite der unterstützten Aufgaben können Anzahl und Interdependenzen der maschinell erfüllten Arbeitsoperationen variieren; von dieser Spannweite der übernommenen Aufgaben hängt letztlich die Ausgrenzung eines Informationssystems ab, die mit dem Attribut „computergestützt" bekräftigt wird.

Unterschiede in der Aufgabenkomponente liegen schließlich auch in Anforderungen hinsichtlich der Arbeitsintensität (Präzisierbarkeit und Höhe von Arbeitsanforderungen) und in der Rolle, die ein computergestützter Arbeitsprozeß im gesamten Aufgabengefüge einer Institution oder einer Untereinheit spielt, d. h. in seiner Wichtigkeit, Zentralität, Häufigkeit u. ä.

Mit Hilfe der genannten Punkte läßt sich ein hinreichendes Verständnis dafür gewinnen, was mit der „Aufgabenkomponente" eines Systems computergestützter Informationsverarbeitung gemeint ist. Dieses Ver-

---

[40] Diese Funktionengliederung erwies sich in der eigenen Implementierungsstudie als erfahrungsnah und unterscheidungsfähig. Natürlich kann man in ihr weder eine vollständige noch unter allen Bedingungen hinreichende Klassifikation sehen.

ständnis hat allerdings weder allgemeingültigen noch abschließenden Charakter. Es bestehen Freiheitsgrade in der Auffassung der Aufgabenkomponente. Die vorgetragenen Punkte spezifizieren ein Deutungsangebot für diesen Teil eines Informationssystems. Die Freiheitsgrade betreffen sowohl die subsumierbaren Aspekte als auch die Herausarbeitung ihrer konkreten Ausprägungsmöglichkeiten und die deskriptive Verwendung im Einzelfall. Die Behandlung der Aufgabenkomponente legt nicht etwa eine spezifische Orientierung fest, sondern präzisiert die Inhalte von Auffassungsunterschieden. Dasselbe gilt für die Betrachtung weiterer Komponenten. Die angeführten Gesichtspunkte offenbaren Varianten der Thematisierung der Aufgabenkomponente. Schon an dieser Stelle darf man vermuten, daß die Perspektivität ihren Schatten nicht nur auf die Auffassung von Informationssystemen insgesamt, sondern auch auf ihre komponentenweise Analyse wirft. Wann immer der Auffassung aber perspektivische Freiheitsgrade gegeben sind, erhebt sich das Problem der Überbrückung von Beliebigkeit, der Erfindung, Verbreitung und Verankerung von klärenden Bestimmungen. Damit ist der Bogen zwischen der Erzeugung von Objektivität und politischer Aktivität geschlagen.

2. Informationskomponente

Um die Bezeichnung der in computergestützten Informationssystemen verarbeiteten Objekte konkurrieren die Begriffe „Informationen" und „Daten".[41] Eine ernsthafte Auseinandersetzung darüber, welcher dieser

---

[41] Ob „Informationen" oder „Daten" verarbeitet werden, erweist sich letztlich als eine Frage der Begriffsfestlegung und -abgrenzung. Bei der Rekonstruktion dieser alten Begriffe, die sich meist im Begriffsdreieck „Nachricht – Information – Daten" bewegt, werden recht unterschiedliche Wege mit teilweise weitreichenden Anschlußüberlegungen eingeschlagen (s. z. B. Heibey u. a. 1977, S. 70ff; 1979, S. 268f). Neuerdings ist die Tendenz zu beobachten, unter „Daten" eine Teilklasse von Informationen zu verstehen, etwa „aufgezeichnete Angaben" oder noch enger „Informationen in maschinell verarbeitbarer Form" (s. Lutz 1980, S. 41; Hansen 1983, S. 10). Auch werden im Gefolge der Vereinheitlichung der Informationstechnologien „Daten" als vorwiegend zahlenmäßig repräsentierte Informationsart neben „Texte", „Bilder" und „Sprache" gestellt; dies drückt eine technisch motivierte Gliederung von Informations- oder Nachrichtenformen aus. So lassen sich insbesondere im Kreis von Datenverarbeitungsfachleuten eingebürgerte Sprachgewohnheiten rechtfertigen, eine theoretisch überzeugende Konzeptfixierung gelingt damit aber nicht. Wenn die Rede von „Informationen" und „Daten" überhaupt etwas Unterschiedliches meinen soll, so ist dies in erster Linie in der Differenz von Symbol und Bedeutung zu suchen.

Begriffe besser trifft, ist müßig. „Datum" und „Information" bezeichnen verschiedene Seiten eines einheitlichen Phänomens. Daten sind optische, akustische, elektronische oder auf irgendeine andere Weise ausgedrückte Signale oder Zeichen, also jedenfalls physikalische Erscheinungen, werden aber nicht primär als solche wahrgenommen und kognitiv eingeordnet, sondern vielmehr im Hinblick auf den Erkenntniswert, den sie innerhalb von Erfahrungs-, Orientierungs- und Handlungszusammenhängen annehmen. Der Erkenntniswert besteht darin, daß unter einem bestimmten Sinn bestimmte Wissenserwartungen befriedigt werden. Dieser Erkenntniswert kennzeichnet die Information, die die Daten tragen. „Information ... setzt ein Sondieren der Zukunft durch sinnhaft strukturierende Erwartungen voraus, informiert aber nicht durch Erfüllung der Prognose, sondern durch die sich am Erwarteten zeigenden, mehr oder weniger stark überraschenden Besonderheiten." (Luhmann 1971 a, S. 40) Je nach dem spezifischen Zusammenhang, in den Daten eingehen, können sie unterschiedliche Informationen enthalten. Umgekehrt können äquivalente Informationen aus verschiedenen Daten resultieren.

Daten sind also das physische Substrat von Informationen, Informationen repräsentieren den Erkenntniswert von Daten. Der Begriff „Daten" verweist auf den äußeren Ausdruck von Informationen, „Information" meint den Sinn und den spezifischen Gehalt von Daten.[42]

Technische Aggregate verarbeiten Daten. Im Fall des Computers handelt es sich um elektronische Signale. Die Daten sind jedoch Codierungen bestimmter Informationen, die Geräte sind Produkte menschlicher Konstruktionsarbeit, die Verarbeitung erfolgt nach bestimmten, von Menschen erstellten programmierten Regeln. Durch all dies wird eine gesteuerte Erhaltung oder Erhöhung des Erkenntniswertes der Daten garantiert oder zumindest wahrscheinlich gemacht. Die Verarbeitung

---

[42] Im menschlichen Bewußtsein zählt nur der Erkenntniswert der Daten. Informationen sind deshalb dort an Daten nicht mehr gebunden. Außerhalb des Bewußtseins bedarf jede Information einer Repräsentation durch Daten. Es mag Daten geben, die keine Information tragen, weil niemand etwas mit ihnen anzufangen weiß (ein typisches Beispiel sind Aufzeichnungen in einer unerforschten Sprache). Der Normalfall ist aber durch interpretierbare Daten gegeben, wenn auch die Interpretationsrichtung oft mehr oder weniger offenbleibt. Für die zahlreichen bewußt gesetzten Signale, d. h. kommunikativ verwendeten Daten, ist die Interpretation jedoch weitgehend vorgezeichnet.

von Daten ist mithin zugleich Verarbeitung von Informationen.[43] Die Verwendung des einen oder des anderen Begriffes offenbart gleichwohl eine verschiedenartige Einstellung. „Information" abstrahiert vom äußeren Ausdruck, „Datum" vom Sinn und vom konkreten Wert.

Ohne den Unterschied schärfer ins Profil zu heben, als es ihm in Anbetracht verschleifender Nuancierungen und Sprachgewohnheiten gebührt, kann man feststellen, daß sich eine Präferenz für den Begriff „Information" dort beobachten läßt, wo es um die Aufgaben in computergestützten Informationssystemen geht. Die wesentlichen Beziehungen zwischen den Aufgaben werden durch Informationsflüsse gestiftet. Aufgaben sind dadurch miteinander verknüpft, daß bei einer Aufgabenerfüllung erzeugte Informationen zu Ausgangsinformationen einer anderen Aufgabenerfüllung werden.[44] Auf diese Weise entsteht eine Beziehung der zeitlichen und sachlichen Reihenfolge, die der Identifizierung von „aufgabenlogischen" Beziehungen Nahrung gibt, ohne indes den Gehalt dieses Prädikates voll zu erfassen (aufgabenlogische Beziehungen gründen sich z. B. auch auf sequentielle Techniken der Werkstückbearbeitung).

Häufiger als von „Informationen" ist jedoch die Rede von „Daten". Sie lenkt die Aufmerksamkeit auf Aspekte wie die äußere Form, die Länge, das Format, den Typ, die Struktur (logische Datenordnung), die Zusammenstellung in Dateien und eine grobe inhaltliche Schematisierung der Verarbeitungsobjekte. Die Akzentverlagerung auf diese Eigenschaften, von denen es abhängt, wie „verarbeitungsgerecht" die Daten vorliegen, ist typisch für die computergestützte Informationsverarbeitung und somit besonders bei Datenverarbeitungsfachleuten verbreitet. Wichtig ist in dieser Perspektive, ob numerische oder alphanumerische Daten verarbeitet werden, ob es um Zahlen, Texte, Zeichnun-

---

[43] Inwieweit es möglich ist, aufgabenadäquate Informationen in den Daten einzufangen und im Verarbeitungsprozeß hervorzubringen, ob wirklich eine Erhöhung des Erkenntniswertes gewährleistet werden kann, und welche Abstriche evtl. zu machen sind, um eine Informationsstrukturierung zu erlangen, die eine maschinelle Datenverarbeitung erlaubt, sind zwar äußerst relevante, aber erst später ansetzende Fragen; im vorliegenden Zusammenhang bedürfen sie nicht zwingend einer Erörterung.

[44] Anschauungsmaterial über Informationsbeziehungen zwischen Aufgaben, die den Hauptteil der Informationskomponente eines computergestützten Informationssystems ausmachen, liefert wieder das „Kölner Integrationsmodell". Dort sind 1446 Informationsbeziehungen inhaltlich beschrieben (s. Grochla u. Mitarbeiter 1974, S. 253–312). Sie bilden eine Menge binärer Relationen auf der zugrundegelegten Aufgabenmenge.

gen (Graphik) geht, ob Mengen-, Wert- oder Zeitdaten im Vordergrund stehen, ob es sich um Stamm- oder Bestandsdaten, Soll-, Ist- oder Abweichungsdaten, externe oder interne Daten handelt und wie die Dateiorganisation aussieht. Eine mehr inhaltlich kennzeichnende Einteilung bewegt sich auf der begrifflichen Konkretisierungsebene von Artikeldaten, Rechnungsdaten, Bestelldaten, Kunden- und Lieferantendaten, Auftragsdaten, Buchungsdaten, Lagerdaten, Personaldaten, Verkaufsdaten, statistischen Daten etc. Eine saubere Klassifikation ist nicht in Sicht.

Seltener findet man Einteilungen von Informationen oder Daten, die Abstufungen entlang einer zugrundeliegenden ordinalen oder metrischen Dimension erlauben. Dabei sind solche Vorstellungen in der Praxis durchaus nicht unüblich. Immer dann, wenn der bloße Informationsumfang bzw. die Informationsmenge oder bestimmte Qualitätskriterien wie Aktualität, Relevanz, Differenziertheit und Entscheidungsgehalt angesprochen werden, sind hintergründig auch komparative Urteile im Spiel. Meist lassen sich aber nur aus den speziellen Umständen Anhaltspunkte dafür entwickeln, was mehr oder weniger Informationskomplexität, Aktualität, Relevanz usw. heißen soll. Dabei ist wieder die Kunst interpretativer Verdeutlichungen gefragt.

In der eigenen Implementierungsstudie galt ein Versuch der Erarbeitung einer Anordnung von Informationsarten auf einer Koordinate des *Dispositionsgehaltes*, d. h. nach dem Ausmaß der automatischen Befolgung von Entscheidungsregeln oder des Vorzeichnens von Handlungsweisen. Dies erfolgte in enger Anlehnung an die qualitativen Beschreibungen der speziellen Stichprobenfälle. Die zu Buchungs- oder Abrechnungszwecken verarbeiteten Informationen sowie aus dokumentarischen Zwecken gespeicherte Informationen lassen einen derartigen Dispositionsgehalt weitgehend vermissen. In ihnen werden Ergebnisse abgelaufener Arbeitsprozesse festgehalten. In diesem Sinn stellen sie *Vollzugsinformationen* dar (z. B. Hauptbuchhaltung). Ein wenig mehr Dispositionsgehalt lassen jene Informationen erkennen, die als Inhalte von Belegen wie Rechnungen, Bestellungen, Versandpapieren, Arbeitskarten usw. zwar nicht Entscheidungen ausdrücken, aber doch immerhin zur Auslösung bestimmter Routineaktionen (Bezahlung, Zusendung von Waren, Versendung, Durchführung von Arbeitsgängen) beitragen. Sie können als *Durchführungsinformationen* charakterisiert werden (z. B. Informationen der Auftragsabwicklung). Zu diesen beiden Informationsarten besitzen *Kontrollinformationen*, die als Ergebnisse von Abweichungsvergleichen vorliegende Ausnahme- oder Problemsituationen anzeigen können, einen ziemlich deutlichen Abstand (z. B. Informationen der Zahlungseingangskontrolle, der Rechnungsprüfung, des Soll-Ist-Vergleiches). Noch höher ist der Dispositionsgehalt von *Signalinformationen* einzuschätzen, die aufgrund einer automatischen Überwachung von Prozessen und Entwicklungen bzw. auf entsprechende Anfragen Reaktionsbedarf wie auch zu ergreifende Maßnahmen deutlich machen (z. B. Vorratsdisposition). *Planinformationen* schließlich repräsentieren unmittelbar die Resultate getroffener Entscheidungen und Abstimmungen und werden als verbindliche Grundlage für zukünftiges Handeln ausdrücklich vorgegeben. Solche Informationen zeigen den relativ höchsten Dispositionsgehalt (z. B. Auftragsterminsteuerung in der Produktion).

Zwar werden im Rahmen von Computeranwendungen oft verschiedene Arten von Informationen erzeugt. Es läßt sich jedoch meist ein Schwerpunkt feststellen: eine Informationsart, auf die die Leistungen des Informationssystems zustreben, der sich andere Informationen als Mittel zum Zweck unterordnen, die eine dominierende Rolle für den Sinn der unterstützten Aufgaben spielt. Über diese zentrale Informationskategorie lassen sich dann ganze Informationsverarbeitungsverfahren kennzeichnen.
Das auf die skizzierte Weise konstruierte Merkmal erwies sich als ein eindrucksstarker Indikator für eine verdichtete Charakterisierung der Informationskomponente.

Die aufgeführten Gliederungen stellen das Begriffsmaterial zur Beschreibung der Informationskomponente zur Verfügung. Wie schon bei den Aufgaben finden sich teils hierarchisch gestaffelte, teils nebeneinanderstehende konkurrierende Bezeichnungsmöglichkeiten mit je eigenen Verweisungshorizonten.[45] Welche Merkmale bei der Beschreibung der Informationskomponente tatsächlich zum Zuge kommen, wie diese Komponente effektiv begriffen wird, stellt sich als Reflex eingeübter Sprachgewohnheiten, dann aber auch als Ausdruck einer spezifischen Betrachtungsweise, schließlich als das Ergebnis von Entscheidungen und Konsensbeschaffungsmaßnahmen dar.

---

[45] Ein „Verkaufspreis" ist z. B. ein Preisdatum, ein Artikeldatum, ein Verkaufsdatum, aber auch ein numerisches Datum, ein Wertdatum, vielleicht ein Stammdatum, ein internes Datum, ein elementares Datum usw. Eine geeignete, möglichst universell durchhaltbare Systematisierung der Datenbestände ist ein wichtiger Schritt bei der Datenmodellierung bzw. beim Datenbankentwurf, s. z. B. Vinek u. a. 1982.

3. Personenkomponente

Es wäre ebenso einfach wie undeutlich, der „Personenkomponente“ lediglich durch „die in einem computergestützten Informationssystem arbeitenden Menschen“ Leben zu verleihen. Man muß sich aber darüber im klaren sein, daß nähere Bestimmungen einmal mehr spezielle Perspektiven ins Spiel bringen, die die Menschen auf je besondere Art erscheinen lassen, z. B. als „Mitarbeiter“, „Aufgabenträger“, „Arbeitnehmer“, „Benutzer“ oder „Personal“. Wieder trifft man auf die Mehrdeutigkeit der Wirklichkeit, die verschiedene Festlegungen zuläßt und erst durch die Interpretation ihre spezifische Ausprägung erfährt. Von neuem muß man hinter den hier gelieferten Interpretationsansätzen sehen, daß sie sich keineswegs in einem begrifflichen Vakuum bewegen, sondern daß die Praxis für die gemeinten Phänomene bereits Bezeichnungen besitzt und verwendet (oftmals genau die, die in der vorliegenden Untersuchung terminologisch aufgegriffen werden). Es sind zwar keine völlig einheitlichen, schon gar nicht immer systematische, aber doch in ihrem Grundtenor vielfach bemerkenswert uniforme, eingeschliffene Bezeichnungen. Erst wenn man dies beachtet, kann man sich der Frage öffnen, woher die Bezeichnungen angeboten werden, wie sie den Status von Selbstverständlichkeiten erlangen und damit Faktizität verbürgen und wer davon profitiert. Es ist nicht alles so deutlich, wie es dem Alltagsverständnis zu sein scheint, und die umfangreiche Arbeit praktischer wie wissenschaftlicher Verdeutlichungsinstanzen läßt sich weder in wenigen Blicken nachvollziehen noch sogleich gezielt hinterfragen. In einer Gesellschaft, in der Perspektivenpluralismus toleriert wird, kann man aber immerhin der Scheinbarkeit sozialer Fakten innewerden.

Der Zugang zur Personenkomponente ergibt sich über die Frage, wer in einem computergestützten Informationsverarbeitungsprozeß mitarbeitet. Wenn man sie in der Praxis stellt, erhält man konkrete Personen genannt: Frau Schmidt, Herr Meier usw. Diese konkreten Personen machen das aus, was hier zur „Personenkomponente“ abstrahiert wird. Die Personenkomponente ist durch eine Aufzählung der (Namen der) Personen zu beschreiben, die an einem Informationssystem teilnehmen; dies ist sozusagen ihr Rohzustand.

Natürlich ist die Namensnennung für einen Außenstehenden nichtssagend, erfährt er doch mit ihr höchstens noch etwas über das Geschlecht. Es lohnt sich deshalb, den Blick darauf zu richten, wie in alltäglicher Kommunikation in Betrieben, Verwaltungen etc. eine Personenbeschreibung fortgesetzt wird, die mit dem Namen begonnen hat. Die Art der Fortsetzung einer Personenbeschreibung wird bestimmt von dem Zweck, zu dem sie angefertigt wird, von dem größeren Sinnzusammenhang, in dem sie steht. Ein Lebenslauf ist anders aufgebaut als ein Steckbrief, und beide unterscheiden sich deutlich davon, einen Teilnehmer an einem computergestützten Informationssystem näher zu kennzeichnen. Der Sinn besteht in diesem Fall darin, eine Person als Teilnehmer an einem Arbeitszusammenhang zu charakterisieren. Gefordert ist damit eine Kennzeichnung in einer ganz bestimmten Hinsicht, einer Hinsicht, zu deren Umschreibung Begriffe wie „Mitarbeiter“ oder „Aufgabenträger“, evtl. auch „Angestellter“ bereitliegen. Mit derartigen Rubrizierungen wird ein bestimmter Relevanzbereich von Merkmalen abgesteckt und in Zonen der Wichtigkeit geordnet. Zugleich werden andere Merkmale unterdrückt. Darin liegt die Selektivität der eingenommenen Perspektive.

Bei einer Beschreibung als Mitarbeiter folgt auf den Namen meist eine Angabe, die die Funktion deutlich werden läßt: in der Regel ein Hinweis auf die berufliche Kategorie, der die jeweils besetzte Stelle zuzurechnen ist („Sekretärin“, „Techniker“, „Programmierer“, „Verkäufer“), oder auf die hierarchische Position („Sachbearbeiter“, „Abteilungsleiter“), jedenfalls auf die formale Rolle, die der Mitarbeiter in der Institution einnimmt. Seltener wird die Ausbildung charakterisiert („promovierter Chemiker“, „Diplomvolkswirt“). Von Eingeweihten werden solche Kriterien bei der Namensnennung assoziiert; der Name ist Verweis auf einen Mitarbeiter mit einem bestimmten Geschlecht, einem bestimmten Beruf, einer bestimmten Position und einer bestimmten Ausbildung. Für Außenstehende ergeben erst diese Kriterien eine verständliche Beschreibung. Die Präzisierung der Personenkomponente wird sich also in erster Linie dieser Kriterien bedienen: An den Individuen interessieren zunächst Beruf, Position, Ausbildung und Geschlecht.

Weitere Aspekte, die bei der Mitarbeiterbeschreibung oft nachgeschoben werden, betreffen das Lebensalter, das Dienstalter und die Dauer der Betriebszugehörigkeit, die alle als Indikatoren für die berufliche Erfahrung gelten. Auch auf berufliche Qualifikation, Fähigkeiten oder Kompetenzen, auf den beruflichen Werdegang, die Lohn- oder Gehaltsstufe und gelegentlich die effektive Arbeitsleistung findet sich eine gewisse Bezugnahme.

Damit aber ist die alltagspraktische Mitarbeiterbeschreibung im allgemeinen abgeschlossen. Insbesondere berührt sie kaum jemals jene Kategorien, die aus sozialwissenschaftlicher Sicht im Ausgang von irgendwelchen psychologischen oder soziologischen Modellen des Menschen ins Feld geführt werden, z. B. Bedürfnisse, Motivationen, Werte, Persönlichkeitsdispositionen, Einstellungen, Erwartungen, Überzeugungen oder Verhaltensstile. Es ist zumindest bemerkenswert, daß diese Kategorien in Mitarbeiterbeschreibungen allenfalls eine lapidare und unsystematische Verwendung finden, während sie von den Verhaltenswissenschaften so stark in den Vordergrund gestellt werden. Dies hat zum einen sicher Gründe der Feststellbarkeit. Wohl kann man über Motive, Einstellungen usw. bei sich selbst Auskunft geben. Im Hinblick auf andere bedarf es jedoch einer deutenden Zuschreibung, die zwar in konkreten Interaktionen „eingelöst" werden kann („er verhielt sich so, daß man annehmen konnte, er habe diese und jene Motive, Bedürfnisse, Einstellungen usw."), für deren Generalisierung jedoch klare Merkmalsraster ebenso fehlen wie akzeptable Meßverfahren.[46] Insofern stellt sich die Nebensächlichkeit psychologischer Personenbeschreibungen als Ausdruck praktischer Schwierigkeiten dar, und man muß nicht unbedingt danach trachten, personelle Eigenschaften, für deren Klärung umfangreiche Mechanismen (Gerichte, Biographen, Persönlichkeitstests u. ä.) in Bewegung gesetzt werden, deren Ergebnisse gleichwohl umstritten bleiben, als Indikatoren der personellen Komponente einzuführen.

Vielleicht aber gibt es auch einen ganz anderen Grund dafür, daß psychologische Kategorien im allgemeinen aus der Mitarbeiterbeschreibung herausgehalten werden. Die Eigenschaft, Mitarbeiter einer wirtschaftlich gebundenen Leistungseinheit zu sein, könnte faktisch eine Neutralisierung der psycho-sozialen Dimension der personellen Leistungsträger bedeuten (zu einer ähnlichen Überlegung s. Nagaoka 1979, S. 27 ff). Wenn mit dem Mitarbeiter- oder Aufgabenträgerbegriff gemeint sein soll, daß Menschen nur noch hinsichtlich ihres Berufes, ihrer Position, ihrer Ausbildung, ihrer beruflichen Erfahrung, ihrer Kompetenzen, ihres Verdienstes, ihres Alters und ihres Geschlechtes gesehen und behandelt werden, liegt offenbar ein verkürztes Menschenbild vor (Staehle 1980; Lilge 1981). Dieses kann nun nicht ohne weiteres

[46] Vgl. Blum u. McHugh 1971; Geulen 1982, S. 48 ff. Definitionen und Funktionsbestimmungen der genannten Konzepte sind im übrigen uneinheitlich, teilweise sogar kontrovers. Zur Kritik der Einstellungsforschung s. etwa Meinefeld 1977.

übernommen werden, da es selektiv Wertprämissen und Funktionsgesichtspunkte unterstreicht, die bei der Aufgabenformulierung und der Verschiebung der Menschen zu Mitarbeitern maßgeblich sind. Diese Verkürzung wird nachvollzogen, wenn man sich allein an die empirisch relativ leicht erfaßbaren Beschreibungsmerkmale wie Beruf, Position, Ausbildung usw. hält. Selbst wenn für eine derartige Beschränkung angeführt werden kann, daß sie weitverbreiteten praktischen Interessen und Selektionsleistungen entspricht, bleibt doch das Gefühl der Lükkenhaftigkeit der Beschreibung. Die Personen in Informationssystemen verfügen doch auch über Auffassungen und Bewertungen, zeigen sich motiviert oder unwillig, haben Ängste und Hoffnungen, sind zufrieden oder unzufrieden, engagieren sich oder kehren sich ab, bringen Vermutungen, Erkenntnisse, Überzeugungen und Ansichten ein, und dies alles kann sich sehr unmittelbar auf ihre Rolle in den jeweiligen Informationssystemen beziehen und auswirken. Damit ist eine Überfülle möglicher Aspekte angesprochen, so daß es bei diesen Globalkategorien nicht bleiben kann. Wie aber läßt sich das, was man neben den schon skizzierten beruflich relevanten Aspekten das „Bewußtsein" der personellen Komponente nennen könnte, präziser fassen? Dies verlangt zumindest nach einer gewissen Systematisierung der psychologischen Begriffe, die die Orientierungen der Personen in Informationssystemen reflektieren, und nach einer Angabe einiger Variablen, die als Beispiele für besonders bedeutsame Orientierungen im Hinblick auf das Auftreten der Teilnehmer in Informationssystemen geeignet sind. Der folgende Systematisierungsversuch richtet sich an den gerade verfolgten Zwecksetzungen aus.

Die Personen in Informationssystemen besitzen neben ihrem Beruf, ihrer Position, ihren Qualifikationen (Fähigkeiten, Kompetenzen), ihrer beruflichen Erfahrung, ihrem Alter und ihrem Geschlecht auch Einstellungen oder *Orientierungen* (zur Verwandtschaft dieser Begriffe s. u. a. Graumann 1960; Irle 1967, S. 194–197). Ähnlich wie z. B. Jones und Gerard vorschlagen, „to treat an attitude as the implication of combining a belief with a relevant value" (1967, S. 159),[47] kann man für Orientierungen generell unterstellen, daß sie aus einem konsta-

[47] Daß sich Einstellungen aus kognitiven und bewertenden (affektiven) Elementen zusammensetzen, ist eine der wenigen fast durchgängig akzeptierten Vorstellungen der Einstellungsforschung, s. z. B. Katz u. Stotland 1959, S. 428 ff; Secord u. Backman 1977, S. 84;; Meinefeld 1977, S. 23 ff.

tiven[48] und einem evaluativen Teil zusammengesetzt sind. Jede Orientierung beinhaltet somit *Auffassungen* (konstativer Teil) und *Bewertungen* (evaluativer Teil).[49] Eine weitere Aufgliederung von Auffassungen und Bewertungen zeigt die Übersicht 1 (S. 84).

Nach ihrer zeitlichen Gerichtetheit können Auffassungen und Bewertungen *antizipativ* (vorgreifend, auf Kommendes gerichtet) oder *aktuell* (auf das Hier und Jetzt bezogen, auf Gegebenes einschließlich der gegenwärtigen Vergangenheit (das jetzige Bild der Vergangenheit) und gegenwärtigen Möglichkeiten gerichtet) sein. Für antizipative Auffassungen wird im allgemeinen der Begriff der *Erwartung* verwendet. Bei den aktuellen Auffassungen kann man nach (dem Grad) der Sicherheit und (dem Grad) der Subjektivität zwischen *Überzeugungen* und *Ansichten, Erkenntnissen* und *Vermutungen* unterscheiden. Bewertungen laufen stets auf die Grundqualitäten „positiv“ und „negativ“ hinaus. Je nachdem, ob sie Bestimmungen (Selektionen), also etwa Ereignisse und Zustände bzw. Objekte, betreffen, die als „Handeln“ oder „Erleben“ zugerechnet werden,[50] gelangt man zu verschiedenen Bewertungsformen. So läßt sich etwa die positive Bewertung zukünftigen Handelns (aus der Sicht des Handelnden) als *„Motivation“*, die entsprechende negative Bewertung als *„Unwilligkeit“* ansprechen. Für zukünftiges Erleben werden *Hoffnungen* und *Ängste* als bewertende Orientierungen bereitgehalten. *Zufriedenheit* oder Zustimmung bzw. *Unzufriedenheit* oder Ablehnung gelten als aktuelle Bewertungen von Erlebnissen, im Hinblick auf aktuelles Handeln ist man *engagiert* oder *distanziert*. Konstative und evaluative Bestandteile von Orientierungen stehen in wechselnden Mischungsverhältnissen. Oft sind sie schwierig auseinanderzuhalten, und weder im Alltagsleben noch in der empirischen Sozialforschung (abgesehen von einigen Studien der Einstellungsforschung, die gerade dieses Verhältnis zum Gegenstand haben) sind besondere Bemühungen zur sauberen Trennung zu erkennen. In Abhängigkeit davon, welcher Bestandteil stärker sinnprägend ist, werden einmal die Auffassungsbegriffe, einmal die Bewertungsbegriffe terminologisch in Anspruch genommen. Genauere Analysen zeigen aber, daß vermeint-

---

[48] Der Begriff ist der Universalpragmatik von Habermas entlehnt, s. 1971, S. 111.

[49] Gefühlsbetonte Bewertungen werden auch als „emotional“ oder „affektiv“, für einen größeren Personenkreis gemeinte oder vorgeschriebene und verbindliche Bewertungen als „normativ“ bezeichnet.

[50] Zur Unterscheidung dieser beiden neben den Orientierungen grundlegenden Weltbezüge von Systemen s. Luhmann 1975c, S. 174f; 1981.

Übersicht 1 Kriterien und Begriffe zur Systematisierung von Orientierungen

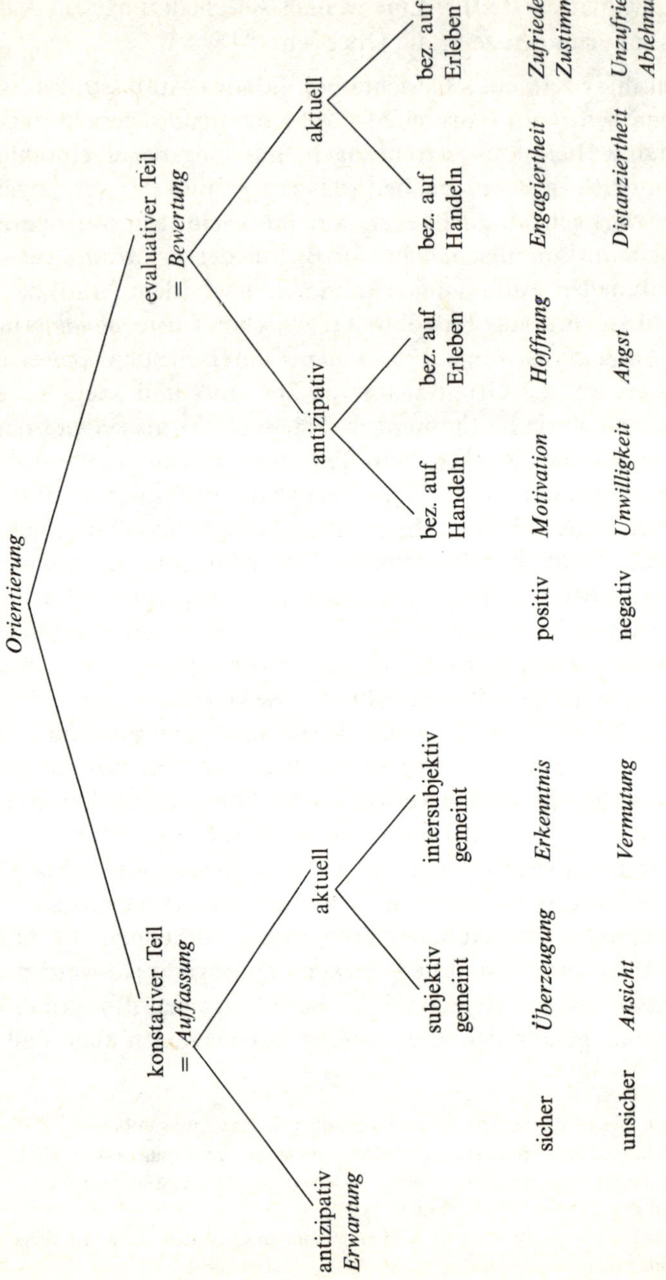

liche Sachaussagen sehr häufig mit Bewertungen durchsetzt sind, während sich in Bewertungen stets ein konstativer Kern finden läßt.

Welche Orientierungen darf man nun für wichtig bei der Charakterisierung der Personenkomponente erachten? Es erscheint plausibel, dabei zunächst vor allem an Orientierungen im Hinblick auf die anderen Komponenten zu denken, namentlich im Hinblick auf die Aufgabenkomponente, die Organisationskomponente und das kombinierte Erscheinungsbild von Geräten und Programmen. Die Aufgaben treten als Arbeitsanforderungen, aber auch als Stufen auf dem Weg zur Erreichung bestimmter Ziele ins Bewußtsein. Von Interesse sind deshalb Aspekte wie die Arbeitsmotivation und die Arbeitszufriedenheit der Mitarbeiter (s. Neuberger 1974a; Rüttinger u. a. 1974, S. 81 ff), aber auch die Auffassungen darüber, wie eine rationelle Aufgabenerfüllung aussehen sollte. Während es für die Arbeitsmotivation und die Arbeitszufriedenheit eine Reihe getesteter sozialwissenschaftlicher Erfassungsmethoden gibt,[51] entziehen sich die Rationalitätsauffassungen einer strukturierten Feststellung, da sie relativ zu den Aufgaben eines Informationssystems sind. Bei den Überzeugungen und Ansichten über rationelle Aufgabenerfüllung und bei der Zustimmung oder Ablehnung für bestimmte Aufgabenerfüllungsverfahren verdienen Auffassungs- und Bewertungsunterschiede hinsichtlich der Notwendigkeit und Funktionsfähigkeit der computergestützten Informationsverarbeitung in der jeweils realisierten Form besondere Beachtung.
Da bei der empirischen Erfassung der Arbeitszufriedenheit die Bezugnahme auf die Arbeitssituation insgesamt, insbesondere auch auf arbeitsorganisatorische Bedingungen, kaum umgangen werden kann, stecken in der „gemessenen" Arbeitszufriedenheit schon Orientierungen gegenüber der Organisationskomponente. Bei genauerem Hinsehen findet man, daß auch die wichtige psychologische Größe „Entfaltungsbedürfnis" im Kontext einer Arbeitsrolle einer Veranschaulichung über Detailorientierungen gegenüber bestimmten aufgabeninhaltlichen und arbeitsorganisatorischen Aspekten bedarf (Hackman u. Lawler

---

[51] Für konkrete Instrumente zur Messung der Arbeitszufriedenheit s. etwa den SAZ von Fischer u. Lück 1972; vgl. auch Müller-Böling 1978, S. 110 ff; ferner den ETHICS-Zufriedenheitsfragebogen, s. Mumford u. Welter 1984, S. 223 ff; Bailey u. Pearson 1983; einen Überblick über Methoden zur Messung der Arbeitszufriedenheit gibt Neuberger 1974b. Zur Messung der Arbeitsmotivation s. z. B. Van de Ven u. Ferry 1980, S. 390 f u. Hackman u. Lawler 1971, S. 270. Statt Arbeitsmotivation wird meist eher Arbeitseinsatz (-engagiertheit) erfaßt.

1971, S. 269; Hackman u. Oldham 1975, S. 162f; Van de Ven u. Ferry 1980, S. 393f).
Eindeutiger an organisatorische Gegebenheiten lehnen sich die Aufstiegshoffnungen an. Von hervorstechender Bedeutung sind auch Ablehnung oder Zustimmung hinsichtlich Intensität und Formen organisierter Steuerung des Verhaltens, konkret z. B. die Fügsamkeit gegenüber Anweisungen (s. hierzu die „questioning authority"- und „pressing for change"-Maße von Child 1973, S. 5ff) und die Bereitschaft, sich Regeln und Kontrollen zu unterwerfen.

Eine Bestandsaufnahme und Gliederung von Orientierungen, die durch eine Einführung elektronischer Informationstechnologien ausgelöst und teils auch dauerhaft befestigt werden, enthält die Untersuchung von Gerl (1975). Indem er herausarbeitet, daß sich die Einstellungen zur EDV meist an erwarteten oder eingetretenen Folgen organisatorischer Art festmachen, verdeutlicht er die orientierungsmäßige Überlagerung technologischer und organisatorischer Aspekte. Technologie und organisatorische Regelungen bilden ein Gesamtsyndrom von Orientierungsobjekten. Nur wenige Einstellungen lassen sich exklusiv den technologischen Komponenten zurechnen.

Für die globale Befürwortung oder Ablehnung der elektronischen Datenverarbeitung liegt in Form der ADV-Skala von Müller-Böling (1975 u. 1978, S. 81ff) ein mehrfach verwendetes Erfassungsinstrument vor. Die Globalattitüde kann empirisch in die Teilaspekte „Bedrohung", „Enttäuschung", arbeitsorganisatorische Nachteiligkeit („Arbeitsorganisation") und persönliche Nachteiligkeit (bzw. „Selbstverwirklichung") aufgespalten werden. Daneben sind die generellen Status quo-Neigungen gegenüber computerinduzierten Veränderungen sowie verschiedene Benachteiligungs- und Insuffizienz-Befürchtungen zu nennen.[52] Die Ängste richten sich etwa auf Entlassung, Rückstufung, Arbeitsintensivierung, Arbeitsüberlastung, Karrierebehinderung, Statusminderung, Einbuße von Mitarbeitern, Entwertung von Fähigkeiten, Zerstörung von Kommunikationsbeziehungen, Verlust an Überschaubarkeit, Einschränkung von Freiheitsspielräumen und Funktionsverluste. Dagegen gestellt sind Hoffnungen auf Arbeitser-

[52] Insuffizienz-Befürchtungen sind „negative Einstellungen zur EDV-Einführung, weil durch sie eine persönliche Insuffizienz bzw. Inkompetenz innerhalb der Organisation erwartet wird". (Gerl 1975, S. 170) Zur Bedeutung von Benachteiligungs- und Insuffizienz-Ängsten als Auslöser von Widerständen gegen Veränderungen s. Tertilt 1978, S. 82ff.

leichterungen, Entlastung von langweiliger oder überflüssig erscheinender Arbeit, vor allem aber auf bessere Informationsversorgung, Kostenreduzierung, Ertragsverbesserungen, Gewinnerhöhungen und sonstige Möglichkeiten der Nutzenziehung. Frühere Erfahrungen mit computergestützter Informationsverarbeitung (z. B. das Scheitern einer Einführung, eine Freisetzungswelle durch eine Technologieeinführung, ein besonderer Systemerfolg) lagern sich in genereller oder spezifischer Zustimmung und Ablehnung ab und schlagen beim Bevorstehen neuer Systeme in entsprechende Ängste und Hoffnungen um. In diesem Zusammenhang ist nicht zuletzt das Image der Datenverarbeitungsspezialisten ein wesentlicher Faktor. Attribution von Fachkompetenz und vor allem Verständnis für Fachbereichsprobleme sowie Sympathie und Antipathie gegenüber dem Personal des Datenverarbeitungsbereiches (s. Mumford u. Banks 1967, S. 211; Stewart 1971, S. 191) bestimmen das Konfliktpotential, die Umgangsformen und die Kommunikation zwischen Mitarbeitern in Informationssystemen und den Datenverarbeitungsspezialisten und begründen ein Verhältnis des Vertrauens oder des Mißtrauens.[53]

Das Bild der Personenkomponente stellt sich nun wie folgt dar: Die „Oberfläche" der Personenkomponente ist gegeben durch die statistische Verteilung von

– Berufen, Positionen, Ausbildungsgraden, Qualifikationsniveaus, Betriebszugehörigkeiten, Karrieren, Vergütungsstufen, Geschlecht und Lebensalter der mitarbeitenden Personen.

Die „Tiefenstruktur" umfaßt Orientierungsmerkmale, unter denen

– Arbeitsmotivation, Arbeitszufriedenheit, Rationalitätsauffassungen, arbeitsbezogene Entfaltungsbedürfnisse, Aufstiegshoffnungen, Hinnahme von Autorität, Bereitschaft zur Regelbefolgung, globale Bewertung des Computereinsatzes, konkrete Benachteiligungs- und Insuffizienz-Befürchtungen und -erfahrungen, konkrete Vorteils- und Erfolgserwartungen und -erfahrungen und die Beurteilung der Kompetenzen und Umgänglichkeit der Datenverarbeitungsspezialisten, insbesondere der Systemplaner,

hervorstechen.

---

[53] Die Kommunikationsprobleme zwischen Datenverarbeitungsspezialisten und Managern behandelt Tertilt 1978, S. 27–60. Zum Vertrauen und Mißtrauen gegenüber Spezialisten s. Tertilt 1978, S. 95 f; Pettigrew 1974. Zur meßtechnischen Berücksichtigung s. Bailey u. Pearson 1983.

4. Organisationskomponente

Ähnlich wie bei den anderen Komponenten begegnet man auch bei dem Versuch, die Organisationskomponente computergestützter Informationssysteme in den Griff zu bekommen, einer großen Vielfalt von Aspekten, die ganz sicher zu den organisatorischen Regeln zu zählen sind, und einem ausgedehnten Bereich von Beschreibungselementen, deren Zuordnung zur Organisationskomponente weniger eindeutig ist, die vielleicht ebensogut der Aufgabenkomponente, der Gerätekomponente oder der Programmkomponente zugerechnet werden könnten. Die zu treffenden Auswahl- und Zuordnungsentscheidungen lassen sich von vornherein oft nicht sonderlich überzeugend begründen. Kriterien wie „Relevanz", „Sinnverbundenheit" oder „theoretische Klarheit" müssen immer wieder herhalten, um die interpretativen Spielräume zu überbrücken. Sie liefern nur scheinbare Rechtfertigungen. Ob die Interpretation nun „gut" oder „schlecht" gelingt, dafür gibt es keine gesicherten Maßstäbe. Erst rückblickend, bei der Anwendung bestimmter Konzepte auf empirische Gegebenheiten, läßt sich oft erkennen, in welchem Ausmaß sie soziale Wirklichkeit einzufangen und wiederzugeben vermögen.

Im Aufbau computergestützter Informationssysteme lassen sich die institutionellen Schichten „Stelle", „Gruppe", „Abteilung" usw. wiederfinden (vgl. oben Abschnittt III.2). Die organisatorischen Regeln differenzieren sich nach diesen Subsystem-Typen in Regeln der Stellenorganisation (oder Arbeitsplatzorganisation), der Gruppenorganisation, der Abteilungsorganisation etc. (Blau 1957; Blau u. Meyer 1971, S. 81 ff; Van de Ven u. Ferry 1980).

Für die Ebene einzelner Arbeitsplätze sind zunächst die Benutzungsregeln zu erwähnen. Sie schreiben vor, wie ein Mitarbeiter im Rahmen eines computergestützten Verfahrens den Verhaltensanforderungen, die sich – für den Laien oft nicht einsehbar – aus der programmierten Verarbeitungsmethodik ergeben, zu entsprechen hat.[54] Häufig werden

[54] Kubicek (1975, S. 124) spricht diesbezüglich von „informationstechnologischen Regelungen". Er faßt darunter sowohl die eingesetzten Sachmittel (Geräte), von denen eine Begrenzung der individuellen Handlungsspielräume ausgeht, als auch die „anwendungsbezogenen Vorgaben" oder „Verfahrensrichtlinien, ... die die Aufgabenerfüllung personeller Aktionsträger im Input- und Outputbereich der maschinellen Komponente so steuern sollen, daß das System in der geplanten Weise arbeiten kann." S. auch Kieser u. Kubicek 1983, S. 302.

sie in Form von Benutzerhandbüchern spezifiziert (Kubicek 1979a, S. 22).
Hierzu gehören etwa Codieranweisungen und -schlüssel, Spezifikationen für Formatierung und Eingabe, Anordnungen zur Datenbereitstellung zu bestimmten Terminen, Regeln für das Abspeichern und Wiederauffinden von Daten, Anweisungen zur Ausfüllung von Formularen, Vorschriften zur Dateipflege, Vorschriften zur Datenprüfung u. ä. (s. auch Grochla u. Meller 1977, S. 268–271). Auch das, was mit dem Begriff der „Betroffenheit" umschrieben wird, findet in erster Linie in den Benutzungsregeln seine Entsprechung, wenn nicht in Form expliziter Vorschriften, so doch als Vorgaben, bestimmte Aufgaben mit Hilfe der informationstechnologischen Geräte zu erfüllen und dazu bestimmte Aktivitäten in direkter oder indirekter Interaktion mit dem Datenverarbeitungssystem auszuführen. Konkret schlägt sich dies in der schwerpunktmäßigen Befassung mit und der zeitlichen Inanspruchnahme durch Arbeiten zur Vorbereitung von Eingabedaten oder zur Auswertung von Ausgabedaten sowie Tätigkeiten der direkten Eingabe und Ausgabe bzw. in der Häufigkeit derartiger Aktivitäten nieder.[55] Die Benutzungsregeln sind somit im wesentlichen das organisatorische Gegenstück zu den Programmanweisungen, die die jeweiligen Maschinenfunktionen determinieren, die sich auf die Art der Entgegennahme und der Verfügbarmachung von Daten sowie auf die Möglichkeiten der Interaktion zwischen personeller und maschineller Komponente erstrecken. Sie reflektieren das Ausmaß der Verzahnung maschineller und personeller Leistungsbeiträge, d. h. die Bindung, die das Verhältnis von personeller und maschineller Komponente beherrscht, oder den Eingriffsgrad maschineller Operationen in die personell getragene Aufgabenerfüllung.[56]

Eine Art physisches Korrelat der Benutzungsregeln bilden die Formen der senso-motorischen Schematisierung der Arbeitshandlungen, die durch die Kombination von Arbeitsraum, Arbeitsmöbeln, Lichtquellen, Ablagen, Beleghalterungen und Datenverarbeitungsgeräten realisiert werden. Diese Aspekte werden vorzugsweise von der Ergonomie aufgegriffen (s. Çakir u. a. 1978, Kap. IV; Çakir, Hart u. Stewart 1980). Die Mittel der senso-motorischen Schematisierung sind vorwie-

---

[55] Kubicek 1975, S. 211 f, 215 f, 225 f; Müller-Böling 1978, S. 125 ff; s. auch Stewart u. a. 1972; Eason 1973; Eason u. a. 1975.

[56] Von der maschinellen Komponente aus gesehen erscheint derselbe Aspekt als Umfang personeller Eingriffe bzw. maschineller Selbsttätigkeit.

gend Sachmittel. Sie tendieren zu einer Einpassung von Arbeitskräften in eine physisch und sensorisch determinierte, in der Regel stark limitierende Arbeitshaltungs- und Bewegungsschematik. Diese ist keineswegs auf Stellen mit weniger „qualifizierter" Arbeit beschränkt, sondern wird nicht selten auch an Stellen mit höherbewerteten Aufgaben hingenommen, wenngleich nur für kürzere Zeiten.

Hautnah werden auch organisatorische Regelungen empfunden, die die Arbeitsintensität normieren (Leistungsanforderungen, etwa Anzahl zu bearbeitender Vorfälle pro Zeiteinheit), die die Tätigkeit bestimmten formalen und regelmäßigen, möglicherweise sogar automatisierten Kontrollen unterwerfen und die der zeitlichen Strukturierung Vorschub leisten und Freiräume der eigenen zeitlichen Arbeitsplanung beschränken (Zeitvorgaben). Diese Regeln fußen auf der aufgabeninhaltlichen Ausgestaltung einzelner Stellen. Dabei gilt besondere Aufmerksamkeit der Anzahl unterschiedlicher Tätigkeiten, die ein Arbeitsplatz bietet, ein Aspekt, der in der Kritik der „Entmischung" von Tätigkeiten bei der Vorbereitung computergestützter Informationsverarbeitung und in der gegenläufigen Forderung nach Mischarbeitsplätzen gerade in jüngster Zeit heftig diskutiert wird (s. u. a. Arbeitskreis Rationalisierung Bonn 1983); in der englischsprachigen Literatur wird von „job specialization" oder „skill variety" gesprochen (s. Hackman u. Oldham 1975, S. 164; Van de Ven u. Ferry 1980, S. 385). Eine geringe Anzahl unterschiedlicher Tätigkeiten kann im allgemeinen gleichgesetzt werden mit monotoner oder stark repetitiver Arbeit. Damit fallen auch die Qualifikationsanforderungen einer Stelle („job expertise", vgl. Van de Ven u. Ferry 1980, S. 386) geringer aus. Beachtenswert sind schließlich Ausmaß und Form der Festgelegtheit von Kontaktmöglichkeiten.

Dies alles sind sehr konkrete, täglich erlebbare Momente der Arbeitssituation. Auf der Suche nach der Erklärung von Arbeitsmotivation und -zufriedenheit, Leistungserfolg und vielen anderen Einstellungs- oder Verhaltensvariablen sind den Sozialforschern zahlreiche weitere Aspekte eingefallen, etwa die Strukturiertheit und schriftliche Fixiertheit der geforderten Tätigkeiten (job standardization, job formalization), die Entscheidungsrechte, die mit einer Stelle verbunden sind (authority), die generelle Arbeitsfreiheit (autonomy), die Erkennbarkeit der Arbeitsqualität (job feedback) oder die Ganzheitlichkeit und Bedeutsamkeit der Stellenaufgaben (task identity, task significance). Im Verhältnis zu konkreten Arbeitssituationen wirken diese Merkmale oft recht subtil, weil sie keine klaren empirischen Korrelate mit tatsächlicher situativer Relevanz besitzen und deshalb Deutungen erzwingen, die eine unkontrollierbare Subjektivität und Relativität aufweisen. Andererseits kann es äußerst greifbare Kriterien geben, die für bestimmte Stellenkategorien erhebliche Unterschiede begründen, aber zu speziell sind, um auf eine größere Zahl von verschiedenen Stellen sinnvoll angewendet zu werden (z. B. Anwesenheitspflicht).

Stellen als kleinste organisatorische Einheiten bilden den einzigen Typ organisatorischer Subsysteme, der eine hinreichend unverwechselbare Identität und definitorische Abgegrenztheit annimmt, so daß er mit relativ allgemein gehaltenen Merkmalen charakterisiert und doch zugleich einigermaßen plastisch vorgeführt werden kann. Demgegenüber besitzen Einheiten höherer Ordnung wie Gruppen oder Abteilungen eine potenzierte Vielfältigkeit. Die als generelle, globale Organisationsmerkmale vorgeschlagenen Größen auf der Gruppen- und Abteilungsebene sind deshalb überwiegend von höherer Abstraktion, weniger gut erfaßbar und vor allem weniger erlebensnah.[57] Zu ihrer Gliederung bieten sich verschiedene Klassifikationen von „Dimensionen" an. Pugh u. a. (1963; 1968; s. auch Kubicek u. Wollnik 1975) unterscheiden zwischen (dem Ausmaß) der funktionalen Spezialisierung, der Standardisierung, der Formalisierung, der Zentralisierung von Entscheidungsbefugnissen und verschiedenen Indikatoren der organisatorischen Konfiguration (Kontrollspannen, Länge des Instanzenzuges usw.). Kieser (1973) und Kieser u. Kubicek (1983, S. 79ff) folgen im wesentlichen dieser Einteilung, entwickeln jedoch die Standardisierung zu einer Dimension „Koordination" weiter und nehmen eine Reihe von Differenzierungen innerhalb der Dimensionen vor, z. B. nach Umfang und Art der funktionalen Spezialisierung, nach Koordination durch persönliche Weisungen, Selbstabstimmung, Standardisierungsmittel („Programme") und Pläne, oder bei der Formalisierung nach der schriftlichen Festlegung von Regeln, der Schriftlichkeit oder Aktenmäßigkeit der Kommunikation und der Leistungsdokumentation. Hill u. a. (1974, S. 170ff) spalten die Spezialisierungsdimension in die teils quantitativ, teils qualitativ konzipierten Faktoren „Aufgabengliederung" und „Arbeitszerlegung" auf. Neben die Entscheidungszentralisation treten als weitere Charakteristika des Kompetenzsystems die Struktur der Weisungsbeziehungen (Einlinien-, Mehrlinien-, Stab-Linien-System)

---

[57] Natürlich besteht noch die Möglichkeit, aus den genannten Stellenmerkmalen analytische Merkmale von Gruppen oder Abteilungen zu konstruieren. S. Lazarsfeld u. Menzel 1961 u. Hummell 1972, S. 22.

und die Partizipation im Sinne der Beteiligung von Mitarbeitern an der Willensbildung einer hierarchisch höheren Ebene. Daneben wird noch die Standardisierung oder Programmierung behandelt. Das System der organisatorischen Dimensionen bei Grochla (1978, S. 30–52) gliedert sich in Arbeitsteilung, Kompetenzverteilung, Festlegung von Aufgabenerfüllungsprozessen und Konfiguration mit jeweils mehreren inhaltlich-klassifikatorischen und intensitätsmäßig abgestuften Merkmalen.[58]

Sicherlich stecken diese Dimensionen einen Rahmen für Sachverhalte ab, die im allgemeinen als organisatorische Regelungen oder Strukturelemente begriffen werden. Gerade darauf zielt ihre Entwicklung: ein universelles Beschreibungsschema für die Organisationsstruktur zu liefern. Dies mag in dem Zusammenhang, in dem die Dimensionen ursprünglich vorgeschlagen worden sind, nämlich für die vergleichende Analyse der Organisationsstrukturen ganzer Institutionen und die Feststellung von Variationsbedingungen, einigen Sinn haben. Bei spezielleren Fragestellungen aber entfalten die Dimensionen keine besondere heuristische Kraft für das Aufspüren relevanter Aspekte, und die Zuordnung einzelner offenkundig wichtiger Tatbestände zu einer der Dimensionen bereitet mitunter Mühe. Der in ihnen angelegte Versuch, organisatorische Sachverhalte in quantitative Abstufungen umzudeuten, kollidiert zudem häufig mit praktischen Organisationsauffassungen. Trotzdem haben verschiedene empirische Studien entlang dieser Dimensionen das Zusammenspiel zwischen Informationstechnologieeinsatz und organisatorischen Regelungen untersucht, sei es in Form von interinstitutionellen Zustandsvergleichen oder von intrainstitutionellen Veränderungsvergleichen. Die Ergebnisse befriedigen allerdings nicht.[59]

---

[58] Im Gegensatz zu den Arbeiten von Pugh u. a. und Kieser u. Kubicek drängen die Beiträge von Hill u. a. und Grochla weniger stark auf empirische Präzisierung. Die letzteren können sich deshalb einen größeren Inhaltsreichtum leisten, sind aber einer erfassungsinstrumentellen Umsetzung weniger verbunden. Einen umfassenden Überblick über die empirische Messung der Organisationsstruktur gibt Kubicek 1980 a. Eine größere Anzahl operationalisierter Einzelindikatoren findet sich bei Van de Ven u. Ferry 1980, S. 395 ff.

[59] Als Beispiele s. Blau u. Schoenherr 1971; Klatzky 1970; Kieser 1973. Zur Darstellung und Kritik der Resultate der vergleichenden Informationstechnologieforschung s. Hofer 1970; Kubicek 1972 u. 1975, S. 168–185; Kieser u. Kubicek 1983, S. 303–314. Die Kritik knüpft letztlich an der Widersprüchlichkeit oder Unterschiedlichkeit der Befunde an und versucht, hierfür Differenzierungsmomente und Erklärungsfaktoren

Die Beschreibung der Organisationskomponente auf der Gruppen- und Abteilungsebene oder für noch umfassendere Subsysteme bedarf einer weitgehenden Relativierung auf die jeweils zu charakterisierende Einheit, eines Anknüpfens an den speziellen Aufgaben und einer „systemischen" Darstellungsform, bei der die organisatorischen Sachverhalte in ihrer wechselseitigen Vorausgesetztheit erscheinen (s. Wollnik 1978 a; Kubicek, Wollnik u. Kieser 1981). So etwas ist schwer in isolierte, generell definierte Dimensionsbegriffe zu fassen. Was man wissen möchte, läßt sich aus Fragen wie den folgenden ersehen:

- Welchen Aufgaben ist eine an dem Informationssystem beteiligte Gruppe oder Abteilung gewidmet? Aus welchen Stellen setzt sie sich zusammen? Wie ist ihre Stellung im Gesamtgefüge einer Institution? Wieviele Mitarbeiter sind ihr zugeordnet?
- Welche Aufgaben sind im Rahmen des computergestützten Informationssystems von den teilnehmenden Gruppen und Abteilungen wahrzunehmen, und welche Abteilungen, Gruppen oder Stellen sind an der Erfüllung bestimmter Aufgaben beteiligt?
- Welche Entscheidungen sind wichtig, und von welchen Instanzen werden sie getroffen?
- Welche Vorschriften, angeordneten Praktiken, eingeschliffenen Verfahrensweisen, Routineprozesse spielen eine signifikante Rolle? An welchen Terminen muß man sich orientieren, wie starr und gedrängt ist die Terminstruktur?
- Welche Kontrollen werden angewendet?
- Welche schriftlichen Unterlagen, Formulare, Dokumentationsformen, Ablagen kommen zur Anwendung?
- Welche Kommunikationsbeziehungen sind vorgesehen bzw. vorgeschrieben oder unüblich bzw. sogar verboten?
- Ist die Entfernung vom Arbeitsplatz erlaubt? Wie sind etwaige Pausen geregelt?

---

aufzuzeigen, deren Vernachlässigung den empirischen Untersuchungen anzulasten ist. Die Beschaffung einer Basis für kritische Einwendungen durch das Herausarbeiten von Befundunterschieden erweist sich allerdings zu einem gewissen Grad als Ansichtssache. Würde man z. B. die Vergleichbarkeit der Untersuchungen verneinen – wozu gute Gründe vorhanden sind –, könnten ihre Ergebnisse auch nicht in Widerspruch treten. Die Kritik arbeitet einer Überakzentuierung der Auffassung, alles sei möglich und man wisse nichts, in die Hände. Tatsächlich scheint es aber doch recht deutliche Tendenzen zu geben, für deren Feststellung indes die vergleichende Informationstechnologie- und Organisationsmessung oder überhaupt eine quantifizierende Analyse vielleicht nicht gerade den geeignetsten Weg bietet.

Bei allen diesen Fragen ist noch jeweils klarzustellen, daß primär solche Aufgaben, Entscheidungen, Verfahrensregelungen, Kontrollen etc. interessieren, die im Zusammenhang mit der Einbindung in das computergestützte Informationssystem stehen bzw. aus der in ihm übernommenen Rolle folgen. Die vorwiegend qualitativen Antworten, die auf diese Fragen zu geben sind, beschreiben die Organisationskomponente computergestützter Informationsverarbeitung auf Gruppen- und Abteilungsebene. Es läßt sich leicht erkennen, daß die gemeinten Sachverhalte schwer auf Dimensionen zu transformieren, zu quantifizieren oder isoliert zu erfassen sind, auch wenn man z. B. sagen kann, die Frage nach den Entscheidungsinstanzen sei eine Frage zur Kategorie „Kompetenzverteilung". Insofern steht es um die Darstellbarkeit der Organisationskomponente nicht besser als um die Darstellbarkeit der anderen Komponenten, obwohl aufgrund der vorliegenden Ansätze der empirischen Organisationsforschung mehr zu erwarten gewesen wäre. Diese Ansätze werden aber weder der inhaltlichen Differenziertheit noch der gegenseitigen begrifflichen Abhängigkeiten, schon gar nicht der Handlungsverbundenheit und Deutungsgebundenheit organisatorischer Verhältnisse gerecht (s. etwa Silverman 1970, S. 106ff; Bittner 1974; van Maanen 1977).

5. Gerätekomponente

Als ein Nebenprodukt der Diskussion der Informationssystem-Komponenten dürfte mittlerweile aufgefallen sein, daß zwar die Ableitung und Benennung der Komponenten relativ leicht ist, daß jedoch die Präzisierung der Komponenten, die genaue Angabe, was man nun konkret unter ihnen verstanden wissen will, durchaus schwerfällt. Dies kann z. T. daran liegen, daß hier nach Kategorien einer allgemeinen Beschreibung, losgelöst von realen Anwendungsfällen, gesucht wird, die dann ein generelles Vorstellungsgerüst abgeben sollen. Es mag auch dadurch bedingt sein, daß überhaupt eine Beschreibung anhand einzelner Merkmale oder Kriterien angestrebt wird, von denen angenommen wird, daß sie auf viele verschiedene Anwendungsfälle anwendbar sind und durch ihre unterschiedlichen Ausprägungen deren Verschiedenartigkeit anzeigen können. Ganz sicher aber sind die Schwierigkeiten der Präzisierung als Indiz dafür zu werten, daß alle Komponenten-Begriffe mit einer unaufhebbaren Vagheit belastet sind, wie es für Begriffe, die alltagspraktischen

Verständniszusammenhängen entlehnt bzw. angeglichen sind, typisch ist.[60]

Die Komponenten-Begriffe sind Verweisungsbegriffe, sie verweisen auf einen situationsspezifisch zu erschließenden Horizont situativ relevanter Bestimmungen. Daraus ergibt sich ihr merkwürdiger Status als einerseits unproblematische Mittel einer oberflächlichen Verständigung, die einen ersten Eindruck vermitteln, was „ungefähr" gemeint ist, als andererseits unabhängig von konkreten Situationen nur schwer ausfüllbare Leerstellen, mit denen eigentlich „noch nichts gesagt" ist.[61] Die hier vorgenommene Aufschlüsselung der Komponenten dient dazu, ein Gefühl für ihre Ambiguität zu wecken, die in jeder Bestimmung unausweichlich ein Element der Willkür provoziert. Da aber im praktischen Handeln Unbestimmtheit nur in sehr geringem Maß erträglich ist, erhebt sich die Frage, wessen Willkür zur Bestimmung einspringt, wem also die Macht der Definition zufällt. Darauf wird noch näher einzugehen sein.

Mit der Gerätekomponente lassen sich zwar Kriterien assoziieren, die relativ klar feststellbar sind, ihre deskriptive Relevanz bleibt gleichwohl dahingestellt. Es ist sicherlich sinnvoll, sich zum Verständnis der Gerätekomponente vorwiegend an den peripheren Geräten und ihren Eigenschaften zu orientieren, weil der Kontakt mit den eigentlichen Verarbeitungseinheiten über diese Geräte abläuft. Dennoch sollte von den Zentraleinheiten und vor allem von den Betriebsformen des Datenverarbeitungskomplexes (Geräte und organisatorische Einheiten) hinsichtlich eines bestimmten Informationssystems nicht völlig abgesehen werden. In Anbetracht der gegenwärtig aufkommenden kommerziellen Nutzung von Mikrocomputern ist zweifellos von nicht geringer Bedeutung, ob die Verarbeitungsprozesse auf einer Großrechenanlage oder auf Mikrocomputern ablaufen. Mit der einen oder der anderen Alternative verbindet sich schnell eine Kette von Anschlußvorstellungen über Verarbeitungsgeschwindigkeiten, Speicherungskapazitäten, zulässige Programmkomplexität oder typische Betriebsweisen (Einprogramm- oder Mehrprogrammbetrieb). Wegen der ausgeprägten Varia-

---

[60] Garfinkel (1959, S. 61) spricht von der „sanctioned essential vagueness ... of empirical constructions in common-sense descriptions". Speziell für sozialwissenschaftliche Beschreibungen, die eine Fülle von „common-sense situations of choice" beinhalten, s. Garfinkel 1967 b, S. 96–103.

[61] Eine gute und sehr umfassende Diskussion der grundlegenden Problematik situativer Applikation (von Regeln und Begriffen) liefert Wolff 1976.

bilität dieser Punkte bei beiden Rechnerarten bedarf es jedoch einer gesonderten Feststellung derartiger technischer Merkmale, die oft als Restriktionen der Computernutzung wirksam werden. Als globale Ersatzgrößen mögen sich hin und wieder Kriterien des finanziellen Aufwandes anbieten.

Sofern eine Großrechenanlage eingesetzt wird, können die Zugangs- und Verfügbarkeitsmöglichkeiten unterschiedlich geregelt sein. Hierher gehört z. B. die Differenzierung zwischen „closed shop"- und „open shop"-Betrieb oder der Rhythmus, in dem die Daten verarbeitet werden (mit der Extremform der Realtime-Verarbeitung, d. h. der verzögerungsfreien Verarbeitung direkt nach der Datenentstehung). Auch dic grundsätzlichen Nutzungsformen „Stapelverarbeitung" und „Dialogverarbeitung" (s. Fischer 1973) sind an dieser Stelle einzuordnen. Die sich dahinter verbergenden verschiedenen Betriebssystemfunktionen sowie weitere, die Nutzungsmöglichkeiten definierende Betriebssystemleistungen (insbesondere auf dem Gebiet der Datenverwaltung) sind ebenfalls der Gerätekomponente zuzuschlagen. Hinzu kommen Leistungskriterien wie Fehlerfreiheit, Ausfallrisiko und Hardware-Flexibilität (Emulationsmöglichkeiten, Modularität, Erweiterbarkeit).

Eine besondere Bedeutung für die Charakterisierung von Informationssystemen ist heute den Möglichkeiten der Datenfernübertragung beizumessen, vor allem den Kommunikationsmöglichkeiten zwischen verschiedenen Datenendstationen über digitale Nebenstellenanlagen oder lokale Netzwerke (s. z. B. Höring u. a. 1983) und dem Einsatz von Geräten einer abgesetzten (remote) On line-Peripherie.

Entscheidend aber ist die Ausgestaltung der Schnittstellen zwischen Datenverarbeitungssystem und personellen Aufgabenträgern. Diese Schnittstellen setzen sich aus peripheren Geräten und gegebenenfalls zusätzlichen Eingabe- und Ausgabemedien zusammen. Bei Mikrocomputern (Personal Computers), die z. B. als Gesamtanlage mit Zentraleinheit und Peripherie direkt vor einem Benutzer auf einem Arbeitstisch stehen, ist die Trennung in Zentraleinheit und periphere Schnittstellen nahezu hinfällig; dort übernimmt die Gesamtanlage die Rolle einer Schnittstelle.

Die Schnittstellengeräte sind durch drei Bündel von Eigenschaften näher zu kennzeichnen:

- Bedienungseigenschaften,
- funktionelle Eigenschaften und
- ergonomische Eigenschaften.

Das heute bei weitem am häufigsten eingesetzte Gerät im Schnittstellenbereich ist das Bildschirmterminal, d. h. ein Bildschirm, der mit einer Konsole (Tastatur) verbunden ist. Die Bedienungseigenschaften dieser Geräte betreffen diverse Bildschirmeinstellungen sowie die Verwendung der Steuerfunktionstasten (also die Beherrschung der Tastatur). Die funktionellen Eigenschaften ergeben sich aus dem jeweiligen Hintergrund von Steuer-, Treiber- und Anwendungsprogrammen der Geräte; zu ihnen gehören Antwortzeiten, Bildschirmmasken, Menükonversation, Kommandosprache, Unterbrechbarkeit von Dialogprozessen, Ausgabegestaltung und Kriterien der „Geräteintelligenz" (Abweisung falscher Eingaben, Fehlerkorrektur, Fehlerbehandlungsmodus, Bedienerführung, Interaktionshilfen), kurz: die geräteseitig angelegten Interaktionscharakteristika. Recht treffend werden diese Aspekte in jüngster Zeit unter der Bezeichnung „Software-Ergonomie" geführt. Die (hardware-)ergonomischen Eigenschaften umfassen Bedingungen der optischen Bildschirm- und Zeichengestaltung (Farbe, Leuchtdichte, Flimmerfreiheit, Kontrast, Spiegelung, Reflexion, Schrifthöhe und -breite, Form der Zeichen) sowie optische und elektromechanische Gesichtspunkte der Tastatur (s. zu diesen Merkmalen Çakir u. a. 1978, Kap. III u. S. 201 ff; Edel 1983).

Das Bildschirmterminal gilt selbst als Interaktionsmedium, und zwar für eine unmittelbare Interaktion zwischen Mitarbeitern und dem Datenverarbeitungssystem. Daneben gibt es mittelbare Interaktionsmedien, etwa Urbelege, Codierblätter, Lochkarten, Magnetschichtdatenträger wie Disketten oder Cassetten, Listen oder Tastaturen ohne Sichtanzeigen (s. Eason u. a. 1975, S. 93; Müller-Böling 1978, S. 130 ff). Häufig ist auch ein Kontakt mit dem Datenverarbeitungssystem, der durch dritte Personen (Mitarbeiter eines Fachbereiches oder Mitarbeiter des Datenverarbeitungsbereiches) vermittelt wird (Eason u. a. 1975, S. 93; Kubicek 1975, S. 228).

Eine umfassende Beschreibung der Gerätekomponente computergestützter Informationssysteme wird somit erstens auf Typ und technische Leistungsmerkmale der Zentraleinheit, soweit sie für einen konkreten Anwendungsfall wirksam sind, Bezug nehmen. Sie sollte sich zweitens auf die Art und Weise, wie sich der Datenverarbeitungskomplex im Rahmen des Informationssystems repräsentiert, namentlich auf Verfügbarkeit von Rechen- und Speicherkapazität, Verarbeitungsrhythmus, Nutzungsform und anwendungsbezogene Betriebssystemfunktionen, erstrecken. Drittens muß sie auf die Bedienungseigenschaften, die funktionellen Eigenschaften und die ergonomischen Kennzeichen der Schnittstellengeräte eingehen.

6. Programmkomponente

Computergestützte Informationssysteme sind Verfahren der Informationsverarbeitung, an denen Personen und informationstechnische Geräte mitwirken. Derjenige Bestandteil, bei dem die Einsehbarkeit am geringsten, die prägende Wirkung für das Gesamtverfahren am größten ist, dürfte in den Anwendungsprogrammen zu sehen sein. Die Programme spezifizieren die Verarbeitungslogik. Diese muß so entworfen werden, daß sie in einer verfügbaren Programmiersprache programmierbar ist. Dazu muß eine algorithmische Formulierung erstellt werden. Es sind nun zum einen die Voraussetzungen einer algorithmischen Formulierbarkeit von Verarbeitungsoperationen, die eine Explikation der Arbeitsprozesse (insbesondere auch kognitiver Prozesse) mit maximaler Durchschaubarkeit und in möglichst starker Zerstückelung erzwingen. Daraus kann sich eine signifikante Einschränkung des verfahrensmethodischen Repertoires ergeben (Heibey u. a. 1977, S. 180). Noch wichtiger aber ist ein zweiter Gesichtspunkt: Die Objekte der Algorithmen, die Daten, müssen hinsichtlich Inhalt und Typ genau bestimmt und somit ebenfalls einem maximalen Ordnungsgrad unterworfen werden. Die Algorithmen fordern deshalb neben der logischen Fixierung zum anderen eine sehr präzise Strukturierung der Daten. Dabei kann nicht ausgeschlossen werden, daß sich der Informationsgehalt der Daten verändert (Heibey u. a. 1977, S. 153 ff). Jedenfalls sind nur noch solche Informationen zulässig, die als Daten einer algorithmischen Verarbeitung unterzogen werden können. Die prägende Kraft der Programmkomponente beruht genau auf dem Zusammenwirken der Algorithmisierung der Verarbeitungsmethodik und der Datenstrukturierung. Sie sind grundsätzlich unumgehbar, können in ihrer konkreten Ausgestaltung allerdings vielfältige Variationen erfahren.[62]

---

[62] Daß sie grundsätzlich unumgehbar sind, kann mit Heibey u. a. (1977, S. 82 ff) gewiß auf bestimmte Grundeigenschaften des Computers (datenverarbeitende Maschine, endlich, universell usw.) zurückgeführt werden. Die Variationsmöglichkeiten bedeuten aber, daß diese Grundeigenschaften nicht mehr als Verursachungsfaktoren für die jeweilige spezifische Form der Algorithmen und Datenstrukturen, also auch nicht

Die Programmkomponente besteht nach diesen Darlegungen aus den *Algorithmen* und den *Datenstrukturen*, in denen eine algorithmusabhängige Welt- und Problemsicht fixiert ist. Zur Beschreibung bieten sich Merkmale an, die auf Algorithmen und Datenstrukturen Bezug nehmen. Dabei kommt es weniger auf formal-analytische Kriterien wie Strukturart (Array, Record etc.) oder Algorithmus-Klasse bzw. formale Aufgabenstellung eines Algorithmus an (Wirth 1979, Waldschmidt 1980, S. 8 ff). Bezüglich der Datenstrukturen z. B. ist vielmehr auf das abzustellen, was etwa im Drei-Schichten-Konzept der Datenmodellierung als „externes Modell" bezeichnet wird und die unter Datenverarbeitungsgesichtspunkten im Hinblick auf eine ganz bestimmte Anwendung konstruierte Realitätssicht mit bestimmten Objekten, Objekttypen und Attributen wiedergibt.[63] Die Beschreibung der inhaltlichen Aspekte der Daten und ihrer Ordnungsbeziehungen spielt natürlich stark in die Informationskomponente hinein (vgl. oben). Bei den Algorithmen interessiert vor allem ihr inhaltlicher Problembezug und ihr methodisches Niveau. Wie schon bei den anderen Komponenten stößt man auch hier auf das Problem, daß geeignete Werkzeuge für diese Beschreibungszwecke, die sich nicht in Einzelheiten verlieren, sondern größere, gegebenenfalls miteinander vergleichbare Überblicke vermitteln, zu vermissen sind. Das ist kaum anders zu erwarten: Für diejenigen Darstellungen nämlich, die die Praxis in diesem Zusammenhang selbst benötigt und anfertigt, findet man eine umfangreiche Fachliteratur, Mitarbeiter mit spezialisierten Kenntnissen und einen erheblichen Arbeitsaufwand. Will man zu Beschreibungen gelangen, die die praktischen Verhältnisse authentisch reflektieren, muß man sich an eine Nachkonstruktion der von der Praxis selbst schon geleisteten und dort als sinntragend akzeptierten Darstellungen machen. Das läßt sich weder einfach noch schnell erreichen und schon gar nicht umstandslos in eine praktikable standardisierte Erfassung überführen. Nimmt man eigene, mehr oder weniger frei erfundene Beschreibungskriterien, so verfehlt man leicht, was in der Realität wirklich zählt.

---

für weitergehende Konsequenzen herangezogen werden können. Die grundlegende Formbestimmtheit von Informationssystemen durch gewisse Grundeigenschaften der maschinellen Komponente, die sich über Algorithmisierung und Datenstrukturierung als solche vermitteln, liegt auf einer anderen Ebene als die Beziehungen zwischen variablen Merkmalen von Algorithmen und Datenstrukturen und anderen Komponenten von Informationssystemen.

63 S. z. B. Wedekind 1981; Vinek u. a. 1982, S. 20 ff; Haindl 1982, S. 29 ff; Zehnder 1983, S. 29 ff; Schlageter u. Stucky 1983.

Ein gewisser Einblick in die Datenstrukturen und Algorithmen ergibt sich aus der Unterscheidung zwischen datenintensiven und rechenintensiven Programmen. Bei den ersteren werden Routine- oder Massendaten einfachen Transformationen unterzogen (z. B. bei Abrechnungs- oder Buchhaltungsroutinen), bei den letzteren geht es um die Anwendung einer Vielzahl von Rechenoperationen auf relativ wenige Eingangsparameter (z. B. bei technischen Berechnungen, bei denen oft Integrale auszuwerten oder Differentialgleichungen zu bestimmen sind). Als Surrogatgrößen für Algorithmen lassen sich Aspekte wie die eingesetzte Programmiersprache, die Komplexität (Umfang, methodische Kompliziertheit) der Programme, der Rückgriff auf mathematische Modelle und schwierige Berechnungen (im Unterschied zur Durchführung elementarer arithmetischer Operationen) oder der Optimierungsbezug anführen.

Eine Annäherung an die Algorithmen ist auch durch eine Skizzierung der Programmfunktionen möglich. Die Programmfunktion bezeichnet die Leistungen des Computers, die zur Unterstützung von Verfahrensaufgaben, die ihrerseits in der Aufgabenkomponente beschrieben sind, erbracht werden. Zwischen den unterstützten Aufgaben und den Programmfunktionen besteht eine deutliche begriffliche und auch praktisch relevante Differenz. Bei der Bestimmung der Programmfunktionen, die die automatisierten Operationen beinhalten, muß man auf eng definierte, elementare Teilaufgaben zurückgehen, da es stets nur begrenzte Erfüllungsabschnitte sind, die der Computer in einem Verfahren vollkommen selbsttätig ausführt.

In der eigenen Implementierungsstudie wurde versucht, die erhobenen Anwendungsfälle mittels der Programmfunktionen zu klassifizieren. Die möglichen Programmfunktionen können in Anlehnung an die aus der Literatur vertrauten Grundfunktionen der automatisierten Datenverarbeitung sowie unter Berücksichtigung der algorithmischen Unterschiede für bestimmte grundlegende Datenverarbeitungsvorgänge zunächst in

- Aufnehmen von Daten,
- Übertragen von Daten,
- Speichern, Verwalten von Daten,
- Vergleichen,
- Ordnen,
- Verrechnen und
- Erstellen von Datenträgern

eingeteilt werden. Aus den unstrukturierten Beschreibungen der Anwendungsfälle heraus gelang dann eine weitergehende Differenzierung einzelner Programmfunktionen innerhalb der aufgeführten Rubriken. Übersicht 2 (S. 102 f) gibt die insgesamt 15 identifizierten Programmfunktionen wieder. Für jede dieser Funktionen wurde ermittelt, ob sie im Rahmen einer untersuchten Anwendung eine völlig untergeordnete Rolle spielte bzw. überhaupt nicht programmtechnisch vorgesehen war, ob es sich um eine wichtige Nebenfunktion oder sogar um eine Hauptfunktion handelte. Nach Einübung dieser programmfunktionellen Betrachtungsweise konnte jede Beurteilung durch spezielle Erläuterungen spontan begründet und kommunikativ erfolgreich vertreten werden. Eine Klassifikationsanalyse erbrachte 6 Schwerpunkte bei den Programmfunktionen.[64] Übersicht 3 (S. 104) zeigt das zu der Analyse gehörige Dendrogramm. Die Gruppierungsstrategie entspricht der Methode von Ward, ausgehend von euklidischen Distanzen. Da als Rohwerte nur 0, 1 und 2 für die entsprechenden Relevanzbeurteilungen auftreten, wurde auf eine Standardisierung verzichtet. Bei der Codierung wurde zugelassen, daß eine Anwendung mehrere Hauptfunktionen bzw. mehrere wichtige Nebenfunktionen aufweisen kann.

Die mittels der Klassifikation herauskristallisierten empirischen Schwerpunkte in den Programmfunktionen können durch die Priorität bestimmter „Verarbeitungsroutinen" (im programmierlogischen Sinn von „Unterprogrammen" oder „Teilprogrammen") folgendermaßen gekennzeichnet werden:

1. Datenverwaltungsroutinen
   Im Vordergrund stehen Stammdatenverwaltung und Auskunfterteilung. Präzedenzfälle sind ein Dokumentationssystem und eine Anwendung der Stücklistenspeicherung (Kennziffern 014 und 161).

2. Datenaustauschroutinen
   Herausragend ist die aufgabenbedingte Datenübertragung, flankiert von der automatischen Entgegennahme vorgangsauslösender Daten, der Auskunftsfunktion und der Zusammenstellung von Verbindungsdaten für nachgelagerte Verarbeitungsschritte. Beispiele liefern ein System der werksüber-

[64] Für die Klassifikationsanalyse (zum Überblick s. Schäffer 1972; Lance u. Williams 1967; Bock 1974; Forst 1973, S. 14 ff) wurde ein Programm des Statistischen Seminars der Universität Köln (Professor Dr. Schäffer) eingesetzt (s. Forst u. Vogel 1972), das durch einige speziell auf das eigene Datenmaterial zugeschnittene Routinen zur Berechnung bestimmter Abstandsmaße ergänzt wurde. Für die Überlassung dieses Programms danke ich Herrn Dr. Hans Forst.

Übersicht 2 Programmfunktionen

Kategorien von Programmfunktionen	empirisch isolierte Einzelfunktionen
Aufnehmen von Daten	– Entgegennahme von vorgangsauslösenden Daten (Auftragsdaten, Bestelldaten, Rechnungsdaten etc.) über Anschlußprogramme (programmintern) oder On line-Erfassung
Übertragen von Daten	– aufgabenbedingte (d. h. aufgabenbezogen zusammenhängende Stellen verbindende) Übertragung von Daten
Speichern, Verwalten	– Verwaltung von Dateien mit relativ konstanten Daten (Stammdateien) – Verwaltung von Dateien mit regelmäßig zu verändernden Daten (Bestandsdateien, etwa Auftragsdatei, Datei der offenen Bestellungen, Kontendatei, Lagerbestandsdatei) – Bereithalten von Daten auf gezielte Abfrage (Auskunfterteilung)
Vergleichen	– Übereinstimmungsvergleiche, Richtigkeitsprüfung (z. B. Lieferscheindaten gegen Auftragsdaten, Lieferantenrechnungsdaten gegen Wareneingangsdaten) – Vergleich auf Soll- oder Planabweichung, Hinweis auf kritische Zustände (z. B. Prüfung der Lieferfähigkeit, des Bestellpunktes, der Zahlungszielüberschreitung, der Kostenabweichung) – Vergleich zwischen Aktionsmöglichkeiten, Alternativenauswahl (z. B. Bestimmung einer optimalen Auftragsreihenfolge, Bestimmung einer Bestellmenge)

Übersicht 2 (Forts.)

Kategorien von Programmfunktionen	empirisch isolierte Einzelfunktionen
Ordnen	– Verbuchung (z. B. Buchung auf Konten, Einspeicherung von Dokumentationsinhalten)
	– Zusammenstellung von Verbindungsdaten für nachgelagerte Operationen (z. B. Zusammenstellung von Buchhaltungsdaten aus Rechnungsdaten, Zusammenstellung von Betriebsabrechnungsdaten für den Kostenstellen-Soll-Ist-Vergleich)
Verrechnen	– Abrechnung (Aufnahme der Berechnungsgrundlagen wie Zeit- und Mengenangaben, Bewertung, Aggregation; Zuschlagsberechnung; Fortschreibung von Vergangenheitsdaten in Plandaten)
	– Erstellung statistischer Auswertungen (Datenaufschlüsselung oder -verdichtung unter spezifischen Informationsgesichtspunkten)
	– Durchführung spezieller, methodisch komplizierter Berechnungen (Differentialrechnung, Integralrechnung, Simulationen, Optimierungsmodelle)
Erstellen von Datenträgern	– Erstellung von internen Aktionsanweisungen oder Kontrollunterlagen (z. B. interne Lieferscheine, Versandaufträge, Bestellvorschläge, Kostenübersichten)
	– Erstellung von Unterlagen für externe Kommunikation (z. B. Rechnungsschreibung, Bestellschreibung, Ausstellung von Versandpapieren, Ausstellung von Überweisungsträgern)

Übersicht 3 Klassifikationsanalyse nach Programmfunktionen

Dendrogramm zur Klassifizierung nach erfüllten Funktionen

Die Variablen wurden nicht standardisiert.
Gruppierungsstrategie: Wards Method

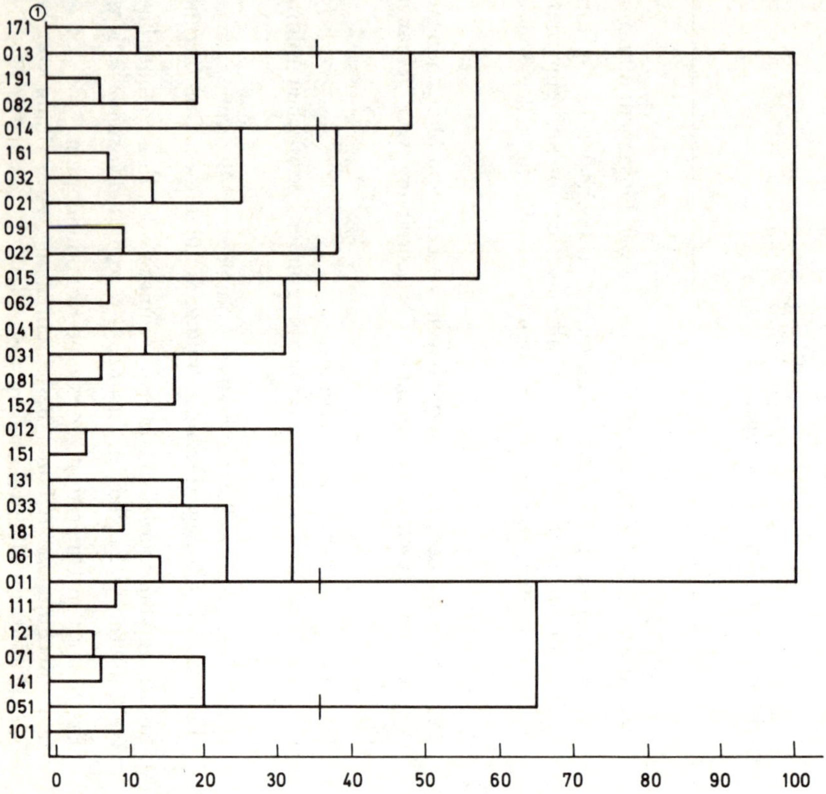

Zuwachs zur Summe der Fehlerquadrate in Prozent des größten Zuwachses

Größter Zuwachs zur Summe der Fehlerquadrate = 48,37

① Die Zuordnung der Kennziffern zu aufgabenbezogenen Kennzeichnungen der untersuchten Informationsverarbeitungsverfahren ist der Übersicht A1 im Anhang zu entnehmen.

spannenden Lagerdisposition oder eine viele Vertriebsstellen (Verkaufsbüros, zentrale Verkaufsabteilungen) verbindende Kundenauftragsabwicklung (Kennziffern 022 und 091).

3. Buchungs- oder Fortschreibungsroutinen
   Signifikante Funktionen sind die Bestandsdatenverwaltung und die Verbuchung. Hierher gehören die typischen Buchhaltungs- bzw. Kontenführungsanwendungen (z. B. Kennziffern 051, 071, 101 und 121).

4. Kontroll- oder Analyseroutinen
   Besonders deutlich sind die Programmfunktionen „Vergleich auf Soll- oder Planabweichung“ und „Erstellung von internen Aktionsanweisungen oder Kontrollunterlagen“ ausgeprägt. Das Musterbeispiel sind Soll-Ist-Vergleiche bei der Kostenstellenanalyse (Kennziffern 013, 082 und 191).
5. Abwicklungsroutinen
   Hier fallen mehrere Programmfunktionen fast gleichgewichtig an: Bestandsdatenführung und Stammdatenverwaltung, Aufnahme von Daten, Erstellung externer Belege, Erstellung interner Unterlagen und statistische Funktionen. Am deutlichsten sind diese Routinen in Systemen der Auftragsabwicklung verkörpert, vor allem, wenn sie mit der Rechnungsschreibung und der Kundenbuchhaltung integriert sind (s. insbesondere Kennziffern 011, 033, 111 und 181).
6. Kalkulations- und Optimierungsroutinen
   Vorherrschende Programmfunktionen sind in den Vergleichen zwischen Aktionsmöglichkeiten (Auswahl von Alternativen) und der Durchführung spezieller, methodisch komplizierter Berechnungen zu sehen. Als Beispiele können Anwendungen der Vorratsdisposition oder der Auftragsterminsteuerung genannt werden (Kennziffern 041, 081, 152).

An diesen Charaktierisierungen läßt sich nachvollziehen, daß wir über eine programmfunktionelle Beschreibung das Entsprechungsverhältnis zwischen Aufgabenkomponente und Programmkomponente, das in der Implementierungspraxis durchgehend erwartet werden darf, in empirisch systematischer Form rekonstruieren können.

V. Die dominante Perspektive

Die vorangegangenen Ausführungen tragen einen ambivalenten Grundzug: Einerseits erzeugen sie bestimmte Vorstellungen darüber, was computergestützte Informationssysteme sind, worauf es dabei ankommt und wie eine systematische Beschreibung angesetzt werden kann. Geboten wird eine Fülle von Informationen über Informationssysteme. Andererseits wurde keine Gelegenheit ausgelassen, mit der Weckung der Vorstellungen zugleich eine Distanzierung hervorzurufen: Systeme der computergestützten Informationsverarbeitung sind gar nicht so, wie sie anhand des Komponentenschemas vorgeführt werden, sondern so, wie sie in der Praxis selektiv definiert werden. Bei allen wissenschaftlichen Abhandlungen der Gestalt und der Gestaltung von Informationssystemen können nur zwei Gesichtspunkte durchgehend beeindrucken: die Erfindungsgabe der Nicht-Praktiker, immer neue Variablen als relevant herauszustellen, und der implizite, sich gegen die Unverbindlichkeit der jeweils ausgewählten Beschreibungen stemmende Anspruch, intersubjektiv verbürgbare Darstellungen vorzulegen. Das Problem ist nur: Die Praxis geht so darauf nicht ein, findet sich darin oft nicht wieder. In ihr herrschen eigene Vorstellungen, im Verhältnis zu denen wissenschaftliche Systematisierungsansätze teils eine heroische Vereinfachung, teils akademische Verkomplizierung bedeuten können.

Die in der Praxis entwickelten Vorstellungen sind nun ihrerseits keineswegs einheitlich. Informationssysteme stellen viel zu verweisungsreiche Phänomene dar, als daß sich ihnen gegenüber ohne weiteres eine Einheitsperspektive herausbilden würde. Die wirklich verbreiteten Vorstellungen verteilen sich aber auch nicht über den gesamten Möglichkeitsbereich; sie sind in regelmäßig erscheinender Weise selektiv oder – um einem alltagssprachlichen Begriff den Vorzug zu geben – tendenziös. Sie sind schon deshalb zwangsläufig tendenziös, weil der Bogen von den Aufgabeninhalten über die programmierten Algorithmen zu den Hoffnungen und Ängsten der Mitarbeiter zu weit gespannt ist, um alles permanent im Auge zu behalten. Vor allem aber ist entscheidend, daß die Informationssysteme in jeweils spezifischer Weise für das Handeln belangvoll werden. Betrachten wir etwa wirtschaftlich gebundene Leistungseinheiten: Hier werden Informationssysteme für die Rationalisierung der Aufgabenerfüllung nach wirtschaftlichen Maßstäben eingeführt. Sie werden somit um des finanziellen Erfolges willen geschaffen. Nur darauf und auf nichts anderes kommt es letztlich an. Daraus leitet sich ab, was in ihnen als relevant hervorzuheben ist.[65]

Computergestützte Informationssysteme sind sehr komplexe und variable Gebilde. Die diskutierten Komponenten verweisen darauf, was alles dazugehören kann. Sie besagen nicht, was oder wie computergestützte Informationssysteme „in Wirklichkeit" *sind.* Dies wird vornehmlich in der Praxis definiert. Eine sich praktisch-normativ begreifende Wissenschaft mag versuchen, hierzu Anstöße zu geben und

---

[65] Insofern mag mancher eine „wirtschaftliche Komponente" vernachlässigt finden. Wenn man sie jedoch gleichberechtigt neben die anderen Komponenten stellt, sind damit schon bestimmte Auswirkungen computergestützter Informationsverarbeitung in eine ganz spezifische Perspektive genommen. Dasselbe gilt für die psychischen oder sozialen Nachteile, die mit dieser Form der Informationsverarbeitung unbezweifelbar verbunden sein können.

alternative Ideen zu liefern. Solange man allerdings nicht genau erkannt hat, warum in der Praxis so gedacht und gehandelt wird, wie man es nun einmal antrifft, stehen solche Bemühungen auf schwachen Beinen. In einem beachtenswerten Beitrag von Kirsch zum Taylorismus in der Entwicklung computergestützter Informationssysteme findet sich zur Entfaltung praktisch maßgeblicher Orientierungen die folgende Überlegung:

„Dieser Entwicklungsprozeß ist immer auch ein politischer Prozeß. Welche Kriterien der Benutzerfreundlichkeit in der Formulierung der Systemerfordernisse zum Tragen kommen, ist Ergebnis von Verhandlungen und der hinter den einzelnen Argumenten und Forderungen stehenden Macht.

Zusätzlich wird ein Prinzip oder Gesetz wirksam, das ich in Fortführung einer Hypothese von March und Simon als das „Greshamsche Gesetz der Systementwicklung" bezeichnen möchte. Danach ist zu erwarten, daß im Entwicklungsprozeß Argumente, die nicht-operationale und vage Werte zum Ausdruck bringen und hinter denen nicht-quantifizierbare „soft facts" stehen, von Argumenten verdrängt werden, die auf operationalen Werten und „hard facts" beruhen. Verfechter solcher auf soft facts beruhenden Argumente bedürfen einer ungleich höheren Machtposition im Entwicklungsprozeß, um ihren Vorschlägen und Forderungen zu einer annähernd gleichrangigen Anerkennung zu verhelfen." (1973 a, S. 344)

In diesem Gedanken wird deutlich, daß das Definieren von Informationssystemen offenbar eine Frage von Interessen, Macht und taktischem Geschick ist. Dies allein schon verdient unsere Aufmerksamkeit. Noch wichtiger aber erscheinen die Aufschlüsse über die inhaltlichen Momente der „hard facts"- und „soft facts"-Auffassungen, die man aus der Feststellung von Kirsch gewinnen kann. Kirsch's „soft facts" betreffen nämlich genau jene Aspekte, deren wirtschaftlicher Nutzen sich nicht oder nur über Umwege berechnen läßt. „Hart" sind dagegen diejenigen Sachverhalte, denen man Kosten und Leistungen zurechnen kann, oder genauer: für die in einem System Methoden der „Erhärtung", d. h. hier Methoden der Bestimmung wirtschaftlicher Nutzeffekte, ausgebildet sind (Docherty u. Stymne 1977, S. 24). Die Trennlinie zwischen „hard facts" und „soft facts" ist also nicht etwa ontologischer Natur, sondern ersichtlich eine Folge der spezifischen Relevanzverteilung in wirtschaftlich gebundenen Leistungseinheiten und somit letzten Endes ein Reflex der Operationsprinzipien solcher Institutionen.

Die ökonomische Berechenbarkeit erweist sich demnach als eine Eigenschaft, die den zunächst lediglich potentiell wirklichen Aspekten der computergestützten Informationsverarbeitung einen besonders markanten Tatsachencharakter verleiht. Was sich der ökonomischen Berechenbarkeit auf Dauer entzieht, ist als Wirklichkeit – wenngleich vorhanden – zumindest nicht ernstzunehmen, es „zählt nicht". „Die ‚gute' Innovation ist die rechenhaft nachweisbare Innovation." (Weltz u. Lullies 1983, S. 298) Wenn darin das Prinzip der Bestimmung von Informationssystemen zum Ausdruck kommt, dann ist klar, wem in der Praxis die Definition der Wirklichkeit in erster Linie obliegt: ganz offensichtlich denjenigen, die die Entwicklung solcher Systeme in Auftrag geben, sowie denen, die diese Aufträge im Sinn der Auftraggeber ausführen, kurz: dem Kreis von Personen, die für die Implementierung sorgen. *Die Definitionsmacht für die computergestützte Informationsverarbeitung in der Praxis liegt bei den Implementeuren.*[66] Sie selektieren aus der Überfülle der Bestimmungsmomente die für ihre Ziele und ihre Entwurfsarbeit wichtigen Aspekte. Die Bestimmung folgt ihren pragmatischen Relevanzen.

Dies ist auch der Grund dafür, daß die Erklärung von Anwendungs- und Organisationsformen am Ende, vor allem nach dem empfindlichen Scheitern empirischer Assoziationen zwischen Einflußfaktoren und Organisationsdimensionen, bei den „Dispositionseigenschaften der Handlungsträger" landet (s. z. B. Kubicek 1975, S. 347; Kieser 1973, S. 220).

> „A criticism that has frequently been levied at the technological and task-analysis approach to organizational analysis is in effect that it undervalues the importance of human agency. Indeed certain „objective" variables like the production technology and size provide (for an effective organization) constraining limits, but within these limits is there not room for the full panoply of human decision making, conflict, and compromise? Are not certain features (perhaps all) of the control system, for instance, dependent upon what at least some organization participants *believe* they ought to be? So the variation within the bounds set by constraining variables is *only* explicable in terms of organizational participants' beliefs." (Abell 1975, S. 4–5)

---

66 Diese Bezeichnung weicht den etwas schwerfälligen Ausdrücken „Implementierungsträger" oder „Implementierer" aus. Sie ist gängigen Begriffen wie „Konstrukteur", „Akteur", „Monteur" usw. nachempfunden, die alle für ein zielbewußtes Tätigsein stehen. Für den Kreis der Implementeure fehlen bisher zusammenfassende Kennzeichnungen, weil die Systemplaner/Benutzer-Dichotomie auseinanderzieht, was zum Teil engstens zusammengehört. Unter den Implementeuren bilden die Systemplaner oder Systementwickler nur eine Teilgruppe. Dazu gehören nämlich auch diejenigen, die Systementwicklungsaufträge erteilen und bei der Systemeinführung mit Rat und Tat zur Seite stehen, also etwa höhere Führungskräfte und Leiter von betroffenen Fachabteilungen. Zum Begriff selbst s. Mayntz 1980 b, S. 7.

Der Zusammenhang zwischen den Dispositionen der dominanten Handlungsträger und den Erscheinungsbildern computergestützter Informationssysteme reicht allerdings noch in tieferliegende Schichten als jene, die der „strategic choice"-Ansatz thematisiert (s. Child 1972; Warner 1977; Wollnik u. a. 1981, S. 16ff u. 29ff). Dort wird vor allem nachdrücklich darauf hingewiesen, daß organisatorische Gestaltungsentscheidungen nur in begrenztem Maße durch objektive Bedingungen und wahrscheinliche Entwicklungen beeinflußt werden. Dafür wird angeführt, daß die Organisationsgestalter um die beschränkten Effekte organisatorischer Maßnahmen für das Leistungsniveau wissen; daß sie bestimmte Umgebungseinflüsse bewußt herunterspielen, andere dagegen als vorrangig auszeichnen; daß sie Friktionen zwischen den objektiven Bedingungen und den organisatorischen Verhältnissen bewußt in Kauf nehmen; daß sie die situativen Bedingungen an die Organisation anpassen, statt sich von ihnen bei der organisatorischen Gestaltung leiten zu lassen; oder daß ihnen angesichts widersprüchlicher Restriktionen und Zwänge die Anhaltspunkte für Entscheidungen ausgehen (s. Child 1972, S. 16f). Daraus folgt dann die Notwendigkeit, auf die organisatorischen Entscheidungsprozesse, in denen die stets verbleibenden Spielräume geschlossen werden, stärker Bezug zu nehmen. All diese Einsichten sind richtig und wichtig und gelten auch für die spezielleren Maßnahmen der Implementeure. Es kommt aber noch hinzu, daß jeweils seitens der Gestalter überhaupt erst festgestellt oder festgelegt wird, welche Parameter die Organisationsstruktur insgesamt oder ein Informationssystem ausmachen. Die Gestalter erst verleihen den Tatbeständen einen organisatorischen oder einen das Informationssystem konstituierenden Akzent.[67] Ob und inwieweit etwa organisatorische oder personelle Aspekte dazugehören, welchen Informationen Beachtung zu schenken ist, in welchen Konturen sich die Aufgaben abzeichnen, welcher Stellenwert den funktionellen und ergonomischen Geräteeigenschaften eingeräumt und ob das Denken in Datenstrukturen orientierungsrelevant wird – dies zu bestimmen liegt bei den Implementeuren und ist Teil ihrer Gestaltungsaufgaben, auch wenn diese explizit anders, vor allem durch konkrete Ziele und Maßnahmen formuliert sind.

Es sind somit auseinanderzuhalten: die Realitätsdefinition, in der bestimmt wird, was ein Informationssystem ausmacht, sei es ausdrück-

---

[67] Zu diesem Konzept des „constitutive accent" s. Garfinkel 1963. Zur Sache selbst vgl. Ranson u. a. 1979 u. 1980.

lich, sei es allein durch eingenommene Orientierungen und ergriffene Maßnahmen, und die spezifische Ausgestaltung der jeweils ins Auge gefaßten Komponenten, soweit diese eine gestaltende Festlegung erlauben. Blickt man auf den Vorgang der Implementierung, so müssen im Gestaltungsergebnis diese beiden Bestimmungsebenen differenziert werden: die *konstitutive Ebene*, auf der ein Informationssystem als solches umrissen ist, und die *determinative Ebene*, auf der es seine je spezifische Ausgestaltung erfährt.[68] Die Definitionsmacht erstreckt sich auf beide Ebenen. Allerdings wirkt sich die Definition auf der konstitutiven Ebene sehr viel einschneidender aus, da sie den Gestaltungshorizont und damit den Möglichkeitsbereich der Bestimmung absteckt.

Das praktische Festlegen von Informationssystemen auf den beiden Ebenen ist ein mikropolitischer Vorgang, in dem verschiedene Interessen, Auffassungen und Bewertungen aufeinandertreffen. Obwohl diese perspektivische Konstruktion nicht auf Implementierungsprozesse beschränkt ist, kann man doch vermuten, daß in diesen Prozessen eine gewisse Konzentration vorliegt. Man lernt am intensivsten über den Gegenstand, wenn man ihn „behandelt". Das Informationssystemverständnis entfaltet sich so über einzelne konkrete Implementierungsepisoden hinweg zu schließlich selbstverständlich erscheinenden, Tatsachencharakter verleihenden Auffassungs- und Beurteilungsmustern.

Während die Zurechnung der Definitionsmacht zu den Implementeuren einigermaßen klar ist, läßt sich nur schwer abschätzen, welches Ergebnis ihre konkrete Ausübung zeitigt. Entsprechend den Aufgaben-, Wissens- und Erfahrungsunterschieden bei den Implementeuren entwickeln sich wahrscheinlich in ihrem Kreis verschiedenartige Nuancierungen, nicht nur auf der determinativen, sondern auch auf der konstitutiven Ebene. Trotz aller Unterschiede dürften sich aber auch gewisse Ähnlichkeiten oder gleichgerichtete Gewichtungen herauskristallisieren. Auf der heute erreichten Stufe des praktischen Implementierungsverständnisses scheint eine sehr fundamentale Parallelität der Auffassungen darin zu bestehen, für die Komponenten eine bestimmte Prioritätsreihenfolge zu unterstellen. Sowohl in rein deskriptiver als auch in gestaltungsbezogener Hinsicht ordnen sich die Komponenten in eine Reihenfolge ein, an deren Spitze die Aufgaben und Informationen rangieren; ihnen folgen Programme und Geräte; organisatorische Re-

68 Diese Unterscheidung erinnert an die Trennung in konstitutive und präferentielle Regeln, die für die grundlegende Erklärung der Geordnetheit sozialen Handelns und Erlebens einige Bedeutung erlangt hat; s. Rawls 1955; Garfinkel 1963; Wolff 1976.

geln und Personen besetzen die niedrigste Prioritätsstufe. Die empirische Bedeutung dieser Aussage soll dadurch unterstrichen werden, daß sie als „*Prioritätstheorem*“ gekennzeichnet wird. Das Prioritätstheorem behauptet die Vorrangstellung der leistungsdefinierenden Aspekte (Aufgaben und Verarbeitungsobjekte) vor den Aufgabenträgerkomponenten, und ferner die Dominanz der informationstechnologischen Instrumente (Programme und Geräte) gegenüber den organisatorischen und personellen Verhältnissen. Wie auch immer man sich über die „wahre“, „eigentliche“, „richtige“ Priorität der Komponenten äußern mag, alle Erfahrungen mit der Art und Weise des Handelns in bezug auf computergestützte Informationsverarbeitung bestätigen das Prioritätstheorem. Docherty u. Stymne etwa berichten aus der Untersuchung von 5 Anwendungsfällen: „In designing systems there has been a tendency to try to find a technically feasable solution and then formulate the requirements on people that follow from this solution. In a way people have been looked at as appendages to the machine.“ (Docherty u. Stymne 1977, S. 7; s. ferner Bjørn-Andersen u. Hedberg 1977; Hedberg 1980, S. 23) Dies hat seine sachlichen Gründe. Besonders drei Faktoren dürften dabei ausschlaggebend sein: die in wirtschaftlich gebundenen Leistungseinheiten primär verwendeten Rationalitätsmaßstäbe, die als „Kompliziertheit“ aufscheinende alltagsweltliche Entrücktheit der Informationstechnik und die relativ größere Bestimmbarkeit der maschinellen im Vergleich zur personellen Komponente (vgl. zur Bestimmbarkeit Abschnitt A.VII.1). Computergestützte Informationssysteme werden somit in erster Linie von den Aufgaben, den zu verarbeitenden Informationen und den informationstechnischen Mitteln her verstanden. Dies entspricht der Interessenlage, die jeder Implementierung von Seiten der Implementeure zugrundeliegt.

VI. Definition und Gestaltung „informationstechnologischer Wirkungen“

Wir haben bisher gesehen, daß computergestützte Informationssysteme einer perspektivischen Konstruktion und damit einer sozialen Definition unterliegen. Über die Definitionsmacht verfügen im wesentlichen diejenigen, die solche Systeme implementieren. Ihre Perspektiven sind ausschlaggebend. Diese mögen nicht identisch sein, zeigen aber doch bestimmte Tendenzen, indem z. B. manche Komponenten als zentral behandelt, andere nur rhetorisch mitgeführt werden. Die Bestimmung bzw. die „gestaltungsgerechte" Fixierung von Informationssystemen mag versuchen, ihre eigene Selektivität zu verbergen, aufbrechende Bewertungsunterschiede ziehen diese jedoch bald ans Tageslicht. Von solchen Einsichten ist es nicht weit zum Erkennen des notwendig politischen Charakters der Informationssystemgestaltung. Selektion bedeutet nämlich immer Kontingenzüberbrückung, d. h. Ausschaltung von Beliebigkeit angesichts anderer Möglichkeiten, und dies bringt, will man nicht nur für sich alleine handeln, unausweichlich das Problem mit sich, daß die dabei zugrundegelegten Prinzipien und Gesichtspunkte mit anderen zu teilen sind (Luhmann 1975 f, S. 4 ff; 1975 c, S. 172 ff). Sonst ist weder der Aufbau eines gemeinsamen Verständnisses noch die Ausführung koordinierter Handlungen denkbar. In dieser Übertragung von Selektionen oder der Vereinheitlichung der Orientierungen keimt eine politische Problematik. Sie erlangt aktuelle Bedeutung, wenn verschiedene Perspektiven und dahinterstehende Interessen aufeinanderprallen. Wie man so etwas vermeidet, wird noch genauer zu analysieren sein.

Zunächst aber soll der Gedanke von Auffassungsunterschieden bezüglich der computergestützten Informationsverarbeitung noch auf ihre sogenannten Wirkungen ausgeweitet werden. Um die Wirkungen hat man sich seit jeher gesorgt, und an ihnen entzünden sich auch die meisten Auseinandersetzungen über die Wege, die in der Entwicklung der Informationstechnologieanwendung einzuschlagen sind. Dabei ist der Wirkungsbegriff als solcher keineswegs befriedigend geklärt worden; schon gar nicht kann man auf gesicherte Forschungsergebnisse über informationstechnologische Auswirkungen zurückgreifen, wenngleich gewisse Veränderungstendenzen nicht zu bestreiten sind.

1. Die Interpretationsabhängigkeit der Wirkungen

Wenn die Auffassungen über Informationssysteme variieren, so wirkt sich dies zwangsläufig auch auf die Vorstellungen von den Wirkungen aus. Die Wirkungen sind in diesem Sinn bis zu einem gewissen Grad Definitionssache. Die Auseinanderlegung von computergestützter Informationsverarbeitung und irgendwelchen Wirkungen impliziert spezielle Interpretationen, und so unterschiedlich diese ausfallen, so verschiedenartig sind auch die der Informationstechnologie zugerechneten Wirkungen. Aus der engen, gerätetechnischen Perspektive der frühen Wirkungsforschung[69] etwa werden Aspekte als „Wirkungen“ angesprochen, die sich in späteren Untersuchungen als Beschreibungsmomente der computergestützten Informationsverarbeitung selbst wiederfinden, z. B. die Zentralisation von Datenverarbeitungsaufgaben in Form von Rechenzentren, die Einordnung der Datenverarbeitungsstelle, die Befassung mit Datenverarbeitungstätigkeiten in den Fachbereichen oder Veränderungen in den Informationsflüssen. Wo die „Grenze“ der Technologie liegt und wo ihre „Wirkungen“ anfangen, erscheint also keineswegs als etwas, was zweifelsfrei der Realität zu entnehmen ist, sondern als eine Angelegenheit der Interpretation.

Vergleichbar undeutlich ist der Wirkungshorizont, die Frage also, ob ein Sachverhalt mit der Informationstechnologie noch so in Verbindung gebracht werden kann, daß er als „Wirkung“ plausibel erscheint, und wo Ausstrahlungseffekte oder „Fernwirkungen“ verebben. Zur Illustration braucht man nicht weit auszuholen: Schon bei der Kardinalfolge des Computereinsatzes, der Freisetzung von Arbeitskräften, gehen die Meinungen auseinander. Kann man die Arbeitslosigkeit auf die Anwendung computergestützter Informationssysteme zurückführen, wenn wissenschaftliche Untersuchungen von nennenswerten Entlassungen in Zusammenhang mit der Computereinführung nicht berichten können?[70] Möglich ist dies schon, aber ob man sich dazu entschließt und wie gravierend man diese Wirkungen ansetzt, unterliegt Einflüssen, die mit der wahrnehmbaren Entwicklung allenfalls lose verknüpft sind.

Diffus bleibt darüber hinaus oft, ob für festgestellte Zustände oder Veränderungen überhaupt die Anwendung automatisierter Informationstechnologie als Ursache namhaft gemacht werden kann, oder ob nicht vielmehr andere Faktoren – vielleicht im Zusammenspiel mit der Informationstechnologie – einen viel stärkeren Druck ausüben.[71]

---

[69] Vgl. die Anmerkungen auf S. 27; ferner die Beiträge in House 1971 u. den Aufsatz von Kling 1980. Zur deutschsprachigen Rezeption ist vor allem auf Grochla 1969 zu verweisen.

[70] Ernst-Vogel 1981, S. 206 ff; Schaff 1982; Feser u. Lärm 1983; Gerybadze 1983. Zu dieser Diskussion s. z. B. Ifo-Institut für Wirtschaftsforschung 1980, S. 13 ff.

[71] Schon 1972 (S. 292) beklagt Kubicek die Monokausalität der vergleichenden Informationstechnologieforschung (s. auch 1975, S. 171 ff). In diesen Zusammenhang gestellte Befunde von Kieser (s. Kieser u. Kubicek 1973) scheinen anzudeuten,

Es ist somit weder klar, was wirkt, noch herrscht Übereinstimmung, ob als „Wirkung“ ausgegebene Erscheinungen tatsächlich auf die Informationstechnik als Ursache zurechenbar sind – sei es, daß die vermeintlichen Wirkungen zu fern liegen, sei es, daß sie als zu komplex verursacht behandelt werden. Die Wirkungen computergestützter Informationsverarbeitung sind nicht bloß hinsichtlich ihrer Bewertung umstritten, sondern in erster Linie – und mit mehr Tiefgang – im Hinblick auf ihr Vorhandensein: auf den begründeten Ausweis von Zuständen und Veränderungen als „informationstechnologische Wirkungen“.

2. Gestaltungsergebnisse und Folgeerscheinungen

Selbst wenn der Ursachenkomplex saubere Umrisse hätte und die diversen Zurechnungsprobleme verkleinert werden könnten, erschiene es äußerst fraglich, ob die in Verbindung mit dem Computereinsatz häufig zu registrierenden Veränderungen als „Wirkungen“ einigermaßen treffend gekennzeichnet sind. Zunächst ist in Ursache-Wirkungs-Zusammenhängen ein Determinismus mitgedacht, der zwischen der Informationstechnik und der Mehrzahl ihrer Wirkungen ganz offensichtlich fehlt. Außerdem ist auf den ersten Blick schwer einzusehen, inwiefern sich z. B. „automatisierte Datenverarbeitungsanlagen“ (also physische Apparate) überhaupt auf so etwas wie „Entscheidungszentralisation“ (organisatorische Regeln) auswirken können (s. etwa Grochla 1969; Blau u. Schoenherr 1971). Daß man durch die Konstruktion solcher Zusammenhänge nicht völlig konsterniert wird, liegt an dem alltagsweltlich-selbstverständlichen Interpretationszuschuß, durch den zwischen diesen Variablen ein Vermittlungsmechanismus aus Perzeptionen, Orientierungen und Handlungen angenommen wird. Diese Unterstellung fungiert oft nur als unbefragbarer Hintergrund von Erörterungen. Wird sie ausdrücklich hervorgehoben, führt sie unmittelbar zu den an den Prozessen der Wirkungsentstehung und Wirkungsherstellung beteiligten Akteuren. Unter diesen fallen die bewußt gestaltenden Instanzen besonders ins Gewicht: die Implementeure. Sie haben einen wesentlichen Anteil an der Vermittlung zwischen Formen der Technikanwendung und den sog. Wirkungen. Das Band zwischen der

---

daß der Einfluß des Informationstechnologieeinsatzes auf die Organisationsstruktur ganzer Unternehmungen in der Tat sehr gering ist. Für die Wirklichkeit der Wirkungen besagt dies allerdings herzlich wenig. Vgl. Wollnik 1980 u. Ebers 1984.

Informationstechnik und den Wirkungen kann in vielen Fällen nicht anders als über Auffassungen, Bewertungen und gestaltende Maßnahmen der Implementeure geknüpft werden. Stabile Wirkungsmuster gründen dann in Gleichförmigkeiten von Orientierungen und Gestaltungsstrategien. Die Informationstechnik motiviert zu Ermöglichungs-, Anpassungs-, Einbettungs- und Ausschöpfungsmaßnahmen, die von Gestaltern aufgegriffen und durchgeführt werden. Soweit dies der Fall ist, scheint die Bezeichnung „Wirkungen der computergestützten Informationsverarbeitung“ nicht sonderlich angebracht. Die „Wirkungen“ werden in Verbindung mit der Einführung des Computers von den Informationssystemgestaltern „produziert“. Es sind bewußt und gezielt hergestellte Begleitumstände des Technikeinsatzes, und sie wären als „*Gestaltungsergebnisse*“ treffender ins Licht gesetzt.

Aus einer breiter angelegten Betrachtung computergestützter Informationsverarbeitung, wie sie etwa durch das Komponentenschema unterstützt wird, ergibt sich zwanglos, daß die Gestaltung von Informationssystemen in mehrere Richtungen ausgreift und insbesondere organisatorische und personelle Eigenschaften mit umfaßt. Viele sog. Wirkungen werden dann als Ergebnisse simultaner Strategien der technologischen Gestaltung, der Organisationsplanung und der Personalführung erkennbar.

Die Rede von den Wirkungen scheint daraus entstanden zu sein, daß man nach dem Handeln, das sie vermittelt, nicht gefragt hat. Dies beruht nicht unbedingt auf mangelnder Umsicht, sondern kann auch den Sinn haben, sich nicht im Reduktionismus zu verlieren. Ergiebig ist die Erschließung der vermittelnden Handlungen sicher dort, wo eine räumliche und zeitliche Abgrenzung vorgenommen und eine identifizierbare Handlungsrichtung erwartet werden kann. Dies darf für die Gestaltungsergebnisse unterstellt werden. Wenn es nicht mehr der Fall ist, könnte die Suche nach Vermittlungsmechanismen im Bereich des individuellen oder kollektiven Handelns zu unnötiger Komplizierung führen. Deshalb ist der Handlungsbezug kein absoluter Imperativ für die Wirkungsforschung. Begleitumstände des Technologieeinsatzes erschöpfen sich nicht in „Gestaltungsergebnissen“. Es gibt unbeabsichtigte, nicht vorhersehbare, indirekte, zeitlich verzögerte und komplex verursachte Konsequenzen, und man muß mit Effekten rechnen, die im Kleinen nicht viel bedeuten, sich aber zu tiefgreifenden Wandlungen kumulieren können. „Since information technology involves basic processes of human behaviour and human interaction, the effects are so manifold and so pervasive that we are obviously faced with highly aggregate phenomena, i.e. the addition of effects on many different levels (individual, organizational and societal) and in many if not all the functional subsystems of society." (Mayntz 1983, S. 25) Dabei sind die vermittelnden Handlungsprozesse oft zu vielschichtig, um sie mit Erkenntnisgewinn im einzelnen verfolgen zu können. Den Technologieeinsatz begleitende oder ihm folgende Erscheinungen dieser Art, deren Handlungsvermitteltheit nicht sinnvoll nachvollziehbar ist, wollen wir als „*Folgeerscheinungen*" ansprechen. Dieser Begriff verweist auf ein Sich-Herausbilden, ein „Auftauchen" von neuen Verhältnissen und Situationen, das sich über einen längeren Zeitraum erstreckt und nicht bewußter Manipulation unterworfen ist.[72]

Es ist nicht leicht zu entscheiden, ob man die in Verbindung mit dem Computereinsatz häufig zu registrierenden Veränderungen als Gestaltungsergebnisse („produzierte" Wirkungen) oder als Folgeerscheinungen betrachten soll. Dabei spielt die Definition der als „abhängig" begriffenen Größen eine Rolle; vielleicht muß man sie sogar als Reflex des Entschlusses deuten, Wirkungen eher als Gestaltungsergebnisse oder mehr als Folgeerscheinungen zu thematisieren. Konkret kommt es darauf an, ob die Variablen so definiert werden, daß die durch sie beschreibbaren Verhältnisse als Gestaltungsobjekte vorstellbar sind. Dies wiederum wird beeinflußt von der konzeptionellen Ebene, auf der analysiert wird, d. h. davon, ob lokale oder globale Größen anvisiert werden.

Erfolgt die Analyse etwa auf der Ebene von Gesamtinstitutionen, treten als wirkungsbeschreibende Größen z. B. Beschäftigtenzahlen, Qualifikationsverteilungen, Kontrollspannen, Abteilungsgliederung, Entscheidungszentralisation oder Koordinationsformen auf. Spätestens die Operationalisierung dieser Merkmale mit Hilfe meßbarer Indikatoren verhindert im allgemeinen, sie als mögliche Gestaltungsparameter aufzufassen. Für Globaleffekte auf gesellschaftlicher Ebene wie „wirtschaftsstrukturellen Wandel", „Machtkonzentration", „politische Entfremdung" oder „soziale Kontrolle" ist ein Bezug auf vermittelnde Handlungen noch erheblich schwieriger herzustellen. Wird das Untersuchungsgebiet kleinräumiger abgegrenzt, z. B. auf Abteilungen oder Arbeitsplätze heruntergezont, kommen dagegen weit eher Aspekte

[72] Im Unterschied zu den „produzierten" Wirkungen könnte man hier von „emergenten" Wirkungen sprechen.

vor, mit denen sich Gestaltungsentscheidungen beschäftigen können, etwa Arbeitsbelastung, Qualifikationsanforderungen, Kontrollen, Zusammenlegung von Stellen, Verlagerung einzelner Entscheidungen, Formulareinsatz u. ä. In günstigen Fällen lassen sich auch globale Größen in solche Einzeltatbestände oder -maßnahmen aufschlüsseln.

Gestaltungsergebnisse und Folgeerscheinungen unterscheiden sich nicht durch Vorliegen und Abwesenheit einer grundsätzlichen Handlungsverbundenheit; diese ist beiden Arten von Wirkungen gemeinsam. Die Differenz betrifft das Ausmaß, in dem diese Handlungsverbundenheit transparent gemacht werden kann und in dem sich dies theoretisch lohnt. Ein sinnvolles Analyseprinzip dürfte darin liegen, Wirkungen so weit wie möglich als „gemacht“ zu begreifen und danach zu fragen, wer seine Hände im Spiel hat. Für einen gewissen, ziemlich relevanten Ausschnitt stößt man dabei auf die Implementeure. Ihr Betätigungsfeld sind die räumlich und zeitlich einigermaßen gut abgrenzbaren Implementierungsprozesse. Für das, was in diesen Prozessen als Gestaltungsergebnisse hervorgebracht wird, sind die Optionen und die praktischen Gestaltungstheorien der Implementeure, d. h. ihre Interpretationen der Ausgangssituation, der Implementierungsaufgaben, der Informationssystemkomponenten, der sinnvollen Verfahrensformen und der geeigneten Implementierungsstrategie, von ausschlaggebender Bedeutung.

3. Schwierigkeiten der Wirkungsforschung

Die informationstechnologische Wirkungsforschung ist bisher nicht recht in Gang gekommen – namentlich in Deutschland, trotz einiger guter Ansätze in den 70er Jahren (etwa Kubicek 1975; Brandt u. a. 1978) und verschiedener Programmatiken und Institutionalisierungsversuche zu Beginn der 80er Jahre.[73] Über ihre Notwendigkeit scheint man sich einig zu sein (Kalbhen u. a. 1980; Szyperski u. a. 1983). Unter der Bezeichnung „Technology Assessment“ hat in den USA eine vor allem methodologisch bemühte Entscheidungsunterstützungslehre Fuß gefaßt, deren Ausstrahlungen jedoch nicht durchdringend waren.[74] Den vermutlich wichtigsten Grund für die geringe forschungspolitische

---

[73] S. Reese u. a. 1979; Kalbhen 1980; Langenheder 1980 u. 1982; Richter u. Weitz 1981; Lange u. Reese 1983.

[74] S. Cetron u. Bartocha 1973; Bozeman u. Rossini 1979; Boroush u. a. 1980; Johnson 1983; im deutschen Sprachraum Haas 1975; Paschen u. a. 1978; Weihe 1977 u. mit besonders kritischem Akzent Reese 1979.

Resonanz der Wirkungsforschung hat Langenheder wie folgt formuliert: Es bestehe „eine zunehmende Polarisierung der Interessengruppen mit der Folge, daß die jeweils vorgebrachten Argumente weniger dem Ziel des Erkenntnisfortschritts und der Lösung der genannten Probleme dienen, sondern vor allem als taktische (demagogische) Mittel zur Durchsetzung bestimmter Gruppeninteressen eingesetzt werden." (Langenheder 1982, S. 170) Dies führe schließlich zu einer „Auseinandersetzung, in der sich zwei Parteien mehr oder weniger unversöhnlich gegenüberstehen: eine Partei, die nur Gefahren sieht, nur noch über Gefahren nachdenkt und überall Gefahren sucht, und eine Partei, die nur Vorteile sieht, nur über mögliche Segnungen der Technik nachdenkt und überall nur positive Auswirkungen sucht – wobei beide Seiten sich mit abgrundtiefem Mißtrauen begegnen und somit ein klärender Dialog unmöglich wird." (das., S. 170 f) Kurz: Die Wirkungsforschung hat sich selbst durch frühzeitige Politisierung die Halteseile gekappt. Angesichts der unterschiedlichen Interessengruppen, die am Technikeinsatz beteiligt sind (Hersteller, Unternehmer, Informatiker, Techniker, Management, Beschäftigte mit vorwiegend ausführender Tätigkeit, politische Entscheidungsträger, Bürger), scheint man sich einem unwiderstehlichen Drang zu stillschweigender oder ausdrücklicher Parteinahme ausgesetzt zu sehen.[75] Das Abgleiten dessen, was sich als Wirkungsforschung auf den Weg gemacht hat, zu einer moralisierenden und kämpferischen Partizipationslehre kommt kaum überraschend. Partizipation wird als generalisierte Ressource zur Beherrschung jener Folgen verstanden, die man nicht voraussagen kann, aber doch verhindern möchte (Reese u. a. 1979, S. 99 f). Theorie verschwindet hinter beratendem und „sozialwissenschaftlich begleitendem" Aktionismus.

Stärker als nötig sind Ansätze der Wirkungsforschung durchweht von einem Hauch theoretischer Resignation. Eine schon programmatisch vorgezeichnete Hoffnungslosigkeit theoretischer Untermauerung (Richter u. Weitz 1981, S. 22 f) fällt ebenso auf wie die analytische Selbstbeschränkung auf Deskription (Szyperski u. Richter 1983, S. 133); ins Bild passen dann auch die Unmöglichkeits- und Sinnlosigkeitsbescheide aussagefähiger Prognosen (Langenheder 1982, S. 182). Ein Erklärungsziel wird erst gar nicht angestrebt. Der Zeitdruck, unter dem man in Anbetracht der rapiden Entwicklung der Informationstechnologie zu stehen glaubt, verleitet zur atheoretischen Einblendung

[75] Eine solche Parteinahme wird auch explizit gefordert, s. Kubicek u. Berger 1983, S. 26.

in das praktische Geschehen. Auf diese Weise kann Wissenschaft allerdings weder ihrem eigenen Anspruch noch den ihr entgegengebrachten Erwartungen gerecht werden.

Natürlich sieht sich die Wirkungsforschung vor einem komplexen, dynamischen Gegenstand, und solange sie die Handlungsabhängigkeit der Abläufe in ihrem Forschungsfeld nicht voll berücksichtigt, ergibt sich auch ein logisches Dilemma. Niemand nimmt ihr ohne weiteres Aussagen der Art „Wenn diese oder jene Technik in dieser oder jener Form zur Anwendung kommt, dann resultieren ganz bestimmte Folgen“ ab, insbesondere dann nicht, wenn die bezeichneten Folgen einer negativen Bewertung unterzogen werden. Denn jeder weiß: Gegen negative Folgen kann man etwas tun, wenn man sie erkannt hat und sie auch tatsächlich für negativ hält. Man kann sie abmildern oder sogar umkehren und braucht dennoch auf den Technologieeinsatz nicht zu verzichten. Dieses Risiko handlungsbewußter Einwendungen drückt in der Wirkungsforschung auf das Bemühen um empirische Fundierung und fördert eine spekulative Ausrichtung auf Möglichkeitsanalysen und Szenarios. Dabei operiert man unter der Annahme der Umgebungskonstanz („ceteris paribus“), vernachlässigt Interaktionseffekte, vermeidet wegen der schwer lösbaren Präferenzunterschiede Opportunitätsbetrachtungen und bringt vor allem nicht ausreichend die treibenden Kräfte und ihre Ausgangssituation in den Blick.[76]
Beim Übergang von erkannten Wirkungen zu allgemeinen Hypothesen über den vergangenen und zukünftigen Wirkungsverlauf begegnet die Wirkungsforschung dem Dilemma, unter Nichtberücksichtigung von Korrekturmöglichkeiten festgestellte Entwicklungen fortzuschreiben (was ihr die Kritik mangelnden Praxisbewußtseins einträgt) oder unter Vernachlässigung des empirischen Bezuges eine zwar mögliche, jedoch wenig wahrscheinliche Zukunft zu entwerfen (was mit dem Vorwurf interessengeleiteter Spekulation bedacht wird).
Daneben treten zahlreiche weitere Einzelprobleme, die etwa mit der Auswahl und der Zurechenbarkeit von Wirkungen und der Folgenbewertung verknüpft sind.

Die Wirkungsforschung hätte einen besseren Stand, wenn sie sich, statt sich politisch vereinnahmen zu lassen, die politischen Prozesse in ihrem Forschungsfeld vornehmen würde. Sie müßte sich dazu als Implementierungsforschung theoretisch neu besinnen. Dies impliziert Fragen

---

[76] S. hierzu als vorbildhafte Ausnahme Laudon 1974.

nach einer handlungsbezogenen Erklärung der Wirkungen, und diese Fragen führen auf die Gruppen, die aktiv an der Technikentwicklung und -anwendung Anteil nehmen. Hinweise in dieser Richtung sind in den neueren Beiträgen zur Wirkungsforschung durchaus vorhanden (Langenheder 1982, S. 174; Lange u. Reese 1983, S. 38; Szyperski u. Richter 1983, S. 133). Aber sie werden bisher in ihren theoretischen Implikationen nicht konsequent verfolgt.

Behauptungen, in denen Informationssysteme mit bestimmten Konstellationen von Begleiterscheinungen assoziiert werden, erlangen theoretische Stichhaltigkeit und dann auch prognostische Kraft in besonderer Weise aus der Bezugnahme auf die in der Praxis vorherrschenden Realitätsauslegungen und Interessen. Wenn man diese in den Griff bekommt, schließen sich wie von selbst die Fragen an, wer sie hat, woher sie kommen und wie sie durchgesetzt werden. Aus der Einsicht in die Strukturen der sozialen Konstruktion von Informationssystemen lassen sich – wenn man danach strebt – Möglichkeiten zur Steuerung der Technikfolgen aller Wahrscheinlichkeit nach eher entwickeln, als wenn man mit einem nur schwach ausgebildeten Verständnis für die „Funktionsgesetze der Praxis" einfach alternative Deutungen aufbaut und Interesse gegen Interesse setzt.

VII. Die auffassungsbedingte Ausrichtung der Informationssystemgestaltung

Unsere Untersuchung gilt letztlich nicht computergestützten Informationssystemen an sich, sondern ihrer Implementierung. Es leuchtet aber ein, daß sich die Implementierung schlecht analysieren läßt, wenn ihr Gegenstand nicht klar ist. Statt nun in Anknüpfung an gängige wissenschaftliche Vorstellungen und vorherrschende Praxis zu bestimmen, worum es sich bei computergestützten Informationssystemen handelt (den Gegenstand also von uns aus zu klären), haben wir einen anderen Weg gewählt – es könnte scheinen: einen „metapraktischen" Umweg. Wir halten diesen Weg, auf dem die Bestimmung computergestützter Informationssysteme als praktisches Problem und als praktische Leistung erscheint, indes für einen direkteren und realistischeren Zugang zur Implementierungspraxis. Diese Einschätzung gründet sich auf die *Bedeutung der von uns als Konstruktionen der Praxis behandelten Auffassungen für die Ausrichtung der Informationssystemgestaltung*. Es liegt somit hier insbesondere deshalb ein spezielles Augenmerk auf der perspektivischen Konstruktion der informationstechnologischen Wirklichkeit, weil Verfahren und Ergebnisse der Informationssystemgestaltung entscheidend durch die dabei maßgebliche Auffassung geprägt werden. Dieser Zusammenhang zwischen Perspektiven und Gestaltungsmaßnahmen bildet einen Angelpunkt für das Verständnis des Implementierungsgeschehens. Der folgende Abschnitt dient seiner näheren Durchleuchtung.

Wir haben eine Bestimmung computergestützter Informationssysteme umgangen, weil ein Kerngedanke unserer Analyse darin besteht, *daß die Bestimmung computergestützter Informationssysteme in erster Linie als eine praktische Leistung zu begreifen ist*, als etwas, das geleistet werden muß und tatsächlich auch geleistet wird. Man kann in einer praktisch-realistischen Untersuchung deshalb diese Bestimmung weder schlicht voraussetzen noch unbefragt übernehmen. Der Grundcharakter dieser praktischen Bestimmung läßt sich als „perspektivische Konstruktion" kennzeichnen. Die geleistete Bestimmung schlägt sich in „Auffassungen" oder „Perspektiven" nieder. Erst Mehrzahl und Verschiedenheit dieser Bestimmungsresultate offenbaren die dahinterstehende Konstruktionsarbeit und die „Konstruiertheit" des Gegenstandes. Sie zeigen nämlich, daß das Objekt unterschiedliche Bestimmungen erlaubt, und heben so seine „Vergegenständlichung" auf. Aus der aufgehobenen Vergegenständlichung brechen Komplexität und Variabilität hervor und begründen die Notwendigkeit perspektivischer Konstruktion. Die jeweils zustandekommenden Auffassungen suchen Einklang mit spezifischen pragmatischen Relevanzen und Erfahrungen. Dies forciert eine Differenzierung der Perspektiven.

Daß die Bestimmung computergestützter Informationssysteme als eine praktische Leistung zu begreifen ist, wird somit über mehrere gedankliche Schritte durch die Beobachtung von Perspektivendifferenzen nahegelegt. An ihnen lassen sich nacheinander perspektivische Konstruiertheit, Verklammerung von interpretativer Mehrdeutigkeit und realer Variabilität und schließlich Bestimmungsnotwendigkeit gleichsam „in Erfahrung bringen".

Die über die Perspektivendifferenzen sich öffnende Einsicht in die Auffassungsabhängigkeit der Wirklichkeit computergestützter Informationssysteme zeugt von dem allgemeinen Bedarf nach kognitiver

Schematisierung der Welt (s. Thorndyke u. Hayes-Roth 1979). Darauf wird mit der Entwicklung von Auffassungen oder Perspektiven geantwortet. Soweit sich dabei unterschiedliche Auffassungen herausbilden, geraten Gegenstände in einen eigentümlichen Zwiespalt zwischen Bestimmtheit und Unbestimmtheit, indem sie *auf verschiedene Weise bestimmt* sind. Daraus erwächst nun eine soziale oder besser: *politische Anschlußproblematik*. In den Fällen, in denen gemeinsames, koordiniertes Handeln eine zumindest für die jeweils verfolgten Zwecke ausreichende Verständnissynchronisierung erfordert, muß eine Abstimmung der Bestimmungen erfolgen (McCall u. Simmons 1974, S. 83ff). In der Praxis finden sich deshalb vielfältige Bemühungen und Tendenzen zur Vereinheitlichung der Auffassungen, namentlich zur Einrichtung dominanter Perspektiven. Je mehr etwaige Perspektivendifferenzen darin aufgehen oder dadurch verdrängt werden, desto schwieriger wird es, hinter der Fassade „unhinterfragbarer Tatsachen" noch die perspektivisch-konstruierenden Leistungen auszumachen. Deshalb hat es die Idee der perspektivischen Konstruiertheit der Wirklichkeit nicht nur aus theoretischen, sondern auch aus politischen Gründen schwer, sich gegen „praktisches Verständnis" zu profilieren. Auch dies könnte dafür sprechen, daß die Thematisierung der Bestimmung computergestützter Informationssysteme als praktische Leistung die Wirklichkeit besser ins Licht zu setzen vermag als die Übernahme einer geleisteten Bestimmung.

Im praktischen Handeln ist man also nicht nur auf der Suche nach Klärung und Ordnung, sondern man versucht darüber hinaus, den erarbeiteten Klärungen und Ordnungen intersubjektive Gewißheit zu verleihen. Auf diese Weise wird aus subjektiven Interpretationen objektive Realität. Die erzeugte Objektivität verleugnet dann zunehmend die Relativität der Interpretationen, aus denen sie entstanden ist, und die politischen Maßnahmen zur sozialen Verallgemeinerung des Verständnisses, denen sie sich verdankt. Sie erscheint nämlich als Erfüllung der Annahmen der Bestimmtheit und der Eindeutigkeit der Objekte, die die Suche nach Klärung und Objektivität voraussetzen muß, um überhaupt sinnvoll zu sein. In der Praxis begegnet man deshalb fast durchgängig der Tendenz, die Dinge so darzustellen, als seien sie gedanklich durchdrungen und allgemein anerkannt. Mit dieser Verdrängung von interpretativer Relativität und mangelnder Objektivität wird antizipiert, worauf man hinauswill. Sobald sich jedoch verschiedene Ansätze mit einem solchen Anspruch, aber substantiell unterschiedlichen Bestimmungen beobachten lassen, wird der Anspruch jedes Ansatzes auf die allein richtige und wirklichkeitsgerechte Sicht diskreditiert. Obwohl auch dann noch überall in der Praxis die Dinge als „allgemein bekannt" dargestellt werden, kommt es bei Perspektivendifferenzen zu der auf den ersten Blick verblüffenden Konstellation, daß – insgesamt gesehen – die Praxis beweist, was sie verdrängt. Diesen Widerspruch der Praxis mit sich selbst haben wir in der Inkongruenz unseres Untersuchungsansatzes (der die perspektivische Konstruktion betont) zum praktischen Selbstverständnis (das die perspektivische Konstruktion verdrängt) aufgegriffen. Dadurch wird es möglich, an einem wichtigen Punkt über die Praxis anders zu denken, als sie selbst über sich denkt, und sie doch zugleich so vorzuführen, wie sie sich zeigt.

In diesen theoretischen Rahmen eines im Prinzip offenen Horizontes von Bestimmungsmöglichkeiten mit andauernden Versuchen herausgreifender, akzentuierender, gliedernder und fixierender Bestimmungen und ihrer sozialen Verankerung paßt nun genau das empirische Bild, das wir von der perspektivischen Konstruktion computergestützter Informationssysteme entworfen haben. Abgesehen von den Details lassen sich vier tragende Konturen erkennen und wie folgt thesenartig wiedergeben:

a) Es gibt unterschiedliche Auffassungen über „computergestützte Informationssysteme".
b) Gleichwohl besteht eine weithin durchgesetzte and akzeptierte dominante Perspektive.
c) Die dominante Perspektive ist die Perspektive derjenigen, die computergestützte Informationssysteme planen und einführen: der Implementeure.
d) In der dominanten Perspektive sind die Komponenten computergestützter Informationssysteme nach dem Prioritätstheorem gewichtet.

Diesen Ergebnissen fügen wir jetzt zwei weitere hinzu. Sie sind für unsere Analyse zentral, weil sie den Übergang zur Implementierung markieren. Ihre Fundierung hat die bisherige Erörterung der perspektivischen Konstruktion computergestützter Informationssysteme motiviert. Die Thematisierung der Bestimmung computergestützter Informationssysteme als praktische Leistung läuft letztlich darauf zu, die beiden folgenden Einsichten formulieren und plausibel machen zu können:

e) Die im Hinblick auf computergestützte Informationssysteme dominante Perspektive prägt die Implementierung von Informationssystemen.

f) Die Implementierung dient der Durchsetzung der dominanten Perspektive.

Beide Thesen übergreifend könnte man auch von der „*Reziprozität von Implementierungsperspektiven und Implementierungsverhalten*" sprechen. Es bleibt zu klären, wie diese Reziprozität funktioniert.

„Auffassung" oder „Perspektive" steht als Metapher (in älterer Ausdrucksweise würde man statt „Metapher" vermutlich „Inbegriff" bevorzugen) für einen spezifischen, in sich abgestimmten Komplex systematischer Interpretations-, Orientierungs- und Handlungstendenzen. Perspektiven repräsentieren somit „kognitive Dispositionen" oder „Strukturen des Bewußtseins". Sie steuern das Erleben und Handeln. Zugleich werden sie durch das Erleben und Handeln weiterentwickelt.[77] Schon auf dieser generellen theoretischen Ebene läßt sich der Zusammenhang zwischen Auffassungen computergestützter Informationssysteme und ihrer Gestaltung erkennen. Die Auffassungen gewinnen theoretische und empirische Bedeutung, weil sie die Informationssystemgestaltung und damit das gesamte Erscheinungsbild informationstechnologischer Anwendungen in bestimmter Weise ausrichten. Dieser Eindruck verstärkt sich, wenn man als dominante Perspektive gerade die Perspektive der Implementeure identifiziert. Dann wird deutlich, daß die vorherrschende Auffassung mit der gestaltungsmaßgeblichen Auffassung zusammenfällt. Man kann darüber hinaus annehmen, daß die jeweilige Perspektive der Gestalter den Mutterboden für die vorherrschende Perspektive abgibt, daß also die Übereinstimmung darauf zurückzuführen ist, daß die vorherrschende Perspektive immer wieder aus der Perspektive der Gestalter hervorgeht. Daran knüpft sich sofort die Frage, wie dies bewerkstelligt wird.

Wie kann man sich nun über den angedeuteten allgemeinen Zusammenhang hinaus die Prägung der Informationssystemgestaltung durch eine Auffassung des Gestaltungsobjektes vorstellen? Die perspektivischen Impulse für die Informationssystemgestaltung pflanzen sich auf zwei getrennten Bahnen fort: Die *sachliche Bedeutung* der perspektivi-

---

[77] Zumindest dieser grundsätzliche Befund darf wohl einigermaßen vorbehaltlos aus der kognitiven Psychologie übernommen werden. S. etwa Neisser 1976; Schank u. Abelson 1977; Wyer u. Carlston 1979.

schen Konstruktion entsteht durch die *Vermittlung von Beschränkungen des informationstechnologischen Gestaltungsspielraums*; die *politische Bedeutung* resultiert aus der *Färbung der Aufgaben, Strukturen und Interaktionen in Implementierungsprozessen.*

1. Beschränkungen des informationstechnologischen Gestaltungsspielraums und ihre perspektivische Vermittlung

Wer danach fragt, wovon die Gestaltung von Informationssystemen sachlich beeinflußt wird, kommt nicht ohne weiteres auf „Perspektiven". Näher stehen zunächst Einflußfaktoren wie Branche, Betriebsgröße, die unterstützten Aufgaben, die vorhandenen geräte- und programmtechnischen Möglichkeiten, die wirtschaftlichen Verhältnisse, rechtliche Bedingungen, Qualifikationen der Mitarbeiter, das schon erreichte Automatisierungsniveau oder die jeweils gegebene organisatorische Situation. Außerdem kann man sich nicht dem Gedanken verschließen, daß es zwischen den Komponenten von Informationssystemen eine gewisse Abstimmung geben muß, so daß sie sich wechselseitig bedingen. Diese Faktoren grenzen den Spielraum der Informationssystemgestaltung ein und lassen die Gestalter zu bestimmten Anwendungsformen tendieren. Es liegt aber nun keineswegs in irgendeiner „Natur der Dinge", die Informationssystemgestaltung gerade von solchen Einflußfaktoren sachlich abhängig zu machen und in ihnen vielleicht sogar noch zwingende Vorgaben zu erkennen. Dies ist vielmehr Ausfluß von Erfahrungen, Beurteilungen und speziellen Situationsdiagnosen, d. h. von interpretativen Leistungen, die grundsätzlich auch anders ausfallen könnten. Für die Bedingungen der Informationssystemgestaltung gilt also dasselbe, was schon für die Komponenten, anhand deren man die erforderlichen Gestaltungsaktivitäten definiert, und auch für die Wirkungen, auf die man achtet, ausgeführt wurde: Was als Einflußfaktor zu berücksichtigen ist, wird ebenso interpretativ festgelegt wie das, was als Komponente interessiert oder als Wirkung zählt.

In dieser Betrachtung ist leicht nachzuvollziehen, daß Perspektiven für die Informationssystemgestaltung eine wichtige Rolle spielen. Sie treten allerdings nicht einfach als eine weitere Einflußgröße neben andere. Ihre Wirkung besteht vielmehr darin, daß sie die gesamte Auslegung der Gestaltungsproblematik formen und dazu u. a. überhaupt erst einmal bestimmen, was als „Einflußfaktor" anerkannt, für relevant gehalten wird und wie man darauf reagiert. Sie prägen die Informationssystemgestaltung, indem sie auszeichnen, was „gestaltungsrelevant" ist und wie die gestaltungsrelevanten Aspekte aufeinander abzustimmen sind.

Auffassungen computergestützter Informationssysteme gewinnen sachliche Bedeutung für die Informationssystemgestaltung also durch die Aufprägung einer spezifischen Verteilung von Gestaltungsrelevanzen. Sie strukturieren sozusagen das Gestaltungsbewußtsein. Aus ihnen resultieren Vorstellungen und Handlungskriterien darüber,

- was (an einer bestimmten Stelle des Gestaltungsprozesses noch bzw. schon) gestaltet werden muß oder kann; dies sind Orientierungen über *Gestaltungsparameter*;
- was (an einer bestimmten Stelle des Gestaltungsprozesses noch bzw. schon) als gegeben berücksichtigt werden muß; dies sind Orientierungen über *Gestaltungsrestriktionen*;
- wie die jeweiligen Gestaltungsrestriktionen im weiteren Verlauf des Gestaltungsprozesses zu berücksichtigen sind; dies sind Orientierungen über die *Zusammenhänge zwischen Gestaltungsrestriktionen und Gestaltungsparametern.*

Auch das Ziehen der Trennlinie zwischen hinzunehmenden Restriktionen und disponiblen Parametern ist eine interpretative Leistung, die im Ablauf des Gestaltungsprozesses mehrfach zu erbringen ist und in seinem Fortgang zu sich verändernden Abgrenzungen führt. So gehen etwa „verbrauchte" Gestaltungsparameter nach und nach in Gestaltungsrestriktionen über.

Gestaltungsparameter, Gestaltungsrestriktionen und die Zusammenhänge zwischen ihnen *beschränken den informationstechnologischen Gestaltungsspielraum*. Die Wirkung von Perspektiven auf die Gestaltung läßt sich als *Vermittlung dieser Beschränkungen* kennzeichnen. Eine Perspektive begründet typische Tendenzen der Gestaltung, indem sie Beschränkungen des informationstechnologischen Gestaltungsspielraums einführt. Aus dieser Wirkungsweise, die sich am besten als *„sukzessive Ausklammerung von Gestaltungsmöglichkeiten"* umschreiben läßt, erklärt sich, daß eine Perspektive ganz offensichtlich weder spezielle Anwendungsgebiete noch bestimmte Anwendungsformen präjudiziert. Die reale Variabilität des Computereinsatzes ist viel zu groß, um irgendwelche deterministischen Effekte unterstellen zu können. „Perspektivische Prägung" kann deshalb stets nur Ausschließung (Negation), nicht aber positive Auswahl von Gestaltungsalternativen meinen.

Unter den vielfältigen perspektivisch vermittelten Beschränkungen des informationstechnologischen Gestaltungsspielraums sollen im folgenden vier Konstrukte etwas eingehender betrachtet werden. Die Erörterung bezieht sich auf

- Aspekte des kulturellen Hintergrundes der Informationstechnologieanwendung,
- mögliche Sachzwänge bei der Gestaltung,
- unterstützte Aufgaben bzw. Anwendungsgebiete und
- die gestalterische Verfügbarkeit der Komponenten von Informationssystemen.

Um ein ausreichendes Maß von Information und Illustrationsfähigkeit zu diesen Konstrukten zu erreichen, dürfen sie nicht nur formal im Hinblick auf ihre perspektivische Vermitteltheit diskutiert werden, sondern wir müssen so etwas wie die „herrschende Meinung" über sie einfangen. Dazu sind sie im wesentlichen so zu betrachten, wie sie von der dominanten Perspektive vermittelt werden.

Daß die genannten Beschränkungen perspektivisch vermittelt werden, kann im einzelnen wie folgt präzisiert werden:

Perspektiven

- geben der Informationssystemgestaltung einen bestimmten kulturellen Hintergrund von im konkreten Anwendungsfall nicht veränderbaren Globalgrößen;
- postulieren mehr oder weniger ausgeprägte Sachzwänge;
- betonen typische Abgrenzungen und Anwendungsschwerpunkte von Informationssystemen und
- erzeugen Vorstellungen über die gestalterische Verfügbarkeit der Komponenten.

Als was die genannten Beschränkungen nach ihrer perspektivischen Vermittlung erscheinen, läßt sich immer nur nach Maßgabe einer bestimmten Perspektive darstellen. Der im großen und ganzen herrschenden Meinung entspricht es,

- die vorhandene Nachrichten- und Datentechnik, die üblichen wirtschaftlichen Auffassungsmuster und Bewertungsmaßstäbe, gewisse rechtliche Kontrollen und Garantien sowie das Bildungssystem mit seinen charakteristischen Qualifikationsniveaus und Qualifizierungstendenzen als wichtige kulturelle Hintergrundfaktoren anzunehmen;

- relativ strikte Sachzwänge von der technischen zur organisatorischen und weiter zur personellen Gestaltung hin zu unterstellen;
- in der Spezifikation des Anwendungsgebietes eine Vorentscheidung über die Anwendungsformen zu sehen und das Schwergewicht der Computernutzung auf die Rationalisierung daten- und/oder rechenintensiver operativer Aufgaben (Unterstützungs- und Sachbearbeitungsaufgaben) zu legen und
- ein Gefälle in der gestalterischen Verfügbarkeit der Komponenten von Informationssystemen zu bestätigen.

Ansätze zur Modifikation oder „Überwindung" einer Auffassung können sich natürlich nicht von der perspektivischen Vermittlung als solcher freimachen. Sie bringen die Beschränkungen aber in eine andere Form oder akzentuieren sogar ganz andere Beschränkungen. Von einer Perspektive, die die dominierende Auffassung in ihrer Strukturierung des Gestaltungsspielraums kritisch zu kontrapunktieren versucht, wäre z. B. zu erwarten, daß sie eine gezielte Gestaltung der „kulturellen" Faktoren unter dem Gesichtspunkt ihrer prägenden Bedeutung für einzelne Anwendungsfälle fordert (Breisig u. a. 1983), daß sie Sachzwänge nach Art und Richtung bestreitet, alternative Anwendungsgebiete vorschlägt (s. etwa Lange u. a. 1982) oder die Vorstellung des Verfügbarkeitsgefälles angreift.

Die Art und Weise, wie man mit den „Einflußfaktoren" oder Beschränkungen der Informationssystemgestaltung perspektivisch umgeht, erweist sich für eine handlungsbezogene Implementierungsanalyse insofern als bedeutsam, weil davon abhängt, inwieweit die konkreten Eigenschaften von Informationssystemen durch die Tatsache der Computerunterstützung an sich schon vorherbestimmt sind. Vor allem stellt sich in diesem Zusammenhang die Frage, ob es so etwas wie eine *grundsätzliche Funktionslogik computergestützter Informationsverarbeitung* gibt, die die Gestalter von Informationssystemen nicht nur zu bestimmten Maßnahmen motiviert, sondern sie in eine spezielle Richtung zwingt. Es scheint mit zu den Wirkungen der dominanten Perspektive zu gehören, einen solchen Eindruck zu erwecken und daraus eine „*Logik der Informationssystemgestaltung*" zu folgern, die das Implementierungsverhalten ausrichtet und dadurch in Implementierungsprozessen ihre soziale Verankerung findet.

a) Aspekte des kulturellen Hintergrundes

Die Gestaltung von Informationssystemen spielt sich vor einem je besonderen kulturellen Hintergrund ab. Obwohl die Beachtung makro- und mikrokultureller Aspekte (kulturelle Erscheinungen außerhalb und innerhalb organisierter Sozialsysteme) in der Organisationstheorie und in der Managementforschung sehr in Mode gekommen ist (s. etwa Ouchi 1981; Deal u. Kennedy 1982; Smircich 1983; Pondy u. a. 1983), fehlen gegenwärtig noch tragfähige Ansätze. Immerhin scheint weitgehend anerkannt zu werden, daß von kulturellen (gesellschaftlichen) Bedingungen eine tiefgreifende Prägung auf organisatorische Gestaltungsvorgänge ausgehen kann (Kudera 1977). Allerdings bleibt oft unklar, wie die Zusammenhänge im einzelnen hergestellt werden. Ferner ist man ziemlich frei darin, was unter „Kultur" verstanden werden darf. Ohne den Anspruch einer verbindlichen Systematik kann man feststellen, daß die Ausbreitung der computergestützten Informationsverarbeitung in einen kulturellen Rahmen eingebettet ist, in dem ihr nach gängigem Verständnis die verfügbare Realtechnik (namentlich die Nachrichten- und Datentechnik), die wirtschaftlichen Probleme und Notwendigkeiten, gewisse rechtliche Regelungen und einige Äste des Bildungssystems besonders nahestehen.

Die *vorhandene Nachrichten- und Datentechnik* verkörpert die in der technischen Entwicklung aufgedeckten Grundlagen und konstruktiven Ansätze, auf denen die in computergestützten Informationssystemen eingesetzten Geräte basieren. Der Vermittlungszusammenhang ist, oberflächlich betrachtet, einfach: Was nicht da ist, kann nicht genutzt werden, was aber zur Serienreife gelangt, ist nicht mehr nur bloßes Potential, sondern verhementes Angebot, es drängt zur Nutzung. Da Serienreife Zeit kostet und finanzielle Mittel dafür aufzuwenden sind, wird durch basistechnologische Entscheidungen der Variationsbereich der Technikanwendungen mittelfristig eingeschränkt: Zumindest die Geräte liegen fest, und mit ihnen teilweise auch die Möglichkeiten der Programmierung. In einem tiefergreifenden Verständnis mag diese Betrachtung durch die Einsicht zu ergänzen sein, daß auf diese Weise Leitmotive und Anknüpfungspunkte der nachrichten- und datentechnischen Grundlagenforschung gleichsam ihren Schatten auf die spätere Technikanwendung vorauswerfen. Der „Geist" der Technik präformiert ihren Einsatz, d. h. die ihr innewohnenden Ideen über den Umgang mit Natur (elektronischen Abläufen) übertragen sich auf die Konstruktion sozialer Realität (Breisig u. a. 1983, S. 36 u. 41–44; Weizenbaum 1976).

Die wirtschaftliche Nutzung des Computers ist engstens verwoben mit den Auffassungs- und Bewertungstendenzen, die das wirtschaftliche Denken beherrschen und die wirtschaftliche „Lage der Dinge" definieren. Daß nur massiver Informationstechnologieeinsatz die internationale Wettbewerbsfähigkeit sichern kann, daß man deshalb auf keinen Fall „den Anschluß an die technische Entwicklung" verlieren darf, daß nur dann auch die Arbeitsplätze gesichert sind oder daß die Unternehmungen sich mit diesem Mittel „vom Kostendruck entlasten" müssen, sind bekannte Argumente, die tagespolitische Diskussionen tragen und Maßnahmen der staatlichen Technologieförderung begründen. Konkretere Gesichtspunkte ökonomischer Rationalität wie Einsparungen, Leistungssteigerungen, Informationsverbesserungen und Berechenbarkeit der Arbeitsprozesse treten als Gründe und Ziele einzelner Anwendungsentscheidungen ins Blickfeld. Alle diese Überlegungen sind Ausdruck *der Vorherrschaft und Verbindlichkeit ökonomischer Standards und Maßstäbe*. Die Vermittlung dieser kulturellen Bedingungen in die Informationssystemgestaltung läuft über den Stil des Managements wirtschaftlich gebundener Leistungseinheiten. Solche Institutionen unterliegen definitionsgemäß wie auch nach ihren realen Aktionsmöglichkeiten und -hemmnissen den Gesichtspunkten ökonomischer Rationalität. Ihr Management ist – als Handlung wie als Personengruppe – diesen Gesichtspunkten moralisch und pragmatisch verpflichtet.

Der Computereinsatz bleibt nicht ohne *rechtliche Kontrollen und Garantien*. Datenschutzgesetz, Arbeitsschutzvorschriften, Kündigungsschutzregelungen, Rationalisierungsschutzabkommen, Mitbestimmungsrechte und Tarifvereinbarungen wirken daran mit, informationstechnologische Möglichkeiten in gesellschaftlich akzeptablen Bahnen zu kanalisieren. Verfassungsmäßig garantierte Freiheiten wirtschaftlicher Betätigung, technischer Innovation und internationalen Waren- und Wissensaustausches, aber auch gesetzlich vorgesehene Ausgestaltungsmöglichkeiten einzelwirtschaftlicher Institutionen sowie arbeitsvertragsrechtliche Regelungen und direktionsrechtliche Ableitungen (s. hierzu Gast 1978) sollen den für eine wirtschaftlich und gesamtgesellschaftlich fruchtbare Entfaltung der Informationstechnik notwendigen Freiraum gewähren. In der Wirklichkeit mögen sich rechtliche Restriktionen nicht immer intentionsgemäß auswirken können, aber immerhin zwingen sie zur Darstellung von Automatisierungsstrategien als rechtmäßig und setzen Sonderrisiken des Scheiterns aus rechtlichen Gründen. Die Rechtsprägung der Informationssystemgestaltung vermittelt sich über den Erlaß oder die Vereinbarung von Regelungen und die Schaffung von Kontrollinstanzen für ihre Einhaltung, z. B. Datenschutzbeauftragte, Betriebs- und Personalräte oder Arbeitsgerichte. Informationstechnologie und ihre Begleitumstände sind allerdings gegenwärtig gesetzlich noch schwer faßbar. Die Technologie als solche ist – gemessen an Reaktionszeiten der Legislative – noch immer neu, ihre Folgen sind – aggregiert auf die Aufmerksamkeitsebene der politischen Instanzen – diffus und umstritten. Kritiker finden oder erfinden zunehmend subtilere und latentere Gefährdungen; neuerdings reichen sie z. B. bis zum „Verlust sozialer Kompetenz" oder zur „Entsinnlichung des Menschen" (s. Rolf 1979; Bechmann u. a. 1979; Steinmüller 1981; Breisig u. a. 1983, S. 23 ff).

Das *Bildungssystem* schließlich hat als Aufgabe, die Qualifikationspotentiale zu produzieren, die die Entwicklung der technischen Grundlagen, die Systementwicklung und nicht zuletzt die Übernahme computergestützter Arbeiten ermöglichen. Während es für die Konstruktion und Implementierung um hochspezifische Wissensinhalte geht, scheinen im Bereich der Betroffenen zumindest teilweise Fachqualifikationen entweder durch extrafunktionale Fähigkeiten oder durch Kompetenzen des Umgangs mit der EDV (Bedienungs- und Benutzungsfähigkeiten) ersetzt zu werden.[78] Für die Gestaltungsrelevanz des Bildungssystems kommt es nun nicht auf die Forderungen an, sondern darauf, was tatsächlich aktuell angeboten wird. Die Rückkopplung zwischen der Bildungsnachfrage des Beschäftigungssystems und dem Bildungsangebot des Bildungssystems braucht Zeit, und dabei sind weder Lükken noch Fehlsteuerungen auszuschließen. Darüber hinaus muß die Berufe- und Stellenrasterung des Beschäftigungssystems selbst erst einmal auf die sich wandelnden Funktionsanforderungen unter dem Einfluß des Computereinsatzes reagieren. Es können sich somit leicht limitierende Effekte der eingefahrenen Ausbildungsgänge im Hinblick auf die Weiterentwicklung und Handhabung der Informationstechnologie ergeben. Die Umstellungserfordernisse sind so vielfältig, daß ergänzende Fortbildungsbemühungen im Verbund mit Spezialisierungstendenzen häufig von den Anwenderinstitutionen oder -bereichen mit zu tragen sind und diese somit zum verlängerten Arm des Bildungssystems werden. Nicht nur die Lehrangebote, sondern auch die institutionellen Strukturen des Bildungssystems geraten in den Strudel der

[78] Hinweise hierzu in Ifo-Institut für Wirtschaftsforschung 1980.

Informationssystemausbreitung und verzerren, solange keine Anpassung stattgefunden hat, die Handlungsoptionen für die Informationssystemgestaltung. Konkret kann das etwa darauf hinauslaufen, daß Tätigkeiten entmischt und Arbeitsplätze auf gleichförmige Wiederholungsaufgaben zugeschnitten werden, weil entsprechend qualifizierte Personen fehlen oder nicht bezahlbar sind.[79]
Eine Schlüsselrolle im Hinblick auf die Prägung der Informationssystemgestaltung besitzt die Informatik. Diejenige Teilgruppe der Implementeure, die durch konkrete Entwurfs- und Ausführungsarbeiten über das Aussehen von Informationssystemen bestimmt, nämlich die Systemspezialisten oder Systemplaner, erfahren ihre Ausbildung wesentlich aus Wissensbeständen der Informatik (wenn auch nicht unbedingt in entsprechenden Ausbildungsgängen). Die zwangsläufige Selektivität dieser Wissensbestände spiegelt sich in den dominanten Orientierungen der Systemplaner wider und pflanzt sich in ihrem Gestaltungshandeln fort. „Der Informatiker sollte sich dessen bewußt sein, daß er bestimmten Denkstrukturen unterliegt, die sich auf sein Arbeitsprodukt auswirken.“ (Langenheder 1982, S. 179)[80]

Der Computereinsatz bewegt sich somit im kulturellen Kräftefeld technischer Leistungsangebote mit vorausgesetzter Anwendungstypik, ökonomischer Maßstäbe und handfester wirtschaftlicher Vorteile und Risiken, rechtlicher Bestimmungen und ausbildungsbedingter Qualifikationspotentiale. All dies gilt als kurzfristig nicht änderbar, schon gar nicht im Kontext einzelner Technikanwendungen. Diese Faktoren prägen die Informationssystemgestaltung und wirken in die jeweils geschaffenen computergestützten Informationsverarbeitungsverfahren hinein. Auch wenn die Vermittlungszusammenhänge nicht immer leicht durchschaubar sind, wird kaum jemand die faktische Bedeutung dieses kulturellen Hintergrundes für die Informationssystemgestaltung bestreiten. Man legt damit tatsächlich eine tiefliegende Vorstrukturierung des informationstechnologischen Gestaltungsspielraums frei. Die Gestaltung von Informationssystemen setzt nicht erst dort ein, wo ein Implementierungsprozeß in Gang kommt. Die bei der Implementie-

[79] Unter Gesichtspunkten der Arbeitshumanisierung liegt darin die Gefahr einer kaum mehr behebbaren Fehlentwicklung, die bildungspolitische Reaktionen dringend geboten erscheinen läßt.

[80] Daß die Denkstrukturen gegenwärtig manchem zu eng erscheinen, schlägt sich in Appellen zu einer „gesellschaftsbezogenen Informatik-Ausbildung“ nieder, s. etwa Lutterbeck 1982; Kubicek 1984a.

rung wahrgenommenen Gestaltungsalternativen, die leitenden Werte und Prinzipien, die angelegten Beurteilungsmaßstäbe, die praktischen Theorien, die Menschen- und Organisationsbilder und nicht zuletzt die Wissensbestände, auf die man zurückgreift, werden keineswegs erst in den Implementierungsprozessen erarbeitet, sondern drängen von außen in sie hinein und werden durch sie weitergegeben. In diesem Sinn sind einzelne Implementierungsprozesse offene Systeme. Der Aufbau computergestützter Informationssysteme fügt sich ziemlich bruchlos zu den gesellschaftlich gültigen Moral- und Zweckmäßigkeitsvorstellungen sowie den je vorhandenen wirtschaftlich-organisatorischen Lösungsmustern für die Bewältigung von Informationsverarbeitungsaufgaben. Die kulturelle Grundprägung der Implementierung legt das Fundament der Selbstverständlichkeiten, von denen ausgegangen wird, ohne sie zu bemerken. In Einzelfallbetrachtungen ist sie nicht identifizierbar. Jede allein auf der Ebene einzelner Gestaltungsprozesse ansetzende Analyse computergestützter Informationsverarbeitung greift deshalb notwendig und systematisch zu kurz.

Die Anerkennung der faktischen Bedeutung der kulturellen Aspekte darf allerdings nicht so weit gehen, daß man den kulturellen Hintergrund in seiner Zusammensetzung und seinen konkreten Ausprägungen als fraglos gegeben hinnimmt. Vielmehr ist in den Analyse- und Reflexionshorizont einzubeziehen, daß und wie er in Szene gesetzt wird und eine Kulisse für das Implementierungsgeschehen abgibt. Der kulturelle Hintergrund für die Informationssystemgestaltung läßt sich im Prinzip auch anders konstruieren, etwa im Sinne einer Entkopplung von Technikangebot und Technikanwendung (was in den Trend zur „individuellen Informationsverarbeitung" hineingedeutet werden kann), einer Lösung von rein wirtschaftlichen Maßstäben zugunsten einer „menschengerechten" Arbeitsgestaltung und Gesellschaftsentwicklung, einer Wende von *staatlichen* Rechtsvorschriften, die die Informationssystemgestaltung im *Ergebnis* zu normieren suchen, zu mehr *tarifpartnerschaftlichen* Vereinbarungen, die sich primär auf die Gestaltungs*prozesse* beziehen, oder einer Umlenkung von Qualifizierungstendenzen von Bedienung auf selbständige Gestaltung. Mit solchen Akzenten würde der kulturelle Hintergrund anders in Erscheinung treten als gegenwärtig üblich.[81] Darüber hinaus ließe er sich um weitere Größen anreichern (es könnten also weitere Aspekte an Relevanz

[81] Mit diesen Bemerkungen werden keineswegs entsprechende Veränderungen gefordert. Es soll nur deutlich werden, daß das, was als „kultureller Hintergrund"

gewinnen) und auch in seinen Vermittlungsweisen abändern. Schließlich können bei einer Intensivierung der Rückkopplungsbeziehungen zwischen der Informationssystemgestaltung und den gesellschaftlichen Prägefaktoren die Hintergründigkeit und die Persistenz „kultureller" Bedingungen selbst fraglich werden.

b) Sachzwänge

Die Frage nach dem Bestehen von Sachzwängen betrifft vor allem die wechselseitigen Abhängigkeiten der Komponenten von Informationssystemen. Gerade hierin könnte sich eine informationstechnologische Funktionslogik offenbaren, die die Gestaltung in ihren Bann zwingt. Der Gestaltungsspielraum schrumpft dann auf die Ausführung eines durch die bloße Tatsache des Computereinsatzes für eine bestimmte Aufgabe jeweils schon weitgehend fixierten Entwurfes. In der Praxis stellt sich die Frage insbesondere bei der Abschätzung der Freiheitsgrade für organisatorische Umstellungen und personelle Veränderungen, die nach der regelmäßig vorangehenden funktional-technologischen Gestaltung verbleiben.

Wenn Sachzwänge akzeptiert werden, reduziert sich der Gestaltungsspielraum. Indem der Gestaltung von Informationssystemen ein Sachzwangcharakter unterstellt wird, finden sich weitere Diskussionen recht schnell auf eine grundsätzliche Ebene abgedrängt, auf der die Entscheidung über die Computernutzung nur noch in einer Ja/Nein-Schematik verhandelt werden kann. Dies verschärft sich noch, wenn einer kompakten, undifferenzierten Vorstellung von computergestützter Informationsverarbeitung gefolgt wird und unterschiedliche Formen der Ausgestaltung von Komponenten unbeachtet bleiben.

Wegen der Verschmälerung der Diskussionsmöglichkeiten neigt man in der wissenschaftlichen Erörterung meist dazu, relativ große Gestaltungsspielräume zu unterstellen. Die Begleitumstände des Computereinsatzes hängen dann davon ab, wie diese Gestaltungsspielräume in weitgehender sachlicher Autonomie genutzt werden, und sind beeinflußbar, indem für die verschiedenen Komponenten gesonderte Gestaltungsvorschläge vorgetragen werden. Hinter dem Postulieren von Gestaltungsspielräumen wird so der Sinn erkennbar, die Informationssy-

---

begriffen wird, nicht von sich aus ein solcher Hintergrund ist, sondern perspektivisch dazu gemacht wird.

stemgestaltung mittels empfehlender Argumentationen in andere Bahnen zu lenken.

Nun kommt es allerdings weniger darauf an, was die Wissenschaftler aus forschungsstrategischen oder praktisch-normativen Gründen unterstellen, als auf das, was die Praxis denkt und wie sie handelt. Gestaltungsspielräume sind zunächst ein empirisches Phänomen; sie sind empirisch auszuloten und können z. B. aus empirischen Vergleichen erschlossen[82], aber auch aus Gestaltungserfahrungen herausgefiltert werden. Die Ergebnisse der Analysen hängen davon ab, wie genau man hinschaut und ob man einheitliche Trends oder Unterschiede betont. Insofern ist die Identifizierung von Gestaltungsspielräumen oder Sachzwängen eine Rekonstruktion praktischer Definitionen.

Bei der Informationssystemgestaltung denkt und handelt man nun im allgemeinen so, daß bestimmte Verhältnisse immer oder zumindest typischerweise in Informationssystemen vorfindbar sind, während in anderen Hinsichten Variationsmöglichkeiten bestehen. Man hat es offenbar mindestens zum Teil mit etwas zu tun, was „Sachzwängen" nahekommt. Bei dem Begriff des „Sachzwanges" ist allerdings sofort in Rechnung zu stellen, daß „die Frage nach der Existenz von Spielräumen ... nur zum Teil die Frage nach der gedanklichen oder physischen Existenz von alternativen Lösungen (ist). Wesentlicher ist ... die Frage nach der ökonomischen Beurteilung der Alternativen. Angeblich technische oder organisatorische Sachzwänge sind häufig nichts anderes als Schlußfolgerungen aus ökonomischen Kalkülen." (Kubicek 1979 a, S. 23; s. auch Breisig u. a. 1983, S. 181 f) Diese wirtschaftliche Bedingtheit sollte man indes nicht überakzentuieren, da es keinen gravierenden Unterschied macht, ob sich die Sachzwänge aus technischen und organisatorischen Notwendigkeiten oder wirtschaftlichen Vorteilhaftigkeitserwägungen begründen: Aus der Sicht der Gestalter zwingen sie immer gleich.

Sachzwänge sind Eigenschaften von Informationssystemen, die aufgrund der Computerunterstützung unvermeidlich sind. Um überhaupt

[82] So schreibt etwa Kubicek (1979 b, S. 65 f) zur Frage „Organisatorischer Determinismus oder organisatorische Spielräume?": „Die vorliegenden empirischen Befunde zeigen, daß bei ähnlichen Anwendungen der Informationstechnologie teilweise recht unterschiedliche organisatorische Änderungen vollzogen werden." Daraus folgert er das Bestehen „organisatorischer Spielräume beim Einsatz der Informationstechnologie". Es ist allerdings nicht ganz klar, ob den vorher herb kritisierten „empirischen Befunden" gerade in diesem Punkt Glauben geschenkt werden kann.

von Sachzwängen sinnvoll reden zu können, muß mindestens schon der Plan gefaßt sein, für einen Informationsverarbeitungsprozeß den Computer zu nutzen. Welche zwangsläufigen Implikationen besitzt solch ein Plan?

Heibey u. a. (1977) versuchen, gewisse zwangsläufige Implikationen theoretisch abzuleiten. Sie glauben, „daß der Computer als Aktionsträger von Datenverarbeitungsprozessen durch seine Eigenschaften den Ablauf solcher Prozesse unvermeidbar beeinflußt". (S. 81 f) Aus gewissen Grundeigenschaften des Computers (datenverarbeitende, in Befehlsausführung und Datenbereithaltung endliche und universelle Maschine) folgern sie, daß computergestützte Datenverarbeitungsprozesse eindeutig festgelegt, auf einen bestimmten Endzustand ausgerichtet, endlich und diskret (in Schritten ablaufend) sein müssen (S. 85). Weitere zwangsläufige Konsequenzen sehen sie in der Notwendigkeit der Programmierung und der Algorithmisierung von Aufgabenlösungsprozessen (S. 85 u. 111 f). Nach ihrer Auffassung besteht auch ein Zwang zu höherer Formalisierung oder Determinierung der Verarbeitungsprozesse hinsichtlich der Operationen und Daten. Unvermeidbar erscheinen zudem sog. „direkte Informationsveränderungen" (S. 108–114 u. 151 ff). Hier sind insbesondere die Codierung der Daten, das Auftreten von Mensch-Computer-Interaktionen mit einer partiellen Verdrängung personeller Kommunikation und – solange die Bedienungskomplexität des Computers nicht ausreichend reduziert ist – die Ausdifferenzierung von Sonderrollen der Bedienung (Programmierung und Programmbenutzung) zu nennen. Generell beobachten die Autoren, daß sich durch den Computereinsatz vor die „eigentlichen" Aktivitäten der Aufgabenerfüllung Aktivitäten der Programmierung und Programmbenutzung schieben. Die Aufgabenerfüllung erfolgt also nicht mehr unmittelbar, sondern mittelbar in Form der Computerbedienung; sie wird von der Arbeit am Computer überlagert.

Man mag über die Grundeigenschaften geteilter Meinung sein. Vielleicht bleibt auch das Band zwischen Grundeigenschaften und Folgerungen zu undurchsichtig. Und der Begriffsapparat läßt sich sicher auf verschiedene Weise aufzäumen. Es ist aber jedenfalls ein entscheidender Punkt festgehalten: Der Computer bedarf, will man ihn für bestimmte Informationsverarbeitungsaufgaben nutzen, aufgrund seiner technischen und funktionslogischen Eigenschaften einer Programmierung. Diese macht eine algorithmische Spezifikation des Verarbeitungsprozesses und eine Strukturierung der Daten zwingend erforderlich. Eine solche Spezifikation und Strukturierung reicht fast immer über die Festlegungen hinaus, die bei rein manuellen oder kognitiven Aufgabenerfüllungsprozessen angewendet werden (Nagel 1979, S. 16f). *Algorithmisierung* und *Datenstrukturierung* sind somit Sachzwänge des Computereinsatzes. Die meisten der genannten unvermeidbaren Folgen bündeln sich in ihnen. Man hat es dabei mit Funktionsvoraussetzungen des Computers zu tun, die insgesamt eine Abstraktion, d. h. eine Generalisierung und Fixierung des Sinnes von Informationsverarbeitungsprozessen bedeuten (Breisig u. a. 1983, S. 33ff; Brandt u. a. 1979, S. 176–178).

Zur Algorithmisierung und Datenstrukturierung als solcher kommt hinzu, daß der inhaltlichen Ausgestaltung von Algorithmen und Datenstrukturen bei gegebenen Aufgaben- und Informationsdefinitionen im Hinblick auf die Verarbeitungsergebnisse nicht allzuviele Alternativen verbleiben. Diese Aufgaben- und Informationsdefinitionen müssen ihrerseits auf algorithmische Formulierbarkeit und datenstrukturelle Modellierbarkeit vorgreifen. Es besteht somit eine Wahlfreiheit auf beiden Seiten (auf der Seite der Aufgaben und Informationen wie auch auf der Seite der Programme und Datenstrukturen), die aber durch einseitige Wahl geschlossen wird. Soweit die Aufgaben und Informationen vorliegen, werden der Verarbeitungsmethodik enge Grenzen gezogen.

Wenn Informationsverarbeitung automatisiert wird, ist der Einsatz von Geräten und Programmen und insbesondere die Bildung von Schnittstellen zu den Mitarbeitern unumgänglich. Damit stellt sich eine Umrüstung der Aufgabenerfüllung auf Arbeitsvollzug an Schnittstellen ein. Die darin begründete *Überlagerung der Aufgabenerfüllung* gehört ebenfalls zu den Sachzwängen der Computernutzung. Damit diese Überlagerung funktioniert, ist die Formulierung von Benutzungsregeln und die Einweisung in ihre Befolgung zwingend. Auch hier geht es wieder zunächst nur darum, daß überhaupt Benutzungsregeln zu entwerfen und z. B. Schulungsmaßnahmen durchzuführen sind. Was die Regeln dann inhaltlich fordern und auf welche Kompetenzen die Schulung zielt, ergibt sich allerdings geradewegs aus den Schnittstellencharakteristika (vgl. Abschnitt IV.5) und der Verarbeitungslogik.

Die Definition der Aufgaben und Informationen, um die es bei der computergestützten Informationsverarbeitung gehen soll, knüpft selbst zwangsläufig an bestehenden größeren Aufgabenerfüllungszusammenhängen und -verfahren an und ist ansonsten übergeordneten Funktionsgesichtspunkten und betriebswirtschaftlichen Effizienzkriterien verpflichtet. Ein computergestütztes Informationssystem besteht in wirtschaftlich gebundenen Leistungseinheiten nicht für sich, sondern ist einbezogen in die Sinnzusammenhänge, durch die sich das Handeln in diesen Institutionen auszeichnet. Entsprechend der Logik wirtschaftlichen Handelns sind die Gestaltungsmaßnahmen der Kontrolle unter Kostengesichtspunkten und Leistungserwartungen unterworfen und bedürfen – wie auch immer sie ausfallen – der Rechtfertigung in einem wirtschaftlichen Kalkül. Auf eine solche Bewertung sind die Implementeure trainiert, und an einem Informationssystem profilieren sich für sie vornehmlich die Aspekte, auf die eine Kosten-Leistungs-Betrachtung anwendbar ist. Diese Aspekte sind in erster Linie auf der Kostenseite zu suchen (Grochla u. Meller 1977, S. 49–53; Kriebel 1979). Deshalb gilt das besondere Augenmerk der Implementeure den Systemeigenschaften, von denen die Systementwicklungs- und die Systembetriebskosten nachweisbar abhängen.[83] Aufgrund dieser selektiven Wahrnehmung (Dearborn u. Simon 1958 (1976)) und der wirtschaftlichen Begründungspflichten ergeben sich aus der Sicht der Implementeure weitere Sachzwänge.

Bei der Gestaltung computergestützter Informationssysteme hat man nach all dem mit sich schnell schließenden Gestaltungsspielräumen zu rechnen. Die Aufgaben- und Informationskomponenten liegen oft schon von vornherein fest. Die eigentlichen Verarbeitungseinheiten (Rechenanlagen) sind, einmal angeschafft, kaum noch disponierbar. Algorithmen und Datenstrukturen ergeben sich aus den Aufgabenstellungen und Informationsinhalten. Zum Teil werden dadurch Benutzungsregeln und Qualifikationsanforderungen präjudiziert. Die über die genannten Komponenten zunehmende Begrenzung läßt die gesamte Systementwicklung selbst als einen deterministischen Prozeß erscheinen, der gemäß dem Proritätstheorem von der Aufgabenkomponente zur Personenkomponente verläuft und dessen Resultate sich über mehrere Stufen von oben nach unten konkretisieren. Dabei kommt es teilweise zur antizipativen Berücksichtigung nachgelagerter Gestaltungsparameter: Aufgaben werden programmiergerecht definiert, Informationen verarbeitungsgerecht geordnet, reduziert, quantifiziert und verschlüsselt, Schnittstellen unter Vorgriff auf die zumutbaren Benutzungssituationen entworfen, Arbeitsplätze unter Berücksichti-

---

[83] Zur Wirtschaftlichkeitsbeurteilung von Informationssystemen s. Dworatschek u. Donike 1972; Kaltenhäuser 1976; Scheer 1978.

gung vorhandener Qualifikationen und Vergütungsstufen ausgestaltet oder Daten im Hinblick auf ihre geregelte Verwendung strukturiert. *Das Prioritätstheorem entfaltet somit in der sukzessiven Konstruktion von Sachzwängen eine reale Gültigkeit.*

Bei der Systementwicklung geschieht kaum etwas, was nicht – zumindest nachträglich – als „erforderlich" ausgewiesen wird, sei es nun erforderlich im Lichte technischer Zusammenhänge, aufgaben- und organisationsbedingter Korrespondenzen oder ökonomischer Kennwerte. Die Praxis muß ein Interesse an einer Einengung von Gestaltungsspielräumen haben, denn ihre Kehrseite ist die Auswahlnotwendigkeit, und die Bestimmung, was gemacht werden soll, erschwert sich, wenn vieles möglich ist. Die Tatsache, daß nur selten substantiell unterschiedliche Systemalternativen in Erwägung gezogen werden, mag wirtschaftlich-technischer Engstirnigkeit der Systementwickler zugerechnet werden; sie läßt sich aber auch als Indiz dafür nehmen, daß die Sachzwänge in Implementierungsprozessen stärker sind, als von Beobachtern angenommen wird. Daran ändern auch die Belehrungen oder Appelle zur Perspektivenerweiterung seitens arbeitnehmerorientierter oder allgemein auf personelle Bedürfnisse ausgerichteter Wissenschaftler, die auf der Suche nach Möglichkeiten zur Reduzierung oder Beseitigung negativer Wirkungen des EDV-Einsatzes eine signifikante Gestaltungsfreiheit unterstellen müssen, nur wenig.[84]

Sicher sind die häufiger empirisch aufgewiesenen „Folgen" der Computeranwendung hinsichtlich des Personalbestandes, der Organisationsstruktur, der Arbeitsorganisation oder des Organisationsklimas, etwa

- Elimination von Hilfskraft-Arbeitsplätzen und Nivellierung von Sachbearbeiter-Funktionsgruppen,
- Vermehrung von Entscheidungsbefugnissen bei den Leitern computerunterstützter Einheiten,[85]

---

[84] S. Heibey u. a. 1977, S. 134–142; 1979, S. 266; Kubicek 1979a, S. 23f. Zu einer ähnlichen Einschätzung der Gestaltungsspielräume gelangen auch Breisig u. a. (1983, S. 38): „Erstens erfordern die Grundeigenschaften des Computers die Herstellung der Funktionsvoraussetzungen, die gleichzeitig zwangsläufige Informationsveränderungen sind. Zweitens werden diese Funktionsvoraussetzungen durch organisatorische Gestaltungsmaßnahmen hergestellt, die auf Modellen basieren, die mit den Grundeigenschaften des Computers kompatibel sind. Dadurch werden auch die organisatorischen Gestaltungsspielräume eingeschränkt."

[85] Dies läßt sich aus der Gegenüberstellung von Befunden schließen, die teilweise eine verstärkte Entscheidungszentralisation am Einsatzschwerpunkt, teilweise eine

- deutlich vermehrte Standardisierung und Formalisierung computerunterstützter Arbeitsabläufe,
- Zunahme und strukturelle Verankerung von Kontrollfunktionen,
- erhöhter Zeitdruck, quantitative Arbeitsintensivierung,
- abnehmende Autonomie und größere Einsehbarkeit bei der Arbeitsabwicklung (z. B. Lee 1963, S. 197; Mumford u. Banks 1967, S. 192; Koch 1978, S. 152f),
- Quantifizierung von Informationen (Whisler 1970, S. 71f),
- Polarisierung der Qualifikationsstruktur[86] und
- Entstehen eines Klimas „technischer Routine" auf unteren Ebenen (Ersetzung des Gefühls eigener Routiniertheit durch die Selbsterwartung routinemäßigen Funktionierens) und einer „neuen Sachlichkeit" auf oberen Ebenen (Argyris 1971)

nicht ohne weiteres als Sachzwänge anzusehen. Dazu bleiben schon die Definitionen der Variablen zu abstrakt. Derart abstrakte Sachverhalte können sich nicht aufzwängen. Aber die Details, die sie im Einzelfall ausmachen, stellen sich im Lichte all dessen, was man weiß und was man will, doch oft als nur so und nicht anders möglich, d. h. als inkontingent dar. Dabei mag von vornherein noch alles offen sein. Der Gestaltungsspielraum ist jedoch in korrespondierende Einheiten gegliedert. Werden bestimmte Parameter fixiert, impliziert das bestimmte Festlegungen in anderer Hinsicht, wodurch wiederum weitere Aspekte als notwendige Ergänzungen erscheinen usw.

Mit diesen Erörterungen soll nicht bestritten werden, daß sehr verschiedenartige Gestaltungsmöglichkeiten vorstellbar sind. *Die Implementeure handeln indes so, daß ihre Maßnahmen aussehen, als ob es anders kaum denkbare Konsequenzen aus dem Vorhaben des Computereinsatzes wären.* Und sie haben Gründe, die dies beeindruckend belegen. In erster Linie speisen sich diese Gründe aus der Sachlogik der Aufgabenerfüllung und den Grundprinzipien wirtschaftlichen Handelns, ganz so, wie es der Gesamtsinn wirtschaftlich gebundener Leistungseinheiten befiehlt.

---

vermehrte Delegation auf übergeordneten Ebenen konstatieren. S. etwa Mann u. Williams 1960; Lee 1963, S. 205ff; Whisler 1970; Anagnostopoulos u. a. 1974 einerseits u. Klatzky 1970; Blau u. Schoenherr 1971, S. 117ff; Kieser 1973 u. Blau u. a. 1976 andererseits.

[86] S. die Diskussion bei Der Bundesminister für Forschung und Technologie 1980, S. 151–162; ferner Koch 1978, S. 112ff.

Der Begriff „Sachzwang“ sollte nicht auf eine falsche Fährte locken. Gemeint ist nicht etwa eine ontologische Determiniertheit, sondern vielmehr ein sozial eingespieltes, durch verfügbares Wissen, aktualisiertes Bewußtsein und zurückliegende Günstigkeitserfahrungen *stabilisiertes Handlungsmuster*. Sachzwang ergibt sich überall dort, wo herrschende Interessen gute Gründe finden. Gestaltungsspielräume entstehen, wenn gute Gründe sich widersprechen. Die übliche Rede vom „Bestehen“ oder „Nichtbestehen“ von Gestaltungsspielräumen ist weitgehend unempirisch und dadurch leicht irreführend. Gestaltungsspielräume bestehen nicht einfach, sie werden vielmehr – eventuell – eröffnet. Sie sind etwas, das gemacht, sozial konstruiert wird, genau so, wie die Sachzwänge sozial konstruiert werden und stets relativ sind zu bestimmten Bewußtseinslagen, die sich durchgesetzt haben, und zu einem bestimmten Niveau der Verfügbarkeit über technische, finanzielle oder sonstige Mittel. Verändert sich die Bewußtseinslage oder die Verfügbarkeit der Mittel, kann Gestaltungsfreiheit aufbrechen, wo vorher Sachzwänge herrschten; ebensogut kann es zu neuen Sachzwängen kommen.

Wohl ist richtig, „that the technical features of a given innovation do not provide sufficient basis for predicting the social, psychological, organizational and economic consequences of its application. Much depends on how the technology is used, which in turn depends on the objectives, assumptions and criteria of those who make such decisions.“ (Buchanan u. Boddy 1983, S. 7–8) Wenn man aber zugleich sieht, daß „decisions to use computing technologies were often triggered by management desires for better performance information and improved control of the workflow“ und daß „the pattern of management objectives that stands out from these studies is one that emphasises consistency, predictability and reliability in work processes“ (das., S. 7 u. 8), profiliert sich computergestützte Informationsverarbeitung als eine technisch-organisatorisch-ökonomische Gesamtheit, deren Einbau und Aufbau von nicht zu unterschätzender Zwangsläufigkeit ist.

c) Anwendungsgebiete

Wie ein Informationssystem insgesamt aussieht, dürfte nach den meistverbreiteten Ansichten im wesentlichen davon bestimmt werden, für welche Aufgaben es eingesetzt wird. So erwartet man etwa von technisch-wissenschaftlichen Informationssystemen gewöhnlich deutlich andere Ausprägungen als für kaufmännisch-administrative Systeme.

Auch aus empirischen Untersuchungen geht hervor, daß die jeweils unterstützten Aufgaben einen prägenden Einfluß auf die Automatisierungsintensität und die Anwendungsformen der Technik ausüben (de Brabander u. a. 1972). Als Bedingungen für ein mehr oder weniger großes Ausmaß der Computernutzung und für qualitative Unterschiede treten in erster Linie Aufgabencharakteristika (Volumen, Komplexität, Routine, Entscheidungsgehalt) auf (s. etwa Bureau of Labor Statistics 1960; Diebold 1971; Weigand u. Witte 1972, S. 102). Programme, „Systeme“ und Einsatzformen werden nach Aufgabeninhalten klassifiziert. In verschiedenen Funktionsbereichen wird ein unterschiedlicher Grad des Computereinsatzes beobachtet (Hicks u. Goronzy 1965, S. 13; Booz, Allen & Hamilton 1966; Zuberbühler 1972, S. 157 ff; Zajonc 1976). Darüber hinaus gelangt man bei genauerer Begutachtung der Resultate der Wirkungsforschung zu dem Schluß, daß die Begleitumstände des Computereinsatzes deswegen so wenig instruktive Eindrücke zulassen, weil sie nach der funktionalen und der hierarchischen Lage des Anwendungsgebietes differieren und die dort jeweils herrschenden Verhältnisse bestätigen. Es gibt eine Asymmetrie im Erscheinungsbild der computergestützten Informationsverarbeitung, die den bestehenden positionellen Unterschieden folgt (Wilbert 1976; Jaeggi u. Wiedemann 1963, S. 113 f; Whisler 1970, S. 125 ff; Whisler 1975; Hofer 1970). Reese u. a. greifen dies mit ihrer These der „Trendverstärkung“ auf: „Der Einsatz der Technikanwendungen (erfolgt) in der Regel so, daß bestehende Trends im jeweiligen Anwendungsbereich verstärkt werden.“ (1979, S. 28)

Das jeweilige Anwendungsgebiet, der unterstützte Aufgabenzusammenhang, stellt sich als der naheliegendste und wichtigste sachliche Einflußfaktor für die Gestalt von Informationssystemen dar. Und weil man entsprechend dieser Auffassung handelt, kommt diesem Aspekt auch faktisch diese Rolle zu. Das ändert aber nichts daran, daß die Berücksichtigung des Anwendungsgebietes als maßgebliche Beschränkung des informationstechnologischen Gestaltungsspielraums einer perspektivischen Vermittlung unterliegt. Sie findet ihren Ausdruck darin, daß die Anwendungsgebiete fast immer als vorgegeben hingenommen, also kaum zum Gestaltungsgegenstand gemacht werden, daß sich durch die Auszeichnung typischer Anwendungsschwerpunkte die Wahl des Anwendungsgebietes auf einen begrenzten Alternativenraum konzentriert und daß sich mit einem gewählten Anwendungsgebiet die Vorstellung relativ stark eingeschränkter Freiheitsgrade der weiteren Gestaltung verbindet.

Informationssysteme werden nicht auf leeren Feldern errichtet, sondern eingebettet in schon bestehende Arbeitszusammenhänge, die der Erfüllung bestimmter Informationsverarbeitungsaufgaben dienen und sich in einem festliegenden Gefüge von Stellen, Gruppen und Abteilungen abspielen. Die Informationssystemgestaltung greift aus einem zu unterstützenden Arbeitszusammenhang einzelne Arbeitsschritte oder auch größere Abschnitte heraus und übernimmt die zugehörigen Operationen auf den Computer. Dieses grundsätzliche Anknüpfen an gegebene Konstellationen der Aufgabenerfüllung impliziert eine Anpassung an die jeweils bestehenden Muster der Aufgabengliederung und die eingespielten Abgrenzungen von Arbeitsabläufen. Sicher kommt es im Rahmen der Informationssystemgestaltung auch zu Neudefinitionen von Aufgaben und Informationen. Aber dabei müssen die Kontinuität zu dem, was vorher war, und die Kompatibilität mit dem, was nicht geändert wird, gewahrt bleiben. Anwendungsgebiete können deshalb keineswegs beliebig herausgeschält und abgegrenzt werden. Sie sind vorgängig institutionalisierten Schematisierungen der Problem- und Arbeitsbewältigung verhaftet. Diese Anlehnung an vorliegende Aufgabenstrukturen entspricht auch dem Selbstverständnis computergestützter Informationsverarbeitung als „Dienstleistung“. Die Informationsverarbeitung muß damit nach Funktionserfordernissen arbeiten, die außerhalb von ihr liegen.

Anwendungsgebiete sind also schon vor der Gestaltung von Informationssystemen weitgehend ausgearbeitet. Sie entstehen als Ergebnisse organisatorischer Leistungen jenseits einzelner Implementierungsprozesse. Die Auswahl eines Anwendungsgebietes und die spezifische Abgrenzung eines Informationssystems erfolgen überwiegend in einem institutionell eingeschränkten Bereich wohldefinierter Möglichkeiten. Über ihre Aufgabenkomponente stehen Informationssysteme dadurch ersichtlich unter dem Einfluß institutionell vorgeprägter Aufgabenstrukturen.

Die Erfahrungen aus der Entwicklungsgeschichte der Computeranwendung haben bestimmte Anwendungsgebiete verstärkt ins Profil treten lassen und dafür gesorgt, daß sie allmählich als typische Aufgaben für eine Computerunterstützung allgemein anerkannt worden sind. Was im einzelnen darunter fällt, kann man etwa an den Bemühungen zum Entwurf und zur großflächigen Vermarktung von Standardsoftware ablesen. Die vorherrschenden Meinungen darüber, welche Anwendungsgebiete für die Computernutzung überhaupt in Frage kommen und welche besonders erfolgversprechend sind, wandeln sich nur langsam, obwohl ihnen vielfältige „Aufklärungsbemühungen" von Computerherstellern, DV-Beratern und praktisch-normativ orientierten Wissenschaftlern gewidmet sind. Immer wieder finden sich Ansätze, die gängigen Anwendbarkeitsauffassungen zu erweitern und zu verschieben, früher z. B. mit dem Konzept der „Management-Informationssysteme", heute etwa über Angebote wie „persönliche Informationsverarbeitung", „Expertensysteme" oder „computer-integrated manufacturing". Hartnäckig aber halten sich die über lange Jahre eingeschliffenen Vorstellungen, die die klarsten Anwendungschancen bei daten- und/ oder rechenintensiven Prozessen der operativen Datenverarbeitung sehen und dorthin auch die typischen Anwendungsschwerpunkte legen. Die Gründe dafür mögen darin zu suchen sein, daß zum einen gerade bei solchen Aufgaben die größten Rationalisierungspotentiale vermutet werden und daß zum anderen diese Prozesse von ihrer üblichen Organisation her bereits am ehesten auf die Anforderungen automatisierter Informationsverarbeitung zugeschnitten sind oder sich mit einem absehbaren Aufwand in einen entsprechenden Zuschnitt überführen lassen. Wie auch immer diese Gründe beurteilt werden, jedenfalls begrenzt die Auffassung, daß sich operative Aufgaben der Massendatenverarbeitung und komplizierte Berechnungsvorgänge für die Computernutzung am besten eignen, die routinemäßig berücksichtigten Anwendungsgebiete und verstärkt so über die institutionelle Vorprägung hinaus die Strukturierung des informationstechnologischen Gestaltungsspielraums.

Aus der obigen Erörterung der Konstruktion von Sachzwängen im Rahmen der informationstechnologischen Gestaltung läßt sich folgern, daß im praktischen Verständnis der Ausgrenzung der Aufgabenkomponente (oder der Wahl des Anwendungsgebietes) eine ausschlaggebende Bedeutung für die Gesamtgestalt eines Informationssystems zufällt. Dadurch wird nämlich ein Maßnahmenkatalog ausgelöst, in dem mit Überzeugung von Sachnotwendigkeit Maßnahme an Maßnahme gereiht wird. Es hängt somit ganz entscheidend davon, *wofür* die Informationstechnologie *eingesetzt* wird, ab, *wie* sie *in Erscheinung tritt*. Diese Einsicht mag Breisig u. a. bewogen haben, nachdrücklich Begrenzungsstrategien als Ansatz zur Vermeidung unerwünschter Auswirkungen in Erwägung zu ziehen (1983, S. 38). Die Auswahl des zu unterstützenden Aufgabenzusammenhanges, durch die die Grenzen eines Informationssystems umrissen werden, hat vorentscheidende Bedeutung für das gesamte Ergebnis der Gestaltung. Genau dies ist auch anvisiert, wenn darauf hingewiesen wird, daß das Verwertungs- oder Nutzungsinteresse die Folgen des Computereinsatzes vorzeichnet.

Die Abgrenzung von Informationssystemen besitzt eine Schlüsselfunktion für das Verständnis der Informationssystemgestaltung, weil sich mit ihr folgenreiche Auffassungen verbinden. In der Regel hält sie sich im Rahmen schon vorher definierter Aufgaben- und Abteilungsgrenzen, die selbst nicht als Gestaltungsgegenstand thematisiert werden. Sie konzentriert sich auf zurechtliegende, sozusagen „ins Auge stechende" typische Anwendungsgebiete. Mit dem Systementwicklungsauftrag für ein bestimmtes Aufgabengebiet wird ein Prozeß in Gang gebracht, dessen Ergebnisse oft gut vorhersehbar sind. Um abzuschätzen, wie sich ein Aufgabengebiet unter Computereinfluß verändert, braucht man keine allgemeine Theorie, sondern vielmehr gute Kenntnisse der Ausgangslage und der sich unter diesen Bedingungen (d. h. vor allem: für diese Aufgabenstellung) anbietenden marktgängigen und implementierungsüblichen hardware- und softwaretechnischen Ausrüstung. Vielleicht lassen sich die „Wirkungen" schon zureichend erklären, wenn man nur untersucht, wie die Abgrenzung von Informationssystemen zustandekommt und auf welche Weise und mit welchen Auffassungen ihre Implikationen ausgearbeitet werden. Dabei stößt man unvermeidlich auf die Implementeure und die Implementierungsprozesse. Ohne ihre eingehende Analyse bleibt der Wirkungsforschung sicherlich die notwendige Erklärungskraft verschlossen.

d) Gestalterische Verfügbarkeit der Komponenten von Informationssystemen

Mit der Akzentuierung der Gestaltung von Informationssystemen über einen ganzen Satz von Komponenten und der damit verbundenen Rückführung eines Großteils informationstechnologischer „Auswirkungen" auf flankierend hergestellte Begleitumstände (d. h. Gestaltungsergebnisse) gerät leicht aus der Sicht, daß die Gestaltungsmaßnahmen eine unterschiedliche Durchschlagskraft hinsichtlich der Festlegung der verschiedenen Komponenten besitzen. Die Komponenten sind nicht alle gleichermaßen gestalterisch verfügbar. Zwischen ihnen bestehen allgemein berücksichtigte Differenzen der Disponibilität (vgl. hierzu auch Wollnik u. Kubicek 1979, S. 340f). Dieser Aspekt ist für das praktische Handeln so grundlegend und bedeutsam, daß er schon in die Struktur sprachlicher Darstellungen der Gestaltungstätigkeit unbemerkt eingelassen ist. So wird etwa davon gesprochen, Aufgaben und Informationen zu „definieren“ oder Programme zu „erstellen“, während man die benötigten personellen Qualifikationen und Verhaltensweisen nicht auf diese Weise und in gleichem Ausmaß determinieren, sondern nur in eine entsprechende Richtung „fördern“, „motivieren“ oder „beeinflussen“ kann. Die in diesen Ausdrucksformen aufscheinenden Disponibilitätsunterschiede sollen zunächst näher betrachtet und dann auf ihre perspektivische Vermittlung hin durchleuchtet werden.

Computergestützte Informationssysteme objektivieren sich in Aufgaben und Informationen, Geräten und Programmen, organisatorischen Regeln und Personen. Diese Komponenten haben Eigenschaften, die teilweise klassifikatorisch, teilweise aber auch ordinal oder metrisch sind. Wenn das Objekt in Eigenschaften aufgegliedert werden kann, müßte seine Gestaltung sich im großen und ganzen als Bestimmung dieser Eigenschaften, d. h. als zunächst gedankliche, dann als Handlung vollzogene Herstellung begreifen lassen. Dieses Verständnis zieht aber höchst verschiedenartige „Herstellungsformen“ unter einen Begriff und stößt auf Schwierigkeiten, wenn es um menschliches Handeln und affektive oder kognitive Merkmale geht, d. h. wenn die Ausrichtung der personellen Aufgabenträger überdacht wird.

Die Gestaltung von Aufgaben und Informationen ist eine im wesentlichen definitorisch-deklarative Maßnahme. Oft genügen identifizierende Benennungen oder Beschreibungen, mit denen Teilaufgaben aus dem bestehenden Aufgabengefüge ausgegrenzt werden, die Feststellung ihrer Leistungsanforderungen und die Ermittlung zugehöriger Informationen. Auch kann im Rahmen einer Grund- oder Sollkonzeption eine Neudefinition vorliegender Aufgabenzusammenhänge und benötigter Informationen vorgesehen sein (Heinrich 1976a, S. 58ff; Heilmann u. Heilmann 1979, S. 92ff). Jedenfalls handelt es sich um eine Aktivität, die im Ergebnis ziemlich sicher dazu führt, daß die Wirklichkeit für alle praktischen Zwecke auf eine bestimmte Weise betrachtet und behandelt werden kann, und dies bedeutet: um eine Aktivität, die Fakten schafft. Die Realität von Aufgaben und Informationen wird per definitionem konstituiert.

Geräte der Datenverarbeitung sind demgegenüber materielle Gegenstände mit konkreten, feststellbaren Leistungseigenschaften. Sie werden ausgewählt und installiert. Programme werden gemäß der Verarbeitungslogik, die zur Aufgabenerfüllung notwendig oder vorteilhaft ist, geschrieben und zum korrekten Ablauf gebracht. *Der technische Teil des Informationssystems ist* kraft dieser Installationsmöglichkeiten *physisch determinierbar*. Im Prinzip besteht kein Hinderungsgrund, das Informationssystem in diesem Teil exakt so auszulegen, wie man es plant.

Organisation kann sich in Räumlichkeiten, Mobiliaranordnung und dem Arrangement von Arbeitsmitteln niederschlagen. Insoweit besteht kein Unterschied zur Installation von Geräten und Programmen. Zu einem größeren Teil entsteht Organisation aber durch Aufstellung und Kommunikation von Verhaltens- oder Verfahrensregeln oder durch die Einrichtung struktureller Subsysteme. Dies wird gegebenenfalls unterstützt durch besondere organisatorische Symbole (Arbeitsbeschreibungen, Dienstanweisungen, Schaubilder u. ä.). Es kommt aber noch etwas hinzu: Die Regeln müssen auch befolgt werden. *Organisation verwirklicht sich erst im regelgerechten Handeln*. Die Regeln sind bloß geäußerte Idee, solange sie nicht zur Geltung gebracht werden. Gestaltungsstrategisch stellt sich das Problem der Überwindung einer kritischen Distanz zum personellen Verhalten. Hier ergibt sich erstmals die *Möglichkeit eines Auseinanderfallens von Gestaltungsmaßnahmen und ihren tatsächlichen Resultaten*: Die Entscheidungskompetenzen können einer bestimmten Instanz zugeordnet sein, trotzdem wird die Entscheidung anderswo getroffen; ein Dienstweg ist vorgeschrieben, wird aber nicht eingehalten; ein Arbeitsvolumen mag fixiert sein, gute Gründe sprechen regelmäßig für seine Unterschreitung; eine bestimmte Vorgangsbearbeitung ist gewünscht, das Ist weicht jedoch vom Soll ab; Stellen sind bestimmte Aufgaben zugewiesen, die von anderen Stellen erledigt werden; Termine sind gesetzt, werden aber überzogen usw. Der Grund für die Möglichkeit des Auseinanderfallens von intendiertem und verwirklichtem Gestaltungsergebnis liegt darin, daß durch Organisation menschliches Handeln festgelegt werden soll.

Sicher kann die Sinnordnung eines Informationssystems, die ihre Strukturen wesentlich aus den organisatorischen Regeln gewinnt, in ganz erheblichem Ausmaß ein bestimmtes Handeln gewährleisten – zumal im Rahmen einer wirtschaftlich gebundenen Leistungseinheit, und zusätzliche Motivations- oder Erzwingungs- und Kontrollmechanismen mögen ein übriges tun, um Abweichungschancen einzuengen. Trotzdem bleibt stets eine Restunbestimmtheit, da das verlangte Handeln immer auch von den handelnden Personen abhängt und auf deren Willfährigkeit und Fähigkeit angewiesen ist. Es kann zwar als ein

Kennzeichen formal-organisierter Sozialsysteme, unter denen sich wirtschaftlich gebundene Leistungseinheiten überwiegend einordnen lassen, gelten, daß sie diese „Personalisierung“[87] zurückdrängen und auf ein Maß beschneiden, bei dem im Ernstfall durch einen Austausch von Mitgliedern Regelkonformität erreichbar ist. Aber erstens läßt sich nicht alles, was geschehen kann, in formale Erwartungen pressen, und zweitens bestehen Grenzen der Zumutbarkeit. So gehört es zur Alltagserfahrung, daß zwischen organisatorischen Vorgaben und tatsächlichem Ablauf manchmal große Lücken klaffen.[88] Die Gestaltung der Organisationskomponente ist mithin nur noch mit Einschränkungen so darzustellen, daß Maßnahmen und Ergebnisse gleichgesetzt werden. Die Bevorzugung einer computergestützten Verfahrensorganisation gründet zweifellos auch darauf, daß damit die Bestimmbarkeit des Arbeitsverhaltens gegenüber rein kommunikativen Vorgaben außerordentlich gesteigert wird.

Noch größer ist der Abstand zwischen Gestaltungsabsicht und Eigenschaftsbestimmung bei der personellen Komponente. Eine definitive Wirkung haben nur die Maßnahmen des Personaleinsatzes und der Personalfreisetzung: Es verändert sich mit Sicherheit die Anzahl der Mitarbeiter. Berufs- und Ausbildungsaspekte sowie demographische Merkmale (Geschlecht, Alter) lassen sich durch eine geeignete Personalselektion herbeiführen. Die für das Funktionieren von Informationssystemen so wichtigen Qualifikationen oder Kompetenzen der Mitarbeiter, ihre Auffassungen und Bewertungen des Computereinsatzes und der computergestützten Arbeitssituationen sowie die verfahrensgerechten Verhaltensweisen sind hingegen *nur beeinflußbar, nicht jedoch herstellbar*. Von vornherein wird deshalb die Gestaltung der personellen Komponente vorwiegend auf der Maßnahmenebene, nicht jedoch auf der Ebene personeller Eigenschaften diskutiert: Man spricht von Schulung, Einarbeitung, Einbeziehung, Beruhigung, argumentativer Beeinflussung, Manipulation usw. und unterstellt stillschweigend, daß diese Maßnahmen der Mitarbeitervorbereitung im großen und ganzen jene Leistungsfähigkeiten und -bereitschaften bewirken werden,

---

[87] Die „Personalisierung“ sozialer Systeme bringt die Abhängigkeit der Reproduktion des Systems von personellen Eigenschaften der Beteiligten zum Ausdruck, s. Luhmann 1984, S. 155.

[88] Daß in den Sollentwürfen, die mit personellen Handlungsschemata umgehen, Freiräume oder Entspannungen ausdrücklich vorgesehen sind, um z. B. unvorhersehbaren Arbeitsproblemen zu begegnen, haben Brandt u. a. (1979, S. 176 u. 178) sowie grundsätzlich Berger u. Offe (1980) betont.

auf die es ankommt. Der Gestaltungsprozeß verliert hier jedoch an Unmittelbarkeit, die personellen Eigenschaften entziehen sich nicht nur einem präzisen Maßnahmenzuschnitt, sondern auch ihre Erreichbarkeit steht in Frage.

Die Komponenten computergestützter Informationssysteme weisen somit ein Gefälle in der gestalterischen Verfügbarkeit auf. Dieses reicht von der Definition und Deklaration von Aufgaben und Informationen sowie der Installation von Geräten und Programmen über aufzustellende und zu kommunizierende organisatorische Vorgaben, die aber zu ihrer Verwirklichung der Befolgung bedürfen, sowie personalwirtschaftliche Verfügungen bis hin zu den relativ unberechenbaren Versuchen sozialer Anpassung (Lucas 1981, S. 103ff). Am unteren Ende des Disponibilitätsgefälles kommt es zu einem Auseinandertreten von Gestaltungsmaßnahmen und Gestaltungsergebnissen. Für Aufgaben, Informationen, Geräte und Programme besteht eine Identität von Maßnahme und Ergebnis, die Maßnahmen können deshalb als Hervorbringung bestimmter Ergebnisse definiert werden. Bei der organisatorischen und personenbezogenen Gestaltung gibt es hingegen einen Abstand zwischen dem, was gestalterisch getan wird (den Maßnahmen), und dem, was man damit erreicht (den Ergebnissen). Auch unter diesem sehr wichtigen Aspekt werden wohl Aufgaben, Informationen, Geräte und Programme als „harte“, d. h. herstellbare, unmittelbar bestimmbare, Organisation und Personal dagegen eher als „weiche“, nur indirekt beeinflußbare Gestaltungsparameter angesehen (s. u. a. Mumford 1972, S. 145f; Bjørn-Andersen u. Borum 1979, S. 335f). Verständlich, daß die Priorität mit der gestalterischen Verfügbarkeit korreliert und daß man durchweg dazu neigt, von einer „Anpassung“ der „weichen“ an die „harten“ Komponenten auszugehen.

Das aufgezeigte Gefälle in der gestalterischen Verfügbarkeit wird kaum reflektiert. Es gibt der Informationssystemgestaltung einen selbstverständlichen Hintergrund. Deshalb hat sich die Überzeugung, daß dies alles doch „wirklich“ so sei, in besonderem Maße verdichtet. Tatsächlich verhält es sich auch wirklich so, allerdings vor allem deshalb, weil man davon überzeugt ist und danach handelt. Dies erkennt man, wenn man die vermeintlichen Selbstverständlichkeiten mit ihrem Gegenteil konfrontiert und findet, daß auch die alternative Auffassung haltbar ist oder vertreten wird. Im Hinblick auf die als gering angesetzte Determinierbarkeit der personellen Verhaltensweisen etwa ist zu bemerken, daß nach der Idee von Freiheit und Selbstbestimmung, auf die sich dieser Mangel an gestalterischer Verfügbarkeit zumindest teilweise zurückführt, erst in neuzeitlichen Kulturen verfahren wird. In das Disponibilitätsgefälle spielt also das allgemeine Menschenbild hinein. Der Problematisierung organisatorischer Maßnahmen unterliegt eine spezifisch verhaltensbezogene, an die Regelbefolgung anknüpfende Auffassung von Organisation, die im Prinzip durch eine Vorstellung ersetzbar wäre, in der organisatorische Gestaltung mit dem Erlaß von Richtlinien und Vorschriften endet. Daß derartige, einem Verhaltensdeterminismus und einem „hoheitlichen" Denken verhaftete Deutungen des Organisierens heute überholt erscheinen, ist Reflex eines gewandelten, weithin durchgesetzten organisationstheoretischen Verständnisses, das die effektive Verhaltensausrichtung eben als zusätzlich zu überwindende Schwierigkeit in die organisatorische Leistung einbegreift. Auf der anderen Seite belegen Erfahrungen mit Hardware- und Softwarefehlern sowie die zahlreichen Bemühungen zur Fehlervermeidung oder -korrektur (z. B. in Form von Codesicherungen oder Programmtests), daß die gewünschte Bestimmung der informationstechnologischen Instrumente nicht immer und keineswegs ohne weiteres gelingt. Die zunehmende Komplexität der Informationssysteme führt überdies dazu, daß die vollständige Kontrollierbarkeit der Funktionsweise der technischen Komponenten verlorengeht und man in der Öffentlichkeit wieder – wie zu Beginn des Computereinsatzes – zu Mystifizierungen Zuflucht nimmt und in den Computer (bezeichnenderweise!) menschliche Eigenschaften der Unberechenbarkeit hineindeutet. Softwaretechnische Tricks wie „Computerviren" fördern den Eindruck, daß sich die Informationstechnologie einer vollständigen Bestimmbarkeit entzieht. Schließlich mag angesichts der theoretischen und methodischen Defizite von Organisations-, Kommunikations- und Informationsbedarfsanalysen sowie der ungelösten Abstimmung von betrieblichem Informationsbedarf und Informationsangebot auch die Ansicht brüchig werden, Informationen für computergestützte Informationssysteme ließen sich hundertprozentig definieren und deklarieren. Und gerade neueste Tendenzen in der Büroautomatisierung geben Anlaß, stärker über die Möglichkeiten aufgabenoffener, nicht-dedizierter Informationssysteme nachzudenken, die zunächst nur durch ein nutzungsunspezifisches, multifunktionales Informationsverarbeitungspotential repräsentiert werden, das sich seine konkrete Anwendung nach und nach sucht.

Das Verfügbarkeitsgefälle verliert in dieser Beleuchtung seinen ontologischen Schein und offenbart sich als ein Gesichtspunkt eingefahrener

Behandlungsweisen der Probleme der Informationssystemgestaltung. Es ist tief in die gesamte Handlungssituation verwoben. Die überlegene Verfügbarkeit von Aufgaben, Informationen, Geräten und Programmen hängt eng mit der Priorität dieser Komponenten zusammen. Diese sichert ihnen von vornherein erhöhte Aufmerksamkeit. Es überrascht deshalb nicht, wenn man in bezug auf diese Komponenten in Implementierungsprozessen eine viel weitergehende methodische Durchdringung und Unterstützung vorfindet. Die schwächere gestalterische Verfügbarkeit der Personenkomponente hat ihren Ursprung letztlich darin, daß Implementierung von Informationssystemen in der gängigen Handhabungsform überwiegend eine Fremdbestimmung von Verhaltensweisen impliziert. Sie mag darüber hinaus mit dem geringeren Kenntnisstand über Sozialtechnologien zu tun haben. Kurz: Wir finden das Verfügbarkeitsgefälle als vorherrschendes Orientierungsmuster im Einklang mit den wirklichen Sachverhalten, die ihrerseits im Sinn dieses Orientierungsmusters sozial konstruiert worden sind.

Verbreitete Lehrbücher der Systemplanung spiegeln das Bewußtsein der Implementeure wider, daß es Kernbereiche und Randbedingungen der Informationssystemgestaltung gibt und daß es – bei allen Schwierigkeiten, die mit Organisationsfehlern und widerstrebenden, das System womöglich gar nicht adäquat nutzenden Mitarbeitern auftreten können – zunächst einmal um die Kernbereiche zu gehen hat: Aufgaben, Informationen, Geräte und Programme. Die Skeptiker gegenüber der informationstechnologischen Entwicklung gehen demgegenüber die Gestaltungsproblematik regelmäßig von den Aspekten her an, die im Bewußtsein der Implementeure schlecht berechenbare Randbedingungen darstellen, etwa von der Zufriedenheit, dem Wohlbefinden und den Selbstverwirklichungschancen der Mitarbeiter sowie von den Prinzipien einer menschengerechten Arbeitsorganisation. Es verwundert nicht, daß der Humanismus der Skeptiker am Pragmatismus und Problemverständnis der Implementeure – von denen er im übrigen rhetorisch längst vereinnahmt ist – seit längerer Zeit gründlich scheitert.

2. Perspektivenverankerung durch Implementierungsprozesse

Wir haben im vorangegangenen Abschnitt an einigen Beispielen demonstriert, wie sachliche Beschränkungen des informationstechnologischen Gestaltungsspielraums perspektivisch vermittelt und welche Beschränkungen speziell durch die dominante Perspektive betont werden. Insgesamt ergeben sich daraus Grundzüge einer Art „Logik der Informationssystemgestaltung", die die sachliche Bedeutung von Perspektiven für die Ausrichtung der Informationssystemgestaltung vor Augen führen. Daneben tritt nun die politische Bedeutung einer Perspektive. Sie entsteht in dem Maße, in dem eine Perspektive im Prozeß der Informationssystemgestaltung faktisch übernommen und dort als sachlich begründete und mit den „objektiven Tatsachen" harmonisierte Auffassung richtungsweisend wird. Während also die sachliche Bedeutung aus der spezifischen Zurechtlegung der Wirklichkeit resultiert, stützt sich die politische Bedeutung auf die Steuerung des Handelns. Für Implementierungsprozesse läßt sich diese politische Bedeutung in einem ersten Anlauf dahingehend konkretisieren, *daß die jeweils verwendete Perspektive die Aufgaben, Strukturen und Interaktionen dieser Prozesse in einen bestimmten Sinnzusammenhang stellt.* Dieser Sinnzusammenhang beherrscht dann die allgemeine Auffassung von Implementierungsprozessen, d. h. die Vorstellungen darüber, wie solche Prozesse durchgeführt werden, was in ihnen geschehen kann, worauf besonders zu achten ist, was man vermeiden sollte usw.

Mit der Herstellung eines bestimmten Sinnzusammenhanges in einem Implementierungsprozeß ist eine gewisse ordnende Funktion bezeichnet, die von einer Perspektive für den Implementierungsprozeß erfüllt wird. Es handelt sich keineswegs um die einzige Ordnungsfunktion, die ein solcher Prozeß benötigt, aber doch um einen recht fundamentalen Beitrag zu seiner Ausrichtung; erreicht wird damit eine tiefprägende Grobsteuerung. Indem eine verwendete Perspektive diese Grobsteuerung ausübt, dient sie zur Lösung jener politischen Problematik, die daraus erwächst, daß im Prinzip verschiedene Bestimmungsmöglichkeiten der Wirklichkeit und tatsächlich auch verschiedene Bestimmungsansätze gegeben sind, man jedoch für gemeinsames, koordiniertes Handeln eine Abstimmung der möglichen unterschiedlichen Bestimmungen und eine Vereinheitlichung der Auffassungen – soweit die jeweils verfolgten praktischen Zwecke es erfordern – braucht. Der Einbau einer Perspektive in die Informationssystemgestaltung richtet diese in bestimmter Weise aus und reduziert damit die politische Anschlußproblematik der interpretativen Mehrdeutigkeit von Informationssystemen.

Es ist aber nun nicht allein so, daß die Perspektive eine Funktion für den Implementierungsprozeß übernimmt. *Der Implementierungsprozeß nützt seinerseits der Perspektive, und zwar einfach dadurch, daß er ihre Sinnbestimmungen bestätigt.*

Als das Ergebnis von Selektionsleistungen und Relevanzzuweisungen ist eine Perspektive prinzipiell auch anders möglich, also ersetzbar. Um bestehen zu können, wird sie vor allem versuchen, sich den Anschein zu geben, nicht anders möglich, zumindest aber unter bestimmten Funktionsgesichtspunkten unersetzlich zu sein. Der Anspruch, die einzig „richtige" Sicht der Dinge zu verkörpern, kann auf verschiedene Weise gestützt werden. Strategien, die eine solche Stabilisierung von Perspektiven anvisieren, lassen sich als „*Verankerungsstrategien*" charakterisieren. Die Wirkungsweise derartiger Verankerungsstrategien kann andeutungsweise durch die angebotenen Begründungen sowie Varianten im Verankerungsmodus skizziert werden.

Verankerungsstrategien arbeiten mit bestimmten Begründungen. Sie reklamieren die Unanfechtbarkeit einer Perspektive etwa mit dem Argument, diese sei

- logisch zwingend,
- inhaltlich konsistent,
- empirisch wahr,
- praktisch erfolgreich oder
- moralisch gerechtfertigt.

Die Verankerung kann vor allem so erfolgen, daß

- unmittelbar das personelle Bewußtsein angesprochen wird (kognitive Verankerung),
- ein Kollektiv von Verfechtern mobilisiert wird, das sich für die Verbreitung, Pflege und Bewahrung der Perspektive einsetzt, (parteigestützte Verankerung) oder – und dies scheint die häufigste und unauffälligste Methode zu sein –
- Interaktionszusammenhänge entsprechend sinnhaft strukturiert werden (soziale oder institutionelle Verankerung).

Eine Perspektive, die ihren Bestand langfristig garantieren will, muß die Verankerung jeweils in allen drei Formen (kognitiv, parteigestützt und sozial) suchen und sich in der Regel auch auf mehrere Gründe stützen (z. B. konsistent und wahr oder erfolgreich und gerechtfertigt sein).

Schon diese wenigen Hinweise reichen aus, um die Annahme zu formulieren, daß die Bevorzugung einer Perspektive in der Informationssystemgestaltung eine soziale Verankerung der Perspektive begünstigt und damit zu ihrer Stabilisierung beiträgt. Diese Verankerung wird erfahrungsgemäß durch die Anerkennung der Perspektive als praktisch erfolgreich und inhaltlich konsistent abgesichert. Die Implementierung tritt so in den Dienst einer weitreichenden und beständigen Durchsetzung der in ihr wirkenden dominanten Perspektive. *Die Perspektive, die die Implementierung lenkt, wird zugleich durch die Implementierung gestützt und immer wieder reproduziert.* Es werden also perspektivisch bestimmte Vorstellungen und Handlungsweisen erzeugt, die ihrerseits dazu verwendet werden, die Perspektive zu erhalten, der sie sich verdanken. Zwischen der Implementierungsperspektive und dem Implementierungsverhalten besteht ein geschlossener Kreislauf der Selbstbestätigung, den wir oben als „Reziprozität" gekennzeichnet haben.[89]

Perspektiven entfalten nach all dem eine politische Wirkung, weil sie, einmal eingelassen in einen strukturierten Interaktionszusammenhang – wie ihn etwa die Implementierung von Informationssystemen darstellt –, die Chancen anderer Perspektiven auf Gehör mindern und sich selbst reproduzieren. Diese Feststellung hat keinerlei kritischen Drall. Aus der Sicht des Interaktionszusammenhanges ist die Abdrängung alternativer Perspektiven und die Hervorbringung immer neuer, aber eben stets „passender" Vorstellungen und Handlungen sogar eine wichtige Funktionsbedingung. Lediglich vom Standpunkt skeptischer Beobachter aus betrachtet muß die These der Reziprozität von Implementierungsperspektive und Implementierungsverhalten beunruhigend wirken.

Die theoretischen Mittel, auf die wir bisher zurückgreifen konnten, um die auffassungsbedingte sachliche und politische Ausrichtung der Informationssystemgestaltung zu klären, belassen das Verständnis der Informationssystemgestaltung bzw. der Implementierung computergestützter Informationssysteme in einem rudimentären Status. Insofern fehlt einstweilen noch die theoretische Basis, um die Bedeutung der Perspektive für die Informationssystemgestaltung adäquat zu durchschauen. Die gerade in den vorangegangenen Ausführungen angedeutete Auffassung von Implementierungsprozessen als sinnhaft struktu-

[89] Diese Überlegung rückt Implementierungsprozesse unter dem Gesichtspunkt ihrer perspektivischen Strukturiertheit in die Nähe selbstorganisierender, sog. „autopoietischer" Systeme. Die Ausarbeitung dieses Gedankens würde unsere Untersuchung indes zu weit in die Systemtheorie entführen. Vgl. zum Ansatz selbstorganisierender Systeme etwa die Beiträge in Ulrich u. Probst 1984 sowie Luhmann 1984, S. 24ff und die dort angegebene Literatur.

rierte Interaktionszusammenhänge oder – wie wir später sagen werden – als soziale Systeme, in denen eine dominante Perspektive sozial verankert, sachlich gestaltungsprägend und selbstreproduktiv wirksam werden kann, bleibt auszuarbeiten. Fürs erste haben wir uns mehr auf die Beleuchtung von Auffassungsdifferenzen gegenüber computergestützten Informationssystemen sowie die praktischen Tendenzen zur Perspektivendurchsetzung konzentriert. Die Ausführungen waren dabei bewußt so angelegt, daß nicht alles in „sozialer Konstruiertheit" zerfließt, sondern ein gewisses Maß an sachlich-inhaltlichen Bestimmungen angeboten ist. Es kann allerdings nun kein Zweifel mehr bestehen, daß Informationssysteme nicht etwa in wissenschaftlichen Arbeiten, sondern in der Implementierungspraxis definiert werden, und daß die Wissenschaft deshalb gut daran tut zu fragen, warum die Orientierungen so und nicht anders liegen, bevor sie alternative Deutungen dagegen forciert.

Die Informationstechnik erfordert immer noch Spezialwissen zu ihrer Beherrschung. Informationssysteme in der Praxis sind komplex und wenig transparent. Ihre Gestaltung ist ein aufwendiges, risikoreiches Vorhaben. All dies fördert praktische Unsicherheit. Daraus ergibt sich ein Bedarf an Bestimmungen, gleichsam der Ruf nach sozialer Konstruktion der informationstechnologischen Wirklichkeit. Um die Wirklichkeit in ihrer Konstruiertheit zu begreifen, ist zu fragen, wer an dieser Konstruktion maßgeblich beteiligt ist und wie sie durchgeführt wird. Die Antwort verweist auf die Implementeure und die Implementierungsprozesse.

B. Aufgaben, Strukturen und Interaktionen in Implementierungsprozessen

I. Der maßgebliche Anteil der Implementierung an der Bestimmung von Informationssystemen und ihren Auswirkungen

Die Betrachtung der Informationstechnologie und ihrer Folgen läßt verschiedene Perspektiven zu, in denen die jeweils intendierte oder erreichte „Rationalisierung" unterschiedlich erscheint. Daraus erwachsen reale Handlungstendenzen mit angebbaren Ergebnissen. Möglichkeit und eventuell auch empirischer Nachweis unterschiedlicher Perspektiven besagen aber noch nichts über die gegebene Verteilung von Rationalisierungsorientierungen. Diese scheint nun in der Praxis eine deutliche Konzentration aufzuweisen. Jedenfalls wirken die praktisch vorherrschenden Rationalisierungsorientierungen homogener, als man es angesichts des weiten Spektrums von Varianten für möglich halten sollte. Es haben sich bestimmte Auffassungen und Betrachtungsweisen recht weitgehend durchgesetzt. Die klare Definition und Gewichtung der Informationssystemkomponenten in ganz bestimmter Richtung ist wohl eine komplexitätsmindernde Vorbedingung, um die Schwierigkeiten der Systemgestaltung erfolgreich bewerkstelligen zu können. Die sinnhafte Bestimmung des Gestaltungsobjektes ist Voraussetzung und zugleich Leitlinie seiner konkreten Ausformung. Die Konstruktion von Informationssystemen wird dadurch geprägt, wie man über sie denkt: was überhaupt dazugehört, was an ihnen wichtig und weniger wichtig ist, was man als erfolgsentscheidend wertet, „worauf es ankommt". „Change can not be understood without an appreciation of the attitudes and activities of those groups which have responsibility for its implementation". (Mumford 1972, S. 1) *Die Gruppen, bei denen die Implementierungszuständigkeiten liegen, beeinflussen die Veränderungen, indem sie sie herstellen.* Zwangsläufig sind ihre Auffassungen und Bewertungen ausschlaggebend dafür, was computergestützte Informationssysteme sind und wie sie aussehen. Zum Tragen kommen ihre Theorien, Einschätzungen, Werte und Interessen in den Gestaltungsprozessen. Man hat deshalb allen Grund, diesen Gestaltungsprozessen und den in ihnen aktiven Gruppen besondere Aufmerksamkeit zu schenken.

Vom kulturellen Hintergrund der Ausbreitung computergestützter Informationssysteme entfaltet sich eine Kraft sehr grundsätzlicher und somit abstrakter Limitierung und Stimulierung. Konkret entschieden wird hingegen in einzelnen Implementierungsprozessen. Hier erfolgen die maßgeblichen Festlegungen über die Anwendung der Technik. *Die Formen computergestützter Informationssysteme und die der Technik zugeschriebenen Wirkungen können deshalb nur verständlich gemacht werden, wenn man den Implementierungsprozessen nachhaltige Beachtung schenkt.* Um die bestehenden Zustände zu erklären, muß man ihren jeweiligen Entstehungszusammenhang analysieren.

Diese Idee ist attraktiv und verspricht auch theoretische Fruchtbarkeit. Deshalb überrascht, wie wenig Resonanz sie bisher in der Erforschung der informationstechnologischen Anwendungsformen und Wirkungen gefunden hat. Statt dessen hat man relativ globalen Zustandsvergleichen, Trendabschätzungen aufgrund von Veränderungstendenzen, Möglichkeitsaussagen und fiktiven Zukunftsszenarien den Vorzug gegeben. Typischerweise stellen sich dabei zu negativen Beurteilungen gelangende empirische Studien gegen positiv gefärbte Möglichkeitsbeschreibungen und Prognosen.

Es ist wohl kaum der in der Forschungssystematisierung akzentuierten Trennung gestaltungsergebnis- und gestaltungsprozeßbezogener Ansätze der Informationssystemforschung (s. Grochla u. Kubicek 1976; Grochla 1978, S. 192ff; Grochla 1980, Sp. 1805f) anzulasten, daß es nicht zu einer theoretischen Verbindung zwischen der Gestalt und der Gestaltung computergestützter Informationssysteme gekommen ist; die Trennung reflektiert lediglich ein tieferliegendes Problem. Auf einer sehr allgemeinen Ebene besteht es darin, Größen, die einen Handelnden und seine Handlungen charakterisieren (etwa Orientierungen, Interessen, Wissensbestände, institutionelle Stellung, Handlungsgründe und -zwecke), mit Variablen, die Zustände in der Welt objektiver Fakten und obendrein Produkte der Handlungen darstellen sollen, theoretisch belangvoll in Beziehung zu setzen. Die Relationierung von subjektivem Sinn und seinen Objektivationen in jener Form eines Zusammenhanges zwischen unabhängigen und abhängigen Variablen, auf die sich empirische Sozialforschung fast durchgehend verpflichtet fühlt, wirkt einigermaßen trivial. Es bedarf eines substantiell wie theorietechnisch gründlichen Überdenkens, wie man die Beziehungen, um die es hier geht, zu denken hat.

Der Gedanke einer verstärkten Berücksichtigung von Trägern und strukturellen Bedingungen der Gestaltung computergestützter Informationssysteme findet bei Kubicek Ausdruck in der Forderung nach „handlungsbezogenen Erklärungsansätzen“:

„Darüber hinaus erscheint es auch erforderlich, Merkmale des Gestaltungsprozesses als weitere Erklärungsfaktoren zu berücksichtigen. Neben den Zielinhalten kommt es auch entscheidend auf die Durchsetzungschancen an. ... Ganz allgemein kann auch von den *verschiedenen Interessen* und der *Chance ihrer Durchsetzung* in Anbetracht unterschiedlicher Strukturen des Gestaltungsprozesses gesprochen werden. Dieser von der bisherigen Forschung ... vollkommen vernachlässigte Punkt müßte eigentlich zum Ausgangspunkt aller Erklärungsversuche gewählt werden.“
„Folgt man diesen Überlegungen, so erweisen sich Technikanwendungen und organisatorische Regelungen zusammen mit personellen Maßnahmen (Umsetzungen, Freisetzungen) als *aufeinander abgestimmte Gestaltungsparameter*, mit denen die dazu autorisierten Stellen in Organisationen ihre Ziele realisieren. Nicht mehr die Technikanwendungen, sondern diese Entscheidungsstrukturen und -ziele bilden den Ansatzpunkt für Erklärungen. An die Stelle personifizierender Formulierungen („Der Computer führt zu ...“) treten *handlungsbezogene Aussagen.*“ (Kubicek 1979 b, S. 63 u. 66)

Eine beachtenswerte Studie mit einem dieser Forderung entsprechenden Denkansatz stammt von Laudon (1974). Er geht zunächst von der traditionellen Fragestellung nach den Wirkungen des Informationstechnologieeinsatzes aus. Im Verlauf seiner Forschungsarbeiten bemerkt er jedoch, daß die Frage nach der Art und Weise, in der bestehende institutionelle Strukturen die Anwendungsentscheidungen beeinflussen, sinnvoller ist. Die seinerzeit vorherrschende Perspektive der Wirkungsforschung lasse die sozialen und politischen Optionen, die die Anwendungsentscheidungen beeinflussen, völlig außer Acht. Dadurch würden Machtverhältnisse und Rollenverteilungen in technologischen Wandlungsprozessen sowie die Rahmenbedingungen der Technikanwendung vernachlässigt.

„Without exception, the previous literature on the interaction of technology and social organization emphasizes the „impact“ of technology on organizations. Ignored in these works are the initial conditions, the social and political options, and the choices that affect the social organization of the technology. ... Meyer and Blau et al., the most recent large surveys in the „structuralist“

school, simply do not consider either the history of the organizations they study or the values and interests impinging on the decisions pertaining to the innovations they examine." (Laudon 1974, S. 28)

Dagegen setzt Laudon die Annahme, „that technological innovation is a social and in some respects a political process that occurs in organizations." (S. 29) Nach seiner Ansicht sind Anwendungsformen und Anwendungsfolgen der Informationstechnologie Produkte politisch-bürokratischer Kräfte, nicht das Resultat technologischer Sachzwänge. In seinem konzeptionellen Modell sind die organisatorischen und sozialen Konsequenzen der Informationstechnologie abhängig von der „sozialen Organisation" der Technik; diese variiert mit den Implementierungsstrategien, die ihrerseits von den jeweils verfolgten Zielen, der institutionellen Vergangenheit, Anforderungen der institutionellen Umgebung und den verfügbaren Technologien beeinflußt werden. Aufgrund einer Untersuchung von vier Informationssystem-Einführungen im Bereich der öffentlichen Verwaltung stellt Laudon fest, daß die Art der Nutzung der Informationstechnologie sich als Ergebnis von Entscheidungen darstellt, die in politischen Konfrontationen zwischen „Verwaltungsbürokraten" und Fachleuten der einzelnen Behörden, für die die Computerunterstützung vorgesehen ist, getroffen wurden. Diese beiden Gruppen besitzen unterschiedliche Optionen oder Rationalisierungsvorstellungen in Verbindung mit der Informationstechnologie: Während es den „Verwaltungsbürokraten" auf die zentrale Steuerung und Kontrolle der Dienststellen, Standardisierung und Kostenreduktionen ankommt, geht es für die Anwender um die Möglichkeit, die eigene Aufgabenerfüllung effizienter zu gestalten. Je nachdem, welche Gruppe sich mit ihren Vorstellungen besser durchsetzen kann, zeigen sich unterschiedliche Anwendungsformen und Anwendungsfolgen: Setzen sich die „Verwaltungsbürokraten" durch, erscheint die Technologie als Instrument „for obtaining greater executive control over line agencies"; gewinnen die Dienststellen Übergewicht, wird die Informationstechnologie zur Erhöhung der Qualität der Dienstleistungen (in der Einschätzung der jeweiligen Verwaltungseinheiten) und zur Verbesserung der Arbeitsbedingungen der Angestellten genutzt (Laudon 1974, S. 304–309).

Diese Überlegungen finden eine deutliche Parallele in der Studie von Weltz und Lullies, die sich auf die Einführung „Organisierter Textverarbeitung" in Unternehmungen bezieht (1983).[1] Die Autoren führen Unterschiede in der Organisationsform von Schreibdiensten auf die

[1] In dieser Untersuchung ist der Gedanke, daß die Ausprägungen technikgestützter

Konstellation von Gestaltungsträgern und Interessen in den Einführungsprozessen zurück. Sie berichten zunächst von ihrer „Erfahrung, daß zwischen bestimmten Schreibdienstlösungen und dem Prozeß, durch den sie zustandegekommen waren, offensichtlich ein Zusammenhang bestand. Die praktische wie theoretische Bedeutung eines derartigen Zusammenhangs zwischen Entstehungsprozeß und Ergebnis für das Verständnis betrieblicher Innovationsprozesse wie für Ansätze menschengerechter Arbeitsgestaltung war offenkundig.“ (1983, S. 13–14) Einzeleindrücke aus 10 Fallstudien und einer größeren Anzahl von Fachgesprächen verdichten sie in dem theoretischen Konzept der *„betrieblichen Handlungskonstellation“*.

„Diese innerbetriebliche Handlungskonstellation wird konstituiert durch ein komplexes Ineinanderwirken unterschiedlicher Einflußgrößen. Hierzu gehört zunächst einmal die formale Kompetenzzuweisung, durch die Aufgabe, Zuständigkeit und Weisungsbefugnisse sozusagen offiziell ausgewiesen werden. Daneben erweisen sich die realen Einflußmöglichkeiten, die den Inhabern von Positionen offenstehen, als bedeutsam, die sich durchaus nicht immer aus der offiziellen Kompetenzverteilung ablesen lassen. ... Schließlich wird die Handlungskonstellation geprägt von den Interessen der verschiedenen betrieblichen Akteure. ... Aus dieser Konstellation von Einzelinteressen, Kompetenzen und tatsächlichen Einflußmöglichkeiten, aus den sich daraus ergebenden Konflikten, Allianzen und Konkurrenzen und aus den damit verbundenen Durchsetzungs- und Legitimationsnotwendigkeiten beziehen nun die innerbetrieblichen Vermittlungsmechanismen ihre Dynamik.“ (S. 291–293)
„Auf diese Handlungskonstellation mögen unter Umständen ganz personenbezogene oder andere, eher zufällige Gegebenheiten Einfluß haben, sie verweist aber auch auf die institutionalisierte Kompetenz- und Organisationsstruktur des Betriebes.“ (S. 309)

Von erheblichem theoretischem Gewicht ist die Frage, in welchem Ausmaß die betriebliche Handlungskonstellation bei der Einführung „Organisierter Textverarbeitung“ eine eher variable, von Betrieb zu Betrieb sehr unterschiedlich ausfallende, oder eine eher konstante Größe ist. Die Ausgangsfrage von Weltz und Lullies nach den unterschiedlichen Reaktionen der Unternehmen auf den Rationalisierungsdruck in der Textverarbeitung (Weltz u. Lullies 1982, S. 157) zwingt natürlich schon rein methodisch dazu, die vorgefundenen, verschiedenartig ausgestalteten Organisationsformen der Textverarbeitung mit *unterschiedlichen* Handlungskonstellationen in Verbindung zu bringen

Arbeitsverfahren durch Eigenschaften der Einführungsprozesse bedingt sind, am plastischsten herausgearbeitet und empirisch illustriert worden. Sie steht damit unserem eigenen Denkansatz und den eigenen Erfahrungen am nähesten.

(1982, S. 158 f; 1983, S. 301 – 307), und die Autoren vermerken dementsprechend, „daß die Einführung und die jeweilige Gestaltung der Organisierten Textverarbeitung durch die innerbetriebliche Handlungskonstellation und den aus ihr abgeleiteten Vermittlungsmechanismus ihre besondere Prägung erhielten und daß dabei von Betrieb zu Betrieb z. T. recht beträchtliche Unterschiede feststellbar waren." (1983, S. 308) Allerdings hebt sich aus den Formen der Schreibdienstorganisation wohl doch die Einrichtung zentraler Schreibdienste hervor, so daß sich Weltz und Lullies veranlaßt sehen, der dabei zugrundeliegenden Handlungskonstellation, für die eine „bemerkenswerte Übereinstimmung" zwischen den Unternehmungen konstatiert wird, ihre besondere Aufmerksamkeit zu widmen (1983, S. 293 – 301). Es ist die Handlungskonstellation, in der den Fachabteilungen, deren Schreibarbeiten rationalisiert werden sollen, ambitionierte und durch die Geschäftsleitung beauftragte, hinsichtlich der organisatorischen Durchdringung und Kontrolle der Fachbereiche aber noch nicht voll ausgereifte zentrale Organisationsabteilungen gegenüberstehen. Diese Situation scheint in den Untersuchungsfällen von Weltz und Lullies typisch gewesen zu sein. Sie markiert eine bestimmte Entwicklungsstufe in der Institutionalisierung zentraler Rationalisierungskompetenzen, die aus der Sicht der Organisationsstelle mit spürbaren Durchsetzungsschwierigkeiten gegenüber den Fachabteilungen und einem erheblichen Druck zur Selbstlegitimation gegenüber der Geschäftsleitung einhergeht. Die Organisationsabteilungen verwenden die Einführung „Organisierter Textverarbeitung" als Gelegenheit zur Durchleuchtung der Fachabteilungen und den zentralen Schreibdienst als Instrument der Steuerung und Kontrolle, um letztlich langfristig ihren Zugriff in die Fachbereiche hinein zu sichern. Gegenüber der Geschäftsleitung stehen sie unter hohem Erfolgsdruck, da ihre Existenz, die ihnen zugestandenen Kompetenzen und die Beurteilung ihrer Fähigkeiten von der nachweisbaren Effizienz ihrer Vorschläge und Maßnahmen abhängig gemacht werden. Dadurch wird die „rein quantitativ verstandene Wirtschaftlichkeit", verkörpert vor allem in Personaleinsparungen, zur Richtschnur der organisatorischen Planung (1982, S. 160).

„Mit einer solchen Akzentuierung der Problemdefinition waren vielfach bereits von vornherein die Weichen gestellt in Richtung auf arbeitsteilige, zentralistische Lösungen, deren Notwendigkeit und Effizienz in den nachfolgenden Phasen des Einführungsprozesses zu belegen waren." (1983, S. 293)
„Arbeitsteilige, „entmischte" Gestaltungsformen waren attraktiver, weil sie die Quantifizierung der Leistung und den zahlenmäßig ausgewiesenen Nach-

weis von Einsparungseffekten erleichtern; Insellösungen waren attraktiver, weil sie die unmittelbare Ableitung des „Erfolgs" aus der Maßnahme und die rechnerische „Erfolgs"-Maximierung ermöglichten, indem negative Effekte der Maßnahme auf andere Bereiche unberücksichtigt bleiben konnten; „rasche" Lösungen waren attraktiver, weil sie schnell meßbare „Erfolge" brachten." (1983, S. 298 f)

Demgegenüber dominieren im Bewußtsein der Fachabteilungen bei der Erwägung von Möglichkeiten der Schreibdienstrationalisierung „akute Probleme der Schriftguterstellung".

Nach der Theorie von Weltz und Lullies wird die betriebliche Handlungskonstellation bei der Einführung „Organisierter Textverarbeitung" von dem Niveau der Institutionalisierung zentraler Rationalisierungskompetenzen, spezifischer: von der Konsolidierung der Machtstellung der Organisationsabteilung bestimmt (1983, S. 305). Wo Lösungsmuster der Schreibdienstorganisation sich noch aus einem „Vakuum betrieblicher Rationalisierungskompetenzen" heraus entwickeln, trifft man auf „alternative" Schreibdienste, die an Fachabteilungen angebunden sind, in denen keine Entmischung von Schreibtätigkeit und anderen Arbeiten angestrebt wird und die über eine nur gering schematisierte Arbeitsgestaltung verfügen. Für die Stufe der zentralen Organisationsabteilung mit noch nicht voll ausgebildeten Rationalisierungsinstrumentarien ist die Schaffung zentraler Schreibdienste typisch. Bei einer Verstärkung des zentralen Zugriffs in den Fachabteilungen (z. B. über Gemeinkostenanalysen und Stellengenehmigungsverfahren) nimmt – so glauben die Autoren – die Bedeutung zentraler Schreibdienste als Steuerungs- und Kontrollmittel ab, und es öffnet sich ein Spielraum für nicht-zentralistische Organisationsformen (z. B. Gruppensekretariate). Ein Spielraum ist indes noch keine Tendenz, und ob er tatsächlich für nicht-zentralistische Lösungen genutzt wird, hängt davon ab, was die Organisatoren darüber denken. Und nicht nur sie, denn: „In dem Augenblick, in dem die Okkupationsgelüste der zentralen Datenverarbeitungsabteilung sich auch auf das Gebiet des Schreibens ausdehnen, werden auch sie (die „alternativen" Schreibdienstlösungen; M. W.) in den Strudel jener Durchsetzungsinteressen gerissen, der den Prozeß „aktiver" Verwaltungsrationalisierung vorantreibt." (1983, S. 307)

Die betriebliche Handlungskonstellation ist kurzfristig nicht beliebig variierbar, unterliegt andererseits als Ergebnis von Gestaltungsmaßnahmen durchaus längerfristigen Wandlungen. Es handelt sich dabei um Gestaltungsmaßnahmen auf strategischer Ebene (Grochla 1982,

S. 11 u. 30 f); sie sind Ausfluß der Rationalisierungspolitik der Geschäftsleitung. Sie hängen ferner mit „allgemeinen betrieblichen Handlungsbedingungen" zusammen (Weltz u. Lullies 1983, S. 14 f u. 307 ff), etwa mit Wirtschaftlichkeitsdenken, Wettbewerbsfähigkeit, Kostendruck, Rationalisierungszwang und Entscheidungshierarchie. Wie viele andere betriebliche Phänomene ist die betriebliche Handlungskonstellation teils willentlich geschaffen, teils ungeplant zu bestimmten Mustern herangereift. Obwohl sich natürlich aufgrund des jeweils unterschiedlichen Entwicklungsstandes der systematischen Rationalisierung zwischenbetriebliche Unterschiede in der Handlungskonstellation zeigen, scheint doch die Richtung des Gesamttrends eindeutig: Er zielt auf die Einrichtung zentraler Rationalisierungsabteilungen mit erheblichen Qualifikationen des Personals, starker Rückendeckung durch das Top Management, einem hohen Ausmaß formal fixierter Rechte gegenüber den Fachbereichen und einer sich durch eigene Maßnahmen zunehmend steigernden Machtstellung.

Dies gilt mit größter Konsequenz vor allem für die Datenverarbeitungsabteilungen. Es hat gut ein Jahrzehnt (etwa von 1958 bis 1970) gedauert, bis es den Computerherstellern und EDV-Beratern Schulter an Schulter mit der „Managementwissenschaft" gelungen ist, den Mechanismus für die Ausbreitung der computergestützten Informationsverarbeitung nachhaltig in den Anwenderorganisationen selbst zu verankern, und zwar in Form zentraler Datenverarbeitungsabteilungen, insbesondere in den zu diesen Abteilungen gehörigen Systemplanungsgruppen.

1959 fordert z. B. Koontz: „Top management itself must now take an active interest in EDP." (1959, S. 75) 1962 schreibt Diebold: „An organized discipline of information systems in business must be developed to replace the piecemeal approach that exists now." (Diebold 1967, S. 51) Ein Jahr danach berichtet Garrity von McKinsey & Co. in seinem vielbeachteten Artikel „Top Management and Computer Profits", daß die Ergebnisse einer Umfrage eindeutig zeigen: „The computer is a development of far-reaching profit significance to business management. Many of this nation's largest and most successful business enterprises have yet to tap the computer's potential. Those that have, however, are earning a handsome return and pulling farther ahead of the pack. Realization of computer systems potential basically requires that top management take the right acction in respect to some 11 specific factors – managerial, not technical, in nature – which principally determine computer systems results." (1963, S. 6–7) Kampfrufe wie „Let's Put Factory Methods to Office Use" (Osteen 1963) sind typisch für den „Zeitgeist" dieser informationstechnologischen Aufbruchsphase. McKinsey & Co. veröffentlichen ihren Bericht „Getting the Most Out of Your Computer. A Survey for Company

Approaches and Results", der kurz darauf in Deutsch erscheint (McKinsey & Co. 1964). Darin heißt es u. a., daß nur eine „überdurchschnittliche" Nutzung des Computers auf breiter Front (wie es in „führenden Unternehmen" charakteristisch ist) zu einer raschen Amortisation der Anlaufkosten führt und die laufenden Kosten deckt. „Der jährliche Ertrag für jeden Dollar laufender Ausgaben liegt bei den führenden Unternehmen etwa bei 1,30 Dollar." (S. 42) 1966 ziehen Booz, Allen & Hamilton mit ihrer Studie „The Computer's Role in Manufacturing Industry" nach, die sich als wissenschaftlich-repräsentative Erhebung geriert, jedoch als verallgemeinerte Computerwerbung leicht durchschaubar ist. „To survive and thrive in this competitive era, management must master and make *full* use of the new information technology." (Tuthill 1966, S. 18) Dann setzt die „Management-Informationssystem"-Bewegung ein (zur Dokumentation s. Davis u. Everest 1976). Von ihrer sozialen Funktion her betrachtet ist es eine großangelegte Kampagne, höhere Managementebenen dadurch auf die Segnungen des Computereinsatzes aufmerksam zu machen, daß man sie als potentielle Benutzer anvisiert. Trotz frühzeitig aufkommender Kritik (Dearden 1966 u. 1972; Rhind 1968) bleibt die Idee längere Zeit ungebrochen (Grochla u. Szyperski 1971). Daneben alarmieren Nachrichten über „diminishing returns" von Informationstechnologieinvestitionen (McKinsey & Co. 1969). Mit der angeblichen Verlagerung des Computereinsatzes zu „less structured, more abstract, and more important problems which are the real concern of the top levels of management" (Diebold 1969, S. 15) werden „new standards for evaluating ADP investments and operations" (das., S. 28) gefordert. In der Formel vom „unausgeschöpften Gewinnpotential des Computers" konzentrieren sich die Hoffnungen von Herstellern und Beratern (s. insbes. McKinsey & Co. 1969; ferner z. B. Moan 1973). 1969 atmen Schoderbek u. Babcock auf: „At Last – Management More Active in EDP." (1969 b) Sie finden nicht nur eine immer stärkere Beachtung des Computereinsatzes seitens des Top Managements, sondern als Reaktion auf „the increased importance of the EDP function as a company-wide service for all departments, and not for only one or two as was past practice" auch die Etablierung eigenständiger zentraler Datenverarbeitungsabteilungen mit aufwärtsstrebender hierarchischer Einordnung der Spitzenverantwortlichkeit (Schoderbek u. Babcock 1969 a). Die Zentralisation der Datenverarbeitung gehört auch zu den „highlights" der empirischen Untersuchung von Reichenbach u. Tasso (1968, S. 12). Gegen Ende der 60er Jahre hat die Praxis zumindest in den größeren Unternehmungen und Behörden weitgehend den Weg eingeschlagen, der ihnen in Feststellungen wie der folgenden jahrelang nahegelegt worden ist: „Establishing the EDP component as an independent major department whose responsibility is to process data from source acquisition to final report form appears to be most likely to lead to the development of an efficient, integrated data-processing system." (Brabb u. Hutchins (1963) 1967, S. 300; s. auch Dearden 1972)

Man muß sich durchaus davor hüten, „die Vielfalt betrieblichen Geschehens einzuebnen" (Weltz u. Lullies 1983, S. 14). Mit Bedacht ist die Charakterisierung der betrieblichen Handlungskonstellation bei

Weltz und Lullies deshalb beschränkt auf die Einführung „Organisierter Textverarbeitung". Solche Innovationsprojekte weisen eine ganz bestimmte, historisch bedingte und sich entwickelnde Handlungskonstellation auf; bei anderen Arten von Projekten kann die Handlungskonstellation anders ausfallen und anderen Entwicklungspfaden folgen. Die für die Implementierung „Organisierter Textverarbeitung" beschriebene Handlungskonstellation kann somit nicht einfach auf die Implementierung computergestützter Informationsverarbeitung projiziert werden, wenn auch diese Projekttypen Ähnlichkeiten zeigen. Das theoretische Konzept ist zur Untersuchung des Einführungszusammenhanges computergestützter Informationssysteme vielmehr mit den dabei relevanten besonderen Verhältnissen zu füllen.

Die betriebliche Handlungskonstellation bei der Einführung „Organisierter Textverarbeitung" bezieht ihr Gepräge aus der Interaktionsstruktur von Geschäftsleitung, Fachabteilungen und zentraler Organisationsabteilung. Ihre Veränderung hängt mit dem Rollenwandel der Organisationsabteilung, insbesondere mit deren Durchsetzungschancen und Legitimationsproblemen zusammen. Die Organisationsabteilung ist im Spiel, weil die Einführung „Organisierter Textverarbeitung" im wesentlichen in ihre Zuständigkeit fällt, weil Organisationsabteilungen manchmal um diese Aufgabe herum überhaupt erst institutionalisiert, oft durch sie entscheidend aufgewertet werden.

Bei der Implementierung computergestützter Informationssysteme tritt nun die Datenverarbeitungsabteilung in jene Rolle ein, die bei der Einführung „Organisierter Textverarbeitung" nach den Eindrücken von Weltz u. Lullies noch der Organisationsabteilung vorbehalten war. Tatsächlich dürften auch diese Eindrücke mittlerweile zur Revision anstehen, denn es ist ganz klar, daß die „Okkupationsgelüste" der zentralen Datenverarbeitungsabteilungen sich spätestens mit dem mikroelektronisch ermöglichten Zusammenwachsen von Daten- und Textverarbeitung auf das Gebiet des Schreibens ausgedehnt haben. Die betriebliche Handlungskonstellation bei der Einführung computergestützter Informationsverarbeitung erwächst somit – zumindest zu einem erheblichen Teil – aus der Interaktionsstruktur von Geschäftsleitung, Fachabteilungen und Datenverarbeitungsabteilung, insbesondere dort ansässigen Systemplanungsgruppen (Docherty u. Stymne 1977, S. 25; Bjørn-Andersen u. Borum 1979, S. 333). Ohne daß an dieser Stelle schon aus verschiedenen Ausprägungen dieser Konstellation spezifische inhaltliche Gestaltungsergebnisse prognostiziert werden könnten, stützt die Theorie von Weltz u. Lullies die These, daß die Ausgestaltung computergestützter Informationsverarbeitung in entscheidendem Maße von den Strukturen und Interaktionen zwischen Geschäftsleitung, Fachabteilungen und Systemplanern in Implementierungsprozessen bestimmt wird. Wegen der herausragenden Bedeutung dieser Aussage im Rahmen unserer Untersuchung nennen wir sie die These von der *Implementierungsgebundenheit computergestützter Informationssysteme.* Diese Implementierungsgebundenheit besteht in doppelter Weise: Erstens setzen sich die in den Implementierungsprozeß eingebrachten Orientierungen, Wissensbestände und Interessen zu Prämissen der inhaltlichen Entscheidungen um, in denen die spezifischen Eigenschaften eines Informationssystems festgelegt werden; Aspekte des Implementierungsprozesses beeinflussen also das *tatsächliche Aussehen* computergestützter Informationsverarbeitungsverfahren, indem sie Entscheidungen und Gestaltungsmaßnahmen in bestimmte Richtungen lenken. Zweitens spielen Momente, die in ihrer Gesamtheit den Implementierungsstil ausmachen, eine wichtige Rolle dafür, wie das Informationssystem *gesehen* wird. Die „Implementierungskonstellation" bringt also das Informationssystem hervor und vermittelt seine Interpretation.[2]

[2] Auf den zweiten Aspekt haben Docherty u. Stymne (1977) aufmerksam gemacht: „One and the same design may be experienced in quite different ways and have quite different effects depending on how it was introduced." (S. 1–2) Dies ist darauf zurückzuführen, „that how the implemented system is experienced is highly dependent on attitudes and experiences formed during the development process." (S. 16) Erwartungshaltungen und Einstellungen bilden den sozialen Rahmen, in dem das Informationssystem interpretiert wird. Über die physische Existenz der Informationsverarbeitungsverfahren legen alltagspraktische Interpretationen einen Schleier von Bedeutungen mit konstitutiver Wirkung: Das System „ist" so, wie es interpretativ „erscheint". Diese „direct experiences of the functioning system" sind abzuheben von den „experiences of the systems development process which colour these (direct experiences)." (S. 21) Die letzteren beziehen sich auf den Implementierungsstil (Beauftragung, Zuständigkeitenverteilung, Mittelzuweisung, Projektplanung und -kontrolle, Entscheidungsumsicht, perspektivischer Horizont, Beteiligung von Betroffenen, Lernmöglichkeiten, Berücksichtigung sozialer Aspekte, Kommunikation zwischen Systemplanern und Betroffenen) und den übergreifenden Entwicklungskontext (Rationalisierungspolitik, Organisationsgrad des Implementierungsprojektes, generelle Auffassungen vom arbeitenden Menschen, Rationalisierungsorientierungen). Fast immer kommt es zu einer *Übertragung von Auffassungen und Bewertungen des Einführungsprozesses auf das realisierte Informationssystem.* Solche Übertragungen sind kaum kalkulierbar: Es werden nicht voraussehbare Assoziationen hergestellt und Verallgemeinerungen vorgenommen. Oft vermag ein einziger positiver oder negativer Gesichtspunkt den Gesamteindruck zu verzerren.

Die letztere Form der Implementierungsgebundenheit ergibt sich aus den Bedeutungsabstrahlungen von Stil und Struktur der Implementierung, die sich in die Orientierungen gegenüber dem Resultat der Gestaltung hineintragen (s. auch Lucas 1973). Man könnte von einer *orientierungsvermittelten Implementierungsgebundenheit* sprechen. Demgegenüber ist die erstgenannte Form, bei der eingebrachte Orientierungen, Wissensbestände, Interessen, Interaktionsmuster und Systementwicklungsmethoden über die relevanten Gestaltungsentscheidungen auf das Ergebnis durchschlagen, durch das Entscheiden und Handeln der Implementeure vermittelt (*handlungsvermittelte Implementierungsgebundenheit*).

In der These von der handlungs- und orientierungsvermittelten Implementierungsgebundenheit computergestützter Informationssysteme drückt sich aus, daß die Implementierung an der Bestimmung von Informationssystemen und ihren sog. Wirkungen einen maßgeblichen Anteil hat. Es ist schwer einsehbar und forschungspolitisch bedauerlich, daß dieser Zusammenhang von der Wirkungsforschung theoretisch nicht stärker aufgegriffen worden ist. Die Wirkungsforschung hat bisher die Chance versäumt, sich zur Implementierungstheorie weiterzuentwickeln. Warum dieser Weg nicht beschritten wurde, läßt sich hier nicht völlig ausleuchten. Mitverantwortlich ist sicher ein aus der vergleichenden Sozialforschung (insbes. Organisationsforschung) übernommener „faktortheoretischer" Ansatz: Man hat Aspekte von technologischen Einsatzbedingungen, Informationssystemen und Folgewirkungen als graduell variierende Merkmale definiert, in unabhängige und abhängige Variablen geteilt und mit Hilfe statistischer Analyseverfahren nach Zusammenhängen gesucht, wobei vor allem „Erfolgsfaktoren" interessierten.[3] Die dabei zugrundezulegenden konzeptionellen Bezugsrahmen haben für den wichtigen und noch am konkretesten belegten Zweig der *organisatorischen* Wirkungsforschung spätestens durch die Modelle von Kubicek (1975, S. 342 ff; 1979 b, S. 64) ein empirisch nicht mehr einholbares Ausmaß an Komplexität erreicht. Empirische Forschungsarbeiten, in denen nach den organisatorischen und personellen Wirkungen der Informationstechnologie gefragt wurde, sind theoretisch über das vorgelegte Differenzierungsniveau nicht hinausgekommen; trotz des anerkennenswerten Bemühens um bildhafte Konkretheit, das vermehrt zu Fallstudien greifen ließ, ist auch

[3] Die „faktortheoretische" Perspektive hat auch die amerikanische Implementierungsforschung jahrelang geprägt, s. Ginzberg 1974; Lucas 1981, S. 45 ff.

die empirische Ergiebigkeit hinter den Erwartungen zurückgeblieben (s. etwa Schmelter 1977, S. 229ff; Ernst-Vogel 1981; Molitor 1984, S. 121–170).

Eine theoretisch geschärfte Implementierungsforschung stößt natürlich zudem zwangsläufig auf Schwierigkeiten des Zugangs zum empirischen Feld. Implementierungsprozesse stellen von sich aus sachliche Probleme und bergen soziale Risiken, die die ganze Aufmerksamkeit der Implementeure in Anspruch nehmen. Die Gesamtlage duldet weder teilnehmende Beobachtung noch ausgedehnte Interviews. Die Rekonstruktion abgelaufener Implementierungsprozesse unterliegt rückblikkenden Abwandlungen des Geschehens unter Gesichtspunkten der Rechtfertigung der ergriffenen Maßnahmen (Starbuck 1982). Daraus erwachsen Authentizitätsverluste für das, was ein Forscher in Erfahrung bringt.

Diese Zugangsproblematik stellt sich umso mehr, je eher die Implementeure befürchten müssen, daß ihr Handeln einer kritischen Begutachtung nach solchen Maßstäben unterzogen wird, die sie selbst – zumindest in ihrer Rolle als Gestalter von Informationssystemen – nicht teilen. Aus diesem Blickwinkel erscheint es nicht gerade günstig, daß die Wirkungsforschung in Deutschland sich gegen Ende der 70er Jahre als Gefährdungsforschung auf den Weg zu machen versuchte (s. insbes. Reese u. a. 1979; ferner Széll u. a. 1979; Rolf 1979). Auf ihrem Banner trug sie das „Ziel der Berücksichtigung bisher vernachlässigter Interessen". (Kalbhen 1980, S. 21) Das waren sicher nicht die Interessen von Computerherstellern, Softwarehäusern, EDV-Beratern, Geschäftsleitungen oder Systemplanern. Unabwendbar ist die sozialwissenschaftliche Erforschung der Informationstechnik seither in eine Frontstellung zu den Wirtschaftlichkeitsinteressen von Unternehmungen und Verwaltungen geraten. Sie hat sich dadurch das empirische Feld weitgehend verstellt. Statt sich in Richtung einer empirisch gehaltvollen Implementierungstheorie zu entwickeln, hat sie vorwiegend Zuflucht zu einer kritischen Partizipationsforschung genommen, die ausdrücklich von einem Konfliktmodell zwischen Arbeitgebern und Arbeitnehmern, Staat und Bürgern oder – allgemein gefaßt – gesellschaftlichen Institutionen und Individuen aus operiert und Partei ergreift. Die Einblendung in die makro- und mikropolitische Auseinandersetzung um die Nutzung elektronischer Informations- und Kommunikationstechnologien trübt jedoch den Blick für die sachlich-konzeptionellen und technisch-konstruktiven Probleme, die beim Aufbau computergestützter

Informationssysteme zu lösen sind, und für die Art und Weise, wie diese Probleme in der Praxis gelöst werden. Gegen ihren eigenen Anspruch wiegt aber für eine politisierende Partizipationsforschung noch stärker, daß sie nicht mehr genug Distanz aufbringt, um die sozialen Mechanismen der Definition und Durchsetzung von Informationssystemen und der Erhaltung einer insgesamt positiv gestimmten gesellschaftlichen Umgebung der informationstechnologischen Anwendungsausbreitung zu erkennen, an denen sie selbst ständig scheitert.

II. Einige Implementierungsbegriffe und implementierungsrelevante theoretische Ansätze

Man kann zwar nicht behaupten, der Implementierungsbegriff besitze einen klaren und eindeutigen Gehalt; andererseits aber ist das Konzept auch nicht so diffus, daß nicht zu erkennen wäre, was in etwa gemeint ist. In mindestens drei Untersuchungsbereichen spielt es eine Hauptrolle:

- bei der Beschäftigung mit der Frage, wie Manager und qualifiziertes Fachpersonal dazu gebracht werden können, formale Entscheidungsmodelle und -techniken anzuwenden,[4]
- bei der Untersuchung der Einführung computergestützter Informationssysteme (Szyperski u. Grochla 1979; Seibt 1980) und
- in Ansätzen, die sich mit der Durchführung und Anwendung von Gesetzen und sonstigen politisch dekretierten Handlungsprogrammen befassen (Mayntz 1977 u. 1980 a; Wollmann 1980).

In verallgemeinerter Bedeutung kommt der Begriff darüber hinaus in vielen Beiträgen zur geplanten Veränderung sozialen Handelns vor (s. zum Überblick Bennis u. a. 1969); die Lehren, die sich um den „Planned Change" ranken, darf man als allgemeinen Rahmen der vorher genannten Forschungsthemen betrachten.

---

[4] S. zur Dokumentation dieser Forschungsrichtung Marock 1974; Schultz u. Slevin 1975 a; Doktor, Schultz u. Slevin 1979.

1. Implementierung mathematischer Modelle

In der Literatur zur OR/MS-Implementierung (Implementierung von Operations Research- bzw. Management Science-Modellen) findet sich die deutlichste Konturierung dessen, was mit „Implementierung" gemeint ist, weil die Problemlage am überschaubarsten ist:

„The field of operations research/management science is quite well developed; there is a considerable inventory of OR/MS models and methods that can be used to improve decision making in organizations. The actual frequency of use of OR/MS, however, is quite low, especially with respect to its potential. This situation has resulted in an *implementation gap* between what has been developed and what is being used. ... Implementation ... refers to the actual use of OR/MS output by managers that *influences* their decision processes." (Schultz u. Slevin 1975 b, S. 3 u. 6)

Konzeptionelle Arbeiten (Ward 1974; Ohse u. a. 1978) wie empirische Studien (z. B. Pfohl u. Drünkler 1978; Drumm u. a. 1980) untermauern diese Einschätzung. Die häufig in „Barrieren-Paradigmen" (Hamel 1981) diskutierte Problematik entfaltet sich aus dem Aufeinandertreffen der Vorstellungen von Methodenspezialisten, die mit dem Gewicht ihres Fachwissens eine Umstrukturierung der Entscheidungsverfahren anstreben, und den Auffassungen von Entscheidungsträgern über geeignete Definitionen ihrer Entscheidungssituationen und passende, gewohnte Bewältigungsmethoden. Das Schwergewicht der Ursachenforschung und Heilungsstrategien liegt dementsprechend auf der Herstellung besserer, d. h.: reziproker, auf gegenseitiges Verständnis abstellender Beziehungen zwischen Managern und Methodenspezialisten[5] und in der Abstimmung von Modelleigenschaften und dem kognitiven Entscheidungsstil (Huysmans 1970; Doktor u. Hamilton 1973; Hamel 1981; kritisch dazu Huber 1983). Hervorgehoben wird die Bedeutung einer vertrauensvollen Haltung der Manager zu den Spezialisten und ihren Produkten (Harvey 1970, S. B-317; Pettigrew 1974). Bean u. a. (1975) betonen demgegenüber mehr die Wirksamkeit institutioneller und struktureller Faktoren für die Chancen der Modellimplementierung, namentlich der Größe und organisatorischen Stärke der OR/MS-Abteilung, der fachlichen Qualitäten ihres Personals sowie des Interesses und der Unterstützung durch das Top Management.[6] Einem

---

[5] Churchman 1964; Churchman u. Schainblatt 1965; Dyckman 1967; Duncan 1974; Schultz u. Slevin 1979, S. 7; kritisch zu diesem „bias" Radnor 1979.

[6] S. auch Rubenstein u. a. 1967; Radnor u. a. 1968; Radnor u. Bean 1974; Börsig 1975, S. 187–307; Radnor 1979.

ähnlichen, allerdings weitergespannten und theoretisch differenzierteren Ansatz folgen die empirischen Studien von Köhler und Uebele (s. 1977 u. 1981; Uebele 1980). Sie konzentrieren sich auf die Intensität der Verwendung von mathematischen Analyse- und Optimierungsverfahren sowie von Prognosemethoden im Absatzbereich und untersuchen ihre betrieblichen Einsatzbedingungen (z. B. Branche, Umweltaspekte wie Dynamik, Komplexität und Abhängigkeit, Unternehmungsgröße, organisationsstrukturelle Merkmale), spezifische institutionelle Einsatzhindernisse (Fehlen von geeigneten Experten, Kosten, Ungewißheit künftiger Entwicklungen, Mangel an unternehmungsinterner Unterstützung) und die praktische Umsetzung der mit Hilfe dieser Methoden erarbeiteten Problemlösungen bzw. Aktionsvorschläge („Akzeptanz" als Resultante aus Häufigkeit und Schwierigkeit des Übernehmens von Methodenergebnissen als Entscheidungsprämissen).

Die OR/MS-Implementierungsforschung gibt der Implementierungsproblematik einen klaren Zuschnitt. Die Handlungskonstellation wird durch das Zwei-Aktoren-Modell „Manager/Methodenspezialist" fundiert. Die Erkenntnisbemühungen zielen fast ausschließlich darauf, Erfolgsfaktoren zu isolieren, d. h. Bedingungen festzustellen, unter denen die Inbetriebnahme und die sachgerechte Nutzung eines Modells mit großer Wahrscheinlichkeit erwartet werden können (Ginzberg 1974).

2. Implementierung von Informationssystemen

In der Informationssystemforschung bezeichnet „Implementierung" meist eine Phase des Systementwicklungsprozesses. Die Abgrenzung dieser Phase fällt recht unterschiedlich aus. Um genau zu sehen, was gemeint ist, muß man nicht nur auf die der Implementierungsphase zugedachten Aktivitäten, sondern auch auf ihre Einbettung in einem Phasenschema des Gesamtprozesses achten.

Grochla (1973 c) ordnet dem Maßnahmenkomplex der Systemplanung zeitlich und sachlich die Systemimplementierung nach. Auf diese folgt die Systembewertung. Die Systemplanung zerfällt in die Systemanalyse (Vorstudie und Istanalyse) und den Systementwurf (Grob- und Detailentwurf). In der „Implementierungsphase ist aus den entwickelten Spezifikationen das funktionsfähige Informationssystem zu realisieren. Diese Phase enthält zum einen die *Systemtechnische Implementierung*, der die Aufgabenkomplexe „Programmierung" und „Systemtest" zuzuordnen sind; zum anderen ist im Rahmen der *Organisatorischen Implementierung* dafür Sorge zu tragen, daß sich der Übergang vom bisherigen organisatorischen Ablauf zum neuen System reibungslos vollzieht.

Hierzu gehört vor allen Dingen, daß die zukünftigen Benutzer mit dem System vertraut gemacht werden.“ (S. 414)

Grochla und Meller (1977, S. 20) unterscheiden die Phasen

- Vorstudie,
- Systemerhebung,
- Systembeschreibung,
- Anwendungsanalyse,
- Anwendungskonzeption u.
- Implementierung.

Die Implementierung „beinhaltet die systemtechnische sowie die organisatorische Realisierung der Anwendungskonzeption, d. h. ihre Umsetzung in ein konkretes ADV-System.“ (S. 21; s. auch S. 213–277) Zur systemtechnischen Implementierung gehören die Erstellung der Anwendungsprogramme, Programmtests, Programmdokumentation und die Herstellung der technischen Betriebsbereitschaft einschließlich der Generierung des Betriebssystems. Die organisatorische Implementierung umfaßt Benutzervorgaben (systemspezifische Regelungen und allgemeine organisatorische Regelungen) sowie Benutzerschulung (allgemeine Schulung und Einarbeitung in das spezielle System).

Couger u. McFadden (1975, S. 588–614) beziehen in die Implementierung die Programmtests (Modul-, System- und Parallellauftests), die Datenkonvertierung, die Entwicklung von Regeln für Datenerfassung und -eingabe, Maschinenbedienung und Outputverwendung (Bedienungs- und Benutzungsregeln), die Benutzerschulung, den Parallelbetrieb, den Programmanlauf auf einer vorhandenen Datenverarbeitungsanlage, die Dokumentation und die Wirtschaftlichkeitsbeurteilung ein.

Murdick u. Ross (1977, S. 132 f) stellen die „Implementation Phase“ als vierte Phase hinter Systemerhebung, Grobentwurf und Feinentwurf. Als Aufgaben der Implementierung nennen sie die Planung der Implementierungsaktivitäten, die Organisation der Implementierungsmaßnahmen, die Entwicklung der Installationsverfahren, die Schulung des Bedienungspersonals, die Beschaffung der Geräte, die Erstellung der Programme, die Formularentwicklung, die Erfassung benötigter Daten und das Anlegen der wichtigsten Dateien, Programm- und Systemtests, Umstellung, Prüfung auf Verarbeitungsfehler, Dokumentation und Systembewertung. Ganz am Rande wird auch einmal „obtaining acceptance“ erwähnt (S. 221).

Heinrich (1976 a, S. 19) sieht in seinem Phasenschema der Systemplanung die Stufen

- Vorstudie,
- Feinstudie,
- Grobprojektierung,
- Feinprojektierung,
- Implementierungsvorbereitung,
- Implementierung,
- Aufrechterhaltung u.
- Weiterentwicklung

vor.

Die Aufgaben der Implementierungsvorbereitung sind (1976 b, S. 91)

1. programmtechnische Vorbereitung: Sicherung der Dateiverfügbarkeit (Dateikonvertierung)
2. organisatorische Vorbereitung: Vervollständigen der Systemdokumentation und Erarbeitung von Bedienungs- und Benutzeranweisungen
3. personelle Vorbereitung: Personalschulung und Personalmotivation
4. strukturelle Vorbereitung: Bildung neuer, Auflösung und Veränderung bestehender Struktureinheiten; insbesondere Aufbau und Gliederung des Datenverarbeitungsbereiches sowie Belegungsplanung der Datenverarbeitungsanlage
5. gerätetechnische Vorbereitung: Installation von Geräten
6. Umstellungsplanung.

Die Implementierung selbst gliedert sich (das., S. 133 ff) in

1. Start der computergestützten Verarbeitung
2. Bewerten der Funktionsweise und Korrektur
3. Systemübergabe und Abschlußarbeiten.

Mit diesen Phasenschemata und Aufgabenkatalogen ist die tragende Auffassung von Implementierung in der Informationssystemforschung umrissen. All diese Schemata haben eine präskriptive Intention: Sie wollen einen Überblick über die Aufgaben der Systementwicklung vermitteln und damit sagen, was zu tun ist. Implementierung wird als Aufgabenkomplex verstanden, der zwischen Detailentwurf/Programmierung und Evaluation/Systempflege angesiedelt ist und sich mit diesen Nachbarkomplexen mehr oder weniger überlappt. Jedenfalls handelt es sich um eine Phase, die im Prozeß der Systemgestaltung weiter hinten liegt. Für den erfahrenen Systemplaner und den EDV-Fachmann sind die aufgeführten Aktivitäten mit reichhaltigen Vorstellungen belegbare Arbeitsanforderungen. Aus der Sicht solcher Adressaten der Informationssytemforschung ist die genaue Abgrenzung und die zeitliche Lage der Implementierung weniger bedeutsam; entscheidend ist der Hinweis darauf, woran man denken muß, wenn man systematisch und erfolgreich Systementwicklung betreiben will.

Aussagen zur informationssystembezogenen Implementierung beinhalten in erster Linie Lehren über das geeignete Vorgehen bei der Informationssystemeinführung. Sie sind als methodische Anleitungen zum Abwickeln von Systementwicklungsprojekten zu verstehen (Hice u. a. 1974; Kwiatkowski 1974; Surböck 1978; Heilmann u. Heilmann 1979). Sie definieren Aufgaben und erarbeiten methodische Hilfsmittel zu ihrer Lösung. Hat die OR/MS-Implementierungsforschung einen „bias“ in Richtung der Einstellungen, Erwartungen, kognitiven Fähigkeiten und Interessen der Systembenutzer, so stellt man in der Literatur zum EDV-Projektmanagement eine Konzentration auf die Sachprobleme des Entwurfes von Aufgaben, Informationsverbindungen, Gerätekonfiguration und Programmen fest. Die Problematik organisatorischer oder sozialer Anpassung, überhaupt der Umstand, daß Informationssysteme sich irgendwie im Handeln der Mitarbeiter niederschlagen müssen, wird zwar gesehen, im Vergleich zu den Sachproblemen aber eher beiläufig behandelt. Die Beiträge zum EDV-Projektmanagement kommen damit der Implementierungspraxis am nähesten: Sie reflektieren die Prioritäten, die für die Maßnahmen der Implementeure gelten, und sie spiegeln und stärken die vorherrschenden Anschauungen.

In diesem Zusammenhang sind nun allerdings zwei äußerst wichtige Differenzierungen zu beachten: der Unterschied zwischen operativen Informationssystemen und dispositiven (entscheidungsbezogenen) Informationssystemen (vgl. Marock 1980) und der Unterschied zwischen modularen und stark integrierten Systemen. Trotz vielversprechender Ansätze zu „Entscheidungsunterstützungssystemen" (Keen u. Scott Morton 1978) liegt bis heute das Schwergewicht des Computereinsatzes bei den operativen Informationssystemen,[7] und dort, wo es um die Automatisierung von Entscheidungen geht, sind höhere Führungsebenen allenfalls indirekt tangiert. Ferner ist, obwohl sicher auf den Gesamtzusammenhang der Informationsverarbeitungsverfahren geachtet wird, die Gestaltungs- und Anwendungswirklichkeit nicht von „total systems", sondern von modulartig zergliederten Systemen geprägt. Die pragmatisch-normativen Implementierungslehren sind, wenngleich oft in Zusammenhang mit integrierten, auch Entscheidungsprozesse erfassenden Informationssystemen vorgetragen, wesentlich auf die Einführung operativer Systemmodule zugeschnitten. Es ist deshalb genau zu registrieren, daß die Zurückhaltung gegenüber organisatorischen und sozialen Problemen, die sich die Literatur zum EDV-Projektmanagement auferlegt, mit der Orientierung an einem bestimmten Systemtypus gekoppelt ist. Eine stärkere Betonung der organisatorischen und sozialen Aspekte der Implementierung kommt in der Informationssystemforschung regelmäßig erst dann auf, wenn ganz ausdrücklich umfassend integrierte Systeme oder Management-Informationssysteme anvisiert werden (Kirsch 1974; Kolf u. Oppelland 1979 b, S. 91), also leitende Mitarbeiter mit einer veränderungskritischen Positionsmacht in den Kreis potentiell Betroffener geraten oder

---

[7] Als neuere Belege s. Stahlknecht 1983, S. 157 für das Finanz- und Rechnungswesen und Seibt 1983 sowie Mülder 1984, S. 153 ff für das Personalwesen.

zumindest als Entscheidungsträger in der Systementwicklung gefordert sind. An diesem letzteren Systemtypus, der sich freilich weit mehr literarischer Reflexion als praktischer Existenz verdankt, ist schon sehr früh ein Implementierungsverständnis eingeübt worden, das die Überwindung von Widerständen, die Erzielung von Akzeptanz und die Sicherung der Systembenutzung als zentral begreift.

„One of the greatest challenges to the systems analyst is the potential conflict between the business's need for change and its employees' resistance to change. ... One of the major tasks of a systems analyst is to reduce this resistance by bringing order and understanding to the process of change. To do this successfully, an analyst must have not only a grasp of the technical needs and resources of the business but also a sound understanding of the basic principles of psychology." (Schlosser 1964, S. 29)

Solche Passagen in Computerzeitschriften für Praktiker haben die Bewältigung der sozialen Anpassungsprobleme zumindest rhetorisch eingeläutet. Die Bereicherung der Implementierung um eine spezifisch sozialtechnologische Komponente datiert etwa auf die Mitte der 60er Jahre zurück. Ursprünglich mehr eine Sammlung von Regeln für den Systementwickler zum geschickten Umgang mit Fachbereichsmitarbeitern, insbesondere mit Führungskräften, und ein Aufruf an ihn, personelle Reaktionen zu bedenken und sie durch Schulung und offene Information zu beeinflussen,[8] hat sich das Interesse zunehmend darauf gerichtet, genauer zu durchdringen, welche Zusammenhänge zwischen den an die Mitarbeiter in Informationssystemen gerichteten Verhaltensanforderungen und möglichen Widerständen bestehen (s. z. B. Dickson u. Simmons 1970). Daraus erwächst für die „organisatorische Implementierung" ein erhöhter Stellenwert (Seibt 1980),[9] und die Auslegung

---

[8] S. Bower u. Sefert 1965; Johnson 1973. Die Tradition ist ungebrochen, vgl. Mülder 1984, S. 101 ff.

[9] Kolf u. a. (1978) konstatieren, daß „sich ein neues Verständnis für den gesamten Prozeß der Gestaltung rechnergestützter Informationssysteme durchzusetzen beginnt: Als Gegenstand der Systemgestaltung werden nicht mehr nur die informationstechnologischen Komponenten, sondern gleichberechtigt die organisatorischen und personalen Komponenten des Informationssystems und seiner zukünftigen Umgebung gesehen. Der Systemgestaltungsprozeß erhält ein neues „Gesicht", indem in seinen Mittelpunkt die *Abstimmung* zwischen allen Systemkomponenten gerückt wird. Nur wenn dieser Abstimmung zwischen den Systemkomponenten während des gesamten Gestaltungsprozesses die notwendige Aufmerksamkeit geschenkt wird, kann der Prozeß erfolgreich sein. *„Organisatorische Implementierung" wird hier als dieser zentrale Abstimmungsprozeß verstanden.*" (S. 299 f) Die mit solchen Thesen eingeleitete und mit Hilfe des PORGI-Systems (s. Szyperski u. a. 1979; Oppelland

der Implementierungsproblematik wird mehr und mehr von der Vorstellung geprägt, daß „successful implementation greatly depends on how well management has succeeded in reducing resistance to change and in creating a proper organizational environment" (Coleman u. Riley 1973, S. 477). Bei Coleman and Riley deckt der Implementierungsbegriff vornehmlich solche Aktivitäten, die auf die Überwindung von Anpassungswiderständen und die Umsetzung eines geplanten Verfahrens in tatsächliche Verhaltensweisen abzielen. Im Verhältnis zu Management-Informationssystemen findet sich die Informationssystemforschung bezüglich der Implementierung in einer analogen Situation wie die OR/MS-Implementierungsforschung wieder, und entsprechend schärft sich der Blick für soziale Größen. Dies schlägt auf Gestaltungsvorschläge ebenso durch wie auf die gesamte Forschungsorientierung. Da die Mitarbeiter nicht nur auf die Strukturen der Informationssysteme, sondern in gleichem Maße auch auf die Art und Weise der Systemeinführung reagieren, muß man sich der Einsicht stellen, daß der gesamte Systementwicklungsprozeß als Ursachenkomplex in Frage kommt (Dickson u. Simmons 1970, S. 62). Seither ist natürlich das, was einst im Hinblick auf integrierte und entscheidungsorientierte Informationssysteme gelernt wurde, zum Allgemeingut der Implementierung geworden und gehört zum Stil und zum Methodenrepertoire jeglicher Systementwicklung – wenn nicht in der Praxis, dann doch mindestens im Selbstverständnis ihrer Theoretiker.

Soweit die Untersuchung der Implementierung von Informationssystemen sich empirisch orientiert, weist sie eine hohe Affinität zur OR/MS-Implementierungsforschung auf: Sie fragt nach den Erfolgsbedingungen für Systementwicklungsprojekte und landet dabei auch bei ähnlichen Aspekten (Beteiligung der Benutzer, Unterstützung durch leitende Mitarbeiter, gegenseitiges Verständnis und Vertrauen zwischen Systemplanern und Betroffenen, Aufgeschlossenheit der Benutzer, Qualität der Kommunikation, Aufwand für die Systementwicklung, Wirtschaftlichkeitskontrolle).[10] Wegen der großen Bedeutung der Variable „Benutzerbeteiligung" (was auch immer damit gemeint sein mag) (Ives u. Olson 1984) findet die empirische Untersuchung der

---

1983) auch instrumentell untermauerte Attacke gegen die praktische Wirksamkeit des Prioritätstheorems (vgl. S. 111 dieser Arbeit) hat dieses allerdings nicht nachhaltig schwächen können.

[10] S. etwa Powers 1971; Vanlommel u. de Brabander 1975; Dickson u. Powers 1976; Edström 1977; de Brabander u. Thiers 1984.

Erfolgsfaktoren ihre Fortführung im Entwurf und der Erörterung von Partizipationsmodellen (s. Mumford 1979; Mumford u. Welter 1984; Kolf u. Oppelland 1979a; Kubicek 1979a, S. 118–132; Heilmann 1981) und der theoretischen und normativen Auseinandersetzung mit Partizipationschancen der Betroffenen und ihrer Vertretungen (s. die Beiträge in Mambrey u. Oppermann 1983). Interessanterweise spielen bei den Erfolgs- und Mißerfolgsdeterminanten soziale Größen die entscheidende Rolle (Lucas 1975, S. 105ff). Dies könnte darauf zurückzuführen sein, daß sich die Aufmerksamkeit empirischer Studien typischerweise auf Management-Informationssysteme richtet, also zumindest auf Systeme für Aufgaben mit gewissen dispositiven Gehalten, durch die qualifizierte Sachbearbeiter oder Führungskräfte in ihrer Arbeit berührt werden. Die Literatur zum EDV-Projektmanagement stellt – wie bemerkt – normalerweise nicht primär auf solche Systeme ab. Unsere Erfahrungen sprechen dafür, daß in diesem Unterschied (Dominanz funktional-technischer und projektstruktureller Aspekte in der Lehre vom EDV-Projektmanagement, Dominanz sozialer Größen in der empirischen MIS-Forschung) System liegt: Tatsächlich bedarf die Implementierung operativer Systeme eher einer technologischen Handlungslehre und verträgt eine solche auch; demgegenüber stellen sich, will man Personen mit höherer Positionsmacht an den Computer führen oder in Entscheidungstätigkeiten eingreifen, andersgeartete Probleme, die nur durch Maßnahmen eines besonderen „Ansprechens", „Abstimmens", „Motivierens", der „Vertrauensbildung" u. ä. in den Griff zu bekommen sind.

3. Implementierung politischer Programme

In der rechts- und verwaltungssoziologischen Implementationsforschung[11] ist mit „Implementation ... die Durchführung bzw. Anwendung der im Prozeß der Politikentwicklung entstandenen Gesetze und anderen Handlungsprogramme gemeint". (Mayntz 1977, S. 51) Der Implementation geht die Programmentwicklung voraus. Die Implementationsforschung hat bei ihren Untersuchungen zunächst primär die Regierungs- oder Gesetzgeberperspektive eingenommen. „Die Verwirklichung der Programmziele wird damit zum zentralen Maßstab,

---

[11] Als wegweisende Studien s. Marris u. Rein 1972; Pressman u. Wildavsky 1973; zur Entstehung des Forschungsparadigmas und zum Forschungsstand in Deutschland s. Mayntz 1980a.

der konforme Vollzug erscheint erwünscht und was ihn behindert als verbesserungsbedürftig." (Mayntz 1980b, S. 2) In diesem Grundzug, der allerdings in jüngerer Zeit durch eine stärkere Berücksichtigung der Adressatenperspektive ergänzt wurde, ähnelt die verwaltungssoziologische Implementierungsforschung den schon erwähnten Ansätzen der Modell- und Informationssystemimplementierung. Die Handlungskonstellation bei der Implementierung politischer Programme (die „Implementationsstruktur ... als das strukturierte Aktorensystem ..., das ein Programm umsetzt" (Mayntz 1980b, S. 7; s. auch 1977, S. 62)) besteht, anders als bei der Modell- und Informationssystemimplementierung, in erster Linie aus staatlichen (Ministerien, Behörden) und nichtstaatlichen Institutionen (Unternehmungen, Verbände, Vereine).[12] Die Analyse der Implementationsproblematik setzt vorwiegend bei den Merkmalen von Durchführungsinstanzen und Zielgruppen im politischen Prozeß, namentlich an den Interessen der beteiligten Institutionen und Gruppen sowie an ihren Artikulationspotentialen an. Wie die Implementierung im einzelnen zu bewerkstelligen ist, hängt von den inhaltlichen Zielen und vom Typ der Vorgaben ab.[13] Mit Aufgabenkatalogen wartet die Implementationsforschung diesbezüglich nicht auf; ihre empirische Orientierung läßt sie vielmehr nach jenen tatsächlich aufweisbaren Interessen- und Handlungsmustern, Interaktions- und Machtstrukturen, Programmausprägungen und Organisationsformen suchen, die im Vollzugsprozeß gegenwärtiger politischer Steuerung als Durchsetzungsrisiken, Barrieren und Hemmnisse zu deuten sind.

4. Organisationsentwicklung

In den drei angeführten Forschungsrichtungen, in denen der Implementierungsbegriff einen ausdrücklichen, systematischen Stellenwert besitzt, geht es jeweils um recht unterschiedliche Implementierungsobjekte: um mathematische Modelle oder Entscheidungshilfen, um Informationssysteme und um politische Programme oder vergleichbare Vorgaben öffentlicher Instanzen. Trotz der gegenstandsbezogenen Unterschiede, denen im Ansatz wie im weiteren Verlauf der Analysen durch inhaltliche und methodische Differenzierung Rechnung getragen wird, gibt es zumindest eine wesentliche formale Ähnlichkeit: Die grundsätz-

---

[12] Als Beispiel für eine Präzisierung aus dem Bereich der Luftreinhaltepolitik s. Knoepfel u. Weidner 1980, S. 86ff.

[13] Zur Typologie von Programmen s. Mayntz 1977, S. 59f; 1980b, S. 5f.

liche Handlungssituation der Implementierung impliziert, daß ein bestimmtes Produkt (Modell, Informationssystem, Programm), das zunächst nur als Wunschvorstellung oder Konzept existiert, in tatsächlich stattfindende Abläufe und Verhaltensweisen umgesetzt wird (s. auch Seibt 1980, Sp. 854). Entscheidungsträger sollen sich nach den Modellergebnissen entscheiden, Informationsverarbeitungsverfahren sollen nach den verordneten computergestützten Soll-Schemata abgewickelt werden, politische Steuerungsformeln sollen sich im Handeln von Vollzugsbeamten und Bürgern niederschlagen. Das Problem der Implementierung wird nur am Rande als ein Problem der Aufgabenadäquanz,[14] in erster Linie dagegen als das Problem des Verwirklichens von Soll-Vorstellungen begriffen. Daß dieses Verwirklichen von Soll-Vorstellungen bedeutet, nicht nur Maßnahmen zur Implementierung durchzuführen, sondern *faktische Verhaltensrelevanz zu erzielen*,[15] rückt die Implementierungsforschung insgesamt in die Nähe der Lehren des geplanten Wandels.[16]

In der Perspektive des „Planned Change", die ihren stärksten Stand wohl in den Beiträgen zum „Planned Organizational Change" bzw. zum Themengebiet „Organizational Development" gefunden hat,[17] ist Implementierung seit jeher über die *Orientierungs- und Verhaltenswirk-*

---

[14] Diese Problematik haben Mitroff u. Featheringham mit ihrer berühmten Formulierung des „Fehlers 3. Art" ins Profil gehoben: „The error of the third kind (is) the error, or probability, of having solved the wrong problem, choosing the wrong problem representation, when one should have solved the right problem, chosen the right represenation." (1974, S. 383)

[15] Besondere Konsequenz in dieser Hinsicht zeigt Marock (1974). Er präzisiert die Implementierungsproblematik in folgender Frage: „Wie sind die prospektiven Benutzer dazu zu bringen, die ihnen zugedachten Rollen zu spielen, d. h. das Computersystem und die von ihm gelieferten Informationen zu benutzen?" (S. 35) Der Implementierungsbegriff wird damit auf die Erzielung eines bestimmten Informations- und Entscheidungsverhaltens bezogen. Die die Implementierung definierende Aufgabe besteht darin, das tatsächliche Informations- und Entscheidungsverhalten von „Benutzern" mit demjenigen in Übereinstimmung zu bringen, das für das optimale Funktionieren eines konzipierten Verfahrens erforderlich ist und das bei der Konzipierung des Verfahrens zugrundegelegt wurde. Es geht also um die Herbeiführung eines in der Verfahrenskonstruktion explizit oder implizit mit festgelegten Verhaltensschemas.

[16] Zu den natürlich längst erkannten Querverbindungen s. z. B. Zand u. Sorensen 1975; Bierfelder 1978; S. 44 ff; Wagner 1979; Ginzberg 1979; Seibt 1980, Sp. 858.

[17] Zur Entstehung des Ansatzes der Organisationsentwicklung s. Chin u. Benne 1969; Trist 1970; French u. Bell 1977, S. 37–44. Zur Perspektive s. Bennis 1969; Bartlett u. Kayser 1973; Gebert 1974; Bartölke 1980 sowie in etwas engerer, auf strukturorganisatorische Veränderungen bezogener Rezeption Kirsch u. a. 1979.

samkeit von geplanten Zuständen definiert worden. Implementierung „encompasses a process which includes the creation in a client-system of understanding of, and commitment to, a particular change which can solve problems, and devices whereby it can become integral to the client-system's operations" (Bennis 1966, S. 175). French u. Bell betonen ganz entsprechend das Abzielen der Organisationsentwicklung auf die Organisations- und Gruppenkultur (1977, S. 31 ff).

Die Absicht, das soziale Verhalten zu verändern, stößt auf das Problem, daß Verhalten nicht unmittelbar disponibel, sondern nur indirekt beeinflußbar ist.[18] Dies ruft sofort die Frage auf den Plan, *wie* Verhalten in gewünschter Richtung beeinflußt werden kann. Sie wird zur Grundfrage einer Fülle von sozialtechnologisch zugeschnittenen Untersuchungen, die sich durch das Etikett „Organizational Change and Development" (OD) zu erkennen geben und folgende charakteristische Kennzeichen teilen:

a) Sie wollen sozialwissenschaftliche Erkenntnisse für Prozesse des geplanten Wandels nutzbar machen (Bennis 1965);
b) sie streben gleichgewichtig Ziele der Verbesserung institutioneller Leistungsfähigkeit und individueller Befindlichkeit an wie „higher performance, acceptance of new techniques, greater motivation, more innovation, increased cooperation, reduced turnover" (Greiner u. Barnes 1970, S. 2; Short 1973);
c) sie unterstellen ein entwicklungs- und motivationspsychologisch inspiriertes humanistisches Menschenbild, betonen die Relevanz der Gruppenbindung und entwickeln dementsprechend eine gewisse Präferenz für nicht-bürokratische, auf Kommunikation und Kooperation besonders Wert legende Organisationsformen (French u. Bell 1977, S. 90 ff);
d) sie lassen eine ausgeprägte Vorliebe für partizipative oder „kollaborative" („shared-power"-) Veränderungsstrategien erkennen (Barnes 1969; Greiner 1970);
e) sie postulieren eine Beraterrolle als festen Bestandteil jedes geplanten Veränderungsprozesses (French u. Bell 1977, S. 184) und
f) sie propagieren sozialwissenschaftlich mehr oder weniger begründbare Interventionstechniken (zum Überblick s. Argyris 1970; Hacon 1972; French u. Bell 1977, S. 124 ff).

---

[18] Vgl. S. 145 ff; eine Reihe eindrucksvoller Fallbeispiele dafür findet man bei Dalton u. a. 1970.

Mögen sich die Beiträge zur Organisationsentwicklung auch als „theoretisch" verstehen, so ist doch unverkennbar, daß die soziale Bedeutung der gesamten „Planned Change"-Bewegung wegen der beiden zuletzt genannten Punkte auf eine Handlungslehre für „weiche", sozialwissenschaftliche Beratung hinausläuft, die mit sozialpsychologischen Konzepten und Theoriefragmenten operiert und besonders mit kommunikativ vermittelten Einwirkungen auf „innere" Verhaltensgrundlagen (Kompetenzen, Einstellungen, Werte) liebäugelt.[19]

Die Absicht, auf verschiedenen Wegen kontrollierbare Verhaltensveränderungen zu erzielen,[20] drängt die Organisationsentwicklung zwangsläufig – zumal wenn die generelle Richtung normativ vorgezeichnet ist – in die Rolle einer Methodenlehre, und zwar – dies mag man ihrer sozialpsychologischen Herkunft anrechnen – im wesentlichen einer Lehre von Methoden zur Einstellungs- und Verhaltensbeeinflussung durch Kommunikation. Wegen der mangelnden Disponibilität des Verhaltens gerät nämlich jede Veränderungsmaßnahme zum bloßen Veränderungsversuch. Die besondere Problematik, *wie* man überhaupt *irgendeine* gezielte oder erwünschte Änderung herbeiführen kann, schiebt sich dann verständlicherweise zunächst einmal über das Problem, *welche* Änderung *konkret* herbeigeführt werden soll. Dieses Problem wird durch vorangehende Wertentscheidungen neutralisiert. Damit wird aber die gesamte Gestaltungsproblematik nur noch unter dem Gesichtspunkt der auf irgendeine Weise zu bewerkstelligenden Verhaltensrealisierung aufgegriffen, also von einem formalen Implementierungsverständnis her aufgerollt. Da ein bestimmtes Handlungsmuster nicht unmittelbar herstellbar ist, erübrigt sich eine ganz genaue Beschreibung oder gar eine situationsspezifische Relativierung seiner Elemente: Eine allgemeine Veränderungstendenz, ein grober Trend reicht aus, wenn nicht sogar der Endzustand völlig offenbleibt und Organisationsentwicklung in den Dienst beliebiger intendierter Veränderungen gestellt wird, was vor allem in ihrer managementtheoretischen Wendung häufig anzutreffen ist.[21] Die Entkopplung der Organisationsentwicklung von ihrem normativen, humanistisch-emanzipa-

---

[19] So ausdrücklich z. B. bei Kolb u. Frohman 1970.

[20] Zu den Variationen der „approaches" s. Leavitt 1965; Barnes 1969.

[21] Short (1973, S. 53) z. B. definiert „planned organizational change ... as any planned program that results in significant alterations of the behavior of individuals or groups within the organization in a direction desired by management." S. auch Beckhard 1969; Haidekker u. Langosch 1975.

torischen Grundzug rückt ihren Charakter als Sozialtechnologie in grelles Licht. Organisationsentwicklung entleert sich zur Herbeiführung inhaltlich unbestimmter Verhaltensweisen, unter denen günstigenfalls auch solche sind, die sozial erwünscht oder moralisch begründbar erscheinen. „Overcoming resistance to change“ wird zum dominanten Funktionsgesichtspunkt, die Gewinnung von „understanding“, „acceptance“ und „commitment“ für beliebige Veränderungen zur leitenden Zielvorstellung (Watson 1966). Eigenständige, substantielle Wertgehalte werden den Werten der Institutionen untergeordnet, in denen Organisationsentwicklung zur Anwendung kommt. In dieser Form erst verspricht sie, dem tatsächlichen Bedarf bei der Implementierung computergestützter Informationsverarbeitung gerecht zu werden. Die Brücke zur sozial geschickten Durchsetzung technischer Neuerungen ist geschlagen.

Die skizzierten Einschätzungen greifen die Organisationsentwicklung in ihrem gesamten Erscheinungsbild auf und werden dadurch natürlich der Vielfalt von Verästelungen und Standpunkten nicht vollkommen gerecht. Ihr „Geist“ dürfte aber getroffen sein. Der Schlüssel zu ihrem Verständnis liegt in der Feststellung, daß die Organisationsentwicklung mit ihrer konsequenten Ausrichtung auf das Arbeits- und Sozialverhalten in organisierten Sozialsystemen die gezielte Veränderung eines Wirklichkeitsausschnittes (personelles Verhalten) anstrebt, der unmittelbarem Zugriff von außen nicht zugänglich ist (es sei denn mit verfassungswidrigen Maßnahmen). Verhalten läßt sich nicht umstellen; es muß *umgelernt* werden, und das erfordert Aktivität der Veränderungsobjekte. Dieser Umstand akzentuiert die „Wie-Problematik“, d. h. die Methodik des Veränderns. Daraus wiederum entsteht das methodologische Interesse des Ansatzes mit seiner spezifisch kommunikativen Färbung.

In jüngerer Zeit ist die Organisationsentwicklung nicht von Kritik verschont geblieben (Sievers 1977). Die wichtigsten Einwände betreffen die mangelnde Begründung, Unverbindlichkeit, Verkümmerung oder Vereinseitigung der Wertgrundlagen (s. z. B. Fricke 1978), das Auseinanderklaffen von emanzipatorischem Anspruch und praktischen Wirkungsmöglichkeiten (Kubicek u. a. 1979), die Vernachlässigung der erforderlichen (vor allem organisationalen) Lernprozesse (z. B. Rieckmann u. Sievers 1978) und das zugrundeliegende Handlungsmodell bzw. die Rollenverteilung zwischen Berater (change agent) und Klienten (client system) (Kappler 1979). Die Stoßrichtung dieser Kritik ist keineswegs einheitlich; gedrängt wird nicht etwa auf Überwindung des Gesamtansatzes, sondern auf seine theoretische Anreicherung, normative Abklärung und geläuterte praktische Fruchtbarmachung.

5. Anschlußpunkte

Die zusammengetragenen Implementierungsbegriffe und implementierungsrelevanten theoretischen Ansätze schöpfen konzeptionelle und theoretische Vorarbeiten, die für eine weiterführende Analyse der Implementierung computergestützter Informationssysteme in Anspruch genommen werden könnten, sicherlich nicht aus.[22] Die Ausführungen geben aber einen Eindruck davon, was man in der ausdrücklichen wissenschaftlichen Auseinandersetzung mit dem Phänomen unter „Implementierung" in etwa versteht und wie man die sich dahinter verbergende Problematik bzw. die sich dahinter abzeichnenden gegenstandsabhängigen Sonderprobleme angeht. Verwendet man den Begriff „Theorie" einigermaßen großzügig, läßt sich resümieren: Die (1) Theorie der Modell-Implementierung sucht auf empirischem Wege nach Korrelationen zwischen institutionellen und sozialen Variablen und der Zufriedenheit mit bzw. der Benutzung von mathematischen Entscheidungshilfen. Die (2) Theorie der Informationssystem-Implementierung legt in ihrem vorherrschenden pragmatischen Zweig, der (2 a) Theorie des EDV-Projektmanagements, aus einer grundsätzlichen Prozeßphasenperspektive Aufgabenbeschreibungen und -abgrenzungen vor, entwickelt Lösungshilfen für diese Aufgaben und empfiehlt bestimmte projektorganisatorische Arrangements. Als (2 b) Theorie der organisatorischen Implementierung konzentriert sie sich auf die Prozesse der personellen Anpassung und Einbindung und der Abstimmung funktionaler, technologischer, organisatorischer und personeller Komponenten, wobei die Vermeidung von Widerständen und die Erzielung von Akzeptanz ihre hauptsächliche praktische Stoßrichtung bestimmen. In

[22] Innovationstheorie, Konflikttheorie oder Verhandlungstheorie mögen ebenfalls beachtenswerte Gesichtspunkte bereithalten. Im Hinblick auf ein Verständnis für die Akzeptanzsicherung halten wir die Deutung der Implementierung als politischen Prozeß für aussagefähig. Eine „Theorie politischer Prozesse", die man mit Hoffnung auf Substanzgewinn als Rahmen für die Implementierung von Informationssystemen heranziehen könnte, ist nicht vorgelegt. Wohl aber ermutigen verstreute Hinweise, für Teilaspekte eine „politische Sicht" zu wagen. Vgl. unsere Ausführungen zur „Implementierungstaktik" in Abschnitt B.VI.1.

ihrem empirischen Zweig, primär ausgebildet als (2c) MIS-Implementierungsforschung, spürt sie sozialen und organisatorischen Bedingungen nach, von denen die Akzeptanz und die Effizienz entscheidungsbezogener Informationssysteme abhängen. Soweit dabei „Benutzerbeteiligung" als Erfolgsfaktor in den Vordergrund zu stellen ist, und soweit aus den Analysen zur organisatorischen Implementierung Betroffenenbeteiligung als Königsweg der Kontrolle von Abwehrhaltungen und der Akzeptanzerzielung abgeleitet wird, mündet sie in eine Diskussion der (2d) Partizipation bei der Informationssystemgestaltung, die nach einigen mehr methodologischen Ansätzen (s. zum Überblick Hansel u. Kolf 1978; Kolf u. Oppelland 1979a; Heilmann 1981) neuerdings immer stärker normativ geführt wird. Die (3) Theorie der Programm-Implementierung ist wieder rein empirisch orientiert und durchleuchtet die politischen und sozialen Prozesse in Verbindung mit der Programmumsetzung. Die (4) Theorie der Organisationsentwicklung weist einen normativ-methodischen Grundzug auf; sie entwickelt Methoden der Einstellungs- und Verhaltensbeeinflussung und gibt Empfehlungen hinsichtlich der Einrichtung der institutionellen Umgebung ihrer Anwendung.

Diese sieben Forschungsfelder bieten eine Reihe von Anknüpfungspunkten für eine Theorie der Implementierung computergestützter Informationssysteme, etwa den Aufriß des politischen Prozesses und das konzeptionelle Modell der „Implementationsstruktur", die in ein „Implementationsfeld" hineinwirkt, in der Betrachtung der Programm-Implementierung; die Betonung von Einflüssen der institutionellen Umgebung auf den Erfolg eines Gestaltungsprojektes; die Identifikation von günstigen und ungünstigen Projektbedingungen; die Vorstellung, daß Implementierung einen komplexen Handlungs- und Lernprozeß darstellt; die Herausarbeitung der Bedeutung struktureller und sozialer Variablen neben oder sogar vor den Aufgaben- und Technologieaspekten; den Gedanken, daß es letzten Endes um Veränderungen in Orientierungen und Verhaltensweisen geht; die Beleuchtung von Gründen, Formen, Effekten und Defiziten der Zusammenarbeit zwischen Systemspezialisten und Betroffenen; und natürlich nicht zuletzt die Fülle der deskriptiven Eindrücke und Relevanzurteile, die in den jeweils behandelten Variablen stecken. Darüber hinaus wäre die Qualität der Vorarbeiten zu gering eingeschätzt, wenn nicht explizit vermerkt würde, daß in Detailbetrachtungen viele höchst wichtige und in eine Implementierungstheorie unbedingt einzuarbeitende Überlegungen und Befunde vorkommen. Andererseits fördert weder eine ausführlichere Besprechung noch eine immanente Kritik der referierten Implementierungsansätze ein ausreichendes theoriestrukturelles Potential und eine hinreichende empirische Aufnahmefähigkeit zutage, die es nahelegen würden, eine empirische Theorie der Implementierung computergestützter Informationssysteme in bloßer Erweiterung oder Verfeinerung vorhandener Bezugsrahmen zu erwarten.

Eine Implementierungstheorie nach dem Muster der OR/MS-Implementierungsforschung oder der MIS-Implementierungsforschung berücksichtigt nicht genug die Prozeßhaftigkeit und den Systemcharakter der Implementierung sowie die mehrstufigen Sinnzusammenhänge. Man kann wohl Variablen entlehnen, gewinnt aber wenig für die theoretische Gesamtargumentation. Die Theorien des EDV-Projektmanagements, der organisatorischen Implementierung und der Organisationsentwicklung eignen sich aufgrund ihrer normativ-pragmatischen Grundeinstellung nicht als Explikationsrahmen einer empirischen Implementierungstheorie: Die ersteren liefern eine rationalistische, die letztere eine humanistische Verklärung der Realität. Daß sich Implementierung nicht auf Partizipation reduzieren läßt, dürfte ins Auge springen. Die Theorie der Programm-Implementierung bietet zweifellos das anspruchsvollste Rüstzeug, behandelt aber doch einen ziemlich andersgearteten Gegenstand, so daß eine Anlehnung über formale Gemeinsamkeiten kaum hinausreichen würde.

Die gedanklich-strukturelle, theorietechnische und methodologische Verbindlichkeit der erwähnten Ansätze schwächt sich somit zu einem punktuellen Aufgreifen relevant erscheinender Einzelhinweise ab. Dies beginnt bei der Ableitung eines tragfähigen Fundamentes für den Grundbegriff der Implementierung.

III. Fundierung des Implementierungsbegriffes

Bei aller substantiellen Divergenz der implementierungstheoretischen Ansätze ist die gemeinsame Tendenz bemerkenswert, den Implementierungsbegriff in Richtung der Herstellung des zu implementierenden

Objektes auszudehnen. Dadurch weicht die strenge Phasenvorstellung auf. Nach dem Muster der Organisationsentwicklung wird der *gesamte* Vorgang, in dem ein Modell, Informationssystem oder Programm verwirklicht wird (einschließlich also des Entwurfes, der Konstruktion oder der Entwicklung des Implementierungsobjektes), von dem Zielpunkt faktischer Verhaltensänderungen her überschaut. Anders als in der Organisationsentwicklung bleibt allerdings eine Vorstellung des konkret intendierten Verhaltens bewahrt. Diese Ausweitung begründet sich aus den Schwierigkeiten, das „Ende" einer Entwurfsphase und den „Anfang" der Implementierungsphase empirisch zu verifizieren, aus der Erkenntnis, daß die Implementierungsobjekte im Verlauf der Implementierung Transformationen unterliegen können, und aus den Erfahrungen einer Antizipation von Implementierungsproblemen im Entwurf; letztere stellen einen Sonderfall der Notwendigkeit dar, von Anfang an Modelle, Informationssysteme oder politische Programme an bestimmte Ausgangsbedingungen anzupassen, in denen sie eine Veränderung induzieren sollen.

Für die OR/MS-Implementierungsforschung haben Schultz u. Slevin (1975 c) dieser Idee einer erforderlichen Gesamtschau in ihrem Vorschlag Ausdruck verliehen, den „fit" zwischen den typischen Verhaltensstilen in einer Institution und den Verhaltensanforderungen computergestützter mathematischer Modelle als Hauptfaktor des Implementierungserfolges zu unterstellen und zum zentralen Thema der Implementierungsforschung zu machen. Aus dem unterschiedlichen Implementierungsverständnis von Modellspezialisten, Benutzern und Top Managern folgern Schultz u. Slevin später explizit, daß „a behavioral perspective of implementation would include the *development* (technical validity) and the *use* (organizational validity) of a model or technique that results in a positive change in *organizational effectiveness* (positive top management evaluation)" (1979, S. 4; s. ferner Ginzberg 1979, S. 87).

Eine ähnliche Argumentation ist in der auf Informationssysteme bezogenen Implementierungsforschung nachzuweisen. In einem Beitrag zu den Bedeutungsvarianten des Implementierungsbegriffes arbeitet Seibt (1980) einen „weiten" Implementierungsbegriff heraus:

„Mit „Implementierung" wird der gesamte Prozeß der Systementwicklung bezeichnet, d. h. der Terminus „Implementierung" wird an Stelle des Terminus „Entwicklung" verwendet." (Sp. 853)

Seibt scheint dieser weiten Begriffsfassung zuzuneigen, wenn er schreibt:

„Wenn ... eine verfügbare allgemeine Methode/Modell/Arbeitsvorschrift problem- und situationsspezifisch angepaßt werden soll, um sie im Rahmen eines computergestützten Informationssystems in einer bestimmten Unternehmung zur Lösung bestimmter Probleme bzw. zur Erfüllung bestimmter Informationsverarbeitungsaufgaben einzusetzen, dann sollten von Beginn der Systementwicklung an die gegebenen Bedingungen hinsichtlich Hardware-/Software-Konfiguration, aufbau- und ablauforganisatorischer Strukturen, personaler Kapazitäten und Qualifikationen, Bedürfnisse von Personen/Gruppen usw. berücksichtigt werden. Die Berücksichtigung dieser verschiedenen Dimensionen ist nicht auf eine bestimmte Systementwicklungsphase beschränkt." (Sp. 855f)

Die von Seibt gegebene Einteilung in

- methoden- und modelltechnische Implementierung,
- hardware- und softwaretechnische Implementierung und
- organisatorische Implementierung

sowie ein gesamthaftes Verständnis der organisatorischen Implementierung als Gestaltungsansatz zur Realisierung von wirksamen computergestützten Informationssystemen[23] unterstreichen den theoretischen Fortschritt, den Implementierungsbegriff nicht mehr allein auf die verhaltenswirksame Umsetzung eines *fertigen* Konzeptes oder Schemas zu beschränken, sondern die Konstruktion dieses Schemas im Begriff mitzudenken.

In diesem Sinn meint auch Lucas:

„The implementation of a computer-based information system is an on-going process which includes the entire development of the system from the original suggestion through the feasibility study, systems analysis and design, programming, training, conversion, and installation of the system." (1981, S. 14; vgl. auch 1979, S. 81)[24]

Für die Programm-Implementationsforschung stellt Mayntz schon 1977 klar:

„Obwohl also die Implementation analytisch gesehen eine eigene Phase im politischen Prozeß ist, läßt sie sich nicht sinnvoll von der Programmentwicklung und der Programmwirkung isoliert betrachten. Die Implementationsfor-

---

[23] Vgl. auch Kolf u. Oppelland 1979 a, S. 312ff sowie das Zitat auf S. 176 dieser Arbeit aus Kolf u. a. 1978.

[24] Zu einer ähnlich umfassenden Auslegung des Implementierungsbegriffes s. Holsinger 1969, S. 14f.

schung darf die Programmentwicklung nicht vernachlässigen, weil diese beiden Prozeßphasen durch komplexe Abhängigkeiten miteinander verknüpft sind. Zunächst wird die Programmentwicklung durch die Kenntnis der vorgegebenen Implementationsstruktur und die Antizipation von Schwierigkeiten im Vollzug inhaltlich beeinflußt. Die Merkmale des resultierenden Programms bestimmen wiederum die Vorgänge in der Implementationsphase wesentlich mit; entsprechend sind diese Vorgänge ohne ausdrücklichen Rückbezug auf die Programmentwicklung gar nicht ausreichend zu erklären.“ (S. 54)[25]

Wegen der „faktischen und analytischen Verflechtung von Politikformulierungs- und Implementierungsprozessen scheint es wenig Sinn zu machen, sich an einer strikten Phasengliederung zu orientieren und zu untersuchen, auf welche Probleme der Vollzug eines *gegebenen* Programms stößt.“ (Garlichs 1980, S. 20).

In verschiedenen Ansätzen der Implementierungsforschung beobachtet man somit die Tendenz, den Implementierungsbegriff auf die *Schaffung des Implementierungsobjektes* auszudehnen und damit die Voraussetzung aufzuheben, das Implementierungsobjekt sei ein schon fertiges, nicht mehr abänderbares und auch relativ klar konturiertes Produkt. Tatsächlich hebt die Erweiterung des Implementierungsbegriffes für die Theorie die Möglichkeit zur Berücksichtigung von Gestaltungsfreiheit. Engere Implementierungsbegriffe unterstellen ein relativ stark ausgearbeitetes Soll-Schema, das in der entworfenen Form zu realisieren ist, weitergefaßte Implementierungsbegriffe gehen nur von Ideen der Veränderung oder Verbesserung aus, wobei die Beschaffenheit von Soll-Schemata zunächst offenbleibt. Je weiter ein Implementierungsbegriff ausgelegt wird, desto mehr werden Aktivitäten der *Konzipierung* von Problemlösungen, *Alternativen der Konstruktion* von Modellen, Informationssystemen und Programmen und Varianten ihrer Einführung in Betracht gezogen. Je enger er ist, desto mehr sind die Aktivitäten auf die *Durchsetzung* fertiger Pläne, Verfahren und Apparaturen reduziert; die Konstitutionsbedingungen des Implementierungsobjektes sind abgeschattet; die Aufmerksamkeit konzentriert sich auf erforderliche Gestaltungsleistungen zur Erhöhung der Wahrscheinlichkeit, daß ein weitgehend fixiertes Schema sich in effektivem Handeln niederschlägt.

Wie man sieht, *besitzt die Explikation des Implementierungsbegriffes eine perspektivensetzende, bewußtseinssteuernde Funktion*. Ein phasen-

[25] Zur Verschärfung und empirischen Begründung dieser Argumentation s. Mayntz 1980b, S. 9f.

bezogener Begriff suggeriert, daß das Implementierungsobjekt nicht mehr zur Disposition stehen kann. Es ist daher typisch für eine mit einem solchen Implementierungsbegriff operierende Analyse, daß sie das Implementierungsobjekt selbst kaum in den Blick bringt, sondern sich sozusagen nur noch um das „Verkaufen" kümmert.[26] Vielleicht mag damit auch impliziert sein, daß man am Implementierungsgegenstand nichts mehr ändern soll. Jedenfalls beschränkt ein Implementierungsbegriff, der die Dualität einer fertigen „Produktkomponente" und einer „Umsetzungskomponente" oder – soweit Zustimmung von Personen notwendig ist – einer „Werbekomponente" internalisiert und sich allein um die letztere kümmert, systematisch die Möglichkeit, „Produktgestaltung" zu diskutieren.[27] So legt sich ein Begriffsschleier über die Wirklichkeit, in der – mit erkennbaren politischen Intentionen – natürlich durchaus über „Produktgestaltung" gesprochen wird, und zwar in engem Zusammenhang mit den Chancen der Realisierung.

Zur Untersuchung des Sinnzusammenhanges der Maßnahmen, die letztlich zur Entstehung eines computergestützten Informationssystems führen, eignet sich ein den Gesamtprozeß umgreifender Implementierungsbegriff offensichtlich besser als ein phasenbezogener (s. auch Hermann 1984, S. 20). Wir wollen deshalb unter „Implementierung" den Komplex von Handlungen verstehen, in denen ein computergestütztes Informationsverarbeitungsverfahren von einer ersten Idee zu regelhaftem Verhalten gebracht wird. Dieser Handlungskomplex besitzt eine gewisse zeitliche Erstreckung, ist aber von vornherein stets als vorübergehend konzipiert: Er ist somit ein abgrenzbarer Prozeß oder ein Projekt. Er unterscheidet sich von anderen Handlungen durch einen spezifischen Sinn: Er stellt somit ein Handlungssystem dar. Er erfordert die Interaktion mehrerer Teilnehmer: Dadurch wird er zum sozialen System. Bezogen auf unseren Untersuchungsgegenstand bezeichnet Implementierung jene Gattung temporärer sozialer Systeme, in denen computergestützte Informationssysteme gestaltet werden.

---

[26] Eigenschaften zu implementierender Modelle oder Informationssysteme werden nicht nur selten, sondern, wenn überhaupt, auch nur äußerst grobschnittartig beleuchtet. S. z. B. Schultz u. Slevin 1975c, S. 44 für einen der wenigen Versuche in dieser Richtung. Für die Programm-Implementation vermerken Knoepfel u. Weidner eine „stiefmütterliche Behandlung des Programms" (1980, S. 82).

[27] Zu dieser plastischen, der Sprache der Absatztheorie entlehnten Begrifflichkeit vgl. Marock 1974, S. 36–38; 1979, S. 378.

IV. Implementierung als soziales System

Der Durchgang durch die prominenteren implementierungstheoretischen Ansätze hat schon mehr Komplexität aufgerissen, als im Rahmen dieser Untersuchung verarbeitet werden kann. Es ist in Erinnerung zu rufen, daß wir es hier nur mit der Implementierung *computergestützter Informationssysteme* aufnehmen wollen. Dabei wird keineswegs allein an entscheidungsbezogene Informationssysteme gedacht; entsprechend der Verbreitung ist sogar stärker von operativen Systemen Notiz zu nehmen, genauer: von computergestützten Informationssystemen, die auf operativen Ebenen, also bei vorwiegend ausführenden Arbeiten, in wirtschaftlich gebundenen Leistungseinheiten zur Anwendung kommen. Solche Systeme können durchaus dispositive Bestandteile enthalten, etwa Bevorratungs- und Bestellalgorithmen im Lagerwesen oder Maschinenbelegungs- und Auftragsreihenfolgeplanungen in der Produktionssteuerung. Es handelt sich dann wohl um Entscheidungen, aber um Routineentscheidungen, von denen jede einzelne nur eine mäßige Tragweite hat und schnelle Korrekturmöglichkeiten bietet. Von solchen Systemen ist typischerweise Personal mit sachbearbeitenden Funktionen betroffen, wobei die Qualifikationsgrade schwanken können, etwa zwischen einem Diplom-Ingenieur in der Konstruktion oder einem promovierten Volkswirt in der Betriebswirtschaftlichen Abteilung bis zum Verwalter der Registratur oder einem Hilfssachbearbeiter bei der Rechnungsschreibung.

Die Untersuchung beschränkt sich ferner auf die Anwendung computergestützter Informationssysteme *in wirtschaftlich gebundenen Leistungseinheiten.* Dies wird sich besonders bei der Betrachtung der Umgebung von Implementierungsprozessen und bei der Analyse ihrer Strukturen als wichtig erweisen. Der Computereinsatz zu wissenschaftlichen, künstlerischen, militärischen, didaktischen, medizinischen oder sonstwie gearteten Zwecken liegt außerhalb des hier gesetzten Horizontes. Damit ist dem Gegenstandsbereich noch ein relativ weiter Umriß gelassen. Computeranwendung für die Unterstützung von Routinearbeitsprozessen, die unter Wirtschaftlichkeitsgesichtspunkten stehen, dürfte im Anwendungsspektrum bei weitem das größte Segment belegen. Es wird im weiteren Verlauf deutlich werden, daß sich aus der Art und Weise, wie wir unseren Erfahrungshintergrund in die Theorie einbringen, zusätzliche Einschränkungen ergeben, die am Ende z. B. die Aussagen für größere Unternehmungen oder Behörden treffender und plausibler erscheinen lassen als für Anwaltspraxen oder Handwerksbetriebe. Angestrebt ist in jedem Fall eine inhaltlich reichhaltige Darstellung, nicht ein abstraktes Theorieschema, das phantasievoll auf den praktischen Boden realer Implementierungsprozesse heruntergeschraubt wird. Das Vorhaben ist vielleicht etwas weniger induktiv als die „grounded theory" von Glaser u. Strauss (1967), läuft aber auf einen ähnlichen Ansatz hinaus.

1. „Gestaltungsergebnis" und „Gestaltungsprozeß": Eine systemtheoretische Rekonstruktion

Der Implementierungsbegriff (ab jetzt ist damit nur noch die Implementierung computergestützter Informationsverarbeitung gemeint) übergreift die *Dualität von Gestaltungsergebnis und Gestaltungsprozeß*. Es ist eine entscheidende Schwäche der Implementierungsforschung, diese Dualität bisher nicht unter ein Dach gebracht zu haben. Statt dessen neigt man dazu, sie auseinanderzuziehen. Grochla reflektiert dies in der Klassifizierung informationssystem-orientierter organisationstheoretischer Ansätze in

- gestaltungsergebnis-orientierte Ansätze und
- gestaltungsprozeß-orientierte Ansätze (1975 b, S. 15 f; 1978, S. 192 ff).

Die *am Gestaltungsergebnis orientierten Ansätze* beschäftigen sich mit den Komponenten möglicher oder realisierter computergestützter Informationssysteme, wobei eine relativ deutliche Trennung zwischen der Behandlung von Aufgabenstrukturen, Informationsflüssen und Hardware-/Software-Konfiguration einerseits, den organisationsstrukturellen und personellen Aspekten andererseits zu beobachten ist (Grochla und Kubicek 1976, S. 437 f). „Im Mittelpunkt der *am Gestaltungsprozeß orientierten Ansätze* steht das Bemühen, Konzepte und Methoden zu erarbeiten, mit deren Hilfe die gestaltungsspezifischen Probleme gelöst werden können, die der Einsatz von Computern mit sich bringt." (das., S. 434) Damit sind Problemkreise wie Methodologie der Systementwicklung, Entwurf von integrierten Anwendungsmodellen, Ausloten der Möglichkeiten computergestützter Systemgestaltung, Projektorganisation und Überwindung von Widerständen bzw. Akzeptanzerzielung angesprochen. Sicher haben sich wissenschaftliche Erörterungen nicht grundlos in diese Richtungen ausdifferenziert: Jede für sich birgt reichhaltige Problembestände. Aber die Spezialisierung wird mit dem theoretischen Verlust an Überblick bezahlt. Die Praxis kann sich eine solche Vereinseitigung nicht leisten; sie muß sich größerer Komplexität stellen, wenn auch nicht jeder Schacht bis zur Sohle ausgeforscht zu werden braucht. Der Vorstoß zu einer realistischen Implementierungstheorie gelingt nicht, ohne einige der verstreuten Teile wieder zusammenzubinden.

Bei den nachfolgenden Überlegungen muß stets präsent gehalten werden, daß mit einem „computergestützten Informationssystem" keineswegs das gesamte Informationssystem einer Institution (im Sinne eines institutionsweiten funktionalen Subsystems) und auch nicht die Gesamtmenge computergestützter Informationsverarbeitungsprozesse gemeint ist. Die computergestützte Informationsverarbeitung innerhalb einer Institution stellt keinen undifferenzierten Block dar, sondern baut sich aus Einzelanwendungen auf (vgl. S. 57). Der Begriff „computergestütztes Informationssystem" wird hier mit Bezug auf diese einzelnen, mehr oder weniger stark verbundenen Anwendungen verwendet. Damit wird begrifflich eingefangen, was man als praktische Einheit der Informationsverarbeitung und vor allem – im hier vorliegenden Untersuchungszusammenhang wichtiger – als Objekt einer Implementierung unterstellen kann. Anders als in der Datenverarbeitungs- und Organisationsliteratur, die sich allerdings in diesem Punkt zumeist als nicht sonderlich reflektiert ausweist, liegt der Systemcharakter im *Ineinandergreifen maschineller und personeller Operationen* nach bestimmten Programmen und Regeln zur Bewältigung bestimmter Aufgaben durch Verarbeitung von bestimmten Informationen – wenn man so will: im Zusammenspiel der Komponenten –, *nicht* jedoch in der sinnhaften Verbundenheit bzw. *aufgabenmäßigen Verflochtenheit von Einzelanwendungen* im Gesamtkontext der institutionellen Leistungen. Der letztgenannte Gesichtspunkt scheint jedoch in der datenverarbeitungs- und organisationstheoretischen Erörterung von Informationssystemen implizit oft eine größere Rolle zu spielen, so daß falschen Assoziationen vorzubeugen ist. Es wird deshalb für den folgenden Analyseabschnitt auf den bisher schon synonym mitgeführten Begriff *„computergestütztes Informationsverarbeitungsverfahren"* umgeschaltet, aus dem die Modularität der Computeranwendungen besser erkennbar ist. Diese Präferenz verträgt eine Lockerung zum gebräuchlicheren Begriff „Informationssystem", wenn klar ist, wie die Verhältnisse liegen.

In der Implementierung drückt sich die Absicht aus, ein bestehendes (möglicherweise schon computergestütztes) Informationsverarbeitungsverfahren in ein neues computergestütztes Informationsverarbeitungsverfahren zu überführen oder ein derartiges Verfahren an eine Stelle zu setzen, wo vorher nichts dergleichen, sondern bestenfalls ein Verarbeitungsbedarf war. Diese Absicht begründet die Grundaufgabe der Implementierung. Sie vermittelt der Implementierung einen (zunächst noch recht unspezifischen) Zweckbezug. Formal läßt sich dieser Zweckbezug ausdrücken durch

$$IV^{r}_{alt} \quad - - \rightarrow \quad IV^{r}_{neu} \tag{1}$$

In dieser Notation steht IV für „Informationsverarbeitungsverfahren"; das r deutet an, daß es sich um „realisierte", d. h. zumindest weitgehend tatsächlich befolgte Verfahren handelt. IV_{neu} ist für unsere Betrachtungen stets ein computergestütztes Verfahren. IV_{alt} vertritt im Extremfall eventuell nur den amorphen Wunsch, „es müsse etwas getan werden".

Entsprechend der Fassung des Implementierungsbegriffes (vgl. S. 186 ff) weicht diese Formulierung der *Implementierungsfunktion* (oder Implementierungs*aufgabe*; zur Übereinstimmung und Unterschiedlichkeit von „Funktion" und „Aufgabe" s. unten S. 312) von dem bisher gepflegten Verständnis ab. Am Anfang der Implementierung steht der Ausgangszustand eines (vielleicht nur ganz rudimentären) Verfahrens; als Ergebnis erzeugt sie einen bestimmten Endzustand. Demgegenüber neigen Implementierungsanalysen traditioneller Prägung dazu, als „Input" in die Implementierung ein Konzept oder ein Soll-Schema des neuen Verfahrens anzunehmen, das dann in die Wirklichkeit umgesetzt wird. Die formale Ausdrucksweise läßt diesen Unterschied unmißverständlich hervortreten:

$$IV^{s}_{neu} \quad - - \rightarrow \quad IV^{r}_{neu} \tag{2}$$

Das s signalisiert „Soll-Schema".

Der Unterschied zwischen (1) und (2) besteht vor allem darin, daß in (1) zur Implementierungsfunktion gehört, IV^{s}_{neu} zu finden, während in (2) das Soll-Schema als gegeben vorausgesetzt wird und die Implementierungsfunktion auf seine Umsetzung schrumpft.

Die Bestimmung der Implementierungsfunktion als *Transformation eines Ausgangszustandes in einen Endzustand*, d. h. als Durchführung einer geplanten Veränderung, entspricht dem natürlich aus den Ansätzen der Organisationsentwicklung eingesickerten „process view", der in jüngerer Zeit das Forschungsparadigma der OR/MS-Implementierungsforschung nachhaltig beeinflußt und in der MIS-Implementierungsforschung auf dem Vormarsch ist. „By studying the process of implementation in organizations, a view has emerged among many ... researchers that implementation is best defined in terms of organizational change, in particular, in terms of changes in decision making by managers.“ (Schultz u. Slevin 1979, S. 2)[28] Ganz im gleichen Sinne glauben Robey u. Farrow: „Information system development is essentially a process whereby technical and social changes are introduced in an organization.“ (1982, S. 73)[29] Zwar scheint die Prozeßbetrachtung attraktiv zu sein, es bleibt jedoch ziemlich unklar, worauf man mit der Perspektive hinauswill und was für ein Prozeß gemeint ist.

Der Übergang von einem alten zu einem neuen Informationsverarbeitungsverfahren vollzieht sich nicht im Sprung oder als Momentereignis. So etwas braucht vor allem und zunächst einmal Zeit. *Zeitbedarf* allein ergibt aber noch keinen Prozeß: Auch der Zustand benötigt Zeit, um bestehen zu können. Beim Prozeß kommt hinzu, daß seine Dauer gegliedert wird in Vorkommnisse oder Ereignisse, gegebenenfalls in Handlungen. Der Prozeß erhält eine *Ereignisstückelung*. Für seine Ereignisse konstituiert der Prozeß eine Reihenfolge, einen *Ablauf* in der Zeit. Er läuft von einem Vorher zum Nachher, von der Vergangenheit über die Gegenwart in die Zukunft. Der Ablauf des Prozesses ist der Irreversibilität der Zeit unterworfen. Der Prozeß ist aber durch Dauer, Ereignisstückelung und irreversiblen Ablauf noch nicht zureichend beschrieben. Als viertes Merkmal ist eine Aufeinanderbezogenheit der Prozeßereignisse notwendig: Sie müssen in einer gewissen *Sinnordnung* stehen. Die zufälligen Bewegungen eines Mobiles ergeben ebensowenig einen Prozeß wie Ereignisse ohne wechselseitigen Sinnbezug, d. h. Ereignisse, die „nichts miteinander zu tun haben“, auch wenn sie zeitlich richtig liegen. Nicht die Zeiterfordernis für die Ausarbeitung des Soll-Schemas und seine Umsetzung macht Implementierung zu einem Prozeß, auch nicht, daß dabei Handlungen anfallen, die nicht alle gleichzeitig, sondern teils früher, teils später liegen; entscheidend ist der Umstand, daß die Handlungen sich in sinnvoller Ordnung aneinanderfügen. Z. B. verspürt man einen Bedarf für eine Situationsdiagnose, bevor man mit dem Entwurf beginnt; der Feinentwurf baut auf dem Grobentwurf auf; ein Soll-Konzept ist nötig, um programmieren und Geräte installieren zu können. Innerhalb der Prozeßschritte muß man seine Aufmerksamkeit zwischen den Verfah-

[28] Zum „process view“ in der OR/MS-Implementierungsforschung s. ferner Ginzberg 1975; Vertinsky u. a. 1975; Zand u. Sorensen 1975; Narasimhan u. Schroeder 1979; Ginzberg 1979.

[29] Zur Anwendung von „process models“ in der MIS-Implementierungsforschung s. Spurgat 1976; Zmud u. Cox 1979; Lucas 1981, S. 107 ff.

renskomponenten teilen, Prioritäten setzen, sie im Ablauf abarbeiten, von „oben“ nach „unten“, vom Komplexen zum Detail denken.

Die jedem Prozeß eigene Sinnordnung hat als Konsequenz, daß, wenn man sich in einem Prozeß befindet, *die Erwartbarkeit möglicher Ereignisse sich im Sinne des Prozesses verschiebt.* Prozesse machen bestimmte Ereignisse unwahrscheinlich, andere wahrscheinlich. Sie lassen manches als sinnvoll, anderes als unsinnig erscheinen. Dies liegt an der Nichtbeliebigkeit des Bezuges der Prozeßereignisse zueinander. Der Zeithorizont, für den die Vergangenheit jeweils ihren Schatten auf die Zukunft wirft, mag variieren, ebenso wie das Ausmaß, in dem präsent gehaltene Vergangenheit zur Berücksichtigung zwingt, unterschiedlich ausfällt. Sind die Ereignisse Handlungen, erwächst aber aus ihrem zeitlich arrangierten Sinnzusammenhang eine Kumulation von Rücksichtnahmen auf „Vorarbeiten“, die in der Regel zunimmt, je länger der Prozeß dauert. Die Zahl zu beachtender Anknüpfungspunkte verstrickt das Handeln immer stärker in die Perspektive des Prozesses. Der Prozeß bindet durch seine Geschichte.[30]

Prozesse sind nach dieser Auffassung Formen der Schematisierung und Verstärkung von bestimmten Handlungstendenzen und zugehörigen Perspektiven. Sie haben eine ordnende Funktion. Die Ordnung, die Prozesse liefern, kommt dadurch zustande, „daß konkrete selektive Ereignisse zeitlich aufeinander aufbauen, aneinander anschließen, also vorherige Selektionen bzw. zu erwartende Selektionen als Selektionsprämissen in die Einzelselektionen einbauen. Die Vorselektion des Seligierbaren wird ... im Fall von Prozessen ... als Sequenz konkreter Ereignisse (erfahren).“ (Luhmann 1984, S. 74) In dieser abstrakten Eigenschaft, Ordnung herzustellen, sind Prozesse Strukturen vergleichbar, die dasselbe leisten, jedoch auf andere Weise.

Wenn wir Implementierung als *Prozeß* kennzeichnen, so wird damit nicht nur auf die zeitliche Erstreckung, die Vielzahl von Einzelmaßnahmen und -ereignissen und die notwendige zeitliche Reihenfolge abgehoben, sondern im Vordergrund steht die Tatsache, *daß der Prozeß eine selektive Sinnordnung konstituiert.* Es leuchtet ein, daß diese Sinnordnung nicht nur mit der grundsätzlichen Implementierungsfunktion, sondern auch mit der Umgebung der Implementierung, also mit der Institution, in der sie stattfindet, und den Teilnehmern etwas zu tun

---

[30] Vgl. zu diesem Gedanken Luhmann 1975 a, S. 43 ff; 1975 b, S. 26 f; 1975 d, S. 207.

hat. Welche Beziehungszusammenhänge in dieser Hinsicht bestehen, wird uns noch beschäftigen.

Nun ist die Implementierung nicht nur ein Prozeß, sondern ein Prozeß besonderer Art. Sie ist darauf angelegt, ein computergestütztes Informationsverarbeitungsverfahren zur Anwendung zu bringen. Der dadurch induzierte Veränderungsprozeß zeigt ein Doppelgesicht: Er ist einerseits Prozeß des Wandels (von einem alten zu einem neuen Informationsverarbeitungsverfahren), andererseits ein Prozeß des Handelns. Als Handlungsprozeß begriffen, läßt er sich sowohl als ein Prozeß des Veränderns bestimmter „Verhältnisse" als auch als ein Prozeß des Sich-Veränderns von Personen unter die Lupe nehmen; im ersten Fall stößt man auf einen Gestaltungsprozeß, im zweiten Fall wäre die Bezeichnung „Lernprozeß" angebracht. Aus dem „process view" der Implementierungsforschung geht nicht klar hervor, wie der Implementierungsprozeß thematisiert werden soll; die theoretische Rhetorik klingt nach Wandel und Lernen, die empirische Praxis akzentuiert jedoch die Gestaltung.

Implementierung erfordert Aktivität. Sie ist nicht Evolution, auch wenn hin und wieder „evolutionäre Prozesse" als Vorbilder für sie gesehen werden.[31] Man kann deshalb nicht unterstellen, daß sich „einfach so" etwas wandelt. Also ist eine handlungsorientierte Untersuchungsperspektive unabdingbar. Dabei begegnet man Prozeßteilnehmern mit Gestalterrollen und mit Rollen, in denen Anpassung und Lernen gefordert ist. Es kann kaum Zweifel geben, daß die Sinnordnung von Implementierungsprozessen von den Gestaltern geprägt wird, auch wenn sich in ihrem Handeln teilweise Lernmöglichkeiten und Anpassungsfähigkeiten von Betroffenen niederschlagen mögen. Somit artikulieren sich Implementierungsprozesse in erster Linie als *Gestaltungsprozesse*. Reaktionen des Sich-Anpassens, des Sich-Fügens in vorgesehene Arbeitsrollen, des Lernens, aber auch des Widerstandes und der abwandelnden Auslegung festgelegter Rollenschemata kommen in diesen Gestaltungsprozessen als erwünschte Verhaltensumstellungen und zu kontrollierende, eventuell zu überwindende Hemmnisse vor.

Implementierungsprozesse als Gestaltungsprozesse zu begreifen, läuft darauf hinaus, einen Standpunkt zu beziehen, der in der gesamten

---

[31] Powers 1971, S. 188; Dickson u. Powers 1976, S. 458; Lucas 1978; Stahlknecht 1978; Alavi u. Henderson 1981.

Implementierungsforschung (und in der Implementierungspraxis sowieso) weitgehend geteilt wird: den Standpunkt derjenigen, die an der Implementierung interessiert sind. Das darf man sicher weder unter den Tisch kehren noch ethisch verbrämen. Es erfordert aber auch keine Grundwertediskussion. Sicher verführt das Einnehmen eines bestimmten Standpunktes leicht dazu, die Interessen und Absichten zu teilen, denen der jeweils vermittelte Wirklichkeitszuschnitt entgegenkommt (vgl. S. 43). Die Entscheidung, Implementierungsprozesse als Gestaltungsprozesse zu sehen, bedeutet, daß man sich auf die Sinnordnung einläßt, in der diejenigen stehen, die an der Implementierung Interesse haben, daß man also auf die Perspektive einschwenkt, die sie mit ihrem Handeln aufbauen und aus der heraus sie agieren. In der dazu parallellaufenden praktisch-politischen Vereinnahmung begegnet man jener Form schleichender Politisierung, die theoretischer Einsicht schnell die Luft abdrückt. Wird allerdings die perspektivische Konstruiertheit der Wirklichkeit bewußt gehalten, so impliziert das Hineinschlüpfen in eine Perspektive nicht unbedingt, zugleich die Interessenposition zu unterstützen. Zwar behält die Perspektive dabei nicht den Status eines distanziert betrachteten Untersuchungsobjektes. Sie wird aber vom wirklichkeitsverbürgenden Orientierungs- und Handlungsmedium auf ein probeweise benutztes Analyseinstrument zurückgestutzt. Gleichwohl bleibt es unbestritten ein wissenschaftliches Kunststück, nicht die Partei, wohl aber die Perspektive zu ergreifen. Zwangsläufig dämmert darin die Gefahr des Neutralitätsverlustes. Aber dies muß man in Kauf nehmen. Anders, als über die Perspektiven derjenigen, die für die Definition der Wirklichkeit tonangebend sind, findet man schwerlich Einstieg in die Wirklichkeit. Die Analyse sozialen Handelns „verweist notwendig auf den subjektiven Standpunkt, d. h. auf die Interpretationen des Handelns und seines Situationsrahmens, so wie diese vom Handelnden selbst erfaßt werden" (Schütz 1971, S. 39; s. auch S. 6ff). Die Entscheidung für die Perspektive der Implementeure ist mithin nicht moralisch, sondern empirisch begründet.

Als Gestaltungsprozeß ist Implementierung sachlich und zeitlich auf ein bestimmtes Ende hin angelegt. Sie ist ein zielgerichteter Prozeß in dem Sinn, „daß ... Handlungen nur deshalb gewählt werden, weil sie Folgen haben werden, die ihrerseits nur eintreten können, wenn die Auslöseereignisse realisiert werden" (Luhmann 1984, S. 484f). Die Handlungen besitzen also Instrumentalität für gewisse intendierte Verhältnisse. Indes sind die Folgen keine sicheren Folgen, und es können konterkarierende Nebenfolgen und sonstige unerwünschte Konsequenzen auftreten, bis hin zum Scheitern oder zu erzwungenen Modifikationen des Soll-Schemas. Im Begriff der Gestaltung schwingt nur die Intention, nicht schon der Erfolg mit.

Auch zeitlich strebt Implementierung auf einen Abschluß zu. Es mag praktische Probleme sowohl bei der Ingangsetzung als auch bei der Beendigung von Implementierungsprozessen geben, und noch schwieriger ist die empirische Ermittlung, wann ein Prozeß begann und wann er fertig war. In der Praxis verschleifen die Prozesse, gehen ineinander über, werden oft ganz bewußt überlappt, so daß das Anbringen von Zäsuren mehr oder weniger willkürlich erscheint. Damit muß man zumindest rechnen. Es ändert allerdings nichts daran, daß Implementierungsprozesse von vornherein terminiert werden. Ewige Implementierung kann sich niemand leisten; nach einer gewissen Zeit will man Resultate sehen. Der Implementierungsprozeß besitzt bemerkbare Zeitgrenzen, und es wird einiges getan, um diese markant hervortreten zu lassen (formale Auftragserteilung; Systemübergabe).

Zielgerichtetheit und zeitliche Abgrenzung verleihen der Implementierung sachlich und zeitlich Kompaktheit und machen sie somit zum *Projekt*. Der Projektbegriff impliziert nur diese sachliche und zeitliche Grenzziehung, noch nicht eine besondere Struktur. Implementierung ist immer Projekt oder läßt sich als Projekt rekonstruieren.

Mit dem Projektcharakter der Implementierung hängt zusammen, daß sie nicht als Wiederholungsvorgang angesehen wird, sondern als sich einmal vollziehende, individuelle, so nicht nochmals vorkommende Handlungs- und Ereignisfolge. Sie ist nicht Routine, sondern *Episode* (vgl. Seibt 1979, S. 289). Obwohl manche Bemühung in der Praxis dahin gedeutet werden kann, daß eine Durchbrechung der Episodenhaftigkeit anvisiert wird, ist doch bisher diese Eigenschaft für die Implementierung typisch geblieben.

Der Gestaltungsprozeß der Implementierung fließt nicht nur so dahin, er wird geplant, gesteuert, kontrolliert und spielt sich in einem institutionellen Kontext ab, aus dem er Organisation, Ressourcen und Bewertungsmaßstäbe bezieht. Kurz gesagt: Der Prozeß hat *Struktur*. Teilweise wird sie in ihm bewußt errichtet, teils emergiert sie in seinem Verlauf, teils wirkt sie – wiederum geplant oder aber „gewachsen" – von außen in ihn hinein. Durch die Strukturierung steigert sich im allgemeinen die Leistungsfähigkeit des Prozesses: Es kann mehr unterstellt, mit mehr gerechnet und deshalb mehr berücksichtigt werden, es läßt sich, weil manches schon bestimmt ist, mehr bestimmen, man kann spezifischer werden, mehr in die Tiefe gehen, sich differenzierter orientieren, Relevantes besser erkennen, flexibler reagieren, Maßnahmen feiner anpassen; dies alles deutet den Gewinn an, den strukturelle Ordnung bringt (Luhmann 1975 d). Als Voraussetzung muß eine Limitierung der Handlungsmöglichkeiten im Groben, eine Vorzeichnung von Sinnrichtungen und Selektionsketten hingenommen werden.

Implementierungsprojekte werden in der Absicht durchgeführt, einem Informationsverarbeitungsprozeß eine bestimmte Verfahrensstruktur aufzuprägen. Damit soll immer – dies läßt sich als empirische Generalisierung vorwegnehmen – die Leistung des Informationsverarbeitungsprozesses erhöht werden: mehr Vorgänge, schnellere Bearbeitung, aktuellere Information, Senkung der Fehlerrate usw. Ähnliche Überlegungen sind nun auch ausschlaggebend dafür, das Implementierungsprojekt selbst strukturell in den Griff zu bekommen, wenn auch die Leitkriterien anders aussehen mögen (z. B. Funktionsfähigkeit des entwickelten Systems, Optimierung der Maschinenbelastung, Budgeteinhaltung, rechtzeitige Fertigstellung, Benutzungsfreundlichkeit, Akzeptanz). Im Prinzip analog dazu, wie das Implementierungsprojekt dem zu automatisierenden Informationsverarbeitungsprozeß eine Verfahrensstruktur verpaßt, wird versucht, ihm selbst eine Verfahrensweise überzustülpen (vgl. Grochla 1982, S. 26 ff). Sicher liegt die Situation hier etwas anders: Implementierung gilt als eine ziemlich komplexe Aufgabe, als eine innovative, gedanklich schwierige Leistung, die nur Experten bewältigen können; sie bietet deshalb einer Strukturierung und insbesondere einer Strukturformalisierung weniger Angriffsfläche. Ihre Episodenhaftigkeit läßt einen besonderen strukturellen Aufwand nicht immer lohnend erscheinen. Ihr Projektcharakter und die Überschaubarkeit der Handlungskonstellation mögen die Auffassung nähren, Strukturierung sei teilweise überflüssig. Aber dies alles begründet nur graduelle Unterschiede in der Möglichkeit, Günstigkeit und Notwendigkeit der Strukturierung, und wer sich in „Systementwicklungsmethodologie“ und „Projektorganisation“ auskennt, weiß, wie weit man diese Hürden der Strukturierbarkeit übersprungen hat, bis hin zur „Automatisierung der Automatisierung“ (Grochla 1973 c; Heinrich 1970; Nick u. a. 1972).

Der Implementierungsprozeß zieht somit selbst gestaltende Maßnahmen auf sich. Er ist nicht nur Gestaltungsprozeß, er will auch selbst gestaltet sein. Daß diese Doppelproblematik einen zentralen Gesichtspunkt der organisatorischen Gestaltung im allgemeinen darstellt, hat namentlich Grochla betont:

„Der Prozeß der Gestaltung der Organisationsstruktur bedarf selbst wiederum einer Gestaltung. Es ergibt sich somit für den Organisator eine zweite aus dem Sachziel seiner Tätigkeit abgeleitete (derivative) Aufgabe, die in der *Gestaltung des organisatorischen Gestaltungsprozesses* besteht, und die daher auch als *prozessuale Gestaltungsaufgabe* bezeichnet werden kann. ...
Diese in der Literatur zu wenig beachtete Unterscheidung der beiden inhaltlich voneinander zu trennenden Aufgabenkomplexe „Gestaltung der Organisationsstruktur“ und „Gestaltung des organisatorischen Gestaltungsprozesses“ ist grundlegend für den Aufbau dieses Buches und alle weiteren hier angestellten Überlegungen.“ (1982, S. 8 u. 9)

Die Gestaltung der Gestaltung von Informationssystemen eröffnet Gestaltungsprobleme in einer neuen Dimension: der Dimension der *Projektgestaltung*. In welchen Schritten soll man vorgehen? Welche Aufgaben stellen sich? Welche Aspekte sind zu beachten? Wer soll beteiligt sein? Welche strukturellen Einheiten sind vorzusehen? Welche Methoden der Aufgabenerfüllung lassen sich anwenden? Fragen wie diese deuten an, was gefordert ist. Die Antworten darauf geben dem Projekt Struktur. Als auf sich selbst angewendeter, reflexiver Mechanismus steigert das Gestalten des Gestaltens die Rationalität der Implementierung (Luhmann 1974a; Grochla 1982, S. 27 u. S. 223ff). Projektgestaltung vermittelt sich über die Struktur des Implementierungsprojektes dem einzurichtenden Informationsverarbeitungsverfahren. Das Implementierungsprojekt findet in ihr eine reflexive Komponente: Es wird nicht nur einfach implementiert, sondern es wird organisiert und methodisch implementiert. Projektgestaltung ist ein aus der grundsätzlichen Implementierungsfunktion abgeleitetes Umweghandeln, das zum Teil in die Implementierung einbegriffen wird (s. auch Wollnik u. Kubicek 1979, S. 356). Sie kann die Sach- und Zeitgrenzen sowie die rudimentär immer schon angelegte Sinnordnung nutzen und verstärken. In ihren Grenzen und ihrem Sinn besitzt Implementierung stets eine Art basaler Struktur, die projektgestalterisch ausgearbeitet wird. Bleibt wenig strukturiert, ist vieles möglich und muß im Prozeß Schritt für Schritt bestimmt werden. Darunter leiden Kalkulierbarkeit, Steuerbarkeit und Tempo. Je mehr strukturell vorarrangiert wird, desto mehr kann jenes Potential der Komplexitätsbewältigung realisiert werden, das Luhmann in der Verdopplung von Selektivität ansetzt:

„Im Umgang mit hoher Komplexität erweist es sich als vorteilhaft, ja als notwendig, die Ausscheidung anderer Möglichkeiten in einem abgestuften Verfahren zu vollziehen; zuerst einen allgemein und relativ invariant feststehenden „code" von Bedeutungen zu selektieren und in dessen Rahmen dann zwischen vorstrukturierten Alternativen konkret zu wählen. Das menschliche Potential für Komplexität kann auf diese Weise ... immens gesteigert werden. Struktur ist mithin Sinnentwurf ins Ungewisse, schon selektive Leistung und nicht nur Direktive. ... Sie bezieht ihren Sinn daraus, daß sie die umgreifende Ungewißheit der Welt ausklammert und ein engeres, dem Zeithorizont und der Bewußtseinskapazität des Menschen angepaßtes Volumen von Möglichkeiten definiert. Das Risiko, in der Welt zu leben, wird so geteilt: Es wird im wesentlichen durch Strukturen absorbiert, im übrigen fallweise abgearbeitet." (Luhmann 1974b, S. 119f)

Übersetzt in die Problemsituation der organisatorischen Gestaltung resultiert daraus:

„Eine sorgfältige Regelung von organisatorischen Gestaltungsprozessen schafft günstige Voraussetzungen für qualitativ hochstehende Gestaltungsergebnisse sowie eine rationelle Nutzung der hierbei eingesetzten betrieblichen Ressourcen (z. B. qualifiziertes Personal, informationsverarbeitende Sachmittel, finanzielle Mittel). Zudem können lediglich eine konsequente und entschlossen durchgeführte Förderung und eine permanente Überwachung der Gestaltungsaktivitäten den Abbruch bzw. das „Versanden" des Gestaltungsprozesses infolge anfangs nicht erkannter oder nicht erwarteter Ereignisse verhindern." (Grochla 1982, S. 223)

Als mehr oder weniger durchstrukturierter Gestaltungsprozeß mit typischer Sinnordnung, Sach- und Zeitgrenzen und einer charakteristischen Konstellation von Rollen, Orientierungen und Interessen entspricht Implementierung genau dem kommunikativ vermittelten Verbund sinnhaft aufeinander bezogener sozialer Handlungen, der in der soziologischen Systemtheorie seit Parsons als *„soziales System"* bezeichnet wird.[32] Wir bringen Implementierung in diese Perspektive, weil damit ein konzeptionell stichhaltiger und trotz mancher Abstraktheit empirisch reichhaltiger Theorierahmen zur Verfügung steht und sich die Implementierungsanalyse für allgemeine Erkenntnisse der Systemtheorie öffnet. Implementierungsprozesse werden dadurch ferner mit einer Vielzahl anderer sozialer Systeme vergleichbar. Der wichtigste Gesichtspunkt dabei ist aber, daß das Begreifen von Implementierung als soziales System eine theoretische Erörterung motiviert, *die den Funktionserfordernissen und den eingesetzten Problemlösungsmechanismen eine vorrangige Beachtung zuteil werden läßt*. Im Sinne der funktional-strukturellen Argumentationstechnik (Luhmann 1974c) sind Implementierungssysteme daraufhin zu untersuchen, in welcher konkre-

[32] S. Parsons 1951; Luhmann 1974b u. 1984; Münch 1976; Wollnik 1978b; Jensen 1983.

ten Hinsicht sie Komplexität reduzieren und wie sie daraus sich ableitenden Selektionsrisiken und Kontingenzüberbrückungsgefahren (d. h. Gefahren, die darin liegen, daß für auch anders mögliche Wahlen Motivationskraft und Hinnahmebereitschaft nicht ausreichend sichergestellt werden können) strukturell und prozessual begegnen und ihre Komplexitätsverarbeitungsfähigkeit adäquat hochhalten und steigern können. Vereinfacht ausgedrückt: Implementierung ist eine Aufgabe, die einen Erfüllungsprozeß ins Leben ruft; das, was in diesem Prozeß gestalterisch getan wird – sei es direkt zur Einrichtung des neuen Informationsverarbeitungsverfahrens, sei es zur geeigneten Strukturierung des Prozesses selbst (und damit indirekt zur Einrichtung des neuen Informationsverarbeitungsverfahrens) –, sowie die daraus sich etablierenden Strukturen des Prozesses dienen der rationalen Problembewältigung; diese zielt primär auf die Fixierung der technologischen Komponenten, d. h. auf „reine Sachprobleme"; mikropolitisches Ränkespiel, konterkarierende Taktiken, Widerstände, Akzeptanzbarrieren, abweichende Meinungen, Nichtbenutzung usw. bilden sozial bedingte Rationalitätshemmnisse; in beiden Problemrichtungen muß strukturell und prozedural vorgesorgt werden. In dieser Weise formuliert, stößt man auf eine bemerkenswerte Übereinstimmung der systemtheoretisch (funktional-strukturell) inspirierten Erkenntnisinteressen und der Problemfassung der praktisch relevanten Gestaltungsträger. Daß dies für uns ein Grund ist, auf die systemtheoretische Perspektive einzugehen (während mancher daraus vielleicht gerade eine entgegengesetzte Konsequenz ziehen würde), ist durch die vorangegangenen Ausführungen zur Betrachtung von Implementierungsprozessen als Gestaltungsprozesse schon klargelegt.

Bei der Implementierung hat man es nach diesem Theorieansatz also mit zwei Prozessen, zwei Systemen, zwei Verfahren zu tun, die sorgfältig auseinanderzuhalten sind: Zum einen ist das Objekt der Implementierung als Sinnzusammenhang informationsverarbeitender Operationen ein *Informationssystem*; es besitzt die Gestalt eines in der Regel routinemäßig zu wiederholenden *Informationsverarbeitungsprozesses*; die Implementierung will dessen Verfahrensform zu einem *computergestützten Informationsverarbeitungsverfahren* umarbeiten. Zum anderen ist der Handlungskomplex, in dem diese *Umgestaltung* erfolgen soll, ein *prozessualer Sinnzusammenhang*, projektartig und episodenhaft; *die Implementierung ist deshalb selbst als System beschreibbar* und erlangt teilweise aus ihrem Kontext, teilweise aufgrund der Projektgestaltung

Verfahrenscharakter. Entsprechend der gewohnten Begrifflichkeit soll im Hinblick auf die Transformation des Informationssystems von „*Informationssystemgestaltung*", im Hinblick auf die Konstitution und projektspezifische Institutionalisierung des Implementierungssystems von „*Projektgestaltung*" die Rede sein.

„Informationssystemgestaltung" bezeichnet also die Hauptrichtung des Implementierungshandelns: darum geht es primär. „Projektgestaltung" verweist auf die Selbststrukturierung des Implementierungssystems, spricht also eine gezielte reflexive Leistung des Implementierungshandelns an. Da die Gegenstände der Informationssystemgestaltung und Projektgestaltung jeweils soziale Systeme sind (im ersten Fall das Informationssystem, im zweiten das Implementierungssystem), die sich kraft ihrer Selbstselektivität vollständiger Determinierbarkeit entziehen, muß für beide Prozesse, Systeme, Verfahren unterschieden werden, wie sie sein sollen und wie sie tatsächlich sind. Im Hinblick auf die Veränderung des Informationsverarbeitungsverfahrens hatte dies schon die herkömmliche Implementierungstheorie zum Kernpunkt ihres Problemzuschnittes gewählt; wir nehmen es an dieser Stelle in einem erweiterten Verständnis wieder auf.

Im Rahmen der Implementierung wird ein *Soll-Schema eines Informationsverarbeitungsverfahrens* erstellt; wie weit im Informationssystem später wirklich genau danach verfahren wird, oder ob man das Soll-Schema im Vollzug unterläuft, modifiziert, teilweise außer Kraft setzt und streckenweise durch abweichende Regeln ersetzt, bleibt – auch wenn man sich noch so sehr um Übereinstimmung zwischen Soll und Ist bemüht – abzuwarten. Für die endgültige Form des Informationsverarbeitungsverfahrens, das *effektive Informationsverarbeitungsverhalten*, hat die Informationssystemgestaltung nur die Kraft zu partieller – wenngleich oft weitreichender – Bestimmung. Ob das Soll-Schema wie geplant befolgt wird, ist davon abhängig, wie weit die beteiligten Personen die ihnen zugedachten Rollen spielen. Die letztlich resultierenden effektiven Informationsverarbeitungsoperationen stehen also im Kräftefeld des vorgegebenen Informationsverarbeitungsverfahrens, in dem die maschinellen Leistungsbeiträge weitgehend determiniert (dies ist ein unschätzbarer Vorteil des Technikeinsatzes), die personellen Leistungsbeiträge aber nur als Arbeitsrollen vorgezeichnet sind (Szyperski 1969, S. 205), und der *verhaltensrelevanten Dispositionen* (Auffassungen und Bewertungen) *der betroffenen personellen Aufgabenträger* (s. Abbildung 1 a).

Abbildung 1a Informationssystemgestaltung, Informationsverarbeitungsverfahren und Informationsverarbeitungsverhalten

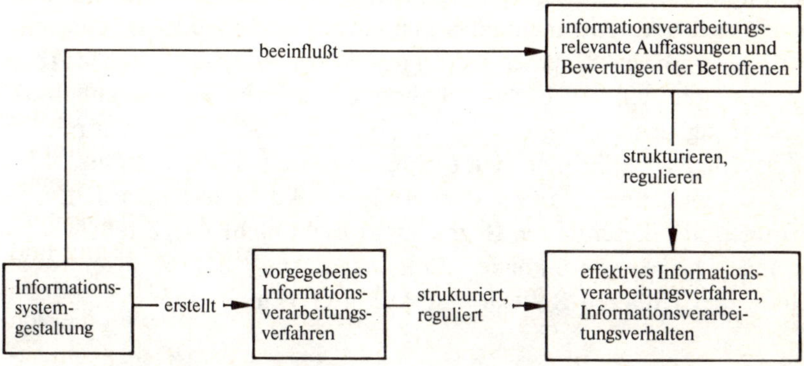

Dieselbe Unterscheidung gilt für das Implementierungssystem: Das *effektive Implementierungsverhalten* ergibt sich im Zusammenspiel *implementierungsstrukturell angelegter Verfahrensweisen* und *implementierungsrelevanter Auffassungen und Bewertungen der Implementeure*. Die Projektgestaltung entfaltet nur partielle Determinationskraft. Dabei ist nicht nur wichtig, wie weit Regeln befolgt und Methoden angewendet werden, sondern auch, daß Implementierungsprojekte in erheblichem Umfang Strukturpotential aus ihrer Umgebung beziehen (vgl. Abbildung 1 b).

Abbildung 1b Projektgestaltung, Implementierungsverfahren und Implementierungsverhalten

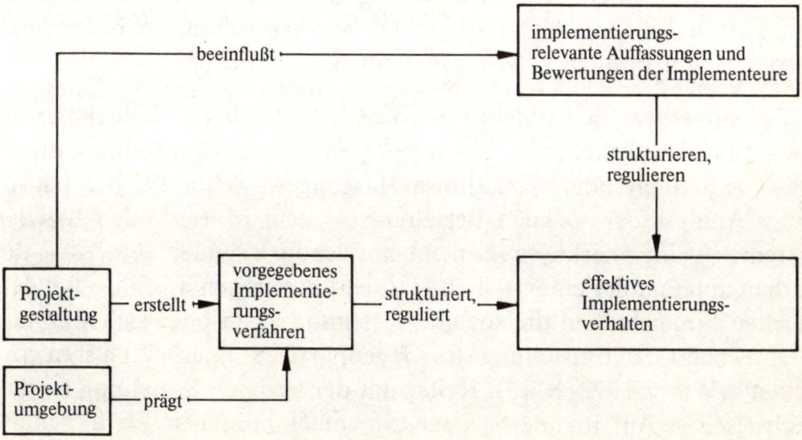

Wenn in diesem Denkansatz überhaupt noch im traditionellen Sinn von „Gestaltungsprozeß“ und „Gestaltungsergebnis“ die Rede sein kann, dann nimmt „Gestaltungsergebnis“ Bezug auf die Informationssystemgestaltung und meint das neu eingerichtete Informationsverarbeitungsverfahren in seiner jeweiligen Ausprägung und seiner Abgesetztheit von den Ausgangsverhältnissen so, wie es tatsächlich ist; „Gestaltungsprozeß“ bezeichnet das Implementierungssystem mit seiner jeweiligen Struktur in der Form, wie es tatsächlich abläuft. Man erkennt aber schnell, daß die jetzt erreichten konzeptionellen Differenzierungen mit diesem alten Begriffspaar nicht mehr dargestellt werden können. Die vorgenommene „Rekonstruktion“ hat es insofern als Relikt einer früheren Reflexionsstufe hinter sich gelassen.

2. Zweckbezug und Politik im Implementierungssystem

Für alle praktischen Zwecke kann man als Chiffre für den Sinn eines sozialen Systems verwenden, „worum es geht“. In soziale Systeme findet man sich ein, wenn man herausfindet, „worum es geht“. Das, worum es jeweils geht, verankert und profiliert soziale Systeme im Grund möglichen sozialen Handelns: Man kann es wissen, sich daran orientieren, sich danach verhalten. Es hat eine Schlüsselfunktion für die Ordnung, von der ein soziales System lebt. In Implementierungssystemen ist das, worum es geht, die Implementierungsfunktion: die Ablösung eines alten durch ein neu entworfenes Informationsverarbeitungsverfahren. Der Sinnzusammenhang der Implementierung wird durch die Implementierungsfunktion gestiftet. Diese Form der Sinnkonstitution ist, wie wir gleich sehen werden, schon ein besonderes Merkmal von Implementierungssystemen.

Weder subjektiv noch objektiv muß es freilich für die Teilnehmer an einem sozialen System um „dasselbe“ gehen – etwa im Sinn einheitlicher Absichten oder Situationsauffassungen. Schon Weber hat in seiner Analyse der sozialen Beziehung – dem Mutterboden sozialer Systeme – angemerkt, es sei nicht notwendig anzunehmen, „daß die an dem aufeinander eingestellten Handeln Beteiligten im Einzelfall den gleichen Sinngehalt in die soziale Beziehung legen oder sich sinnhaft entsprechend der Einstellung des Gegenpartners innerlich zu ihm einstellen“ (Weber 1972, S. 13). Kriterium der sozialen Beziehung ist das wechselseitige Aufeinanderbezogensein von Handlungen. Dafür genügt es, daß „der Handelnde vom Partner (vielleicht ganz oder teilweise irrigerweise) eine bestimmte Einstellung dieses letzteren ihm (dem Handelnden) gegenüber voraussetzt und an diesen Erwartungen sein eigenes Handeln orientiert" (das., S. 14). Dieses Sich-Orientieren an fremden Orientierungen (und daraus folgenden Handlungsdispositionen und Handlungen) erfordert allerdings, daß der Handelnde die Perspektive des oder der anderen Beteiligten übernimmt, daß er „sich virtuell in die Position des bzw. der anderen versetzt und die dieser Position entsprechende spezifische Perspektive von der Situation einschließlich von ihm selbst rekonstruiert" (Geulen 1982, S. 53). Eine solche Operation führt schließlich zur Aufnahme der Perspektive des anderen in die eigene Perspektive und zur Betrachtung der Situation als eine Situation, in der „wir" handeln. In sozialen Systemen wird diese *Perspektivenübernahme* allen Beteiligten abverlangt, denn sie alle stehen im Problemzusammenhang doppelter Kontingenz, sehen sich also vor einer Wahl eigener Handlungen angesichts anderer, ebenfalls Handlungen wählender Beteiligter, die ihre Reaktionen von den zuvor erfahrenen und aufgrund dieser noch zu erwartenden Aktionen abhängig machen (Luhmann 1984, S. 148 ff).

Beteiligte an sozialen Systemen müssen sich nicht zusammentun, aber sie müssen doch etwas zusammen tun. Ihre Sinnauffassungen entsprechen sich nicht unbedingt, bedürfen jedoch im Minimum Schritt für Schritt einer versuchsweisen Synchronisation, damit Handlungen aneinander anschließen können. Wenn schon nicht allen deutlich vor Augen steht, worum es geht, so ist wenigstens zu fingieren, es ginge um irgendetwas. Nicht Sinneinverständnis, sondern das Bemühen um eine *Reziprozität der Perspektiven* (Schütz u. Luckmann 1979, S. 87 ff) nebst der Unterstellung ihrer Erreichbarkeit fungiert als Bindemittel sozialer Systeme. Um solcher Reziprozität Substanz zu geben und damit Anschlußselektionen gewährleisten und längere Handlungsketten aufbauen zu können, brauchen soziale Systeme *Sinnschwerpunkte* – elementare Interaktionssysteme z. B. Themen (Luhmann 1975 b, S. 24), Organisationen z. B. Zwecke, Gesellschaften z. B. kulturelle Traditionen. Sie geben dem System Identität und verbinden die Einzelhandlungen. Sie vermitteln die Perspektive, auf die man sich einschießen kann.

Von Einzelbeiträgen her sind solche Sinnschwerpunkte kaum zu erschließen; dazu bedarf es der Beobachtung längerer Handlungsverläufe und der in ihnen vorherrschenden Reaktionsmuster. Umgekehrt ist aber der Sinn von einzelnen Handlungen meist sofort einsichtig, wenn man die Sinnschwerpunkte kennt; sie geben irgendwelchen Artikulationen überhaupt erst den Charakter sinnhafter Handlungen, sozusagen Stellenwert im System.[33]

Je markanter die Sinnschwerpunkte herausgemeißelt, je besser sie definiert und erklärt, je stärker sie auch in möglichen Wertbezügen verdeutlicht und je mehr sie kommunikativ verbreitet werden, desto klarer treten soziale Systeme ins Profil, desto leichter wird es, sie als Schemata auszubilden, die man im Bedarfsfall nur noch überzustreifen, in die man nur noch hineinzuschlüpfen braucht. Das System gewinnt durch explizite Sinnschwerpunkte Bestand auch außerhalb seines Vollzuges. Die Chancen zur Sinnentsprechung steigen und festigen das soziale System. Man kann es immer wieder benutzen. Das Setzen von Sinnschwerpunkten im System ist dabei vor allem für die Aktivierbarkeit wichtig: Nur wenn (möglichst allen, möglichst sofort) klar ist, „worum es jetzt geht“, lassen sich charakteristische strukturelle und prozedurale Arrangements schnell und unproblematisch aktualisieren und schleppende Ingangsetzungen vermeiden.

Eine bevorzugte Form zur Verleihung und Akzentuierung von Sinnschwerpunkten ist *Zwecksetzung*. Auf diese Weise werden Handlungen im Hinblick auf zu erbringende Leistungen, zu erfüllende Aufgaben, einen zu verwirklichenden Entwurf hin integriert. Sie befinden sich in einem Sinnzusammenhang, weil sie auf einen vorgreifend entworfenen Endzustand zustreben, der zunächst freilich vage bleibt und erst im Prozeßablauf Konturen gewinnt. Nach Maßgabe vorhandener Erfahrungen und verfügbaren Wissens werden aus dem angepeilten Zweck Selektionsgesichtspunkte für die auf ihn hin aufzubauende Maßnahmenkette abgeleitet. Der Sinn konkretisiert sich in Zielvorgaben und Aufgabenbeschreibungen und pflanzt sich fort in den strukturellen Regelungen des Systems; er reicht schließlich in die systemüblichen Vorgehensweisen und Methoden hinein und kontrolliert, was mit Aussicht auf Billigung gesagt und getan werden kann. Für organisierte Sozialsysteme und die meisten Prozesse in ihnen ist diese Konstitution typisch. Auch Implementierungsprojekte kommen über Sollprojektio-

[33] Diese Erfahrung kann jeder leicht selbst machen, z. B. indem man vergleicht, wie lange es dauert, sich *ohne* jegliche Vorinformation oder *mit* vorheriger Betrachtung des „Plots“ in einem zufällig mittendrin eingeschalteten Film oder Hörspiel zurechtzufinden.

nen, Zielsetzungen und Aufgabenstellungen in Bewegung und werden mit daraus abgeleiteten Vorgaben angetrieben. Dabei kann es zu Klärungen, Verfeinerungen und Variationen der Ziele (Hamel 1974, S. 13 ff) oder zur Umstellung von Aufgaben kommen; gleichwohl bleibt Zweckbezug für das System beherrschend, und allgemeine Zielvorstellungen erhalten sich als richtungsweisend.

Soziale Systeme, die ihre Sinnschwerpunkte aus Zwecken beziehen, etablieren als eine stets parate Deutungsmöglichkeit der in ihnen vorkommenden Handlungen die Motivdifferenz des Dafür- oder Dagegenseins.[34] Natürlich handeln beide im System: der, der dafür, wie auch der, der dagegen ist. Zweckbezug schließt nicht automatisch die Gegner vom System aus, sondern läßt nur die Handlungen auseinandertreten in solche, die der Zweckerreichung dienen, und solche, die sie behindern. Eine derartige Unterscheidung kennt man schon vom Normenbezug sozialer Handlungen: normenkonformes und abweichendes Verhalten (Scheuch u. Kutsch 1972, S. 195 ff; Opp 1974). In zweckgerichteten Systemen prägt sie sich spezifischer aus, weil Zwecke präzisere Orientierungsformate liefern als Normen. Sie wird dann faßbar als Gegeneinander von zielstrebigem Vorschlag und Kritik, von Gestaltungsvorhaben und Gestaltungswiderstand, von „Treiber" und „Bremser" (Sandig 1966), von „change agents" und „defenders" (Klein 1969), von „Promotoren" und „Opponenten" (Witte 1973 u. 1976).

Zweckorientierten Sozialsystemen erwächst damit aus ihrer eigenen Konstitution heraus die *Gefahr der Polarisierung und* – dies antizipierend und darauf reagierend – *der Politisierung*.[35] Für die Analyse dieser Systeme drängen sich dann Kategorien wie Interesse, Konflikt, Macht, politische Taktik oder Legitimation gleichsam von selbst auf. Deren empirische Angemessenheit mag dennoch oft fragwürdig erscheinen, weil es ein Grundzug der politischen Seite zweckbezogener sozialer Systeme ist, sich abzuschatten – es sei denn, es handele sich um ein System, dessen Zweck das offene Austragen von Konflikten ist, wie z. B. in Verhandlungssystemen (Iklé 1965; Walton u. McKersie 1965; Crott u. a. 1977). Im Normalfall liegt es im Sinn des Systems,

---

[34] Zur typisierenden und regulierenden Bedeutung von Motivkonstruktionen s. Blum u. McHugh 1971.

[35] Grochla sieht dementsprechend auch die organisatorische Gestaltung im allgemeinen sowohl als sachlich-logisches wie auch als politisches Problem; vgl. 1982, S. 11 f u. 33–43. Die Kunstgriffe, mit denen die klassische Unternehmungstheorie sich diese Problemdimension verstellt, hat Szyperski (1969, S. 51 ff) aufgedeckt.

die politische Dimension zu unterdrücken und als reine Problemlösung zu erscheinen. Genau in dieser Verdrängung des Politischen sind dann auch wesentliche Ansatzpunkte der Implementierungspolitik aufzuspüren.

Das interpretative Auseinanderhalten von Gestaltungsvorschlägen und Kritik, die sich ja oft als Gegenvorschlag äußert, oder Gestaltungsvorhaben und Gestaltungswiderstand im Sinne einer Abwehrhaltung kann keineswegs linear aus den Zielen und Aufgaben gefolgert werden. Es unterliegt sozialer Definition, und diese wird in strukturellen Regelungen vorherbestimmt oder prozessual ausgehandelt. Diese *soziale Definition implementierungsgeeigneten und -abträglichen Verhaltens* gehört mit in das Repertoire implementierungspolitischer Maßnahmen, fällt also sozusagen auf die politische Seite der Implementierung.

Bei der Definition des Implementierungsverhaltens gemäß der Schematik der domestizierten Polarität wird mindestens eine Dreiteilung angelegt. Die „*Promotoren*" sind die eigentlichen „Macher" im System: Sie beauftragen, leiten, konzipieren, arbeiten aus, präsentieren, fördern, treiben an und setzen durch. Aus ihrer Sicht treten als Opponenten einerseits „*Kritiker*" der Gestaltungsvorschläge, andererseits „*Gegner*" gegen Art und Richtung des gesamten Gestaltungsvorhabens auf. Wer welcher Gruppe zuzurechnen ist, und welche Stellungen und Handlungen entsprechende Haltungen anzeigen, wird im Verlauf der Implementierung interpretativ verdeutlicht. Die Bezeichnungen mögen dann schärfer oder weniger scharf ausfallen; die mit den Begriffen „Promotor", „Kritiker" und „Gegner" angedeuteten Beziehungen zu den Sinnschwerpunkten des Implementierungssystems liegen aber im großen und ganzen ähnlich. Man kann sehr wohl gegen einen Entwurf sein, ohne als „Gegner" zu gelten.[36] Man kann gegen Abmessungen, Verfahrenskonzepte und Einführungsweisen des neuen Informationssystems opponieren und sogar intrigieren, ohne in die Ecke gestellt zu werden, die den „Gegnern" vorbehalten ist: den Anpassungsunfähigen, Unqualifizierten, Quertreibern, Irrläufern, „Alternativen", „Technikfeinden", all denen also, denen es im Grunde „um etwas ganz anderes geht". Ausschlaggebend dafür, daß man als „Kritiker" anerkannt wird, ist, daß man im Auge behält, worum es letztlich geht, und dementsprechend im Geiste sachlicher Problemlösung agiert — oder seinem Ver-

[36] Z. B. wenn man gegen den Entwurf ist, weil man die beste Problemlösung anstrebt. In diesem Fall *konkurriert* man mit anderen *um den zweckmäßigsten Vorschlag*. Vgl. hierzu Wiedemann 1971, insbes. S. 172ff.

halten zumindest diesen Anstrich gibt. Kontroverse Diskussionen über Informationssystemvorschläge haben im Implementierungsprojekt durchaus Zweck: Sie werden im allgemeinen nicht als Zeichen des Dagegenseins, sondern des Dafürseins gewertet. „Kritiker" sind dafür, indem sie dagegen sind. Erst das Aufscheinen von Verweigerungen oder „radikale" Umorientierungen, die Motivattribution, daß einer „was dagegen hat", stigmatisiert den „Gegner".

Ist der „Kritiker" einigermaßen gelitten, so sollte es den „Gegner" besser gar nicht geben. „Kritiker" und „Gegner" stellen in politischer Hinsicht an die Implementierung ziemlich unterschiedliche Anforderungen. Mit den „Kritikern" liegen die „Promotoren" in *Gestaltungskonflikten.* „Kritiker" wollen anders gestalten und können dadurch der Gestaltung wertvolle Impulse vermitteln. „Kritiker" kann man also nutzen. Mit den „Gegnern" stehen sowohl „Promotoren" als auch „Kritiker" in *Anpassungskonflikten.* „Gegner" wollen gar nichts oder aber etwas anderes gestalten. Im Verhältnis zu den „Kritikern" müssen die „Promotoren" in erster Linie Kompromisse finden; gegenüber den „Gegnern" sieht man sich zur Kraftprobe genötigt. Während in Gestaltungskonflikten alle „irgendwie an einem Strang ziehen" – nämlich eingeschworen bleiben auf das, was mit der Implementierung erreicht werden soll und was der übergeordneten Institution zugute kommt –, werden Anpassungskonflikte seitens der „Promotoren" so gedeutet, daß die „Gegner" dem Systemsinn die Gefolgschaft versagen: Sie stellen sich negativ zur Implementierungsfunktion. Dies stimuliert Überwindungsmaßnahmen statt Kompromisse. Es ist daher sehr viel wichtiger, mögliche „Gegner" ruhig zu halten als „Kritiker" auszuschalten. Die Implementierungspolitik hat deshalb in diese Richtung die wirkungsvolleren Mechanismen ausgebildet.

Natürlich ist es immer schwierig zu entscheiden, ob man es mit einem „Kritiker" oder einem „Gegner" zu tun hat, und die politischen Folgen von Gegnerschaft versuchen echte „Gegner" zu umgehen, indem sie sich als „Kritiker" geben oder sogar in die Promotorenrolle schlüpfen wollen. Die soziale Etikettierung stellt somit Probleme des Erkennens, des Deutens, des Fingerspitzengefühls. Wie diese im einzelnen gelöst werden, wie man z. B. den „Gegner" vom „Kritiker" scheidet, ist sicher untersuchenswert. Implementierungspolitisch besitzt aber bereits die bloße Verfügbarkeit dieser Etikettierung, die bloße Möglichkeit, im Sinnzusammenhang des Zweckstrebens und der Aufgabenerfüllung als „Sand im Getriebe" erkannt zu werden, eine wichtige Funktion.

3. Die Spiegelung des Implementierungssystems in wissenschaftlichen Gestaltungsmethodologien

Daß Implementierungssysteme einen zweckbezogenen Sinnzusammenhang bilden, und welcher rote Faden diesen Sinnzusammenhang im wesentlichen knüpft, wird kaum irgendwo deutlicher als in den pragmatisch-normativen Ansätzen zur Entwicklung von Informationssystemen. Der Sinnzusammenhang wird dabei als Zusammenhang methodisch aufeinander aufbauender Gestaltungsaktivitäten ausgeleuchtet. Phasengliederungen, Aufgabenkataloge, das Prinzip der schrittweisen Verfeinerung bei Systemplanung und Programmierung, die gesamte Systementwicklungsmethodologie und die Regeln des Projektmanagements führen Implementierung als System vor Augen. Sie nehmen damit teil an einer *gesamtgesellschaftlichen Konstruktion des Implementierungssystems*. Sie entwickeln und vermitteln ein Wissen über dieses System, das ihm soziale Wirklichkeit bis hin zu greifbarer Faktizität verleiht.[37] In dieser Konstruktionsleistung stehen sie natürlich keineswegs allein. Die Sinnzusammenhänge des Implementierungssystems werden primär im System selbst und in den Systemen seiner unmittelbaren Umgebung sozial konstruiert. Hier wie dort werden in Prozessen des sozialen Handelns thematische, interpretative und motivationale Relevanzen (s. zu dieser Einteilung Schütz u. Luckmann 1979, S. 224 f) gesetzt und typische, brauchbare Selektionsanschlüsse gelegt: Auf dieses oder jenes muß man achten; so und so ist es zu betrachten; zur Erreichung dieses Endzustandes sind jene Mittel und Maßnahmen notwendig und geeignet; wenn das getan oder diese Situation eingetreten ist, muß man auf solche Weise fortfahren. Relevanzen und Selektionsanschlüsse bleiben dabei stets gekoppelt an gewisse „ursprüngliche“ Sinnmomente, mindestens an die Implementierungsfunktion. Jede Ausarbeitung des Implementierungssinnes muß auf die Implementierungsfunktion Rücksicht nehmen. Sie muß in die Perspektive passen, deren Fluchtpunkt mit dem Implementierungszweck bestimmt ist. Damit aber ist die Blickrichtung der Implementeure als sinntragend ausgezeichnet.

Pragmatisch-normative Lehren bilden zwar nur einen Ausschnitt der implementierungsrelevanten Umwelt. Für die Vergegenwärtigung und Objektivierung des Systems außerhalb konkreter Vollzüge kommt ihnen aber erhebliche Bedeutung zu. Lehren dieser Art tragen wesentlich

[37] Wie man sich dies generell vorstellen kann, untersuchen Berger u. Luckmann 1970.

dazu bei, Systeme sinnmäßig durchzukonstruieren, sie „systematisch" zu machen, sie als kognitive Schemata aus aktuellem Handeln herauszulösen, sie sprachlich-symbolisch zu repräsentieren, sie zu Wissensobjekten zu entwickeln und die zugehörigen Wissenselemente und Orientierungen zu verbreiten. Pragmatisch-normatives Wissen und dadurch gestärkte Wirklichkeit mögen einseitig erscheinen, wenn man bemerkt, daß in ihnen ganz offensichtlich aufgabenbezogenen, informationalen, technologischen und entwicklungsmethodischen Aspekten Priorität vor organisatorischen, personellen und implementierungspolitischen Gesichtspunkten eingeräumt wird. Aber diese Einseitigkeit ist eben für die Wirklichkeit typisch. In der pragmatisch-normativen Reflexion verteilen sich die Gewichte am ehesten wie in der Praxis.[38]

4. Der Einsatz der Projektgestaltung für die Gestaltung des Informationssystems

Der Sinnzusammenhang der Maßnahmen zur Informationssystemgestaltung ist darin nachzuvollziehen, daß jeder Schritt des Entwurfes und der Realisation an diagnostische und anwendungskonzeptionelle Vorarbeiten anknüpfen muß und darauf auch angewiesen ist, daß man vom Groben ins Detail arbeitet und Interdependenzen der Systemkomponenten zu bedenken hat. Der Sinnzusammenhang zwischen den Gestaltungsmaßnahmen, die dem Projekt Struktur geben, und der Gestaltung des Informationssystems ist komplizierter. Er wird aber aus der orientierungs- und handlungsvermittelten Implementierungsge-

[38] Daß der konzeptionelle Bezugsrahmen zu eng oder verzogen sein könnte, sieht man erst, wenn man ihn konzeptionell erweitert oder geraderückt. Damit geht man zwangsläufig auf Distanz zu praktischen Implementierungssystemen. Man vertraut darauf, aus der Distanz besser zu erkennen, was jenseits oder hinter der wissensmäßig verbreiteten Wirklichkeit wirklich geschieht; man hofft, aus der Entfernung das Selbstverständnis des Implementierungssystems durchbrechen zu können. Wie man mögliche Einsichten weiterverwendet, kann dahingestellt bleiben; jedenfalls nicht so, daß man belehrend den Finger hebt und darauf hinweist, was alles nicht ausreichend beachtet wird (z. B. organisatorische Gestaltungsmöglichkeiten und personelle Verhaltenszumutungen), oder daß man mangelndes Bewußtsein für die Realität behauptet (z. B. für implementierungspolitische Funktionen). Den Zugang zum System, der notwendig ist, um seine Berücksichtigungspotentiale zu erhöhen, also seine Sinnschwerpunkte zweckmäßig anzureichern, gewinnt man nur, wenn man erklären kann, *warum* etwas nicht ausreichend beachtet wird oder *warum* das System sich selbst gegenüber und nach außen bestimmte Funktionen maskiert.

bundenheit des zu schaffenden Informationssystems einsichtig (vgl. S. 167 f).

Die Teilnehmer des Implementierungssystems, Implementeure wie Betroffene, legen ihren Handlungen im Rahmen der Informationssystemgestaltung nicht nur die Verhältnisse zugrunde, die im umzugestaltenden Informationssystem vorhanden, geplant oder frisch eingeführt sind, sondern orientieren sich auch an den Projektstrukturen. Dazu werden diese Strukturen schließlich geschaffen: Ein Zeitplan wird dazu aufgestellt, daß man bei der Informationssystemgestaltung Termine einhält; ein Projektteam wird eingerichtet, um dabei Sachverstand kooperativ zu koppeln und Konzentration zu sichern; ein Systementwicklungshandbuch wird benutzt, um an die Informationssystemgestaltung positive Erfahrungen aus früheren Projekten weiterzugeben, in Projekten einheitliche Gestaltungsprinzipien zu verankern, sie transparent zu machen und zu koordinieren, was sich wiederum in der Wirksamkeit der Informationssysteme niederschlagen soll; Betroffene werden beteiligt, um Akzeptanz zu erzielen; bestimmte Entwurfsmethoden werden eingesetzt, um die Qualität der Grob- und Feinkonzepte zu erhöhen. Zwischen der Informationssystemgestaltung und der bewußten Strukturierung des Implementierungsprojektes besteht ein Geflecht von „Um zu"- und „Weil"-Verweisungen, die beide Handlungsreihen sinnhaft verschränken (Schütz 1974, S. 115 ff), indem sie den wechselseitigen Austausch von Selektionskriterien vermitteln.

In diesem Zusammenhang zwischen der Gestaltung des Informationssystems und der Gestaltung des Projektes liegen Chancen wie Risiken. Die Chancen sind es, die den Sinnzusammenhang ursprünglich zur Geltung bringen: *Man kann Probleme der Informationssystemgestaltung durch Projektstrukturen lösen.*

Dies trifft zum einen insofern zu, als sich durch projektspezifische und projektübergreifende formale Strukturierung die Rationalität der Informationssystemgestaltung steigern läßt (Wollnik u. Kubicek 1979, S. 357). Sowohl die Qualität und Effektivität von Gestaltungsmaßnahmen in einzelnen Phasen als auch die Erhaltung der Rationalität über den gesamten Implementierungsprozeß hinweg sollen durch Projektgestaltung und von außen übernommene Formalstruktur gesichert werden. Als durch die Informationssystemgestaltung induzierte Aktivität hat Projektstrukturierung eben vor allem den Sinn, die Aufgaben der Informationssystemgestaltung einer möglichst rationalen Lösung zuzuführen. Sie erreicht dies über die geeignete Steuerung der Hand-

lungsweisen der Implementeure: handlungsvermittelte Implementierungsgebundenheit.
Zum anderen kann die Projektstrukturierung die Betroffenen in ihren informationsverarbeitungsrelevanten Auffassungen und Bewertungen ansprechen. Die Betroffenen sind in das Implementierungsprojekt durch Lernprozesse eingeschaltet. Teilweise wird dieses Lernen gezielt stimuliert, ausgerichtet und kontrolliert, z. B. in Schulungskursen oder Einarbeitungsphasen. Es läßt sich aber nicht unterdrücken, daß auch außerhalb expliziter Maßnahmen der fachlichen und motivationalen Vorbereitung Eindrücke gesammelt und zu Vor-Kenntnissen, Vor-Urteilen und Vor-Einstellungen verarbeitet werden. Die Betroffenen ziehen ihre Schlüsse aus dem Implementierungssystem: orientierungsvermittelte Implementierungsgebundenheit. Dieser immer offene Weg kann genutzt werden, die Betroffenen in positiver Weise zu beeindrukken. Über diesen Kanal lassen sich Kompetenzen, Aufgeschlossenheit, Annahmebereitschaft und Einstellungen oft besser fördern als durch geplante Vorbereitung im Rahmen der Informationssystemgestaltung.

Wir können dies veranschaulichen, indem die Übergänge von Abbildung 1 b zu Abbildung 1 a markiert werden (s. Abbildung 1 c, S. 216).

Das effektive Implementierungsverhalten beinhaltet als wesentlichen Teilkomplex die Maßnahmen der Informationssystemgestaltung (daneben z. B. die selbstbezogenen Maßnahmen der Projektgestaltung). Über die Vorgabe von Implementierungsverfahren wird mit dem effektiven Implementierungsverhalten also zugleich die Informationssystemgestaltung institutionell und methodisch unter Kontrolle gebracht (vgl. die Ausführungen zum reflexiven Mechanismus „Gestalten des Gestaltens", S. 200 f). Zudem erleben die Teilnehmer am Implementierungssystem das Implementierungsverhalten. Sie reagieren nicht nur auf die Ergebnisse der Informationssystemgestaltung, sondern auch auf die Art und Weise, wie sie zustandekommen – und zwar, nach allen empirischen Befunden, in ganz erheblichem Maße.

Die Risiken ergeben sich als Kehrseite der Chancen. Falsche Maßnahmen bei der formalen Projektstrukturierung können die Rationalität der Informationssystemgestaltung herabsetzen. Dies ist wenig wahrscheinlich, solange die Leitgesichtspunkte der Projektgestaltung unmittelbar aus Problemen der Informationssystemgestaltung hergeleitet werden. Es kann aber dann leicht geschehen, wenn sachfremde Kriterien bei der Projektgestaltung angewendet werden (z. B. Vergabe der Projektleitung aus alter Freundschaft) oder übergreifende Strukturvor-

Abbildung 1 c Implementierungsgebundenheit des Informationsverarbeitungsverhaltens

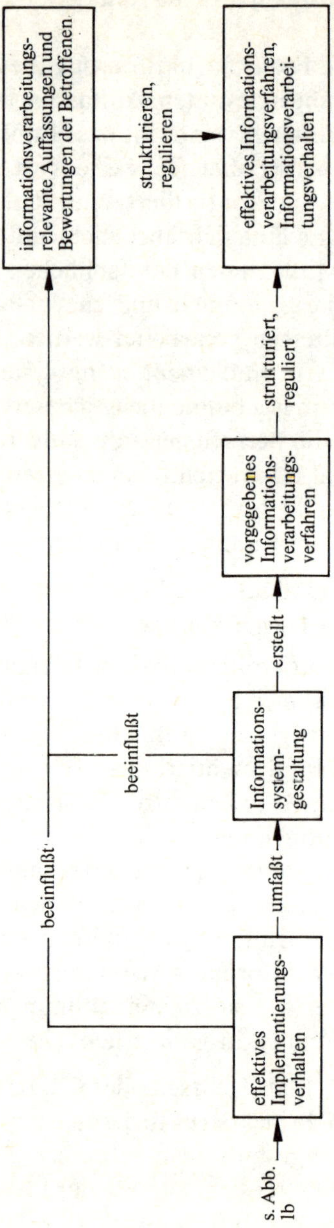

gaben Projekte unabhängig von ihrer speziellen Aufgabenstellung zu sehr über einen Kamm scheren. Die Intentionen der Projektgestaltung werden in solchen Fällen unterlaufen, ihre Funktionen gestört. Die implementierten Informationssysteme sind dann beispielsweise nicht hinreichend funktionsfähig, weil man zu wenig Entwicklungszeit gelassen hat, Programme sind fehlerhaft, weil an guten Programmierern gespart wurde usw. In solchen Rationalitätsminderungen findet man aber immerhin noch mehr Berechenbarkeit, Begründbarkeit und Zurechenbarkeit von Verantwortung als in jenen Implementierungsgefahren, die sich über die Wahrnehmung des Implementierungsstils seitens der Betroffenen zusammenbrauen können. Wenn der Implementierungsstil nicht „ankommt", werden Akzeptanzprobleme und Anpassungswiderstände potenziert. Die sozialen Reaktionen laufen aus dem Ruder. Aus „Kritikern" werden „Gegner", und das Projekt gerät an den Rand des politischen Scheiterns.

Der Versuch, die skizzierten Chancen zu realisieren und Informationssystemgestaltung durch die Ausgestaltung der Implementierungsprojekte zu „rationalisieren", zu „verbessern" oder zu „verändern", ist eine Gemeinsamkeit aller präskriptiv gerichteten Ansätze zur Informationssystementwicklung, ob es sich nun um Beiträge zum EDV-Projektmanagement und zur Systementwicklungsmethodologie, zur organisatorischen Implementierung und Widerstandsüberwindung oder zur Betroffenenbeteiligung handelt.[39] Auch die empirische MIS-Implementierungsforschung thematisiert vorwiegend solche Faktoren, die der Struktur des Implementierungssystems zuzurechnen sind (s. Mans 1973; Ginzberg 1974). In keinem dieser Ansätze wird nachdrücklich darauf eingegangen, wie ein „gutes" Informationssystem aussehen muß oder welche Informationsverarbeitungsverfahren unter bestimmten Bedingungen, d. h. für bestimmte Aufgabenstellungen am besten geeignet sind; dies überläßt man, soweit wir sehen können, im wesentlichen den Herstellern von Standardsoftware.[40]

Ungeachtet der sehr unterschiedlichen praktisch-normativen Stoßrichtungen darf man die Vorstellung, daß die Gestalt computergestützter Informationssysteme nicht in „Mustersystemen" zu normieren ist, sondern vornehmlich durch eine geeignete Selbststrukturierung des Imple-

---

[39] Zur Betroffenenbeteiligung s. Mambrey u. Oppermann 1980; 1981.

[40] Eine bemerkenswerte Ausnahme bildet die ergonomische Forschung über die Gestaltung der „Mensch-Maschine-Schnittstelle" in computergestützten Informationssystemen, s. Çakir u. a. 1978, S. 251 ff; Radl (1980); Benz 1982.

mentierungssystems in beliebiger, also auch gewünschter Tendenz modifiziert werden kann, als paradigmatisch für die informationssystembezogene Implementierungstheorie ansehen. Die Anwendungsbedingungen erscheinen zu vielfältig, die Verfahrensvarianten zu zahlreich, die Gestaltungsziele zu wechselhaft, der Möglichkeitsraum der Systemkonstellationen zu komplex, um definitive Aussagen im Hinblick auf die konkrete Ausgestaltung von Informationssystemen zu wagen. Aber man kann etwas dazu sagen, wie dieser Vielfältigkeit, Wechselhaftigkeit und Komplexität zu begegnen ist: durch Steuerung der notwendigen Selektionen, und das heißt nichts anderes als: durch geeignete strukturelle Auslegung des Projektes. Man scheut vor dem „Was" und rettet sich in das „Wie" der Informationssystemgestaltung. Dieses hintergründig-selbstverständliche Vertrauen auf die Durchgriffsmöglichkeit von der Projektstrukturierung in die Informationssystemgestaltung nennen wir das *dispositionelle Paradigma der Implementierungsforschung*. Projektstrukturen wirken nämlich im sozialen System der Implementierung analog zu den motivationalen und kognitiven Strukturen in personalen Systemen: Sie steuern die Selektivität des Systems und bestimmen dadurch seine Transformationscharakteristik, d. h. die Verknüpfung bestimmter Systeminputs (z. B. informationstechnologische Ausgangszustände und Gestaltungswünsche) mit bestimmten Systemoutputs (z. B. Gestaltungskonzepte und eingeführte Verfahrensweisen).

„Dementsprechend kann damit gerechnet werden, daß die Projektmodalitäten gemäß der Intention der Gestaltungsträger die Ergebnisse des Projektes beeinflussen werden, obwohl die Projektgestaltung sich zunächst nur auf die Form bzw. die Abwicklung des Projektes richtet. Besonders deutlich sind die Wirkungen der Projektgestaltung bei einer organisierten Zusammenarbeit zwischen Datenverarbeitungsspezialisten und Benutzern und der durch formalisierende Maßnahmen erzielten Transparenz des Projektes. Dadurch wird den Benutzern Gelegenheit gegeben, in ihrem Interesse die Implementierung zu beeinflussen. Aus dieser Maßnahme sind nicht nur sozialpsychologische, sondern auch technische und organisatorische Konsequenzen für das Projektergebnis zu erwarten." (Wollnik u. Kubicek 1979, S. 357)

Projektstrukturen beziehen sich also auf Beziehungen.[41] Das Implementierungssystem „antwortet" auf bestimmte „Eingaben" mit bestimmten „Ausgaben". Welche „Ausgaben" zu welchen „Eingaben" generiert werden und nach welchen Methoden, Kriterien, Prinzipien die Relationierung erfolgt, macht die Transformationscharakteristik

[41] Ihre Effekte sind deshalb in „Korrespondenzanalysen" aufzuhellen. Vgl. methodisch dazu Wollnik 1976.

des Systems aus; sie wird projektstrukturell mehr oder weniger stark vorgezeichnet (weil zusätzlich immer auch personenbedingte, individuelle Dispositionen, d. h. relevante Auffassungen und Bewertungen einzelner Implementeure und Betroffener, eine Rolle spielen).

Es liegt nahe, daß man sich bemüht, die „indirekt wirkenden" Projektstrukturen insbesondere für die Beeinflussung der informationsverarbeitungsrelevanten Auffassungen und Bewertungen der Betroffenen instrumentell in Anschlag zu bringen. Diese weisen die geringste unmittelbare „Herstellbarkeit" bzw. gestalterische Verfügbarkeit auf (vgl. S. 148 f). Andererseits weiß man, daß die Betroffenen auf Stil und Struktur des Projektes stark reagieren. Man versucht deshalb, „die hier vorzufindende dispositionelle Lücke ... durch eine Aktivierung und Ausnutzung sozial beeinflussender Komponenten von Projektgestaltungsmaßnahmen, die im Partizipationsgedanken ihren gravierendsten Ausdruck gefunden haben, (zu schließen)" (Wollnik u. Kubicek 1979, S. 359). So etwas läßt sich natürlich nicht vollkommen durchplanen und verfügen. Darin lauern auch soziale Risiken. Schließlich geht es um Lernprozesse hinsichtlich der Orientierungen und Präferenzen. Erforderlich ist deshalb politisches Geschick. Dies umso mehr, als der prozessuale Sinnzusammenhang der Implementierung, in dem frühere Maßnahmen Selektionsprämissen für Folgeaktivitäten bereitstellen, zu einer Kumulation von Anknüpfungsnotwendigkeiten und damit zwangsläufig zur sukzessiven Schließung von Gestaltungsspielräumen führt.[42] Daraus folgt gegen Ende des Implementierungsprojektes ein immer stärker werdender Anpassungsdruck auf Residualvariablen, wenn nicht alles umsonst gewesen sein soll. Aus dem Prioritätstheorem ist bekannt, was an was anzupassen ist: die personelle Komponente und ihre Funktionsregeln an die maschinelle Komponente und ihre Programme. Die Inanspruchnahme projektstruktureller Bedingungen zur Lösung des Problems, Personen zur Übernahme bestimmter Verhaltenslasten, zur Ausfüllung relativ eng gefaßter Arbeitsrollen zu bewegen, stellt diese Bedingungen somit im wesentlichen in den Dienst einer *Anpassungsstrategie* für soziale Restgrößen. Dafür braucht man politisches Geschick in einer besonders funktionstüchtigen Form: in der Form der präventiven Ruhigstellung potentieller Gegner.

Wir haben damit klargestellt, was es heißt, Implementierung als Prozeß, diesen Prozeß als Projekt und das Projekt als soziales System, das

[42] In den üblichen Implementierungsprozessen läuft das gerade auf die auf S. 134 ff erörterten „Sachzwänge" hinaus.

in der Projektgestaltung selbstbezogen operiert, zu betrachten, und welcher Stellenwert in diesem System der traditionellen Differenz zwischen Soll und Ist zukommt. Es ist weiterhin gezeigt worden, wodurch sich die Sinnzusammenhänge der Implementierung konstituieren, daß Sinn durch Zwecksetzung objektiviert wird, daß und welche Polarisierungsmöglichkeiten sich daraus ergeben und wie sich darin Implementierungspolitik als notwendige Begleitung ankündigt. Es sollte deutlich geworden sein, daß für die soziale Konstruktion des Implementierungssystems die *Handlungsperspektiven der Implementeure* ausschlaggebend sind und sich die Sinnzusammenhänge der Implementierung aus ihren Intentionen entwickeln. „Implementierungslehren" bauen diese Intentionen in Gestaltungsmethodologien ein. Schließlich hat sich aus dem Sinnzusammenhang der Implementierungshandlungen der Instrumentalzusammenhang zwischen Projektstrukturierung und Informationssystemgestaltung mit seinen sozialen Chancen und Risiken herauskristallisiert, der die Kanäle bereitstellt, über die Implementierungspolitik in Fluß kommt.

V. Handlungschancen im Implementierungssystem

1. Rollen

Implementierungssysteme bieten ihren Teilnehmern ein bestimmtes Rollenrepertoire, das sich – zunächst in rein analytischer Absicht – in zwei Grundrollen aufspalten läßt: die Teilnahme als *Implementeur* und die Teilnahme als *Betroffener*. Beide Rollen sind in sich weiter differenzierbar und in mehrfacher Weise, wenngleich nicht beliebig, rekombinierbar, prinzipiell auch über die Dichotomie Implementeur/ Betroffener hinweg. Besetzt werden diese Rollen von Teilnehmern, die im wesentlichen durch die Rollen beschrieben werden, die sie außerhalb von Implementierungssystemen einnehmen (und nicht z. B. durch persönliche Eigenschaften), – etwa von oberen Führungskräften, Datenverarbeitungsspezialisten, Fachabteilungsmitarbeitern, Beratern, Herstellervertretern. Für manche dieser Teilnehmer bedeutet die Rollenübernahme im Implementierungssystem lediglich eine Intensivierung „üblicher" Tätigkeiten; für andere ist damit ein erhebliches „Umschalten" verbunden.

Als Implementeur nimmt man teil, wenn man zur Ausarbeitung des neuen, computergestützten Informationsverarbeitungsverfahrens, d. h. zur Informationssystemgestaltung oder zur Projektgestaltung aktiv beiträgt. Es kann sich dabei um

– leitende,
– planende (konzipierende, entwerfende) und
– ausführende

Gestaltungsbeiträge handeln (vgl. Hedberg 1975, S. 219). Als Implementeur mit leitenden Funktionen erteilt man z. B. Entwicklungsaufträge, setzt Projekte ein, besetzt und strukturiert sie, koordiniert Projektarbeiten, kontrolliert den Fortschritt der Informationssystemgestaltung, gibt Anweisungen zur Ausführung von Gestaltungstätigkeiten oder sichert das Projekt gegen Angriffe aus der institutionellen Umgebung ab. In planender Funktion diagnostiziert man Sachprobleme, stellt Leistungsanforderungen fest, äußert Gestaltungsideen, unterbreitet konkrete Vorschläge, arbeitet Anwendungskonzeptionen aus oder entwirft Datenstrukturen. Ausführende Funktionen verlangen z. B., daß Dateien konvertiert, Benutzungsregeln geschrieben, Programme codiert oder die Mitarbeiter im neuen Informationsverarbeitungsverfahren geschult werden.

Für die Kennzeichnung als Teilnehmer in der Rolle eines Implementeurs ist es analytisch unerheblich, ob all dies aufgrund einer formalen Zuständigkeit im Implementierungssystem oder jenseits einer strukturell eingerichteten Position, ob es offiziell oder im geheimen, in zielstrebiger Weiterführung von Vorarbeiten oder in kritischer Einstellung erfolgt. Praktisch können diese Unterschiede aber durchaus wichtig dafür sein, daß Implementierungsbeiträge „abgenommen“ werden, d. h. als Prämissen in Folgemaßnahmen zum Tragen kommen. Implementierungssysteme weisen in dieser Hinsicht unterschiedliche Grade der Institutionalisierung auf. Der Kreis der Implementeure ist jedenfalls nicht immer und nicht von vornherein scharf umrissen.

In Implementierungssystemen ist eine strikte Trennung zwischen leitenden, planenden und ausführenden Implementeuren nicht zwingend. Das gesamte Funktionsbündel kann auch „entspezifiziert“ und in Personalunion übernommen werden. Leitung und Planung lassen sich koppeln und der Ausführung gegenüberstellen. Die Trennlinie kann aber auch zwischen den Leitungsbeiträgen einerseits und kombinierten Planungs- und Ausführungsleistungen andererseits gezogen werden.

Die Vereinigung von Leitung und Ausführung bei separat wahrgenommener Planung wird hingegen nicht anzutreffen sein.

In der Rolle von Betroffenen nehmen diejenigen am Implementierungssystem teil, für die im Rahmen des neuen, computergestützten Informationsverarbeitungsverfahrens oder an seinen „Rändern" in irgendeiner Form eine Leistungsverantwortlichkeit vorgesehen ist.[43] Betroffene sind somit „Objekte" der Informationssystemgestaltung. Ihre Rolle impliziert Reaktionen auf die Gestaltung des Informationssystems wie auch auf die Projektstrukturen, in erster Linie Lernprozesse. Für die weitaus überwiegende Mehrzahl der Betroffenen bedeutet Leistungsverantwortlichkeit, daß sie im neuen Verfahren Informationsverarbeitungsleistungen erbringen. Sie sind insofern in ihrer Arbeit direkt betroffen (*direkte Arbeitsbetroffenheit*). Sie arbeiten dem Computer zu, indem sie z. B. Daten aufbereiten oder erfassen; sie bedienen Geräte; sie empfangen Ausgabeinformationen und verwenden sie bei der Erfüllung ihrer Aufgaben (vgl. hierzu Müller-Böling 1978, S. 119ff u. unsere Ausführungen auf S. 35ff). Es kann sich aber auch ergeben, daß man zwar nicht in das neue Verfahren eingebunden ist, jedoch Arbeitsbeziehungen mit direkt arbeitsmäßig betroffenen Mitarbeitern unterhält, in denen sich die direkte Arbeitsbetroffenheit der Interaktionspartner in irgendeiner Weise auswirkt. Diese Form der Betroffenheit ist als „*indirekte Arbeitsbetroffenheit*" zu kennzeichnen. Weiterhin wird ein Auftreten als Betroffener dadurch möglich, daß das neue Verfahren Aufgaben erfüllt, für die man als Leiter einer Organisationseinheit verantwortlich zeichnet. Daraus entsteht eine *direkte Leitungsbetroffenheit*. Als Leiter einer das strukturelle Subsystem, in dem das Informationssystem angesiedelt ist, übergreifenden Organisationseinheit kann man schließlich *indirekt in seiner Leitungsfunktion betroffen* werden.

In Übersicht 4 sind diese vier Arten der Betroffenheit zusammengefaßt und an einem Beispiel erläutert.

In jeder Art der Betroffenheit kann man stärker oder schwächer betroffen sein. Diese Randunschärfen des Informationssystems übertragen sich ins Implementierungssystem: Auch dort hat man mit Unklarheiten zu rechnen, ob Handlungsansätze als Artikulationen von „wirklich" Betroffenen ernstgenommen werden sollen oder als „Einmi-

---

[43] Art und Intensität dieser Leistungsverantwortlichkeit reflektiert die Informationssystemforschung in verschiedenen „Betroffenheitsgraden"; so schon Jaeggi u. Wiedemann 1963, S. 75ff; s. auch Tomlin 1970, S. 29.

Übersicht 4 Arten der Betroffenheit

Beispiel:

Computerunterstützung für die *Kundenrechnungsschreibung*

I. direkte Arbeitsbetroffenheit	Sachbearbeiter der Rechnungsschreibung
II. indirekte Arbeitsbetroffenheit	Sachbearbeiter der Lager- und Lieferverwaltung; Verkaufssachbearbeiter; Sachbearbeiter der Kundenbuchhaltung; Leiter der Rechnungsschreibungsgruppe
III. direkte Leitungsbetroffenheit	Leiter der Rechnungsschreibungsgruppe; evtl. Leiter der Verkaufsabrechnung
IV. indirekte Leitungsbetroffenheit	je nach strukturellem Aufbau z. B. Leiter der Finanzbuchhaltung oder Vertriebsleiter

schung" von jemandem, der „ja gar nichts damit zu tun hat", übergangen werden können. Diese Unschärfe im Wirkungshorizont neuer Informationsverarbeitungsverfahren läßt sich gegebenenfalls auch implementierungspolitisch ausmünzen.

Die vier unterschiedenen Möglichkeiten der Betroffenheit schließen sich nicht aus, sind aber auch nicht in jeder Weise vereinbar. Eine Betroffenheit in mehrfacher Hinsicht ist denkbar z. B. als Kombination direkter Arbeits- und Leitungsbetroffenheit, indirekter Arbeits- und Leitungsbetroffenheit oder direkter Leitungs- und indirekter Arbeitsbetroffenheit. Einiges spricht dafür, daß mit bestimmten Informationssystemarten typische Betroffenheitskonstellationen zusammenhängen, die dann charakteristische Implementierungsprobleme stellen. Die in der MIS- wie in der OR/MS-Implementierungsforschung diskutierte Problematik der Nichtbenutzung etwa scheint ein Symptom zu sein, das sich, wenn überhaupt, nur unter der Bedingung einstellt, daß eine Entscheidungs- oder Leitungsinstanz in selbstverantworteter Tätigkeit direkt arbeitsmäßig betroffen wird.

Bei den Implementeuren besteht eine (möglicherweise nicht zwanglose) Selbstverpflichtung ans System: Sie wollen Teilnehmer sein (anders könnten sie nicht handeln wollen). Bei den Betroffenen sieht das anders aus: Sie sind Teilnehmer, ob sie wollen oder nicht. Entsprechend unterschiedlich sind die Rückzugsmöglichkeiten aus dem System: Der unwillige Implementeur muß das Implementierungssystem verlassen; der unwillige Betroffene muß sich aus dem Objektbereich der Implementierung, d. h. aus dem Informationssystem ausblenden.

Welche empirischen Entsprechungen besitzen diese rollenanalytischen Unterscheidungen? Die Sprache und die Strategien der Implementierung verraten, daß sie auch als praktische Vorstellungsmuster wirksam sind. In der praktischen Einstellung „gibt" es diese Rollen und ihre Trennung. Sie sind „wirklich", weil man um sie weiß, über sie spricht (nicht unbedingt in der hier gewählten Terminologie) und nach ihnen handelt. Insoweit sie besetzungspolitisch, d. h. für die Strukturierung und „personelle Ausstattung" des Projektes richtungsweisend sind, werden sie greifbar als typische Eigenschaften typischer Teilnehmer, die sie einnehmen. Diese besetzungspolitischen Trennungstendenzen durch Rekombination von Betroffenenrollen mit Implementeursrollen umzukehren, ist die Partizipationsforschung angetreten (Bjørn-Andersen 1980; Oppermann 1983). Über Zusammenarbeit zielt sie dabei bis auf die Aufhebung der Differenz der Rollen, auf ihr „Zusammenfallen" (Hedberg 1980, S. 22). Sie kommt dabei nicht umhin, das Vorstellungsmuster als solches immer wieder zu rekapitulieren, nimmt also das kognitive Korrelat ihres „Feindbildes" permanent in Anspruch. Das spricht nicht gegen sie, zeigt aber eines ihrer gewichtigeren Probleme. Opposition gegen die aufgezeigte Rollendifferenzierung ist im wahrsten Sinne des Wortes sinnlos, weil diese Differenzierung in sehr tiefen Schichten des Implementierungssystems sinnhaft verankert ist. Es *muß* Implementeurs- und Betroffenenrollen geben. Das ist weder terminologische Implikation noch praktische Forderung, sondern nur Indiz dafür, daß es sie „wirklich gibt" — als Bestandteile üblicher Realitätsdefinitionen.

Daß Implementeure und Betroffene nicht nur als Produkte eines rollenanalytischen Kunstgriffes, sondern „in Wirklichkeit" existieren, läßt sich zudem aus allen empirischen Studien über Implementierungsprozesse entnehmen, die in irgendeiner Form teilnehmer- oder handlungsbezogen operieren. Die Einsicht bildet indes kaum jemals einen (aus der Sicht eines Forschers) berichtenswerten Befund, sondern geht als *Unterstellung* in die empirische Untersuchung ein. Natürlich spricht man, solange man nicht über die Idee eines „Implementierungssystems" verfügt, selten von „Implementeuren" oder „Betroffenen", sondern fällt auf systemexterne Kennzeichnungen wie Systemplaner, Datenverarbeitungsspezialist, Sachbearbeiter, Benutzer usw. zurück. Überall in der Implementierungsforschung findet man aber Füllstoff für die Rollenhülsen von „Implementeuren“ und „Betroffenen“, in der Forschung zur Modell-Implementierung z. B. in der Dichotomie von OR/MS researcher/manager oder scientist/practitioner, in den Lehren zur Organisationsentwicklung in der Figur des change agent und dem Ensemble des client system. Die Erfahrung, daß man in der Praxis mit den Vorstellungen, die diese Begrifflichkeiten gerade auch in ihrer Gegenüberstellung präjudizieren, empirisch zum Zuge kommt, belegt eindrucksvoll ihre Tragfähigkeit und ist als Erkenntnis authentischer und vielleicht sogar wertvoller als die Wiedergabe von Tabellen mit statistischen Verteilungen über Äußerungen und Verhaltensweisen der entsprechenden Personen oder Personengruppen. Wenn in empirischen Untersuchungen schlicht und selbstverständlich davon ausgegangen wird, daß es im Implementierungsprozeß primär aktive und eher passive Teilnehmer gibt (man bezeichne sie, wie man will), und wenn man mit dieser Annahme in der Forschungssituation kommunikativ über die Runden kommt (meist ist es besser: man trifft sich genau mit dem Verständnis der Praktiker), dann darf man die Existenz von Implementeuren und Betroffenen als Tatsache von eminenter praktischer Bedeutung betrachten.

2. Teilnehmer

In den dargestellten differenzierten Rollenzusammenhang hinein operiert nun die Implementierungsforschung mit Teilnehmerbezeichnungen, die entweder den Rollen verhaftet bleiben, die die Implementeure und Betroffenen außerhalb des Implementierungssystems innehaben (z. B. Top Management, Systemplaner, Benutzer), oder gleich auf Handlungsbeiträge springen, die ihren Sinn erst im Implementierungssystem gewinnen (z. B. Auftraggeber, Projektleiter, Benutzervertreter). Diese Begriffe werden vorgezogen, weil sie an strukturelle Positionen anknüpfen und deshalb bestimmter sind. In ihnen verwischen sich aber sowohl die Systemgrenzen wie auch interne Rollenkombinationen. Man kann deshalb nach einigen Klärungen vielleicht auf sie zurückkommen, aber nicht gleich mit ihnen ankommen.[44]

---

[44] Eine bemerkenswerte Ausnahme von der üblichen Verwischung systemexterner und systeminterner Rollen bildet der Ansatz von Hjern u. Porter (1981) zur Programm-Implementierung. Sie betonen die Notwendigkeit, zwischen den Institutionen, die

Der für die Implementierungsanalyse am stärksten irreführende Begriff ist dabei der *Benutzerbegriff*; er belastet auch die Erörterung der „Benutzerbeteiligung“. Er erfaßt offensichtlich die Teilnehmerschaft an dem zu verändernden Informationssystem. Allerdings werden die am Informationsverarbeitungsverfahren Beteiligten nicht nach ihrer Stellung im Rahmen dieses Systems unterschieden. Unter den Begriff fallen die Sachbearbeiter und Hilfskräfte ebenso wie die Leiter von Benutzergruppen oder Fachabteilungen. Da er suggeriert, daß die Mitarbeiter in Informationssystemen die Informationstechnologie „benutzen“, mag er den zahlreichen Zuarbeitertätigkeiten und Bedienungsfunktionen, die „Benutzer“ solcher Systeme tatsächlich ausüben, sowie dem Umstand, daß der „Nutzen“ der Informationstechnologie dem „Benutzer“ oft nichts nutzt, wenig gerecht werden; diese Frage wäre aber in einer theoretischen Analyse des Informationssystems zu klären.[45] Hier interessieren nur die implementierungstheoretischen Folgen.

Implementierungstheoretisch erscheint vor allem der Mangel an Differenzierung ungünstig. Zum einen sieht es nämlich so aus, als könne man analog dazu auch einen einheitlichen Begriff des „Betroffenen“ verwenden, als seien also alle Betroffenen gleichmäßig betroffen, als

---

sich mit bestimmten Aktivitäten in den Programm-Vollzug einschalten, und der aus dem Zusammenhang aller derartiger Aktivitäten entstehenden administrativen Einheit, der „implementation structure“, zu unterscheiden. „... implementation structures are conceptualized to identify the units of purposive action which implement programmes. They are ‚phenomenological administrative units‘, partly defined by their participating members.“ (S. 222)

[45] Zu einer Differenzierung des Benutzerbegriffes s. Dickson u. Simmons 1970, S. 63; Reichwald (1980), S. 114; Essig u. a. 1980; S. 193; Heilmann 1981, S. 45 ff; Breisig u. a. 1983, S. 135 ff; Schönecker 1985, S. 28 ff; außerdem Kistruck u. Griffiths 1979. Die zuletzt genannten Autoren unterscheiden zwischen den Personen oder Gruppen, die das neue Informationssystem wünschen und die Arbeiten dazu genehmigen, den Führungskräften, die für die organisatorischen Funktionen verantwortlich sind, in die das Informationssystem eingebettet ist, und den Einzelpersonen oder Gruppen, die als Teil des Informationssystems arbeiten („Bediener). Mit einer solchen Differenzierung läßt sich der Benutzerbegriff eher in eine Implementierungsanalyse herüberziehen. Als gemeinsames Dach für Systemgenehmigung (eine Implementierungsmaßnahme), Gruppen- oder Abteilungsverantwortung und Bedienung bleibt er gleichwohl in seiner Treffsicherheit fragwürdig. Eine angemessene Verwendung des Begriffes scheint uns eher eine *Bezugnahme auf Institutionen* oder Organisationseinheiten als auf Personen zu erfordern; „Benutzer“ oder „Benutzersysteme“ sind nicht (Sammlungen von) Individuen (Marock 1980), sondern soziale Systeme, die für ihre Zwecke den Computer einsetzen.

gäbe es im Implementierungssystem eine homogene Betroffenenrolle.[46] Zum anderen verschatten sich dadurch die speziellen Kombinationen zwischen Implementeurs- und Betroffenenrollen, die für einige Betroffene typischerweise zu konstatieren sind, für andere nicht.[47]

Statt Implementierungsrollen in Begriffe aus der Umwelt des Implementierungssystems zu fassen, richtet sich unsere Aufmerksamkeit darauf, wie die Teilnehmer aus der Umwelt in das System eintreten und in welche Rollen sie dort schlüpfen. Wir müssen uns dazu zunächst einmal die möglichen Teilnehmer vor Augen führen, etwa:

- obere Führungskräfte, von denen aufgrund ihrer Spitzenstellung in der Gesamtinstitution oder ihrer funktionalen Verantwortlichkeit für a) die Implementierung von Informationssystemen im allgemeinen (z. B. Leiter der Datenverarbeitungsabteilung) oder b) den zur Revision anstehenden Informationsverarbeitungsprozeß eine Zuständigkeit für die Projekt- und Informationssystemgestaltung wahrgenommen wird; sprechen wir der Einfachheit halber von „*Geschäfts- und Bereichsleitern*" (in der anglo-amerikanischen Terminologie das „Top Management");
- Leiter von Ressorts, Fachabteilungen oder kleineren Organisationseinheiten, in deren Zuständigkeitsbereich das zu implementierende Informationssystem fällt, die also für einen effizienten „Betrieb" der Anwendung Leitungsverantwortung tragen; dies sind die „*Benutzerbereichsleiter*";[48]
- Mitarbeiter (incl. Leitungspersonal), für deren in der Institution geforderte, aufgrund spezialisierten Fachwissens weitgehend selbst verantwortete, informationsabhängige Leistungen (z. B. Entscheidungen, wirtschaftlich oder technisch bedeutsame Berechnungen) eine Computeranwendung geschaffen wird; auf diese in qualifizierter, selbstverantwortlicher Arbeit unterstützten Mitarbeiter trifft der Begriff „Benutzer" oder besser: „*Informationsbenutzer*" (s. Szyperski 1973, S. 30 ff) zu;
- Mitarbeiter, von denen Informations*ver*arbeitungs- oder Informations*be*arbeitungsleistungen im Rahmen des Informationsverarbeitungsverfahrens

[46] „,*The user*' is merely a convenient linguistic fiction which helps simplify syntax and implies a kind of homogeneity and consensus which makes a system design appear legitimate." (Kling 1977, S. 44). S. auch Kling u. Gerson 1977.

[47] Diese Unterschiede in der Relationierung von Implementeurs- und Betroffenenrollen ermöglichen dann, daß im Zusammenhang gegenseitiger Notiznahme zwischen Partizipationsforschung und Implementierungsmanagement fruchtlos aneinander vorbei geredet wird: Die Partizipationsforschung fordert nämlich – unausgesprochen oder verwischt formuliert – Partizipation für eine ganz bestimmte Betroffenengruppe, und zwar für die direkt arbeitsmäßig Betroffenen; das Implementierungsmanagement und seine Lehren halten dagegen, daß Partizipation weitgehend gegeben sei, meinen dabei aber – unausgesprochen – in Leitungsfunktionen Betroffene.

[48] Das „Benutzen" ist hier der Organisationseinheit „Benutzerbereich" zuerkannt; der Benutzerbereich „benutzt" das Informationssystem; er ist kein Kollektiv von „Benutzern".

erwartet werden; auch von ihnen mag man behaupten, sie seien in ihrer Arbeit „unterstützt"; im wesentlichen aber arbeiten sie „für das System"; sie sind somit „*Systembediener*";
- Mitarbeiter von Fachabteilungen, die an den Benutzerbereich angrenzen („*Mitarbeiter in Nachbarabteilungen*");
- Personalvertreter (Betriebs-, Personalräte), die ihre Aufgabe in der Interessenvertretung der Betroffenen sehen;
- Datenverarbeitungsspezialisten, die auf das Entwickeln von Informationssystemen spezialisiert sind („*Systemplaner*");[49]
- Datenverarbeitungsspezialisten, die auf die Programmierung von Anwendungsprogrammen spezialisiert sind („*Programmierer*");
- Vertreter von Computerfirmen und Softwareherstellern („*Herstellervertreter*");
- Datenverarbeitungs- und Organisations*berater*.

Diese Liste schöpft nicht alle Möglichkeiten aus,[50] aber sie erfaßt schon ein recht großes Spektrum und kennt statt „Benutzer" mindestens drei höchst unterschiedliche Kategorien möglicher Implementierungsteilnehmer aus dem zu verändernden Informationssystem: die Benutzerbereichsleiter, die Informationsbenutzer und die Systembediener. Die Übergänge zwischen Informationsbenutzern und Systembedienern sind sicher fließend; irgendwo zwischen den „idealtypischen" Mensch-Maschine-Interaktionsmustern des in seinen strategischen Entscheidungen durch Simulationsmodelle informierten Geschäftsleiters und der Datenerfassung liegt der Umschlagspunkt von „unterstützenden" („supporting") zu „fordernden" („demanding", „dominant") Informationssystemen bzw. „Schnittstellen" (vgl. dazu Damodaran u. a. 1974). Wie groß die sich zwischen Beobachtern zeigende Urteilskonsistenz darüber ist, welche Mitarbeiter in „benutzender" und welche in „bedienender" Beziehung zum Informationssystem stehen, bliebe zu prüfen.

3. Die „Normalkonstellation"

Wir können nun fragen, welche Rollen diese möglichen Teilnehmer – soweit sie in der vorgeführten Differenzierung außerhalb des Imple-

---

[49] Oft findet sich auch die Bezeichnung „Systemanalytiker". Eingeschlossen sind hier „Organisatoren", „Datenverarbeitungsorganisatoren" sowie die Spezialisten für die Entwicklung von mathematischen Methoden und Modellen, z. B. von CAD-Systemen.

[50] Skeptiker gegenüber der informationstechnologischen Entwicklung mögen z. B. mit „Gewerkschaftsvertretern" eine Kategorie vermissen, auf die sie große Hoffnungen setzen und die in ihren Zielprojektionen wichtig ist; aber auch nur dort, (bisher) nicht in der gängigen Implementierungspraxis.

mentierungssystems vorhanden sind – im Implementierungssystem einnehmen. Diese Frage läßt sich teilweise rein konzeptionell entscheiden, zum Teil bedarf ihre Beantwortung empirischer Informationen.

Aufgrund der Korrespondenz der Rollenbeschreibungen außerhalb und innerhalb des Implementierungssystems können folgende mögliche Teilnehmer ausschließlich in Implementeursrollen teilnehmen:[51] Systemplaner, Programmierer, Herstellervertreter, Datenverarbeitungs- und Organisationsberater und Personalvertreter.

Für die Geschäfts- und Bereichsleiter gilt, daß sie – wenn sie dem Ruf nach „Top Management-Unterstützung" folgen[52] – vorrangig als Implementeure auftreten; bei sehr umfangreichen oder stark entscheidungsbezogenen Anwendungen kann dazu allerdings eine indirekte oder sogar direkte Leitungsbetroffenheit kommen.

Geschäfts- und Bereichsleiter sowie von ihnen bevollmächtigte Inhaber von Leitungsrollen im Implementierungssystem (z. B. Projektleiter) nehmen die Rollen leitender Implementeure ein. Systemplaner, Herstellervertreter und Berater teilen sich planende und ausführende Tätigkeiten. Programmierer finden ihren Schwerpunkt bei ausführenden Implementierungsarbeiten.

Für Benutzerbereichsleiter vermuten wir nach allen Erfahrungen mit praktischen Implementierungsprozessen ein in etwa ausgewogenes Verhältnis zwischen direkter Leitungsbetroffenheit und Einbeziehung in die Rolle eines mitgestaltenden Implementeurs. Die klassische Kongruenz von Verantwortung und Entscheidungskompetenzen (s. Fayol 1929, S. 19; Mooney 1937, S. 93 f; Bleicher 1980) ist nicht bloß ein normatives Organisationsprinzip, sondern wird auch als Gebot praktischer Vernunft tatsächlich respektiert. Diese Kategorie von Betroffenen besitzt nicht nur ein Mitentscheidungsrecht; sie kann nicht nur ihre Gesichtspunkte mit Aussicht auf Gehör einbringen und ihre Fachbereichserfahrungen geltend machen; sie ist oft sogar ausdrücklich aufgefordert, Rationalisierungsvorhaben zu initiieren, mitzutragen, möglicherweise aus eigenem Budget zu finanzieren und im Sinne einer „glatten" Implementierung auf die unterstellten Mitarbeiter einzuwirken.

---

[51] Ausgeschlossen wird hier der Sonderfall, daß ein zu implementierendes Informationssystem sich auf die Arbeit von professionellen Implementeuren bezieht.

[52] S. z. B. McKinsey & Co. 1964, S. 46; Bisani 1970, S. 255; Wahl 1970, S. 5 ff; Haberlandt 1971, S. 102 ff sowie unsere Diskussion der Ausbreitung des „Datenverarbeitungsbewußtseins" S. 164 f.

Informationsbenutzer und Systembediener machen den bei weitem größten Anteil der Implementierungsteilnehmer aus. Sie kommen als direkt arbeitsmäßig Betroffene ins Spiel. Um sie drehen sich die Diskussionen über Partizipation und „Benutzerbeteiligung". Nach dem hier zugrundegelegten Verständnis des Implementierungssystems sind allerdings Begriffe wie „Benutzerbeteiligung" oder „Betroffenenbeteiligung" obsolet. Sie lassen sich rekonstruieren in der Formel „Aktivierung Betroffener als Implementeure", und zwar als Implementeure mit gewissen Planungsrechten. Als unmittelbar Betroffene sind Informationsbenutzer und Systembediener gleichsam „automatisch" im Implementierungssystem. Die Frage ist, in welchem Ausmaß sie ihre Betroffenenrollen mit Implementeursrollen kombinieren können. „Partizipation" meint im Zusammenhang mit der Informationssystemgestaltung eine spezielle Form der Rollenkombination im Implementierungssystem. Diese ergibt sich nicht von allein, sondern bedarf besonderer projektstruktureller Vorkehrungen, für deren Verbreitung die Partizipationsbefürworter sich einsetzen. Darin lassen sich Umrisse reflexiver Implementierungspolitik, nämlich einer Projektgestaltungspolitik ausmachen. Man kann so etwas auch „Metapolitik"[53] der Implementierung nennen: Politik, um Politik machen zu können.

Wie weit solche metapolitischen Anstrengungen bisher gefruchtet haben, ist äußerst ungewiß. Die Forderung nach Einbeziehung der „Benutzer" in die Systemgestaltung, nach „user involvement", nach „Betroffenenbeteiligung" ist so alt wie der Computereinsatz. Heute tritt sie vermehrt in den Dienst weitgreifender Richtungsänderungen der Rationalisierung durch computergestützte Informationssysteme.[54] Erhalten ist aber auch die ursprüngliche Konzentration – im Gefolge der dafür bahnbrechenden Experimente von Coch und French (1948) – auf die Überwindung von Anpassungswiderständen (Böhnisch 1979, S. 159 ff; Kirsch u. a. 1979, S. 298 ff). Empirische Arbeiten sind nicht müde geworden, die Bedeutung dieses Faktors für den Implementierungserfolg herauszustellen (Swanson 1974; Edström 1977; Robey u. Farrow 1982; de Brabander u. Thiers 1984). Schon daß die Forderung

---

[53] Hedberg (1975, S. 215 f) spricht von „designing the metasystem", d. h. „to design the system which designs computer systems". S. auch Glimell 1975, S. 25 ff.

[54] Neuerdings verschärft sie sich im Ruf nach institutionalisierter, gewerkschaftlich gesteuerter Mitbestimmung über technisch-organisatorische Änderungen, s. Nygaard u. Bergo 1975; Leminsky 1975; Briefs 1981; Arbeitskreis Rationalisierung Bonn 1983, S. 89 ff; Kubicek u. Berger 1983; Briefs 1984.

als Forderung sich nicht überlebt hat, im Gegenteil die Bemühungen um partizipationstechnische Instrumentalisierungen[55] und rechtliche Absicherungen zunehmen, läßt auf Widerstände gegen diese Form der Überwindung von Widerständen schließen. Haltbare empirische Befunde über die Verbreitung der Teilnahme von Informationsbenutzern und Systembedienern in der Rolle von Implementeuren fehlen – nicht ohne Grund: Die vorherrschende „Benutzer"-Vorstellung läßt es an Realitätsgehalt vermissen, theoretisch mangelt es an tragfähigen Bezugsrahmen, die Methodenlehre der Sozialforschung bietet für die Durchleuchtung solcher sozial konstruierter und politisch sensibler Phänomene wenig Anhaltspunkte, und das empirische Feld verschließt sich, verschreckt von externer Politisierung, die dem Implementierungssinn zuwiderläuft. Höyer resümiert für die skandinavischen Länder, in denen die Partizipation bisher bei weitem die größte Aufmerksamkeit und Forcierung genießt: „Neither Labor-Management agreements nor legislation has yet dramatically changed established practice." (1980, S. 131) Er führt dies auf nur sehr langfristig wandelbare implementierungsideologische Auffassungs- und Bewertungsmuster zurück, in denen der Sinn waltet, den die Implementeure der Implementierung geben. Darauf gründen sich Kooptationsmechanismen (Selznick 1948), durch die Rollenansprüche und Gestaltungskonzepte der unmittelbar Betroffenen in der „policy-determining structure" der Implementierung absorbiert werden: Die Betroffenen werden auch als Implementeure zu Zuschauern. Die Tradierung der Implementierungsideologie ist sicherlich komplex verursacht; stabilisierend wirkt aber vor allem, daß „top management is, and will remain, rather loosely committed to the progress of user participation within the company" (Höyer 1980, S. 137).

Wenn und soweit Informationsbenutzer bei der Gestaltung in Aktion treten, fallen ihnen vorwiegend ausführende Funktionen zu. Die Betroffenen dieser Kategorie dürften es sein, von denen gesagt werden kann, daß ihr Fachwissen für die Planung des Informationssystems verfügbar gemacht werden muß, daß sie bei der Analyse ihres Informationsbedarfes helfen und die „Logik" ihrer Informationsverarbeitungsprozesse offenbaren müssen. Informationsbenutzer werden in der Implementierung gerne und wohl auch gezwungenermaßen als Zulieferer vereinnahmt. Sie gewinnen damit zwar einen gewissen Einfluß auf den

[55] Land u. a. 1980; Land 1983, S. 207ff; Oppelland 1983; Zöllner 1983; Oppermann 1983, S. 87ff.

Entwurf des Informationssystems, dieser bleibt jedoch eingebunden in den konzeptionellen Rahmen, in den andere Implementeure die Angaben einbauen.

Die Wahrscheinlichkeit, daß Informationsbenutzer zu Implementeuren werden und daß ihnen überdies Planungsbefugnis zuwächst, korreliert positiv mit ihrer hierarchischen Position, ihrem „technischen Hintergrund" und ihren informationssystemrelevanten Qualifikationen. Positionsmacht stärkt die Mitspracheberechtigung aus der Durchschlagskraft der Akzeptanzverweigerung. Was die beiden letzteren Kriterien betrifft, so haben wir in den eigenen Analysen von Implementierungsprozessen feststellen können, daß in technisch-wissenschaftlichen Bereichen, z. B. in Konstruktions- und Forschungsabteilungen, die Informationsbenutzer wie selbstverständlich in der Implementierung aktiv wurden und daß wichtige Aspekte wie Methodenauswahl und Input/Output-Gestaltung (bis hin zur Programmierung) in ihrer Hand lagen. Darüber hinaus kommt es darauf an, ob Datenverarbeitungsspezialisten zur Besetzung der Implementeursrollen zur Verfügung stehen. Dies hängt mit der Größe einer Institution und dem Ausbaugrad ihres Datenverarbeitungsbereiches zusammen, nicht zuletzt auch mit der Nutzung interner oder externer[56] Rechnerkapazität im Rahmen einer Anwendung. Schmelter berichtet hierzu aus seiner Studie des Datenverarbeitungseinsatzes in 12 Klein- und Mittelbetrieben:

„Anders als in Großunternehmen, in denen der EDV-Einsatz zumeist von einem Team von EDV-Spezialisten und Organisatoren vorbereitet wird, wurden die IT-Anwendungen im Verwaltungsbereich der untersuchten Klein- und Mittelunternehmen in aller Regel gemeinsam von der Unternehmensleitung und den betroffenen EDV-Benutzern geplant. Beratend unterstützt wurden sie dabei zumeist von den Hardwarelieferanten oder den externen Rechenzentren." (1977, S. 162)

Für die Teilnehmer, die später im Informationssystem Systembedienungsfunktionen zugewiesen erhalten, vermuten wir eine weitgehende Beschränkung auf die Betroffenenrolle. Diese Vermutung stützt sich darauf, daß die Funktionsrollen, die diese Mitarbeiter im allgemeinen ausfüllen, die Vorbildung in informationstechnischen, informationssystemorganisatorischen und arbeitsplatzorganisatorischen Problemstellungen und Möglichkeiten, nicht zuletzt die gesamte Art und Weise, wie diese Mitarbeiter als Aufgabenträger außerhalb des Implementie-

[56] Bei der Nutzung externer Rechnerkapazität spricht man von „Datenverarbeitung außer Haus".

rungssystems eingesetzt und eingeschätzt werden, die Übernahme von Implementierungstätigkeiten als einen erheblichen Bruch in Aufgabeninhalten, Arbeitsanforderungen, Arbeitsbedingungen, erwünschtem Engagement und Führung erscheinen lassen würden. Die Bediensteten in Informationssystemen werden allenfalls zu ausführenden Implementierungsarbeiten (etwa Dateikonvertierung) herangezogen, wie es ihrer Stellung außerhalb des Implementierungssystems entspricht. Der „Rollenbruch", der einem Mitarbeiter zugemutet würde, wenn man ihn von einer gewohnten Arbeitsrolle mit vorwiegend ausführenden oder schwach dispositiven Aufgaben in die Rolle eines planenden Implementeurs schöbe, könnte nach dem vorherrschenden Implementierungsverständnis weder vom Mitarbeiter noch vom Implementierungssystem verkraftet werden. Partizipationsexperten betonen deshalb Gruppenorganisationsformen der Betroffenenaktivierung, Repräsentationsmodelle der Mitwirkung (Kubicek 1979 a, S. 121 ff), basisdemokratische Projektorgane (Mumford 1979) und gewerkschaftliche Abstützungsstrategien.

Bei voll ausgebildetem Teilnehmerkreis hat man nach diesen Überlegungen mit folgender „*Normalkonstellation*" von Implementierungsrollen und ihrer Besetzung (in Anlehnung an Weltz u. Lullies könnte man auch sagen: mit folgender Handlungskonstellation) zu rechnen: Geschäfts- und Bereichsleiter leiten die Implementierung, im wesentlichen durch die metapolitische Institutionalisierung von Leitungsrollen und sonstigen strategisch wichtigen Projektstrukturen. Projektleiter, eingesetzte Systemplaner und andere ausschlaggebende Implementeure fungieren als ihre „Werkzeuge". Benutzerbereichsleiter können leitend und entwurfslenkend Einfluß nehmen und damit ihre Betroffenheit teilweise kontrollieren. Die Systemplaner repräsentieren, gegebenenfalls in Verbindung mit Herstellervertretern und Beratern, die konzeptionelle gestalterische Kapazität im Implementierungssystem. Sie sind es, die dem Informationssystem seine Gestalt geben. Programmierer erfüllen zwar planerisch schon vorgedachte, für Feinheiten des „Informationssystemverhaltens" aber doch belangvolle Aufgaben. Informationsbenutzer sind zwar primär Betroffene, als Kommunikationspartner der Systemplaner aber auch in der Systemanalyse angesprochen. Systembediener sind die hauptsächlich und am einschneidendsten Betroffenen; sie sind in erster Linie zum Umlernen aufgerufen. Mitarbeiter in Nachbarabteilungen bilden im Implementierungssystem ebenso wie im Informationssystem Randfiguren. Die

Rolle der Personalvertreter schließlich unterliegt nach unseren Eindrücken gegenwärtig einem Wandel zu einer kritischen Beobachtungsinstanz, die die zentralen Implementeure zu antizipierender Rücksichtnahme veranlaßt.

Übersicht 5 faßt diese „Normalkonstellation" zusammen.

Das Auseinanderhalten von möglichen Teilnehmern einerseits und Rollen im Implementierungssystemen andererseits, die Unterscheidung dazwischen, was die Teilnehmer sind und wie sie teilnehmen, gestattet es, auf theoretischer Ebene mit der Variabilität fertigzuwerden, die in der Implementierungspraxis bei der Besetzung des Implementierungssystems vorkommt. Das Implementierungssystem ist in Rollen differenziert; dies ist ein grundlegender Befund, der sich empirisch sofort verifizieren läßt. Über die Besetzung dieser Rollen durch bestimmte Funktionsträger außerhalb des Implementierungssystems oder Angehörige bestimmter Berufsgruppen ist damit prinzipiell noch nichts entschieden – wohl aber zeigen sich praktische Tendenzen, die sich in der Vorstellung einer „Normalkonstellation" verdichten lassen. Die Teilnehmer- und Rollenkonstellation kann aber auch ein anderes Bild zeigen, etwa implementierungsleitende Benutzerbereichsleiter in Interaktion mit planenden und ausführenden Informationsbenutzern. Die Konstellierung der Implementeursrollen ist im Rahmen der Projektgestaltung zumindest in Grenzen disponibel. Eine gewisse Steuerbarkeit gilt auch hinsichtlich der Betroffenenrollen. Sie setzt allerdings nicht in der Projektgestaltung, sondern in der Informationssystemgestaltung an. Zum einen können z. B. durch die Verfahrensabgrenzung Grad, Form und Direktheit der Betroffenheit variiert werden. Zum anderen sind aufgrund und im Ablauf der Planung Verschiebungen im Teilnehmerkreis möglich, indem sich z. B. infolge arbeitsorganisatorischer Umstellungen ursprüngliche Systembediener als Informationsbenutzer wiederfinden oder umgekehrt.

Für das Ausmaß, in dem ein Teilnehmer kraft seiner Rolle auf das Gestaltungsergebnis Einfluß ausübt, soll hier der Begriff „*Implementierungsdominanz*" verwendet werden. Form, Direktheit und Intensität der Betroffenheit bestimmen den „*Betroffenheitsgrad*". Beide Merkmale charakterisieren Positionseigenschaften im Implementierungssystem. Für die Normalkonstellation darf man die Abstufung der Implementierungsdominanz unterstellen, die in Übersicht 5 notiert ist (s. Kopfspalte). Implementierungsdominanz und Betroffenheitsgrad (von dem angenommen werden kann, daß er sich von direkter Arbeitsbetrof-

Übersicht 5 Teilnehmer und ihre Rollen im Implementierungssystem (Normalkonstellation)

Implementierungsdominanz	mögliche Teilnehmer	Rollen im Implementierungssystem						
		Implementeur			Betroffener			
		leitend	planend	ausführend	direkt arbeitsbetroffen	indirekt arbeitsbetroffen	direkt leitungsbetroffen	indirekt leitungsbetroffen
+++++	Geschäfts- und Bereichsleiter	×						(×)
+++++	Systemplaner	(×)	×	×				
++	Programmierer		(×)	×				
+++++	externe Berater	(×)	×	(×)				
+++	Herstellervertreter		×	(×)				
++++	Benutzerbereichsleiter	(×)	×				×	
++	Informationsbenutzer		(×)	×	×			
+	Systembediener			(×)	×			
	Mitarbeiter in Nachbarabteilungen					×		
?	Personalvertreter		(×)					

× : am ehesten zu erwartende Rolle
(×): mögliche Rolle

fenheit über indirekte Arbeitsbetroffenheit oder direkte Leitungsbetroffenheit zu indirekter Leitungsbetroffenheit abschwächt) korrelieren im Normalfall negativ. Den nichtbetroffenen Systemplanern mit ausschlaggebender Implementierungsdominanz steht eine Vielzahl stark betroffener Informationsbenutzer und Systembediener mit geringer Implementierungsdominanz gegenüber. Implementierungsdominanz und Betroffenheitsgrad sind Kurzformeln für die Handlungs- und Erlebnischancen von Teilnehmern, d. h. für die Qualität der Teilnahme.

VI. Die Funktionsweise des Implementierungssystems

In der vorangegangenen Errichtung einer systemtheoretischen Plattform kam es vor allem darauf an, zunächst einmal dem Systemcharakter des Implementierungshandelns Ausdruck zu verleihen und dabei insbesondere die Verschränkung der beiden Gestaltungskreise „Gestaltung des computergestützten Informationssystems“ und „Gestaltung des Implementierungsprojektes“ aufzuzeigen. Die Aufhebung der Dichotomie Gestaltungsergebnis/Gestaltungsprozeß ist die entscheidende Voraussetzung dafür, die Sachproblematik und die Machtproblematik oder politische Problematik der Computereinführung simultan und gleichgewichtig in den Blick zu bringen, und eine solche konzeptionelle Gesamtsicht muß von einer Implementierungstheorie erwartet werden. Die Vorstellung, daß Implementierungsprojekte soziale Systeme sind, erleichtert es, in der Relationierung von Struktur und Leistungen des Systems dieser Forderung zu entsprechen. Damit ist wohl ein wichtiger, aber doch noch recht bescheidener Schritt getan.

Zudem haben wir bisher das Implementierungssystem so in unsere Betrachtung hineingedreht, daß es fast vollständig als ein Arbeitszusammenhang zur Transformation eines bestehenden Informationssystems in ein neues Informationssystem erscheint. Wir haben es von seinem „Output“ her betrachtet, und unter diesem Blickwinkel sieht zwangsläufig das meiste nach Informationssystemgestaltung aus. Zwar ist das Implementierungssystem seiner Grundaufgabe nach tatsächlich ein Handlungszusammenhang zur Gestaltung eines computergestützten Informationssystems, aber allein dies zu bemerken kann seiner Konstruktion, seinen selbstorganisatorischen Fähigkeiten, seiner inneren Dynamik und seinen äußeren Verstrebungen in seiner implementierungsrelevanten Nahumgebung keine ausreichende empirische Optik bieten. Es bedarf deshalb einer Ausarbeitung des Gedankens, daß Implementierung ein soziales System bildet, die in eine empirisch aufnahmefähige Konzeption einmündet.

Auf dem systemtheoretischen Fundament ist nun eine Verdeutlichung der Handlungszusammenhänge im Implementierungssystem aufzubauen. Es soll versucht werden, die Funktions- oder Verfahrensweise des Systems weiter auszuleuchten, es sozusagen „in Aktion" zu begreifen.

Das Vorhaben erfordert das Anbringen bestimmter „Sinnschnitte". Das dazu gewählte Schema läßt sich auf unsere empirischen Erfahrungen mit Implementierungsprozessen zurückführen. Anders als unter gewohnten Forschungsstrategien leitet es sich allerdings nicht aus unmittelbaren empirischen „Befunden" her. Vielmehr stammt es aus der Verarbeitung von Erfahrungen unter dem Leitgesichtspunkt, was man braucht, um solche „Befunde" überhaupt zu „machen".
Aus unserer eigenen Implementierungsstudie von 29 Projekten (vgl. S. 14 ff) haben wir Hunderte von „Befunden" produzieren können – bis schließlich der Einzelbefund nicht mehr von Interesse war und die Frage relevant wurde, wie denn das empirische Phänomen, an dem sich derartige „Erkenntnisse" gewinnen lassen, insgesamt beschaffen sein könnte und welche Annahmen man in der Auseinandersetzung mit den „dokumentarischen" Impressionen über das zugrundeliegende „Muster" vorauszusetzen gelernt hat.[57] Das Erfahrungswissen, das in das konzeptionelle Schema eingebracht wird, ist somit Ergebnis explorativer Überschreitung eines zunächst anders aussehenden Bezugsrahmens, damit erhobener Daten und daraus konstruierter Beschreibungen.[58] Es resultiert aus einem datengestützten Lernprozeß,

---

[57] Wir beziehen uns hier auf das Lernmodell der „documentary method of fact finding and interpretation". Es entstammt der Wissenssoziologie von Mannheim (s. 1952, S. 43 ff) und ist vor allem von Garfinkel (1967 b, S. 76 ff) als grundlegende Methodik alltagsweltlicher und wissenschaftlicher Interpretation verdeutlicht worden. S. auch Weingarten u. Sack 1976, S. 14 ff u. Heritage 1984, S. 84 ff.

[58] Zu dieser methodischen Überlegung s. Wollnik 1977. Der ursprüngliche Bezugsrahmen war darauf zugeschnitten, als Erklärungsfaktoren für organisatorische Folgen des Computereinsatzes neben funktional-technologischen Aspekten Merkmale des Implementierungsprojektes heranzuziehen, also eine handlungsorientierte „contingency theory" organisatorischer Wirkungen zu entwerfen. Zum Ansatz vgl. Kubicek 1975, S. 347 ff; Powers 1971, insbes. S. 167 ff u. 187; Campagne u. a. 1980, S. 69 f.

der sich am Ende von den Daten befreit hat, über sie „hinausgewachsen" ist, sie in theoretischen Vorstellungen „überwunden" hat. Angesichts einer großen Fülle systematisch erzeugten empirischen Materials, das seine Interpretation von sich aus nicht vorzeichnete, und der verblüffenden Beliebigkeit, mit der sich „Einsichten" herausdestillieren ließen, haben wir es vorgezogen, dem, was das Material „sagt", „zwischen den Zeilen" nachzuspüren und dabei „informalen", „nicht-rigorosen" Erhebungserfahrungen (Argyris 1980) vor statistisch „gesicherten" Auswertungsergebnissen den Vorzug zu geben. Die dabei erzielten Einsichten bemessen ihren Realitätsgehalt nicht nach empirischer Treffsicherheit („so ist es und kann nicht anders sein"), sondern empirischer Aufnahmefähigkeit („auch diesen Sachverhalt kann man damit verständlich machen"). Unter Berücksichtigung der lernenden „Umarbeitung" des Materials ist schwer absehbar, ob und inwieweit der Umstand, daß die Implementierungspraxis befragt wurde und somit irgendwie „mitgesprochen" hat, sowie der Verweis auf die Erfahrungsvermitteltheit der Theorie die Gültigkeit oder den Überzeugungsgrad unserer theoretischen Analysen zu steigern vermögen. Daß und wie unser Deutungsangebot für Implementierungsprozesse in einem empirischen, wenngleich nicht streng intersubjektiven Forschungszusammenhang entworfen worden ist, soll dennoch als Tatsache und als Methode nicht vorenthalten bleiben.

Wir beginnen unsere Darstellung mit Bedacht nicht bei den sinngebenden Zwecken oder Aufgaben des Implementierungssystems, sondern bei den Handlungen, die im System normalerweise vorkommen. Damit wird einer verengten Betrachtung ausgewichen, die sich regelmäßig dadurch einschleicht, daß man im Ausgang von Zwecken und Aufgaben nur noch die darauf bezogenen, erforderlichen Erfüllungsmaßnahmen erörtert. Die Implementierungshandlungen umfassen jedoch mehr. Es ist also zunächst eine geeignete Erweiterung des Handlungsverständnisses in bezug auf Implementierungsprozesse zu suchen. Wir stellen deshalb den Gestaltungsmaßnahmen die Verhaltensbereiche der Implementierungstaktik und der Betroffenenreaktionen zur Seite. Die insgesamt zum Implementierungssystem beitragenden Handlungen liefern sich Anknüpfungspunkte und stehen somit in einem *Motivierungszusammenhang systembildender Interaktionen*.

Im weiteren Verlauf wird zu untersuchen sein, von welcher Beschaffenheit die *Strukturen* im Implementierungssystem sind, die diese Interaktionen stimulieren und regulieren. Als zentral wird sich in diesem

Zusammenhang die Unterscheidung formaler und emergenter Strukturen sowie projektspezifischer und projektübergreifender Strukturen erweisen. Besondere Aufmerksamkeit verdient die strukturelle Verankerung des Implementierungssystems im datenverarbeitungsorganisatorischen Kontext.

Nach der Strukturanalyse folgt eine Verdeutlichung der Zwecke oder *Aufgaben*. Wir werden sehen, daß die Wirksamkeit von Leistungsanforderungen der strukturellen Vermittlung bedarf. Ein weiteres wichtiges Ergebnis betrifft die Ausrichtung von Implementierungssystemen an den Rationalitätsleitwerten der Institutionen, in denen sie ablaufen.

Schließlich ziehen wir Überlegungen zum Verhältnis von Implementierungssystemen und innerinstitutionellem Systemkontext im Gedanken der Vorprägung von Implementierung durch die *implementierungsrelevante Umgebung* zusammen.

1. Die Interaktionskonstellation der Implementierung

a) Interaktionsketten

Im Implementierungsprozeß reihen sich sinnhaft aufeinander bezogene Handlungen von Implementeuren und Betroffenen aneinander. Die Teilnehmer befinden sich somit in Interaktion. Wenn auch nicht immer sofort, so doch nach einigen Stationen treffen ihre Aktionen wieder auf andere Teilnehmer, die daran anknüpfen – sei es, daß sie sie fortführen, sich daran konform orientieren oder sich an ihnen stoßen. Selbst der vermeintlich „einsame", nur seinen Algorithmen, Datenstrukturen und Programmiermitteln gewidmete Programmierer arbeitet über Vorgaben und Folgen seiner Tätigkeit hinweg mit anderen Teilnehmern zusammen.

Implementierungssysteme beinhalten eine bestimmte, schon genauer betrachtete Rollenzusammensetzung, bei der wir zumindest Implementeure und Betroffene auseinanderhalten können. Dabei ist es möglich, daß sich in der Person einzelner Teilnehmer beide Rollen vereinigen. Aus diesen Rollen heraus steuern die Teilnehmer Handlungen zum Implementierungssystem bei. Aus der sinnhaften Verknüpfung solcher rollengebundener „Einschaltungen" entstehen die Interaktionen der Implementierung.

Die *Aktivitäten der Implementeure* entfalten sich in drei differenzierbaren Sinnzusammenhängen, die als Informationssystemgestaltung, Projektgestaltung und Implementierungstaktik gekennzeichnet werden können. Wie wir noch sehen werden, resultiert diese Einteilung aus Steuerungsimperativen im Implementierungssystem, die eine Steuerung auf der Ebene von Zwecken, Strukturen und Interaktionen vermuten lassen. Als Unterscheidungsmerkmal zwischen diesen Aktivitäten dient das primäre Orientierungsobjekt: im ersten Fall das zu verändernde Informationssystem, im zweiten die Projektstruktur, im dritten die (aus der Sicht eines Implementeurs) gelingende Abwicklung von Interaktionen im Sinne der Implementierung.

Die *Handlungsmöglichkeiten eines Betroffenen* erschöpfen sich in Reaktionen darauf, was die Implementeure tun und wie andere Betroffene reagieren. Die Betroffenenreaktionen sind darauf ausgerichtet, mit den durch die Implementierung ausgelösten Verhaltensanforderungen fertigzuwerden, gegebenenfalls, indem man sie abzuwenden versucht. Ist einem Teilnehmer das bloße Reagieren zu wenig, kann er sich darum bemühen, als Implementeur mitzuwirken. Je nach seiner Position muß er sich dann aber möglicherweise gefallen lassen, in seine Schranken verwiesen zu werden.

Damit sind die *Handlungsoptionen* von Implementierungsteilnehmern markiert. Man kann eine dieser Möglichkeiten ergreifen, oder man muß die Implementierung völlig passiv über sich ergehen lassen; als letzter Ausweg bleibt nur das Verlassen des Implementierungssystems, der indes den Betroffenen schwerer gemacht wird als den Implementeuren. Werden die Handlungsmöglichkeiten in Anspruch genommen und sind mehrere Teilnehmer im Spiel – was gleichbedeutend ist mit: kommt ein Implementierungssystem überhaupt in Gang –, so verbinden sich die Handlungsbeiträge zu *Interaktionen.* Interaktionen sind sinnhaft aufeinander bezogene Handlungen. Durch ihren sinnhaften Bezug konstituieren die Implementierungshandlungen Interaktionsfolgen, deren Gesamtheit den Implementierungsprozeß ausmacht.

Die Handlungen eines bestimmten Sinntyps, d. h. mit einer bestimmten Orientierungsrichtung, können sich nun mit Handlungen jedes anderen Sinntyps wie auch mit Handlungen desselben Typs verknüpfen. Z. B. lassen sich Maßnahmen der Projektgestaltung sinnhaft auf Maßnahmen der Informationssystemgestaltung, auf implementierungstaktische Maßnahmen, auf Betroffenenreaktionen und – nicht zuletzt – auf andere Aktivitäten der Projektgestaltung beziehen. Interaktionsfolgen, die sich aus Handlungen mit gleicher Orientierungsrichtung zusammensetzen, spielen sich jeweils in einem besonderen, durch die Orientierungsrichtung definierten *Interaktionsfeld* ab. Indem die Teilnehmer ihr Handeln primär auf ein bestimmtes Orientierungsobjekt (Informationssystem, Projektstruktur, Interaktionsgeschehen, neue Verhaltensanforderungen) ausrichten, werden sie in dem entsprechenden Interaktionsfeld aktiv. Der Sinnzusammenhang der innerhalb eines Interaktionsfeldes ablaufenden Interaktionen kann als eine spezifische *Interaktionskette* im Implementierungsprozeß betrachtet werden. Solche Interaktionsketten sind Teilprozesse, für die eine gewisse Spezialisierung auf erforderliche Leistungen im Implementierungssystem unterstellt werden darf. Die Informationssystemgestaltung dient etwa dazu, daß das Implementierungssystem insgesamt den „Output" herstellen kann, der von ihm erwartet wird und für dessen Erzeugung es haftet; die Projektgestaltung widmet sich der Bildung und Erhaltung von Implementierungsstrukturen und der problemadäquaten Ausstattung des Projektes mit Ressourcen; Implementierungstaktik verklammert die Gestaltungsmaßnahmen untereinander und mit den Betroffenenreaktionen. Innerhalb von Interaktionsketten finden sich in der Regel engere Sinnbezüge, selektionsschärfere Anknüpfungen und größere Interaktionsdichten als über den gesamten Implementierungsprozeß hinweg.

Das Interaktionsgeschehen in Implementierungsprozessen bewegt sich also vorwiegend in vier unterscheidbaren Interaktionsketten:

- der Informationssystemgestaltung,
- der Projektgestaltung,
- der Implementierungstaktik und
- den Betroffenenreaktionen.

Jede Interaktionskette besitzt für sich gesehen einen Sinnzusammenhang, was im Hinblick auf die Gestaltung etwa als Umsicht, Sorgfalt oder Konsistenz imponiert, bezüglich der Implementierungstaktik oder der Reaktionen der Betroffenen z. B. als konsequentes Verhalten, „Stehvermögen", Lernfähigkeit, aber auch als Geschick flexibler Umorientierung bei neuen Situationen gewertet wird. Darüber hinaus sind die Interaktionsketten miteinander verflochten. Zwischen ihnen bestehen Anschluß- und Übergangspunkte. Jede Interaktion kann auf das Rücksicht nehmen, sich dem beugen oder dafür Prämisse werden, was in anderen Ketten passiert. Dadurch entsteht Zusammenhang zwischen den Zusammenhängen. Wir nennen diesen Gesamtzusammenhang die *Interaktionskonstellation* des Implementierungsprozesses, seinen zeitlichen Ablauf das *Interaktionsgeschehen*.

Die Sinnbeziehungen zwischen den Gliedern der Interaktionsketten – mag es sich nun um Interaktionen innerhalb einer Kette oder zwischen verschiedenen Ketten handeln – bestehen darin, daß Präferenzen für bestimmte Anschlußhandlungen bzw. -interaktionen gesetzt werden. Diese Beziehungsart wollen wir durch den Begriff „*motivieren*" ausdrücken. Wir können dann feststellen: Informationssystemgestaltung, Projektgestaltung, Implementierungstaktik und Betroffenenreaktionen motivieren sich sowohl selbst (so entsteht der innere Zusammenhang jeder einzelnen Interaktionskette) als auch wechselseitig (so kommt es zur Interaktionskonstellation des Implementierungssystems insgesamt). Solche Motivierungen laufen teilweise *unmittelbar*, teilweise aber auch *vermittelt über Ergebnisse, die in den Interaktionen erzeugt werden* (z. B. Strukturen des computergestützten Informationssystems, Strukturen des Projektes, Implementierungsanforderungen).

b) Informationssystemgestaltung

Betrachten wir nun die einzelnen Interaktionsketten etwas genauer. Die Informationssystemgestaltung widmet sich der Grundaufgabe der Implementierung und orientiert sich an dem zu verändernden Informationssystem. Man kann sie gegebenenfalls weiter differenzieren nach den jeweils behandelten Komponenten von Informationssystemen (Aufgabengestaltung, Informationsgestaltung, Entwicklung der Verarbeitungsmethodik, Gerätebereitstellung, Organisationsplanung, motivationale und fachliche Vorbereitung des Personals). Sie analysiert den Ausgangszustand, konstruiert eine spezifische Problemsicht, stellt Ziele und konkrete Gestaltungsanforderungen auf, formuliert und selektiert Gestaltungsvorschläge, erarbeitet die Konzeption eines neuen Informationsverarbeitungsverfahrens, beschafft oder erstellt die notwendigen Arbeitsmittel (Geräte, Programme, organisatorische Regelungen und Sachmittel) und wirkt dann auf den Benutzerbereich ein, nach diesem neuen Verfahren zu arbeiten.

Man wird wohl sagen dürfen, daß damit die Kernaktivitäten des Implementierungsprozesses angesprochen sind. Insofern kann man der pragmatisch-normativen Informationssystemforschung und Methodologie der Informationssystemgestaltung, die sich gerade darum kümmern, keineswegs ohne weiteres empirische Relevanz absprechen. Mit ihren Aufgabenkatalogen z. B. trifft diese Forschungsrichtung zumindest, woran man sich in der Praxis schwerpunktmäßig orientiert. Die

Praktiker halten sie denn auch meist für „praxisnäher" als empirische Ansätze.

Die Informationssystemgestaltung steht mit sich selbst und mit den anderen Interaktionsketten in Motivierungsbeziehungen. Ihr Stellenwert im Implementierungssystem gründet sich allerdings weniger auf diese unmittelbaren Motivierungsbeziehungen als auf zwei Arten von „Output", von denen nur eine *mittelbare Interaktionsrelevanz* ausgeht: zum einen auf Gestaltungsmaßnahmen gegenüber dem zu verändernden Informationssystem, zum anderen auf Vorwegnahmen von Gestaltungsmaßnahmen in Form von Zielen, Gestaltungsanforderungen und Bedarfsartikulationen für die Durchführungsvorsorge.

Ziele, Gestaltungs- und Durchführungsanforderungen übernehmen im Implementierungssystem die Funktion von Steuerungsinformationen. Inwieweit diese Steuerungsinformationen wirklich die Gestaltungsinteraktionen regulieren, hängt davon ab, ob das Implementierungssystem über strukturelle Mechanismen verfügt, die sie „verstehen". Ein späteres Argument antizipierend, können wir hier schon einfügen, daß die Steuerungsinformationen nicht sofort auf die Interaktionskonstellation zurückwirken, sondern einer strukturellen Vermittlung bedürfen.

Die von der Informationssystemgestaltung effektiv ausgebrachten Gestaltungsmaßnahmen richten sich an das zu verändernde Informationssystem. Ihre Kraft reicht bis zur Erstellung eines Soll-Schemas, eines Verarbeitungsverfahrens als Struktur des Verarbeitungsvorganges. Die Realisierung des Verfahrens steht im Benutzerbereich zur Disposition.[59] Die Sinnzusammenhänge des zu verändernden Informationssystems sind zwar für das Implementierungssystem als Gestaltungsbereich relevant, es sind jedoch ersichtlich nicht die Sinnzusammenhänge der Implementierung. Die Implementeure sind nicht dazu da, das zu tun, was im Informationssystem an Arbeit anfällt, sondern vielmehr dazu, die Arbeiten des Informationssystems in bestimmte (computergestützte) Bahnen zu lenken. Als Implementierungsobjekt steht das Infor-

[59] Pettigrew schreibt in diesem Sinn: „Systems designers are in the business of trying to make changes happen. ... systems designers are required ... to have a mastery of ... the social and influencing skills which can translate ... technological mastery into economic and socially useful outcomes. This translation process cannot be taken for granted." (1980, S. 40) Zu einer durchsetzungstheoretischen Diskussion des Realisationsrisikos, die auch in bezug auf die hier erörterte Problematik sticht, s. Szyperski 1969.

mationssystem deshalb außerhalb des Implementierungssystems, es bildet ein Segment der Implementierungsumgebung.

Beide Systeme sind allerdings über identische Teilnehmer verzahnt. Wer auch immer als (direkt oder indirekt, in Leitungs- oder Ausführungstätigkeit) Betroffener teilnimmt, hat auch im Informationssystem eine bestimmte Rolle, steht also zugleich in den dort vorhandenen Aufgabenerfüllungszusammenhängen. Jedoch wird von ihm in der Rolle eines Betroffenen im Implementierungssystem ein anderes Verhalten erwartet als in der Rolle eines Mitarbeiters des Benutzerbereiches. Das gilt nicht nur für Systembediener und Informationsbenutzer, sondern in spürbarer Weise auch für die Benutzerbereichsleiter. Inwieweit sie mit dieser Doppelrolle oder Doppelbelastung im Verlauf der Implementierung fertig werden, ist nicht allein ein Problem persönlichen Rollenkonfliktes, sondern erweist sich überdies als eine Quelle für mögliche Systemkonflikte. So kann etwa eine bereichsbezogene Rationalisierungsperspektive der Benutzerbereichsleiter mit Vorstellungen über das Gesamtverfahren, die die Systemplaner halten, kollidieren; oder die Informationsbenutzer können in die Implementierung nicht aktiv einbezogen werden, weil sie mit ihrem „Tagesgeschäft" ausgelastet sind. Dies sind gängige und vielfach berichtete, gleichwohl nie genau empirisch untersuchte Erfahrungen; sie gehören sozusagen zum Bestand des unhinterfragten Alltagswissens über Implementierung.

Die Informationssystemgestaltung bearbeitet somit, indem sie das Informationssystem gestaltet, einen bestimmten Ausschnitt der Umgebung des Implementierungssystems. Der Ausgangszustand des Informationssystems setzt sich um in der generellen Ausrichtung der Informationssystemgestaltung. Sie reagiert mit Problemkonstruktionen, Implementierungsaufgaben und schließlich einem neuen Verfahrenskonzept. Mit diesem zeitigt sie möglicherweise Rückwirkungen im Implementierungssystem, die sich vor allem in den Reaktionen der Betroffenen niederschlagen.
Solche umgebungsvermittelten Rückkopplungseffekte kommen aber erst zustande, wenn die Informationssystemgestaltung tatsächlich in das Informationssystem eingreift und faktische Veränderungen herbeizuführen sucht. Dies tut sie durchaus nicht von Anfang an. Sie arbeitet vielmehr zunächst auf einer internen Repräsentation des Objektbereiches, die durch Aktivitäten wie Vorstudie oder Istaufnahme hergestellt wird. Aufgrund dieser internen Repräsentation wird eine Problemdia-

gnose erstellt, die dann die Bildung von Zielen und Gestaltungsanforderungen beeinflußt.[60] Die Wirkungen der Informationssystemgestaltung laufen deshalb bis zur Umsetzung der Verfahrenskonzeption, bis zur Konfrontation des Benutzerbereiches mit dem Soll-Schema, allein auf einer kommunikativen Ebene zu den Betroffenen und lösen dort Reaktionen aus. Unabwendbar ist dies, wenn man die Mitglieder des Benutzerbereiches als Informanten benötigt. Durchaus treffend spricht man von „Ankündigungseffekten"; genannt werden vor allem Unruhe und Verunsicherung. Ob damit die Gesamtheit direkter Motivierungen von Betroffenenreaktionen durch die Informationssystemgestaltung abgedeckt ist, bleibt zu untersuchen. Jedenfalls entfaltet die Informationssystemgestaltung im Interaktionsgefüge der Implementierung Wirkungen, auch ohne daß sich etwas im Informationssytem ändert, und es leuchtet ein, daß die inhaltlichen Gestaltungsvorschläge wie auch der „Geist", den sie verkörpern, bei Betroffenen und Implementeuren differenzierte Reaktionen hervorrufen.

c) Projektgestaltung

Anders als die Informationssystemgestaltung ist die Projektgestaltung im Verhältnis zum Implementierungssystem ausschließlich und gezielt reflexiv. Sie biegt sich zurück auf das Implementierungssystem selbst und modelliert einen Teil seiner Struktur. Vor näheren Klärungen der Implementierungsstrukturen wollen wir einstweilen von „projektgestalterisch verfügbaren Strukturbestandteilen" sprechen. Der Wirkungsmechanismus der Projektgestaltung ist auf ähnliche Weise doppelgleisig (mittelbar und unmittelbar) wie bei der Informationssystemgestaltung: Das, was die Projektgestaltung an Struktur schafft, wird im gesamten Interaktionsgeschehen der Implementierung berücksichtigt; die Strukturen sind auf die Auslösung und Steuerung bestimmter Interaktionsweisen, namentlich in der Informationssystemgestaltung und in den Betroffenenreaktionen, ausdrücklich ausgerichtet. Außerdem übertragen sich aber auch projektstrukturelle Absichten und Erwägungen, noch bevor sie strukturprägend werden. Selbst wenn daraufhin gar nichts geschieht, weil man Widerstand fürchtet oder auf bessere Lösun-

---

[60] Dabei muß man immer mit der Gefahr rechnen, daß die interne Repräsentation und die darauf aufbauende Problemsicht die „eigentlichen" Probleme und Gestaltungschancen verfehlen. Zum metaphorischen Charakter der Problemsicht s. Lanzara 1983.

gen wartet, bleibt doch der Versuch als solcher im Bewußtsein haften und vermag längerfristig zu beeindrucken.

Den Zusammenhang zwischen Informationssystemgestaltung und Projektgestaltung haben wir in Abschnitt B.IV.4 bereits ausgiebig diskutiert. Die Motivierung von Projektgestaltungsmaßnahmen seitens der Informationssystemgestaltung äußert sich besonders plastisch in der Rede von der „Ableitung" projektstrukturierender Aktivitäten aus den Gestaltungsanforderungen hinsichtlich des Informationsverarbeitungsverfahrens. Vom geschätzten Programmieraufwand hängt z. B. ab, wieviele „Mann-Stunden" für das Projekt eingeplant werden. Will man eine Datenbank aufbauen, empfiehlt sich eine formale Datenbeschreibungssprache. Geht es um ein Informationssystem mit großer Spannweite, müssen möglicherweise mehrere Arbeitsgruppen eingerichtet werden. Steht die Beschaffung neuer Geräte an, erscheint der Rückgriff auf methodisch vorgezeichnete Kosten-Leistungs-Analysen ratsam usw. Wie weit solche Anforderungen erst einer offiziellen Artikulation und strukturellen Vermittlung bedürfen, bevor sie wirksam werden, und wie weit dafür direkte Kontakte reichen oder auch eine selbstverständliche Disposition zu Verfahrensweisen dieser Art in Anspruch genommen werden kann, hängt mit dem Organisationsgrad des Projektes zusammen: Je mehr organisatorisch vorausgesetzt werden kann, desto eher vermag die Informationssystemgestaltung die Projcktgestaltung unmittelbar, d. h. auf der interaktionellen Ebene anzustoßen. Beide greifen dann bruchlos ineinander; die Reaktion der Projektgestaltung auf die Probleme der Informationssystemgestaltung unterliegt eingeübter Routine.

d) Implementierungstaktik

Die Implementierungstaktik beinhaltet Interaktionen der Implementeure, die auf die Interaktionskonstellation des Implementierungssystems zielen. Der Orientierungszuschnitt mag hier diffuser erscheinen als im Gestaltungsverhalten. Die Funktion dieses Verhaltensbereiches ist allerdings klar: Implementierungstaktik steuert das Implementierungssystem auf der Ebene der Interaktionen, also nicht über Zwecke (dieser Weg ist der Informationssystemgestaltung vorbehalten) oder über Strukturen (sie sind das Operationsgebiet der Projektgestaltung). Diese Steuerung kommt durch die Art und Weise zustande, wie die Implementeure untereinander und mit den Betroffenen umgehen und wie sie die Kontakte, die sie dabei eingehen, methodisch dazu nutzen, *Einfluß* auszuüben.

Im allgemeinsten Sinn kann man mit der Implementierungstaktik den Umgang der Implementierungsteilnehmer assoziieren. Dieser spielt sich in Kooperations- und Kommunikationsprozessen ab, die immer auch eine Beeinflussung transportieren. Auf sie kommt es in implementierungstaktischer Perspektive an. Sie zielt darauf ab, den Sinn der Implementierung nicht aus den Augen zu verlieren. Alle sollen „an einem Strang ziehen". Es geht, wenn nicht um Konsens, so doch um *Koorientierung und Koordination.* Der Leitwert der Implementierungstaktik ist *Reibungslosigkeit.* Die implementierungstaktische Sichtweise neigt deshalb stark zur Schematisierung aller Interaktionen als Unterstützung oder Widerstand. Die Grenze kann sicherlich flexibel gehandhabt werden, aber die Polarität als solche ist doch maßgeblich für eine Grundkategorisierung des Verhaltens im Implementierungsprozeß. Die Implementierungstaktik ist somit eine Art Statthalter der Sinnschwerpunkte des Implementierungssystems auf der Ebene der Interaktion (vgl. S. 209 ff).

Wie sich die Dinge aus der Perspektive eines Projektleiters darstellen, und wie er seine Implementierungstaktik anzusetzen hat, beschreibt Block.

„... consider the players external to the project team. Analyze the groups that will be involved with the project. Groups to consider are all potential user organizations; your direct management, including those people or groups responsible for funding and approval; auditors and other review groups; subcontractor groups; and vendors.
The issue is *to understand the support or resistance* you are likely to receive from each of these groups. Two perspectives to consider are your relationships, *positive or negative*, with members of these groups, and the opinions or public positions taken by members of the groups relative to your project." (1983, S. 29; Hervorhebungen nicht im Original)

Die Teilnehmer, die die Rolle von Implementeuren übernehmen, arbeiten zusammen, einmütig oder in kritischer Auseinandersetzung. Sie führen Gespräche, informieren sich gegenseitig, tauschen Ansichten und Argumente aus. Sie stimmen sich ab. Anweisungen und erledigte Arbeiten wandern hin und her. Die Beeinflussung kann auch in den Vordergrund treten. Dann sucht man bewußt Einfluß zu nehmen. Z. B. wird auf Expertenkompetenz oder Positionsmacht rekurriert. Koalitionen werden gebildet, um Einfluß zu verschärfen. Intrigen werden angesponnen, um dagegenzuhalten. Kurz: Die Implementeure taktieren mit-, für- und gegeneinander. Sind sie sich einig, arbeiten sie im Sinne der Implementierung zusammen; sind sie unterschiedlicher Meinung, vertreten sie z. B. unterschiedliche Gestaltungsvorschläge, so besteht ein Gestaltungskonflikt, ein „competition between the carriers of different forms of rationality" (Pettigrew 1980, S. 41).[61] Die Implementierungstaktik ist das Interaktionsfeld, auf dem *Zusammenarbeit abgewickelt und Gestaltungskonflikte ausgetragen* werden.

Im Verhältnis zu den Betroffenen dient die Implementierungstaktik dazu, ihnen diejenigen Verhaltensweisen nahezulegen, die von ihnen erwartet werden; diese Beeinflussung läuft direkt und nicht etwa vermittelt über die Informationssystem- oder Projektstrukturen. Die Reaktionen der Betroffenen werden aus der Sicht der Implementeure polarisierend schematisiert in Lernen und Sich-Fügen einerseits, Sich-Verweigern und Widerstand andererseits. Implementierungstaktisch schwebt dann vor, die Betroffenen dazu zu bringen, sich im Sinne der Implementierung zu verhalten: als „brave" Betroffene, die lernen, sich fügen, sich nicht verweigern und keinen Widerstand leisten. Mit einem Wort: Im Verhältnis zu den Betroffenen dient Implementierungstaktik der *Vermeidung von Anpassungskonflikten und der störungsfreien Durchsetzung des Informationsverarbeitungsverfahrens.*

Die implementierungstaktischen Interaktionen bilden eine *Hauptquelle politischer Energie im Implementierungssystem.* Mit Scharpf sehen wir das Ausgangsproblem der Politik in der Möglichkeit kollektiven Handelns bei nicht vorauszusetzendem Konsens (besser: Koorientierungsbereitschaft) (1973, S. 33).[62] Im Implementierungssystem nimmt dieses Problem in zweifacher Weise Gestalt an: Zum einen erscheint es im möglichen Aufeinanderprallen unterschiedlicher Gestaltungsinteressen, zum anderen findet man es in der Motivierung systemkonformer Betroffenenreaktionen. Die Mobilisierung politischer Energie in die eine oder die andere Richtung stellt unterschiedliche Anforderungen (vgl. S. 211) – vor allem auch deshalb, weil die kritischen Phasen für Gestaltungskonflikte weiter vorn, die kritischen Phasen für Anpassungskonflikte weiter hinten im Prozeß liegen. Dazu war in unserer eigenen Implementierungsstudie etwa zu beobachten, daß die System-

---

[61] Vgl. auch den von Wiedemann geprägten Begriff der „Konzeptions-Konkurrenz", s. 1971, S. 141 ff.

[62] Bei dieser Problemfassung gelangt man automatisch zu Vorstellungen von „politischem Verhalten", die auf „Konsensbildung" oder „Konfliktaustragung", also jedenfalls auf Interaktion und gegenseitige Beeinflussung hinauslaufen.

planer den Konfliktgipfel (sofern überhaupt ein spürbares Ausmaß von Konflikten berichtet wurde) tendenziell in die Vorbereitungsarbeiten, die Benutzerbereichsleiter ihn jedoch eher in die Phase der Inbetriebnahme legten. Dies ist in Übersicht 6 festgehalten (s. S. 250). Da im Voranschreiten des Implementierungsprozesses die Gestaltungsspielräume immer stärker geschlossen werden und das Berücksichtigungspotential für Alternativen zusammenschmilzt, verflüchtigen sich im Prozeßablauf die Chancen für Konflikthandhabungsstrategien, die verschiedenen Seiten gerecht werden.[63] Divergierende Gestaltungsinteressen und voneinander abweichende Rationalisierungsperspektiven gestatten somit eher eine Aushandlung von tragfähigen Kompromissen. Die Implementierungstaktik zielt hier stärker auf einigungsfähige Konzepte. Akzeptanzbarrieren bei den Betroffenen stehen demgegenüber unter Erodierungs- oder Vermeidungsimperativen.

Die *politischen Mechanismen im Implementierungssystem* dürften seine komplizierteste Seite darstellen, weil sie sich aller Sinnbestandteile bemächtigen können. Sie können über die Informationssystemplanung und damit über das gestaltete Informationssystem und über Gestaltungsziele und -anforderungen wirksam werden, über die Projektgestaltung und die Projektstrukturen Einfluß gewinnen, oder sie setzen sich im Motivierungszusammenhang der Interaktionen direkt um. Sie diffundieren aber nicht nur im gesamten Implementierungssystem, sie arbeiten auch vornehmlich *verdeckt*. Dies macht ihre empirische Identifizierung fast aussichtslos,[64] und man ist deshalb weitgehend auf theoretische Analysen zurückgeworfen.

Der Interaktionsbereich der Implementierungstaktik gibt zwar implementierungspolitischen Aktivitäten wesentlichen Antrieb, erschöpft sich aber nicht darin (er umfaßt z. B. auch den Stil der Kooperation oder die Art der Führung im Projekt), wie andererseits Implementierungspolitik nicht völlig auf Taktik reduzierbar ist. Bisher läßt sich im Rahmen unseres Ansatzes noch nicht hinreichend übersehen, auf welchen Kanälen Implementierungspolitik insgesamt ablaufen kann. Man darf aber vermuten, daß in der *implementierungstaktischen Artikulation der Implementierungspolitik* gute Argumente eine äußerst wich-

[63] Einen umfassenden Überblick über Konfliktbehandlungsstrategien liefert Glasl 1980, S. 329 ff. S. auch Naase 1978, S. 189 ff.

[64] Umso höher sind Fallstudien einzuschätzen, die sich dieser schwierigen Aufgabe dennoch stellen. S. etwa Rogers 1971, S. 84 ff; Pettigrew 1973; Mumford u. Pettigrew 1975.

Übersicht 6 Ausmaß, Gründe und zeitlicher Schwerpunkt von Konflikten (Widerständen) im Implementierungsprozeß aus der Sicht von Systemplanern und Benutzerbereichsleitern

Fragestellung: Gab es bei der Einführung der Anwendung (mit evtl. organisatorischen Änderungen) Widerstand bei den zukünftigen Benutzern?

Antwortmöglichkeiten:
- es gab sehr viele Konflikte
- es gab eine Reihe von Konflikten
- es gab einige Konflikte
- es gab nur wenige Konflikte
- es gab gar keine Konflikte

Antworten:	Systemplaner S (= 29)	Benutzerbereichsleiter B (= 29)
– gar keine, nur wenige Konflikte	15 (52)[1]	12 (41)
– einige Konflikte	7 (24)	5 (18)
– eine Reihe, sehr viele Konflikte	7 (24)	12 (41)

GRÜNDE dafür, daß es NUR WENIGE od. GAR KEINE KONFLIKTE gegeben hat:[2]

	S (= 15)	B (= 12)
gute Zusammenarbeit zwischen Systemplanern u. späteren Benutzern	10 (67)	11 (92)
rechtzeitige Information u. Motivation der späteren Benutzer	8 (53)	10 (83)
gute Schulung	3 (20)	4 (33)
klare Kompetenzabstimmung im Projekt	0 (0)	4 (33)
starke Einbeziehung der Benutzer in die Systementwicklung	8 (53)	6 (50)
positive Einstellung der Benutzer zur Automatisierung	9 (60)	10 (83)

GRÜNDE dafür, daß es EINIGE od. VIELE KONFLIKTE gegeben hat;[2] PHASE, in der es DIE MEISTEN KONFLIKTE gegeben hat:

	S (= 14) während der Vorb.	Inbetr.[3]		B (= 17) während der Vorb.	Inbetr.	
unzureichende Informierung der Benutzer	4	2	(43)	3	7	(59)
zu viel, zu offene Informierung	2	0	(14)	0	1	(6)
unklare Regelungen bei der Systementwicklung	1	0	(7)	0	1	(6)
ungenügende Einbeziehung der Benutzer	4	1	(36)	4	4	(47)
unzureichende Schulung/mangelnde Aufgeschlossenheit	5	4	(64)	1	9	(59)
	16	7		8	22	

[1] Die Zahlen in Klammern sind Prozentzahlen und beziehen sich jeweils auf die hinter S bzw. B vermerkte absolute Anzahl der Antworten.

[2] Mehrfachnennungen von Gründen möglich.

[3] Als Phasen wurden unterschieden: – während der *Vor*bereitungsarbeiten – bei der *Inbetr*iebnahme.

tige Rolle spielen. Implementierung wird vorwiegend konzeptionell und kommunikativ ausgetragen, und das System ist auf die Ausübung physischer Gewalt, auf ausdrücklichen Zwang, Bestrafungen oder materielle Kompensationen („side payments“, Bestechung) weit weniger gut eingerichtet als auf „understanding“ (s. de Brabander u. Edström 1977). Gute Argumente, Begründungen, Rechtfertigungen sind deshalb ein wichtiges Medium der Implementierungstaktik. Die Argumentation versucht generell, Übereinstimmungen in der Bewertung des Implementierungsgeschehens herzustellen. Sie bemüht sich, den Computereinsatz insgesamt, dann: in der jeweiligen Institution, im ausgewählten Benutzerbereich, schließlich: in dieser oder jener Form als notwendig und/oder günstig auszuweisen. Die gemeinsame Bewertungsbasis impliziert in der Folge koorientiertes Handeln. Im Argumentationsgang wird auf bestimmte „Daten“ oder „Evidenzen“ rekurriert, d. h. es wird ein Gleichklang von Auffassungen vorausgesetzt oder miterzeugt.[65] Diese *argumentative Beeinflussung* der Implementeure untereinander sowie der Betroffenen ist eine Hauptachse für die implementierungstaktische Steuerung der Interaktionskonstellation. Sie bildet den kommunikativen Umschlagspunkt der dominanten Perspektive. Wenn oben gesagt wurde, daß die von der Implementierungstaktik geleistete Steuerung dadurch zustandekommt, daß die wechselseitigen Kontakte in bestimmter Weise methodisch zu Einflußnahmen genutzt werden, so können wir dies nun im wesentlichen über die gegenseitige argumentative Beeinflussung zwischen den Implementeuren und die argumentative Beeinflussung der Betroffenen seitens der Implementeure präzisieren.

Empirisch ist nur letzteres aufgegriffen worden, und zwar unter dem Stichwort „*Informationspolitik*“.[66] Aus der eigenen Implementierungsstudie haben wir allerdings den Eindruck gewonnen, daß über die Informationspolitik wenig gesagt werden kann, solange nicht Sender und Adressaten genau spezifiziert sind. Systemplaner und Benutzerbereichsleiter zeigen nämlich gravierende Unterschiede hinsichtlich ihrer Einschätzung der Informierung über Folgen für die Arbeitsplätze, zu erwartende organisatorische Veränderungen und Verzögerungen oder

[65] Unsere Vorstellungen lassen sich systematisieren durch das Argumentationsmodell von Toulmin (1975, S. 86 ff); s. auch Mitroff u. a. 1982.

[66] S. etwa Kirsch u. a. 1975, S. 43–51; Mülder 1984, S. 193 ff. Einen Versuch zur psychologischen Klärung der Bedeutung der Informationspolitik als Mittel der Verhaltensinduzierung in Innovationsprozessen bietet Böhnisch 1979, S. 126–158. S. auch Gerl 1975, S. 288 ff.

Übersicht 7 Informierung der „Benutzer" aus der Sicht von Systemplanern und Benutzerbereichsleitern

Fragestellung: Wurden die Benutzer, die in Zukunft mit der Anwendung arbeiten sollten, informiert über
- die *Ziele* der Entwicklung der Anwendung
- die Auswahl der *Mitarbeiter*, die sich mit der Systementwicklung beschäftigen sollten
- den *Fortgang* der Arbeiten bei der Systemplanung
- den voraussichtlichen *Zeitpunkt der Inbetriebnahme* der Anwendung
- etwaige *Folgen für die Arbeitsplätze*
- spezielle *Probleme und Verzögerungen bei der Systemplanung*
- zu erwartende *organisatorische Änderungen*?

Die Fragen sind jeweils mit „Ja" zu beantworten, wenn der *überwiegende Teil der späteren Benutzer* informiert wurde.

Antwortmöglichkeiten: Ja bzw. Nein

Antworten:

Informierung über	Systemplaner S (= 27)	Benutzerbereichsl. B (= 29)	Anzahl der Abweichungen *im Einzelfall* (= 27)
Ziele	81[1]	79	3[2]
Mitarbeiter d. Systementwicklung	70	83	5
Probleme u. Verzögerungen bei der Systemplanung	63	45	11
Fortgang der Arbeiten bei der Systemplanung	56	55	9
Zeitpunkt der Inbetriebnahme	96	97	2
Folgen für die Arbeitsplätze	89	62	8**[3]
organisatorische Veränderungen	96	62	10***[3]

[1] Die Zahlen unter S u. B sind Prozentzahlen und beziehen sich jeweils auf die hinter S bzw. B vermerkte absolute Anzahl der Antworten.

[2] absolute Zahlen

[3] signifikante Differenz (Sign-Test) zwischen Systemplanern und Benutzerbereichsleitern *im Durchschnitt* über alle Fälle (d. h. signifikant unterschiedliche *Proportionen*)

Probleme in der Informationssystementwicklung (Übersicht 7). Auch die Frage, ob die Informationspolitik während der Systementwicklung auf mögliche Konsequenzen für die Mitarbeiter abgestimmt war, beurteilen Systemplaner und Benutzerbereichsleiter nur in 15 von 29 Fällen gleich (Übersicht 8, S. 254). Wir nehmen diese Ergebnisse als Reflex unserer allgemeineren Erfahrung, daß sich Systemplaner und Benutzerbereichsleiter im Implementierungsprozeß in systematisch unterschiedlichen Kommunikationskreisen bewegen; darauf werden wir bei der Erörterung der Implementierungsstrukturen zurückkommen.

Zur argumentativen Beeinflussung gehört auch das, was Pettigrew das „*Management von Bedeutungen*" nennt: „The management of meaning refers to a process of symbol construction and value use designed both to create legitimacy for one's own demands and to ‚delegitimize' the demands of opponentes in a resource allocation process." (Pettigrew 1980, S. 42)[67] Implementierungstaktisch betrachtet geht es um die *Darstellung* von Informationssystemplanung und Projektgestaltung, also um eine Selbstdarstellung des Verhaltens der Implementeure. Dies verdient eine eingehendere Betrachtung, weil es ein Licht darauf wirft, wie die dominante Perspektive sich umsetzt.

Im Rahmen der angedeuteten Selbstdarstellung führen die Implementeure die Informationssystemgestaltung auf bestimmte Gründe zurück, die geeignet sind, ergriffene Maßnahmen sachlich und moralisch zu rechtfertigen. Sie offenbaren Restriktionen, Zwänge, „das Naheliegende", „optimale Lösungen" u. ä. Sie bekunden ihre Umsicht und die Berücksichtigung aller relevanten Gesichtspunkte und Interessen. Sie verweisen darauf, wie eine Maßnahme an die andere anschließt, daß dies zu tun ist, weil vorher jenes getan wurde und bestimmte Schritte vorausliegen; der Zusammenhang der Maßnahmen wird so als Stütze ihrer Logik in Anspruch genommen. Darüber hinaus werden Prognosen geliefert, wie das Gestaltungsergebnis letztlich aussehen, wie es wirken wird. Die Implementeure interpretieren, was sie gestalten. Sie nutzen die Interpretationsspielräume in bezug auf die Bestimmung computergestützter Informationssysteme, um ihr Produkt in gewünschter Weise in Szene zu setzen, es insbesondere mit positiven Attributen zu umgeben – egal, wie es „wirklich" ist. Wir können dies als symbolische Ebene der Informationssystemgestaltung der „eigentli-

---

[67] Zur Funktion und Funktionsweise solcher Symbolisierungen (und symbolischen Wirklichkeitsverzerrungen) in der staatlichen Politik s. Edelman 1964; 1976. Vgl. auch oben S. 62ff.

Übersicht 8 Die Abstimmung der Informationspolitik aus der Sicht von Systemplanern und Benutzerbereichsleitern

Fragestellung: War die *Informationspolitik* während der Systemplanung auf mögliche Auswirkungen bei den Mitarbeitern abgestimmt (z. B. Versprechungen, daß es keine Zurückstufungen oder Entlassungen geben werde; Hinweise darauf, daß die Arbeitsprozesse nicht eintönig und unpersönlich würden; Ausarbeitung von Plänen für einen Stellungswechsel bei betroffenen Mitarbeitern; positive Einstellungen erzeugende Informationen über EDV usw.)?

Antwortmöglichkeiten: Ja bzw. Nein

Antworten: An der Struktur der Antworten auf diese Frage läßt sich der Unterschied zwischen *Abweichungen im Einzelfall* und *Abweichungen im Durchschnitt* besonders deutlich machen. Obwohl ein gleicher Anteil und damit auch eine gleiche Anzahl von Systemplanern und Benutzerbereichsleitern die Frage mit „Ja" bzw. „Nein" beantwortet, stimmen die Antworten von Systemplanern und Benutzerbereichsleitern in der Hälfte der untersuchten Projekte nicht überein.

Die üblichen Tests für verbundene Stichproben reagieren auf diese *Differenzen im Einzelfall* nicht, da sie im Prinzip lediglich die Hypothese testen, daß die Differenzen mit dem Erwartungswert (Mittelwert, Median) 0 verteilt sind. Im vorliegenden Fall ist jedoch die Frage gestellt, ob man mit Recht annehmen kann, daß die *Anzahl* der Differenzen annähernd 0 ist; andernfalls muß man im Einzelfall mit abweichenden Angaben rechnen.

		Antworten der Systemplaner		
		Nein	Ja	
Antworten der Benutzerbereichsleiter	Nein	7	7	14
	Ja	7	8	15
		14	15	29

chen" Gestaltung gegenüberstellen: Die Informationssystemgestaltung erfährt im Rahmen der Implementierungstaktik eine *symbolische Überformung*. Damit lassen sich Erwartungen und Wahrnehmungen des Gestaltungsergebnisses effektvoll beeinflussen. Auf die Betroffenenreaktionen ergeben sich direkte und indirekte (im Wechselverhältnis zu den dann tatsächlich erlebten Informationssystemstrukturen stehende) Auswirkungen.

Auch in bezug auf die Projektgestaltung können die Implementeure ihre eigenen Maßnahmen und die dadurch erzeugten Strukturbestandteile wirksam ins rechte Licht setzen. Die Darstellung der Projektstrukturierung als in dieser oder jener Hinsicht leistungsfähig und rational läßt sich ablösen von ihrer tatsächlichen Leistungsfähigkeit. Die konzeptionelle Kapazität, die man einem Projektteam nachsagt, braucht es im Einzelfall nicht unbedingt zu besitzen. Die Rationalität der gesamten Implementierung, die durch die Strukturen verbürgt zu werden scheint, kann Schein sein. Die Projektgestaltung eröffnet somit also ebenfalls die Möglichkeit einer symbolischen „Überarbeitung".

Die argumentative Beeinflussung und insbesondere die symbolische Darstellung des Gestaltungshandelns begründen und rechtfertigen, was im Implementierungsprozeß geschieht. Darin finden wir einen Mechanismus der *Selbstlegitimation* des Implementierungssystems. Das System motiviert dazu, im Sinne seiner Zwecke und Strukturen zu handeln, und zwar nicht nur, weil so etwas üblich oder für den einzelnen von Vorteil ist, sondern weil es vernünftig, sachlich angemessen, zweckmäßig, *rational* ist. In letzter Konsequenz arbeitet das Implementierungssystem damit zugleich an der *Legitimation des geschaffenen Informationssystems*. Das Gestaltungsergebnis wird legitimiert aus seiner Entstehung – und das impliziert: weitgehend unabhängig von seiner Endgestalt. Wenn nämlich die Gestaltung vernünftig und rational verläuft, kann ihr Ergebnis nicht schlecht sein. Umsicht und Raffinesse der Gestaltung sprechen für das Ergebnis, auch dann, wenn sich die Maßnahmen der Implementeure den Anstrich von Rationalität symbolisch selbst geben und „in Wirklichkeit" weit weniger Vernunft waltet, als vorgegeben wird. Die Anerkennung des computergestützten Informationsverarbeitungsverfahrens als rational und funktional im Sinne der Aufgabenerfüllung wird also bis zu einem gewissen Grad im Implementierungsprozeß und dort vor allem kraft seiner symbolischen Aura sichergestellt. Je besser das gelingt, desto mehr wird sich der Benutzerbereich später auftretende Fehler selbst zur Last legen müssen.

Die Selbstlegitimation der Implementeure dient somit nicht nur dem „Image“ des Gestaltungsergebnisses, sondern auch ihrer eigenen Entlastung.

Die Legitimitätsform, die hierbei von Bedeutung ist, hebt freilich nicht auf Vorbildlichkeit, sondern bloß auf *reine Verbindlichkeit* ab.[68] Es ist

---

[68] Bei Max Weber stehen diese beiden Sinnmomente von Legitimität in ungeklärter Beziehung nebeneinander. Für ihn scheint Legitimität jedenfalls mit beidem etwas zu tun zu haben. Ein Mitschwingen von Vorbildhaftigkeit in allen legitimen Ordnungen mag daraus zu erklären sein, daß in seinem Denken der Legitimitätsglauben letztlich eine Form *wertrationaler* Orientierungsstabilisierung darstellt; sie tritt neben traditionale (Sitte), zweckrationale („interessenbedingte“) und affektuelle (hier könnte man von „Passion“ sprechen) Motivierungsfaktoren und gibt Regelmäßigkeiten des sozialen Handelns eine besondere Festigkeit. „Eine *nur* aus zweckrationalen Motiven innegehaltene Ordnung ist im allgemeinen weit labiler als die lediglich kraft Sitte, infolge der Eingelebtheit eines Verhaltens, erfolgende Orientierung an dieser: die von allen häufigste Art der inneren Haltung. Aber sie ist noch ungleich labiler als eine mit dem Prestige der Vorbildlichkeit oder Verbindlichkeit, wir wollen sagen: der „*Legitimität*“ auftretende.“ (Weber 1972, S. 16).
Daß Vorbildlichkeit (z. B. ethische Richtigkeit, moralische Untadeligkeit, ästhetische Schönheit, hervorragende persönliche Leistung und Gesinnung) zur Grundlage der Verbindlichkeit einer Ordnung werden kann, wird kaum in Zweifel zu ziehen sein; läßt sich Verbindlichkeit aber auch ohne Vorbildlichkeit vorstellen? Schon die Weber'sche Analyse hat dies nahegelegt, indem nämlich als Gründe für das Gefühl einer inneren Verpflichtetheit auf die Orientierung an einer Ordnung nicht nur der emotionale oder reflektierte Glauben an ihre Vorbildlichkeit, sondern auch an ihre bloße Tradition und ihre Legalität genannt werden (das., S. 19). Gerade über der Frage, ob und wie denn lediglich „formal korrekt und in der üblichen Form zustandegekommene Satzungen“ legitimieren können, sind neuere Bestimmungen dessen, was Legitimität ausmachen soll, auseinandergetreten und haben sich gegeneinandergestellt. Einerseits wird für jeden „echten“ Legitimitätsglauben ein immanenter Wahrheitsbezug reklamiert (Habermas 1973, S. 133 ff). Legitimität kann dann nur durch „rationale“, d. h. begründete innere Überzeugung entstehen. Andererseits wird der Legitimitätsbegriff von substantiellen Werten abgelöst und „positiviert“, d. h. auf die fraglose Hinnahme mehr oder weniger beliebiger Orientierungsvorlagen zurückgeschnitten (Luhmann 1975 a, S. 27 ff). In dieser Perspektive kommt es „weniger auf motivierte Überzeugungen als vielmehr auf ein motivfreies ... Akzeptieren an, das ohne allzuviel konkrete Information typisch voraussehbar ist.“ (das., S. 32) In diesen Begriffsfassungen begegnet man einem moralischen, an Vorbildlichkeit erinnernden, und einem legalistischen oder realistischen, auf reine Verbindlichkeit beschränkten Legitimitätsverständnis. Von ersterem aus kann man dann durchaus noch fragen, „wie es sich (in Gesellschaften unseres Typs) in Ansehung des Legitimationsanspruchs bestehender Normensysteme *wirklich* verhält: ob heute begründungsfreies Akzeptieren bindender Entscheidungen zur Routine geworden ist oder ob nach wie vor die funktional erforderlichen Motivationen über die Verinnerlichung rechtfertigungsbedürftiger Normen erzeugt werden“. (Habermas 1973, S. 140) Die empirische

nicht erforderlich, daß das computergestützte Informationssystem für vorbildlich gehalten wird; ihm braucht aus dem Implementierungsgeschehen weder moralische Unantastbarkeit noch letztgültige Angemessenheit hinsichtlich gesellschaftlich relevanter Wertmuster zu erwachsen.[69] Auf Fragen normativer Richtigkeit kommt es bei der Implementierung nicht nur nicht an, sie werden im Implementierungssystem sogar bewußt vermieden und neutralisiert. Wohl aber muß das Informationsverarbeitungsverfahren im Sinne rationaler Aufgabenerfüllung zweckmäßig erscheinen. Wichtig ist, daß sich die Vorstellung ausbreitet, im Implementierungssystem seien alle verfügbaren Ressourcen erschlossen worden, die Implementierung basiere auf einem Maximum an Sachlichkeit und Kompetenz, ihr Produkt sei das Beste, was unter den gegebenen Umständen möglich war. Der darin sich ausdrückende *instrumentelle Rationalitätsanspruch* braucht nur insoweit begründet oder begründungsfähig zu sein, als mit Anzweiflungen umzugehen oder zu rechnen ist. In dem Maße, in dem die Verbreitung der Überzeugung, die Implementierung sei rational verlaufen, gelingt, werden die Möglichkeiten zur Kritik des computergestützten Informationssystems reduziert. Wo aber Kritik nicht Tritt fassen kann, bleibt nichts als Hinnahme, also Behandlung als verhaltensverbindliche Vorgabe. Dem Implementierungssystem seinen „Output" abzunehmen wird dann zur unreflektierten Selbstverständlichkeit.

Man kann dies als „*Rationalitätsglauben*" bezeichnen und darin eine Spielart des Legitimitätsglaubens sehen.[70] Der Rationalitätsglauben wird als legitimierende Kraft sicher erst unter gesellschaftsevolutionä-

---

Antwort auf diese Frage erweist eine eher legalistische Vorstellung als den Verhältnissen in komplexen Gesellschaften und ihren Institutionen faktisch nahekommend. Im moralischen Verständnis erscheint dies notwendig als „Legitimitätskrise" und wirft Probleme der „Legitimitätsbeschaffung" auf (Habermas 1973; Gabriel 1974). Solche Schlußfolgerungen leiden indes darunter, daß mit dem moralischen Anspruch auf „rationale" Motiviertheit der Blick auf jene Kräfte, die reine Verbindlichkeit funktionsfähig und -gerecht institutionalisieren, gestört wird.

69 Insofern stehen Argumente für „Betroffenenbeteiligung" bei der Implementierung, die auf derartige gesellschaftliche Wertmuster zurückgreifen (z. B. Mumford 1979, S. 221; s. zum Überblick auch Oppermann 1983, S. 20ff), in einem eigentümlichen Zwielicht von Plausibilität und Überflüssigkeit.

70 Es entspricht dem Gegenstand unserer Untersuchung, einen engen, auf Instrumentalität oder Zweckeignung konzentrierten Rationalitätsbegriff zu verwenden – genau wie das Implementierungssystem. Mit dem aufgezeigten Zusammenhang zwischen Rationalität und Legitimität sehen wir dann nur eine Bahn, auf der argumentative Beeinflussung (Begründung) legitimieren kann. Über die Rationalitätskonzeption

ren Entwicklungslagen vorstellbar, durch die das Entdecken und technologische (gestalterische) Umsetzen von Problemlösungen einen zentralen Stellenwert erhält, also unter einer „rationalistischen" Kultur oder unter den Imperativen einer „Leistungsgesellschaft". Dort aber – und insbesondere in den rationalen Großbürokratien solcher Gesellschaften – tritt er als ein nicht zu übersehendes „Motiv" zur Hinnahme von Entscheidungen oder Verhältnissen und vor allem zur Abkehr von Bemühungen, sich selbst über die Dinge Klarheit zu verschaffen, auf. Man braucht mit Entscheidungen oder Verhältnissen gar nicht subjektiv einverstanden zu sein; Aufbegehren wird schon durch den Glauben eingedämmt, daß es sich angesichts der komplexen Probleme und unter Berücksichtigung des vorhandenen Wissens noch um die am ehesten problemadäquaten Lösungen handelt.

Zu dieser Form der Legitimität paßt die Luhmann'sche „Positivierung" des Legitimitätsbegriffes, d. h. seine Ablösung von der inneren Überzeugung von der Richtigkeit bestimmter Werte oder Rechtfertigungsprinzipien und seine Umstellung auf „eine generalisierte Bereitschaft, inhaltlich noch unbestimmte Entscheidungen innerhalb gewisser Toleranzgrenzen hinzunehmen" (Luhmann 1975 a, S. 28).[71] *Akzeptanz als*

---

von Habermas (1981, S. 25 ff) läßt sich das Bild ohne Schwierigkeiten systematisch ausbauen.

Habermas nimmt als Kennzeichen für Rationalität die Begründungsfähigkeit von Geltungsansprüchen. Als Geltungsansprüche lassen sich unterscheiden: Wahrheit für Behauptungen, Wirksamkeit für Maßnahmen, Richtigkeit für Normen, Angemessenheit für Werte und Wahrhaftigkeit für Selbstdarstellungen. Wie auch immer diese Ansprüche eingelöst werden – Habermas spricht ausschließlich von argumentativen bzw. diskursiven Begründungen; darin können sich aber so konkrete Aktivitäten wie Experimente oder Wirtschaftlichkeitsrechnungen verstecken –, gelungene Begründungen werden zur Basis eines rational motivierenden Konsensus, indem man sich den besten Gründen anschließt oder zumindest nicht länger entziehen kann. Von guten Gründen darf also angenommen werden, daß sie eine entsprechende Legitimationskraft entfalten: Als richtig begründete Normen, als angemessen ausgezeichnete Werte, als wahrhaftig erkannte Selbstdarstellungen gewinnen insbesondere Vorbildcharakter und legitimieren dementsprechend in Form akzeptierter Bewertungen; gesicherte Erkenntnisse und als wirksam erwiesene Maßnahmen gehen in verbindlichen, selbstverständlichen, allgemeingültigen Auffassungen auf, von deren Objektivität man überzeugt ist.

Den „Rationalitätsglauben" kann man bei einem breiteren Rationalitätsverständnis somit als einen ganz zentralen Legitimationsmechanismus interpretieren, der sogar noch zur Abstützung von Tradition und Legalität beizutragen vermag (und bei moralischer Deutung von Legitimität auch beitragen muß).

71 Luhmann entwickelt diese Begriffsfassung im Hinblick auf die Legitimation von

voraussehbare Selbstverständlichkeit: genau das ist es, was das Implementierungssystem auf seiner „Outputseite" benötigt, insbesondere bei denjenigen, die die Hauptabnehmer seiner Entscheidungen sind. Damit kommen wir zu den Betroffenenreaktionen.

e) Wohlverhalten und Widerstand der Betroffenen

Die Betroffenen reagieren in erster Linie auf die Gestaltungs- und Beeinflussungsmaßnahmen der Implementeure. In dieser Hinsicht werden ihre Reaktionen schematisiert als Lernen und Sich-Fügen einerseits, Sich-Verweigern und Widerstand andererseits. Von den Betroffenen wird vor allem anderen erwartet, daß sie die erforderlichen Verhaltensweisen im computergestützten Informationssystem lernen und sie bereitwillig ausführen. Dabei bleiben sie nicht sich selbst überlassen. Im Rahmen der Informationssystemgestaltung werden z. B. Schulungen veranstaltet, es kommt zur angeleiteten Einarbeitung in das neue Verfahren,[72] oder man führt eine fachliche Vorbereitung in Probeläufen, Systemtests und Phasen des Parallelbetriebs durch. Daß und wie stark allerdings die Interpretationen solcher Vorbereitungsmaßnahmen und damit die Beurteilungen, ob sie überhaupt stattgefunden haben oder nicht, auseinanderlaufen können, zeigt Übersicht 9 (S. 260).

Neben diese fachliche Vorbereitung können spezielle Maßnahmen einer motivationalen Vorbereitung treten. Deren Notwendigkeit wird allerdings oft überschätzt. Computergestützte Informationssysteme in operativen Bereichen funktionieren auch, wenn die Systembediener und Informationsbenutzer zu den Verfahren innerlich in kritischer Distanz bleiben – oder wenn sie gar keine Meinung dazu haben.[73] Zumindest in operativen Abläufen lassen die Informationssysteme nämlich kaum Spielräume zur Nichtbenutzung (Schönecker 1980, S. 135 f). Es braucht deshalb weder im Interesse noch im Bedarf des Implementierungssystems zu liegen, die Mitarbeiter im Benutzerbereich in besonderer

---

Entscheidungen durch ihre Erstellung in rechtlich geregelten Verfahren. Ihr Anwendungsbereich scheint uns aber erheblich weiter zu sein. Sie trifft im Prinzip alle Legitimitätsformen, bei denen reine Verbindlichkeit im Vordergrund steht, so z. B. Legitimität kraft formalorganisatorischer Verfassungen und Regeln; auch auf „Sachzwang"-Argumente, „Effizienzbeweise" oder „Evidenzen" paßt sie.

[72] Dies ist wohl die gängigste Form der „Gestaltung" der personellen Komponente, vgl. z. B. Mülder 1984, S. 196 f.

[73] Vgl. hierzu die verschiedenen Arten von Akzeptanz (freiwillige, gleichgültige, duldende) bei Schmidt 1973, S. 123 ff.

Übersicht 9 Fachliche Vorbereitung der „Benutzer“ aus der Sicht von Systemplanern und Benutzerbereichsleitern

Fragestellung: Wurden die Personen, die mit der neuen Anwendung arbeiten sollten, durch interne oder externe *Schulungskurse* vorbereitet?

Gab es regelmäßig durchgeführte Informationsbesprechungen mit den späteren Benutzern zur Vorbereitung der Inbetriebnahme der Anwendung (*Einweisung, Einarbeitung* der Benutzer)?

Hatten die späteren Benutzer vor der eigentlichen Inbetriebnahme Gelegenheit, mit der Anwendung zu arbeiten (*Vortest, Probeläufe, Parallelbetrieb*)?

Antwortmöglichkeiten: Ja bzw. Nein

Antworten:

	Systemplaner (= 29)	Benutzerbereichsleiter (= 29)	Anzahl der Antwortkombinationen
Schulungskurse	Ja	Ja	12
	Ja	Nein	7
	Nein	Ja	1
	Nein	Nein	9

Anzahl der Abweichungen im Einzelfall: 8
Proportionen S: 65% zu B: 45% signifikant unterschiedlich (Sign-Test)

Testmöglichkeit	Ja	Ja	12
	Ja	Nein	9
	Nein	Ja	1
	Nein	Nein	7

Anzahl der Abweichungen im Einzelfall: 10
Proportionen S: 72% zu B: 45% signifikant unterschiedlich (Sign-Test)

Einweisung, Einarbeitung	Ja	Ja	8
	Ja	Nein	5
	Nein	Ja	6
	Nein	Nein	10

Anzahl der Abweichungen im Einzelfall: 11
Proportionen S: 45% zu B: 48% nicht signifikant unterschiedlich (Sign-Test)

Weise zur positiven Bewertung des neuen Informationsverarbeitungsverfahrens anzuhalten. Wohl aber muß dafür gesorgt werden, daß sie sich als Betroffene im Implementierungssystem akzeptanzbereit zeigen. Denn ausdrücklicher oder „schleichender" Widerstand könnte die Systementwicklungsarbeiten torpedieren und zu Rollenverschiebungen Anlaß geben, die die Reibungslosigkeit und die Durchführungseffizienz des Prozesses bedrohen.

Auch dort, wo die Betroffenen sich am Verhalten anderer Betroffener orientieren, also untereinander interagieren, unterliegen ihre Äußerungen dem Schematismus von Akzeptanz/Nichtakzeptanz. Ob sie sich nun z. B. gegenseitig in der Umstellung anspornen, einander ihr Wissen weitergeben, ein Klima des Wohlwollens und der Aufnahmebereitschaft verbreiten, sich in Solidarität gegen das Implementierungsvorhaben stemmen, miteinander beraten usw.: In der Perspektive, die das Implementierungssystem zurechtrückt, kommt es immer auf die Frage an, ob man nun „mitmacht" oder nicht.

Der gesamte Verhaltensbereich der Betroffenenreaktionen läßt sich somit plastischer als „*Wohlverhalten und Widerstand der Betroffenen*" kennzeichnen. Für die Betroffenenrolle ist die Assoziation mit der Akzeptanzproblematik sinntragend.[74] Das Implementierungssystem legt sich die im zu entwickelnden Informationssystem arbeitenden Informationsbenutzer und Systembediener primär nach Akzeptanznotwendigkeit und -wahrscheinlichkeit zurecht. Mit dieser perspektivischen Verkürzung werden die sozial bedingten Realisationsrisiken im Benutzerbereich in ein für den Implementierungserfolg passendes Format gebracht. Darauf lassen sich dann Durchsetzungsmaßnahmen zuschneiden.

„Durchsetzungsmaßnahmen sind darauf gerichtet, das Scheitern einer Planrealisation zu verhindern, indem sie Störungen vom Realisationsprozeß fernzuhalten und die notwendigen Realisationsbedingungen im Ausführungssystem zu schaffen versuchen. Die Leistung des Durchsetzungssystems besteht demnach darin, die Voraussetzungen für eine erfolgreiche Realisation zu verbessern oder, anders ausgedrückt, die Wahrscheinlichkeit, daß eine Planrealisation scheitert, zu vermindern. Durchsetzungsmaßnahmen sollen das Risiko des Mißlingens senken." (Szyperski 1969, S. 115)

Wenn bei diesen Formulierungen auch mehr an Pläne im allgemeinen und nicht dezidiert an Verfahrensschemata für computergestützte In-

[74] Einen Überblick über die Akzeptanzforschung im Hinblick auf computergestützte Informationssysteme findet man bei Schönecker 1980 und Reichwald (1980).

formationssysteme gedacht ist, so liegt doch die Problematik mindestens insoweit analog, als hier wie dort Politik ins Spiel kommt. Unter dem Akzeptanzaspekt werden die Betroffenen somit vor allem implementierungspolitisch relevant.

Wir haben schon gesehen, daß die implementierungstaktische Artikulation der Implementierungspolitik die Form argumentativer Beeinflussung annimmt. Darunter fällt ein Auffassungsmanagement, das das Gestaltungshandeln symbolisch überformt und in den Dienst der Legitimation des gestalteten Informationssystems tritt. Es wird ein besonderer Legitimitätsglauben, nämlich ein instrumenteller Rationalitätsglauben erzeugt, der zwar nicht den Eindruck von Vorbildlichkeit verbürgt, aber doch die Hinnahme als verbindlich motiviert und sich in voraussehbar selbstverständliche Akzeptanz ausmünzt. Da die zu beobachtende rapide Ausbreitung computergestützter Informationssysteme dafür spricht, daß die Betroffenen weitgehend den an sie gestellten Akzeptanzforderungen genügen, mag man sich im ersten Augenblick am theoretischen Sprung von der Legitimation zur Akzeptanz nicht stören. Aber bei näherer Betrachtung sind doch Zwischenstufen zu berücksichtigen, bedarf vor allem jene erwähnte „Positivierung" des Legitimitätsbegriffes einer weiteren konzeptionellen Erschließung, so daß der funktionale Zuschnitt einer ethisch-moralisch nicht ambitionierten Legitimationsleistung auf die Erzielung einer in ganz bestimmter Weise verstandenen Akzeptanz erkennbar wird. Nur wenn nämlich Akzeptanz von innerer Befürwortung freigehalten, also auf Verhaltensanpassung reduziert, und überdies projektübergreifend anvisiert wird, erscheint Legitimation als politisches Mittel angebracht. Daß wir, um dies zu erörtern, an die Ausführungen zur Implementierungstaktik anknüpfen müssen, liegt daran, daß die Betroffenen im Implementierungssystem überwiegend nicht als eigenständige Subjekte ernstgenommen werden, sondern in erster Linie als Gestaltungsobjekte vorkommen. Es gibt somit keine eigene Handlungsperspektive der Betroffenen. Wir können sie realistisch nur durch die dominante Perspektive der Implementeure ins Auge fassen.

Für die Akzeptanz der Betroffenen ist keine Identifikation, keine Überzeugung von der Qualität des Informationsverarbeitungsverfahrens, nicht einmal eine positive Beurteilung notwendig. „Gemeint ist, daß Betroffene aus welchen Gründen immer die Entscheidung als Prämisse ihres eigenen Verhaltens übernehmen und ihre Erwartungen entsprechend umstrukturieren." (Luhmann 1975 a, S. 33) Gefragt ist

Hinnahme, nicht unbedingt Zustimmung.[75] Implementierungssysteme enthalten zwar oft Maßnahmen, die bei den Betroffenen „positive Einstellungen" erzeugen sollen, und die Implementierungsforschung wird nicht müde, auf die Wichtigkeit solcher Maßnahmen hinzuweisen. Tatsächlich aber machen sich Implementierungssysteme in beträchtlichem Maße indifferent dagegen, ob die Betroffenen innerlich zustimmen oder nicht. Sie müssen im neuen Informationssystem „mitmachen", im Verlauf der Implementierung friedlich bleiben und sich als lernfähig erweisen; auf ihre Sympathie oder Zufriedenheit ist das Implementierungssystem nicht angewiesen, und deshalb zählen diese Größen im Normalfall – jedenfalls solange an dieser Front nicht plötzlich heftige Auseinandersetzungen ausbrechen – auch nicht zu den strategischen Parametern der Implementeure.

In der Implementierung computergestützter Informationssysteme steht somit nicht eine Umerziehung zur überzeugten Befürwortung solcher Systeme an, sondern es geht sozusagen um ein *Akzeptanzminimum*, das den geregelten Betrieb des Systems trägt. Ein solches Akzeptanzminimum kann ad hoc, von Situation zu Situation neu, erarbeitet oder aber auf längere Sicht sichergestellt werden. Implementierungssysteme versuchen im allgemeinen, sich der Akzeptanzgewinnung in Einzelfragen zu entledigen, und bilden deshalb Strategien für eine generelle Akzeptanzsicherung aus. *Generalisierung von Akzeptanz* meint hier vor allem Unabhängigkeit von den konkreten Eigenschaften des gestalteten Informationsverarbeitungsverfahrens, aber auch Souveränität gegenüber motivationsgünstigen wie -ungünstigen Besonderheiten der Implementierungssituation und nicht zuletzt Abgehobenheit von dem in individuellen Implementierungsvorhaben auftretenden Akzeptanzbedarf.

Die Sicherstellung von Akzeptanz bedeutet mehr, als sich in einzelnen Auseinandersetzungen nach zähem Ringen durchzusetzen. Sicherstellung von Akzeptanz ist etwas anderes als Überwindung von Widerstän-

---

[75] Motivationale Überhöhungen des Akzeptanzbegriffes im Umkreis der Implementierung sind vielleicht menschenfreundlich, greifen aber an der Problemsichtweise der Implementierung vorbei. Notwendig ist nicht eine „positive Einstellung gegenüber der Technik" (Schönecker 1982, S. 52; s. auch 1980, S. 134–139; er repräsentiert mit dieser Forderung wahrscheinlich das Gros der Akzeptanzforscher), sondern in der Tat lediglich „die Bereitschaft eines Anwenders, in einer konkreten Anwendungssituation das vom Techniksystem angebotene Nutzungspotential aufgabenbezogen abzurufen" (Reichwald (1980), S. 114) – aus was für Motiven auch immer.

den oder erfolgreiches Durchstehen von Konflikten. Als Ziel schwebt insbesondere vor, Widerstände von vornherein zu vermeiden, potentielle Gegner ruhigzustellen, ein Klima der Hinnahmebereitschaft im Implementierungsprozeß zu erzeugen, auf das sich ein Vertrauen in soziale Reibungslosigkeit gründen läßt. Erwünscht ist eine generelle gute Chance für das Akzeptieren – ohne Ansehen dessen, was es zu akzeptieren gilt.

Der Mechanismus, der hier die sozial stabilsten Lösungen verspricht, liegt nun eben darin, dem Computereinsatz gegenüber den Glauben zu begründen, daß er sinnvoll und zweckmäßig ist, und hinsichtlich der Implementierung jeweils möglichst zügig die Überzeugung hervorzurufen, sie arbeite mit größtmöglicher Kompetenz, Umsicht und zumindest angemessener sozialer Rücksichtnahme sowie dem berechtigten Anspruch auf personalvertretungsrechtliche Billigung. *Die Generalisierung von Akzeptanz läuft somit auf die Legitimation der Implementierung und ihres Produktes hinaus.* Legitimität beruht dabei „gerade nicht auf ‚frei-williger' Anerkennung, auf persönlich zu verantwortender Überzeugung, sondern im Gegenteil auf einem sozialen Klima, das die Anerkennung verbindlicher Entscheidungen als Selbstverständlichkeit institutionalisiert .... Demnach geht es bei der Legitimation von Entscheidungen im Grunde um ein effektives, möglichst störungsfreies Lernen im sozialen System." (Luhmann 1975 a, S. 34 u. 35)

Nun erst knüpft sich ein theoretisches Band durchgängig vom implementierungstaktischen Auffassungsmanagement zur Betroffenenakzeptanz. Zur *Erzeugung von Verbindlichkeit* bietet sich – darauf haben wir schon hingewiesen – der Weg über bestimmte interpretative Konstruktionen im Rahmen der Implementierungstaktik an, sei es, daß sie das computergestützte Informationssystem betreffen, sei es, daß sie dem Implementierungsstil Glanz verleihen. Z. B. werden *typische Argumentationsfiguren* bereitgehalten, mit denen die Notwendigkeit und Zweckmäßigkeit der Computeranwendung in beliebigen konkreten Fällen oder auch generell „erwiesen" wird (internationale Wettbewerbsfähigkeit, Innovationszwang, Kostensenkungsnotwendigkeit, ja selbst die Arbeitslosigkeit finden sich als oft zitierte „Gründe") (s. etwa Plötzeneder 1979). Oder die *symbolische Überformung der Informationssystemgestaltung* akzentuiert Leistungen, die in besonderer Weise zum Stillhalten veranlassen, etwa eine den Möglichkeiten wirtschaftlich gebundener Leistungseinheiten entsprechende Berücksichtigung der

Betroffeneninteressen.[76] Diese Berücksichtigung braucht nicht unbedingt im Gestaltungsergebnis tatsächlich aufzuscheinen, muß aber glaubhaft vorgebracht werden. Weiterhin kann die *Darstellung der Projektgestaltung* zum kommunikativen Nachweis von Rationalität und Ausgewogenheit in Funktion gesetzt werden – wie vermeintlich diese positiven Eigenschaften auch immer ausfallen mögen.

Natürlich liegen die Ansatzpunkte zur Legitimation der Implementierung und des Informationssystems nicht allein in der Implementierungstaktik. Erhebliches Legitimationspotential steckt zumindest noch in den tatsächlichen Leistungen des Implementierungssystems, die im Rahmen der Implementierungstaktik symbolisch aufgearbeitet in Erscheinung treten, nämlich in dem letztlich zustandegebrachten Informationssystem und in der Projektstruktur.[77] So bleibt etwa Interessenberücksichtigung keineswegs nur interpretativer Schleier, sie kann sich vielmehr effektiv in der Informationssystemgestaltung niederschlagen. Die Betroffenen hören dann nicht nur, sie spüren auch, inwieweit ihre Bedürfnisse in den Implementierungskalkülen eine Rolle gespielt haben. Es dürfte einleuchten, daß gerade diese Legitimationsform die größte Authentizität für sich reklamieren kann und deshalb auch am ehesten – namentlich von den Skeptikern – anerkannt wird und z. B. Partizipationsforderungen als Leitvorstellung vorschwebt. Daneben vermag das Implementierungsverfahren aus sich heraus seinen Ergebnissen Legitimität zu verschaffen – soweit es sich den Rationalitätskriterien und -maßstäben fügt, die in einer Institution verbindlich sind.[78]

Soweit das Implementierungssystem in seiner Politik den sozial überaus wirkungsvollen und andererseits ausgesprochen diskreten Mechanismus der Legitimation verwendet, stehen ihm dafür also mindestens drei Wege offen:

- argumentative, insbesondere perspektivenvermittelnde Taktiken (argumentative Legitimation),

[76] Hinweise dazu, was „Interessenberücksichtigung" bei der Gestaltung computergestützter Informationssysteme heißen kann und wie man sich ihre Erreichung vorstellt, liefern Kolf u. Oppelland 1979 a; Kubicek 1980 b.

[77] Wir können dies hier nur andeuten. Eine eingehendere Erörterung muß einer gezielten Analyse der politischen Seite der Implementierung vorbehalten bleiben.

[78] Zur theoretischen Ausführung dieses auch für Implementierungsverfahren nach unseren Eindrücken hervorragend zutreffenden Gedankens sowie für Beispiele aus der Rechtsprechung, der politischen Wahl, der Gesetzgebung und der Staatsadministration s. Luhmann 1975 a.

- qualitative Modifikationen des Informationssystems (konstruktive Legitimation) und
- projektstrukturelle Selbstregulierung (prozedurale Legitimation),

vereinfacht ausgedrückt: Auffassungs-, Qualitätssicherungs- und Projektmanagement.

f) Gesamtaufriß des Interaktionszusammenhanges

Halten wir fest: In Implementierungsprozessen hat man es auf der Ebene der Interaktionen mit vier Interaktionsketten zu tun, deren innerer und wechselseitiger Motivierungszusammenhang das Interaktionsgeschehen ausmacht: mit der Informationssystemgestaltung, der Projektgestaltung, der Implementierungstaktik und dem Wohlverhalten und Widerstand der Betroffenen.

Jede Interaktionskette hat ihre eigenen internen Anknüpfungspunkte, tauscht aber auch mit den anderen Sinnbestimmungen und Selektionsgesichtspunkte aus. Daß Interaktionen sinnhaft aneinander anschließen und aufeinander Bezug nehmen, daß sie ineinandergreifen, sich berücksichtigen, aufeinander aufbauen, sich antizipieren, in Ableitungsbeziehungen treten, als „Vorleistungen" und „Folgeschritte" erscheinen: all dies fassen wir im Begriff der „Motivierung". Informationssystemgestaltung, Projektgestaltung, Implementierungstaktik und Wohlverhalten und Widerstand der Betroffenen *motivieren* sich gegenseitig. Die Gestaltungsmaßnahmen stellen überdies – bewußt und gezielt – Erwartungsmuster oder Soll-Schemata her, die als formale „Arbeitswirklichkeit" teils innerhalb, teils außerhalb des Implementierungssystems zu Vorlagen des Orientierens, Handelns und Erlebens werden. Die Informationssystemgestaltung greift dabei in zwei Richtungen aus: Zum einen stellt sie in Form von Zielen und Gestaltungsanforderungen Steuerungsinformationen für das Implementierungssystem bereit, sie konstruiert oder *definiert*, was sich im Implementierungssystem als zu erfüllende „Aufgabe" oder als „Zwecksetzung" profiliert. Zum anderen strukturiert oder *gestaltet* sie das computergestützte Informationsverarbeitungsverfahren, wirkt also auf den Benutzerbereich und damit auf die Implementierungsumgebung ein. Die Projektgestaltung konzentriert sich auf die Strukturierung des Projektes, also auf Einwirkungen im Implementierungssystem selbst. Sowohl aus der Gestaltungsrichtung „Informationssystem" als auch von der Projektstruktur erfahren die Implementierungsinteraktionen Resonanz. Schon mit ihrer gestalterischen Ausgrenzung werden die *Aus-*

gangsverhältnisse im Benutzerbereich für die Informationssystemgestaltung relevant; sie bilden Prämissen und Anknüpfungspunkte für das, was an Gestaltung im weiteren Verlauf zu leisten ist. Über Wahrnehmungen (Istanalyse), Problemdiagnosen, zu berücksichtigende Restriktionen, vielversprechende Chancen und darauf zugeschnittene Entwürfe *setzen sie sich in* die Informationssystemgestaltung *um*. Die sich im Zuge der Gestaltung dann abzeichnenden Umstellungen und schließlich die Erfahrungen, die mit dem *neuen Informationsverarbeitungsverfahren* gemacht werden, schlagen ins Implementierungssystem – solange es dafür offen, vor allem: überhaupt noch vorhanden ist – zurück als Wohlverhalten und Widerstand der Betroffenen. Für die *Projektstrukturen* erkennt man eine noch drastischere Beziehung zur Interaktionskonstellation: Sie steuern das gesamte Implementierungsgeschehen, sie *treiben und regulieren*, was sich auf der interaktionellen Ebene der Implementierung abspielt.

Abbildung 2 (S. 268) gibt einen Gesamtaufriß der Interaktionen in Implementierungsprozessen. Das Implementierungssystem wird damit erst partiell in den Blick gehoben. Die Pfeile in dieser Abbildung sind jeweils so zu verstehen, daß die konzeptionelle Einheit am Ausgangspunkt eines Pfeiles für die konzeptionelle Einheit an seinem Endpunkt in der Weise relevant wird, die durch den entsprechenden Bezugsbegriff (gestaltet, motiviert, setzt sich um in, treibt und reguliert, definiert) beschrieben ist. Der Motivierungszusammenhang der Interaktionen ist durch ungerichtete Linien angedeutet.

Wir können anhand dieser Abbildung thesenartig zusammenfassen: Die Interaktionen der Informationssystemgestaltung, Projektgestaltung, Implementierungstaktik und des Wohlverhaltens und Widerstandes der Betroffenen stehen in einem Motivierungszusammenhang. Die Projektgestaltung gibt dem Projekt einen Teil seiner Struktur: hinsichtlich der projektgestalterisch verfügbaren Strukturbestandteile. Die Projektstrukturen in ihrer Gesamtheit forcieren und regulieren den Fluß des Interaktionsgeschehens. Die Informationssystemgestaltung schafft das neue computergestützte Informationsverarbeitungsverfahren. Sie läßt sich dabei leiten von den Ausgangsverhältnissen im Benutzerbereich. Sie versorgt überdies das Implementierungssystem mit Aufgabendefinitionen. Die Gestaltungsergebnisse im Benutzerbereich setzen sich schließlich um in Wohlverhalten und Widerstand der Betroffenen.

Abbildung 2 Die Interaktionskonstellation der Implementierung

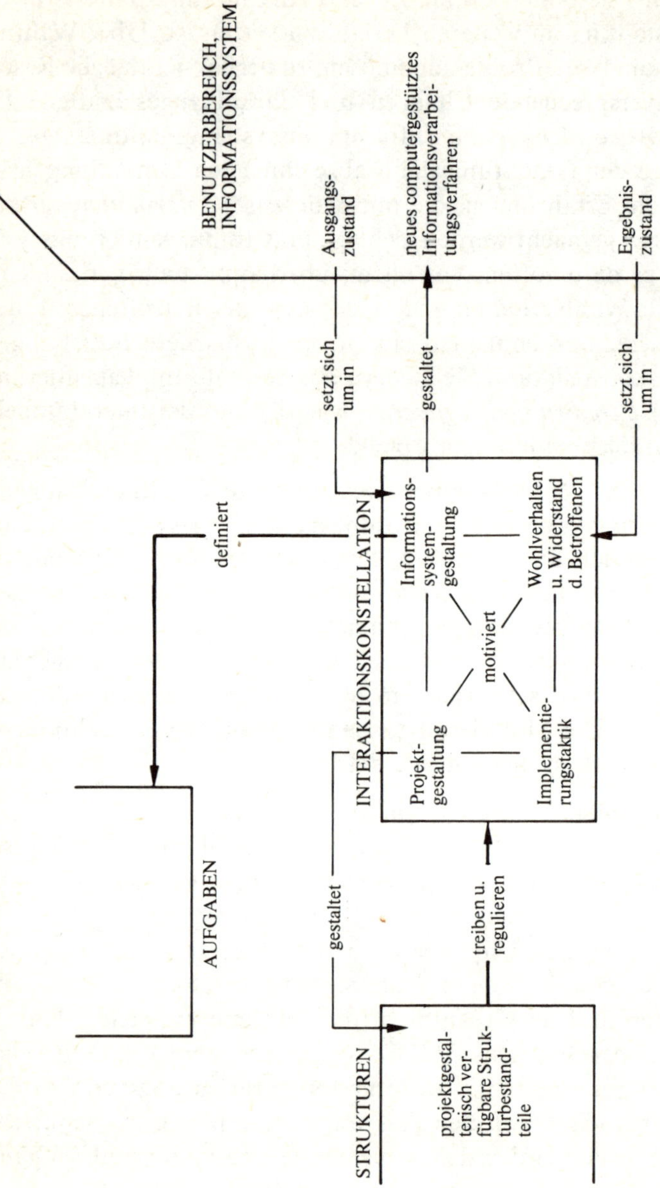

2. Strukturmuster des Implementierungssystems

a) Struktur und Leistung

Die im vorigen Abschnitt skizzierten Interaktionen stehen unter strukturellen Einwirkungen. Die Gesamtheit der Strukturmuster, die die Implementierungsinteraktionen treiben und regulieren, wird hier als „Projektstruktur" angesprochen. Bevor wir ihre Bestandteile näher betrachten, ist zunächst grob zu skizzieren, woraus diese Struktur „besteht" und was sie bringt.

„Soziale Systeme gewinnen eine über die Situation hinausreichende, die Systemgrenzen definierende Systemstruktur durch Generalisierung der Erwartungen für systemzugehöriges Verhalten." (Luhmann 1974 b, S. 121) Die Projektstruktur setzt sich also aus Erwartungen zusammen, und zwar genauer: aus „*generalisierten*" Erwartungen. Der Zusatz ist wichtig. Die Generalisierung erfolgt in drei Richtungen: sachlich, zeitlich und sozial.[79] In sachlicher Hinsicht bedeutet sie Unabhängigkeit von den jeweiligen konkreten Bedingungen, die in Einzelsituationen innerhalb eines Implementierungsprozesses anzutreffen sind.[80] Die Projektstruktur ist somit „situationsübergreifend"; sie gilt auch dann, wenn die Situation im Implementierungsprozeß sich ändert. In zeitlicher Hinsicht bewirkt Generalisierung, daß Erwartungen im Implementierungssystem normativen Charakter gewinnen. Man hält an der Implementierungsstruktur fest, auch wenn man erlebt, daß den Erwartungen nicht entsprochen wird. Mit Luhmann kann diese Eigenschaft als „enttäuschungsfeste, kontrafaktische Dauergeltung" ausgedrückt werden. Generalisierung in sozialer Hinsicht meint, daß man im Kreis der Implementierungsteilnehmer eine für alle praktischen Zwecke ausreichende Erwartungshomogenität unterstellen darf. Die Erwartungen werden dann unabhängig von einzelnen Personen und können insoweit als „institutionalisiert" bezeichnet werden.

Die Struktur eines Sozialsystems kann man bildhaft mit einem Skelett vergleichen. Sie gibt dem System Halt. Sie legt die Möglichkeiten des Systems fest, vor allem seine möglichen Leistungen. Dieses Festlegen

---

[79] Zum Begriff und den Richtungen der Generalisierung s. insbes. Luhmann 1964, S. 54 ff; 1974 b, S. 120 ff.

[80] Die Unabhängigkeit bezieht sich also auf Situationen *in* Implementierungsprozessen, nicht etwa auf die gesamten Prozesse. Wir werden weiter unten Strukturbestandteile kennenlernen, die bis auf diese Ebene ganzer Implementierungsprojekte generalisiert sind. Dies ist aber ein Spezialfall; hier geht es uns noch um den Grundfall.

von Möglichkeiten hat das Doppelgesicht von Einschränkung und Ermöglichung, ja von Ermöglichung durch Einschränkung.[81] Je mehr erwartet oder vorausgesetzt werden kann, desto spezifischer vermag man sich zu orientieren, desto selektiver kann man agieren. Die Dialektik von Komplexitätsreduktion und -erweiterung gilt schon für Systembildung generell, wird aber durch Strukturbildung noch besser ausgenutzt.

Die durch Strukturen gesetzte Einschränkung „konstituiert den Sinn von Handlungen, und im laufenden Betrieb selbstreferentieller Systeme motiviert und plausibilisiert der Sinn einer Handlung dann natürlich auch das, was als Verknüpfbarkeit einleuchtet." (Luhmann 1984, S. 384) Eben diese „Verknüpfbarkeitsplausibilisierungen" lassen von strukturellen Erwartungsmustern die Funktion erhoffen, die Leistungsfähigkeit eines sozialen Systems (im Sinne der in ihm möglichen Selektivität) zu steigern.

Eine empirische Verdeutlichung von Strukturen kann an direkter kommunikativer Bezugnahme auf Erwartungen, Orientierungen und „Selbstverständlichkeiten", von denen „man ausgeht", ansetzen. Auch aus beobachteten Regelmäßigkeiten des sozialen Handelns können Strukturmuster herausgefiltert werden. Im übrigen lassen sie sich oft an der besonderen Symbolik erkennen, mit der sie sich umgeben.[82]

b) Formale Strukturen der Implementierung

Da soziale Systeme über Strukturen steuerbar sind, überrascht es nicht, Strukturen als Instrumente der Implementierungssteuerung in den Händen der Implementeure wiederzufinden. Wie in allen Systemen mit relativ spezifischer Zwecksetzung motiviert der Zweckbezug der Implementierung eine strukturgestalterische „Vorarbeit". Zumindest eines bestimmten Teils der Strukturen bemächtigt man sich, um das System unter Kontrolle zu bringen. Auf diese Weise werden Projektstrukturen ausgebildet, hinter denen spezielle Steuerungsabsichten oder -zwecke stehen. Gemessen an der Entwicklungsform, in der sich Strukturen in Interaktionsprozessen „einspielen", haftet diesen bewußt errichteten Strukturen der Charakter der Künstlichkeit und des instru-

---

[81] Dieser für die Theorie sozialer Systeme fundamentale Gedanke scheint am klarsten artikuliert in Luhmann 1975d. S. auch Wollnik 1978b, S. 94ff.

[82] Für die empirische Erfaßbarkeit von Strukturen in Organisationen s. Wollnik 1978a, S. 37ff; Kubicek, Wollnik u. Kieser 1981.

mentellen Zuschnitts an. Nach den Vorstellungen derjenigen, die sich ihrer bedienen, werden ihre Steuerungszwecke verfehlt, wenn von den gesetzten Verhaltensanforderungen deutlich abgewichen wird. Gezielt eingerichtete Strukturen vertragen deshalb meist noch weniger als „gewachsene“ Strukturen, daß sie übergangen oder nicht ernstgenommen werden. Ihre Nichtbeachtung setzt letztlich den Zweck aufs Spiel – und damit den Sinnschwerpunkt des Systems. Wer sich nicht daran orientiert, muß sogar fürchten, als einer behandelt zu werden, der nicht einsieht, „worum es geht“, und damit in gewisser Weise aus dem System herausgedrückt zu werden. Die Absicht, am System teilzunehmen, verpflichtet auf die Einhaltung der zweckbezogenen Strukturvorgaben, die im Sinne des Systems installiert werden. Diese Absicht ist allerdings nur für die Implementeursrolle anzunehmen; für die Betroffenenrolle läßt sie sich nicht unterstellen oder erwarten. Geplante Strukturen wirken daher auf Implementeure anders als auf Betroffene. Die Implementeure sind gebunden in Form einer Selbstverpflichtung (s. Luhmann 1964, S. 34ff). Den Betroffenen sind die Strukturen demgegenüber auferlegt. In diese Richtung verbinden sie sich darum häufiger mit Kontrollen und Sanktionen – strukturellen Absicherungen, die nicht so sehr zum direkten Einsatz, sondern mehr als Drohpotentiale vorgesehen sind.

Wie auch immer die strukturellen Wirkungen sich vermitteln, in jedem Fall treten absichtsvoll und zweckbezogen eingerichtete Strukturen mit einem ausdrücklichen Geltungsanspruch auf, der auf Mißachtung sensibel reagiert: Verhalten wird nicht nur erwartet, sondern verlangt; Abweichungen werden nicht nur registriert, sondern geahndet – es sei denn, sie lassen sich rechtfertigen.

Strukturen dieser Art können als *formale Strukturen* gekennzeichnet werden. In Implementierungsprojekten läßt sich ein mehr oder weniger umfangreicher Bestand formaler Strukturelemente nachweisen. Dabei fällt in der empirischen Analyse allerdings ein wichtiger Unterschied auf: Die formale Struktur der Implementierung wird *nur zum Teil im Implementierungsprozeß selbst aufgebaut*; weitere formalstrukturelle Arrangements übernimmt das Implementierungssystem aus seiner Umgebung, namentlich aus der „Datenverarbeitungsorganisation“.[83] In

[83] Dieser Begriff umfaßt die strukturelle Verselbständigung, interne Differenzierung, hierarchische Einordnung usw. von Datenverarbeitungsabteilungen sowie die methodischen Festlegungen für ihre Arbeitsweise (die insbesondere für den Systementwurf und die Programmierung häufig eine fast erdrückende Vielfalt aufweisen).

der Formalstruktur der Implementierung überlagern sich somit *projektspezifische* und *projektübergreifende* (also noch höher generalisierte) Komponenten.

In der eigenen Implementierungsstudie haben wir dies unmittelbar zwar nur an einem Aspekt, der Kompetenzabstimmung zwischen Systemplanern und Benutzerbereichsmitarbeitern im Implementierungsprojekt, empirisch bestätigt gefunden – und dies noch mehr oder weniger zufällig, weil in unseren Fragestellungen nur an dieser Stelle eine entsprechende Differenzierung zwischen projektspezifischen und generellen Regelungen auftrat (s. Übersicht 10). Dennoch ist die Vorstellung, daß Implementierungsprojekte unter einer Prägung durch übergreifende Strukturen stehen, wesentlich aus unserer Studie hervorgegangen. Sie

Übersicht 10 Projektspezifische und projektübergreifende Regelung der Kompetenzabstimmung zwischen Systemplanern und Benutzerbereich

Fragestellung: Wurden für die Arbeiten bei der Systementwicklung die Kompetenzen der späteren Benutzer *offiziell festgelegt* und mit den Kompetenzen der Systemplaner abgestimmt?

Ist in Ihrem Unternehmen die Kompetenzabstimmung für die Entwicklung von EDV-Anwendungen *generell* geregelt, so daß in speziellen Fällen eine Kompetenzfestlegung und -abstimmung nicht erforderlich ist?

(Die beiden Fragen wurden nur den Systemplanern vorgelegt.)

Antwortmöglichkeiten: Ja bzw. Nein

Antworten:

		projektübergreifende Kompetenzfixierung: Nein	Ja	
projektspezifische Kompetenzabstimmung	Nein	16	7	23
	Ja	5	0	5
		21	7	28

hat ihre Impulse freilich nicht aus einer expliziten Gegenüberstellung von spezifischen und projektübergreifenden Strukturelementen beziehen können, sondern vor allem aus gewissen *Ähnlichkeiten* zwischen Projekten; aus parallellaufenden Stellungnahmen von Systemplanern und Benutzerbereichsleitern über alle Untersuchungsfälle hinweg; aus hohen Proportionen oder ausgeprägten Zentraltendenzen in der Verteilung einiger Größen; nicht zuletzt aus der Reflexion auf die erfahrene Möglichkeit, Implementierungsprojekte mit einem ganz bestimmten Satz von Kategorien kommunikativ abgreifen zu können, was für eine *grundlegende sinnhafte Übereinstimmung* dieser Prozesse spricht.

Diese Erfahrung harmoniert mit der Konzeption von Grochla, daß organisatorische Gestaltungsprozesse auf zwei verschiedenen Ebenen Struktur erhalten: auf einer global-prinzipiellen und einer detailliert-speziellen Ebene (1982, S. 10 f). Sie werden somit „gestaltungsstrategisch" und „gestaltungstaktisch" eingerichtet (vgl. im einzelnen S. 223 ff u. S. 241 ff).

„So erscheint es vorteilhaft, auf einer global-prinzipiellen Ebene Grundsatzentscheidungen über die Träger und den Ablauf von organisatorischen Gestaltungsprozessen zu treffen .... Diese Grundsatzentscheidungen machen in ihrer Gesamtheit die *Gestaltungsstrategie* aus, die also nicht auf ein einzelnes Organisationsprojekt bezogen ist, sondern eine generelle Leitlinie für die Abwicklung von organisatorischen Gestaltungsprojekten ... darstellt." (S. 10 f)

„Ziel ist es dabei, langfristig günstige Voraussetzungen für organisatorische Gestaltungsprozesse zu schaffen und ihre Kompatibilität und Kontinuität zu sichern." (S. 30)

„Durch die Gestaltungsstrategie werden Handlungsspielräume für den Vollzug von projektspezifischen Gestaltungsprozessen eröffnet und abgegrenzt. Diese Handlungsspielräume werden dann ausgefüllt durch die *Gestaltungstaktik*, die dispositiv von Projekt zu Projekt festzulegen ist." (S. 11)

„Hier sind beispielsweise Termine für die Abwicklung einzelner Aktivitäten innerhalb eines abgegrenzten Projektes festzulegen, Aktionsträger mit der Durchführung bestimmter Aufgaben (z. B. der Problemdiagnose) zu beauftragen und ggf. auch bestimmte Instrumente zur Steuerung und Kontrolle des Projektvollzuges (z. B. Netzpläne) vorzugeben." (S. 32 f)

In dieser Betrachtungsweise lassen sich auch Implementierungssysteme wirklichkeitsnah analysieren.

(1) Projektspezifische Formalstrukturen

Die projektspezifischen formalen Strukturmuster sind Ergebnisse des Interaktionsgefüges, das wir als „Projektgestaltung" bezeichnen. Wir

Übersicht 11 Aspekte der formalen Projektstruktur (Steuerungsinstrumente) aus der Sicht der Systemplaner

Fragestellung:

Projektplanung

1. Ist das betrachtete Projekt eine Phase in einem klar festliegenden *Stufenplan* zum Aufbau eines größeren Informationssystems gewesen?
2. Wurde eine genaue *Zeitplanung* (z. B. Netzplan) für die Systementwicklung aufgestellt?

Projektorganisation

3. Wurde die Systemplanung und die etwaige Planung organisatorischer Änderungen von speziellen *Projektgruppen* durchgeführt, d. h. gab es ein Projektteam oder mehrere Projektteams, Arbeitsgruppen od. dgl.?
4. Wurden für die Arbeiten bei der Systementwicklung die *Kompetenzen* der späteren Benutzer offiziell festgelegt und mit den Kompetenzen der Systemplaner *abgestimmt*, oder besteht hinsichtlich der *Kompetenzabstimmung* für die Entwicklung von EDV-Anwendungen in Ihrem Unternehmen eine *generelle Regelung*, so daß im Einzelfall eine Kompetenzfestlegung und -abstimmung nicht erforderlich ist?

Projektformalisierung, Schriftlichkeit der Projektarbeiten

5. Waren die *Ziele*, die mit der Entwicklung der Anwendung verfolgt wurden, überwiegend *schriftlich festgelegt* (in einem offiziellen Schriftstück wie etwa Systementwicklungsvorschlag od. Systementwicklungsauftrag), oder bestanden sie mehr aufgrund mündlicher Absprachen und allgemeiner Übereinstimmung?
6. Für jedes einzelne im Rahmen des Projektes verfolgte Ziel:
   Wie *genau* war dieses *Ziel festgelegt*?
7. Wurde eine *Durchführbarkeitsstudie* (Beschreibung des bisherigen Systems, Definition der zu fordernden Leistungen der neuen Anwendung, Abschätzung organisatorischer Veränderungen, grobe Wirtschaftlichkeitsrechnung) *in schriftlicher Form* ausgearbeitet?
8. Wurde der Entwurf der neuen Anwendung, das *Verfahrenskonzept*, in Form detaillierter Informationsflußpläne, Programmbeschreibungen, Beschreibungen von Eingabe- und Ausgabedaten, Systemdiagrammen u. ä. *schriftlich ausgearbeitet*?
9. Erfolgte eine *detaillierte Dokumentation* des Systems (Programmübersichten, Systemdiagramm, Informationsflußpläne, Datenbeschreibungen u. ä.) einschließlich (soweit notwendig) der Erstellung von Teildokumentationen für einzelne Fachabteilungen?

Projektkontrolle

10. Erfolgte eine offizielle *Beurteilung von Durchführbarkeit und Wirtschaftlichkeit* (vorausschauende Evaluation)?
11. Wurde für die Anwendung eine *Soll-Wirtschaftlichkeitsrechnung* durchgeführt?
12. Erfolgte eine *Bewertung* der Anwendung nach Kosten und Leistungen oder nach sonstigen Kriterien (*Evaluation*)?
13. Wurde für die Anwendung eine *Ist-Wirtschaftlichkeitsrechnung* durchgeführt?

Übersicht 11 (Forts.)

Antwortmöglichkeiten: Fragen 1–4 u. 7–13 jeweils Ja (= 1) bzw. Nein (= 0)

Frage 5:	schriftliche Festlegung	(= 1)
	keine schriftliche Festlegung	(= 0)
Frage 6:	Ziel bestand überwiegend aufgrund *mündlicher Absprachen* und Beratungen	(= 1)
	Ziel war *schriftlich qualitativ* festgelegt	(= 2)
	Ziel war *schriftlich quantitativ* festgelegt	(= 3)

Antworten:

	bejaht in ... % der Fälle
Beurteilung von Durchführbarkeit und Wirtschaftlichkeit	89
detaillierte Dokumentation	83
schriftliche Ausarbeitung des Verfahrenskonzeptes	72
Projektgruppe	72
Bewertung, Evaluation	68
Zeitplanung	65
Soll-Wirtschaftlichkeitsrechnung	62
schriftliche Durchführbarkeitsstudie	59
Einbindung in Stufenplan	52
schriftliche Zielfestlegung	48
Kompetenzfestlegung u. -abstimmung, projektspezifisch od. generell	43
Ist-Wirtschaftlichkeitsrechnung	28
Kompetenzfestlegung u. -abstimmung generell	25
Kompetenzfestlegung u. -abstimmung projektspezifisch	18

Angaben zur Zielspezifikation (Frage 6):

Von 176 genannten Zielen (28 Projekte) waren (aus der Sicht der Systemplaner)

82 nur mündlich,
82 schriftlich qualitativ
12 schriftlich quantitativ

festgelegt.

können im Rückblick von den Strukturen diesen Maßnahmenkomplex nun mit erhöhter Systematik erfassen. Die Elemente projektspezifischer formaler Strukturmuster finden sich in Form von Absichtserklärungen, Zielspezifikationen und Plänen, Implementierungsorganen und -instanzen, Vorgehensschemata und Arbeitstechniken, schriftlichen Ausarbeitungen zur Bewältigung der Gestaltungsaufgaben und zur Fixierung des gestalteten Informationsverarbeitungsverfahrens, schließlich als Vorkehrungen zur Projektüberwachung und Ergebnisbewertung. Mit Blick auf diese Strukturelemente soll von „*Steuerungsinstrumenten*" gesprochen werden. Die Projektgestaltung richtet diese Steuerungsinstrumente ein und sichert ihre faktische Wirksamkeit. Sie stellt sich somit als Inbegriff der Planung, Organisation, „Methodisierung", Dokumentation und Kontrolle im Projekt dar.

In der eigenen Implementierungsstudie konnten wir uns ein Urteil darüber bilden, in welchem Ausmaß verschiedene formale Strukturaspekte in Implementierungsprojekten verbreitet sind (Übersicht 11, S. 274f). Kontrollinstrumente wie etwa prospektive Durchführbarkeits- und Wirtschaftlichkeitsabschätzungen, Soll-Wirtschaftlichkeitsrechnungen oder (primär kostenorientierte) Ergebnis-Evaluationen (die allerdings nicht bis an Ist-Wirtschaftlichkeitsrechnungen heranreichen) erscheinen als ebenso üblich und typisch wie die Schriftlichkeit der Entwurfsarbeit und die Erstellung einer detaillierten Beschreibung des neuen Informationsverarbeitungsverfahrens. Genaue Zeitplanungen oder die Eingliederung von Implementierungsprojekten in längerfristig angelegte Stufenpläne fallen demgegenüber etwas ab, finden sich aber doch immer noch in mehr als der Hälfte der Fälle. Planung, Dokumentation und Kontrolle scheinen sich gegenseitig in die Hände zu arbeiten (s. Übersicht 12). Ohne eine eigens gebildete Arbeitsgruppe (Projektteam) kommt man nur in etwa einem Viertel der Implementierungsprojekte aus (vgl. Mülder 1984, S. 164ff). Eine ausdrückliche Abstimmung zwischen den Kompetenzen der Systemplaner und der Benutzerbereichsmitglieder in Implementierungsprozessen erweist sich dagegen als überwiegend entbehrlich; die außerhalb des konkreten Projektes schon bestehenden Rollen zeichnen das Ausmaß und die Art des Tätigwerdens im Projekt auch ohne besondere Festlegung vor, im übrigen wird die Kompetenzabstimmung eher generell als projektspezifisch geregelt (vgl. Übersicht 10, S. 272).

Die genannten Steuerungsinstrumente markieren den Anwendungsbereich des auf breiter Front literarisch aufgearbeiteten „Projektmanage-

Übersicht 12 Der Zusammenhang zwischen Planung, Dokumentation und Kontrolle im Implementierungsprojekt

Vgl. Übersicht 11 für Fragestellungen und Antwortmöglichkeiten.

Die aufgrund der Angaben zu den Fragen 10 u. 12 gebildeten Variablen wurden zu einem Index „Evaluation" additiv verknüpft (perfekte kumulative Struktur).

Die aufgrund der Angaben zu den Fragen 7–9 gebildeten Variablen wurden zu einem Index „Schriftlichkeit" additiv verknüpft (durchschnittl. GBR[1] d. „Skala" = .97 bzw. COR[2] = .98).

	1	2	3	4	5	6	7	8	9	10
1. Einbindung in Stufenplan	×	.32	.38	.32	.44	–	–	–	–	–[3]
2. Zeitplanung		×	.41	.48	.47	–	.33	–	–	–
3. Zielformalisierung			×	.71	.65	.41	.47	–	–	–
4. Zielspezifikation				×	.65	.40	.61	–	–	–
5. Schriftlichkeit					×	.54	.80	–	.50	–
6. Evaluation						×	.49	.42	–	–
7. Soll-Wirtsch.rechnung							×	–	–	–
8. Ist-Wirtsch.rechnung								×	–	–
9. Projektgruppe									×	–
10. Kompetenzfestl. u. -abst.										×

[1] General Biserial Correlation Coefficient nach Brogden
[2] Coefficient of Reproducibility nach Guttman
[3] Spearman's Rangkorrelationskoeffizienten (r_S) (f. Vierfeldertafeln numerisch identisch mit Pearson's r oder Kendall's τ)
Koeffizienten ab .31 sind auf dem .05-Niveau, ab .44 auf dem .01-Niveau signifikant. Nicht-signifikante Koeffizienten nicht ausgewiesen.

ments".[84] Die dort diskutierten Regelungen ordnen sich den Zwecken einzelner Projekte unter und werden als Repertoire spezifisch im Projekt herzustellender Strukturbestandteile vorgeführt. Ob es nun um die

[84] S. McLaren u. Buesnell 1969; Moder u. Phillips 1970; Zimmermann 1971; Bendixen u. Kemmler 1972; Schröder 1973; Rüsberg 1976; zum Überblick Frese 1980; speziell zum Management von Projekten der Informationssystementwicklung s. Gildersleeve 1974; Cleland u. King 1975; Solf 1976; Surböck 1978.

Formalisierung der Ziele und Gestaltungsanforderungen, den Einsatz von Zeitplänen, ein Vorgehen nach Maßnahmenkatalogen und Checklisten, die Einrichtung von Arbeitsgruppen, Steuerungsausschüssen oder Gesprächskreisen, die Anwendung bestimmter Systementwurfsmethoden und -instrumente, Verfahrensweisen der Systemdokumentation, Projektfortschrittskontrollen oder Wirtschaftlichkeitsberechnungen geht, stets ist daran gedacht, so etwas „gezielt" und „im Projekt" zu machen.[85]

(2) Projektübergreifende Formalstrukturen und die Implementierungsbürokratie

Schon der Ansatz allerdings, zu den Steuerungsinstrumenten eine „Lehre" zu konstruieren, offenbart den Versuch, Vorstellungen über die geeignete Abwicklung von Projekten zu verallgemeinern und in Empfehlungen und Regeln niederzulegen, die einer Vielzahl von Projekten Struktur geben können. So etwas tut natürlich auch die Praxis für sich selbst. Voraussetzung dafür ist, daß in einer Institution die Häufigkeit von Implementierungsprozessen eine Grenze überschreitet, von der an solchen Projekten der Nimbus des Außergewöhnlichen abgeht und sie als „immer wieder" vorkommende Ereignisse ins Bewußtsein treten. Diese Voraussetzung ist heute in vielen Unternehmungen und Verwaltungseinheiten erfüllt. Die Konstitution temporärer Implementierungssysteme wird dort zu einem regelmäßigen Vorgang, und dann lohnt es sich, genauer darüber nachzudenken, wie solche Systeme denn *generell* auszustatten sind. Bestrebungen dieser Art gehen primär von denjenigen Teilnehmergruppen aus, die professionell mit Implementierungsprozessen beschäftigt sind: von Systemplanern, Herstellern und Beratern. Sie entwickeln projektübergreifende Regelungen zur Durchführung von Implementierungsprojekten, mehr oder weniger komplette Projektschemata, die im Einzelfall bloß noch aktiviert zu werden brauchen. Daß diese Aktivierung projektgestalterisch verfügt wird, ändert nichts daran, daß die damit ins Implementierungssystem importierten Strukturen außerhalb konkreter Implementierungsprojekte geschaffen wurden und eine projektübergreifende Geltung beanspruchen.

---

[85] Gute Überblicke über die Methodologie der Informationssystemgestaltung liefern Grochla u. Meller 1977; Lockemann u. a. 1983.

Als Musterbeispiel können Systementwicklungshandbücher angeführt werden, die „allgemeine Vorgehensweisen zur Gestaltung von Informationssystemen" beinhalten und damit auf eine Vereinheitlichung und methodische Durchdringung des Implementierungsstils zielen.[86] Aber dies ist nur ein besonders augenfälliges Beispiel. Im Hintergrund zeichnen sich noch tiefergreifende Prägungen ab.

Die stärkste Wirkung besitzt die *Ausdifferenzierung eines spezialisierten Datenverarbeitungsbereiches* und die in der weiteren internen Differenzierung dieses Bereiches sich entfaltende *Einrichtung von Sonderrollen der Informationssystemplanung.*

In der Anfangszeit der kommerziellen Computernutzung, d. h. vor 1960, grenzt sich zunächst nur im Hinblick auf die Programmierungsfunktion eine Spezialistenrolle aus. Bei den Programmierern liegen die Vorarbeiten für Installationsentscheidungen, all das, was später als „Systementwurf" angesprochen wird, und die eigentliche Programmierung. Sie sind in dieser Frühphase tonangebend, weil nur sie über das Wissen verfügen, den Computer „zum Laufen zu bringen". Ihre damalige Bedeutung schwingt nach in der Zukunft, die man ihnen voraussagte: zu „Eliten der Automation" aufzusteigen (Bednarik 1965). Daraus ist nichts geworden. Ab der ersten Hälfte der 60er Jahre schiebt sich im Zuge des Aufbaus und der Konsolidierung von Datenverarbeitungsabteilungen und wohl auch angeregt durch steigendes Bewußtsein für systematische Organisationsplanung zwischen die Anwenderabteilungen und die Programmierer eine neue Gruppe: die Systemanalytiker oder Systemplaner.[87] Mit einer „intermediären Orientierung", in der sich organisatorisches Wissen mit Fachbereichskenntnissen und informationstechnischem Überblick vereint, werden sie gegen die ärgsten Kommunikationsprobleme zwischen Benutzerbereichen und Programmierern aufgeboten, die die Ausbreitung des Computereinsatzes ernsthaft gefährden. Unter allen Spezialisierungstendenzen im Datenverar-

---

[86] S. z. B. Grochla u. a. 1979. Die Tendenz zu projektübergreifenden Formalstrukturen wird besonders deutlich auch durch Ansätze zu einer „strukturierten Systemplanung und Systementwicklung" markiert; s. etwa Heilmann u. Heilmann 1979; Page-Jones 1980; Jackson 1983. Vor allem die Programmerstellung wird zunehmend in strukturierte Umgebungen (Software Engineering Environment Systems; Balzert 1985) gezwungen.

[87] Der Vorgang ist am Einzelfall besonders plastisch von Pettigrew (1973, S. 77–167) belegt worden. Für statistisches Material zur Entwicklung in Großbritannien bis 1968 s. das., S. 120 ff. Zu einer etwas allgemeiner angesetzten berufssoziologischen Analyse s. Heim 1974.

beitungssektor bildet das Entstehen der Kategorie der Systemplaner im Hinblick auf die Implementierung neuer Informationssysteme den folgenreichsten Strukturwandel.

Die Ausdifferenzierung von Organisationseinheiten für Systemplanung legt in einer Institution den Grundstein für eine Art von „Implementierungsautomatismus“: Da die Systemplaner auf unbefristete Zeit Mitarbeiter sind, ist mit ihrer Etablierung ein Stimulus zur Generierung immer neuer Implementierungsprojekte gepflanzt.[88] Im Zweifelsfall können die Systemplaner im Verein mit ihnen nahestehenden Autoritätsträgern wie etwa dem Leiter der Datenverarbeitungsabteilung oder der Organisations- und Methodenabteilung selbst für einen Implementierungsbedarf sorgen. Aber so etwas ist in einer wirtschaftlich gebundenen Leistungseinheit fast schon wieder sinnwidrig. Wichtiger ist deshalb, daß mit der Errichtung von Systemplanungs-, Systemanalyse-, Organisationsprogrammierungsabteilungen o. ä. die gesamtverantwortlichen Führungskräfte ihren Willen bekunden, dem Aufbau und Ausbau von computergestützten Informationssystemen Kontinuität zu verleihen. Aus der Sicht der gesamten Institution wird die Informationssystemgestaltung damit in den Kreis der routinemäßigen Daueraufgaben aufgenommen. Die wichtigsten Träger der Implementeursrollen stehen in Bereitschaft. Daran schließen sich nahtlos weitere Bemühungen an, Implementierungsprozesse generell durchzustrukturieren, sozusagen Rationalisierung der Rationalisierung zu betreiben.

Wie bedeutsam das Vorhandensein von Systemplanungsgruppen in der Datenverarbeitungsorganisation für Implementierungssysteme ist, mag daran zu ermessen sein, daß Systemplaner in Implementierungsprozessen die Rolle dominanter Implementeure übernehmen. Existiert die Spezialistenrolle der Systemplanung außerhalb des Implementierungssystems nicht, so fallen entsprechende Teilnehmer natürlich auch implementierungsintern aus. Nach allem, was über die „verengten Perspektiven“ der Systemplaner oder allgemein der Datenverarbeitungsspezialisten behauptet wird, müßten sich daraus dann aber erhebliche Konsequenzen für die Implementierung ergeben, sowohl, was ihren Stil, als auch, was ihr Ergebnis betrifft. Wenn es in solchen Fällen dennoch kaum zu ungewöhnlichen Abweichungen kommt, ist dies wohl darauf

---

[88] Die Implementierung weiterer Datenverarbeitungsanwendungen wird zum primären Nachweis der Existenzberechtigung der Systementwicklungsgruppen. Damit wird sie zwangsläufig zu einem der wichtigsten Ziele von Datenverarbeitungsabteilungen. Vgl. Hallam 1975.

zurückzuführen, daß die Implementeursrollen mit funktional äquivalenten Aktionsträgern besetzt werden, die offenbar auch ähnliche Orientierungen mitbringen oder ausbilden, wie sie von professionellen Systemplanern bekannt sind. In vielen Fällen bieten sich dafür z. B. Herstellervertreter oder Berater an.

Projektübergreifende formale Implementierungsstrukturen resultieren aus der „Organisation der Datenverarbeitung" in einer Institution. Dazu gehört wesentlich mehr als das im Hinblick auf die Implementierung neuer Informationsverarbeitungsverfahren zur Verfügung stehende Potential. Hier interessieren aber nur diese implementierungsrelevanten Ausschnitte. In diesem Zusammenhang sind Außenaspekte und Binnenaspekte der Datenverarbeitungsorganisation auseinanderzuhalten.

Zu den *Außenaspekten* der Datenverarbeitungsorganisation sind zu zählen:

- die funktionale Ausdifferenzierung von Datenverarbeitungsabteilungen;
- die Selbständigkeit des Datenverarbeitungsbereiches im Sinne seiner Emanzipation von einzelnen Fachbereichen (z. B. vom Finanz- und Rechnungswesen);
- die hierarchische Stellung der Führungsspitze der Datenverarbeitungsabteilung;
- die funktionale Zentralität und Unersetzbarkeit der Leistungen des Datenverarbeitungsbereiches für andere Bereiche; aus diesen Merkmalen erwächst dem Datenverarbeitungsbereich eine funktional bedingte Machtposition (s. Hickson u. a. 1971);
- die Rechte des Datenverarbeitungsbereiches zum gestalterischen Eingriff in die Fachabteilungen.

Die implementierungsrelevanten *Binnenaspekte* der Datenverarbeitungsorganisation betreffen

- die interne funktionale Differenzierung, insbesondere die Bildung von speziellen Systemplanungsgruppen;
- den hierarchischen Aufbau des Datenverarbeitungsbereiches;
- das Ausmaß der Professionalisierung;
- die Standardisierung und methodische Durchdringung innerer wie auch nach außen gerichteter, d. h. in die Fachabteilungen hineinwirkender Aktivitäten.

Sowohl nach außen wie nach innen zeigt die Datenverarbeitungsorganisation, betrachtet etwa über die vergangenen 15 Jahre hinweg, entlang aller dieser Dimensionen eine bemerkenswerte *Tendenz zur Bürokratisierung*.

Diese äußert sich im Außenverhältnis

- im Ausbau der Datenverarbeitungsbereiche zu strukturellen Einheiten von erheblichem gesamtinstitutionellen Gewicht;
- in der Stabilisierung der Grenzen zu anderen, „klassischen" Funktionsbereichen;
- in der nach oben strebenden hierarchischen Einordnung der Leitungskräfte;
- in einer mit der Verbreitung von Computeranwendungen zwangsläufig zunehmenden Zentralität und Unersetzbarkeit;
- in der im Hinblick auf die Implementierung immer neuer Anwendungen steigenden funktionalen Autonomie.

Im Inneren findet man

- eine zunehmende Spezialisierung in den unmittelbar auf die Einführung von Informationssystemen bezogenen, konzeptionell anspruchsvolleren Funktionen (Spezialisierung von Systementwicklungskapazität nach Anwendungsbereichen; Ausbildung von Vermittlerrollen zwischen Benutzerbereich und Systemplanern („Datenverarbeitungs-Koordinatoren"); Auseinandertreten von Geräte- und Software-Experten; Trennung von Software-Engineering und Programmierung; Einrichtung von Sonderrollen für die Datenmodellierung (Datenbankentwurf; z. B. „enterprise administrator", „applications administrator", „data base administrator"); schließlich das Entstehen von Stellen, deren Arbeit auf die Organisation des Datenverarbeitungsbereiches und seiner Arbeitsweise bezogen ist);
- zunehmende Hierarchisierung;
- eine in Verbindung mit der Spezialisierung ständig steigende Professionalisierung und eine Verfestigung der Rekrutierungsbedingungen und -muster;
- ein außerordentliches Ausmaß organisatorischer Programmierung, das den Datenverarbeitungsbereich als ein im Verhältnis zum konzeptionellen Gehalt vieler seiner geforderten Leistungen „überstandardisiertes" strukturelles Subsystem erscheinen läßt und sich gezielt auch in einzelnen Implementierungssystemen umsetzt.[89]

Kurz gesagt: Die Datenverarbeitungsbereiche werden größer, grenzen sich schärfer ab, gewinnen an Positionsmacht, an funktionaler Bedeutung und erhalten mehr Eingriffsrechte; um den an sie gestellten Leistungsanforderungen gerecht zu werden, spezialisieren und standardisieren sie ihre Operationsweise.

Diese Bürokratisierungstendenzen der Datenverarbeitungsorganisation betreffen mehr oder weniger unmittelbar auch die Implementierungsprojekte. Die Spezialisierungslinien des Datenverarbeitungsberei-

---

[89] Man kann dies in der Terminologie von Türk durchaus als einen „pathologischen" Zustand der Datenverarbeitungsorganisation interpretieren, als eine Art von „Übersteuerung". S. hierzu Türk 1976, insbes. S. 122 ff, u. Türk 1980.

ches durchdringen die Grenzen von Projektorganisationen oder wirken in sie hinein, indem man auf diese externen Verhältnisse Rücksicht nehmen muß. Die zunehmende Hierarchisierung motiviert mehrstufige Formen der Projektorganisation. Dadurch werden insbesondere direkt Betroffene, oft aber auch Benutzerbereichsleiter von den maßgeblichen Entscheidungsträgern im Datenverarbeitungssektor abgeschottet, möglicherweise auch ihren eigenen Vorgesetzten „entfremdet", weil diese in „übergeordneten" Ausschüssen o. ä. mitwirken. Implementierungssysteme tendieren dann dazu, datenverarbeitungsseitig als eine unpersönliche „Maschinerie" ins Bild zu treten, in der Systemplaner als Erfüllungsgehilfen höherer Rationalisierungsinstanzen unaufhaltsam Computeranwendungen vorantreiben. Die steigende Professionalisierung trägt dazu bei, in der Implementierung den Eindruck einer wahrhaft überwältigenden Rationalität und zwingenden Entwicklungslogik zu verfestigen. Darüber hinaus forciert sie bei den Systemplanern eine auf ihre Fachkompetenz besonnene, in diesem Sinne „konzentrierte" Orientierung, gleichsam eine „professionskompatible" Perspektive, in der für Überblick und außerhalb eingepflanzter professioneller und arbeitsbezogener Leitwerte liegende Gesichtspunkte wenig Raum bleibt. Am deutlichsten wird die Umsetzung kontextueller Strukturvorgaben dort, wo in der Datenverarbeitungsorganisation über die potentiellen Rollenträger hinaus auch schon allgemeine Regeln der Ingangsetzung und Abwicklung von Implementierungsprojekten, Planungsverfahren, Phasenschemata, Projektorganisationsformen, Methoden und Instrumente für Systementwurf und Programmierung, Formulare, Hilfsmittel zum „computer aided design" von Informationssystemen, Projektüberwachungsschemata und Evaluationsroutinen bereitgehalten werden. Soweit derartige Vorlagen in der Datenverarbeitungsorganisation existieren, brauchen sie von einzelnen Projekten bloß noch aufgegriffen zu werden. Da solche „Musterstrukturen" gerade daraufhin ausgearbeitet sind, in vielen Projekten steuerungswirksam zu werden, ist ihre Adoption im Normalfall nicht in das Belieben des Implementierungssystems gestellt, sondern wird ihm in der Konstituierungsphase zur Verpflichtung.

Zeichnet sich eine Datenverarbeitungsorganisation durch ein (wenn auch nur in Ansätzen) erkennbares Niveau implementierungsrelevanter Bürokratisierung aus, übernehmen Implementierungssysteme aus diesem Segment ihrer Umgebung formale Strukturmuster. Für Großinstitutionen mit ausgebauten Datenverarbeitungsbereichen ist dies typisch. Hersteller von Datenverarbeitungsgeräten und Software arbeiten daran ebenso bemüht wie Datenverarbeitungsberater. Es bleibt unter solchen Verhältnissen nicht mehr dem Projekt überlassen, wie es sich strukturiert; Projekte werden mit erheblichen Strukturvorgaben schon auf den Weg gebracht oder beziehen bereitliegende Vorgaben in ihrem Verlauf ohne eigene Anstrengungen ein.

Um der außerordentlichen praktischen Bedeutung dieser implementierungsextern und projektübergreifend angelegten Strukturen für das Implementierungsgeschehen theoretische Griffigkeit zu geben, wollen wir die Befunde in der These von der *strukturellen Verankerung des Implementierungssystems in der institutionellen Datenverarbeitungsorganisation* festhalten. Diese strukturelle Verankerung und damit die Vereinheitlichung und Vorprägung der Implementierungsprojekte steigert sich parallel zur Bürokratisierung des Datenverarbeitungsbereiches. Mit der organisatorischen Definition von spezialisierten Stellen für die Informationssystementwicklung (Systemanalyse und Programmierung) wird der Anfang gemacht. Es entstehen personelle Kapazitäten, die für neue Implementierungsvorhaben permanent abrufbereit sind. Daß auch diese Kapazitäten, teuer und rar wie sie sind, wirtschaftlich eingesetzt werden müssen, folgt aus den Rationalitätsmaßstäben der Gesamtinstitution. Also schreitet man zur Planung, Methodisierung, organisatorischen Durchdringung und Kontrolle ihrer Arbeit. Da ihre Arbeit sich im wesentlichen in Implementierungsprojekten abspielt, werden diese Projekte durch solche Maßnahmen unmittelbar getroffen. Über die Tätigkeit der Systemplaner und Programmierer breiten sich Bestimmtheit, Berechenbarkeit, Transparenz, Steuerbarkeit und Sicherheit im Implementierungssystem aus. Die Bürokratisierung der Datenverarbeitungsorganisation speist auf diese Weise an ihrer Grenze zu einzelnen Implementierungssystemen eine besondere *Implementierungsbürokratie*. In ihr konturieren sich neue Wertmaßstäbe, die mehr mit der Projektabwicklung als mit der Ergebnisqualität zu tun haben. Das Risiko des Scheiterns mit dem Gestaltungsprodukt, dem neuen Informationsverarbeitungsverfahren, insbesondere das Risiko wirtschaftlicher Fehlinvestition, ist durch die bürokratische Rationalisierung der Implementierung zurückgedrängt. Der Prozeß mag innovativ bleiben, aber es darf „keine Experimente" geben. Im berechtigten Vertrauen auf gesicherte Effektivität kann man sich daran machen, die Prozeßeffizienz zu verbessern.[90] Es soll nicht nur ein neues Informa-

[90] Zu Effektivität und Effizienz in Verbindung mit strukturellen Steuerungsmaßnahmen s. Joost 1975; Welge u. Feßmann 1980.

tionsverarbeitungsverfahren gestaltet werden, dies soll auch schnell, umsichtig, mit angemessenem Aufwand und ohne Widerstand geschehen (vgl. Sollenberger 1968, S. 49). Die Anreizkriterien für die Systemplaner und namentlich für die Projektleiter sind darauf zugeschnitten: Prämierung der Budgeteinhaltung, Anerkennung für Reibungslosigkeit.

c) Emergente Strukturen der Implementierung

Es wäre nun allerdings eine Überzeichnung der Gestaltung, wenn man so tut, als seien sämtliche Strukturelemente Ergebnis gezielter steuernder Maßnahmen. Daß die Implementierungsinteraktionen strukturell beeinflußt werden, darf nicht damit gleichgesetzt werden, daß man sich dies steuerungstechnisch uneingeschränkt zunutze machen kann. Tatsächlich bildet nach allen unseren Erfahrungen die Formalstruktur nur einen Ausschnitt der Implementierungsstruktur, vermutlich sogar nur einen kleineren, wenngleich besonders sichtbaren und Aufmerksamkeit erregenden Ausschnitt. Mit anderen Worten: In Implementierungsprojekten lassen sich weitere Strukturmuster nachweisen, die nicht ausdrücklich auf einer Steuerungsintention beruhen. Ihrer Wirksamkeit tut dies natürlich keinen Abbruch. Das wesentliche Unterscheidungsmerkmal zu den Formalstrukturen liegt darin, daß sie nicht bewußt eingerichtet werden, sondern im Ablauf einzelner Projekte oder auch über den Ablauf mehrerer Projekte hinweg aus den Interaktionen der Implementierungsteilnehmer hervorgehen, „wachsen", sich einspielen. Mit Blick auf sie sprechen wir von *„emergenten Strukturen"*.[91] Sie haben wesentlichen Anteil am Erscheinungsbild des projektspezifischen und des allgemeinen Implementierungsstils.

Die Auseinandersetzung mit der Implementierungswirklichkeit, soweit sie in empirischen Forschungsarbeiten eingefangen werden kann, legt es nahe, zur Einordnung von Aufschlüssen über emergente Strukturelemente konzeptionell mindestens vier verschiedene Strukturmuster vorzusehen. Wir wollen diese zunächst aufführen und dann verschiedene Eindrücke schildern.

---

[91] Die Bezeichnung „emergent" wird hier nur im Sinne eines allmählichen, ungeplanten Entstehens gebraucht. Mit ihr verbindet sich somit kein besonderer theoretischer Anspruch. Sie knüpft vor allem nicht an die systemtheoretische Fassung des Emergenzbegriffes an, die sich auf qualitative Sprünge in der Evolution von Systemen bezieht (s. Willke 1978).

Zu den emergenten Strukturmustern gehören

- Vorstellungen der Implementierungsteilnehmer über die *Rollenverteilung*, die sich nicht als unmittelbarer Reflex offiziell verfaßter Vorgaben für Implementierungsprojekte darstellen;
- typische Kommunikationsbeziehungen, d. h. das *Kommunikationsnetz* zwischen den Teilnehmergruppen;
- die *Machtverhältnisse und Einflußchancen* im Implementierungssystem;
- schließlich gewisse *Orientierungstendenzen*, für die innerhalb verschiedener Teilnehmergruppen Gleichklang erwartet werden kann.

(1) Rollenverteilung

Die Verteilung der Rollen im Implementierungssystem unterliegt nur teilweise einer expliziten, autorisierenden Vorschrift. Weder zum Implementeur noch zum Betroffenen wird man in jeder Hinsicht offiziell erklärt. Schon gar nicht werden durchgängig erwartete Beiträge einzelner Teilnehmer projektspezifisch festgelegt. Tatsächlich gewinnt im Regelfall nur die Rolle des Projektleiters im Implementierungssystem präzise Konturen. Für die übrigen Teilnehmer, insbesondere für die Mitglieder des Benutzerbereiches, besteht seitens des Implementierungssystems zumindest am Anfang des Prozesses nur ein Horizont unbestimmter Aktionsmöglichkeiten. Dieser befreit nicht etwa, sondern er lähmt: Solange nämlich nicht halbwegs klar ist, was man im Implementierungssystem zu tun hat, kann man keineswegs alles, sondern faktisch nichts tun. Man muß warten, bis man eine Rolle zugewiesen bekommt oder sich selbst eine sozial durchsetzungsfähige Rolle zurechtgelegt hat.

Die Rollenambiguität des Implementierungssystems leitet sich aus seiner Episodenhaftigkeit ab. Sie schwindet deshalb auch in dem Maße, in dem Implementierung zur Routineangelegenheit wird. Von einer solchen Errungenschaft profitieren allerdings die Datenverarbeitungsspezialisten deutlich mehr als die Mitarbeiter in den betroffenen Fachabteilungen. Primär bei den Spezialisten nämlich schlägt ein Gewinn an Implementierungserfahrung zu Buche. Sie können zwangloser in die Implementeursrollen hineinschlüpfen und besser absehen, was auf sie zukommt, was von ihnen erwartet wird. Für die Benutzerbereichsleiter, Informationsbenutzer und Systembediener bleiben die Aktionsmöglichkeiten auch in bürokratisierten Implementierungsprozessen weniger bestimmt; man kann sogar vermuten, daß die gesteigerte Verhaltenssicherheit der Spezialisten zu Lasten der Betroffenen geht.

Implementierungssysteme arbeiten sowohl im Hinblick auf die Einziehung von Expertenbeiträgen als auch im Verhältnis zu den Betroffenen mit flexiblen Rollen, die in der Konstitutionsphase des Systems lediglich ansatzweise definiert und auch im weiteren Verlauf nur in Form von Aufträgen, Hinzuziehung zu Besprechungen, Beteiligung an Ausschüssen u. ä. festgelegt werden. In dieser Offenheit liegt durchaus Methode; mit ihr paßt sich das Implementierungssystem auf der Seite der Betroffenen an dort bestehende arbeitsbezogene Restriktionen an (schließlich müssen die Betroffenen im Benutzerbereich ja weiterhin ihre tägliche Arbeit verrichten) und sichert sich Geschmeidigkeit in der Zuweisung und Reallokation von Systemplanern und Programmierern zu den Implementierungsaufgaben (was vor allem bei mehreren parallelen Projekten gefragt ist). Seine *innere* Rollenunbestimmtheit vermag sich das System jedoch nur zu leisten, weil es sich andererseits darauf verlassen kann, daß die Rollen, die die Teilnehmer *außerhalb* konkreter Projekte innehaben, ihr Auftreten im Projekt vorzeichnen, und daß darüber hinaus *im Projekt eingespieltes* Rollenverhalten die Teilnehmer auf dem jeweils eingeschlagenen Kurs hält, sich also gleichsam selber trägt. Diese (vom Implementierungssystem aus gesehen: informale) Rollenvorzeichnung und -stabilisierung vermittelt sich über wechselseitige Rollenerwartungen der Teilnehmer, die zunächst an der Rolle, die ein Teilnehmer außerhalb eines Projektes besetzt, anschließen. Im Verlauf des Interaktionsgeschehens speisen sich die Rollenvorstellungen dann zunehmend daraus, daß man miterlebt, wie bestimmte Teilnehmer im Projekt agieren.

Wer als Systemplaner bei der Implementierung aktiv wird, sieht sich einer grundsätzlichen Rollenerwartung ausgesetzt, deren ausdrücklicher Bestätigung es im Implementierungssystem nicht mehr bedarf. Wer als Mitarbeiter des Benutzerbereiches in die Implementierung gerät, hat ebenfalls einen prinzipiellen Satz von Handlungsoptionen, die nicht eigens implementierungsorganisatorisch fixiert zu werden brauchen. Es ist somit zwar nicht vom Implementierungssystem her, aber doch aufgrund der Rollen, die man in der umgebenden Institution (oder auch noch außerhalb dieser Institution) einnimmt, einigermaßen klar, welche Aktivitäten im Implementierungssystem von einem Teilnehmer erwartet werden. Die extern angelegten Rollenvorstellungen werden auf das Implementierungssystem übertragen. Dieses ist damit von der Fundamentierung der Rollen weitgehend entlastet. Es kann vielmehr schon relativ spezifische Rollen bedarfsgerecht und anpassungsfähig weiter spezifizieren. Derselbe Mechanismus greift erneut, wenn im Implementierungsprozeß einige Zeit vergangen ist und man sich auf typische Verhaltensweisen eingestellt hat. Die Teilnehmer wachsen allmählich in bestimmten Rollen und zugehörigen Selbstdarstellungen fest. Von einem Benutzerbereichsleiter oder Informationsbenutzer etwa, der bereits mehrfach gute Ideen zur Implementierung beigesteuert hat, wird man auch weiterhin eine Mitwirkung erwarten. Diejenigen, die sich widerspenstig gezeigt haben, müssen sich darauf gefaßt machen, bis zum Ende des Projektes als Gegner behandelt zu werden. Ein Systemplaner, der das Vertrauen der Betroffenen erst einmal gewonnen hat, wird es so leicht nicht wieder verlieren. Einen als besonders geschickt aufgefallenen Programmierer zieht man später gerne wieder zu außergewöhnlich schwierigen Problemstellungen hinzu.

Die Offenhaltung und gleichzeitige Überbrückung der Rollenunbestimmtheit gelingt also dadurch, daß das Implementierungssystem Rollenvorstellungen in Anspruch nimmt, die teilweise von den Teilnehmern mitgebracht, teilweise im Interaktionsgeschehen ausgearbeitet und gefestigt werden. Nach dieser theoretischen Abklärung läßt sich fragen, ob in den Rollenvorstellungen, die die Teilnehmer jenseits formaler Rollendefinitionen entwickeln, systematische Trends zu erkennen sind. Wir wollen zu einem wichtigen Ausschnitt dieser Rollenvorstellungen aus der eigenen Implementierungsstudie die nachfolgenden Übersichten 13 und 14 vorlegen (s. S. 290–292).

Übersicht 13 zeigt die Fragestellung, die der in Übersicht 14 wiedergegebenen Auswertung zugrundeliegt. Die Frage bezieht sich auf den Umfang, in dem Mitglieder des Benutzerbereiches (einschließlich der Benutzerbereichsleiter) bei verschiedenen Aktivitäten im Rahmen der Informationssystemplanung und -einführung beteiligt waren (im Verhältnis zu Datenverarbeitungs-, Organisations- und Methodenspezialisten). Sie wurde in identischer Form sowohl dem maßgeblichen Systemplaner als auch einem wichtigen Benutzerbereichsleiter gestellt. Die Idee für die Frageformulierung stammt von Vanlommel u. de Brabander (1975; s. de Brabander u. a. 1971).

Die in Übersicht 14 dargestellten Ergebnisse lassen nun folgende Schlüsse zu:

(1) Die Ansichten von Systemplanern und Benutzerbereichsleitern fallen bei 6 der 12 Aktivitäten signifikant unterschiedlich aus (Wilcoxon matched pairs signed ranks test, s. Gibbons 1971, S. 106ff; Sachs 1978, S. 244f). Wir betrachten dies als ein Anzeichen für a) unterschiedliche Auffassungen seitens der Befragten zu „ein und demselben“ Sachverhalt (der natürlich

seine Identität erst in einer bestimmten Auffassung erlangt; insofern ist es mißverständlich, von einem „identischen Sachverhalt" zu sprechen) und b) unterschiedliche Erlebens- und Aktionshorizonte der Systemplaner und Benutzerbereichsleiter im Projekt, ohne zwischen diesen beiden Deutungsmöglichkeiten definitiv entscheiden zu können. Ein derartiges Auseinanderklaffen der Angaben war typisch für unsere Implementierungsstudie und akzentuierte sich bei anderen Fragestellungen teilweise noch deutlicher. Jedenfalls bilden aber die Gestaltungsschritte, bei denen große Meinungsdifferenzen bezüglich der Akteure auftreten, so etwas wie „kritische" oder „neuralgische" Punkte im Implementierungsprojekt (vgl. S. 19f sowie Ginzberg 1981).

(2) Soweit die Meinungen von Systemplanern und Benutzerbereichsleitern auseinandergehen, schätzen die Benutzerbereichsleiter im Durchschnitt die Mitwirkung von Fachabteilungsmitgliedern stets höher ein als die Systemplaner.

(3) Es besteht eine bemerkenswerte Übereinstimmung zwischen Systemplanern und Benutzerbereichsleitern hinsichtlich der Implementierungsdominanz von Spezialisten bzw. Benutzerbereichsmitgliedern im Prozeßablauf. Dieser Eindruck ergibt sich aus der weitgehenden Parallelität der Kurven.

(4) Sowohl Systemplaner als auch Benutzerbereichsleiter sehen in den Maßnahmen der Projektkonstitution und der funktional-technologischen Informationssystemgestaltung einen deutlichen Aktivitätsüberhang bei den Spezialisten. Aus beiden Perspektiven sind Mitarbeiter der Fachabteilungen erst *zum Ende des Prozesses* mit Tätigkeiten der organisatorischen, räumlichen und personellen Anpassung wirklich aktiv in die Implementierung eingeschaltet (vgl. Bjørn-Andersen u. Borum 1979, S. 335).

Nun haben sich die Befragten nicht über ihre Rollenvorstellungen geäußert, sondern sie haben versucht, ihre komplexen Wahrnehmungen der effektiven Verhaltensweisen innerhalb eines konkreten Implementierungsprojektes in das Korsett einer strukturierten Frage zu zwängen. Nach ihrem eigenen Verständnis haben sie über das *tatsächliche Handeln* (also Interaktionen) in Implementierungsprozessen, nicht aber über ihre *Vorstellungen*, wie die Handlungschancen verteilt sein sollen, berichtet. Nehmen wir diese Angaben einfach einmal so, wie sie gemeint sind, und vertrauen ihnen. Dann zeigen sie, daß die Systemspezialisten bei allen Implementierungsaktivitäten außer den personellen und organisatorischen/räumlichen Umstellungen (die in der Zuständigkeit der Benutzerbereichsmitarbeiter liegen), der Kritik des Istzustandes/Informationsbedarfsanalyse sowie der abschließenden Evaluation (kooperativ durchgeführte Schritte) nach der Meinung der Systemplaner *und* der Meinung der Benutzerbereichsleiter vorherrschend sind. Daß dies so sein *muß*, wird aber weder im Projekt noch in der Datenverarbeitungsorganisation *explizit* geregelt. Niemand bestimmt offiziell, daß

Übersicht 13 Die Erhebung der Implementierungsdominanz

Bitte geben Sie in der folgenden Aufstellung an, in welchem Umfang die späteren Benutzer (einschließlich Leiter der Fachabteilungen) bei der Systemplanung und -einführung beteiligt waren.

Schreiben Sie bitte in die Spalte „Beteiligung der Benutzer“ hinter jede aufgeführte Tätigkeit bei der Entwicklung der Anwendung

- ein *S*, wenn an den genannten Tätigkeiten *überwiegend* Mitarbeiter beteiligt waren, die EDV-Abteilungen (Systementwicklung, Anwendungsprogrammierung, systemtechnische Aufgabenabwicklung etc.), einer speziellen Organisationsabteilung oder sonstigen Spezialabteilungen angehören;
- notieren Sie *B*, wenn an den jeweiligen Tätigkeiten *überwiegend* Mitarbeiter der benutzenden Fachabteilungen beteiligt waren;
- setzen Sie bitte *S/B* ein, wenn Mitglieder von Fachabteilungen und Spezialabteilungen *etwa in gleichem Verhältnis* beteiligt waren.

Wenn die genannten Tätigkeiten bei der Entwicklung der betrachteten Anwendung keine Rolle gespielt haben, machen Sie bitte ein Kreuz in der Spalte „nicht relevant“.

	Beteiligung der Benutzer	nicht relevant
Systemplanungsphase:		
1. Problem- und Projektidentifizierung; Festlegung der Ziele	______	______
2. Beurteilung von Durchführbarkeit und Wirtschaftlichkeit	______	______
3. Organisation der Entwicklungsarbeiten; Zeitplanung; Zusammensetzung von Entwicklungsgruppen	______	______

4. Istaufnahme; Organisationsanalyse; Erstellung von Informationsflußplänen	______	______
5. Kritik des Istz	______	______
6. Soll-Konzeption (Entwurf der Anwendung, Ablaufkonzept)	______	______
7. Auswahl oder Entwicklung der benötigten neuen Methoden	______	______
8. Programmierungsarbeiten; Eingabe-Ausgabe-Übersichten; Dokumentation	______	______

Systemeinführungsphase:

9. Belegorganisation; Formularentwicklung; Vorbereitung der Eingabedaten (Übertragung auf maschinenlesbare Datenträger)	______	______
10. Personalplanung und/oder Aufgaben(neu)verteilung für den Benutzerbereich	______	______
11. Entscheidungen über organisatorische Veränderungen (Abläufe, Strukturen) im Benutzerbereich; Planung der organisatorischen Veränderungen; räumliche Veränderungen; Erarbeitung von Organisationsrichtlinien	______	______
12. Bewertung der Anwendung nach Kosten und Leistungen; Bewertung nach sonstigen Kriterien (z. B. Benutzerakzeptanz); Beobachtung der Benutzung des Outputs	______	______

Die Codierung erfolgte nach dem Ausmaß der Einschaltung von Mitarbeitern des Benutzerbereiches:

S = 1
S/B = 2
B = 3

Übersicht 14 Die Rollenverteilung im Implementierungssystem

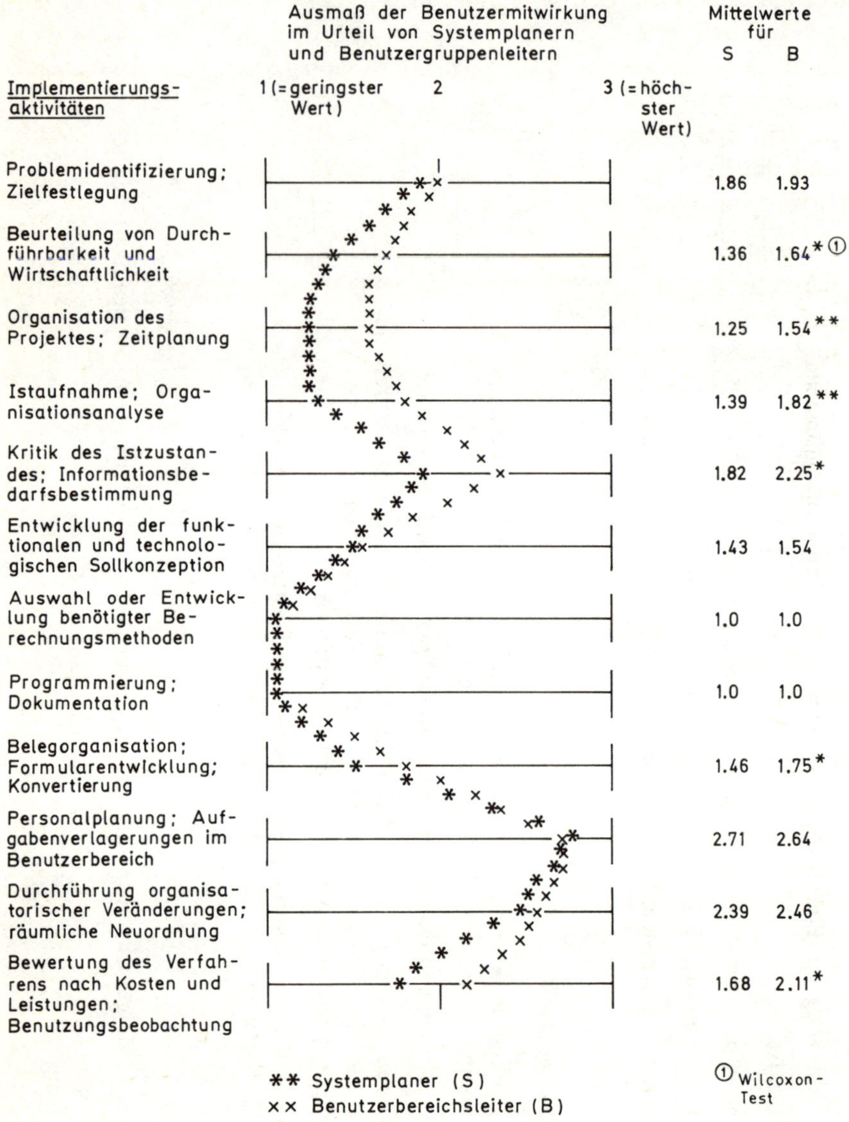

Ausmaß der Benutzermitwirkung im Urteil von Systemplanern und Benutzergruppenleitern
Mittelwerte für
S B
Implementierungs-aktivitäten
1 (= geringster Wert)
2
3 (= höchster Wert)
Problemidentifizierung; Zielfestlegung
1.86 1.93
Beurteilung von Durchführbarkeit und Wirtschaftlichkeit
1.36 1.64* ①
Organisation des Projektes; Zeitplanung
1.25 1.54**
Istaufnahme; Organisationsanalyse
1.39 1.82**
Kritik des Istzustandes; Informationsbedarfsbestimmung
1.82 2.25*
Entwicklung der funktionalen und technologischen Sollkonzeption
1.43 1.54
Auswahl oder Entwicklung benötigter Berechnungsmethoden
1.0 1.0
Programmierung; Dokumentation
1.0 1.0
Belegorganisation; Formularentwicklung; Konvertierung
1.46 1.75*
Personalplanung; Aufgabenverlagerungen im Benutzerbereich
2.71 2.64
Durchführung organisatorischer Veränderungen; räumliche Neuordnung
2.39 2.46
Bewertung des Verfahrens nach Kosten und Leistungen; Benutzungsbeobachtung
1.68 2.11*
** Systemplaner (S)
xx Benutzerbereichsleiter (B)
① Wilcoxon-Test

eine Beurteilung von Durchführbarkeit und Wirtschaftlichkeit – wenn so etwas vorgesehen ist – in erster Linie den Systemspezialisten obliegt. Es gibt weder projektspezifische noch projektübergreifende formale Regelungen, daß organisatorische und räumliche Veränderungen im Gefolge eines neuen computergestützten Informationssystems in die Kompetenz der Benutzerbereichsmitarbeiter fallen sollen. Dies alles „ist eben so"; man bewegt sich in einem institutionellen Kontext, in dem eine solche Rollenverteilung typisch erwartet werden kann, und die Implementierungsteilnehmer treten genau so auf, daß diese Erwartungen regelmäßig bestätigt werden.

Unbeeinflußt von den Perspektivendifferenzen zwischen Systemplanern und Benutzerbereichsleitern und ungeachtet der Unterschiede, die sich von Projekt zu Projekt zeigen können, stellen wir also „im großen und ganzen" die eben beschriebene Tendenz fest. Ihr Bestehen nehmen wir als Ausdruck hintergründig wirksamer, in die Sinnsedimente der Implementierung tief eingelassener Erwartungen über die Rollenverteilung in Implementierungssystemen, die jenseits implementierungsbezogener formaler Regelungen emergieren.

(2) Kommunikationsnetz

Das Kommunikationsnetz in Implementierungsprojekten gilt als ein praktisch eminent wichtiger Faktor zur Erfüllung der Implementierungsaufgaben (s. hierzu Tertilt 1978, S. 27 ff). Es ist entscheidend für die Chance, zwischen den Implementierungsteilnehmern ein einheitliches Verständnis herzustellen, also insbesondere auch dafür, die dominante Perspektive zur Geltung zu bringen. Wo eine solche „gemeinsame Sicht der Dinge" gebraucht wird, muß man Kommunikationsbeziehungen pflegen. Wann immer die praktisch-normative Forschung die Frage der Kommunikation aufgreift, wird über Mängel geklagt und Intensivierung gefordert. Dabei macht man sich selten die Mühe, zwischen verschiedenen Arten von Benutzerbereichsmitgliedern zu unterscheiden. Besonders die mangelnde Differenzierung im Benutzerbereich hat die Konsequenz, daß die Verhältnisse in der Praxis verkannt werden und die Empfehlungen im Kern auf das Niveau der Alltagsweisheit herabsinken, daß es nicht schaden kann, mehr miteinander zu reden.

Für die empirische Erforschung von Implementierungsprojekten erweisen sich die Kommunikationsbeziehungen auch dann als relevant, wenn sie nicht unmittelbar Gegenstand der Untersuchung sind, da sie darüber bestimmen, was ein Teilnehmer über das Implementierungsgeschehen erfährt. Es ist kein Zufall, daß die gesamte Implementierungsforschung stets solche Implementierungsteilnehmer als Informanten herauspickt, von denen man annehmen darf, daß sie am meisten wissen, weil sie eine kommunikativ zentrale Position einnehmen. Regelmäßig landet man bei den Systemplanern, „OR/MS scientists", „change agents" usw.; sie werden selbst dann befragt, wenn man eigentlich etwas über die Mitglieder des Benutzerbereiches, z. B. die Informationsbenutzer, herausfinden möchte.[92]

Von den Kommunikationsbeziehungen hängt wesentlich die Einheitlichkeit der projektspezifischen Orientierungen ab. Deshalb kann keine homogene Sichtweise des Implementierungsgeschehens, der Aufgaben und Strukturen erwartet werden, wenn das Kommunikationsnetz nur partiell ausgebildet ist, also bestimmte Teilnehmergruppen in ganz unterschiedlichem Ausmaß und möglicherweise auch überhaupt nicht kommunizieren. Umgekehrt sprechen ausgeprägte Perspektivendifferenzen für eine Unvollständigkeit des Kommunikationsnetzes.

Vergleicht man Implementierungsprojekte miteinander und achtet auf ihre Unterschiede, so mag man beeindruckt sein, auf welchen verschiedenen Kanälen, mit welch unterschiedlicher Intensität, in was für verschiedenartigen Formen usw. die Kommunikationsprozesse ablaufen. Je mehr Beschreibungskriterien man anlegt, desto mehr Varianz läßt sich produzieren. Hinter der Vielfalt verliert sich allzu leicht der grobe Trend, der Hintergrund, der alles prägt und ähnlich macht und dessen Aufdeckung die meiste Einsicht schafft.

Aufgrund der Unterschiede in den Angaben von Systemplanern und Benutzerbereichsleitern, die uns in der eigenen Implementierungsstudie durchgängig auffielen, haben wir versucht, die Kommunikationsverhältnisse zu rekonstruieren, in denen diese Teilnehmer stehen. Es ist weder besonders informativ, die empirischen Einblicke auszubreiten, die dafür stimulierend waren, noch erscheint es wichtig, den Denkweg im einzelnen nachzuzeichnen. Das Ergebnis verdient aber festgehalten

---

92 „Much previous implementation research has used the management scientist as the source of data. Such a research strategy may tell us something about the way management scientists view implementation, but it apparently does not help us understand implementation from the user's point of view. And, this is the case not only for outcome measures — the dependent variables — but for the independent variables as well. Putting it bluntly, if we wish to understand why users accept some projects and reject others, we have to *ask users*." (Ginzberg 1979, S. 98)

zu werden, zumal es bei späteren Gelegenheiten in Gesprächen mit Mitarbeitern aus Abteilungen mit computergestützten Arbeitsprozessen häufig Bestätigung fand.

Im Rahmen der Implementierung bleibt es für die Mitglieder betroffener Fachabteilungen im wesentlichen bei der üblichen, eingefahrenen, hierarchisch gebundenen Kommunikationsstruktur. Auch während des Implementierungsprozesses sind für die Kontakte zwischen Benutzerbereichsleitern und ihren Mitarbeitern (Informationsbenutzer, Systembediener) die „normalen" Arbeitsbeziehungen maßgeblich. Ihnen lagern sich spezielle implementierungsbezogene Kommunikationsinhalte an. Dies kann zu vorübergehenden Intensivierungen der Kommunikation führen. Dasselbe gilt für die Kommunikationsbeziehungen der Benutzerbereichsleiter zu ihren Vorgesetzten.

In diese durch das „Tagesgeschäft" in den Fachabteilungen geprägten Kommunikationszusammenhänge intervenieren nun die Systemplaner. Ihre Hauptansprechpartner werden nicht etwa die direkt arbeitsbetroffenen Informationsbenutzer und Systembediener, also die ausführenden Arbeitskräfte im Benutzerbereich, sondern die direkt in ihrer Leitungstätigkeit betroffenen Benutzerbereichsleiter.[93] Berührt das zu entwickelnde Informationsverarbeitungsverfahren mehrere strukturelle Einheiten (Arbeitsgruppen, Abteilungen), so sehen sich die Systemplaner einer Mehrzahl von Leitungskräften in den betroffenen Fachabteilungen gegenüber, die einigermaßen gleichmäßiger Ansprache bedürfen.

Aus der Beziehung der Systemplaner mit den Benutzerbereichsleitern ergibt sich die zentrale Kommunikationsschiene zwischen Datenverarbeitungsbereich und Fachbereichen. Zwischen Systemplanern und Benutzerbereichsleitern entsteht die relativ größte Dichte von Kontakten über Bereichsgrenzen hinweg. Die Interaktionsbeziehungen zu den Informationsbenutzern und Systembedienern, aber auch zu Geschäfts- und Bereichsleitern, bleiben dahinter deutlich zurück. Handlungen und Äußerungen der Systemplaner vermitteln sich deshalb den Informationsbenutzern und Systembedienern ebenso wie den Geschäfts- und

[93] Bei entsprechender positionsbedingter Autonomie und implementierungsrelevanter Fachkompetenz der Informationsbenutzer kann es auch mit dieser Gruppe zu einem engeren Informationsaustausch kommen. Dies ist z. B. bei unmittelbar entscheidungsunterstützenden Anwendungen der Fall. Hier verschwimmt die Trennung zwischen Benutzerbereichsleitern und Informationsbenutzern: leitende Mitglieder des Benutzerbereiches sind zugleich auch die Informationsbenutzer.

Bereichsleitern in erheblichem Maße über die Benutzerbereichsleiter. An dieser Stelle des Kommunikationsnetzes besteht somit eine gute Möglichkeit zur Kontrolle, Filterung und Absorption von Informationen. Dies gilt natürlich auch in die umgekehrte Richtung. Was die direkt betroffenen Mitarbeiter artikulieren, muß erst einmal ihre Vorgesetzten passieren, um bei den dominanten Implementeuren Gehör zu finden.

Innerhalb des Datenverarbeitungsbereiches pflegen die Systemplaner regen Umgang mit anderen Gruppen von Datenverarbeitungsspezialisten, insbesondere mit ihren eigenen Vorgesetzten sowie mit den Programmierern. Im Implementierungssystem ist diesen Gruppen der direkte Kontakt mit Mitgliedern des Benutzerbereiches wenn nicht versperrt, so doch erschwert. Auch sie sind auf die zentrale Kommunikationsschiene zwischen Systemplanern und Benutzerbereichsleitern angewiesen. Insofern ergeben sich für die Systemplaner ähnliche Möglichkeiten der Einflußnahme auf die Informationsinhalte und -verteilung wie für die Benutzerbereichsleiter.

Abbildung 3 Die unterschiedlichen Kommunikationskreise von Systemplanern und Benutzerbereichsleitern bei der Implementierung

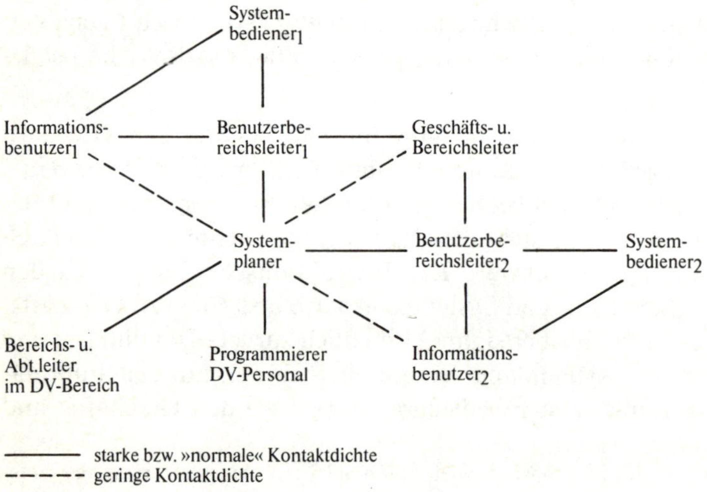

Abbildung 3 veranschaulicht die Verschiedenartigkeit der Kommunikationskreise, in denen sich die Implementierungsteilnehmer bewegen.

Besonders aufschlußreich erscheint der Vergleich zwischen Systemplanern und Benutzerbereichsleitern.

Das Kommunikationsfeld der Systemplaner umfaßt Personal des Datenverarbeitungsbereiches und berührt den Benutzerbereich in erster Linie dort, wo ein Benutzerbereichsleiter steht. Das Kommunikationsfeld von Benutzerbereichsleitern erstreckt sich auf die unterstellten und vorgesetzten Fachabteilungsmitglieder und bezieht im Datenverarbeitungsbereich primär die Systemplaner ein. Daraus leitet sich ein Teil der Darstellungsdifferenzen ab, mit denen bei Spiegelbildbefragungen über Implementierungsprozesse zu rechnen ist. Fragt man z. B. Systemplaner nach „Benutzern" (etwa nach der Informierung der „Benutzer" und der Zusammenarbeit mit ihnen), so beziehen sie ihre Antworten vornehmlich auf diejenige Kategorie der Betroffenen, die in ihrem Kommunikationsfeld hauptsächlich auftritt: die Benutzerbereichsleiter. Eine gleichlautende Frage, die an die Benutzerbereichsleiter gerichtet wird, löst hingegen Interpretationen aus, in denen keineswegs nur sie selbst, sondern auch die in ihrem direkten kommunikativen Zugriff liegenden Informationsbenutzer und Systembediener eingeschlossen sind. Darstellungsunterschiede im Hinblick auf die Informierung oder die fachliche Vorbereitung sowie auf die Beteiligung von „Benutzern" (vgl. die Übersichten 7, 8, 9 und 14) sind zumindest teilweise auf die unterschiedlich gelagerten Kommunikationsfelder von Systemplanern und Benutzerbereichsleitern im Implementierungsprozeß zurückzuführen. Da diese Kommunikationsfelder nicht als Ergebnis implementierungsbezogener Regelungen angesehen werden können, sondern sich im tatsächlich geübten Umgang entwickeln und erwartungsmäßig schematisiert werden, sind sie Bestandteile der emergenten Implementierungsstruktur.

(3) Machtverhältnisse und Einflußchancen

Machtverhältnisse und Einflußchancen liegen im Implementierungssystem günstig für die Systemplaner. Dies folgt aus einer Reihe von Einzelbeobachtungen, von denen die wichtigsten kurz gestreift werden sollen.[94]

---

[94] Zur schon institutionell bedingten Macht der Datenverarbeitungsspezialisten s. Mumford 1972; Lucas 1975, S. 16f.

Übersicht 15 Initiatoren und Promotoren der Implementierung

Fragestellung: Welche Stelle oder Person in Ihrer Unternehmung gab die *Anregung* zur Computerunterstützung der betrachteten Aufgabe bzw. zur Veränderung des Informationsverarbeitungsverfahrens?
Welche Stelle oder Person *setzte sich* besonders für die Entwicklung dieser Anwendung *ein*?

Antwortmöglichkeiten: freie Nennung von Stellen oder Personen

Antworten:

		identifiziert als	
	Initiator	Person	Stelle
Vorstand/extern	3 (10%)	3	
aus dem Benutzerbereich	20 (70%)	12	8
aus einer Spezialabt.[1]	6 (20%)	3	3
	Promotor		
Vorstand/extern	2 (7%)	1	1
aus dem Benutzerbereich	12 (41%)	10	2
aus einer Spezialabt.[1]	15 (52%)	10	5

[1] Datenverarbeitungsabteilung; Organisationsabteilung; Methodenabteilung

Sicher besitzt das Benutzerbereichsmanagement in aller Regel eine formale Entscheidungskompetenz über Veränderungen in den unterstellten Einheiten. Auch die Initiative für die Einführung eines computergestützten Informationsverarbeitungsverfahrens geht überwiegend vom Benutzerbereich aus (Übersicht 15).[95] Sehr bald aber bemächtigen sich die Systemplaner der Impulse und Mechanismen, die die Implementierung treiben und ihre Richtung bestimmen. Obwohl in der eigenen Implementierungsstudie in 70% der Fälle der erste Anstoß für die Automatisierung aus dem Benutzerbereich kam, wird

[95] Vgl. Stewart 1971, S. 192 und Mülder 1984, S. 148. Theoretische Erörterungen und empirische Ergebnisse zur Initiierung von Reorganisations- und Entscheidungsprozessen liefern Dumont du Voitel u. a. 1976; Schulz 1977.

schon die Problemidentifizierung und Zielfestlegung sowohl von Systemplanern als auch von Benutzerbereichsleitern als ein kooperativer Schritt betrachtet (s. Übersicht 14). Die Systemplaner setzen die Initiative in konkrete Problemdefinitionen um, die auf ihre eigenen Kompetenzpotentiale abgestimmt sind. Sie strukturieren damit die möglichen Entscheidungen des Benutzerbereichsmanagements über die Probleminterpretation und die Zulassung der überhaupt ernsthaft ins Auge gefaßten Alternativen vor. In dem Umstand, daß man den Systemplanern ein erhebliches Gewicht bei der *Konstruktion der Problemsicht* einräumt, liegt ein erster wesentlicher Einflußfaktor begründet.

Im weiteren Verlauf der Gestaltung gewinnen die Systemplaner bzw. die Systemspezialisten im allgemeinen eindeutig die Oberhand. Dies ging schon aus Übersicht 14 hervor. Übersicht 16 bestätigt – wobei allerdings lediglich die Sichtweise der Systemplaner berücksichtigt ist –, daß „Mitarbeiter oder Leiter der Fachabteilung(en), für die die Anwendung vorgesehen war", im Durchschnitt an der Implementierung nur zu etwa 20% mitwirken. Auf der Grundlage *impliziter Rollenerwartungen* (s. oben) profilieren sich die Spezialisten und unter ihnen vor allem die Systemplaner als die dominanten Implementeure. Entscheidend dafür ist, daß die Gestaltungsschwerpunkte allgemein genau dort gesehen werden, wo die *Überlegenheit der Fachkompetenz der Systemplaner* gegenüber anderen Teilnehmergruppen am stärksten ausgeprägt ist: bei der funktional-technologischen Informationssystemgestaltung. Jene Gestaltungsmaßnahmen, bei denen die Fachabteilungen eher gefordert scheinen, nämlich organisatorische, räumliche und personelle Umstellungen, werden hingegen als Anpassungsmaßnahmen eingeordnet, gleichsam als Anhängsel der „eigentlichen" Gestaltung betrachtet. Die dafür noch belassenen Entscheidungsspielräume müssen als gering angesetzt werden; die organisatorischen, räumlichen und personellen Maßnahmen werden vom Verfahrensentwurf her präjudiziert. Einflußchancen ziehen die Systemplaner somit auch aus der *Priorität funktional-technologischer Informationssystemkomponenten* gegenüber anderen Komponenten und aus der *sachlichen wie zeitlichen Vorrangigkeit ihrer eigenen Gestaltungsbeiträge.*

Während die Systemplaner ihre gesamte Arbeitskraft in die Implementierung einbringen können, bildet für die Teilnehmer aus dem Benutzerbereich die Implementierung regelmäßig nur eine Zusatzaufgabe, die ihnen zu ihren normalen Arbeitspflichten aufgebürdet wird. Aufgrund

Übersicht 16 Aktivitätsanteile von Spezialisten und Fachabteilungsmitgliedern bei der Implementierung (Gesamtprojekt)

Fragestellung: Geben Sie bitte an, welche Mitarbeiter sich mit der System- und Organisationsplanung beschäftigt haben:

	Anteil in % ca.
EDV-Fachleute (Programmierer, Systemanalytiker, Softwarespezialisten u. ä.)	______
Organisatoren	______
OR-Spezialisten, Mathematiker	______
Mitarbeiter oder Leiter der Fachabt.	______
externe Berater	______

Antwortmöglichkeiten: Abschätzung d. prozentualen Anteils der genannten Gruppen am Gesamtprojekt

Antworten:

	Anteil in % durchschnittl.
EDV-Fachleute	56
Organisatoren	17
OR-Spezialisten, Mathematiker	3
Spezialisten (professionelle Systementwickler) insges.	76
Mitarbeiter od. Leiter der Fachabt.	19
externe Berater	5

Anzahl der Projekte, in denen die genannten Gruppen gar nicht, bis 10%, 11–49%, 50–89%, 90% u. mehr in der System- und Organisationsplanung aktiv waren:

	gar nicht	bis 10%	11–49%	50–89%	90–100%
EDV-Fachleute	–	–	10	15	4
Organisatoren	12	4	10	3	–
OR-Spez., Math.	25	2	2	–	–
Spezialisten ges.	–	–	4	15	10
Fachabteilungsmitgl.	7	7	11	4	–
externe Berater	20	5	3	1	

dieser *Belastungsasymmetrie*, auf die mit Forderungen nach temporärer Freistellung, Sondervergütung usw. reagiert wird (s. etwa Bjørn-Andersen u. Borum 1979, S. 340 ff), besitzen die Systemplaner die bei weitem größeren Möglichkeiten, den Implementierungsprozeß sachlich und zeitlich zu steuern. Typischerweise findet man, daß die Betroffenen der Informationssystemgestaltung, sofern sie sich überhaupt darüber informieren können, aus Zeitmangel kaum folgen können und chronisch „hinterherhinken".

Im Interaktionsgeschehen der Implementierung verfügen die Systemplaner über eine *zentralere Stellung* als einzelne Benutzerbereichsleiter. Dies wird besonders deutlich, wenn das computergestützte Informationssystem mehrere Benutzersegmente gleichgewichtig berührt. Als dominante Implementeure stehen die Systemplaner im Mittelpunkt der Kommunikationsstruktur. Leiter verschiedener Benutzergruppen müssen mit ihnen in Verbindung treten, brauchen aber nicht unbedingt untereinander Kontakte einzugehen und tun dies im allgemeinen auch nur, wenn eine derartige Interaktion speziell organisiert wird. Aufgrund ihrer zentralen Stellung können die Systemplaner nicht nur eine „gatekeeper"-Funktion ausüben (s. Pettigrew 1972; 1973, S. 233–240), sie entwickeln vor allem eine Überlegenheit im Hinblick auf den *Gesamtüberblick* über das neue Verfahren. Jeder Benutzerbereichsleiter sieht lediglich das eigene Aufgabengebiet und kann letztlich auch nur in bezug auf dieses mitreden. Die Systemplaner sind demgegenüber in der Lage, Argumente ins Feld zu führen, die sie aus der intendierten Funktionsfähigkeit und Effizienz des Gesamtverfahrens schöpfen. Dies kann einzelne Benutzergruppen zur Zurückstellung ihrer Interessen und zur Unterordnung unter eine „Verfahrensdisziplin" zwingen, die sie nicht durchschauen, weil sie erst aus einer Gesamtperspektive erschließbar wird.

Auch der *Zugang zu implementierungsstrategisch relevanten Machtträgern* dürfte für die Systemplaner durchschnittlich leichter sein.[96] Namentlich dem Projektleiter, der von hochrangigen Leitungskräften autorisiert wird, stehen direkte Wege wie auch indirekte Kanäle (über seine Vorgesetzten im Datenverarbeitungsbereich) für Kontaktnahmen mit Geschäfts- und Bereichsleitern offen. Diese Möglichkeit kann in Gestaltungs- und Anpassungskonflikten mit Benutzerbereichsmitgliedern in Anspruch genommen und ausgespielt werden. Benutzerbe-

---

[96] Pettigrew spricht treffend von „political access"; s. 1973, S. 240 ff; 1975, S. 199 f.

reichsleiter, die natürlich ebenfalls ihre Vorgesetzten ins Spiel bringen können, reichen zum einen nicht immer an die Führungsspitze heran; zum anderen laufen sie gerade bei „forcing"-Strategien (s. Lawrence u. Lorsch 1969, S. 75f) Gefahr, sich als Gegner der Informationssystemgestaltung zu diskreditieren, und bedürfen deshalb akzeptabler Rechtfertigungen.

Der vielleicht stärkste Machtfaktor der Systemplaner liegt darin, daß unter den Implementeuren am ehesten ihnen die Zuständigkeit für die Projektgestaltung zufällt. Durch geeignete Maßnahmen der Projektplanung und -organisation oder der Methodenunterstützung können sich die Systemplaner selbst in ihren Einflußchancen begünstigen. Die projektspezifische oder -übergreifende Bürokratisierung von Implementierungssystemen, d. h. die Konstituierung verbindlich geregelter *Implementierungsverfahren*, schanzt den Systemplanern den bedeutenden Vorteil zu, daß die gesamte Interaktionskonstellation nach ihren Bedürfnissen getrieben und reguliert wird.

„In solchen Situationen hat der Schnellere, und das ist typisch der geschulte und erfahrene Teilnehmer, ... wesentliche Vorteile. Er findet Zeit, die Konsequenzen seines Handelns vorauszusehen und sich an mutmaßlichen Wirkungen zu orientieren. Er hat die Chance größerer Rationalität und größeren Einflusses auf den Verlauf der Dinge. Der Langsamere dagegen findet sich immer wieder unter Zugzwang. Er muß sich an den Forderungen des Augenblicks orientieren, also an der Gegenwart statt an der Zukunft; er kann sein Maß nur in den gerade aktuellen Zumutungen oder in seinem eigenen Zustand, etwa in seiner Verstocktheit, finden und ist so taktisch unterlegen. Er muß handeln – und kann erst nachher definieren, was er getan hat, sofern nicht auch dies von seinen schnelleren Partnern für ihn besorgt wird." (Luhmann 1975a, S. 46)

Die Bevorteilung des erfahrenen Teilnehmers erlebt man nicht nur in Gerichtsverfahren (auf dieses Beispiel hat Luhmann die obigen Bemerkungen primär gemünzt), sondern es handelt sich um eine Eigenschaft, durch die alle Verfahren, mithin auch strukturierte Implementierungsverfahren, charakterisiert werden können.

Die angeführten Aspekte lassen sich im Befund eines *strukturbedingten Machtüberhangs der Systemplaner in Implementierungsprozessen* verdichten. „Strukturell" ist bei all dem nicht, daß Systemplaner die geschilderten Einflußchancen *ausnutzen*, sondern daß diese *Chancen* bestehen. Sie bestehen in Form von Erwartungen, daß sich Systemplaner in bestimmter Hinsicht einflußreich verhalten können und im Bedarfsfall auch so verhalten werden.

(4) Orientierungstendenzen

Die Teilnehmer des Implementierungssystems bringen in das Interaktionsgeschehen bestimmte Orientierungstendenzen ein, die vielfach schon jenseits eines konkreten Projektes entstanden sind, teilweise aber auch in einzelnen Implementierungsepisoden Modifikationen erfahren.

Hierher gehören die *wechselseitigen Einstellungen zwischen den Implementierungsteilnehmern*, namentlich zwischen Mitarbeitern aus dem Datenverarbeitungsbereich und Mitarbeitern aus dem Benutzerbereich. Sie betreffen etwa Sympathien und Antipathien, Haltungen des gegenseitigen Vertrauens oder Mißtrauens, das „Image“ des Datenverarbeitungsbereiches oder die „Aufgeschlossenheit“ des Benutzerbereiches. In verschiedenen Institutionen mögen diese Einstellungsmuster recht unterschiedlich ausfallen. Innerhalb ein und derselben Institution aber spielen sie sich – oft über mehrere Implementierungsepisoden hinweg – längerfristig ein und färben dann alle folgenden Projekte. Ihre Bedeutsamkeit für den Implementierungserfolg ist durchaus erkannt, es fehlen jedoch meist geeignete Mittel, diese *emotionale Basis* des Implementierungssystems unter Kontrolle zu bringen.

Zu den Orientierungstendenzen zählen auch die *Rationalisierungsperspektiven* der Teilnehmer, ihre Rationalitätskriterien, Qualitätsmaßstäbe und Beurteilungshorizonte. Man beklagt zwar diesbezüglich gerne die „technizistische Perspektive“ der Datenverarbeitungsspezialisten und fordert eine „Perspektivenerweiterung“, eine „Abkehr von dem primär systemtechnischen Verständnis eines Informationssystems“ (s. Kolf u. Oppelland 1979 a, S. 309; ferner Kubicek 1979 a). Aber der Stand der empirischen Forschung ist bisher dürftig. Schultz und Slevin geben für die Modell-Implementierung eine empirische Illustration, wie sich die Rationalisierungsperspektiven im Implementierungssystem gemäß der Stellung im System differenzieren. Sie konstatieren „different views of successful implementation“ zwischen dem Modellkonstrukteur (dem es um die „technical validity“ geht), dem Informationsbenutzer (der auf „organizational validity“ Wert legt) und dem oberen Management (das nur an der Steigerung der organisatorischen Leistungen mit ökonomischen Effekten interessiert ist) (Schultz u. Slevin 1979, S. 2 ff; s. auch Powers 1971, S. 183 ff). In eine ähnliche Richtung zielen die Befunde von Weltz und Lullies zum technikorientierten, organisationsorientierten und arbeitsorientierten Rationalisierungsverständnis (1983, S. 275; vgl. ferner Lanzara 1983). „Beeindruckend war insgesamt, wie ausgeprägt die beschriebenen Orientierungsmuster uns

entgegentraten. Frappierend auch, wie einleuchtend sie auf bestimmte betriebliche Positionstypen zugeschnitten waren. Es überrrascht nicht, daß technikorientierte Konzeptionen vorwiegend von EDV-Leuten vertreten wurden, daß wir dem organisationsorientierten Argumentationsmuster vor allem bei Organisatoren begegneten." (Weltz u. Lullies 1983, S. 278).
Die Beurteilungshorizonte differieren insbesondere in den Fällen, in denen es um Informationsverarbeitungsverfahren geht, die die Grenzen struktureller Subsysteme durchtrennen. Jede Abteilung oder Arbeitsgruppe sieht das Verfahren aus der Perspektive, die ihr die eigenen Funktions- und Effizienzansprüche diktieren. Die Mitglieder einer Benutzergruppe entwickeln ihre Beurteilungen in einem *segmentalen Beurteilungshorizont*. Diese Beurteilungen können in Konflikt treten mit Bewertungen des Gesamtverfahrens. In diesem Auseinanderklaffen segmentaler und *integrativer*, d. h. das gesamte Informationssystem übergreifender Funktionalitätsvorstellungen ist eine der wichtigsten Triebfedern für Gestaltungskonflikte zu vermuten.

„People tend to resist the new in favor of the old." (Dickson u. Simmons 1970, S. 60) Die Annahme einer „dem Individuum immanenten rigiden Grunddisposition" ist in der psychologisierenden Innovationsforschung ein Stereotyp von tragender Bedeutung (s. Böhnisch 1979, S. 27 ff). Über ihre Wahrheit in spezifischen sozialen Situationen läßt sich wenig sagen; Widerstand gegen Veränderungen scheint aber selten allein durch die Veränderung als solche bedingt, sondern vielmehr durch das, was eine Veränderung den von ihr betroffenen Personen bringt. Im übrigen verfehlt der zitierte Satz gänzlich die Existenz von Sonderrollen, in denen das Durchführen von Veränderungen zum Beweis der Daseinsberechtigung wird. In solchen Rollen arbeiten die Systemplaner. Es spricht deshalb einiges dafür, daß zwischen Systemplanern und Benutzerbereichsmitarbeitern ein spürbarer Unterschied in der *generellen Innovationsbereitschaft* besteht. Eine gewisse Beharrungstendenz kann indes den Benutzerbereichen keineswegs ohne weiteres zum Vorwurf gemacht werden; sie liegt im kurzfristigen Interesse ihrer Arbeit. In der Implementierung ist dagegen in der Regel gefordert, dieses kurzfristige einem längerfristigen Interesse vorübergehend zu opfern. Die Frage nach Unterschieden in der Innovationsbereitschaft führt, wenn man sie im institutionellen Kontext durchleuchtet, weniger auf persönliche Dispositionen oder gar private Vorlieben als vielmehr auf arbeitsmäßig begründete Bestrebungen nach Störungsfreiheit. Daß sich hier letztlich Systemprinzipien (Stabilität und Anpassungsbedarf) aneinander reiben, illustriert die folgende Äußerung eines Systemplaners, die wir in unserer Implementierungsstudie notiert haben:

„Gegenwärtig implementieren wir im Bereich ... eine neue Datenverarbeitungsanwendung. Die Benutzer, vor allem die Manager in diesem Bereich, artikulieren häufig ihren Unwillen über unsere Arbeit. Sie werden aufatmen, wenn die neue Anwendung läuft. Aber wir planen schon eine weitere Anwendung, die wiederum diesen Bereich berühren wird. So etwas führt notwendigerweise zu Spannungen. Andererseits, was sollen wir tun? Unsere Aufgabe besteht nun mal darin, neue Datenverarbeitungsanwendungen zu realisieren. Wir verstehen die Benutzer in ihrem Widerstreben gegen Änderungen, und sie verstehen uns. Man muß sich eben irgendwie arrangieren."

Erwähnt seien schließlich noch die *Vorstellungen über menschliche Bedürfnisse und Kapazitäten in Arbeitszusammenhängen und über organisatorische Gestaltungsideale.*[97] Hedberg und Mumford glauben herausgefunden zu haben, daß Systemplaner sowohl in ihren Auffassungen über den arbeitenden Menschen als auch in ihrem Organisationsverständnis mit einem theoretischen, nur rhetorisch artikulierten, und einem praktischen, die Gestaltungsarbeit wirklich bestimmenden Modell arbeiten (1975; s. auch Mumford u. Welter 1984, S. 23 ff).[98] Weltz und Lullies machen als Ergebnis ihrer Untersuchungen ein „mechanistisches Menschenbild" aus, das sie als typisch für die „Denkwelt" von Organisatoren darstellen.

„Dominierend in diesem Menschenbild ist eine recht pessimistische Einschätzung des Verhältnisses der Menschen zu ihrer Arbeit: Arbeitsverhalten erscheint von der Neigung bestimmt, möglichst wenig zu tun und möglichst wenig Verantwortung zu übernehmen; weniger bestimmt durch ein an der Sache orientiertes Interesse oder durch Eigenmotivation, als durch materielle Anreize." (Weltz u. Lullies 1983, S. 280)

Die Autoren beschreiben, wie dieses Menschenbild zwangsläufig den Griff zu „arbeitsteiligen und restriktiven Organisationsformen" motiviert, die Unwägbarkeiten ausschließen, „richtiges" Verhalten genau vorgeben, weitgehende Kontrollmöglichkeiten vorsehen, Eigeninitiative zurückschneiden und wenig Platz für Dynamik bieten.

„Und damit ist ein Regelkreis hergestellt: Man schafft eine Arbeitsorganisation, die demotiviertes und desinteressiertes Verhalten erzeugt; mit diesem Verhalten rechtfertigt man dann die Arbeitssituation, die man geschaffen hat." (S. 281)

---

97 Einige kritische Spekulationen hierzu finden sich bei Breisig u. a. 1983, S. 184 ff.

98 Die von Hedberg u. Mumford vorgelegten Befragungsergebnisse lassen allerdings auch andere Schlußfolgerungen zu.

Unsere Darstellung schöpft nicht aus, was an emergenten Strukturbestandteilen im Implementierungssystem zutagegefördert werden kann. Sie läßt aber doch erkennen, in welche Richtung man zu suchen hat, um die Funktionsweise von Implementierungssystemen tiefergehend zu begreifen, und sie verspricht eine reichhaltige Ausbeute.

(5) Projektübergreifende emergente Strukturen als Ausdruck der Implementierungskultur

Wie bei den Formalstrukturen können wir bei den emergenten Strukturen zwischen projektspezifischen und projektübergreifenden Bestandteilen unterscheiden, wenngleich die empirische Einlösung dieser Unterscheidung hier sehr viel schwieriger ist. Sie führt letztlich auf eine Rekonstruktion der Entstehung von Erwartungen. Projektspezifische emergente Strukturen erwachsen vorwiegend aus den Taktiken der Implementeure sowie den Reaktionen der Betroffenen. Projektübergreifende emergente Strukturen pendeln sich im Verlauf mehrerer Implementierungsepisoden ein. Sie schlagen aus den außerhalb eines konkreten Implementierungsprojektes schon vorzufindenden Beziehungen zwischen Geschäfts- oder Verwaltungsleitung, Benutzerbereichen und Datenverarbeitungsbereich in das einzelne Projekt hinein. In ihnen reflektiert sich im Einzelprojekt die umgebende *Implementierungskultur*: der sedimentierte Bestand von Erfahrungen, „wie Implementierung bei uns nun einmal läuft", und die sich daran knüpfenden generalisierten Erwartungen, „daß es immer wieder so kommen wird, wie wir es aus einer ganzen Reihe von Implementierungsprojekten schon kennen". Die Forschung hat so etwas gelegentlich am Beispiel der ungünstigen Nachwirkungen fehlgeschlagener Implementierungsversuche auf erneute Gestaltungsansätze thematisiert (s. etwa Stewart 1971, S. 84). Dies ist aber wieder nur ein Symptom aus einem komplexeren Zusammenhang. Die Implementierungskultur beinhaltet den gesamten Erfahrungsschatz und die gesamte Erwartungskonstellation, von den Normen des vernünftigen Implementierens bis hin zu den kaum objektivierbaren Hintergrundansprüchen auf geeigneten „Umgangsstil", wie sie sich in einer Kette von Implementierungsepisoden innerhalb einer Institution aufbauen. Im wesentlichen wächst die Implementierungskultur einer Institution so aus der *Implementierungstradition* in dieser Institution. Sie steht zudem unter dem Einfluß außerinstitutioneller Sinnvorgaben, die sich z. B. in Seminaren, Herstellerschulungen und Fachliteratur umschlagen. An ihrer Formung wirken somit auch Kräfte aus einem weitergespannten Kontext mit. Partizipationsbestrebungen lassen sich in dieser Sichtweise als Interventionsversuche in oder gegen die vorherrschende Implementierungskultur auffassen; sie reiben sich an deren Schutzschild, der Implementierungsbürokratie. Erst eine solche Betrachtung offenbart, wie stark die Mauern sind, gegen die Implementierungskritiker und Partizipationsbefürworter anrennen.

Die einzelnen temporären Implementierungssysteme gewinnen mit der Ausbildung einer Implementierungskultur einen gewissen Zusammenhang. Dies kann bis zur Verschmelzung in einem einzigen großen Strom von Implementierungsprozessen führen: Implementierung als Daueraufgabe. Dadurch wird wiederum der Implementierungsbürokratie in die Hände gearbeitet. In dem Maße, in dem eine solche Verschmelzung um sich greift, verlieren Implementierungsprozesse ihre Grenzen, sowohl in zeitlicher als auch in sachlicher und sozialer Hinsicht. Im Projekt X wird dann schon berücksichtigt, was im späteren Projekt Y geplant ist, Systemplaner arbeiten simultan an mehreren Projekten, für Betroffene kumulieren sich die Effekte aus verschiedenen Informationsverarbeitungsverfahren, die Gesamtinstitution wird zum Benutzerbereich. Implementierung entwickelt sich vom temporären System zum funktionalen Subsystem. Kein Zweifel, daß genau dies im Ansatz der „Management-Informationssysteme" mit angepeilt ist.[99] Keine Frage auch, daß z. B. Großunternehmungen in der Institutionalisierung ihrer Selbstveränderungsmechanismen in Richtung permanenter Implementierung weit vorgestoßen sind. Dabei spielt nicht allein das hohe Tempo der informationstechnischen Entwicklung eine wichtige Rolle. Bedeutsam ist auch der steigende Grad computergestützter Informationsverarbeitung, der immer größere Systemplanungskapazitäten allein schon für „Ersatzimplementierungen" beansprucht und damit ansehnliche Spezialistenstäbe von selbst beschäftigt; auch darin darf man eine Art von „Automatisierung der Automatisierung" sehen.

d) *Gesamtaufriß der Strukturkomponenten*

Wir gelangen somit zu folgender differenzierter Strukturvorstellung: Implementierungssysteme weisen vier ineinander verschlungene Struk-

---

[99] Musterbeispielhaft verdeutlicht etwa bei Blumenthal 1969.

turmuster auf, die sich analytisch nach den Dichotomien „formal/emergent“ und „projektspezifisch/projektübergreifend“ unterscheiden lassen.

Die „Oberfläche“ des Implementierungssystems zeigt sich als *formale projektspezifische Struktur*: Strukturbestandteile, die im Projekt und für das Projekt im Zuge der Projektgestaltung installiert werden, z. B. Einrichtung einer Projektgruppe, eines Steuerungsausschusses oder einer Beratungs- und Koordinationsgruppe (s. hierzu Frese 1980; Mülder 1984, S. 164 ff), schriftliche Festlegung der Ziele, Aufstellung einer Terminplanung, Fixierung von Kontrollpunkten, formelle Berichterstattung über den Projektfortschritt, Durchführung von Wirtschaftlichkeitsabschätzungen und -kontrollen, Fixierung der Kompetenzen verschiedener Teilnehmer im Projekt, Formalisierung der Entwurfsarbeit (etwa durch Entwurfs- und Datenbeschreibungssprachen), Einsatz bestimmter Dokumentationstechniken u. ä. (vgl. Tomlin 1970, insbes. S. 98 ff; Langefors 1979; Lockemann u. a. 1983). Die Aufzählung gibt beispielartig dem Begriff „projektspezifische Formalstruktur“ Substanz; sie besagt natürlich keineswegs, daß alle diese Strukturierungsmittel in jedem Projekt wiederzufinden sind. Implementierungssysteme variieren hinsichtlich Art und Grad der Strukturierung, und diese Varianz ist am ehesten in der projektspezifischen Formalstruktur abzugreifen.

Unter dieser „Oberfläche“ scheint eine grundlegendere, *projektübergreifende formale Strukturprägung* auf, die aus der Datenverarbeitungsorganisation in Form implementierungsbezogener genereller Ressourcen und Regelungen übernommen und im konkreten Projekt in Szene gesetzt wird. Wir bezeichnen dieses Umgebungssegment eines einzelnen temporären Implementierungssystems als *Implementierungsbürokratie*. Sie ist das Produkt der implementierungsbezogenen Bürokratisierung der Datenverarbeitungsorganisation. Über die Implementierungsbürokratie sind Implementierungssysteme in ihrem datenverarbeitungsorganisatorischen Kontext verankert.

Aus den Interaktionen innerhalb des Projektes *emergiert eine projektspezifische Struktur*, die die Handlungsmöglichkeiten und -tendenzen der Teilnehmer für den Fortgang des Projektes vorselektiert. Hierzu springen Aspekte ins Auge, die das Einspielen der Kontakte, Koordination durch Selbstabstimmung, die „Umgangsformen“ im Projekt, Selbstbindungen durch bewertende Stellungnahmen, strukturelle Verfestigungen konflikthafter Verstimmungen, Sympathie-/Antipathieverhältnisse, projektbedingte Einflußchancen und nicht zuletzt die substantiellen Vorstellungen darüber, wie angesichts des umzustellenden Informationsverarbeitungsverfahrens die Gestaltung im Detail aussehen soll (d. h. die Gestaltungsansichten der verschiedenen Teilnehmer und ihre selektive Problemsicht), beschreiben. An all dies können sich Erwartungen knüpfen, und soweit das geschieht, gerinnt die Interaktion zu Strukturmustern.

Die *Tiefenstruktur* des Implementierungssystems schließlich gründet in der *Implementierungskultur* innerhalb einer Institution und vermittelt darüber in dem, was in einer Gesellschaft über Implementierung gedacht wird. Die Implementierungskultur verankert Implementierung in ihrer eigenen Tradition. Ein größerer Teil davon wird erfaßt, wenn man die Verhältnisse zwischen Benutzerbereichen und Datenverarbeitungsbereich in einer Institution durchleuchtet, soweit sie mit Implementierungsfragen zu tun haben. Aber nicht alle implementierungskulturellen Bedingungen lassen sich als Momente dieser Verhältnisse rekonstruieren, weder professionelles Selbstverständnis noch die „design philosophy" der Implementeure, die mit ganz bestimmten Anreizmustern korreliert, noch die von Mumford u. Hedberg vermutete Diskrepanz zwischen rhetorisch verbreiteten und tatsächlich verwendeten Organisations- und Menschenbildern der Systemplaner und auch nicht – um ein mehr institutionell gefärbtes Beispiel zu nennen – die einfache Tatsache, daß Systemplaner von „ihrer" Implementierung nicht betroffen werden.

Aus dem Zusammenspiel dieser vier Strukturmuster ergibt sich für den Beobachter von Implementierungsprozessen der seltsame Eindruck, daß Implementierungssysteme unterschiedlich und ähnlich zugleich sind. Es ist schwer zu entscheiden, was mehr wiegt und mehr Aufmerksamkeit verdient: die Unterschiedlichkeit, die eine „kontingenz-" oder bedingtheitstheoretische Analyse nahelegt (s. hierzu Powers 1971; Mülder 1984, S. 204 ff), oder die Gemeinsamkeiten. Jedenfalls läßt sich aber soviel sagen: Die Unterschiedlichkeit von Implementierungssystemen macht sich fest an ihrer projektspezifischen formalen Ausgestaltung und projektspezifischen Verfestigungen von Teilen der Interaktionskonstellation zu erwartbaren Mustern; die Gemeinsamkeiten resultieren aus projektübergreifenden, sich in Institutionen ähnlichen Zuschnitts im Gleichklang aufschichtenden implementierungsbürokratischen Strukturvorgaben und implementierungskulturellen Selbstverständlichkeiten.

Selektivitätsanschlüsse zwischen diesen Strukturen verlaufen von den übergreifenden zu den spezifischen Komponenten und wechselseitig zwischen formalen und emergenten Strukturaspekten auf der spezifischen und der übergreifenden Ebene. Solche Selektivitätsanschlüsse werden meist ausgedrückt, indem man sagt, daß sich Strukturen aufeinander „auswirken". Letztlich geht es hierbei um eine Reduktion von Beliebigkeit durch die Bildung von Erwartungen, die zueinander passen. Dies stellt sich fast immer als Ergänzung, Ausarbeitung, Verfeinerung von Erwartungskomplexen dar. Dabei ist auf die Konsistenz zu schon vorliegenden Erwartungen zu achten. Strukturbildung verlangt eine Einpassung neuer Elemente in bestehende Muster. Die Inbeziehungsetzung von Strukturen erfordert eine Anpassung zumindest an den Schnittstellen. Die Verhältnisse der Einpassung oder Anpassung bezeichnen wir als „*Prägung*". Bestehende Strukturen prägen neue Elemente; Strukturen, die zusammenstoßen, prägen sich durch gegenseitige Konfrontation und Ausräumung von Inkonsistenzen.

Abbildung 4 aggregiert unsere Überlegungen zur Implementierungsstruktur so, daß sie in einen Zusammenhang mit der Interaktionskonstellation gestellt werden können (s. Abbildung 2). Für die Interpretation der Pfeile gelten die Anmerkungen, die schon in Verbindung mit Abbildung 2 verständnisleitend waren. Impliziert sind somit über das hinaus, was bereits in Abbildung 2 vorkam, folgende Feststellungen:
Emergente und formale Strukturbestandteile *prägen* sich wechselseitig. Projektübergreifende Strukturmuster *prägen* projektspezifische Strukturelemente. Die datenverarbeitungsorganisatorische Implementierungsbürokratie *setzt sich* in projektübergreifende formale Strukturen *um*. Die institutionelle Implementierungskultur findet in projektübergreifenden emergenten Strukturen ihren Ausdruck (auch dies läßt sich als eine Form der Umsetzung begreifen). Aus den Implementierungsinteraktionen resultieren nicht nur gezielt geschaffene formale Strukturelemente, sondern die Interaktionen *verfestigen sich* auch „ungewollt" *zu* projektspezifischen emergenten Mustern.

3. Aufgabenhorizonte und Implementierungsrationalität

a) Der Stellenwert von Aufgaben im Implementierungssystem

Implementierungssysteme sind nicht nur strukturierte Interaktionszusammenhänge, sie sind außerdem – man möchte sagen: vor allem

Abbildung 4 Strukturkomponenten des Implementierungssystems

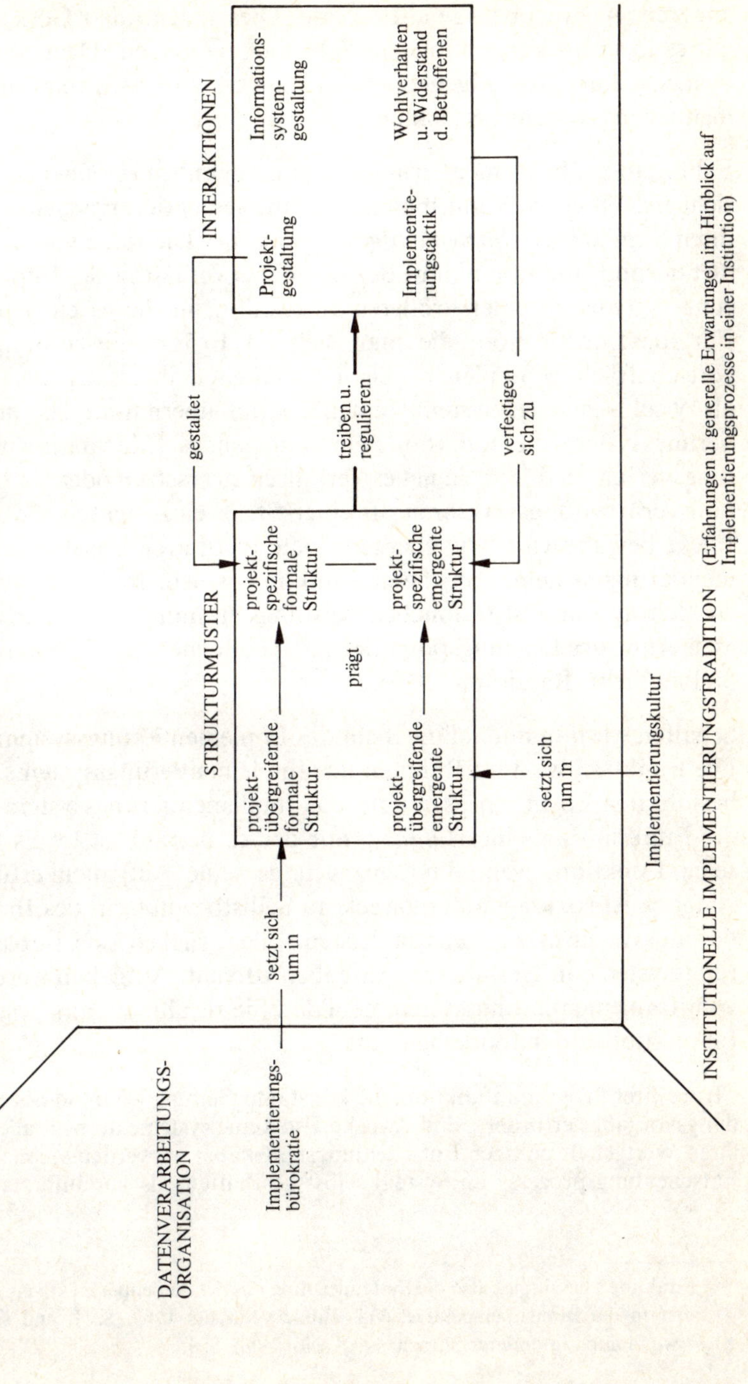
DATENVERARBEITUNGS-
ORGANISATION
Implementierungs-
bürokratie
setzt sich
um in
STRUKTURMUSTER
projekt-
übergreifende
formale
Struktur
projekt-
spezifische
formale
Struktur
prägt
projekt-
übergreifende
emergente
Struktur
projekt-
spezifische
emergente
Struktur
gestaltet
treiben u.
regulieren
verfestigen
sich zu
INTERAKTIONEN
Projekt-
gestaltung
Informations-
system-
gestaltung
Implementie-
rungstaktik
Wohlverhalten
u. Widerstand
d. Betroffenen
setzt sich
um in
Implementierungskultur
INSTITUTIONELLE IMPLEMENTIERUNGSTRADITION
(Erfahrungen u. generelle Erwartungen im Hinblick auf
Implementierungsprozesse in einer Institution)

anderen – zweckbezogene Prozesse. Diesen zentralen Gesichtspunkt gilt es in unser konzeptionelles Schema einzubauen. Dazu wollen wir zunächst kurz den allgemeinen Stellenwert von Aufgaben im Implementierungssystem betrachten.

Faßt man ein Implementierungssystem von außen in seiner Gesamtansicht ins Visier, so kann man sagen: Implementierungssysteme ziehen ihren Sinn aus der *Implementierungsfunktion*. Die Rede von der Implementierungsfunktion nimmt Bezug auf das Verhältnis des Implementierungssystems zu einer größeren Institution, in die es eingebettet ist. Für diese Institution, die man sich im Erörterungszusammenhang wirtschaftlich gebundener Leistungseinheiten ihrerseits ausnahmslos als zweckbezogenes System vorstellen kann, übernimmt das Implementierungssystem die Funktion, ein bestehendes Informationsverarbeitungsverfahren durch ein neues Verfahren zu ersetzen oder ein Informationsverarbeitungsverfahren an einer Stelle einzurichten, an der eine Lücke bewußt wird. Die übergeordnete Institution konstituiert Implementierungssysteme um dieser Funktion willen. Implementierung ist ein Beitrag zum institutionellen Leistungszusammenhang, genauer: zur Steigerung des Leistungspotentials, und einfacher: zur Rationalisierung (s. Pfeiffer u. Randolph 1979).

Schalten wir nun um auf die Sicht des Implementierungssystems selbst. Die Funktion wird im Rahmen des Implementierungssystems in einer bestimmten Form repräsentiert: Das Implementierungssystem begreift die Funktion als eine *Aufgabe*, mit der es betraut ist.[100] Es erbringt seine Funktion, wenn und insoweit es seine Aufgaben erfüllt. Die Aufgabe ist sozusagen der Zweck im Selbstbewußtsein des Implementierungssystems. Das, was sie leisten sollen, rücken sich Implementierungssysteme in Gestalt von Aufgaben zurecht. Aufgaben werden also vom Implementierungssystem gebildet. Sie resultieren aus bestimmten Interaktionen der Implementeure.

„Trotz ihrer Programmfunktion, die konstante Geltung während des Entscheidungsvorgangs erfordert, sind Zwecke also keine systemexternen, allein durch ihren Wertgehalt gültigen Entscheidungsmaßstäbe; sie werden vielmehr durch Entscheidungsprozesse im System selbst geschaffen, als vorläufig akzeptierte

---

[100] „Funktion" beschreibt also die Systemleistung aus der Außenperspektive, „Aufgabe" führt in die Binnenperspektive. Vgl. ähnlich Mayntz 1963, S. 58 und sinngemäß – wenn auch in anderer Sprache – Kosiol 1962, S. 45.

Präferenzen konstant gesetzt und gegebenenfalls geändert. Sie müssen deshalb sorgfältig unterschieden werden von den *Erwartungen*, welche die Umwelt an das System richtet." (Luhmann 1973, S. 192; Hervorhebung im Original)[101]

Die Aufgaben konstituieren und spezifizieren den Sinn des Implementierungssystems. In seinen Aufgaben findet das System seine Sinnschwerpunkte und somit seine Identität. Was im Implementierungsprozeß geschieht, steht immer in einem Zusammenhang mit den Aufgaben. Das Implementierungssystem braucht Aufgaben, um bestehen zu können. Entzieht man ihm seine Aufgaben, hört es auf zu existieren: das Projekt ist zu Ende. Werden die Aufgaben einer starken Modifikation unterworfen, kann es zum Zusammenbruch des Systems kommen.

Aufgaben übernehmen also im Implementierungssystem den Stellenwert *systemeigener Leistungsanforderungen*. Sie formieren sich als auf Systempotentiale zugeschnittene Übersetzungen institutioneller Funktionserwartungen. Damit gewinnen sie die Bedeutung von *Bedingungen der Systemidentität*.

b) Ziele, Gestaltungsanforderungen und Durchführungsanforderungen

Nun bleibt es nicht bei einer monolithisch aufgefaßten Grundaufgabe, sondern soweit wir sehen können organisieren Implementierungssysteme ihre „Mission" in drei verschiedenen Orientierungshorizonten. Zunächst geht es darum, was die Erfüllung der Aufgabe für die übergreifende Institution bewirken soll. Dies ist die Frage danach, warum und mit welchen Absichten überhaupt im konkreten Fall eine Implementierung stattfindet. Die Antworten darauf legt sich das Implementierungssystem in *Zielen* nieder. Ziele sind die Aufgaben, die das Implementierungssystem im Hinblick auf die übergeordnete Institution übernimmt. Sie betreffen das, was über die Implementierung in der Institution erreicht werden soll. Sie machen sich deshalb fest an den Leistungen des computergestützten Informationssystems, das im Implementierungssystem zu entwerfen ist. Dies geht im allgemeinen schon aus ihrer Formulierung hervor.[102] Ziele stellen dar, was es „letztlich"

---

101 Der Zweckbegriff erfaßt das, was hier als „Aufgabe" bezeichnet wird. Zur Analyse der Funktionen, die Zwecke oder Aufgaben für das System, in dem sie vorkommen, übernehmen, s. Luhmann 1973, S. 179ff.

102 Zu einem außerordentlich reichhaltigen, empirisch ermittelten Zielkatalog für die Einführung automatisierter Datenverarbeitung s. Zuberbühler 1972, S. 37ff. Mit Recht bemerkt Zuberbühler, daß es sich bei den von ihm ebenfalls festgehaltenen

zu realisieren gilt. Sie liegen im *Erfolgshorizont* von Implementierungssystemen.

Die Zielsetzungen in Implementierungssystemen scheinen in erster Linie auf *Informationsverbesserungen* abzustellen, sowohl bei Infrastrukturentscheidungen als auch bei Verfahrensentscheidungen (zu dieser Unterscheidung s. S. 54ff). Aufgrund einer Befragung von 30 Unternehmungen zu den Gründen für die Ersteinführung computergestützter Informationsverarbeitung (Anlagenbeschaffung, Einrichtung der für den Betrieb der Anlage notwendigen Infrastruktur, Implementierung erster Anwendungen) urteilt Zuberbühler, „daß den chancenorientierten Gründen „vollständigere und bessere Informationen" und „raschere Informationen" die größte Bedeutung zugemessen wird" (Zuberbühler 1972, S. 36). Die Ziele „Reduktion der Personalkosten" und „Ausgleich des Arbeitskräftemangels" rangieren in der von Zuberbühler ermittelten Bedeutungsrangfolge demgegenüber ganz am Ende. Den gleichen Eindruck legt die Studie von Ernst-Vogel nahe: Die Verbesserung des Informationsstandes wird als Ziel für die „Umstellung auf EDV" weitaus häufiger namhaft gemacht als etwa der Abbau von Personalengpässen oder die Senkung der Personalkosten (1981, S. 68f). Mülder kommt zu dem Ergebnis, daß für die Implementierung computergestützter Personalinformationssysteme „Informationsverbesserungen" aus der Sicht der Benutzerbereichsleiter, der unterstellten Sachbearbeiter (Informationsbenutzer), der Datenverarbeitungsspezialisten und der beteiligten Betriebsräte eine deutlich höhere Relevanz aufweisen als „Kostensenkungsziele" sowie weitere Ziele der „Anpassungsfähigkeit" und der „Mitarbeiterbetreuung" (1984, S. 146f). Auch die eigene Implementierungsstudie erbrachte ein ähnliches, wenngleich differenzierteres Bild (s. Übersicht 17, S. 316f). In der Relevanzbeurteilung der jeweils verfolgten Ziele belegt die „Erstellung genauerer und aktuellerer Informationen" den ersten Platz, und die „gezieltere Informationsversorgung" wird immerhin in über 60% der Fälle (von Benutzerbereichsleitern sogar in mehr als 75%) als Ziel genannt.[103] Die „Reduzierung der Personalkosten" bzw. „Lösung von Arbeitsmarkt-

---

„als Ziele formulierten Applikationen" (Computeranwendungen) „um die unqualifizierteste Art der Zielsetzungen handelt" (S. 47). S. ferner z. B. den Zielkatalog bei Mülder 1984, S. 52f.

103 Die häufig fast gleichhohen Proportionen in der Nennung einzelner Ziele seitens der Systemplaner und der Benutzerbereichsleiter sollten auch hier nicht darüber hinwegtäuschen, daß sich dahinter erhebliche *Abweichungen im Einzelfall* verbergen können; s. dazu die Spalte (7) der Übersicht, aus der zu entnehmen ist, daß bei 8

problemen“ wird zwar lediglich in etwas mehr als der Hälfte der Projekte als Zielvorstellung angeführt. Die Beurteilung der Zielrelevanz, nach der dieses Ziel an dritter Stelle plaziert ist, deutet aber darauf hin, daß es, sofern es im Zielbündel der Implementierung erscheint, stark in den Vordergrund tritt. Eine signifikante negative Korrelation der Relevanzbeurteilungen für die Ziele „Kostenreduzierung“ und „Informationsverbesserung“ läßt darauf schließen, daß es sich um *alternative Leitgesichtspunkte* handelt: Entweder ist die Personalkostenreduktion besonders wichtig (dies dürfte bei integrierten operativen Anwendungen oft zutreffen), oder aber die Informationsverbesserungen dominieren (dies kann vor allem bei Anwendungen mit einem gewissen dispositiven Bezug erwartet werden).

Das Implementierungssystem reflektiert somit die von ihm geforderten Leistungen offenbar vorwiegend als Beschleunigung der Informationsverarbeitung, Erhöhung der Informationsqualität und Verbesserung der Informationsverteilung. Nach unseren Eindrücken liegen genau darin auch die in erster Linie als „Erfolg“ beachteten und zu Buche schlagenden Wirkungen der Implementierung.[104]

Von den Zielen ist deutlich zu unterscheiden, was man nun eigentlich tun will. Die Ziele sollen schließlich nicht auf irgendeinem beliebigen Weg erreicht werden, sondern es ist ein wichtiger Sinnbestandteil von Implementierungssystemen, daß man ihre Verwirklichung mittels eines computergestützten Informationssystems anstrebt. Nachdem dies einmal klar ist, ergeben sich Aufgaben eines anderen Zuschnitts für das Implementierungssystem, nämlich *Gestaltungsanforderungen* bezüglich des Informationssystems. Diese Gestaltungsanforderungen kann man sich anhand der Komponenten von Informationssystemen vor Augen führen. Es sind zu planen und in betriebsbereite Wirklichkeit umzusetzen

- die Aufgaben, die zum Informationssystem gehören sollen,
- die zu berücksichtigenden Informationen,
- die Verfahrensweisen, nach denen die Informationsverarbeitungsaufgaben zu erfüllen sind,

---

der 11 Zielsetzungen die Angaben des Systemplaners und des Benutzerbereichsleiters darüber, ob das entsprechende Ziel überhaupt relevant war, in einem Viertel der Untersuchungsfälle oder noch öfter ($\geq 7/29$) voneinander abwichen.

[104] Insoweit argumentieren Heibey u. a. (1977, S. 108 ff u. 155 ff) mit ihrer „Theorie direkter Informationsveränderungen“ recht dicht am Verständnis der Praxis.

Übersicht 17 Inhalte und Relevanz von Zielen bei der Implementierung aus der Sicht von Systemplanern und Benutzerbereichsleitern

Fragestellung: Welche der nachfolgend genannten 11 Ziele waren für die Entwicklung der Anwendung wichtig?

(In Abhängigkeit von der Anzahl als wichtig markierter Ziele:) Welches war das wichtigste, zweitwichtigste, drittwichtigste Ziel?

Antwortmöglichkeiten: Zu den 11 Zielen

- Reduzierung der Personalkosten; Lösung von Arbeitsmarktproblemen
- Reduzierung des in Außenständen oder Lagern gebundenen Kapitals
- besserer Einsatz verfügbarer Arbeitsfaktoren (Maschinen oder Personal)
- Verkürzung von Durchlaufzeiten
- Verringerung von Verwaltungskosten
- Erstellung genauerer und aktuellerer Informationen
- gezieltere Informationsversorgung
- höhere Standardisierung von Arbeitsabläufen
- bessere Kontrolle von Arbeitsergebnissen (Mitarbeiterleistung u. ökonomische Ergebnisse)
- bessere Planung
- Realisation organisatorischer Veränderungen

konnte durch Markierung vermerkt werden, ob sie bei der Systementwicklung von Bedeutung waren.

Die drei (od. zwei) wichtigsten Ziele waren in eine Reihenfolge zu bringen. Das wichtigste Ziel erhielt die Relevanzziffer 3, das zweitwichtigste die Relevanzziffer 2, das drittwichtigste die Relevanzziffer 1.

Antworten:

Ziele in Implementierungsprojekten	Sicht der Systemplaner			Sicht der Benutzerbereichsleiter			Abweichungen im Einzelfall
	% Häufigkeit der Nennung	durchschnittl. Relevanzgrad	Rangposition nach Relevanz	% Häufigkeit der Nennung	durchschnittl. Relevanzgrad	Rangposition nach Relevanz	
	(1)	(2)	(3)	(4)	(5)	(6)	(7)
Personaleinsparungen; Personalbedarfssenkungen	.55	.9	3	.59	.7	3	9!
Freisetzung von gebundenem Kapital	.35	.6	5	.45	.6	5	3
Verbesserung der Ressourcennutzung	.59	.7	4	.52	.7	3	10!
Beschleunigung von Arbeitsprozessen	.72	1.0	2	.69	1.0	2	5
Kostenreduktion im Verwaltungsbereich	.52	.3	7	.48	.3	7	9!
Erstellung genauerer u. aktuellerer Informationen	.93	1.1	1	.93	1.2	1	2
gezieltere Informationsversorgung	.62	.3	7	.76	.4	6	8!
höhere Standardisierung v. Arbeitsabläufen	.55	.1	10	.55	.2	8	8!
bessere Kontrolle v. Arbeitsergebnissen	.28	.0	11	.52	.1	11	9!
Verbesserung der Planung	.55	.2	9	.59	.2	8	11!
Realisation organisatorischer Veränderungen	.35	.4	6	.24	.2	8	7!

- die Art und Weise, wie dabei personelle und maschinelle Operationen ineinandergreifen,
- die erforderlichen Datenverarbeitungsgeräte und ihre genaue Arbeitsweise und nicht zuletzt
- die Einbeziehung personeller Aufgabenträger in das Informationssystem und die von ihnen erwarteten Arbeitsweisen.

Dies alles in Soll-Schemata festzulegen und faktisch in Gang zu bringen, macht die Gestaltungsanforderungen aus. Sie zeichnen sich im *Gestaltungshorizont* von Implementierungssystemen ab.

Das Implementierungssystem ist aber nicht nur aufgerufen, nach außen zu wirken, etwas für die Institution zu leisten oder in den Benutzerbereich einzugreifen. Ihm sind darüber hinaus Anforderungen hinsichtlich der Selbstrationalisierung gesetzt, die die Durchführung des Gestaltungsprozesses betreffen. Z. B. sind Budgets und Zeiten einzuhalten, Widerstände zu vermeiden, Programm- und Gerätefehler auszuschalten, die Kommunikation und Kooperation zwischen den Implementeuren zu sichern usw. Dem Implementierungssystem erwachsen somit Aufgaben im Hinblick auf sich selbst: *Durchführungsanforderungen*. Sie fallen in den *Orientierungshorizont der Projektabwicklung.*

Ziele, Gestaltungsanforderungen und Durchführungsanforderungen können jeweils für sich weiter sachlich untergliedert und zeitlich auseinandergezogen werden. Sie erlangen dann die Form von Hierarchien, Listen, Plänen oder Phasenschemata, deren Elemente schließlich auf ein überschaubares Maß von Komplexität zurückgeschnitten sind und konkrete Maßnahmen anzuleiten vermögen.[105] Der Umschlagspunkt von Aufgaben in Maßnahmen ist schwer auszumachen; beides läßt sich mit Bezug aufeinander definieren und verliert dadurch an analytischer Trennschärfe.

c) Die Rationalisierungsperspektive des Implementierungssystems und ihre Bindung an institutionelle Leitwerte

Wie gut das Implementierungssystem seine Aufgaben erfüllt, wird definiert nach bestimmten *Rationalitätskriterien* und *-maßstäben.* Rationalitätskriterien sind Gesichtspunkte, auf die geachtet wird, wenn

[105] Zu Zielhierarchien in innovativen Entscheidungsprozessen s. Hauschildt 1975; umfassende theoretische Erörterungen sowie zahlreiche empirische Befunde zum Umgang mit Zielen bietet Hauschildt 1977.

man die Aufgabenerfüllung einer Bewertung unterzieht. Rationalitätsmaßstäbe drücken die Vergleichsgrundlagen für Bewertungen aus. Jeder Aufgabenhorizont hat seine eigenen Rationalitätskriterien und -maßstäbe. So gibt es *Erfolgskriterien*, die eng mit den Zielen zusammenhängen;[106] *Qualitätskriterien*, die bei der Bewertung des realisierten Informationssystems herangezogen werden;[107] und *Abwicklungskriterien*, mit denen die Prozeßeffizienz erfaßt wird.[108] Die Gesamtheit dieser Rationalitätskriterien und -maßstäbe bildet die Rationalisierungsperspektive des Implementierungssystems.[109] Sie hebt sich vom

---

106 Dies begründet dann Versuche, den Erfolg über den Zielerreichungsgrad bzw. das „Ziel-Ergebnis-Verhältnis" zu operationalisieren. Zur theoretischen Analyse und zu den Schwierigkeiten einer empirischen Einlösung im Hinblick auf die Effizienzbestimmung betriebswirtschaftlicher Entscheidungsprozesse vgl. Gzuk 1975, S. 40 ff u. 184 ff. *Allgemeingültige* Konzepte der Erfolgsmessung setzen *einheitliche*, verbindliche Zielvorstellungen voraus, die empirisch allerdings nicht ohne weiteres erwartet werden können. Wenn man trotzdem davon nicht lassen will, muß man sich auf „durch allgemeine Normen gestützte Zwecksetzungen" zurückziehen (das., S. 11). In der Implementierungsliteratur behilft man sich hingegen in aller Regel mit subjektiven Einschätzungen der Erreichung relevanter Ziele (die von Fall zu Fall unterschiedlich sein können; s. z. B. Vanlommel u. de Brabander 1975) oder einer intuitiven Erfolgsabschätzung (s. etwa Edström 1977, S. 597).

107 Hierher gehören Aspekte wie Funktionsfähigkeit, Benutzungsfreundlichkeit, Intensität der Benutzung oder Zufriedenheit der Informationsbenutzer und Systembediener. Zu derartigen „performance"-Kriterien s. z. B. Swanson 1974; Watson u. a. 1977; Mansour u. Watson 1980. Die bloße Informationssystem- oder Modellbenutzung (ohne weiteren Durchgriff auf ihren Operations- und Entscheidungswert) ist das wesentliche Ergebniskriterium in der OR/MS-Implementierungsforschung. Generell glaubt man unterstellen zu können, daß die Benutzung mit echten Erfolgskriterien wie auch mit anderen Qualitätskriterien eng korreliert; s. etwa Ein-Dor u. Segev 1978, S. 1065.

108 Zum theoretischen Überblick über Prozeßeffizienz s. Grabatin 1981, S. 48 ff. Empirische Veranschaulichungen findet man bei Joost 1975; Thom 1976; Knopf u. a. 1978; speziell im Hinblick auf Implementierungsprozesse vgl. die Kriterien „Zeit" und „Kosten" bei Dickson u. Powers 1976.

109 Die Unterscheidung der Aufgabenhorizonte und ihrer zugehörigen Rationalitätskriterien findet eine Parallele in den effizienztheoretischen Erörterungen von Gzuk (1975, insbes. S. 22 ff). Im Hinblick auf die Effizienz von Entscheidungen unterscheidet er zwischen *Prozeßeffizienz* (Sorgfältigkeit, Schnelligkeit, Aufwendigkeit, ausgewogene Berücksichtigung relevanter Gesichtspunkte etc.), *Entschlußeffizienz* (operationalisierbar über Angemessenheit, qualitative Verhältnismäßigkeit) und *Ergebniseffizienz*, die sich im Vollzug und vor allem in den Wirkungen des Entschlusses niederschlägt (ablesbar etwa an Korrekturnotwendigkeiten). Die Prozeßeffizienz fängt ein, was wir als Bewertung der Durchführung ansetzen; die Entschlußeffizienz entspricht als unmittelbares Ergebnis des Entscheidungsprozesses in etwa der Gestal-

Rationalisierungsverständnis *einzelner Teilnehmer* dadurch ab, daß sie das Rationalisierungsverständnis verkörpert, das *für das Implementierungssystem insgesamt* als verbindlich angesehen wird. Die partikulären Rationalisierungsperspektiven erscheinen allerdings als Kandidaten zur „Besetzung" jenes Grundverständnisses, nach dem sich die Erfülltheit der Aufgaben bemißt, wie andererseits gültige Kriterien und Maßstäbe das individuelle Verständnis ausrichten.[110] Vieles spricht für eine weitgehende Koinzidenz der Rationalisierungsperspektiven wichtiger Implementeure (Geschäfts- und Bereichsleiter, Systemplaner) mit dem, was dann für den jeweiligen Aufgabenhorizont im Implementierungssystem tatsächlich als allgemein anerkannt behandelt wird.

Es ist ein wesentlicher Bestandteil der Selbststeuerungsfähigkeit des Implementierungssystems, daß es seine Aufgaben selbst formuliert. Sie werden als Aufträge, Leitlinien und Anweisungen im System weitergereicht und unterliegen in ihrer Konkretisierung der Interpretation, Redefinition, Verschiebung, Umkehrung.[111] Ziele, Gestaltungsanforderungen und Durchführungsanforderungen sind sozial „verhandlungsfähig". Die Implementeure können in „Konzeptions-Konkurrenz" treten, speziell die Systemplaner verfügen über einen beträchtlichen Auslegungsspielraum bei der Übersetzung von Zielen in Gestaltungsanforderungen, und die Geschäfts- und Bereichsleiter mögen der Implementierung insgesamt neue Richtungen diktieren.

Rationalitätskriterien und -maßstäbe sind im Vergleich dazu weit weniger flexibel. Auch wenn sich z. B. die Gestaltungsanforderungen wandeln, müssen sie sich vor denselben Kriterien verantworten, mit denselben Maßstäben messen lassen.[112] Vornehmlich über seine Rationalitätskriterien und -maßstäbe ist das Implementierungssystem in den Zweck- und Leistungsrahmen eingebunden, den die übergeordnete Institution ihm bietet. Für wirtschaftlich gebundene Leistungseinheiten enthält

---

tungsqualität des Informationssystems; mit der Ergebniseffizienz ist der letztlich relevante Erfolg anvisiert.

[110] Zu den individuellen Rationalisierungsperspektiven vgl. oben S. 303 f und die dort angegebene Literatur.

[111] In der eigenen Implementierungsstudie waren in etwa der Hälfte der untersuchten Projekte Zielvariationen und -erweiterungen zu beobachten. Zur Variation von Zielen in Entscheidungsprozessen s. die theoretischen und empirischen Ausführungen bei Hamel 1974. Zur Zielverschiebung vgl. Warner u. Havens 1967; Mayntz 1977, S. 62.

[112] Dies ist wohl die Crux des sozio-technischen Gestaltungsansatzes wie auch der Partizipationsbestrebungen.

dieser Sinnrahmen vor allem wirtschaftliche Werte: Aufwendungen, Erträge, Überschüsse. Sie werden als Kostenreduktionsmaximen, Kapitalfreisetzungsziele, Beschleunigungsforderungen, Budgetlimits oder Amortisationsvorgaben im Implementierungssystem aufgegriffen. Das Implementierungssystem kann daher grundsätzlich kein wesentlich anderes Verhalten zeigen als die Institution, in der es abläuft. Es hängt nicht nur mit seiner Struktur, sondern auch mit seinen Aufgaben in seiner Umgebung fest. In diesem Fall sind es die *institutionellen Leitwerte*, die sich in die Rationalitätskriterien und -maßstäbe der Implementierung hineintragen.

An einer weiteren Stelle ist die Berührung zwischen Implementierungsaufgaben und der Umgebung des Implementierungssystems zwar sehr eng, gleichwohl aber vermittelt durch Implementierungsinteraktionen: Ziele und Gestaltungsanforderungen sind inhaltlich gefärbt durch die Ausgangssituation im Benutzerbereich, genauer: durch die Parameter des umzuarbeitenden Informationssystems. Sie werden in Auseinandersetzung mit den Ausgangsverhältnissen formuliert. Von den Ausgangsbedingungen hängt der Verfahrenssprung ab, den man sich zutraut. Das gegebene Entwicklungsniveau der Komponenten bestimmt, wo besondere Gestaltungsanstrengungen zu unternehmen sind und was gegebenenfalls besser ausgeklammert wird. Nicht zuletzt muß sich das zu entwickelnde Verfahren in das einpassen lassen, was sich nicht ändern soll. Dies zwingt zu Rücksichtnahmen und vielleicht zu Vertagungen. Der Ausgangszustand im Informationssystem und im umliegenden Benutzerbereich schlägt allerdings *nicht direkt* und „von selbst" in die Implementierungsaufgaben um. Er wirkt als Prämisse der Informationssystemgestaltung. In diesem Bereich des Implementierungsverhaltens bedarf es bestimmter Interaktionen, die die Ausgangsverhältnisse aufgreifen. Sie begegnen einem im Rahmen der Informationssystemgestaltung als „Systemanalyse", „Systemerhebung und Systembeschreibung", „Istzustandserfassung und -analyse", „Vorstudie und Feinstudie" u. ä. (s. z. B. Heinrich 1976a; Grochla u. Meller 1977, S. 53ff). Erst auf dem Weg über diese Analyseaktivitäten und die Definition von Implementierungsaufgaben innerhalb der Informationssystemgestaltung können sich die Ausgangsbedingungen in Zielen und Gestaltungsanforderungen bemerkbar machen.

d) Die strukturelle Vermittlung der Implementierungsaufgaben

Die in die Anfangsphase des Implementierungsprozesses fallenden Aufgabenvorstellungen („erste Ideen", „Wünsche" usw.) dienen zunächst erst einmal der Ausgrenzung des Implementierungssystems aus den sonstigen institutionellen Arbeitsprozessen; sie zielen auf seine Konstituierung als einen besonderen Arbeitszusammenhang, der sich eben den – anfangs ganz grob – ins Auge gefaßten Zielen und Gestaltungsanforderungen widmen soll. Das Bewußtsein für diesen besonderen Arbeitszusammenhang bleibt noch zu verbreiten, er selbst ist sozial zu schematisieren, so daß er zum Orientierungsobjekt für die Teilnehmer werden kann. Für diese Schematisierung ist Strukturbildung erforderlich, und mit zunehmender Strukturierung kann sich auch als Aufgabe nur noch durchsetzen, was strukturell aufgegriffen wird. Der Strukturaufbau gelingt umso reibungsloser und schneller, je mehr Strukturbestandteile schon in der Initiierungsphase der Systemumgebung entnommen werden können, je „reifer" also die Implementierungsbürokratie ist.

Das gesamte Handeln wird durch die Aufgaben in den binären Schematismus von Zuträglichkeit und Abträglichkeit gezwungen. Daß es überhaupt um die Bewältigung von Aufgaben geht, und daß man dazu beitragen oder dagegen sein kann, ist jedem Teilnehmer zumindest hintergründig klar. Um *welche* Aufgaben es sich allerdings *im einzelnen* handelt, wird im allgemeinen nicht jedem bekannt, wird in der Regel unterschiedlich gesehen, mag sogar umstritten sein. Je mehr dies der Fall ist, desto schwieriger wird koordiniertes Handeln. Die Gefahr, die in schwachen und kontroversen Aufgabendefinitionen und -auffassungen lauert, wird von der wissenschaftlichen Erörterung oft genug markiert und über Vorschläge zur offiziellen Festlegung eindeutiger Ziele sowie zur Information aller potentiellen (oder zumindest aller potenten) Teilnehmer über die Absichten der Implementierung einzudämmen versucht.

Wenn das System handlungsfähig bleiben soll, muß in der Tat wenigstens an einigen Punkten, d. h. bei einigen maßgeblichen Implementeuren, deutlich und übereinstimmend begriffen sein, worum es geht und worauf alles hinausläuft. Es muß ein Mindestmaß an Koorientierung vorliegen, das mehr als nur Einzelinteraktionen zu tragen vermag. Ein Interaktionsfluß, der auch noch etwas leisten soll, ist unmöglich, wenn man sich von Maßnahme zu Maßnahme immer wieder aufs neue erst einmal grundsätzlich über den Sinn des Vorhabens zu verständigen hat.

Ein den Mindestansprüchen genügendes, vom Implementierungssystem aus betrachtet „marginales" Aufgabenbewußtsein reicht aber nur für Systeme mit geringer Komplexität, deren Leistungsfähigkeit entsprechend beschränkt ist. Die Implementeure, die im Bilde sind, geben dann z. B. sporadische Aufträge und Anweisungen an irgendwelche Stellen, ohne daß systemüberspannendes Gemeinsamkeitsbewußtsein oder ein kontinuierlicher Arbeitsfluß entsteht. Der Prozeß verläuft ruckweise, die Selektionsanschlüsse vermitteln sich schwerfällig von Auftrag zu Auftrag, mehr im Kopf der Implementeure als in konkreten Kommunikations- und Kooperationsvorgängen. Das Implementierungssystem muß bei Bedarf von neuem in Gang gesetzt werden, es bleibt angewiesen auf wiederholte Aktivierung und arbeitet unter dem Risiko ständiger Desorientierung. Mit einem Wort: Die Implementierung „läuft nicht gut". Um die Leistungsmöglichkeiten zu steigern, ist es erforderlich, die *Aufgaben in Strukturen zu überführen*, d. h.: sie zu formalisieren.

Natürlich ist mit einer Aufgabendefinition schon ein guter Schritt in Richtung Strukturierung getan. Es bleibt aber bis zu einem gewissen Grad offen, ob das System auf die gestellten Aufgaben konform reagieren wird und nicht etwa überfordert oder desinteressiert ist. Die Fähigkeit des Implementierungssystems, seine Aufgaben auch wirklich „wahrzunehmen", steht und fällt mit den strukturellen Mechanismen, die das System zur Verfügung hat, um für die Aufgabenerfüllung vorzusorgen. Die Aufgaben müssen, sollen sie interaktions- und insbesondere gestaltungssteuernd werden, in strukturellen Vorkehrungen aufscheinen. Genau dies ist gemeint, wenn hier auf die Notwendigkeit hingewiesen wird, die Aufgaben zu formalisieren. „*Aufgabenformalisierung*" ist freilich mit der schriftlichen Festlegung von Aufgabenformulierungen oder offiziellen Bekundungen und Fixierungen der Implementierungsabsichten nicht ausreichend getroffen. Dies zeigt nur das äußere Erscheinungsbild der Aufgabenformalisierung, deutet aber immerhin schon den für die Aufgabenformalisierung wichtigen Aspekt der Generalisierung (Loslösung von einzelnen Situationen, Zeitpunkten und Personen) an. In der Formalisierung der Aufgaben steckt jedoch darüber hinaus, sie strukturell zur Geltung zu bringen, sie also aus dem Status bloßer Anforderungen hinüberzuheben in strukturelle Arrangements, die nicht nur verbindliche Ansprüche ausdrücken, sondern zugleich ihre Erfüllbarkeit realistisch in Aussicht stellen. Aufgaben sind formalisiert, wenn sie in einem strukturell belangvollen Format vorliegen, das ihre Bewältigung im Rahmen der Möglichkeiten des Implementierungssystems abschätzbar macht. Dies kann nicht erreicht werden, ohne daß auch Erfüllungsmethoden vorgezeichnet und Ressourcen bereitgehalten werden.

Implementierungssysteme mögen mit ganz unterschiedlichen, mitunter auch sehr schwachen Graden an Aufgabenformalisierung auskommen. Eine orientierungsschaffende Generalisierung von Einlösungserwartungen und eine darauf abgestimmte Bereitstellung von Ressourcen ist jedoch stets notwendig, wenn das System sich von der Definitionskraft, der Anwesenheit und dem „Aktivismus" einzelner Teilnehmer emanzipieren soll.

Zur strukturellen Reflexion der Implementierungsaufgaben sind ganz verschiedene Formen denkbar. Absichtserklärungen, „proposals", Projektaufträge oder Arbeitspläne mögen unmittelbar als Vorkehrungen der Aufgaben-„Veröffentlichung" und -Verdeutlichung einfallen. Solche Profilierungsschemata werden häufig gleich flankierend zu den Aufgabendefinitionen mitgeliefert. Aber auch in Budgets und Zeitplänen können sich Aufgaben niederschlagen. Die „Widmung" von Implementierungsorganen stellt eine weitere Möglichkeit dar. Bei ausgebauter Implementierungsbürokratie stecken die Aufgaben in den Projektsteuerungs- und -überwachungstechniken und werden durch die bloße Anwendung bestimmter Arbeitshilfen (Planungsformulare, Entwurfsblätter, Checklisten, Beschreibungssprachen etc.) impliziert. Bürokratisierte Implementierungsstrukturen saugen förmlich Aufgaben an, geben ihnen sofort eine objektive, diskutierbare, entscheidbare Form und brechen sie gegebenenfalls in leitfähige Aktionsprogramme um.

Implementierungssysteme brauchen also nicht bloß Aufgaben, sie benötigen Aufgaben, die in strukturelle Mechanismen der Erfüllbarkeitsvorsorge übersetzt sind. Die einfache Artikulation eines Gestaltungsvorschlages in der Informationssystemgestaltung z. B. führt noch lange nicht dazu, daß das System sich danach richtet. Wenn ein Gestaltungsvorschlag im System etwas bedeuten will, muß man ihn zunächst einmal auf eine „offizielle" Ebene hinaufhieven, die im Blickfeld wichtiger Implementeure liegt, und mit einem implementierungsstrategischen Geltungsanspruch vortragen, d. h. man hat dafür zu sorgen, daß er zu einer Implementierungsaufgabe werden kann. Aber auch wenn ein Ziel gesetzt, eine Gestaltungsanforderung formuliert ist, kann man nicht ohne weiteres ihre Wirksamkeit unterstellen. Aus den Aufgaben müssen bindende Erwartungen, strukturell gesicherte Ansprüche im Hinblick auf die Gestaltungsinteraktionen werden. Dies kann bei starker Autorität oder „zündenden Gedanken“ sehr schnell und „wie von selber“ gehen, sich aber auch quälend langsam hinziehen und schließlich in „Versandung“ enden.

Wir wollen diese wichtige Überlegung in der These von der *Strukturvermitteltheit der Implementierungsaufgaben* festhalten. Aufgaben benötigen für ihre Interaktionsrelevanz eine strukturelle Form. Sie bedürfen der strukturellen Verankerung. Eine Zieläußerung verhallt, eine Gestaltungsanforderung bleibt bloßer Vorschlag, wenn sie keine strukturelle Resonanz erfährt. Informationssystemgestaltung und Projektgestaltung ziehen ihre Leistungsanforderungen aus der Struktur, nicht direkt aus den Aufgaben. Dadurch kann es sich das Implementierungssystem leisten, seine Aufgaben in Grenzen unbestimmt zu halten, alternative Gestaltungskriterien zuzulassen, mit einer Mehrzahl von Rationalitätskriterien (z. B. segmentalen und integrativen Kriterien) zu arbeiten und für Zielrevisionen zumindest in begrenztem Umfang offen zu sein.

e) Aufgaben als Regulative der Strukturbildung

Daß Aufgaben, um interaktionswirksam und namentlich gestaltungswirksam werden zu können, strukturell reflektiert werden müssen, stellt sich von den Aufgaben aus betrachtet so dar, daß ihre „Wirkungen“ zunächst auf die Strukturen treffen – und nicht direkt auf das Interaktionsgeschehen. Wie das Auseinanderhalten von Aufgaben und Gestaltungsmaßnahmen, so ist auch die Trennung von Aufgaben und Strukturen in Grenzbereichen schwierig und vor allem empirisch nicht einfach zu bewerkstelligen.[113] Im großen und ganzen läßt sich aber

---

[113] Zwar wird man eine Formulierung wie „Lieferzeitverkürzung um 3 Wochen“ jederzeit als Ziel erkennen und nicht für Struktur halten, einen Projektausschuß als strukturelle Einrichtung akzeptieren und in ihm kein Ziel sehen; aber die Behandlung des Grades der schriftlichen oder quantitativen Festlegung von Zielen oder der Funktionsbestimmung des Projektausschusses offenbart Grauzonen. Solche Überlappungen sind nicht umgehbare Konsequenzen der Konfrontation unserer analytischen Schnitte durch das Implementierungssystem mit den Vagheiten, die Implementierungsprozessen wie allen sozialen Prozessen nun einmal zu eigen sind. Die Interpretationsspielräume und „Unbestimmtheitsreserven“, die sich soziale Systeme in ihrem alltäglichen Vollzug belassen und die an ihrer Terminologie leicht nachzuweisen sind, können auch durch noch so bemühte Begriffsarbeit nicht aufgehoben, sondern im Grunde nur wiedergegeben werden.

doch konstatieren, daß Zwecke oder Aufgaben anders erlebt werden als Strukturen. Die konzeptionell erschlossene Beziehung, die wir zwischen ihnen annehmen können, wollen wir so ausdrücken, daß wir sagen: *Aufgaben regulieren die Strukturbildung im Implementierungssystem.* Weil die Aufgaben der strukturellen Umsetzung bedürfen, müssen sich die Strukturen nach ihnen richten, soweit dies möglich ist. In einem implementierungskulturell und -bürokratisch noch offengelassenen Variationsspielraum sind deshalb die Aufgaben ausschlaggebend dafür, wie die Strukturen aussehen. Dabei sind es nicht so sehr konkrete aufgabeninhaltliche Aspekte, auf die die Strukturbildung reagiert, sondern vor allem generelle Bedeutungsabstrahlungen der Aufgaben, z. B. ihr Umfang, ihre Neuartigkeit, ihre Schwierigkeit, ihre Unsicherheit oder ihre potentielle Kontroversität. Weniger die Verfolgung spezieller Ziele oder das Auftreten ganz bestimmter Gestaltungsanforderungen beherrschen die Ausrichtung der Strukturierung,[114] sondern mehr die Einschätzung der Aufgabenbedeutung anhand von Kriterien, die Problemausmaß, Risiko und Aufwendigkeit signalisieren. Solche Kriterien bilden gleichsam Codierungen der Implementierungsaufgaben, die für die strukturelle Ausstattung des Projektes Vergleichsgrundlagen schaffen.

Aufgaben fungieren als richtungsweisende Prämissen für die Strukturbildung. Sie werden als Selektionsgesichtspunkte dafür verwendet, welche Bestandteile aus dem Strukturpotential der Umgebung als übergreifende Strukturen im Projekt aktiviert werden, welche Interaktionstendenzen die Chance erhalten, sich zu projektspezifischen Strukturmustern zu verfestigen, und welche strukturellen Vorkehrungen in der Projektgestaltung getroffen werden. Damit ist keine strikte Determination behauptet: Die Strukturen werden nicht etwa aus den Aufgaben abgeleitet. Es handelt sich um eine Beziehung der Plausibilisierung struktureller Auswahlentscheidungen. Manches mag ohnehin implementierungsbürokratisch so standardisiert oder aufgrund einer langen Implementierungstradition so zur Routine erstarrt sein, daß die speziellen Aufgaben nicht besonders ins Gewicht fallen. Wo aber Strukturierungsalternativen bestehen, oder wo es um die Frage geht, in welchem Ausmaß und über welche Mittel strukturiert werden soll, orientiert man sich an den Aufgaben.

---

[114] Natürlich kann aber ein außergewöhnliches Vorhaben auch von seinem Sachgehalt her strukturformend werden; der Aufbau einer Datenbank oder die Entwicklung eines komplizierten mathematischen Modells etwa mag unmittelbar auf die Gestaltungsinhalte bezogene projektstrukturelle Regelungen nahelegen.

Soweit die Implementierungsstrukturen aufgabenbedingt sind, kann man mit zunehmender „Typifizierung“ der Aufgaben auch mit einer größeren Ähnlichkeit der Implementierungsstrukturen rechnen. Die *Aufgabentypifizierung* innerhalb einer Institution wächst mit der Verbreitung von Computeranwendungen sowie der Erfahrung mit Implementierungsprozessen (also mit der Implementierungstradition) und wird abgestützt durch vorgefertigte Regeln (durch implementierungsbürokratische Vorgaben). Außerinstitutionelle Einflüsse, die von den Märkten für Informationstechnologien, von Seminaren, Fachzeitschriften und pragmatisch-normativen Lehren ausgehen, verstärken einen *langfristigen Trend zur Veralltäglichung und Routinisierung von Implementierung.* Mit der weiteren Ausbreitung computergestützter Informationsverarbeitung und datenverarbeitungsorganisatorischen Reaktionen darauf verliert Implementierung von der Aufgabenstellung her an Variabilität, wird beherrschbarer und verträgt immer besser übergreifende Strukturen. Ein Blick in die Implementierungspraxis von Großunternehmen bezeugt, daß sich dort charakteristische Implementierungsstile ausgebildet haben, die vorwiegend durch projektübergreifende Strukturen getragen werden.

f) Gesamtaufriß der Implementierungsaufgaben und Einblick in den Selbststeuerungsmechanismus des Implementierungssystems

Die Zusammenfassung dieses Abschnitts kann wieder durch eine Teilabbildung des Implementierungssystems unterstützt werden. Diese zeigt uns nun nicht nur einen Gesamtaufriß der Implementierungsaufgaben, sondern gewährt erstmals auch einen Einblick in den gesamten Selbststeuerungszusammenhang des Implementierungssystems (Abbildung 5, S. 328).

In Implementierungssystemen begegnet man drei Aufgabenhorizonten (Erfolgshorizont, Gestaltungshorizont, Horizont der Projektabwicklung) mit unterschiedlicher Spannweite (unterschiedlich weit entfernten Fluchtlinien: Gesamtinstitution, Benutzerbereich, Implementierungsprojekt), in denen Ziele, Gestaltungsanforderungen und Durchführungsanforderungen liegen.

Zulässigkeit und Funktionsangemessenheit von Zielen, Gestaltungsanforderungen und Durchführungsanforderungen werden von Rationalitätskriterien und -maßstäben *kontrolliert*, mit denen am Ende auch die Effizienz des Projektes in jedem Aufgabenhorizont gesondert beurteilt

Abbildung 5 Aufgaben bei der Implementierung und ihre Bedeutung für die Selbststeuerungsfähigkeit des Implementierungssystems

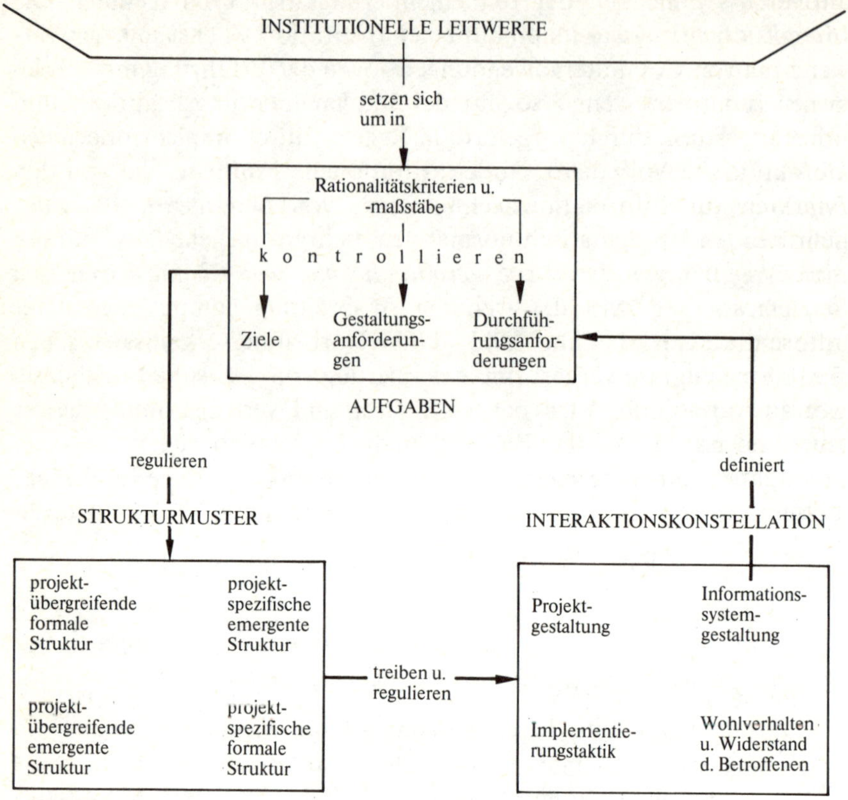

wird (Erfolgskriterien, Qualitätskriterien, Abwicklungskriterien). In diesen Rationalitätskriterien *setzen sich* unmittelbar bestimmte institutionelle Leitwerte aus der Implementierungsumgebung *um*.

Die Implementierungsaufgaben werden im Rahmen der Informationssystemgestaltung *definiert* als das, was man „letztlich" erreichen will (Ziele), was man konkret tun will (Gestaltungsanforderungen), als Verfahrensweise, um Ziele und Gestaltungsanforderungen zu erfüllen (Durchführungsanforderungen), und als Kriterien, die man zur Bewertung akzeptiert.

Die Aufgaben benötigen eine strukturelle Vermittlung, um die Gestaltungsmaßnahmen anzuleiten. Sie *regulieren* deshalb die Strukturbildung, soweit projektübergreifende Strukturen bzw. entsprechende Umgebungseinflüsse dazu Spielraum lassen.

Aus diesen Betrachtungen ergibt sich die grundlegende Vorstellung eines *zweistufigen Steuerungszusammenhanges*: Die Implementierungsaufgaben regulieren die Strukturen, diese treiben und regulieren die Interaktionen in Implementierungsprozessen. Der Kreis schließt sich, wenn man berücksichtigt, daß die Aufgaben ihrerseits in den Interaktionen konturiert, ausgehandelt und zu einer entsprechenden Definitionsreife gebracht werden. Wir stoßen mit diesem *Implementierungskreislauf* an den *Zentralmechanismus der Selbststeuerungsfähigkeit des Implementierungssystems*. Implementierungssysteme sind in der Lage, nicht nur (per Projektgestaltung) ihre eigenen (projektspezifischen formalen) Strukturen bewußt zu manipulieren, sie können mittels der Setzung und Verschiebung ihrer Zwecke auch eine die Gesamtstruktur erfassende Regulierung erreichen. Die Implementierungsinteraktionen sind also fähig, sich selbst mit Leitgesichtspunkten zu versorgen, sowohl die Gestaltungsmaßnahmen als auch die Taktik der Implementeure und nicht zuletzt Wohlverhalten und Widerstand der Betroffenen in aufgabenkonforme Bahnen zu lenken.

4. Die Umgebungsgebundenheit des Implementierungssystems

a) Die Vorprägung des Implementierungssystems durch die implementierungsrelevante Umgebung

Die Implementierung computergestützter Informationssysteme bewegt sich weitgehend *in den Grenzen* der Unternehmungen, Behörden oder sonstigen zu wirtschaftlichem Verhalten tendierenden Leistungseinheiten, die diese Informationssysteme im Rahmen ihrer Leistungsprozesse einsetzen.[115] Die Teilnehmer des Implementierungsprojektes – Implementeure wie Betroffene – kommen, abgesehen von externen Beratern und Herstellervertretern, aus der jeweiligen die Implementierung übergreifenden Institution. Implementierungssysteme besitzen in Gestalt der „Anwenderorganisation" einen *generellen institutionellen Kontext*. Aspekte wie Größe, Automatisierungsniveau und -erfahrung, Dienstleistungsorientierung im Unterschied zu Produktionsorientierung,

[115] Darin liegt vermutlich das folgenreichste Unterscheidungsmerkmal im Vergleich zur Implementierung politischer Programme. Daß man auch im Bereich der Informationssystementwicklung interinstitutionellen Projekten begegnet, und daß in diesen Fällen mit Restriktionen und Zusatzproblemen zu rechnen ist, die die Implementierungspraxis ansonsten nicht behelligen, erörtern Winkelhage u. Marock 1980.

Branchenzugehörigkeit, Konsumnähe der Produkte, Leistungsvielfalt oder räumliche Konzentration bzw. Streuung der Betriebseinheiten der „Anwenderorganisation" mögen durchaus eine gewisse Bedeutung für Ausstattung und Ablauf von Implementierungsprojekten gewinnen. Aber der Einfluß solcher Faktoren, die sich für Korrelationsstudien u. ä. anbieten und auch dankbar aufgegriffen werden,[116] bleibt vergleichsweise indirekt und ist theoretisch schwer zu rekonstruieren.

Die übergreifende Institution bietet dem Implementierungssystem jedoch eine weitaus *spezifischere Nahumgebung*, deren charakteristische Ausprägungen sich unvermittelt ins Implementierungssystem umsetzen. Sie finden sozusagen im Implementierungssystem direkte Aufnahme. Die Kategorien, mit denen diese implementierungsrelevante Nahumgebung konzeptionell faßbar wird, fallen uns als ein Derivat der vorangegangenen Analysen in den Schoß.

Die *Implementierungsumgebung* setzt sich zusammen aus

- den Verhältnissen im *Benutzerbereich*, speziell aus dem Ausgangszustand, den Transformationsstufen und dem Ergebniszustand des *umzugestaltenden Informationsverarbeitungsverfahrens*;
- den Verhältnissen in der Datenverarbeitungsorganisation, namentlich aus den dort angelegten Spezialisierungs- und Professionalisierungsmustern sowie den im Hinblick auf Implementierungsprojekte entwickelten Planungsschemata, Organisationsformen, Arbeitsmethoden, Überwachungsmechanismen und Evaluationsverfahren; dieses Umgebungssegment haben wir als „*Implementierungsbürokratie*" kennengelernt (vgl. S. 284);
- den Erfahrungen, die man in einer Institution mit Implementierungsprojekten gewonnen hat, und den Auffassungen und Bewertungen, die sich daran knüpfen; vieles davon tritt im Verhältnis zwischen Fachabteilungen und Datenverarbeitungsbereich zutage; wir nennen dies die „*Implementierungskultur*" einer Institution (vgl. S. 306);
- den *institutionellen Leitwerten*, die in einer „Anwenderorganisation" insgesamt gelten, die als Rationalitätskriterien und -maßstäbe allgemein zur Beurteilung der institutionellen Leistungen herangezogen werden und auf die auch die Motivations- und Sanktionsmechanismen abgestimmt sind.

Diese Umgebungssegmente berühren das Implementierungssystem auf verschiedene Weise und an unterschiedlichen Stellen.

Das umzugestaltende Informationssystem ist der Arbeitsbereich der Informationssystemgestaltung. Die Ausgangsverhältnisse, die man vor-

---

[116] S. etwa Baum u. Burack 1969; Blau u. Schoenherr 1971; de Brabander u. a. 1972; Kieser u. Kubicek 1973; Edström u. Naugès 1975; Zajonc 1976.

findet, werden in Zielsetzungen und Gestaltungsanforderungen aufgegriffen. In der Abarbeitung der Gestaltungsanforderungen veranlaßt die Informationssystemgestaltung ihr Objekt zu einem informationstechnologischen Sprung oder einer Folge von Veränderungsschritten. Die Radikalität der Transformation – oft als „Innovationsgrad" gelobt –, mehr aber noch der letztlich gesetzte Soll-Zustand wird zum Auslöser von Betroffenenreaktionen, die sich als Wohlverhalten oder Widerstand im Implementierungssystem bemerkbar machen.

Die aus der Implementierungsbürokratie angebotenen oder aufgezwungenen Vorgaben setzen sich um in projektübergreifende formale Strukturmuster. Es mögen Wahl- und Ausweichmöglichkeiten im Projekt verbleiben; man kann z. B. einmal projektspezifisch neue Methoden heranziehen oder es mit einer unüblichen Zusammensetzung der Projektgruppe versuchen. Im Normalfall aber werden die dominanten Implementeure gerne auf generelle Strukturvorlagen zurückgreifen, weil sie ihnen die Arbeit erleichtern.

Implementierungskulturelle Normen, Verständnisgemeinsamkeiten, unbefragte Überzeugungen und Interpretationstendenzen („Mythen"), Lehren, emotionale Bindungen, Umgangsformen und Symbolsysteme leben auf in den projektübergreifenden emergenten Strukturen. Die zugehörigen Erwartungen werden von den Teilnehmern in das Implementierungssystem mitgebracht. Es sind keine „privaten" Erwartungen, sondern sie reflektieren, was man allgemein von Implementierung zu halten sich angewöhnt hat, d. h. was „man" über Implementierung weiß, denkt und von ihr in verfahrensbezogener wie in ergebnisbezogener Hinsicht fordert.

Die institutionellen Leitwerte werden spezifiziert zu Rationalitätskriterien und -maßstäben des Implementierungssystems. Sie betreffen also die Implementierungsaufgaben. Da die institutionellen Leitwerte in wirtschaftlich gebundenen Leistungseinheiten ähnlich ausfallen, ergibt sich zumindest in den zentralen Steuerwerten von Implementierungsprojekten eine weitgehende Uniformität.

Implementierungssysteme sind also jeweils mit verschiedenen Teilen (Aufgaben, Strukturen, Interaktionen) in verschiedenen Umweltsegmenten (institutionellen Leitwerten, Implementierungsbürokratie und -kultur, Benutzerbereich) verankert. Die Beziehung zwischen dem Implementierungssystem und seiner Umgebung besitzt die Form einer *selektiven Hineinnahme von Umgebungselementen in das System*. Die Wahlmöglichkeiten, die das System ausüben kann, sind von der Umgebung mehr oder weniger eng ausgelegt. Die institutionellen Leitwerte müssen bruchlos aktiviert werden. Implementierungsbürokratische Regelungen bieten sich an und werden zumeist auch (wenigstens von den dominanten Implementeuren) bereitwillig akzeptiert. Die Implementierungskultur läßt sich nicht hintergehen. Die relativ größten Spielräume bleiben dem Implementierungssystem in der Ausgrenzung und Wahrnehmung seines Arbeitsobjektes.

Will man das Verhältnis von Implementierungssystem und Umgebung auf einen einheitlichen Terminus bringen, und versucht man dabei, dem Druck, den die Umgebung ausübt, gerecht zu werden, so bietet es sich an, davon zu sprechen, daß die Umgebung sich *in* das System *umsetzt*. Dieses Sich-Umsetzen der Umgebung ins System hat die Konsequenz, daß Implementierungssysteme trotz ihrer Selbststeuerungskapazitäten keineswegs als autonom begriffen werden können. Sie „entsprechen" mehr oder weniger stark ihrer Umgebung.

In diesem wichtigen Befund konzentriert sich, was in unseren Analysen über das Verhältnis von Implementierungssystem und implementierungsrelevanter Umgebung herauskommen sollte. Implementierungssysteme können nicht völlig frei schalten und walten. Sie müssen sich den institutionellen Leitwerten unterordnen. Sie sind stets verwachsen mit einer nicht wegzuwischenden Implementierungstradition. Sie importieren übergreifende Strukturmuster und sind wohl zum Teil darauf auch angewiesen, um mit ihren Durchführungsanforderungen fertigzuwerden. Schließlich sehen sie sich einem Funktionsanspruch ausgesetzt, der seine Substanz aus den Zuständen im Benutzerbereich und aus der Projektion eines gewünschten Ergebniszustandes zieht. Implementierungssysteme unterliegen mithin einer *Vorprägung* durch ihre Umgebung.

b) Entwicklungstendenzen der Implementierungsumgebung

An diese Vorprägung knüpfen sich zahlreiche Implikationen, die bisher kaum erforscht sind, weil das theoretische Rüstzeug fehlte. Vor allem *die Umstellungen des Implementierungssystems im Wandel der Implementierungsumgebung* erfordern eine eingehendere Durchleuchtung. Durch einige Anschlußüberlegungen wollen wir zumindest die Richtung andeuten, in die weitergedacht werden kann. Dabei erscheinen verschiedene teils innerinstitutionelle, teils nach außen greifende Entwicklungstendenzen der Implementierungsumgebung beachtenswert, die mit schon registrierbaren oder für die Zukunft absehbaren Transformationen des Implementierungssystems korrespondieren:

– *die steuerungstechnische Nutzung der Implementierungsumgebung* mit der Folge der *zunehmenden Verdrängung projektspezifischer Regelungen durch projektübergreifende Regelungen*;
– *die Verstrebung des Implementierungssystems in der Implementierungsumgebung* mit der Folge *steigender Resistenz des Implementierungssystems gegen „Angriffe", aber auch gegen wohlgemeinte Veränderungsvorschläge*;
– *die Vereinheitlichung von Implementierungsbürokratie und Implementierungskultur* mit der Folge einer *überinstitutionellen Standardisierung des Implementierungssystems*;
– *die Erweiterung der Implementierungsumgebung über institutionelle Grenzen hinweg* mit einem sehr vielschichtigen, noch kaum überschaubaren Folgenhorizont.

Die folgenden Anmerkungen vermögen der fundamentalen Bedeutung dieser Entwicklungstendenzen keineswegs gerecht zu werden. Sie beabsichtigen deshalb lediglich, der empirischen Implementierungsanalyse eine *„historische" Perspektive* zu erschließen und weiterführenden Untersuchungen nahezulegen, insbesondere dem *umgebungsbedingten Wandel der Implementierung computergestützter Informationssysteme* nachzuspüren.

In der Vorprägung des Implementierungssystems wirken die verschiedenen Umgebungssegmente zusammen. Diese „Gleichsinnigkeit" von Beschränkungen und Verweisungen rührt daher, daß die Umgebung des Implementierungssystems ihrerseits zum größten Teil innerhalb einer wirtschaftlich orientierten Institution liegt und daß von der Ebene dieser übergreifenden Institution aus die Implementierungsumgebung zu einer *generalisierten Steuerung* genutzt werden kann.
Dies kommt besonders klar in den *Anreizmitteln und Beurteilungskriterien für die Tätigkeiten der Systemplaner* zum Ausdruck. Die institutionellen Leitwerte präformieren nicht nur die Rationalitätskriterien und -maßstäbe in den Implementierungsaufgaben, sie werden auch in die Belohnungsordnung und Leistungsbeurteilungsschemata der Implementeure sowie in die Projektüberwachungsmechanismen eingebaut und fließen so über die Implementierungsbürokratie direkt in die Struktur der Implementierung ein. Die „verengten Perspektiven" der Systemplaner sind dann nicht allein eine Angelegenheit persönlicher Vorlieben oder einer einseitig orientierten Ausbildung. Sie liegen im Interesse der Institution, als deren „Werkzeuge" die Systemplaner in die Implementierung geschickt werden. Die „verengten Perspektiven" können auch offensichtlich nicht nur für die Datenverarbeitungsspezia-

listen konstatiert werden. Das Benutzerbereichsmanagement hat zwar keinen so gravierenden, aber doch einen keineswegs unbeachtlichen Anteil an der Informationssystemgestaltung. Daß von dieser Gruppe keine „alternativen", „perspektivenerweiternden" Impulse ausgehen, hängt damit zusammen, daß sie denselben Beurteilungsgesichtspunkten unterworfen ist wie die Systemplaner – vielleicht sogar noch in verschärftem Maße. Bjørn-Andersen und Hedberg haben dies sehr praxisnah als Ergebnis zweier empirischer Untersuchungen herausgearbeitet:

„Another group of implicit design constraints comes from the ways in which design teams' performance is measured, and from the rewards which are attached to their performance. If performance measures are crude and partial, they are likely to direct design teams' attention mainly to the variables that are reflected in the measures. *If rewards encourage only certain design considerations, other design aspects are likely to be neglected.*

Top management at ALPHA and BETA supplemented vaguely expressed design objectives with cost budgets and time schedules in order to control the design processes. *These performance measures spelled out time and money as important design considerations, but they did not acknowledge human needs on equal terms.* The design teams were not rewarded for considering human needs, and *budgets and time schedules were not planned to allow capacity for work design or reorganizing.* Neither did they encourage – or even enable – members of the design teams to spend time evaluating and learning from the information systems they had installed. *When one system was technically completed, another design project was waiting.* The design teams' emphasis on making the technology work, and their reluctance to assume responsibility for their systems' human consequences are very understandable in view of the ways in which their performance was judged and rewarded." (Bjørn-Andersen u. Hedberg 1977, S. 133; Hervorhebungen nicht im Original)

Damit sind nicht nur zwei Einzelfälle erfaßt. Das Zitat beschreibt vielmehr die typische Arbeitssituation der Systemplaner in bürokratisierten Datenverarbeitungsorganisationen. Das Benutzerbereichsmanagement befindet sich im Prinzip in der gleichen Lage – zumal seit ausgefeilte Controlling-Methoden die Fachabteilungen immer stärker unter Rationalisierungsdruck bringen. Der auf diese Weise erzwungene Griff zum Computer hat vielfach Auswüchse einer „Hyper-Akzeptanz" heraufbeschworen, in deren Folge dann die Systementwicklungskapazitäten der Datenverarbeitungsorganisation leicht überstrapaziert werden und vor allem neuartige Nutzungsmöglichkeiten der Informationstechnologie einstweilen in einem allseits beklagten „Anwendungsstau" hängenbleiben.

Die Vorprägung des Implementierungssystems ist auch insofern von hervorstechender praktischer Bedeutung, als erst aufgrund ihrer ge-

nauen Durchleuchtung die Chancen dafür abschätzbar werden, *Implementierungssysteme zu verändern*, es also „einmal anders zu machen", z. B. „partizipativer" oder unter größerer Beachtung organisatorischer und personeller (womöglich sozio-emotionaler) Komponenten. Wer auch immer Implementierungssysteme „umfunktionieren" oder „umstrukturieren" will, rennt zugleich auch gegen die Umgebung an, die das System vorprägt. Letztlich halten die institutionellen Leitwerte in Verbindung mit implementierungsbürokratischen Vorgaben und implementierungskulturellen Sach- und Wertvorstellungen das Implementierungssystem auf Kurs. Man kann schwerlich hoffen, Implementierungssysteme dauerhaft umorganisieren zu können, ohne an ihrer institutionellen Umgebung etwas zu ändern.
Ernsthafte Skeptiker gegenüber der Zunahme und den Formen computergestützter Informationsverarbeitung, die von ihren „Wirkungen" her argumentieren und damit, wie wir herausgefunden haben, in beträchtlichem Maße zwangsläufig die Implementierung treffen, können deshalb hinsichtlich der institutionellen Leitwerte und implementierungsbürokratischen wie -kulturellen Gegebenheiten nicht neutral bleiben. Ob nun gewollt oder ungewollt, sie untergraben latent auch die institutionalisierten Stützen, die die Entwicklung tragen, die ihnen suspekt erscheint. Sie sehen sich genötigt, die institutionellen Leitwerte umzubiegen – mindestens bis zur Gleichgewichtung, Harmonisierung und wechselseitigen Erfüllungsabhängigkeit von „productivity" und „job satisfaction" (s. Mumford 1978 b). Sie decken die speziellen Interessen und Verengungen auf, die in den Methoden und Techniken der Systementwicklung stecken, und legen eine Revision nahe (s. Kyng u. Mathiassen 1982; Breisig u. a. 1983, 188 ff). Sie sehen sich vor der vielleicht noch schwierigeren Aufgabe, mit herrschenden Implementierungstraditionen zu brechen. Und sie mögen sich im Bewußtsein der Tatsache, daß sich jenseits der implementierungsrelevanten Nahumgebung weitere Umgebungen aufschichten, die schließlich in einem allgemeinen kulturellen Hintergrund kulminieren, herausgefordert fühlen, ihre Angriffe auf gesamtgesellschaftliche Ebene zu heben.

Die Implementierungsumgebung weist über verschiedene Institutionen hinweg eine beachtliche Ähnlichkeit schon durch den Gleichklang der institutionellen Leitwerte auf. Solange man die Implementierung computergestützter Informationssysteme in wirtschaftlich gebundenen Leistungseinheiten betrachtet, werden einem Kosten- und Leistungsgesichtspunkte (Reduktion von Einsatzfaktoren, Ausstoßerhöhungen)

oder andere, leicht in pekuniäre Vor- und Nachteile übersetzbare Kriterien, etwa das Ausmaß der Kapitalbindung, Bearbeitungszeiten, Produktivität oder Marktanteile ins Auge springen. Wo meßbare Ziele auftreten, gehen diese Kriterien unmittelbar in die Zielformulierungen ein, werden nur noch adaptiert an die jeweiligen Sachverhalte, die herabzusetzen, einzusparen, zu erhöhen, zu verkürzen sind (s. Zuberbühler 1972, S. 39 f). In den häufigeren Fällen qualitativ fixierter Ziele bleiben die gleichen Kriterien maßgeblich, um implementierungsstrategischen Aufwand gegen den zu erwartenden oder erreichten Nutzen abzuwägen, auch wenn methodisch dazu nur Behelfsverfahren (z. B. Nutzwertanalysen) greifbar sind.
In Form der *institutionellen Leitwerte* existiert somit in der Implementierungsumgebung eine Art „konstanter Faktor", der durch seine Umsetzung ins Implementierungssystem eine *vereinheitlichende Grundprägung* ausübt. Dies gilt für andere Umgebungssegmente bisher noch nicht so stark, zeigt allerdings einen gewissen Wandel. In der systematischen Aufbereitung und Verbreitung „rationaler" Methodologien der Einführung computergestützter Informationssysteme innerhalb der vergangenen 25 Jahre ist das Heranreifen implementierungsbürokratischer Grundmuster, in der zunehmenden Implementierungserfahrung und Veralltäglichung des Computereinsatzes die Entstehung einer weiten Fachkreisen gemeinsamen Implementierungskultur nicht zu verkennen. Man kann durchaus von einem *säkularen Trend zur Homogenisierung implementierungsbürokratischer Steuerungsmechanismen und zur Angleichung implementierungskultureller Überzeugungs- und Wertmuster* sprechen. Es ist zugleich ein Trend zur generalisierten Beherrschbarkeit von Implementierungsproblemen und zur Ablösung individueller Implementierungstraditionen durch eine gesamtgesellschaftliche oder -wirtschaftliche Entwicklungsgeschichte computergestützter Informationsverarbeitung, die von den führenden Implementeuren: den professionellen Systemplanern und ihren Vereinigungen, den Computerherstellern, Softwareentwicklern und Datenverarbeitungsberatern geschrieben wird. Soweit man von grundlegenden Gemeinsamkeiten der Implementierungsprojekte eher beeindruckt ist als von Detailunterschieden und den Ursachen dieser Gemeinsamkeiten nachspürt, erscheint es jedenfalls auch heute schon ratsam, einen Blick in die implementierungsrelevante Nahumgebung zu werfen und auf die dort vorfindbaren Ähnlichkeiten zu achten.

Es spricht einiges dafür, daß die weiter oben genannten Aspekte wie Größe, Automatisierungsniveau und -erfahrung, Branche usw.

nur deshalb mit der Intensität, Verteilung oder Form der Anwendung von Informationstechnologien assoziiert sind, weil diese Parameter eine gewisse Rolle bei der *Evolution der Implementierungsumgebung*, vor allem der Implementierungsbürokratie und -kultur spielen. So ist etwa zu vermuten, daß industrielle Großunternehmen, bei denen ein Gleichschritt in der Nutzbarmachung automatisierter Informationstechnologien zu beobachten ist, ungeachtet sonstiger (z. B. branchenbedingter) Unterschiede typische implementierungsbürokratische Regelungen und implementierungskulturelle Selbstverständlichkeiten ausbilden, die ähnliche Implementierungsstile begründen und letztlich zu innerbetrieblichen „Computerlandschaften" führen, die sich in vielen Punkten ähneln. Dasselbe dürfte für komplexere Behörden gelten.

Aber auch für Informationssystemeinführungen in Kleinbetrieben, Kanzleien, Praxen usw. wird sich in Zukunft wahrscheinlich eine einigermaßen homogene Implementierungsbürokratie und -kultur entwikkeln, die freilich weit stärker als in Großbürokratien von *externen Implementeuren*, also Beratern, Computerherstellern und Softwarehäusern in Szene gesetzt wird. Diese externen Implementeure fungieren als Mittler zwischen dem allgemeinen „state of the art" der Implementierung und den noch weniger erfahrenen Anwendern. Sie ersetzen den Datenverarbeitungsbereich, wie er in größeren Institutionen anzutreffen ist, und aus ihren Vorgehensweisen (in Verbindung mit den gerätetechnisch verfügbaren Möglichkeiten und dem Softwareangebot) können überinstitutionelle Erwartungsmuster herauswachsen, die Antworten darauf bereithalten, wie man auf rationale Weise z. B. Notariate, Arztpraxen, Einzelhandelsgeschäfte etc. mit computergestützten Informationssystemen versorgt.

Es bleibt also bei steigender Durchdringung aller Arbeitsprozesse (und weiterer Lebensbereiche) mit Informationstechnik nicht unbedingt bei einer Implementierungsumgebung, die sich im Rahmen einzelner Institutionen hält; *die Nahumgebung von Implementierungssystemen diffundiert über institutionelle Grenzen hinweg in die gesellschaftliche und wirtschaftliche Umwelt*. Dieser (makrosoziale) Prozeß ist im Gange, sein Verlauf ist indes schwer abschätzbar, und theoretische Mittel, ihn zu begreifen, kommen erst langsam in Sicht.

Das Implementierungssystem liegt nun im Gesamtüberblick vor uns. Es ist ein *zweckbezogener*, mehr oder weniger ausgeprägt *strukturierter Interaktionsprozeß, der mit einer bestimmten institutionellen Vorprägung*

Abbildung 6 Aufgaben, Strukturen und Interaktionen im Implementierungssystem und die Verankerung des Implementierungssystems in der institutionellen Umgebung

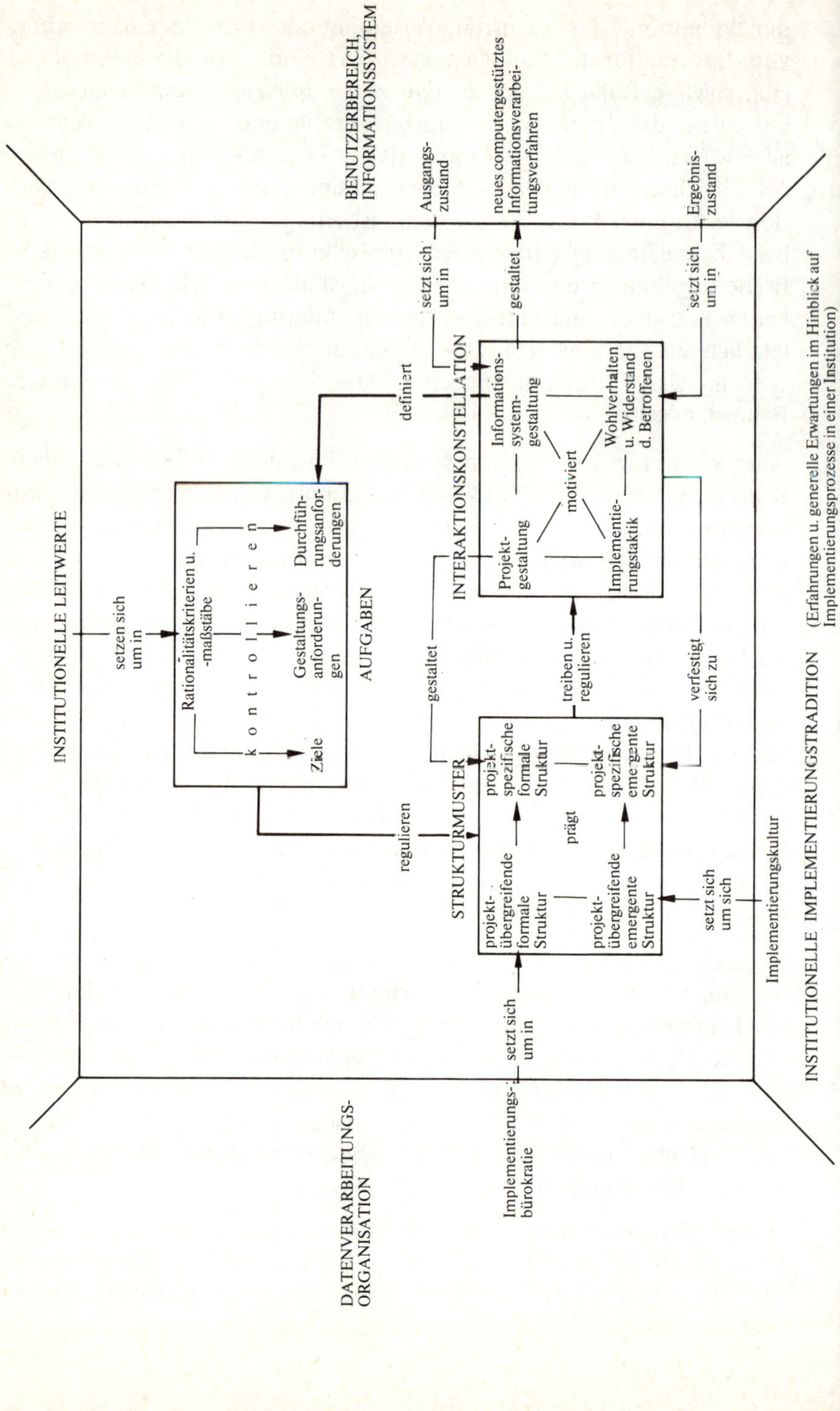

abläuft. Die vorangegangenen theoretischen Erörterungen haben dieser jetzt als Essenz isolierbaren Bestimmung auf systemtheoretischer Grundlage einen empirisch aufnahmefähigen Hintergrund gegeben.

In Abbildung 6 sind die in den Abbildungen 2, 4 u. 5 erarbeiteten Teilansichten zusammengeschnitten.

Schlußbetrachtung

Die Implementierung von Computeranwendungen ist zu einem alltäglichen Geschäft geworden. Tausende von Menschen verdienen ihr Geld damit; Millionen sind betroffen. Es handelt sich um ein praktisches Phänomen von herausragender Bedeutung. Es ist ebenso dynamisch und kraftvoll wie jung. Vor nur 30 Jahren hat noch kaum jemand daran gedacht, heute besteht ein weltumspannendes Geflecht von Aktivitäten, die auf die ein oder andere Weise alle darauf gerichtet sind, bereits maschinisierte Verfahrensweisen, insbesondere aber menschliche Arbeits-, Kommunikations- und Denkprozesse durch elektronische Informationstechnologien zu unterstützen, das Verständnis für die Wichtigkeit und die „Segnungen" dieser „Technologisierung" zu verbreiten und die Fähigkeiten zur Einführung und Anwendung der Informationstechnik auf den Stand routinierter Handhabung zu bringen. Nach allem, was wir sehen, sind diese Aktivitäten äußerst erfolgreich.

Wissenschaften spielen dabei eine wichtige Rolle, namentlich Ingenieur- und Managementwissenschaften. Sie sind in das Geschehen primär als Impulsgeber und Verstärker, als „Pfadfinder" und „Wegbereiter" eingeschaltet, d. h.: sie machen mit. Nur in begrenztem Ausmaß finden wir Versuche, von der Entwicklung als solcher zurückzutreten und sie zu überdenken, zu reflektieren.[1] Dazu mag man einen Bedarf nicht verspüren, solange alles glatt läuft. Aber damit ist es vorbei: Die Proponenten sind nicht mehr allein, die Skeptiker haben sich formiert. Nun wird es wichtig *zu verstehen*, was da vor sich geht, für die Proponenten, um sich abzusichern und weitermachen zu können, für die Skeptiker, um Veränderungen oder sogar Einschränkungen zu erreichen. An diesem Punkt kommt es aus beiden Richtungen zum Griff nach den Sozialwissenschaften, nach Sozialtheorien der Technik, Wandlungs- und Modernisierungstheorien, politischer Wissenschaft, Planungs- und Organisationsforschung, Industrie- und Verwaltungssoziologie, Kommunikationsforschung, Sozialpsychologie.

Die Sozialwissenschaften sind auf Thematik und Anspruch nicht gut vorbereitet. Ihre herkömmlichen Paradigmen sind zu allgemein oder zu speziell, um den drängenden Fragen zur computergestützten Infor-

---

[1] Prototypisch u. deshalb oft zitiert: Weizenbaum 1976.

mationsverarbeitung mit begründeten Antworten begegnen zu können. Sie müssen erst theoretische Kapazitäten mobil machen, und das braucht seine Zeit. Kein Wunder, daß sie währenddessen in die Versuchung geraten, angesichts der Umstrittenheit des Computereinsatzes schon einmal vorsorglich Stellung zu beziehen: eher dafür oder eher dagegen. Verständlich auch, daß sie angesichts des Entwicklungstempos dazu neigen, mühselig-langwierige Theoriebildung hinter mehr „praktischen" Aussagen, hinter „politisch wirksamen" Beiträgen zurückzustellen, daß sie, behutsam oder massiv, Partei ergreifen.[2] Die Wissenschaften, die aufgerufen sind, zu erklären, wie das Voranschreiten der Anwendung moderner Informationstechnologien funktioniert, d. h. wie es bewerkstelligt wird, und was es der Menschheit bringt, blenden sich in das Geschehen selbst ein; sie opfern damit zumindest zum Teil reflektives Potential dem effektiven Dabeisein.

In der vorliegenden Untersuchung steckt ein gehöriges Bemühen, sie aus dem Dunstkreis kontroverser Beurteilungen der computergestützten Informationsverarbeitung herauszuhalten. Dazu war es einereits zu vermeiden, in der Argumentation implizit von der Gestaltungsproblematik computergestützter Informationssysteme, wie sie „in der Praxis" (und das meint konkret: von den dominanten Implementeuren) begriffen wird, auszugehen; wer sich diese Problemsicht zu eigen macht, steht, ob er will oder nicht, unter den Proponenten. Andererseits haben wir aber auch keine skeptischen Einwände aufgegriffen, z. B. „Wirkungen" für nachteilig befunden oder eine Veränderung des Implementierungsstils in Richtung mehr partizipativer Formen gefordert. Die Analyse leistet weder den Skeptikern noch den Proponenten unmittelbar Schützenhilfe. Diese bewußte Enthaltsamkeit, der Versuch, eine *Position jenseits von Politik* zu beziehen, mag beide Seiten irritieren. Proponenten werden den „praktischen" Bezug (sie meinen: den Bezug auf *ihre* Gestaltungsprobleme), Skeptiker die kritische Distanz und überhaupt ein „moralisches Bewußtsein" vermissen. Indem wir diese Flanke öffnen, wollen wir zeigen: Dies ist ihr gutes Recht. Gegen instrumentelles und moralisches Bewußtsein steht aber ein Bedarf an theoretischer Einsicht. Unser Beitrag hat sich einer praktischen (pragmatischen wie kritischen) Attitüde im Interesse theoretischer Verständnisaufbesserung entzogen. Proponenten wie Skeptiker können ihn „benutzen", aber wir haben ihn nicht von Anfang an einer Seite zugedacht.

---

[2] Zum Problemkreis und den Motiven der Politisierung technikorientierter Sozialforschung s. Hieber 1983.

In der Implementierung computergestützter Informationssysteme wird nicht nur mit Personal, Kapital, Material, mit „Mann-Stunden“, Projektgruppen, Vergütungsmitteln, Datenverarbeitungsgeräten, Manuals, Entwurfsblättern, Programmierhilfen usw. gearbeitet, sondern vor allem – mit Sinn. *Sinn ist die wichtigste „Ressource“ der Implementierung.* Von ihm wie auch von allen anderen Einsatzfaktoren hängt ab, was die Implementierung zu leisten imstande ist. Schon im Alltagsverständnis weiß man, daß ihre Kapazität damit steht und fällt, wie sinnvoll sie betrieben wird. Es ist deshalb kein Zufall, daß wir in der Praxis einen gewaltigen Strom von Anstrengungen vorfinden, der Implementierung den „rechten Sinn“ zu geben: Phasenschemata, Methoden, Pläne, organisatorische Regeln, Bewertungsperspektiven; dies alles hat System, und es führt zu Systemen.

„Implementierungssystem“ ist zwar ein theoretischer Begriff, entspricht aber einem ganz praktischen Gegenstand: einem „Projekt“ zur Entwicklung und Einführung einer Datenverarbeitungsanwendung. So etwas kennt man in der Praxis recht gut, und man hat auch außerhalb der Beteiligung an Projekten gewisse Vorstellungen davon. Diese Vorstellungen ranken sich z. B. darum, daß es in „EDV-Projekten“ um „Informationssysteme“ geht, was man darunter in etwa zu verstehen hat, daß es Ziele zu erreichen, Probleme zu lösen, Aufgaben zu erfüllen gibt, um was für Ziele, Probleme oder Aufgaben es sich „typischerweise“ und „im großen und ganzen“ handelt, wer im Projekt aktiv wird, daß Datenverarbeitungsfachwissen gefordert ist, wie man vorzugehen hat und mit welchen Behinderungen gewöhnlich zu rechnen ist. Dies alles sind wichtige Sinnaspekte von Projekten. Sie begründen bestimmte Verständnisgemeinsamkeiten und die Möglichkeit abgestimmten, aufeinander bezogenen Handelns.
Steckt man dann in einem konkreten Projekt, weiß man vieles noch besser, findet sich vor bestimmten Aufgaben, in einem spezifischen Erwartungsrahmen und in einer besonderen Interaktionskonstellation wieder, die „im Prinzip“ schon bekannt waren, von denen man „eine Vorstellung hatte“ und auf die man sich einstellen kann. Das ist ein Prozeß, der nicht nur auf institutioneller (organisatorischer) und individueller (interaktioneller) Ebene, sondern auch auf gesellschaftlicher Ebene intersubjektiv (weil stets viele Personen beteiligt sind) abläuft. Mit zunehmender Implementierungserfahrung läßt sich immer mehr voraussetzen. Die Möglichkeiten speziellerer Orientierungen und abgestimmten Handelns steigen. Der Bestand an gemeinsamen Vorstel-

lungen, an intersubjektiv geteiltem Sinn wird aufgestockt. Und damit wird die Implementierung leistungsfähiger.

„EDV-Projekte" als „Implementierungssysteme" zu begreifen verweist auf *Sinn als Ressource und Leistungsbedingung der Implementierung*. Es vermittelt den Anschluß an theoretische Überlegungen, die sich mit den Funktionen und Problemen von sinnkonstituierenden Einheiten, im Zusammenhang mit sozialem Handeln also: von sozialen Systemen, befassen. Eine Reihe dieser Überlegungen haben wir auf Implementierungssysteme angewendet, um ihre Funktionsweise zu durchleuchten. Die dabei aufgetretenen Kategorien und Verknüpfungen können hier nicht im einzelnen wiederholt werden. Zu viel kommt im Implementierungssystem vor, zu viel spielt hinein, um in wenigen Sätzen Überblick zu schaffen. Aber es soll doch auf einige belangvolle Resultate noch einmal aufmerksam gemacht werden, an denen sich vielleicht am stärksten zukünftiger Forschungsbedarf artikulieren läßt.

(1) In der wirtschafts- und sozialwissenschaftlichen Informationstechnologieforschung ist viel von den „verengten Perspektiven" der Systemplaner und der Notwendigkeit einer „Perspektivenerweiterung" die Rede. Gemeint ist in etwa, in Informationssystemen nicht nur Aufgaben-, Informations-, Geräte- und Programmkomponenten zu sehen, sondern gleichrangig oder vorrangig sozio-emotionalen Bedürfnissen, Arbeitszufriedenheit und als vorteilhaft betrachteten arbeitsorganisatorischen und gruppenorganisatorischen Bedingungen Rechnung zu tragen. Soweit man der Meinung ist, daß sich die vorherrschenden Träger der Informationssystemgestaltung (die Implementeure bzw. die Systemplaner) wohl nicht von alleine dieser Umgewichtung anschließen, verlegt man sich darauf, Betroffenenbeteiligung und gewerkschaftlich organisierte Mitbestimmung bei der Informationssystemgestaltung zu fordern.[3] Beides, „Perspektivenerweiterung" und „Betroffenenbeteiligung", ist ein Angriff auf die Struktur des Implementierungssystems — wenn nicht sogar auf seine Umgebung. Im Implementierungssystem entscheidet sich in der Tat nicht nur, wie Informationssysteme aussehen, sondern dort wird auch bestimmt, was überhaupt als gestaltungsrelevant zu begreifen ist. Mit dem „Prioritätstheorem" haben wir klargelegt, daß organisatorische Implikationen und personelle „Betroffenheit" in der Implementierung als Anhängsel an die funktional-technologische Ge-

[3] Zum Zusammenhang von Perspektivenerweiterung und Betroffenenbeteiligung s. Kubicek 1979a; Oppermann 1983, S. 12.

staltung behandelt werden. Bevor man nun den Bruch mit der Tradition versucht, ist zu fragen, in welchem Ausmaß an dieser Stelle die Sinnbezüge festliegen und mit welchen anderen Strukturelementen sie in Verbindung stehen, d. h., *warum* sie so und nicht anders sind (wo man doch weiß: sie könnten anders sein). Solange nicht geklärt ist (und kaum gefragt wird), *warum* die Systemplaner so denken, wie sie denken, und solange man nicht ihre guten Gründe ausräumt, so zu denken (diese haben sie gewißlich!), bleibt die Forderung nach Perspektivenerweiterung ein hoffnungsloser Appell ans Implementierungssystem und zerplatzt an ihm erfahrungsgemäß wie eine Seifenblase.

(2) Implementierungssysteme benutzen ihre Strukturen zur Selbststeuerung, das bedeutet im wesentlichen, um sich selbst im Hinblick auf die Erfüllung ihrer Aufgaben zu rationalisieren. So, wie die Aufgaben gegenwärtig liegen, paßt authentische Partizipation (vgl. hierzu Kirsch u. Scholl 1977; Kirsch u. a. 1979, S. 298 f) der betroffenen Informationsbenutzer und Systembediener nicht gut in die Struktur des Implementierungssystems hinein. Man braucht nicht gleich eine Gefährdung der Handlungsfähigkeit anzunehmen, aber zumindest erschwert echte Partizipation die Erreichung von Zielen und Durchführungsanforderungen, weil sie bei den Gestaltungsanforderungen aller Wahrscheinlichkeit nach Komplexität aufreißt. Es liegt im Interesse des Implementierungssystems (das durch die Implementeure und nicht durch die ausschließlich betroffenen Mitarbeiter, um die es bei der Partizipationsforderung gerade geht, definiert wird), sich strukturell nicht zu „verzetteln“ und, wenn nicht die Einräumung von Beteiligungsgelegenheiten, so doch die „Infrastruktur für Beteiligung“[4] zu unterdrücken. Die Kritiker haben dies natürlich erkannt und halten kräftig dagegen. Aber das Problem wird sich auf der strukturellen Ebene nicht lösen lassen. Zum einen sind die Funktionen zu analysieren, die es im Hinblick auf die Erfüllung von Implementierungszielen und Durchführungsanforderungen hat, daß die Implementeure (und unter ihnen noch einmal die Systemplaner) eher unter sich bleiben. Zum anderen sind die Steuerwirkungen der Strukturen auf die Interaktionen, namentlich auf die Ruhigstellung der Betroffenen, zu bedenken.

---

[4] S. zu diesem Konzept Kubicek 1983, S. 8 ff; Kubicek u. Berger 1983, S. 41 ff. Angesprochen ist damit z. B. ein Abbau der Belastungsasymmetrie (d. h. Freistellung für Beteiligung), die Möglichkeit der Betroffenen, Beratung in Anspruch zu nehmen, Organisation für Erfahrungsaustausch, Schulungsmöglichkeit und vor allem das notwendige Wissen, um überhaupt mit Aussicht auf Gehör mitreden zu können.

(3) Man sollte davon Abstand nehmen zu glauben, die Implementeure hätten die Akzeptanzproblematik nicht weitgehend im Griff. Wir haben bei der Erörterung der Implementierungspolitik festgestellt, daß es im Implementierungssystem in Form echter (z. B. ergonomischer) *Interessenberücksichtigung* bei der Informationssystemgestaltung, *guter Argumente* in der Implementierungstaktik und bürokratisch *strukturierter Implementierungsverfahren* machtvolle Strategien der Legitimation mehr oder weniger beliebiger Gestaltungsergebnisse gibt. Die Legitimität stützt sich auf soziale Rücksichtnahmen und wirtschaftliche Begründbarkeit der Informationssystemgestaltung sowie auf einen Glauben an ihre Rationalität. Damit wird zwar kaum eine ethisch gültige Überzeugung, jedoch (was in der Implementierung auch wichtiger ist) eine *generalisierte Hinnahmebereitschaft*, Akzeptanz „von vornherein" erzeugt. Im Zusammenhang mit den Überlegungen zum „Bedeutungsmanagement" haben wir überdies angedeutet, daß es für die Wirksamkeit dieser Strategien nicht erfolgskritisch ist, ob sie durch tatsächlich vorhandene Absichten, nachweisbare Fakten usw. fundiert, d. h. „authentisch gemeint" sind, sondern daß es im wesentlichen darauf ankommt, die Adressaten so reagieren zu lassen, wie sie auf authentisch gemeintes Handeln zu reagieren bereit sind. Dafür kann es ausreichend sein, die genannten Strategien statt im Modus hinterfragbarer Echtheit im Modus des bloßen Versuches oder – bedeutsamer noch – in *symbolischer Darstellung* ablaufen zu lassen. Die Akzeptanzsicherungsfunktion der Implementierungspolitik leidet keineswegs unbedingt darunter, wenn auf glaubhafte Weise lediglich der *Anschein* von Interessenberücksichtigung, guter Gründe und rationaler Vorgehensweise erweckt wird.[5] Gerade dieser Aspekt der politischen Seite des Implementierungssystems wäre einer systematischeren theoretischen Durchdringung wert.[6]

(4) Implementierungssysteme sind nicht autonom. Sie operieren unter Restriktionen ihrer institutionellen Umgebung und können sich insbesondere nicht wesentlich außerhalb der institutionellen Leitwerte bewegen. Alle Versuche, Implementierungssysteme grundlegend zu verändern, sie „umzufunktionieren" oder „umzukrempeln", wenden sich deshalb implizit notgedrungen auch gegen die Institutionen, die diese Systeme für sich arbeiten lassen. Eine konsequente Kritik der Gestalt com-

---

[5] S. hierzu die unübertroffenen Analysen von Edelman 1964; 1971; 1977.

[6] In einem „political approach" zum Implementierungssystem sehen wir den wohl wichtigsten Anschluß an die vorliegende Arbeit. Vgl. hierzu auch Kirsch 1973b; Tushman 1977; Kirsch u. a. 1979, S. 174ff.

putergestützter Informationssysteme in Wirtschaft und Verwaltung steht nach dieser Einsicht immer an der Schwelle zur Kritik der Wirtschafts- und Verwaltungseinheiten insgesamt, wenn nicht sogar zur Kritik der Gesellschaft. Die technologiekritische Literatur belegt, daß dieses „Hochzonen" der Problematik eine spürbare Abstrahierung und Entsachlichung der Diskussion fördert, weil Theorieanschlüsse über die Ebenen hinweg nicht ausgearbeitet sind. Ein handlungsbezogener Ansatz mit einer mehrstufigen Systemreferenz (Implementierungssystem, Institution, Wirtschaftssystem) könnte hier zumindest einige Verbindungen schlagen.

(5) Die systemtheoretische Ausdrucksweise, die Rede von „dem" System, das irgendetwas „hat" oder „macht", verschluckt leicht die *empirische Variabilität* ihrer Gegenstände. Implementierungssysteme kommen als ganz unterschiedliche Exemplare vor, und es brauchen beileibe nicht immer alle Seiten oder Kategorien, die wir in unserer Analyse beleuchtet haben, so ausgebildet zu sein, daß sie empirisch etwas hergeben. Insbesondere bietet die Umgebung dem Implementierungssystem nicht unbedingt eine eingefahrene Implementierungskultur oder eine ausgebaute Implementierungsbürokratie, beläßt also einen weiten Spielraum projektspezifischer Selbststrukturierung. Andererseits haben wir im letzten Abschnitt unserer Untersuchung einen langfristigen, umgebungsvermittelten *Trend zur Vereinheitlichung der Methoden und Steuerungsmechanismen, der Sach- und Wertvorstellungen in der Implementierung* konstatiert. Man kann diesen Trend auf das pure Ansteigen der Häufigkeit von Implementierungsvorgängen, den mit zunehmender Computernutzung verstärkt anfallenden „Re-Implementierungsbedarf" (informationstechnologischen Re-Innovationsbedarf), eine Abnahme der im Implementierungssystem wahrgenommenen Aufgabenunterschiedlichkeit (die Benutzerbereiche werden vermehrt „über einen Kamm geschoren" und vertragen dies auch besser), die mit all dem wachsende Implementierungserfahrung und nicht zuletzt die Verbreitung von Implementierungslehren zurückführen. Diese Entwicklungen begünstigen eine Standardisierung von einzelnen Implementierungsprojekten durch generalisierte Regelungen und ein verallgemeinertes Implementierungsverständnis. Jedenfalls verliert Implementierung zusehends den Charakter des Außergewöhnlichen, Einmaligen. Die Einführung computergestützter Informationssysteme ist, zumindest in Großunternehmungen, zu einer Alltagsinnovation, zur *administrativen Daueraufgabe*, geworden, und damit ereilt sie das Schicksal, das allen administrativen Daueraufgaben über kurz oder lang zuteil wird: bürokratische Organisation.

Anhang

Übersicht A1 Die Untersuchungsfälle der eigenen Implementierungsstudie

Untersuchte Implementierungsprojekte (gekennzeichnet durch die Aufgabenstellung des jeweils implementierten computergestützten Informationsverarbeitungsverfahrens)

	Kennziffer
Anwendungsschwerpunkt im *Vertrieb/Verkauf*	
Kundenauftragsabwicklung	022
Kundenauftragsabwicklung u. Rechnungsschreibung	011,033
Kundenauftragsabwicklung, Rechnungsschreibung u. Kundenbuchhaltung	181
Anwendungsschwerpunkt in der *Produktion*	
Fertigungssteuerung	015
Terminsteuerung Fertigungsaufträge	081
Produktionsmengenplanung	171
Anwendungsschwerpunkt in der *Beschaffung*	
Bestellschreibung	021
Bestellschreibung und Rechnungsprüfung	061
Anwendungsschwerpunkt in der *Logistik* (Lager, Transport)	
Versandauftragsabwicklung	032
Kunden- und Versandauftragsabwicklung	111
Lagerdisposition und Kundenauftragsbearbeitung	091
Bestandsverwaltung u. Bewegungsverfolgung von Transportmitteln (Kabeltrommeln)	141
Vorratsdisposition und Bestellschreibung	041,152
Nutzungsoptimierung innerbetrieblicher Transportfahrzeuge	031
Anwendungsschwerpunkt im *Rechnungswesen*	
Rechnungsschreibung	121
Rechnungsschreibung u. Kundenbuchhaltung	071
Kundenbuchhaltung	012
Kundenbuchhaltung u. Zahlungseingangsbearbeitung	151
Hauptbuchhaltung	101
Gehaltsabrechnung	051
Lohn- u. Gehaltsabrechnung u. Personalinformationssystem	131
Kostenstellen-Soll-Ist-Vergleich	013
Betriebsabrechnung u. Soll-Ist-Vergleich	082,191

Übersicht A1 (Forts.)

Anwendungsschwerpunkt im *technisch-wissenschaftl. Bereich*	
Stücklistenorganisation	161
Konstruktionsberechnungen	062
Dokumentation wiss. Informationen	014

Größenklassen der an der Implementierungsstudie beteiligten Unternehmungen

Anzahl Beschäftigte	Anzahl beteiligter Unternehmungen der jeweiligen Größenklasse	Anzahl untersuchter Projekte in den Unternehmungen der jeweiligen Größenklasse
unter 500	3	3
500 – 3000	10	11
über 3000	6	15
	19	29

Branchenzugehörigkeit der an der Implementierungsstudie beteiligten Unternehmungen

	Anzahl beteiligter Unternehmungen	Anzahl untersuchter Projekte
Chemische Industrie (Grundstoffe, Pharmaz. Produkte, chem.-keram. Produkte, Farben, Körperpflegemittel)	11	18
Metallverarbeitende Industrie (Stahl- u. Leichtmetallbau, Maschinenbau, Fahrzeugbau)	6	9
Elektrotechnische Industrie	1	1
Glasindustrie	1	1
	19	29

Übersicht A2 Themenbereiche der Erhebungsfragen

1.	Funktionale und verarbeitungsmethodische Eigenschaften des implementierten Informationsverarbeitungsverfahrens	S[1]
2.	Innovationsgrad der Verfahrensumstellung	S/B
3.	Integrationswirkungen des computergestützten Informationsverarbeitungsverfahrens	S
4.	Initiatoren und Promotoren des Implementierungsprojektes	S
5.	Projektauslösende Probleme	S
	Zielinhalte, Zielrelevanz	S/B
	Zielerweiterungen, Zielverschiebungen	S
6.	Projektdauer, Spektrum der Projektaktivitäten	S
7.	Einsatz von Projektsteuerungsmechanismen (Planung, Organisation, Dokumentation, Kontrolle)	S
	Intensität und Form der Zielfixierung	S/B
8.	Aktivitätsanteile von Spezialisten und Fachabteilungsmitgliedern am Gesamtprojekt	S
	Dauer der Unternehmungszugehörigkeit beteiligter Spezialisten und Fachabteilungsmitarbeiter	S
	Dominanz und Kooperation von Datenverarbeitungsspezialisten und Benutzern bei einzelnen Arbeitsschritten im Implementierungsprojekt	S/B
9.	Interesse und Unterstützung höherer Führungskräfte	S
10.	Informierung der Mitarbeiter im Benutzerbereich	S/B
11.	Maßnahmen der organisatorischen Gestaltung im Benutzerbereich und ihre Gründe	S/B
	Zuständigkeiten etwaiger spezieller Organisationsstellen sowie der Fachabteilungen selbst im Hinblick auf organisatorische Veränderungen	S
	Wichtigkeit der Planung/Berücksichtigung organisatorischer und sozialer Veränderungen bei der Implementierung	S
12.	Fachliche Vorbereitung der Mitarbeiter im Benutzerbereich	S/B
13.	Ausmaß, Gründe und zeitlicher Schwerpunkt von Konflikten (Widerständen) im Implementierungsprozeß	S/B
14.	Einschätzung des Projekterfolges und der Zielerreichung	S/B

[1] S = erörtert mit dem Systemplaner; B = erörtert mit dem Benutzerbereichsleiter

Übersicht A3 Zeitlicher Abstand zwischen der Inbetriebnahme eines Informationsverarbeitungsverfahrens (einer „Anwendung“) und dem Zeitpunkt der Erhebung

zeitl. Abstand in Monaten	Anzahl Projekte	%
unter 6	4	14
6–12	12	41
13–24	5	17
25–36	4	14
über 36	4	14

Literaturverzeichnis

Abell, Peter (1975): Introduction. In: Abell, Peter (ed.): Organizations as Bargaining and Influence Systems, London u. New York: Heinemann, S. 1–9

Ackoff, Russell L. (1967): Management Misinformation Systems, Management Science, 14. Jg., No. 4, S. B 147–156

Ackoff, Russell L.; Emery, Fred E. (1972): On Purposeful Systems, Chicago: Aldine

Alavi, Maryam; Henderson, John C. (1981): An evolutionary strategy for implementing a decision support system, Management Science, 27. Jg., No. 11, S. 1309–1323

Anagnostopoulos, Konstantin; Kubicek, Herbert; Schareck, Bernhard; Schütz, Guido (1974): Der Einfluß des Computereinsatzes auf die Organisationsstruktur, Arbeitspapier, Seminar f. Allg. Betriebswirtschaftslehre u. Organisationslehre der Universität Köln (Die Ergebnisse der Untersuchung von Anagnostopoulos sind veröffentlicht in dem Beitrag von Kubicek, Herbert; Schareck, Bernhard; Schütz, Guido: Zum Einfluß der Automatisierten Datenverarbeitung auf die Organisationsstruktur der VU. Eine empirische Analyse der Entwicklungen in der BRD und den USA, Versicherungswirtschaft, 30. Jg., 1975, No. 4, S. 208–218)

Arbeitskreis Rationalisierung Bonn (Hrsg.) (1983): EDV – Textverarbeitung – Bildschirmarbeit. Gesellschaftliche Voraussetzungen und Folgen einer neuen Technologie, Berlin: Die Arbeitswelt

Argyris, Chris (1970): Intervention Theory and Method: A Behavioral Science View, Reading, Mass.: Addison-Wesley

Argyris, Chris (1971): Management Information Systems: The challenge to rationality and emotionality, Management Science, 17. Jg., No. 6, S. B 275–292

Argyris, Chris (1980): Inner Contradictions of Rigorous Research, New York u. a.: Academic Press

Bacharach, Samuel B.; Lawler, Edward J. (1980): Power and Politics in Organizations. The Social Psychology of Conflict, Coalitions and Bargaining, San Francisco u. London: Jossey-Bass

Bailey, James E.; Pearson, Sammy W. (1983): Development of a tool for measuring and analyzing computer user satisfaction, Management Science, 29. Jg., No. 5, S. 530–545

Balkhausen, Dieter (1978): Die dritte industrielle Revolution. Wie die Mikroelektronik unser Leben verändert, Düsseldorf u. Wien: Econ

Balzert, Helmut (Hrsg.) (1985): Moderne Software-Entwicklungssysteme und -werkzeuge, Mannheim: Bibliographisches Institut

Barnes, Louis B. (1969): Approaches to organizational change. In: Bennis, Warren G.; Benne, Kenneth D.; Chin, Robert (eds.): The Planning of Change, New York, London u. a.: Holt, Rinehart & Winston 2. A., S. 79–85

Bartlett, Alton C.; Kayser, Thomas A. (eds.) (1973): Changing Organizational Behavior, Englewood Cliffs, N.J.: Prentice-Hall

Bartölke, Klaus (1980): Organisationsentwicklung. In: Grochla, Erwin (Hrsg.): Handwörterbuch der Organisation, Stuttgart: Poeschel 2. A., Sp. 1468–1481

Baum, Bernard; Burack, Elmer (1969): Information technology, manpower development and organizational performance, Academy of Management Journal, 12. Jg., No. 3, S. 279–291

Bean, Alden S. u. a. (1975): Structural and behavioral correlates of implementation in U.S. business organizations. In: Schultz, Randall L.; Slevin, Dennis P. (eds.): Implementing Operations Research/Management Science, New York u. a.: Elsevier, S. 77–132

Bechmann, G.; Vahrenkamp, R.; Wingert, B. (1979): Mechanisierung geistiger Arbeit. Eine sozialwissenschaftliche Begleituntersuchung zum Rechnereinsatz in der Konstruktion, Frankfurt u. New York: Campus

Beck, Ulrich (1974): Objektivität und Normativität. Die Theorie-Praxis-Debatte in der modernen deutschen und amerikanischen Soziologie, Reinbek b. Hamburg: Rowohlt

Beckhard, Richard (1969): Organization Development, Reading, Mass.: Addison-Wesley

Bednarik, Karl (1965): Die Programmierer. Eliten der Automation, Wien u. München: Molden

Bendixen, P.; Kemmler, H. W. (1972): Planung, Organisation und Methodik innovativer Entscheidungsprozesse, Berlin u. New York: de Gruyter

Bennis, Warren G. (1965): Theory and method in applying behavioral science to planned organizational change, Journal of Applied Behavioral Science, 1. Jg., No. 4, S. 337–359 (s. auch in Bennis, Warren G.; Benne, Kenneth D.; Chin, Robert (eds.): The Planning of Change, New York, London u. a.: Holt, Rinehart & Winston 2. A. 1969, S. 62–79)

Bennis, Warren G. (1966): Some questions and generalizations about planned organizational change. In: Bennis, Warren G.: Changing Organizations, New York u. a.: McGraw-Hill, S. 167–178

Bennis, Warren G. (1969): Organization Development. Its Nature, Origins, and Prospects, Reading, Mass.: Addison-Wesley

Bennis, Warren G.; Benne, Kenneth D.; Chin, Robert (eds.) (1969): The Planning of Change, New York, London u. a.: Holt, Rinehart & Winston 2. A. (z. T. dt. Übersetzung als: Änderung des Sozialverhaltens, Stuttgart: Klett 1975)

Benz, Claus (1982): Ergonomische Gestaltung der Mensch-Maschine-Schnittstellen bei Systemen der Bürokommunikation. In: Reichwald, Ralf (Hrsg.): Neue Systeme der Bürotechnik. Beiträge zur Büroarbeitsgestaltung aus Anwendersicht, Berlin: Schmidt, S. 71–91

Berger, Peter L.; Luckmann, Thomas (1970): Die gesellschaftliche Konstruktion der Wirklichkeit. Eine Theorie der Wissenssoziologie, Frankfurt: Fischer

Berger, Ulrike; Offe, Claus (1980): Das Rationalisierungsdilemma der Angestelltenarbeit. Arbeitssoziologische Überlegungen zur Erklärung des Status von kaufmännischen Angestellten aus der Eigenschaft ihrer Arbeit als „Dienstleistungsarbeit", Vortragsmanuskript für die Konferenz „Angestellte Mittelschichten seit dem späten 19. Jahrhundert im europäischen Vergleich", Univ. Bielefeld

Betriebswirtschaftliches Institut für Organisation und Automation (BIFOA) (1969): Betriebsinformatik und Wirtschaftsinformatik als notwendige anwendungsbezogene Ergänzung einer allgemeinen Informatik, Zeitschrift für Organisation, 38. Jg., S. 228–232

Bierfelder, Wilhelm H. (1978): Ansätze zu einer Theorie der Implementation. In: Pfohl, Hans Christian; Rürup, Bert (Hrsg.): Anwendungsprobleme moderner Planungs- und Entscheidungstechniken, Königstein: Hanstein, S. 33–48

Bisani, Fritz (1970): Datenverarbeitungspraxis für Führungskräfte, München: Verlag Moderne Industrie

Bittner, Egon (1974): The concept of organization. In: Turner, Roy (ed.):

Ethnomethodology, Harmondsworth: Penguin, S. 69–81

Bjørn-Andersen, Niels (ed.) (1980): The Human Side of Information Processing. Proceedings of the Copenhagen Conference on Computer Impact 78, Amsterdam, New York u. Oxford: North-Holland

Bjørn-Andersen, Niels; Borum, Finn (1979): Demokratisierung der Gestaltung von Informationssystemen. In: Hansen, Hans R.; Schröder, Klaus T.; Weihe, Hermann J. (Hrsg.): Mensch und Computer. Zur Kontroverse über die ökonomischen und gesellschaftlichen Auswirkungen der EDV, München u. Wien: Oldenbourg, S. 327–347

Bjørn-Andersen, Niels; Hedberg, Bo (1977): Designing information systems in an organizational perspective. In: Nystrom, Paul C.; Starbuck, William H. (eds.): Prescriptive Models of Organizations, TIMS Studies in the Management Sciences No. 5, Amsterdam u. a.: North-Holland, S. 125–142

Blau, Peter M. (1957): Formal organization: Dimensions of analysis, American Journal of Sociology, 63. Jg., S. 58–69

Blau, Peter M.; Meyer, Marshall W. (1971): Bureaucracy in Modern Society, New York: Random House 2. A.

Blau, Peter M.; Schoenherr, Richard A. (1971): The Structure of Organizations, New York: Basic Books

Blau, Peter M. u. a. (1976): Technology and organization in manufacturing, Administrative Science Quarterly, 21. Jg., No. 1, S. 20–40

Bleicher, Knut (1980): Verantwortung. In: Grochla, Erwin (Hrsg.): Handwörterbuch der Organisation, Stuttgart: Poeschel 2. A., Sp. 2283–2292

Block, Robert (1983): The Politics of Projects, New York: Yourdon

Blum, Alan F.; McHugh, Peter (1971): The social ascription of motives, American Sociological Review, 36. Jg., S. 98–109

Blumenthal, S. (1969): Management Information Systems: A Framework for Planning and Development, Englewood Cliffs, N. J.: Prentice-Hall

Bock, Hans H. (1974): Automatische Klassifikation. Theoretische und praktische Methoden zur Gruppierung und Strukturierung von Daten (Cluster-Analyse), Göttingen: Vandenhoeck & Ruprecht

Böhnisch, Wolf (1979): Personale Widerstände bei der Durchsetzung von Innovationen, Stuttgart: Poeschel

Booz, Allen & Hamilton, Inc. (1966): The computer's role in manufacturing industry, Computer and Automation, 15. Jg., No. 12, S. 14–19

Boroush, Mark A.; Chen, Kan; Christakis, Alexander N. (eds.) (1980): Technology Assessment: Creative Futures, New York u. Oxford: North-Holland

Börsig, Clemens (1975): Die Implementierung von Operations Research in Organisationen, Diss. Mannheim

Bower, James B.; Sefert, Bruce J. (1965): Human factors in systems design, Management Services, Nov.–Dec., S. 84–95

Bozeman, B.; Rossini, F. A. (1979): Technology assessment and political decision-making, Technological Forecasting and Social Change, 15. Jg., S. 25–35

de Brabander, Bert; Vanlommel, E.; Deschoolmeester, D.; Leyder, R. (1971): The organization of EDP-activities and computer-use, Research Paper, Univ. of Ghent (veröffentlicht als Beitrag von Vanlommel u. de Brabander 1975)

de Brabander, Bert; Deschoolmeester, D.; Leyder, R.; Vanlommel, E. (1972): The effect of task volume and complexity upon computer use, Journal of Business, 45. Jg., No. 1, S. 56–84

de Brabander, Bert; Edström, Anders (1977): Successful information system development projects, Management Science, 24. Jg., No. 2, S. 191–199 de Brabander, Bert; Thiers, G. (1984): Successful information system development in relation to situational factors which affect effective communication between MIS-users and EDP-specialists, Management Science, 30. Jg., No. 2, S. 137–155

Brabb, George J.; Hutchins, Earl B. ((1963) 1967): Electronic computers and management organization. In: Schoderbek, Peter P. (ed.): Management Systems, New York u. a.: Wiley, S. 295–304 (zuerst in California Management Review, 1963, Fall, S. 33–42)

Brandt, Gerhard; Kündig, Bernard; Papadimitriou, Zissis; Thomae, Jutta (1978): Computer und Arbeitsprozeß. Eine arbeitssoziologische Untersuchung der Auswirkungen des Computereinsatzes in ausgewählten Betriebsabteilungen der Stahlindustrie und des Bankgewerbes, Frankfurt u. New York: Campus

Brandt, Gerhard; Kündig, Bernard; Papadimitriou, Zissis (1979): Qualitative und quantitative Beschäftigungseffekte des EDV-Einsatzes. In: Hansen, Hans R.; Schröder, Klaus T.; Weihe, Herrman J. (Hrsg.): Mensch und Computer. Zur Kontroverse über die ökonomischen und gesellschaftlichen Auswirkungen der EDV, München u. Wien: Oldenbourg, S. 167–183

Breisig, Thomas; Kubicek, Herbert; Schröder, Klaus T.; Welter, Günter (1983): Beteiligung von Arbeitnehmern beim Einsatz der Informationstechnik. Bedeutung, Konzepte, deutsche und skandinavische Entwicklungstendenzen sowie sozial- und technologiepolitische Reformvorschläge, Vorabdruck des Abschlußberichts zum Forschungsvorhaben „Organisationsformen und Methoden für eine Einbeziehung der Anwender und Nutzer in die Planung und Einführung informationstechnischer Systeme", Trier

Briefs, Ulrich (1981): Thesen zur Partizipation in der Systementwicklung aus gewerkschaftlicher Sicht. In: Mambrey, Peter; Oppermann, Reinhard (Hrsg.): Partizipation bei der Systementwicklung (Teil 2), St. Augustin: Gesellschaft für Mathematik und Datenverarbeitung, Institut für Planungs- und Entscheidungssysteme, S. 65–66

Briefs, Ulrich (1984): Informationstechnologien und Zukunft der Arbeit. Ein politisches Handbuch zu Mikroelektronik und Computertechnik, Köln: Pahl-Rugenstein

Brügge, Peter (1982): „Sagen wir lieber nicht Humanität", Spiegel-Report, DER SPIEGEl, Nr. 36, S. 74–87, u. Nr. 37, S. 92–112

Buchanan, David A.; Boddy, David (1983): Organizations in the Computer Age. Technological Imperatives and Strategic Choice, Aldershot: Gower

Der Bundesminister für Forschung u. Technologie (Hrsg.) (1980): Informationstechnologie und Beschäftigung. Eine Übersicht über internationale Studien, Bd. 3 der Schriftenreihe „Technologie und Beschäftigung", Düsseldorf u. Wien: Econ

Bureau of Labor Statistics (1958): Automation and Employment Opportunities for Office Workers, Bulletin No. 1241, United States Department of Labor, Bureau of Labor Statistics, Washington

Bureau of Labor Statistics (1960): Adjustments to the Introduction of Office Automation, Bulletin No. 1276, United States Department of Labor, Bureau of Labor Statistics, Washington

Buss, D.; Mans, G.; Marock, J.; Rölle, H. (1971): Stand und Entwicklungstendenzen von Management-Informationssystemen in der BRD. Auswertung einer empirischen Erhebung, Arbeitsbericht 71/3 des Betriebswirtschaftlichen Instituts für Organisation und Automation an der Universität Köln, Köln

Çakir, Ahmet; Reuter, Hans-Jürgen; v. Schmude, Lothar; Armbruster, Albert

(1978): Anpassung von Bildschirmarbeitsplätzen an die physische und psychische Funktionsweise des Menschen, hrsg. v. Bundesminister für Arbeit u. Sozialordnung, Bonn

Çakir, Ahmet; Hart, D. J.; Stewart, T. F. M. (1980): Bildschirmarbeitsplätze. Ergonomie, Arbeitsplatzgestaltung, Gesundheit und Sicherheit, Aufgabenorganisation, Berlin u. a.: Springer

Campagne, J. P.; Favrel, J.; Petit, J. F. (1980): Introduction of change in organizational data systems. In: Lucas, Henry C. u. a. (eds.): The Information Systems Environment, Amsterdam u. a.: North-Holland, S. 61–72

Carbonell, Jaime R.; Elkind, Jerome I.; Nickerson, Raymond S. (1968): On the psychological importance of time in a time sharing system, Human Factors, 10. Jg., No. 2, S. 135–142

Chapanis, Alphonse (1965): On the allocation of functions between men and machines, Occupational Psychology, 39. Jg., S. 1–11

Child, John (1972): Organizational structure, environment and performance: The role of strategic choice, Sociology, 6. Jg., S. 1–22

Child, John (1973): Strategies of control and organizational behavior, Administrative Science Quarterly, 18. Jg., S. 1–17

Chin, Robert; Benne, Kenneth D. (1969): General strategies for effecting changes in human systems. In: Bennis, Warren G.; Benne, Kenneth D.; Chin, Robert (eds.): The Planning of Change, New York, London u. a.: Holt, Rinehart & Winston 2. A., S. 32–59

Churchman, C. West (1964): Managerial acceptance of scientific recommendations, California Management Review, 7. Jg., No. 1, S. 31–38

Churchman, C. West (1971): The Design of Inquiring Systems, New York: Basic Books

Churchman, C. West; Schainblatt, A. H. (1965): The researcher and the manager: A dialectic of implementation, Management Science, 11. Jg., No. 4, S. B69–87

Cetron, Marvin J.; Bartocha, Bodo (eds.) (1973): Technology Assessment in a Dynamic Environment, London u. a.: Gordon u. Breach

Cleland, David J.; King, William R. (1975): Systems Analysis and Project Management, New York u. a.: McGraw-Hill 2. A.

Coch, Lester; French, John R. P. (1948): Overcoming resistance to change, Human Relations, 1. Jg., No. 4, S. 512–532

Coleman, Raymond J.; Riley, M. J. (eds.) (1973): MIS: Management Dimensions, San Francisco u. a.: Holden-Day

Couger, J. Daniel; McFadden, Fred R. (1975): Introduction to Computer Based Information Systems, New York u. a.: Wiley

Crott, Helmut; Kutschker, Michael; Lamm, Helmut (1977): Verhandlungen I. Individuen und Gruppen als Konfliktpartner. Ergebnisse aus sozialpsychologischer Verhandlungsforschung, Stuttgart u. a.: Kohlhammer

Dalton, Gene W.; Lawrence, Paul R.; Greiner, Larry E. (eds.) (1970): Organizational Change and Development, Homewood, Ill.: Irwin u. Dorsey

Damodaran, Leela; Stewart, Thomas F. M.; Eason, Kenneth D. (1974): Sociotechnical ramifications of forms of man-computer interaction, Paper presented at the Conference on Alternative Organizations (ALTORG) at Hindas, Gothenburg, Schweden, Juli 1974 (HUSAT Research Group, Univ. of Technology, Department of Ergonomics and Cybernetics, Loughborough, Leicestershire)

Davis, Gordon B.; Everest, Gordon C. (eds.) (1976): Readings in Management

Information Systems, New York u. a.: McGraw-Hill

Davis, Louis E. (1966): The design of jobs, Industrial Relations, 6. Jg., No. 1, S. 21–45

Davis, Louis E.; Taylor, J. C. (eds.) (1972): Design of Jobs, Harmondsworth: Penguin

Deal, Terrence E.; Kennedy, A. A. (1982): Corporate Culture. The Rites and Rituals of Corporate Life, Reading, Mass. u. a.: Addison-Wesley

Dearborn, DeWitt C.; Simon, Herbert A. (1958 (1976)): Selective perception: A note on the departmental identifications of executives, Sociometry, 21. Jg., S. 140–144 (als Chapter XV in Simon, Herbert A.: Administrative Behavior. A Study of Decision-Making Processes in Administrative Organization, New York u. London: Free Press 3. A. 1976)

Dearden, John (1966): Myth of real-time management information, Harvard Business Review, 44. Jg., No. 3, S. 123–132 (auch in Davis, Gordon B.; Everest, Gordon C. (eds.): Readings in Management Information Systems, New York u. a.: McGraw-Hill 1976, S. 127–136)

Dearden, John (1972): MIS is a mirage, Harvard Business Review, 50. Jg., No. 1, S. 90–99 (auch in Davis, Gordon B.; Everest, Gordon C. (eds.): Readings in Management Information Systems, New York u. a.: McGraw-Hill 1976, S. 109–120)

Dearden, John; McFarlan, F. Warren (1966): Management Information Systems, Homewood, Ill.: Irwin

Delehanty, George E. (1965): Office automation and the occupation structure. A case study of five insurance companies, Industrial Management Review, 7. Jg., No. 2, S. 99–108

Dickson, Gary W.; Simmons, John K. (1970): The behavioral side of MIS, Business Horizons, 13. Jg., No. 4, S. 59–71

Dickson, Gary W.; Powers, Richard F. (1976): MIS-Projektmanagement: Mythos, Meinungen und Realität. In: Grochla, Erwin (Hrsg.): Organisationstheorie, 2. Band, Stuttgart: Poeschel, S. 446–459

Diebold, John (1967): The application of information technology. In: Schoderbek, Peter P. (ed.): Management Systems, New York u. a.: Wiley, S. 47–52 (zuerst 1962)

Diebold, John (1969): Bad decisions on computer use, Harvard Business Review, 47. Jg., No. 1, S. 14–16, 27–28, 176 (dt. Die Computer werden falsch eingesetzt, Fortschrittliche Betriebsführung, 20. Jg., 1971, No. 4, S. 151–157)

Diebold Deutschland GmbH (1971): Bedeutung und Entwicklung der automatischen Datenverarbeitung. In: Friedrichs, Günter (Hrsg.): Computer und Angestellte, 1. Band, Frankfurt: Europäische Verlagsanstalt, S. 197–246

Dienstbach, Horst (1972): Dynamik der Unternehmungsorganisation. Anpassung auf der Grundlage des „Planned Organizational Change", Wiesbaden: Gabler

Docherty, Peter; Stymne, Bengt (1977): How to succeed with systems development, Research Paper, The Economic Research Institute at The Stockholm School of Economics

Doktor, Robert H.; Hamilton, William F. (1973): Cognitive style and the acceptance of Management Science recommendations, Management Science, 19. Jg., No. 8, S. 884–894

Doktor, Robert H.; Schultz, Randall L.; Slevin, Dennis P. (eds.) (1979): The Implementation of Management Science, TIMS Studies in the Management Sciences No. 13, Amsterdam u. a.: North-Holland

Dostal, Werner (1982): Beschäftigungspolitische Wirkungen der Mikroelektronik. In: Meyer-Abich, Klaus M.; Steger,

Ulrich (Hrsg.): Mikroelektronik und Dezentralisierung, Berlin: Schmidt, S. 97–109

Drumm, Hans J.; Scholz, Christian; Polzer, Helmut (1980): Zur Akzeptanz formaler Personalplanungsmethoden, Zeitschrift für betriebswirtschaftliche Forschung, 32. Jg., No. 8, S. 721–740

Dumont du Voitel, Roland; Gabele, Eduard; Kirsch, Werner (1976): Initiatoren von Reorganisationsprozessen. Ein empirischer Vergleich der Einführung von Geschäftsbereichsorganisationen, Planungssystemen und Informationssystemen, München: Planungs- und Organisationswissenschaftliche Schriften, Univ. München

Duncan, W. Jack (1974): The researcher and the manager: A comparative view of the need for mutual understanding, Management Science, 20. Jg., No. 8, S. 1157–1163

Dworatschek, Sebastian; Donike, Hartmut (1972): Wirtschaftlichkeitsanalyse von Informationssystemen, Berlin u. New York: de Gruyter

Dyckman, Thomas R. (1967): Management implementation of scientific research: An attitudinal study, Management Science, 13. Jg., No. 10, S. B 612–620

Eason, Kenneth D. (1973): The manager as a computer user, Research Paper, Human Sciences and Advanced Technology (HUSAT) Research Group, Univ. of Technology, Loughborough, Leicestershire, No. 44, März 1973 (veröffentlicht in Applied Ergonomics, 5. Jg., 1974, No. 1)

Eason, Kenneth D.; Damodaran, Leela; Stewart, Thomas F. M. (1975): Interface problems in man-computer interaction. In: Mumford, Enid; Sackman, Harold (eds.): Human Choice and Computers, Amsterdam u. a.: North-Holland, S. 91–105

Ebers, Mark (1984): Probleme der organisationstheoretischen Technikforschung, Arbeitspapier, Seminar für Allg. Betriebswirtschaftslehre und Organisation der Univ. Mannheim

Edel, B. (1983): Neuentwickelte Geräte mit ergonomisch günstigen Eigenschaften. In: Çakir, Ahmet (Hrsg.): Bildschirmarbeit. Konfliktfelder und Lösungen, Berlin u. a.: Springer, S. 54–67

Edelman, Murray (1964): The Symbolic Uses of Politics, Urbana, Ill.: Univ. of Illinois Press (6. A. 1974)

Edelman, Murray (1971): Politics as Symbolic Action. Mass Arousal and Quiescence, Chicago: Markham

Edelman, Murray (1976): Politik als Ritual. Die symbolische Funktion staatlicher Institutionen und politischen Handelns, Frankfurt u. New York: Campus (dt. Übersetzung von größeren Auszügen aus Edelmans „The Symbolic Uses of Politics“ (1964) und „Politics as Symbolic Action“ (1971))

Edelman, Murray (1977): Political Language: Words That Succeed and Policies That Fail, New York: Academic Press

Edström, Anders (1977): User influence on the development of MIS projects: A contingency approach, Human Relations, 30. Jg., S. 589–607

Edström, Anders; Naugès, Louis (1975): Discontinuities of computerization – a study of French companies. In: Grochla, Erwin; Szyperski, Norbert (Hrsg.): Information Systems and Organizational Structure, Berlin u. New York: de Gruyter, S. 65–93

Ein-Dor, Phillip; Segev, E. L. (1978): Organizational context and the success of management information systems, Management Science, 24. Jg., No. 10, S. 1064–1077

Emery, Fred E., Trist, E. L. (1960): Sociotechnical systems. In: Churchman, C. West; Verhulst, M. (eds.): Management

Sciences: Models and Techniques, Oxford: Pergamon

Ernst-Vogel, Maren (1981): Auswirkungen der elektronischen Datenverarbeitung im administrativen Bereich. Personelle und organisatorische Umstellungsprobleme bei der Einführung automatisierter Datenverarbeitungssysteme (ADVS) anhand von Fallstudien im administrativen Bereich von Klein-, Mittel- und Großbetrieben, hg. v. Ifo-Institut für Wirtschaftsforschung, Studien zur Industriewirtschaft Bd. 23, München

Essig, Heidrun; Heibey, Hanns-Wilhelm; Kühn, Michael; Rolf, Arno (1980): BENORSY – ein formalisierter Ansatz zur partizipativen und benutzerorientierten Systemrevision. In: Mambrey, Peter; Oppermann, Reinhard (Hrsg.): Partizipation bei der Systementwicklung (Teil 1), St. Augustin: Gesellschaft für Mathematik und Datenverarbeitung, Institut für Planungs- und Entscheidungssysteme, S. 174–209

Fayol, Henri (1929): Allgemeine und industrielle Verwaltung (dt. v. Karl Reineke), München u. Berlin: Oldenbourg

Feser, Hans-Dieter; Lärm, Thomas (1983): Konsequenzen technologischen Wandels: Der Einfluß der Mikroelektronik auf die Beschäftigung. In: Hagemann, Harald; Kalmbach, Peter (Hrsg.): Technischer Fortschritt und Arbeitslosigkeit, Frankfurt u. New York: Campus, S. 312–339

Fischer, Ulrich E. (1973): Nutzungsformen der Datenverarbeitungssysteme, IBM-Nachrichten, 23. Jg., No. 216, S. 712–718

Fischer, Lorenz; Lück, Helmut E. (1972): Entwicklung einer Skala zur Messung von Arbeitszufriedenheit (SAZ), Psychologie und Praxis, 16. Jg., S. 64–76

Forester, Tom (ed.) (1980): The Microelectronics Revolution, Oxford: Blackwell

Forst, Hans T. (1973): Zur Klassifizierung von Städten nach wirtschafts- und sozialstatistischen Strukturmerkmalen, Diss. Köln

Forst, Hans T.; Vogel, F. (1972): YGROUP: Ein FORTRAN IV-Programm zur hierarchischen Klassifizierung von Merkmalsträgern und Merkmalen, Programmbeschreibung, Seminar für Wirtschafts- und Sozialstatistik der Univ. Köln

Forsyth, Richard S. (ed). (1984): Expert Systems. Principles and Case Studies, London: Chapman and Hall

French, Wendell L.; Bell, Cecil H. (1977): Organisationsentwicklung. Sozialwissenschaftliche Strategien zur Organisationsveränderung, Bern u. Stuttgart: Haupt

Frese, Erich (1980): Projektorganisation. In: Grochla, Erwin (Hrsg.): Handwörterbuch der Organisation, Stuttgart: Poeschel 2. A., Sp. 1960–1974

Fricke, Werner (1978): Autonomie-orientierte Organisationsentwicklung als gemeinsamer Lernprozeß von Wissenschaftlern und Arbeitern. In: Bartölke, Klaus u. a. (Hrsg.): Arbeitsqualität in Organisationen, Wiesbaden: Gabler, S. 277–287

Gabriel, Karl (1974): Organisation und Legitimation. Die Selbststeuerungsimperative der Organisation und das Problem der Legitimation, Zeitschrift für Soziologie, 3. Jg., S. 339–355

Gallagher, James D. (1961): Management Information Systems and the Computer, AMA Research Study, New York: American Management Association

Garfinkel, Harold (1959): Aspects of the problem of common-sense knowledge of social structures. In: International Sociological Association (ed.): Transactions of the Fourth World Congress of Sociology (Milan u. Stresa 1959), Vol. IV: The Sociology of Knowledge, Louvain: International Sociological Association, S. 51–65

Garfinkel, Harold (1963): A conception of, and experiments with, „trust" as a condition of stable concerted actions. In: Harvey, O. J. (ed.): Motivation and Social Interaction, New York: Ronald Press, S. 187–238

Garfinkel, Harold (1967 a): Some rules of correct decision making that jurors respect. In: ders.: Studies in Ethnomethodology, Englewood Cliffs, N. J.: Prentice-Hall, S. 104–115

Garfinkel, Harold (1967 b): Common sense knowledge of social structures: The documentary method of interpretation in lay and professional fact finding. In: ders.: Studies in Ethnomethodology, Englewood Cliffs, N. J.: Prentice-Hall, S. 76–103

Garlichs, Dietrich (1980): Politikformulierung und Implementierung im föderativen Staat. In: Mayntz, Renate (Hrsg.): Implementation politischer Programme, Königstein: Hanstein u. a., S. 20–35

Garrity, John T. (1963): Top management and computer profits, Harvard Business Review, 41. Jg., No. 4, S. 6–12, 172–174

Gast, Wolfgang (1978): Arbeitsvertrag und Direktion, Berlin: Duncker & Humblot

Gebert, Diether (1974): Organisationsentwicklung. Probleme des geplanten organisatorischen Wandels, Stuttgart u. a.: Kohlhammer

Gerl, Kurt (1975): Analyse, Erfassung und Handhabung von Anpassungswiderständen beim organisationalen Wandel – Dargestellt am Beispiel der Einführung elektronischer Datenverarbeitung, Diss. München

Gerybadze, Alexander (1983): Mikroelektronik und Beschäftigung – Zum Pro und Contra einer neuen Technologie aus beschäftigungstheoretischer Sicht. In: Hagemann, Harald; Kalmbach, Peter (Hrsg.): Technischer Fortschritt und Arbeitslosigkeit, Frankfurt u. New York: Campus, S. 322–339

Geulen, Dieter (1982): Soziales Handeln und Perspektivenübernahme. In: Geulen, Dieter (Hrsg.): Perspektivenübernahme und soziales Handeln, Frankfurt: Suhrkamp, S. 24–72

Gibbons, Jean D. (1971): Nonparametric Statistical Inference, New York: McGraw-Hill

Gildersleeve, Thomas R. (1974): Data Processing Project Management, New York u. a.: van Nostrand Reinhold

Ginzberg, Michael J. (1974): A detailed look at implementation research, Report d. Center for Information Systems Research, Massachusetts Institute of Technology

Ginzberg, Michael J. (1975): A Process Approach to Management Science Implementation, Diss. Massachusetts Institute of Technology

Ginzberg, Michael J. (1979): A study of the implementation process. In: Doktor, Robert H.; Schultz, Randall L.; Slevin, Dennis P. (eds.): The Implementation of Management Science, TIMS Studies in the Management Sciences No. 13, Amsterdam u. a.: North-Holland, S. 85–102

Ginzberg, Michael J. (1981): Early diagnosis of MIS implementation failure: Promising results and unanswered questions, Management Science, 27. Jg., No. 4, S. 459–478

Glaser, Barney G.; Strauss, Anselm L. (1967): The Discovery of Grounded Theory. Strategies for Qualitative Research, Chicago: Aldine

Glasl, Friedrich (1980): Konfliktmanagement. Diagnose und Behandlung von Konflikten in Organisationen, Bern u. Stuttgart: Haupt

Glimell, Hans (1975): Designing Interactive Systems for Organizational Change, Diss. Univ. Göteborg (zugleich Bericht des Internationalen Instituts für Management und Verwaltung, Berlin)

Gowler, Dan (1978): Job satisfaction: Values and contracts. In: Legge, Karen;

Mumford, Enid (eds.): Designing Organisations for Satisfaction and Efficiency, Westmead: Gower, S. 36–53

Grabatin, Günther (1981): Effizienz von Organisationen, Berlin u. New York: de Gruyter

Graumann, Carl F. (1960): Grundlagen einer Phänomenologie und Psychologie der Perspektivität, Berlin: de Gruyter

Greiner, Larry E. (1970): Patterns of organization change. In: Dalton, Gene W.; Lawrence, Paul R.; Greiner, Larry E. (eds.): Organizational Change and Development, Homewood, Ill.: Irwin u. Dorsey, S. 213–229

Greiner, Larry E.; Barnes, Louis B. (1970): Organization change and development. In: Dalton, Gene W.; Lawrence, Paul R.; Greiner, Larry E. (eds.): Organizational Change and Development, Homewood, Ill.: Irwin u. Dorsey, S. 1–12

Grochla, Erwin (1966): Automation und Organisation, Wiesbaden: Gabler

Grochla, Erwin (1969): Zur Diskussion über die Zentralisationswirkung automatischer Datenverarbeitungsanlagen, Zeitschrift für Organisation, 38. Jg., No. 2, S. 47–53 (auch in Grochla, Erwin (Hrsg.): Organisationstheorie, 2. Band, Stuttgart: Poeschel 1976, S. 507–517)

Grochla, Erwin (1970): Die Gestaltung allgemeingültiger Anwendungsmodelle für die automatisierte Informationsverarbeitung in Wirtschaft und Verwaltung, Zeitschrift „elektronische datenverarbeitung" (Angewandte Informatik), 11. Jg., No. 2, S. 49–55

Grochla, Erwin (1971): Das Grundmodell eines integrierten Informationsverarbeitungssystems (Kölner Integrationsmodell) und seine Bedeutung für die Wirtschaftsprüfung, Die Wirtschaftsprüfung, 24. Jg., Beilage zu No. 1

Grochla, Erwin (1972): Unternehmungsorganisation. Neue Ansätze und Konzeptionen, Reinbek b. Hamburg: Rowohlt

Grochla, Erwin (1973 a): Gestaltung und Überwachung computer-gestützter Informationssysteme zur Unterstützung des Managements im Entscheidungsprozeß, Zeitschrift Interne Revision, 8. Jg., No. 1, S. 1–17

Grochla, Erwin (1973 b): Das Engagement der Unternehmensführung bei der Entwicklung computer-gestützter Informationssysteme, Fortschrittliche Betriebsführung, 22. Jg., No. 2, S. 65–72

Grochla, Erwin (1973 c): Automatisierung der Automatisierung, Zeitschrift für betriebswirtschaftliche Forschung, 43. Jg., S. 413–429 (auch in Grochla, Erwin (Hrsg.): Organisationstheorie, 2. Band, Stuttgart: Poeschel 1976, S. 480–495)

Grochla, Erwin (1974): Modelle und betriebliche Informationssysteme. In: Grochla, Erwin u. Mitarbeiter: Integrierte Gesamtmodelle der Datenverarbeitung. Entwicklung und Anwendung des Kölner Integrationsmodells (KIM), München u. Wien: Hanser, S. 18–33

Grochla, Erwin (1975 a): The design of computer-based information systems – A challenge to organizational research. In: Grochla, Erwin; Szyperski, Norbert (Hrsg.): Information Systems and Organizational Structure, Berlin u. New York: de Gruyter, S. 31–52

Grochla, Erwin (1975 b): Entwicklung und gegenwärtiger Stand der Organisationstheorie. In: Grochla, Erwin (Hrsg.): Organisationstheorie, 1. Band, Stuttgart: Poeschel, S. 2–32

Grochla, Erwin (1978): Einführung in die Organisationstheorie, Stuttgart: Poeschel

Grochla, Erwin (1980): Organisationstheorie. In: Grochla, Erwin (Hrsg.): Handwörterbuch der Organisation, Stuttgart: Poeschel 2. A., Sp. 1795–1814

Grochla, Erwin (1982): Grundlagen der organisatorischen Gestaltung, Stuttgart: Poeschel

Grochla, Erwin u. a. (1979): Handbuch der Computer-Anwendung. Auswahl und Einsatz der EDV in Klein- und Mittelbetrieben, Braunschweig u. Wiesbaden: Vieweg 2. A.

Grochla, Erwin; Kubicek, Herbert (1976): Einführung in die informationssystemorientierten Ansätze. In: Grochla, Erwin (Hrsg.): Organisationstheorie, 2. Band, Stuttgart: Poeschel, S. 428–440

Grochla, Erwin; Meller, Friedrich (1977): Datenverarbeitung in der Unternehmung, Band 2: Gestaltung und Anwendung, Reinbek b. Hamburg: Rowohlt

Grochla, Erwin u. Mitarbeiter (1974): Integrierte Gesamtmodelle der Datenverarbeitung. Entwicklung und Anwendung des Kölner Integrationsmodells (KIM), München u. Wien: Hanser

Grochla, Erwin; Szyperski, Norbert (Hrsg.) (1971): Management-Informationssysteme, Wiesbaden: Gabler

Gzuk, Roland (1975): Messung der Effizienz von Entscheidungen, Tübingen: Mohr

Haas, H. (Hrsg.) (1975): Technikfolgen-Abschätzung, München u. Wien: Oldenbourg

Haberlandt, K. (1971): Zur Planung automatisierter Management-Informationssysteme. In: Koller, Horst; Kircherer, Hans-Peter (Hrsg.): Probleme der Unternehmensführung. Festschrift zum 70. Geburtstag von Eugen H. Sieber, München: Goldmann, S. 102 ff

Habermas, Jürgen (1971): Vorbereitende Bemerkungen zu einer Theorie der kommunikativen Kompetenz. In: Habermas, Jürgen; Luhmann, Niklas: Theorie der Gesellschaft oder Sozialtechnologie – Was leistet die Systemforschung?, Frankfurt: Suhrkamp, S. 101–141

Habermas, Jürgen (1973): Legitimationsprobleme im Spätkapitalismus, Frankfurt: Suhrkamp

Habermas, Jürgen (1981): Theorie des kommunikativen Handelns, Bd. 1: Handlungsrationalität und gesellschaftliche Rationalisierung, Frankfurt: Suhrkamp

Hackman, J. Richard; Lawler, Edward E. (1971): Employee reactions to job characteristics, Journal of Applied Psychology, 55. Jg., No. 3, S. 259–286

Hackman, J. Richard; Oldham, Greg R. (1975): Development of the Job Diagnostic Survey, Journal of Applied Psychology, 60. Jg., No. 2, S. 159–170

Hacon, Richard J. (ed.) (1972): Personal and Organizational Effectiveness, London u. a.: McGraw-Hill

Haidekker, Dionys; Langosch, Ingo (1975): Betriebswirtschaftliche Organisationsentwicklung – Ansätze zur Integration betriebswirtschaftlicher und verhaltensorientierter Organisationsarbeit, Zeitschrift für Organisation, 44. Jg., No. 6, S. 331–341

Haindl, Thomas (1982): Einführung in die Datenorganisation. Konventionelle Dateiverarbeitung, Datenbanken, TP-Monitore, Würzburg u. Wien: Physica

Hallam, Stephen F. (1975): An empirical investigation of the objectives and constraints of Electronic Data Processing departments, Academy of Management Journal, 18. Jg., S. 55–62

Hamel, Winfried (1974): Zieländerungen im Entscheidungsprozeß, Tübingen: Mohr

Hamel, Winfried (1981): Berücksichtigung von Akzeptanzbarrieren bei der Konstruktion betriebswirtschaftlicher Entscheidungsmodelle, Die Betriebswirtschaft, 41. Jg., No. 4, S. 615–625

Hansel, Jürgen; Kolf, Frank (1978): Projektplanungs- und -steuerungsmethodiken (PSM). Überblick über verfügbare PSM und Einsatzmöglichkeiten bei der Gestaltung rechnergestützter Systeme für die Unternehmungsplanung, Forschungsbericht 78/1 des Betriebswirtschaftlichen Instituts für Organisation und Automation an der Univ. Köln, Köln: Wison

Hansen, Hans Robert (1970): Bestimmungsfaktoren für den Einsatz elektronischer Datenverarbeitungsanlagen in Unternehmungen, Berlin: Duncker & Humblot

Hansen, Hans Robert (1983): Einführung in die betriebliche Datenverarbeitung (Wirtschaftsinformatik I), Stuttgart: Fischer 4. A.

Hansen, Hans R.; Schröder, Klaus T.; Weihe, Herrman J. (Hrsg.) (1979): Mensch und Computer. Zur Kontroverse über die ökonomischen und gesellschaftlichen Auswirkungen der EDV, München u. Wien: Oldenbourg

Hardin, Einar (1960 a): Computer automation, work environment, and employee satisfaction: A case study, Industrial and Labor Relations Review, 13. Jg., S. 559–567

Hardin, Einar (1960 b): The reactions of employees to office automation, Monthly Labor Review, 83. Jg., S. 925–932

Harvey, Allan (1970): Factors making for implementation success and failure, Management Science, 16. Jg., S. B 312–321

Hauschildt, Jürgen (1975): Zielhierarchien in innovativen Entscheidungsprozessen. In: Ulrich, Hans (Hrsg.): Unternehmensplanung, Wiesbaden: Gabler, S. 103–132

Hauschildt, Jürgen (1977): Entscheidungsziele. Zielbildung in innovativen Entscheidungsprozessen: Theoretische Ansätze und empirische Prüfung, Tübingen: Mohr

Hayes-Roth, Frederick; Waterman, Donald A.; Lenat, Douglas B. (eds.) (1983): Building Expert Systems, Reading, Mass. u. a.: Addison-Wesley

Hedberg, Bo (1970): On Man-Computer Interaction in Organizational Decision Making. A Behavioral Approach, Diss. Göteborg

Hedberg, Bo (1975): Computer systems to support industrial democracy. In: Mumford, Enid; Sackman, Harold (eds.): Human Choice and Computers, Amsterdam u. a.: North-Holland, S. 211–230

Hedberg, Bo (1980): Using computerized information systems to design better organizations and jobs. In: Bjørn-Andersen, Niels (ed.): The Human Side of Information Processing. Proceedings of the Copenhagen Conference on Computer Impact 78, Amsterdam, New York u. Oxford: North-Holland, S. 19–33

Hedberg, Bo; Mumford, Enid (1975): The design of computer systems: Man's vision of man as an integral part of the system design process. In: Mumford, Enid; Sackman, Harold (eds.): Human Choice and Computers, Amsterdam u. a.: North-Holland, S. 31–59

Heibey, Hanns-Wilhelm; Lutterbeck, Bernd; Töpel, Michael (1977): Auswirkungen der elektronischen Datenverarbeitung in Organisationen, Forschungsbericht DV 77-01, hrsg. v. Bundesministerium für Forschung u. Technologie, Eggenstein-Leopoldshafen: Zentralstelle für Atomenergie-Dokumentation (ZAED)

Heibey, Hanns-Wilhelm; Lutterbeck, Bernd; Töpel, Michael (1979): Organisatorische Konsequenzen des EDV-Einsatzes. In: Hansen, Hans R.; Schröder, Klaus T.; Weihe, Herrman J. (Hrsg.): Mensch und Computer. Zur Kontroverse über die ökonomischen und gesellschaftlichen Auswirkungen der EDV, München u. Wien: Oldenbourg, S. 261–273

Heilmann, Heidi (1981): Modelle und Methoden der Benutzermitwirkung in Mensch-Computer-Systemen, 10. Jahrbuch der EDV (1981), Stuttgart u. Wiesbaden: Forkel

Heilmann, Heidi; Heilmann, Wolfgang (1979): Strukturierte Systemplanung und Systementwicklung, Stuttgart u. Wiesbaden: Forkel

Heim, Joachim (1974): Programmierer und Systemanalytiker – Berufssoziologische Aspekte, Diss. Köln

Heinrich, Lutz J. (1970): COSMA. Computerselektion mit Matrizenmodellen, ein Verfahren zur Bewertung von Datenverarbeitungsanlagen der Mittleren Datentechnik, Zeitschrift für Betriebswirtschaft, 40. Jg., S. 163–182

Heinrich, Lutz J. (1976 a): Systemplanung, Bd. 1: Analyse und Grobprojektierung von Informationssystemen, Berlin u. New York: de Gruyter

Heinrich, Lutz J. (1976 b): Systemplanung, Bd. 2: Feinprojektierung, Einführung und Pflege von Informationssystemen, Berlin u. New York: de Gruyter

Heinrich, Lutz J. (1978): Humanisierung von Informationssystemen. In: Hansen, Hans R. (Hrsg.): Entwicklungstendenzen der Systemanalyse, 5. Wirtschaftsinformatik-Symposium der IBM Deutschland GmbH, Bad Neuenahr, Okt. 1978, München u. Wien: Oldenbourg, S. 489–507

Herbst, P. G. (1974): Socio-Technical Design. Strategies in Multidisciplinary Research, London: Tavistock

Herbst, P. G. (1974 a): The development of socio-technical research. In: Herbst, P. G.: Socio-Technical Design. Strategies in Multidisciplinary Research, London: Tavistock, S. 3–10

Herbst, P. G. (1974 b): Approaches to socio-technical design. In: Herbst, P. G.: Socio-Technical Design. Strategies in Multidisciplinary Research, London: Tavistock, S. 13–27

Herbst, P. G. (1974 c): Emerging characteristics of socio-technical organizations. In: Herbst, P. G.: Socio-Technical Design. Strategies in Multidisciplinary Research, London: Tavistock, S. 61–62

Heritage, John (1984): Garfinkel and Ethnomethodology, Cambridge: Polity Press

Hermann, Ursula (1984): Die Implementierung betrieblicher Rationalisierungshandlungen und der personale Widerstand. Eine Anwendung des funktional-strukturellen Systemansatzes auf betriebswirtschaftliche Problemstellungen, Göttingen: Vandenhoeck u. Ruprecht

Hice, G. F.; Turner, W. S.; Cashwell, L. F. (1974): System Development Methodology, Amsterdam u. a.: North-Holland u. American Elsevier

Hicks, Herbert G.; Goronzy, Friedhelm (1965): Economic and Organizational Factors of Data Processing Installations. Some Empirical Findings Concerning Data Processing for Selected Commercial Applications in Louisiana, Louisiana Business Bulletin, 24. Jg., No. 1, hg. v. d. Division of Research, College of Business Administration, Louisiana State Univ., Baton Rouge

Hickson, D. J. u. a. (1971): A strategic contingencies' theory of intraorganizational power, Administrative Science Quarterly, 16. Jg., No. 2, S. 216–229

Hieber, Lutz (1983): Aufklärung über Technik. Zum Unterschied von wissenschaftlicher und politischer Technikkritik, Frankfurt u. New York: Campus

Hill, Walter A. (1966): The impact of EDP systems on office employees: Some empirical conclusions, Academy of Management Journal, 9. Jg., No. 1, S. 9–19

Hill, Wilhelm; Fehlbaum, Raymond; Ulrich, Peter (1974): Organisationslehre I. Ziele, Instrumente und Bedingungen der Organisation sozialer Systeme, Bern u. Stuttgart: Haupt

Hjern, Benny; Porter, David O. (1981): Implementation structures: A new unit of administrative analysis, Organization Studies, 2. Jg., No. 3, S. 211–227

Höyer, Rolf: User participation – Why is development so slow? The dynamics of the development of end user control. In: Lucas, Henry C. u. a. (eds.): The Information Systems Environment,

Amsterdam u. a.: North-Holland, S. 129–138

Hofer, Charles W. (1970): Emerging EDP pattern, Harvard Business Review, 48. Jg., No. 2, S. 16–31 u. 169–171 (auch in Coleman, Raymond J.; Riley, M. J. (eds.): MIS: Management Dimensions, San Francisco u. a.: Holden-Day 1973, S. 207–228)

Holsinger, John W. (1969): EDP Implementation: An Analysis of Constraints, Diss. Univ. of North Carolina, Chapel Hill

Hoos, Ida R. (1961): Automation in the Office, Washington: Public Affairs Press

Höring, Klaus u. a. (1983): Interne Netzwerke für die Bürokommunikation. Technik und Anwendungen digitaler Nebenstellenanlagen und von Local Area Networks (LAN), Heidelberg: v. Decker

House, W. C. (ed.) (1971): The Impact of Information Technology on Management Operation, Princeton u. a.: Auerbach.

Huber, George P. (1983): Cognitive style as a basis for MIS and DSS design: Much ado about nothing?, Management Science, 29. Jg., No. 5, S. 567–579

Hummell, H. J. (1972): Probleme der Mehrebenenanalyse, Stuttgart: Teubner

Huppertsberg, Bernd (1975): Verhandlungsspiele im Investitionsgütermarketing. Methodologische Probleme exploratorischer Simulation, Diss. Mannheim

Huysmans, Jan H. (1970): The effectiveness of the cognitive-style constraint in implementing operations research proposals, Management Science, 17. Jg., No. 1, S. 92–104

Ifo-Institut für Wirtschaftsforschung (Hrsg.) (1980): Technischer Fortschritt – Auswirkungen auf Wirtschaft und Arbeitsmarkt, Gutachten der Projektgemeinschaft Ifo-Institut für Wirtschaftsforschung, ISI-Fraunhofer-Institut für Systemtechnik und Innovationsforschung, Infratest Wirtschaftsforschung, Berlin: Duncker & Humblot

Iklé, Fred Ch. (1965): Strategie und Taktik des diplomatischen Verhaltens, Gütersloh: Bertelsmann

Irle, Martin (1967): Entstehung und Änderung von sozialen Einstellungen (Attitüden). In: Merz, Ferdinand (Hrsg.): Bericht über den 25. Kongreß der Deutschen Gesellschaft für Psychologie, Münster 1966, Göttingen: Hogrefe, S. 194–221.

Ives, Blake; Olson, Margarethe H. (1984): User involvement and MIS success: A review of research, Management Science, 30. Jg., No. 5, S. 586–603

Jackson, Michael A. (1983): System Development, Englewood Cliffs, N. J.: Prentice-Hall

Jacobson, Eugene u. a. (1959): Employee attitudes toward technological change in a medium sized insurance company, Journal of Applied Psychology, 43. Jg., S. 349–354

Jaeggi, Urs; Wiedemann, Herbert (1963): Der Angestellte im automatisierten Büro, Stuttgart: Kohlhammer

Jensen, Stefan (1983): Systemtheorie, Stuttgart u. a.: Kohlhammer

Johnson, Beryl (1973): The trouble with computers ... it usually starts at the top, Management Informatics, 2. Jg., No. 4, S. 207–211

Johnson, G. Patrick (1983): Review of selected Technology Assessment studies of information technologies in the United States of America. In: Szyperski, Norbert u. a. (Hrsg.): Assessing the Impacts of Information Technology. Hope to Escape the Negative Effects of an Information Society by Research, Braunschweig u. Wiesbaden: Vieweg, S. 69–82

Jones, Edward E.; Gerard, Harold B. (1967): Foundations of Social Psychology, New York u. a.: Wiley

Joost, Norbert (1975): Organisation in Entscheidungsprozessen, Tübingen: Mohr

Kaiser, Kate; Srinivasan, Ananth (1982): User-analyst differences: An empirical investigation of attitudes related to systems development, Academy of Management Journal, 25. Jg., No. 3, S. 630–646

Kalbhen, Uwe (1980): Einführung. In: Kalbhen, Uwe; Krückeberg, Fritz; Reese, Jürgen (Hrsg.): Gesellschaftliche Auswirkungen der Informationstechnologie. Ein internationaler Vergleich, Frankfurt u. New York: Campus, S. 9–24

Kalbhen, Uwe; Krückeberg, Fritz; Reese, Jürgen (Hrsg.) (1980): Gesellschaftliche Auswirkungen der Informationstechnologie. Ein internationaler Vergleich, Frankfurt u. New York: Campus

Kaltenhäuser, Udo (1976): Die Wirtschaftlichkeit elektronischer Datenverarbeitungsverfahren, Bochum: Brockmeyer

Kappler, Ekkehard (1979): Die Aufhebung der Berater-Klienten-Beziehung in der Aktionsforschung. In: Wunderer, Rolf (Hrsg.): Humane Personal- und Organisationsentwicklung. Festschrift für Guido Fischer zu seinem 80. Geburtstag, Berlin: Duncker & Humblot, S. 41–62

Kappler, Ekkehard (1980): Partizipation. In: Grochla, Erwin (Hrsg.): Handwörterbuch der Organisation, Stuttgart: Poeschel 2.A., Sp. 1845–1855

Katz, Daniel; Kahn, Robert (1966): The Social Psychology of Organizations, New York u. a.: Wiley

Katz, Daniel; Stotland, Ezra (1959): A preliminary statement to a theory of attitude structure and change. In: Koch, S. (ed.): Psychology: A Study of a Science, Vol. 3: Formulations of the Person and the Social Context, New York u. a.: McGraw-Hill, S. 423–475

Kauffels, Franz-Joachim (1984): Lokale Netze. Systeme für den Hochleistungs-Informationstransfer, Köln: Müller

Kay, Ronald (Hrsg.) (1983): Management betrieblicher Informationsverarbeitung, Wirtschaftsinformatik-Symposium der IBM Deutschland GmbH 1982 in Bad Neuenahr, München u. Wien: Oldenbourg

Kay, Ronald; Szyperski, Norbert; Höring, Klaus; Bartz, Gangolf (1980): Strategic planning of information systems at the corporate level, Information & Management, 3. Jg., S. 175–186

Keen, Peter G. W.; Gerson, Elihu M. (1977): The politics of software system design, Datamation, 23. Jg., 1977, No. 11, S. 80–84

Keen, Peter G. W.; Scott Morton, M. S. (1978): Decision Support Systems: An Organizational Perspective, Reading, Mass. u. a.: Addison-Wesley

Kieser, Alfred (1973): Einflußgrößen der Unternehmungsorganisation. Der Stand der empirischen Forschung und Ergebnisse einer eigenen Erhebung, Habilitationsschrift Köln

Kieser, Alfred; Kubicek, Herbert (1973): Der Einfluß der Informationstechnologie auf die Organisationsstruktur. Ergebnisse einer empirischen Untersuchung. In: Grochla, Erwin; Szyperski, Norbert (Hrsg.): Struktur und Steuerung der Unternehmung bei automatisierter Datenverarbeitung, 6. BIFOA-Fachtagung, April 1972, Teil 1 u. 2, Köln: Wison

Kieser, Alfred; Kubicek, Herbert (1983): Organisation, Berlin u. New York: de Gruyter 2. A.

Kieser, Heinz-Peter (1973): Mensch-Maschine-Kommunikation in Organisationen. Verhaltenswissenschaftliche Aspekte interaktiver Problemlösungsprozesse, Diss. Mannheim

Kirsch, Werner (1971): Entscheidungsprozesse, Band 3: Entscheidungen in Organisationen, Wiesbaden: Gabler

Kirsch, Werner (1973 a): Auf dem Weg zu einem neuen Taylorismus? In: Hansen, Hans Robert; Wahl, Manfred P. (Hrsg.): Probleme beim Aufbau betrieblicher Informationssysteme, München: Verlag Moderne Industrie, S. 338–348

Kirsch, Werner (1973 b): Betriebswirtschaftspolitik und geplanter Wandel betriebswirtschaftlicher Systeme. In: Kirsch, Werner (Hrsg.): Unternehmensführung und Organisation, Wiesbaden: Gabler, S. 15–40

Kirsch, Werner (1974): Probleme der Unternehmensführung bei der Entwicklung und Implementierung von Management-Informationssystemen, Die Unternehmung, 28. Jg., No. 3, S. 173–185

Kirsch, Werner u. a. (1975): Reorganisationsprozesse in Unternehmen, München: Univ. München, Institut für Organisation

Kirsch, Werner; Esser, Werner-Michael; Gabele, Eduard (1979): Das Management des geplanten Wandels von Organisationen, Stuttgart: Poeschel

Kirsch, Werner; Scholl, W. (1977): Demokratisierung – Gefährdung der Handlungsfähigkeit organisatorischer Führungssysteme?, Die Betriebswirtschaft, 37. Jg., S. 234–246

Kistruck, J.; Griffiths, A. (1979): Information systems and their social construction, unpubl. Monograph

Klar, Rainer (1976): Digitale Rechenautomaten, Berlin u. New York: de Gruyter 2. A.

Klatzky, Sheila R. (1970): Automation, size and the locus of decision making: The cascade effect, Journal of Business, 43. Jg., No. 2, S. 141–151 (dt. in Grochla, Erwin (Hrsg.): Organisationstheorie, 2. Band, Stuttgart: Poeschel 1976, S. 518–529)

Klein, Donald (1969): Some notes on the dynamics of resistance to change: The defenders role. In: Bennis, Warren G.; Benne, Kenneth D.; Chin, Robert (eds.): The Planning of Change, New York, London u. a.: Holt, Rinehart & Winston 2. A., S. 498–507

Kling, Rob (1977): The organizational context of user-centered software designs, MIS Quarterly, 1. Jg., S. 41–52

Kling, Rob (1980): Gesellschaftliche Probleme und Auswirkungen der Datenverarbeitung: Überblick über die nordamerikanische Forschung. In: Kalbhen, Uwe; Krückeberg, Fritz; Reese, Jürgen (Hrsg.): Gesellschaftliche Auswirkungen der Informationstechnologie. Ein internationaler Vergleich, Frankfurt u. New York: Campus, S. 148–199

Kling, Rob; Gerson, Elihu (1977): The social dynamics of technical innovations in the computing world, Symbolic Interaction, 1. Jg., No. 1, S. 132–146

Knoepfel, Peter; Weidner, Helmut (1980): Normbildung und Implementation: Interessenberücksichtigungsmuster in Programmstrukturen von Luftreinhaltepolitiken. In: Mayntz, Renate (Hrsg.): Implementation politischer Programme, Königstein: Hanstein u. a., S. 82–104

Knopf, Rainer u. a. (1978): Die Effizienz von Reorganisationsprozessen aus der Sicht der Praxis. In: Kirsch, Werner u. Mitarbeiter: Empirische Explorationen zu Reorganisationsprozessen, München: Planungs- und Organisationswissenschaftliche Schriften, Univ. München, S. 267–391

Koch, Richard (1978): Elektronische Datenverarbeitung und kaufmännische Angestellte. Auswirkungen der Rationalisierung in der Verwaltung von Industrieunternehmungen, Frankfurt u. New York: Campus

Köhler, Richard (1971): Informationssysteme für die Unternehmensführung, Zeitschrift für Betriebswirtschaft, 41. Jg., S. 27–58

Köhler, Richard; Uebele, Herbert (1977): Planung und Entscheidung im Absatzbereich industrieller Großunternehmen. Ergebnisse einer empirischen Untersuchung, Arbeitsbericht 77/9, Aachen: Institut für Wirtschaftswissenschaften der TH Aachen

Köhler, Richard; Uebele, Herbert (1981): Einsatzbedingungen von Planungs- und Entscheidungstechniken. Programmatik und praxeologische Konsequenzen einer empirischen Untersuchung. In: Witte, Eberhard (Hrsg.): Der praktische Nutzen empirischer Forschung, Tübingen: Mohr, S. 115–158

Kolb, David A.; Frohman, Alan L. (1970): An organization development approach to consulting, Sloan Management Review, 12. Jg., No. 1, S. 51–65

Kolf, Frank; Oppelland, H. J.; Seibt, Dietrich; Szyperski, Norbert (1978): Instrumentarium zur organisatorischen Implementierung von rechnergestützten Informationssystemen, Angewandte Informatik, 20. Jg., No. 4, S. 299–310

Kolf, Frank; Oppelland, H. J. (1979 a): Berücksichtigung von Benutzerinteressen bei der Entwicklung von Informationssystemen. In: Hansen, Hans Robert; Schröder, Klaus T.; Weihe, Herrman J. (Hrsg.): Mensch und Computer. Zur Kontroverse über die ökonomischen und gesellschaftlichen Auswirkungen der EDV, München u. Wien: Oldenbourg, S. 307–325

Kolf, Frank; Oppelland, H. J. (1979 b): A design-oriented approach in implementation research: The project PORGI. In: Szyperski, Norbert; Grochla, Erwin (Hrsg.): Design and Implementation of Computer-Based Information Systems, Alphen aan den Rijn: Sijthoff & Noordhoff, S. 91–100

Koontz, Harold (1959): Top management takes a second look at Electronic Data Processing, Business Horizons, 2. Jg., No. 1, S. 74–84

Kosiol, Erich: (1962): Organisation der Unternehmung, Wiesbaden: Gabler

Kosiol, Erich (1980): Aufbauorganisation. In: Grochla, Erwin (Hrsg.): Handwörterbuch der Organisation, Stuttgart: Poeschel 2. A., Sp. 179–187

Köster, Walter; Hetzel, Friedrich (1971): Datenverarbeitung mit System, Neuwied u. Berlin: Luchterhand

Kriebel, Charles H. (1979): Evaluating the quality of information systems. In: Szyperski, Norbert; Grochla, Erwin (Hrsg.): Design and Implementation of Computer-Based Information Systems, Alphen aan den Rijn: Sijthoff & Noordhoff, S. 29–43

Kroppenberg, Ulrich (1979): Dezentralisierungstendenzen der Datenverarbeitung durch neue Informationstechnologien, Frankfurt: R. G. Fischer

Kubicek, Herbert (1972): Der Zusammenhang zwischen Informationstechnologie und Organisationsstruktur, Zeitschrift für Organisation, 41. Jg., No. 6, S. 287–296

Kubicek, Herbert (1975): Informationstechnologie und organisatorische Regelungen. Konzeptionelle Grundlagen einer empirischen Theorie der organisatorischen Gestaltung des Benutzerbereichs in computergestützten Informationssystemen, Berlin: Duncker & Humblot

Kubicek, Herbert (1976): Ein Ansatz zur Operationalisierung der Organisationsphilosophie. Erster Bericht über eine explorative empirische Studie, Arbeitspapier Nr. 14/76 d. Instituts für Unternehmungsführung, FU Berlin

Kubicek, Herbert (1979 a): Interessenberücksichtigung beim Technikeinsatz im Büro- und Verwaltungsbereich. Grundgedanken und neuere skandinavische Entwicklungen, Bericht Nr. 125 der Gesellschaft für Mathematik und Datenverarbeitung Bonn, München u. Wien: Oldenbourg

Kubicek, Herbert (1979 b): Informationstechnologie und Organisationsforschung. Eine kritische Bestandsaufnahme der Forschungsergebnisse. In: Hansen, Hans Robert; Schröder, Klaus T.; Weihe, Herrman J. (Hrsg.): Mensch und Computer. Zur Kontroverse über die ökonomischen und gesellschaftlichen Auswirkungen der EDV, München u. Wien: Oldenbourg, S. 53–79

Kubicek, Herbert (1980 a): Organisationsstruktur, Messung der. In: Grochla, Erwin (Hrsg.): Handwörterbuch der Organisation, Stuttgart: Poeschel 2. A., Sp. 1778–1795

Kubicek, Herbert (1980 b): Berücksichtigung von Interessen der Betroffenen bei der Anwendung der Informationstechnologie durch partizipative Systemgestaltung? – Vom euphorischen Aufbruch zu dem Bemühen um eine problembewußte Weiterentwicklung. In: Mambrey, Peter: Oppermann, Reinhard (Hrsg.): Partizipation bei der Systementwicklung (Teil 1), St. Augustin: Gesellschaft für Mathematik und Datenverarbeitung, Institut für Planungs- und Entscheidungssysteme, S. 15–67

Kubicek, Herbert (1982): Gefahren der informationstechnologischen Entwicklung als Herausforderung an die Interessenvertretung, hg. v. Hauptvorstand der Deutschen Postgewerkschaft, Frankfurt

Kubicek, Herbert (1983): User participation in system design. Some questions about structure and content arising from recent research from a trade union perspective. In: Briefs, Ulrich u. a. (eds.): Systems Design For, With, and By the Users, Amsterdam u. a.: North-Holland, S. 3–18

Kubicek, Herbert (1984 a): Defizite der Informatik hinsichtlich ihrer Folgenbewältigung und die politische Bewältigung dieser Defizite. Dargestellt am Beispiel der aktuellen Kabeldiskussion, Nr. 84/1 d. Arbeitspapiere zu Organisation, Automation und Führung, Univ. Trier

Kubicek, Herbert (1984 b): Kabel im Haus – Satellit überm Dach. Ein Informationsbuch zur aktuellen Mediendiskussion, Reinbek b. Hamburg: Rowohlt

Kubicek, Herbert; Leuck, Hans G.; Wächter, Hartmut (1979): Organisationsentwicklung: entwicklungsbedürftig und entwicklungsfähig, Gruppendynamik, 10. Jg., S. 297–318

Kubicek, Herbert; Berger, Peter (1983): Regelungen und Rahmenbedingungen der Beteiligung im Bereich der Arbeitgeber-Arbeitnehmer-Beziehungen. In: Mambrey, Peter; Oppermann, Reinhard (Hrsg.): Beteiligung von Betroffenen bei der Entwicklung von Informationssystemen, Frankfurt u. New York: Campus, S. 23–85

Kubicek, Herbert; Wollnik, Michael (1975): Zur Notwendigkeit empirischer Grundlagenforschung in der Organisationstheorie, Zeitschrift für Organisation, 44. Jg., No. 6, S. 301–312

Kubicek, Herbert; Wollnik, Michael; Kieser, Alfred (1981): Wege zur praxisorientierten Erfassung der formalen Organisationsstruktur. In: Witte, Eberhard (Hrsg.): Der praktische Nutzen empirischer Forschung, Tübingen: Mohr, S. 79–114

Kudera, Sabine (1977): Organisationsstrukturen und Gesellschaftsstrukturen. Thesen zu einer gesellschaftsbezogenen Reorientierung der Organisationssoziologie, Soziale Welt, 28. Jg., No. 1/2, S. 16–38

Kwiatkowski, Jürgen (1974): EDV-Projektmanagement, Frankfurt u. New York: Herder & Herder

Kyng, Morten; Mathiassen, Lars (1982): Systems development and trade union activities. In: Bjørn-Andersen, Niels u. a. (eds.): Information Society, for Richer, for Poorer, Amsterdam u. a.: North-Holland, S. 247–260

Lance, G. N.; Williams, W. T. (1967): A general theory of classificatory sorting strategies. I. Hierarchical systems, Computer Journal, 9. Jg., S. 373–380

Land, Frank (1983): Partizipation: Ihre Begründungen, Werkzeuge und Techniken. In: Mambrey, Peter; Oppermann, Reinhard (Hrsg.): Beteiligung von Betroffenen bei der Entwicklung von Informationssystemen, Frankfurt u. New York: Campus, S. 188–215

Land, Frank; Mumford, Enid; Hawgood, John (1980): Training the systems analyst of the 1980s: Four analytical procedures to assist the design process. In: Lucas, Henry C. u. a. (eds.): The Information Systems Environment, Amsterdam u. a.: North-Holland, S. 239–256

Lange, Bernd-Peter u. a. (1982): Sozialpolitische Chancen der Informationstechnik. Zur staatlichen Förderung einer Sozialen Informationstechnologie, Frankfurt u. New York: Campus

Lange, Bernd-Peter; Reese, Jürgen (1983): Impact research and research policy. An analytical framework. In: Szyperski, Norbert u. a. (Hrsg.): Assessing the Impacts of Information Technology. Hope to Escape the Negative Effects of an Information Society by Research, Braunschweig u. Wiesbaden: Vieweg, S. 31–53

Langefors, Börje (1979): Information analysis and data base structures. In: Petri, Carl A. (Hrsg.): Ansätze zur Organisationstheorie Rechnergestützter Informationssysteme, München u. Wien: Oldenbourg (Bericht der Gesellschaft für Mathematik und Datenverarbeitung Nr. 111), S. 119–150

Langenheder, Werner (1980): Wirkungsforschung in der GMD. In: Mambrey, Peter; Oppermann, Reinhard (Hrsg.): Partizipation bei der Systementwicklung (Teil 1), St. Augustin: Gesellschaft für Mathematik und Datenverarbeitung, Institut für Planungs- und Entscheidungssysteme, S. 4–14

Langenheder, Werner (1982): Perspektiven der Wirkungsforschung. In: Arbeitskreis Rationalisierung Bonn (Hrsg.): Verdatet – verdrahtet – verkauft, Stuttgart: Alektor, S. 169–188

Lanzara, G. F. (1983): The design process: Frames, metaphors and games. In: Briefs, Ulrich u. a. (eds.): Systems Design For, With, and By the Users, Amsterdam u. a.: North-Holland, S. 29–40

Large, Peter (1982): Die Mikro-Revolution. Chips verändern die Welt, Essen: Girardet

Laudon, Kenneth C. (1974): Computers and Bureaucratic Reform, New York u. a.: Wiley

Laudon, Kenneth C. (1977): Communications Technology and Democratic Participation, New York u. London: Praeger

Lawrence, Paul R.; Lorsch, J. W. (1969): Organization and Environment, Homewood, Ill.: Irwin u. Dorsey

Lazarsfeld, Paul F.; Menzel, Herbert (1961): On the relation between individual and collective properties. In: Etzioni, Amitai (ed.): Complex Organizations, New York: Holt, Rinehart & Winston, S. 422–440

Leavitt, Harold J. (1965): Applied organizational change in industry: Structural, technological and humanistic approaches. In: March, James G. (ed.): Handbook of Organizations, Chicago: Rand McNally, S. 1144–1170

Leavitt, Harold J.; Whisler, Thomas L. (1958): Management in the 1980's, Harvard Business Review, 36. Jg., No. 6, S. 41–48

Lee, Hak Chong (1963): Effect of Electronic Data Processing Upon the Management Organization of a Large Shoe Manufacturing Company, Diss. Washington Univ. St. Louis, Missouri

Lehmann, Helmut (1969): Integration. In: Grochla, Erwin (Hrsg.): Handwörterbuch der Organisation, Stuttgart: Poeschel 1. A., Sp. 768–774

Leminsky, Gerhard (1975): Trade union strategies for the humanisation of work in the FRG. In: Mumford, Enid; Sackman, Harold (eds.): Human Choice and Computers, Amsterdam u. a.: North-Holland, S. 157–167

Little, John (1970): Models and managers: The concept of a decision calculus, Management Science, 16. Jg., No. 8, S. B 466–483

Lockemann, P. C. u. a. (1983): Systemanalyse. DV-Einsatzplanung, Berlin u. a.: Springer

Lucas, Henry C. (1973): User reactions and the management of information services, Management Informatics, 2. Jg., No. 4, S. 165–172

Lucas, Henry C. (1975): Why Information Systems Fail, New York u. London: Columbia Univ. Press

Lucas, Henry C. (1978): The evolution of an information system: From key-man to every person, Sloan Management Review, 19. Jg., No. 2, S. 39–52

Lucas, Henry C. (1979): Basic considerations in organizational and human aspects in systems design: the state of the art of implementation research. In: Szyperski, Norbert; Grochla, Erwin (Hrsg.): Design and Implementation of Computer-Based Information Systems, Alphen aan den Rijn: Sijthoff & Noordhoff, S. 81–90

Lucas, Henry C. (1981): Implementation. The Key to Successful Information Systems, New York u. London: Columbia Univ. Press

Lucas, Henry C.; Land, Frank; Lincoln, T. J.; Supper, K. (eds.) (1980): The Information Systems Environment, Amsterdam u. a.: North-Holland

Luhmann, Niklas (1964): Funktionen und Folgen formaler Organisation, Berlin: Duncker & Humblot (3. A. 1976)

Luhmann, Niklas (1971 a): Sinn als Grundbegriff der Soziologie. In: Habermas, Jürgen; Luhmann, Niklas: Theorie der Gesellschaft oder Sozialtechnologie – Was leistet die Systemforschung?, Frankfurt: Suhrkamp, S. 25–100

Luhmann, Niklas (1971 b): Systemtheoretische Argumentationen. Eine Entgegnung auf Jürgen Habermas. In: Habermas, Jürgen; Luhmann, Niklas: Theorie der Gesellschaft oder Sozialtechnologie – Was leistet die Systemforschung? Frankfurt: Suhrkamp, S. 291–405

Luhmann, Niklas (1973): Zweckbegriff und Systemrationalität. Über die Funktion von Zwecken in sozialen Systemen, Frankfurt: Suhrkamp (zuerst 1968)

Luhmann, Niklas (1974 a): Reflexive Mechanismen. In: Luhmann, Niklas: Soziologische Aufklärung, Band 1: Aufsätze zur Theorie sozialer Systeme, Opladen: Westdeutscher Verlag 4. A., S. 92–112 (zuerst 1966)

Luhmann, Niklas (1974 b): Soziologie als Theorie sozialer Systeme. In: Luhmann, Niklas: Soziologische Aufklärung, Band 1: Aufsätze zur Theorie sozialer Systeme, Opladen: Westdeutscher Verlag 4. A., S. 113–136 (zuerst 1967)

Luhmann, Niklas (1974 c): Funktionale Methode und Systemtheorie. In: Luhmann, Niklas: Soziologische Aufklärung, Band 1: Aufsätze zur Theorie sozialer Systeme, Opladen: Westdeutscher Verlag 4. A., S. 31–53 (zuerst 1964)

Luhmann, Niklas (1975 a): Legitimation durch Verfahren, Darmstadt u. Neuwied: Luchterhand 2. A. (1. A. 1969)

Luhmann, Niklas (1975 b): Einfache Sozialsysteme. In: Luhmann, Niklas: Soziologische Aufklärung, Band 2: Aufsätze zur Theorie der Gesellschaft, Opladen: Westdeutscher Verlag, S. 21–38 (zuerst 1972)

Luhmann, Niklas (1975 c): Einführende Bemerkungen zu einer Theorie symbolisch generalisierter Kommunikationsmedien. In: Luhmann, Niklas: Soziologische Aufklärung, Band 2: Aufsätze zur

Theorie der Gesellschaft, Opladen: Westdeutscher Verlag, S. 170–192 (zuerst 1974)

Luhmann, Niklas (1975 d): Komplexität. In: Luhmann, Niklas: Soziologische Aufklärung, Band 2: Aufsätze zur Theorie der Gesellschaft, Opladen: Westdeutscher Verlag, S. 204–220

Luhmann, Niklas (1975 e): Interaktion, Organisation, Gesellschaft. In: Luhmann, Niklas: Soziologische Aufklärung, Band 2: Aufsätze zur Theorie der Gesellschaft, Opladen: Westdeutscher Verlag, S. 9–20

Luhmann, Niklas (1975 f): Macht, Stuttgart: Enke

Luhmann, Niklas (1981): Erleben und Handeln. In: Luhmann, Niklas: Soziologische Aufklärung, Band 3: Soziales System, Gesellschaft, Organisation, Opladen: Westdeutscher Verlag, S. 67–80 (zuerst 1978)

Luhmann, Niklas (1984): Soziale Systeme. Grundriß einer allgemeinen Theorie, Frankfurt: Suhrkamp

Lutterbeck, Bernd (1982): Möglichkeiten und Grenzen einer gesellschaftsbezogenen Informatik-Ausbildung. In: Arbeitskreis Rationalisierung Bonn (Hrsg.): Verdatet – verdrahtet – verkauft, Stuttgart: Alektor, S. 211–223

Lutz, Theo (1980): Grundlagen der Datenverarbeitung. Der Computer und seine Möglichkeiten, Stuttgart: IBM

van Maanen, John (1977): Experiencing organization. In: ders. (ed.): Organizational Careers: Some New Perspectives, New York u. a.: Wiley, S. 15–45

Mambrey, Peter; Oppermann, Reinhard (Hrsg.) (1980): Partizipation bei der Systementwicklung (Teil 1), St. Augustin: Gesellschaft für Mathematik und Datenverarbeitung, Institut für Planungs- und Entscheidungssysteme

Mambrey, Peter; Oppermann, Reinhard (Hrsg.) (1981): Partizipation bei der Systementwicklung (Teil 2), St. Augustin: Gesellschaft für Mathematik und Datenverarbeitung, Institut für Planungs- und Entscheidungssysteme

Mambrey, Peter; Oppermann, Reinhard (Hrsg.) (1983): Beteiligung von Betroffenen bei der Entwicklung von Informationssystemen, Frankfurt u. New York: Campus

Mangham, Iain (1979): The Politics of Organizational Change, London: Associated Business Press

Mann, Floyd C.; Williams, Lawrence K. (1959): Organizational impact of white collar automation. In: Industrial Relations Research Association (ed.): Proceedings of the Eleventh Annual Meeting, Chicago, Dec. 28–29, 1958, Publication No. 22, Chicago, S. 59–69 (dt. unter dem Titel: Organisatorische Auswirkungen der Automatisierung im Bürobereich in Grochla, Erwin (Hrsg.): Organisationstheorie, 2. Band., Stuttgart: Poeschel 1976, S. 498–506)

Mann, Floyd C.; Williams, Lawrence K. (1960): Observations on the dynamics of a change to Electronic Data Processing equipment, Administrative Science Quarterly, 5. Jg., S. 217–256

Mann, Floyd C.; Williams, Lawrence K. (1962): Some effects of the changing work environment in the office, The Journal of Social Issues, 18. Jg., No. 3, S. 90–101

Mans, Günter (1973): Erfolgsfaktoren für MIS-Projekte. Analyse drei getrennter Umfragen, Zeitschrift für Organisation, 42. Jg., No. 4, S. 190–196

Mansour, Ali H.; Watson, Hugh J. (1980): The determinants of computer based information system performance, Academy of Management Journal, 23. Jg., No. 3, S. 521–533

Marock, Jürgen (1974): Ein verhaltenstheoretisches Modell als Hilfsmittel bei der organisatorischen Implementierung computergestützter Planungssysteme.

Ein Ansatz zur Integration verhaltenstheoretischer Aussagen in die Planungstechnologie, Diss. Köln

Marock, Jürgen (1979): Grundlagen für ein Modell der Verhaltensänderung des Benutzers als Planungsinstrument für die organisatorische Implementierung. In: Petri, Carl A. (Hrsg.): Ansätze zur Organisationstheorie Rechnergestützter Informationssysteme, München u. Wien: Oldenbourg (Bericht der Gesellschaft für Mathematik und Datenverarbeitung Nr. 111), S. 375 – 394

Marock, Jürgen (1980): Benutzersysteme. In: Grochla, Erwin (Hrsg.): Handwörterbuch der Organisation, Stuttgart: Poeschel 2. A., Sp. 299 – 307

Marris, Peter; Rein, Martin (1972): Dilemmas of Social Reform. Poverty and Community Action in the USA, London: Routledge & Kegan Paul 2. A. (Chicago: Aldine 1973)

Matthes, Joachim; Schütze, Fritz (1973): Zur Einführung: Alltagswissen, Interaktion und gesellschaftliche Wirklichkeit. In: Arbeitsgruppe Bielefelder Soziologen (Hrsg.): Alltagswissen, Interaktion und gesellschaftliche Wirklichkeit, 1. Band, Reinbek b. Hamburg: Rowohlt, S. 11 – 53

Mayntz, Renate (1963): Soziologie der Organisation, Reinbek b. Hamburg: Rowohlt

Mayntz, Renate (1977): Die Implementation politischer Programme: Theoretische Überlegungen zu einem neuen Forschungsgebiet, Die Verwaltung, 10. Jg., S. 51 – 66

Mayntz, Renate (Hrsg.) (1980 a): Implementation politischer Programme, Königstein: Hanstein u. a.

Mayntz, Renate (1980 b): Die Entwicklung des analytischen Paradigmas der Implementationsforschung. In: Mayntz, Renate (Hrsg.): Implementation politischer Programme, Königstein: Hanstein u. a., S. 1 – 19

Mayntz, Renate (1983): Social science research about the consequences of modern information technologies. In: Szyperski, Norbert u. a. (Hrsg.): Assessing the Impacts of Information Technology. Hope to Escape the Negative Effects of an Information Society by Research, Braunschweig u. Wiesbaden: Vieweg, S. 23 – 30

McCall, George J.; Simmons, Jerry L. (1974): Identität und Interaktion. Untersuchungen über zwischenmenschliche Beziehungen im Alltagsleben, Düsseldorf: Schwann

McKinsey & Co. (1964): Der optimale Einsatz elektronischer Datenverarbeitungsanlagen (Getting the Most Out of Your Computer. A Survey of Company Approaches and Results), Zeitschrift für Betriebswirtschaft, 34. Jg., S. 37 – 50

McKinsey & Co. (1969): Unlocking the computer's profit potential, Computers and Automation, 18. Jg., April, S. 24 – 33

McLaren, K. G.; Buesnell, E. L. (1969): Network Analysis in Project Management, London: Cassell

McRae, T. W. (ed.) (1971): Management Information Systems, Harmondsworth: Penguin

Meggle, Georg (Hrsg.) (1977): Analytische Handlungstheorie, Band 1: Handlungsbeschreibungen, Frankfurt: Suhrkamp

Meinefeld, Werner (1977): Einstellung und soziales Handeln, Reinbek b. Hamburg: Rowohlt

Mertens, Peter (1983): Nutzen und Schaden der elektronischen Datenverarbeitung. In: Niemann, H.; Seitzer, D.; Schüßler, H. W. (Hrsg.): Mikroelektronik – Information – Gesellschaft, Berlin u. a.: Springer, S. 97 – 121

Mertens, Peter; Griese, Joachim (1984): Industrielle Datenverarbeitung, Band II: Informations- und Planungssysteme, Wiesbaden: Gabler 4. A.

Mertens, Peter; Kress, Heinz (1970): Mensch-Maschinen-Kommunikation als Hilfe bei Entscheidungsvorbereitung und Planung, Zeitschrift für betriebswirtschaftliche Forschung, 22. Jg., S. 1–21

Meyer-Abich, Klaus M.; Steger, Ulrich (Hrsg.) (1982): Mikroelektronik und Dezentralisierung, Berlin: Schmidt

Mitroff, Ian I.; Featheringham, Tom R. (1974): On systemic problem solving and the error of the third kind, Behavioral Science, 19. Jg., S. 383–393

Mitroff, Ian I.; Mason, Richard O.; Barabba, Vincent P. (1982): Policy as argument – A logic for ill-structured decision problems, Management Science, 28. Jg., No. 12, S. 1391–1404

Moan, Floyd E. (1973): Does management practice lag behind theory in the computer environment?, Academy of Management Journal, 16. Jg., S. 7–23

Moder, Joseph J.; Phillips, Cecil R. (1970): Project Management with CPM and PERT, New York u. London: van Nostrand Reinhold 2. A.

Molitor, Monika (1984): Auswirkungen von Computeranwendungen auf die Leistungsstruktur von Unternehmensorganisationen, Frankfurt: Haag + Herchen

Mooney, James D. (1937): The principles of organization. In: Gulick, Luther; Urwick, L. (eds.): Papers on the Science of Administration, New York: Institute of Public Administration, Columbia Univ., S. 90–98

Mülder, Wilhelm (1984): Organisatorische Implementierung von computergestützten Personalinformationssystemen. Einführungsprobleme und Lösungsansätze, Berlin u. a.: Springer

Müller-Böling, Detlef (1975): Zum praktischen Einsatz der ADV-Skala. Anwendungsmöglichkeiten, Datenerhebung und Auswertung, Arbeitsbericht Nr. 5 des Sem. für Allgemeine Betriebswirtschaftslehre und Betriebswirtschaftliche Planung der Univ. Köln

Müller-Böling, Detlef (1978): Arbeitszufriedenheit bei automatisierter Datenverarbeitung, München u. Wien: Oldenbourg

Mumford, Enid (1965): Clerks and computers. A study of the introduction of technical change, Journal of Management Studies, 2. Jg., S. 138–152

Mumford, Enid (1968): Planning for computers, Management Decision, 6. Jg., Nr. 2, S. 98–102

Mumford, Enid (1969): Computers, Planning and Personnel Management, hrsg. v. Institute of Personnel Management, London: Institute of Personnel Management

Mumford, Enid (1971): Systems Design for People, Economic Evaluation of Computer Based Systems Series No. 3, Manchester: National Computing Centre Ltd.

Mumford, Enid (1972): Job Satisfaction: A Study of Computer Specialists, London: Longman

Mumford, Enid (1973): Job satisfaction: a major objective for the system design process, Management Informatics, 2. Jg., No. 4, S. 191–202

Mumford, Enid (1978 a): Job satisfaction: A method of analysis. In: Legge, Karen; Mumford, Enid (eds.): Designing Organisations for Satisfaction and Efficiency, Westmead: Gower, S. 18–34

Mumford, Enid (1978 b): A strategy for the redesign of work. In: Legge, Karen; Mumford, Enid (eds.): Designing Organisations for Satisfaction and Efficiency, Westmead: Gower, S. 109–125

Mumford, Enid (1979): Consensus System Design: An evaluation of this approach. In: Szyperski, Norbert; Grochla, Erwin (Hrsg.): Design and Implementation of Computer-Based Information Systems, Alphen aan den Rijn: Sijthoff & Noordhoff, S. 221–230

Mumford, Enid; Banks, Olive (1967): The Computer and the Clerk, London: Routledge & Kegan Paul

Mumford, Enid; Henshall, Don (1979): A Participative Approach to Computer Systems Design, London: Associated Business Press

Mumford, Enid; Land, Frank; Hawgood, John (1978): A participative approach to the design of computer systems, Impact of Science on Society, 28. Jg., No. 3, S. 235–253

Mumford, Enid; Mercer, Dorothy; Mills, Stephen; Weir, Mary (1972): The human problems of computer introduction, Management Decision, 10. Jg., No. 1, S. 6–17

Mumford, Enid; Pettigrew, Andrew (1975): Implementing Strategic Decisions, London u. New York: Longman

Mumford, Enid; Weir, Mary (1979): Computer Systems in Work Design – the ETHICS Method. Effective Technical and Human Implementation of Computer Systems, London: Associated Business Press

Mumford, Enid; Welter, Günter (1984): Benutzerbeteiligung bei der Entwicklung von Computersystemen. Verfahren zur Steigerung der Akzeptanz und Effizienz des EDV-Einsatzes, Berlin: Schmidt

Münch, Richard (1976): Theorie sozialer Systeme. Eine Einführung in Grundbegriffe, Grundannahmen und logische Struktur, Opladen: Westdeutscher Verlag

Murdick, Robert G.; Ross, Joel E. (1977): Introduction to Management Information Systems, Englewood Cliffs, N.J.: Prentice-Hall

Naase, Christian (1978): Konflikte in der Organisation. Ursachen und Reduzierungsmöglichkeiten, Stuttgart: Enke

Nagaoka, Katsuyuki (1979): Brauchen wir eine neue Betriebswirtschaftslehre? Aus der Sicht der japanischen kritischen Betriebswirtschaftslehre, Nr. 35 der Arbeitspapiere des Fachbereichs Wirtschaftswissenschaft der Gesamthochschule Wuppertal

Nagel, Kurt (1979): Fachabteilung und DV-Organisation. Leitfaden zur besseren Zusammenarbeit von Benutzern und DV-Spezialisten, München u. Wien: Oldenbourg 2. A.

Narasimhan, Ram; Schroeder, Roger G. (1979): An empirical investigation of implementation as a change process. In: Doktor, Robert; Schultz, Randall L.; Slevin, Dennis P. (eds.): The Implementation of Management Science, TIMS Studies in the Management Sciences, Vol 13, Amsterdam u. a.: North-Holland, S. 63–83

Neisser, Ulric (1976): Cognition and Reality. Principles and Implications of Cognitive Psychology, San Francisco: Freeman

Neuberger, Oswald (1974a): Theorien der Arbeitszufriedenheit, Stuttgart u. a.: Kohlhammer

Neuberger, Oswald (1974b): Messung der Arbeitszufriedenheit, Stuttgart u. a.: Kohlhammer

Nick, Frank u. a. (1972): Systeme der computergestützten Systemgestaltung, Arbeitsbericht 72/7 des Betriebswirtschaftlichen Instituts für Organisation und Automation an der Univ. Köln

Nickerson, Raymond S.; Elkind, Jerome I.; Carbonell, Jaime R. (1968): Human factors and the design of time sharing computer systems, Human Factors, 10. Jg., Nr. 2, S. 127–134

Niemann, H.; Seitzer, D.; Schüßler, H. W. (Hrsg.) (1983): Mikroelektronik – Information – Gesellschaft, Berlin u. a.: Springer

Noltemeyer, Hartmut (1981): Informatik, Bd. 1: Einführung in Algorithmen und Berechenbarkeit, München u. Wien: Hanser

Nygaard, Kristen; Bergo, Olav T. (1975): The trade unions – new users of research, Personnel Review, 4. Jg., No. 2, S. 5–10

Ohse, Dietrich; Steinecke, Volkmar; Walter, Klaus-Dieter (1978): Implementierungsprobleme bei der Anwendung der Linearen Planungsrechnung. In: Pfohl, Hans-Christian; Rürup, Bert (Hrsg.): Anwendungsprobleme moderner Planungs- und Entscheidungstechniken, Königstein: Hanstein, S. 141–158

Opp, Karl-Dieter (1974): Abweichendes Verhalten und Gesellschaftsstruktur, Darmstadt u. Neuwied: Luchterhand

Oppelland, H. J. (1983): PORGI – Konzeption und methodische Hilfen für eine partizipative Systementwicklung. In: Mambrey, Peter; Oppermann, Reinhard (Hrsg.): Beteiligung von Betroffenen bei der Entwicklung von Informationssystemen, Frankfurt u. New York: Campus, S. 165–187

Oppermann, Reinhard (1983): Forschungsstand und Perspektiven partizipativer Systementwicklung, Bericht der Gesellschaft für Mathematik und Datenverarbeitung Nr. 140, München u. Wien: Oldenbourg

Osteen, Carl E. (1963): Let's put factory methods to office use, Journal of Data Management, 1. Jg., Aug., S. 12–15

Ouchi, William G. (1981): Theory Z. How American Business Can Meet the Japanese Challenge, Reading, Mass. u. a.: Addison-Wesley

Paschen, Herbert; Gresser, Klaus; Conrad, Felix (1978): Technology Assessment: Technologiefolgenabschätzung, Frankfurt u. New York: Campus

Page-Jones, Meilir (1980): The Practical Guide to Structured Systems Design, New York: Yourdon

Parsons, Talcott (1951): The Social System, London: Routledge & Kegan Paul

Parsons, Talcott (1976): Grundzüge des Sozialsystems. In: Parsons, Talcott: Zur Theorie sozialer Systeme, hrsg. v. Stefan Jensen, Opladen: Westdeutscher Verlag, S. 161–274

Pettigrew, Andrew M. (1972): Information control as a power resource, Sociology, 6. Jg., S. 179–204

Pettigrew, Andrew M. (1973): The Politics of Organizational Decision-Making, London: Tavistock u. Assen: van Gorcum

Pettigrew, Andrew M. (1974): The influence process between specialists and executives, Personnel Review, 3. Jg., No. 1, S. 24–30

Pettigrew, Andrew M. (1975): Towards a political theory of organizational intervention, Human Relations, 28. Jg., S. 191–208

Pettigrew, Andrew M. (1980): The politics of organisational change. In: Bjørn-Andersen, Niels (ed.): The Human Side of Information Processing. Proceedings of the Copenhagen Conference on Computer Impact 78, Amsterdam, New York u. Oxford: North-Holland, S. 39–47

Pfeiffer, Werner; Randolph, R. (1979): Rationalisierung, betriebliche. In: Kern, Werner (Hrsg.): Handwörterbuch der Produktionswirtschaft, Stuttgart: Poeschel, Sp. 1757–1776

Pfohl, Hans-Christian; Drünkler, Wolfgang (1978): Stand der Anwendung moderner Planungs- und Entscheidungstechniken in Betriebswirtschaften. In: Pfohl, Hans-Christian; Rürup, Bert (Hrsg.): Anwendungsprobleme moderner Planungs- und Entscheidungstechniken, Königstein: Hanstein, S. 99–112

Plötzeneder, Hans D. (1979): Ziele des EDV-Einsatzes in der Unternehmung. In: Hansen, Hans Robert; Schröder, Klaus T.; Weihe, Herrman J. (Hrsg.): Mensch und Computer. Zur Kontroverse über die ökonomischen und gesellschaftlichen Auswirkungen der EDV, München u. Wien: Oldenbourg, S. 227–241

Pondy, Louis R. u. a. (eds.) (1983): Organizational Symbolism, Greenwich, CT: JAI Press

Porter, L. W.; Lawler, E. E.; Hackman, J. Richard (1975): Behavior in Organizations, New York: McGraw-Hill

Powers, Richard F. (1971): An Empirical Investigation of Selected Hypotheses Related to the Success of Management Information System Projects, Diss. Univ. of Minnesota

Pressman, Jeffrey L.; Wildavsky, Aaron B. (1973): Implementation. How Great Expectations in Washington are Dashed in Oakland or Why it's Amazing that Federal Programs Work at all, Berkeley u. a.: Univ. of California Press

Pugh, D. S. u. a. (1963): A conceptual scheme for organizational analysis, Administrative Science Quarterly, 8. Jg., S. 289–315

Pugh, D. S. u. a. (1968): Dimensions of organization structure, Administrative Science Quarterly, 13. Jg., S. 65–105

Pylyshyn, Z. W. (ed.) (1970): Perspectives on the Computer Revolution, Englewood Cliffs, N. J.: Prentice-Hall

Radl, Gerald W. ((1980)): Ergonomisch günstige Arbeitsbedingungen an Bildschirmarbeitsplätzen. In: Studiengemeinschaft „Akzeptanz neuer Bürotechnologien" (AKZENTE) (Hrsg.): Akzeptanz neuer Bürotechnologien. Bedingungen für eine sinnvolle Gestaltung von Arbeitsplatz, Organisationsstruktur und Mitarbeiterbeteiligung bei der Einführung neuer Bürotechnologien, Düsseldorf o. J., S. 47–88

Radnor, Michael; Rubenstein, Albert H.; Bean, Alden S. (1968): Integration and utilization of management science activities in organizations, Operational Research Quarterly, 19. Jg., S. 117–141

Radnor, Michael; Bean, Alden S. (1974): Top management support for management science, Omega, 2. Jg., No. 1, S. 63–75

Radnor, Michael (1979): The context of OR/MS implementation. In: Doktor, Robert; Schultz, Randall L.; Slevin, Dennis P. (eds.): The Implementation of Management Science, TIMS Studies in the Management Sciences, Vol. 13, Amsterdam u. a.: North-Holland, S. 17–34

Ranson, Stewart; Hinings, Bob; Greenwood, Royston (1979): Constraints and choice within organisations, Paper zum EGOS-Colloquium 1979, Nordwijk aan Zee, June 27–30, Birmingham

Ranson, Stewart; Hinings, Bob; Greenwood, Royston (1980): The structuring of organizational structures, Administrative Science Quarterly, 25. Jg., S. 1–17

Rawls, J. (1955): Two concepts of rules, Philosophical Review, 64. Jg., No. 1, S. 3–32

Reese, Jürgen (1979): Datenverarbeitung in der Politik – Ein wirkungsanalytisches Programm. In: Reese, Jürgen u. a. (Hrsg.): Die politischen Kosten der Datenverarbeitung, Frankfurt u. New York: Campus, S. 1–54

Reese, Jürgen u. a. (1979): Gefahren der informationstechnologischen Entwicklung, Frankfurt u. New York: Campus

Reichenbach, Robert R.; Tasso Charles A. (1968): Organizing for Data Processing, AMA Research Study No. 92, New York: American Management Association

Reichwald, Ralf ((1980)): Zur Notwendigkeit der Akzeptanzforschung bei der Entwicklung neuer Systeme der Bürotechnik. In: Studiengemeinschaft „Akzeptanz neuer Bürotechnologien" (AKZENTE) (Hrsg.): Akzeptanz neuer Bürotechnologien. Bedingungen für eine sinnvolle Gestaltung von Arbeitsplatz, Organisationsstruktur und Mitarbeiterbeteiligung bei der Einführung neuer Bürotechnologien, Düsseldorf o. J., S. 89–147

Reichwald, Ralf (Hrsg.) (1982): Neue Systeme der Bürotechnik. Beiträge zur Büroarbeitsgestaltung aus Anwendersicht, Berlin: Schmidt

Retti, Johannes (1984): Knowledge Engineering und Expertensysteme. In: Retti, Johannes u. a.: Artificial Intelligence – Eine Einführung, Stuttgart: Teubner, S. 73–98

Rhind, Ridley (1968): Management Information Systems – Some dreams have turned to nightmares, Business Horizons, 11. Jg., No. 3, S. 37–46 (auch in House, W. C. (ed.): The Impact of Information Technology on Management Operation, Princeton u. a.: Auerbach, S. 275–287)

Richter, Ursula; Weitz, Wilfried P. (1981): Ansätze und Ausprägungen wirkungsorientierter Forschung. Ein State-of-the-Art-Report aus informationstechnologischer Sicht, Arbeitspapier 81AP4 d. Betriebswirtschaftlichen Instituts für Organisation und Automation an der Univ. Köln

Rieckmann, Heijo; Sievers, Burkhard (1978): Lernende Organisation – Organisiertes Lernen. Systemveränderung und Lernen in sozialen Organisationen. In: Bartölke, Klaus u. a. (Hrsg.): Arbeitsqualität in Organisationen, Wiesbaden: Gabler, S. 259–276

Robey, Daniel; Farrow, Dana (1982): User involvement in information system development: A conflict model and empirical test, Management Science, 28. Jg., No. 1, S. 73–85

Rogers, Rolf E. (1971): The Political Process in Modern Organizations, New York: Exposition Press

Rolf, Arno (1979): Zur Maschinisierung der Arbeit in Büro und Verwaltung durch Informationstechnik, Diss. Univ. Osnabrück (veröffentlicht als: Rolf, Arno: Zur Veränderung der Arbeit in Büro und Verwaltung durch Informationstechnik, Münster: Wurf 1983)

Root, Robert T.; Sadacca, Robert (1967): Man-computer communication techniques: Two experiments, Human Factors, 9. Jg., No. 6, S. 521–528

Rubenstein, Albert H. u. a. (1967): Some organizational factors related to the effectiveness of management science groups in industry, Management Science, 13. Jg., No. 8, S. B 508–518

Rüsberg, Karl-Heinz (1976): Praxis des Project- und Multiproject-Management, München: Verlag Moderne Industrie 3. A.

Rüttinger, Bruno; von Rosenstiel, Lutz; Molt, Walter (1974): Motivation des wirtschaftlichen Verhaltens, Stuttgart u. a.: Kohlhammer

Sachs, Lothar (1978): Angewandte Statistik. Statistische Methoden und ihre Anwendungen, Berlin u. a.: Springer 5. A.

Sackman, Harold (1971): Experimental analysis of human behavior in time-sharing and batch processing information systems. In: Kriebel, Charles H.; van Horn, Richard L.; Heames, J. Timothy (eds.): Management Information Systems: Progress and Perspectives, Pittsburgh, Penns.: Carnegie-Mellon Univ., S. 301–319

Sandig, C. (1966): Betriebswirtschaftspolitik, Stuttgart: Poeschel

Schäffer, K.-A. (1972): Klassifizierung landwirtschaftlicher Betriebe mit Hilfe multivariater statistischer Verfahren, Agrarstatistische Studien Nr. 10 des Statistischen Amtes der Europäischen Gemeinschaften (zuerst 1969)

Schaff, Adam (1982): Beschäftigung kontra Arbeit. In: Friedrichs, Günter; Schaff, Adam (Hrsg.): Auf Gedeih und Verderb. Mikroelektronik und Gesellschaft, Wien u. a.: Europaverlag (Bericht an den Club of Rome), S. 353–366

Schank, Roger C.; Abelson, Robert P. (1977): Scripts, Plans, Goals and Understanding. An Inquiry into Human

Knowledge Structures, Hillsdale, N.J.: Erlbaum

Scharpf, Fritz (1973): Planung als politischer Prozeß. In: ders.: Planung als politischer Prozeß. Aufsätze zur Theorie der planenden Demokratie, Frankfurt: Suhrkamp, S. 33–72

Scheer, August-Wilhelm (1978): Wirtschaftlichkeitsanalyse von Informationssystemen. In: Hansen, Hans R. (Hrsg.): Entwicklungstendenzen der Systemanalyse, 5. Wirtschaftsinformatik-Symposium der IBM-Deutschland GmbH, Bad Neuenahr, Okt. 1978, München u. Wien: Oldenbourg, S. 305–329

Scheer, August-Wilhelm u. a. (1984): Personal Computing – EDV-Einsatz in Fachabteilungen. Anwendungen, Instrumente, Einführungsstrategien, München: CW-Publikationen

Scheuch, Erwin K.; Kutsch, Thomas (1972): Grundbegriffe der Soziologie, Teil 1: Grundlegung und Elementare Phänomene, Stuttgart: Teubner

Schlageter, Gunter; Stucky, Wolffried (1983): Datenbanksysteme. Konzepte und Modelle, Stuttgart: Teubner 2. A.

Schlosser, Robert E. (1964): Psychology for the systems analyst, Management Services, No. 6, S. 29–36

Schmelter, Heinrich (1977): Organisatorische Auswirkungen des EDV-Einsatzes in Klein- und Mittelunternehmen, Zürich u. a.: Deutsch

Schmidt, Ralf-Bodo (1973): Wirtschaftslehre der Unternehmung, Band 2: Zielerreichung, Stuttgart: Poeschel

Schmitz, Paul (1970): Voraussetzung für die Gestaltung computer-gestützter Entscheidungssysteme, Zeitschrift „elektronische datenverarbeitung" (Angewandte Informatik), 12. Jg., No. 9, S. 401–405 (auch in Grochla, Erwin (Hrsg.): Computer-gestützte Entscheidungen in Unternehmungen, Wiesbaden: Gabler 1971, S. 22–35)

Schnupp, Peter (1982): Rechnernetze. Entwurf und Realisierung, Berlin u. a.: de Gruyter, 2. A.

Schnupp, Peter; Floyd, Christiane (1979): Software. Programmentwicklung und Projektorganisation, Berlin u. New York: de Gruyter 2. A.

Schoderbek, Peter P.; Babcock, James D. (1969 a): The proper placement of computers. Organizational location affects efficiency, Business Horizons, 12. Jg., No. 5, S. 35–42

Schoderbek, Peter P.; Babcock, James D. (1969 b): At last – management more active in EDP, Business Horizons, 12. Jg., No. 6, S. 53–58

Schönecker, Horst G. (1980): Bedienerakzeptanz und technische Innovationen. Akzeptanzrelevante Aspekte bei der Einführung neuer Bürotechniksysteme, München: Minerva

Schönecker, Horst G. (1982): Akzeptanzforschung als Regulativ bei Entwicklung, Verbreitung und Anwendung technischer Innovationen. In: Reichwald, Ralf (Hrsg.): Neue Systeme der Bürotechnik. Beiträge zur Büroarbeitsgestaltung aus Anwendersicht, Berlin: Schmidt, S. 49–69

Schönecker, Horst G. (1985): Kommunikationstechnik und Bedienerakzeptanz, München: CW-Publikationen

Schröder, H. J. (1973): Projekt-Management. Eine Führungskonzeption für außergewöhnliche Vorhaben, Wiesbaden: Gabler

Schultz, Randall L.; Slevin, Dennis P. (eds.) (1975 a): Implementing Operations Research/Management Science, New York u. a.: Elsevier

Schultz, Randall L.; Slevin, Dennis P. (1975 b): Implementation and management innovation. In: Schultz, Randall L.; Slevin, Dennis P. (eds.): Implementing Operations Research/Management Science, New York u. a.: Elsevier, S. 3–20

Schultz, Randall L.; Slevin, Dennis P. (1975 c): A program of research on implementation. In: Schultz, Randall L.; Slevin, Dennis P. (eds.): Implementing Operations Research/Management Science, New York u. a.: Elsevier, S. 31–51

Schultz, Randall L.; Slevin, Dennis P. (1979): Introduction: The implementation problem. In: Doktor, Robert; Schultz, Randall L.; Slevin, Dennis P. (eds.): The Implementation of Management Science, TIMS Studies in the Management Sciences, Vol. 13, Amsterdam u. a.: North-Holland, S. 1–15

Schulz, Dietrich H. (1977): Die Initiative zu Entscheidungen, Tübingen: Mohr

Schütz, Alfred (1971): Wissenschaftliche Interpretation und Alltagsverständnis menschlichen Handelns. In: ders.: Gesammelte Aufsätze, Band I: Das Problem der sozialen Wirklichkeit, Den Haag: Nijhoff, S. 3–54

Schütz, Alfred (1974): Der sinnhafte Aufbau der sozialen Welt, Frankfurt: Suhrkamp (zuerst 1932)

Schütz, Alfred; Luckmann, Thomas (1979): Strukturen der Lebenswelt, Teil I, Frankfurt: Suhrkamp

Schwitter, Joseph P. (1965): Computer effect upon managerial jobs, Academy of Management Journal, 8. Jg., S. 233–236

Secord, Paul F.; Backman, Carl W. (1977): Sozialpsychologie, Frankfurt: Fachbuchhandlung für Psychologie 2. A.

Seibt, Dietrich (1979): User and specialist evaluations in system development. In: Szyperski, Norbert; Grochla, Erwin (Hrsg.): Design and Implementation of Computer-Based Information Systems, Alphen aan den Rijn: Sijthoff & Noordhoff, S. 285–300

Seibt, Dietrich (1980): Implementierung, organisatorische. In: Grochla, Erwin (Hrsg.): Handwörterbuch der Organisation, Stuttgart: Poeschel 2. A., Sp. 853–862

Seibt, Dietrich (1983): DV-Unterstützung des betrieblichen Personalwesens, computergestützte Personalinformationssysteme. In: Kay, Ronald (Hrsg.): Management betrieblicher Informationsverarbeitung, München u. Wien: Oldenbourg, S. 189–214

Seibt, Dietrich (1985): Zur Gestaltungs- und Benutzungsproblematik technologiegestützter Informationssysteme. In: Seibt, Dietrich u. a. (Hrsg.): Angewandte Informatik. Festschrift für Paul Schmitz zum 60. Geburtstag, Braunschweig u. Wiesbaden: Vieweg, S. 29–45

Short, Larry E. (1973): Planned organizational change, MSU Business Topics, 21. Jg., No. 4, S. 53–61

Siegman, Jack; Karsh, Bernard (1962): Some organizational correlates of white collar automation, Sociological Inquiry, 32. Jg., S. 108–116

Sievers, Burkard (Hrsg.) (1977): Organisationsentwicklung als Problem, Stuttgart: Klett-Cotta

Silverman, David (1970): Theorie der Organisationen. Soziologische Aspekte zu System, Bürokratie und Management, Wien u. a.: Böhlaus

Smircich, Linda (1983): Concepts of culture and organizational analysis, Administrative Science Quarterly, 28. Jg., S. 339–358

Solf, Heinz (1976): Planung und Überwachung von DV-Projekten. In: Hülck, Klaus; Mrachacz, Hans-Peter; Solf, Heinz (Hrsg.): EDV-Leiter Handbuch, München: Verlag Moderne Industrie, S. 267–298

Sollenberger, Harold M. (1968): Major Changes Caused by the Implementation of a Management Information System, New York: National Association of Accountants

Spurgat, Frederick A. (1976): A Comparative Study of the Implementation and Use of Management Information Systems in a Federal Research Agency: Factors Affecting User Acceptance, Diss. Northwestern Univ.

Stahlknecht, Peter (1978): Strategien zur Implementierung von OR-gestützten Planungsmodellen in der Praxis, Die Betriebswirtschaft, 38. Jg., S. 39–50

Stahlknecht, Peter (1983): IS-Anwendungen im Finanz- und Rechnungswesen. In: Kay, Ronald (Hrsg.): Management betrieblicher Informationsverarbeitung, München u. Wien: Oldenbourg, S. 149–164

Starbuck, William H. (1982): Congealing oil: Inventing ideologies to justify acting ideologies out, Journal of Management Studies, 19. Jg., No. 1, S. 3–27

Steinmüller, Wilhelm (1981): Die zweite industrielle Revolution hat eben begonnen. Über die Technisierung der geistigen Arbeit. In: Kursbuch Nr. 66: Die erfaßte Gesellschaft, Berlin, S. 152–188

Stewart, Rosemary (1971): How Computers Affect Management, London: Macmillan

Stewart, Thomas; Damodaran, Leela; Eason, Kenneth D. (1972): User needs and effective man-computer interaction, Research Paper, Human Sciences and Advanced Technology (HUSAT) Research Group, Univ. of Technology, Department of Ergonomics and Cybernetics, Loughborough, Leicestershire (Proceedings of IERE Conference „Computers, Systems and Technology", London Oct. 1972)

Stieber, Jack (1957): Automation and the white-collar-worker, Personnel, 34. Jg., No. 3, S. 3–17

Surböck, Erich K. (1978): Management von EDV-Projekten, Berlin u. New York: de Gruyter

Swanson, E. Burton (1974): Management information systems: Appreciation and involvement, Management Science, 21. Jg., No. 2, S. 178–188

Széll, G. u. a. (1979): Zum Einsatz elektronischer Datenverarbeitung im Hinblick auf Arbeitsorganisation, Arbeitsqualifikation und Arbeitsbewertung bei Angestellten – Ansatzpunkte für eine humane Arbeitsgestaltung, Abschlußbericht des Forschungsprojektes im Rahmen des Programms „Humanisierung des Arbeitslebens", Osnabrück

Szyperski, Norbert (1969): Wirtschaftliche Aspekte der Durchsetzung und Realisierung von Unternehmungsplänen. Ein Beitrag zur betriebswirtschaftlichen Analyse der Unternehmungspolitik, Habilitationsschrift der Universität Köln

Szyperski, Norbert (1971): Vorgehensweise bei der Gestaltung computer-gestützter Entscheidungssysteme. In: Grochla, Erwin (Hrsg.): Computer-gestützte Entscheidungen in Unternehmungen, Wiesbaden: Gabler, S. 37–64

Szyperski, Norbert (1973): Gegenwärtiger Stand und Tendenzen der Entwicklung betrieblicher Informationssysteme. In: Hansen, Hans R.; Wahl, Manfred P. (Hrsg.): Probleme beim Aufbau betrieblicher Informationssysteme, München: Verlag Moderne Industrie, S. 25–48

Szyperski, Norbert (1978): Realisierung von Informationssystemen in deutschen Unternehmungen. In: Müller-Merbach, Heiner (Hrsg.): Quantitative Ansätze in der Betriebswirtschaftslehre, München: Vahlen, S. 67–86

Szyperski, Norbert (1980): Planning and implementation of information systems. In: Lucas, Henry C. u. a. (eds.): The Information Systems Environment, Amsterdam u. a.: North-Holland, S. 27–45

Szyperski, Norbert u. a. (1979): Handbuch für die organisatorische Implementierung computergestützter Informationssysteme, PORGI-Handbuch, Projektbericht Nr. 15, Köln

Szyperski, Norbert u. a. (1982): Bürosysteme in der Entwicklung. Studien zur Typologie und Gestaltung von Büroarbeitsplätzen, Braunschweig, u. Wiesbaden: Vieweg

Szyperski, Norbert u. a. (Hrsg.) (1983): Assessing the Impacts of Information Technology. Hope to Escape the Negative Effects of an Information Society by Research, Braunschweig u. Wiesbaden: Vieweg

Szyperski, Norbert; Grochla, Erwin (Hrsg.) (1979): Design and Implementation of Computer-Based Information Systems, Alphen aan den Rijn: Sijthoff & Noordhoff

Szyperski, Norbert; Kolf, Frank (1978): Integration der strategischen Informations-System-Planung (SISP) in die Unternehmens-Entwicklungsplanung. In: Hansen, Hans R. (Hrsg.): Entwicklungstendenzen der Systemanalyse, 5. Wirtschaftsinformatik-Symposium der IBM Deutschland GmbH, Bad Neuenahr, Okt. 1978, München u. Wien: Oldenbourg

Szyperski, Norbert; Richter, Ursula (1983): A constructive approach for impact research on information technology. In: Szyperski, Norbert u. a. (Hrsg.): Assessing the Impacts of Information Technology. Hope to Escape the Negative Effects of an Information Society by Research, Braunschweig u. Wiesbaden: Vieweg, S. 125–138

Taylor, Richard (1966): Action and Purpose, Englewood Cliffs, N. J.: Prentice-Hall

Taylor, James C. (1978): The socio-technical approach to work design. In: Legge, Karen; Mumford, Enid (eds.): Designing Organisations for Satisfaction and Efficiency, Westmead: Gower, S. 95–107

Tertilt, Erich A. (1978): Management und EDV. Eine Analyse des Interface-Gap zwischen Management und EDV-Spezialisten, Wiesbaden: Gabler

Thom, Norbert (1976): Zur Effizienz betrieblicher Innovationsprozesse. Vorstudie zu einer empirisch begründeten Theorie des betrieblichen Innovationsmanagements, Köln: P. Hanstein

Tomeski, Edward A. (1970): The Computer Revolution. The Executive and the New Information Technology, London: Collier-Macmillan

Tomlin, Roger (1970): Managing the Introduction of Computer Systems, London u. a.: McGraw-Hill

Toulmin, Stephen (1975): Der Gebrauch von Argumenten, Kronberg: Scriptor (engl. The Uses of Argument, Cambridge 1958, 4. A. 1974)

Trist, Eric L. (1969): On socio-technical systems. In: Bennis, Warren G.; Benne, Kenneth D.; Chin, Robert (eds.): The Planning of Change, New York, London u. a.: Holt, Rinehart & Winston, 2. A., S. 269–282

Trist, Eric L. (1970): The professional facilitation of planned change in organizations. In: Vroom, Victor H.; Deci, Edward L. (eds.): Management and Motivation, Harmondsworth: Penguin, S. 349–362

Trist, Eric L.; Higgin, G. W.; Murray, H.; Pollock, A. B. (1963): Organizational Choice, London: Tavistock

Trumbo, Don A. (1958): An Analysis of Attitudes toward Change among the Employees of an Insurance Company, Diss. Michigan State Univ.

Türk, Klaus (1976): Grundlagen einer Pathologie der Organisation, Stuttgart: Enke

Türk, Klaus (1980): Pathologie der Organisation. In: Grochla, Erwin (Hrsg.): Handwörterbuch der Organisation, Stuttgart: Poeschel 2. A., Sp. 1855–1864

Turner, A. N.; Lawrence, Paul R. (1965): Industrial Jobs and the Worker, Boston: Harvard Univ.

Tushman, Michael L. (1977): A political approach to organizations: A review and rationale, Academy of Management Review, 2. Jg., S. 206–216

Tuthill, Oliver W. (1966): The thrust of information technology on management, Financial Executive, No. 1, S. 18–27 (auch in Schoderbek, Peter P. (ed.): Management Systems, New York u. a.: Wiley 1967, S. 64–73)

Uebele, Herbert (1980): Einsatzbedingungen und Verhaltenswirkungen von Planungstechniken im Absatzbereich von Unternehmen. Eine empirische Untersuchung, Diss. der Technischen Hochschule Aachen

Ulrich, Hans; Probst, Gilbert J. B. (Hrsg.) (1984): Self-Organization and Management of Social Systems. Insights, Promises, Doubts, and Questions, Berlin u. a.: Springer

Van de Ven, Andrew H.; Ferry, Diane L. (1980): Measuring and Assessing Organizations, New York u. a.: Wiley

Vanlommel, E.; de Brabander, Bert (1975): The organization of Electronic Data Processing (EDP) activities and computer use, Journal of Business, 48. Jg., No. 3, S. 391–410

Vertinski, Ilan; Barth, Richard T.; Mitchel, Vance F. (1975): A study of OR/MS implementation as a social change process. In: Schultz, Randall L.; Slevin, Dennis P. (eds.): Implementing Operations Research/Management Science, New York u. a.: Elsevier, S. 253–270

Vinek, Günther; Rennert, Paul F.; Tjoa, A Min (1982): Datenmodellierung. Theorie und Praxis des Datenbankentwurfs, Würzburg u. Wien: Physica

Wagner, H. (1979): Personal- und Organisationsentwicklung als Ansätze zur Handhabung des Interface-Gap zwischen Systemspezialisten und Benutzern computergestützter Informationssysteme. In: Wunderer, Rolf (Hrsg.): Humane Personal- und Organisationsentwicklung. Festschrift für Guido Fischer zu seinem 80. Geburtstag, Berlin: Duncker & Humblot, S. 255–272

Wahl, Manfred P. (1970): Betriebswirtschaftliche Probleme bei der Einführung der EDV in der Unternehmung. In: Jacob, H. (Hrsg.): Schriften zur Unternehmensführung, Band 13, Wiesbaden: Gabler, S. 5 ff

Waldschmidt, Helmut (1980): Einführung in die Informatik für Ingenieure. Algorithmen und Programme, München u. Wien: Oldenbourg

Walton, Richard E.; McKersie, Robert B. (1965): A Behavioral Theory of Labor Negotiations, New York u. a.: McGraw-Hill

Ward, R. A. (1974): More implementation through an OR/Behavioural Science partnership and management training, Operational Research Quarterly, 25. Jg., Nr. 2, S. 209–218

Warner, Malcolm (ed.) (1977): Organizational Choice and Constraint: Approaches to the Sociology of Enterprise Behaviour, Westmead: Saxon House

Warner, W. Keith; Havens, A. Eugene (1967): Goal displacement and the intangibility of organizational goals, Administrative Science Quarterly, 12. Jg., S. 539–555

Watson, Goodwin (1969): Resistance to change. In: Bennis, Warren G.; Benne, Kenneth D.; Chin, Robert (eds.): The Planning of Change, New York, London u. a.: Holt, Rinehart & Winston 2. A., S. 488–498

Watson, Hugh J.; Sprague, R. H.; Kroeber, D. W. (1977): Computer technology and information system performance, MSU Business Topics, 25. Jg., S. 17–24

Weber, C. Edward (1959 a): Change in managerial manpower with mechanization of data-processing, Journal of Business, 32. Jg., No. 2, S. 151–163

Weber, C. Edward (1959 b): Impact of electronic data processing on clerical skills, Personnel Administration, 22. Jg., No. 1, S. 20–26

Weber, Max (1972): Wirtschaft und Gesellschaft, Tübingen: Mohr 5. A.

Wedekind, Hartmut (1981): Datenbanksysteme, Band 1: Eine konstruktive Einführung in die Datenverarbeitung in Wirtschaft und Verwaltung, Mannheim: Bibl. Inst. 2. A.

Weigand, Karl Heinz; Witte, Eberhard (1972): Felduntersuchungen zur Nutzung des Computers als Informations-Instrument. In: Witte, Eberhard (Hrsg.): Das Informationsverhalten in Entscheidungsprozessen, Tübingen: Mohr, S. 89–109

Weihe, Herrman J. (1977): Technologie-Folgen-Bewertung (Technology Assessment) als Entscheidungshilfe für Wirtschaft, Politik und Verwaltung, Der Betrieb, 30. Jg., S. 591–597

Weingarten, Elmar; Sack, Fritz (1976): Ethnomethodologie. Die methodische Konstruktion der Realität. In: Weingarten, Elmar u. a. (Hrsg.): Ethnomethodologie. Beiträge zu einer Soziologie des Alltagshandelns, Frankfurt: Suhrkamp, S. 7–26

Weir, Mary (1975): The effectiveness of computer systems in creating satisfying jobs for users: A method of assessment. In: Frielink, A. B. (ed.): Economics of Informatics. Proceedings of the IBI-ICC International Symposium, Mainz Sept. 1974, Amsterdam u. Oxford: North-Holland, S. 421–426

Weizenbaum, Joseph (1976): Computer Power and Human Reason, San Francisco: Freeman & Co. (dt. Die Macht der Computer und die Ohnmacht der Vernunft, Frankfurt: Suhrkamp 1977)

Welge, Martin K.; Fessmann, Klaus-D. (1980): Effizienz, organisatorische. In: Grochla, Erwin (Hrsg.): Handwörterbuch der Organisation, Stuttgart: Poeschel 2. A., Sp. 577–592

Weltz, Friedrich ((1980)): Mitarbeiter-Befürchtungen und Management-Fehler. In: Studiengemeinschaft „Akzeptanz neuer Bürotechnologien" (AKZENTE) (Hrsg.): Akzeptanz neuer Bürotechnologien. Bedingungen für eine sinnvolle Gestaltung von Arbeitsplatz, Organisationsstruktur und Mitarbeiterbeteiligung bei der Einführung neuer Bürotechnologien, Düsseldorf o. J., S. 9–23

Weltz, Friedrich; Lullies, Veronika (1982): Die Einführung der Textverarbeitung und ihr Stellenwert in der Verwaltungsrationalisierung. In: Schmidt, G. u. a. (Hrsg.): Materialien zur Industriesoziologie, Sonderheft der Kölner Zeitschrift für Soziologie und Sozialpsychologie 24, S. 157–165

Weltz, Friedrich; Lullies, Veronika (1983): Innovation im Büro. Das Beispiel Textverarbeitung, Frankfurt u. New York: Campus

Whisler, Thomas L. (1970): The Impact of Computers on Organizations, New York u. a.: Praeger

Whisler, Thomas L. (1975): Man, organization and computer – a contingency analysis. In: Grochla, Erwin; Szyperski, Norbert (eds.): Information Systems and Organizational Structure, Berlin u. New York: de Gruyter, S. 246–266

Wiedemann, Herbert (1971): Das Unternehmen in der Evolution. Soziologische Studie zur Organisation, Automation, Führung, Konkurrenz und Kooperation im Unternehmen, Neuwied u. Berlin: Luchterhand

Wilbert, Klaus (1976): Die Auswirkungen des Einsatzes automatisierter Informationstechnologie auf die Rollenattribute und die Arbeitszufriedenheit von Sachbearbeitern, Diplomarbeit, Seminar f. Allgemeine Betriebswirtschaftslehre und Organisationslehre der Univ. Köln

Willke, Helmut (1978): Systemtheorie und Handlungstheorie – Bemerkungen zum Verhältnis von Aggregation und Emergenz, Zeitschrift für Soziologie, 7. Jg., No. 4, S. 380–389

Winkelhage, Friedrich; Marock, Jürgen (1980): Problems of Consensus Design in cooperative information system design projects. In: Lucas, Henry C. u. a. (eds.): The Information Systems Environment, Amsterdam u. a.: North-Holland, S. 97–103

Winkler, Wolfgang (1979): Soziologische, organisationstheoretische und arbeitsmarktpolitische Aspekte der Büroautomatisierung, Berlin: Duncker & Humblot

Wirth, Niklaus (1979): Algorithmen und Datenstrukturen, Stuttgart: Teubner 2. A.

Witte, Eberhard (1973): Organisation für Innovationsentscheidungen. Das Promotoren-Modell, Schriften der Kommission für wirtschaftlichen und sozialen Wandel, Band 2, Göttingen: Schwartz

Witte, Eberhard (1976): Kraft und Gegenkraft im Entscheidungsprozeß, Zeitschrift für Betriebswirtschaft, 46. Jg., S. 319–326

Wolff, Stephan (1976): Der rhetorische Charakter sozialer Ordnung. Selbstverständlichkeit als soziales Problem, Berlin: Duncker & Humblot

Wollmann, Hellmut (Hrsg.) (1980): Politik im Dickicht der Bürokratie. Beiträge zur Implementationsforschung, Sonderheft der Zeitschrift Leviathan 3/1979, Opladen: Westdeutscher Verlag

Wollnik, Michael (1976): Kausale Annahmen und Stichprobensegmentierung. Eine methodische Anmerkung zur empirischen Organisationsforschung, Arbeitspapier des Seminars für Allgemeine Betriebswirtschaftslehre und Organisationslehre der Univ. Köln

Wollnik, Michael (1977): Die explorative Verwendung systematischen Erfahrungswissens. Plädoyer für einen aufgeklärten Empirismus in der Betriebswirtschaftslehre. In: Köhler, Richard (Hrsg.): Empirische und handlungstheoretische Forschungskonzeptionen in der Betriebswirtschaftslehre, Stuttgart: Poeschel, S. 37–64

Wollnik, Michael (1978 a): Die Meßbarkeit von Organisationsstrukturen, Arbeitspapier Nr. 3 der Arbeitspapiere zur empirischen Organisationsforschung, Mannheim u. Trier

Wollnik, Michael (1978 b): Systemtheoretische Ansätze. In: Kieser, Alfred; Kubicek, Herbert: Organisationstheorien, Band II, Stuttgart u. a.: Kohlhammer, S. 77–104

Wollnik, Michael (1978 c): Auswertungsbericht Nr. II des Forschungsprojektes „Implementierungsverhalten“, August 1978 (unveröffentlicht)

Wollnik, Michael (1980): Einflußgrößen der Organisation. In: Grochla, Erwin (Hrsg.): Handwörterbuch der Organisation, Stuttgart: Poeschel 2. A., Sp. 592–613

Wollnik, Michael; Kubicek, Herbert (1979): Elemente eines handlungsbezogenen Konzeptes der benutzerorientierten Systemgestaltung. In: Petri, Carl A. (Hrsg.): Ansätze zur Organisationstheorie Rechnergestützter Informationssysteme, München u. Wien: Oldenbourg (Bericht der Gesellschaft für Mathematik und Datenverarbeitung Nr. 111), S. 331–374

Wollnik, Michael; Röber, Manfred; Kieser, Alfred (1981): Aufgaben und Organisationsstruktur in kommunalen Ämtern, Forschungsbericht, Institut für Kommunalwissenschaften, St. Augustin

Wyer, Robert S.; Carlston, Donald E. (1979): Social Cognition, Inference, and Attribution, Hillsdale, N. J.: Erlbaum

Zand, Dale E.; Sorensen, Richard E. (1975): Theory of change and the effective use of Management Science, Administrative Science Quarterly, 20. Jg., S. 532–545

Zajonc, Horst (1976): Bestimmungsfaktoren des EDV-Einsatzes. Ergebnisse einer empirischen Untersuchung, Meisenheim: Hain

Zehnder, Carl A. (1983): Informationssysteme und Datenbanken, Zürich: Verlag d. Fachvereine 2. A.

Zimmermann, Hans-Jürgen (1971): Netzplantechnik, Berlin u. New York: de Gruyter

Zmud, R. W.; Cox, J. F. (1979): The implementation process: A change approach, MIS Quarterly, 3. Jg., S. 35–43

Zöllner, Uwe (1983): Beteiligung bei Entwicklung und Einsatz von Informationstechnik. Erwartungen, Einschätzungen, Positionen zur Beteiligung in den verschiedenen Phasen der Systementwicklung. In: Mambrey, Peter; Oppermann, Reinhard (Hrsg.): Beteiligung von Betroffenen bei der Entwicklung von Informationssystemen, Frankfurt u. New York: Campus, S. 216–229

Zuberbühler, Hans (1972): Elektronische Datenverarbeitung in der Industrie. Ergebnisse einer empirischen Untersuchung, Bern u. Stuttgart: Haupt

Sachregister